PRINCIPLE IN
MACROECONOMICS

A CHINA'S PERSPECTIVE

余淼杰　于鸿君 ◎ 著

宏观经济学原理

中国视角

北京大学出版社
PEKING UNIVERSITY PRESS

图书在版编目(CIP)数据

宏观经济学原理:中国视角/余淼杰,于鸿君著. —北京:北京大学出版社,2022.1
ISBN 978-7-301-32584-1

Ⅰ.①宏… Ⅱ.①余… ②于… Ⅲ.①中国经济—宏观经济—研究 Ⅳ.①F123.16

中国版本图书馆CIP数据核字(2021)第200518号

书　　　名	宏观经济学原理：中国视角 HONGGUAN JINGJIXUE YUANLI：ZHONGGUO SHIJIAO
著作责任者	余淼杰　于鸿君　著
责 任 编 辑	任京雪　李　娟
标 准 书 号	ISBN 978-7-301-32584-1
出 版 发 行	北京大学出版社
地　　　址	北京市海淀区成府路205号　100871
网　　　址	http://www.pup.cn
微信公众号	北京大学经管书苑（pupembook）
电 子 信 箱	em@pup.cn
电　　　话	邮购部 010-62752015　发行部 010-62750672　编辑部 010-62752926
印 刷 者	三河市博文印刷有限公司
经 销 者	新华书店
	787毫米×1092毫米　16开本　32.25印张　853千字 2022年1月第1版　2022年1月第1次印刷
定　　　价	78.00元

未经许可，不得以任何方式复制或抄袭本书之部分或全部内容。
版权所有，侵权必究
举报电话：010-62752024　电子信箱：fd@pup.pku.edu.cn
图书如有印装质量问题，请与出版部联系，电话：010-62756370

序

中华人民共和国自成立以来,实现了从一个一穷二白的农业大国到世界第二大经济体、第一大货物贸易国、第一大货物出口国、第二大货物进口国、第二大服务贸易国、第二大对外直接投资国的跨越,这在世界历史上是绝无仅有的。

从中华人民共和国成立到改革开放前,中国进行了生产资料所有制的历史性变革,在"一张白纸"的基础上以奇迹般的速度建成了独立的、比较完善的工业体系和国民经济体系,在保持经济快速增长的同时,优先发展重工业,建成了一系列支柱产业和重大工程,为改革开放后的经济发展和社会进步奠定了根本基础。这个时期的经济发展虽然有过波折,但成就依然巨大,堪称奇迹:国内生产总值(GDP)年均增长6.7%以上[1],接近"亚洲四小龙"黄金时期8.8%的平均增速,大大高于1966—1990年间英国、美国、德国[2] 2%—3%的年均增速[3],在世界各国同期中少见;工农业总产值由466亿元上升到5690亿元[4],按照不变价格计算,年均增长9.45%,其中工业总产值年均增长10%以上[5]。1978年,中国工业总产值占工农业总产值的比重已经达到74.4%[6],实现了由初级产品阶段向工业化初级阶段的转变。到1980年,中国的工业规模超过世界老牌工业强国英国和法国,并已接近德国。[7]

改革开放至今,中国经济飞速增长,年均增速高达8%。自2001年加入世界贸易组织(WTO)以来,中国对外开放的广度和深度不断增加,对外贸易总额年增长3 000亿美元以上,并表现出明显的价值链升级趋势。自2015年年底提出"打赢脱贫攻坚战"的目标以来,中国农村贫困人口以每年超过1 000万人的速度减少,其间伴随着收入、教育、卫生、社会保障等的全面改善,人民生活水平持续提高。2020年年初新冠肺炎疫情暴发,中国率先采取封闭措施,

---

[1] 资料来源:国家统计局。
[2] 为便于进行跨时期的国际比较,本书对1949—1990年的联邦德国统一以"德国"代称。
[3] 1966—1990年间,"亚洲四小龙"经历了经济高速增长的黄金时期,GDP年均增速分别为10.3%、9.1%、8.5%、7.3%,而同期英国、美国、德国的年均增速仅为2%—3%[参见 YOUNG A. Lesson from the East Asian NICs: a contrarian view [J]. European Economic Review, 1994, 38(3/4): 946-973]。
[4] 参见国家统计局.中华人民共和国国家统计局关于1978年国民经济计划执行结果的公报[R].1979-06-27。
[5] 1974年12月17日晚上,邓小平陪同毛泽东会见扎伊尔总统蒙博托后,向毛泽东汇报四届人大报告起草工作时说:"工业总产值在过去十年来(1964—1974)增加了1.9倍,每年递增11%点几,这个数目还可以。"(参见中共中央文献研究室.毛泽东年谱(1949—1976):第六卷[M].北京:中央文献出版社,2013:560。)这说明,即使在"国民经济遭到重创"的"文化大革命"时期,中国工业总产值的年均增速也在11%以上,这是很了不起的成就。
[6] 同[4]。
[7] 到20世纪80年代中期,中国的工业总产值已经超过德国,跃居世界第三位。

以2月份经济和对外贸易增长近乎停滞的代价有力地保障了人民的健康生活。

一、中国视角下的经济学

纵观中华人民共和国自成立以来的发展历程、改革开放前后两个时期的发展奇迹，以及中国共产党面对危机和挑战时的应对能力，其深刻地说明了中国特色社会主义制度的优越性。本书以宏观经济学基本知识为基础，从中国视角阐释经济运行和改革发展的内在规律，以期帮助读者形成一个完善的认知体系。

《经济学原理：中国视角》包括《宏观经济学原理：中国视角》（本书）和《微观经济学原理：中国视角》两册，是一套以习近平新时代中国特色社会主义思想为指导，植根于中国特色社会主义伟大实践和中国基本经济运行机制的经济学教材。本套教材以中华人民共和国成立以来中国经济社会的伟大成就为素材，借助经济学基本分析工具，从宏观和微观两个方面展现当代经济学原理，力求体现马克思主义政治经济学的底色。不同于传统的西方经济学教材，本套教材力求在中国经济实践的框架下诠释经济学的基本概念和重要理论，突破西方新古典经济学中政府作为"守夜人"的居民—企业"两位一体"框架，构建企业生产者、居民消费者与政府"三位一体"的宏观经济和微观经济运行模式，建立"有为政府与有效市场结合、国有经济与民营经济并存、中央顶层设计与地方合作竞争互动"的发展驱动模式。

本书力求采用权威的数据、真实的案例和缜密的理论模型来阐明制度红利、改革红利、开放红利和规模红利——中国经济发展的四大原动力。传统西方经济学中兼顾"公平"与"效率"的两难问题在中国特色社会主义市场经济体制下可以有效实现辩证统一、并行发展。

二、本书逻辑框架

本书由**宏观经济学概述**、**长期经济增长**、**短期经济波动**、**国际开放经济学**和**当代宏观经济学流派**五部分组成。开篇对宏观经济的概述旨在帮助读者形成一个全面、系统的认知，之后的章节顺序安排遵循从长期到短期、从封闭到开放、从理论到实践、从部分到整体的原则。每一章的内容安排力求先介绍已广为接受的经济学理论，再介绍相应的中国经济现状和政策安排，有些章节还介绍了中国相关方面的改革与变迁，目的是让读者对此内容有更全面和动态的把握。

在图1中，我们用一个简单的逻辑框架将各章联系起来，其中第十五章单独组成第五部分，为简洁起见没有标号。接下来，我们将对每一部分做单独介绍，并抓住关键因素阐述各个部分与章节之间的联系。

（一）宏观经济学概述

这一部分包括两章，第一章介绍宏观经济指标与生活水准衡量指标，包括GDP的计量及其组成、存在的问题，对生活水平、生活费用的衡量，以及消费价格指数（CPI）的计量等。第二章介绍中华人民共和国自成立以来宏观经济指标的发展，据此可以感受中国经济发展的奇

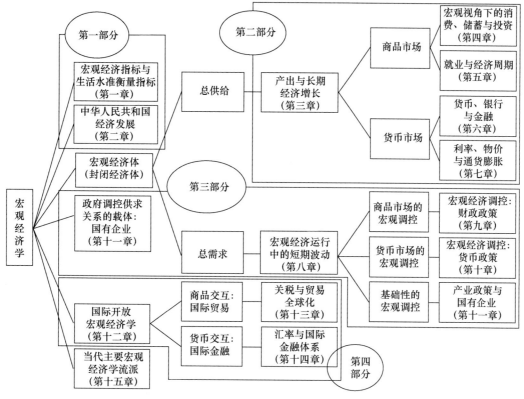

图 1　本书逻辑框架

迹,同时进一步加深对第一章基本概念的理解。

之前流行的经济学教材的缺陷可能是微观经济学部分和宏观经济学部分相互脱节,两者截然分开,先开设宏观经济学还是先开设微观经济学均可。为了克服这一缺陷,使微观经济学与宏观经济学更具有衔接性,本书给定宏观经济学主要是描述理想中的一种长期经济状态,主要关注现实中长短期经济状态。本书在介绍完宏观经济学概述后,分别介绍长期经济增长、短期经济波动、国际开放经济学与当代宏观经济学流派等内容。

(二) 长期经济增长

长期中的宏观经济包括两个部分,分别对应新古典经济学中的"两分法",也就是真实面的宏观经济和货币面的宏观经济。

第三、第四、第五章介绍真实面的宏观经济,包括产出与长期经济增长,消费、储蓄与投资,就业与经济周期。诺贝尔经济学奖获得者保罗·克鲁格曼(Paul Krugman)教授曾经说过:生产率不是一切,但在长期中近乎一切!我们先从长期中的产出与生产率开始讨论,论述消费与储蓄之间的互为消长现象,推导出储蓄与投资之间的恒等关系,从投资需求曲线初步推导出总需求理论。在长期中,对任何一个国家而言,实现稳定的充分就业是重要的宏观经济目标之一。中国近年来多次把"稳就业"作为维持经济"六稳"[①]的首要任务来抓。保持就业稳

---

① "六稳"包括稳就业、稳金融、稳外贸、稳外资、稳投资、稳预期。

定的难易与一国所处的经济周期时点密切相关,所以第五章着重分析了就业与经济周期的关系。

第六、第七章介绍货币面的宏观经济。第六章介绍货币、银行与金融。首先介绍货币的含义、功能和种类,除了传统的信用卡,特别加入微信、支付宝等电子货币的使用,这是对广义货币(M2)的拓展;接着介绍中国目前的银行体系与货币供给机制,并进一步阐述中国如何运用货币政策进行宏观经济调控;最后介绍金融学的基本知识,包括现值、复利的计算方法等,以及中国股票市场、保险市场的最新发展简况。第七章介绍利率、物价与通货膨胀。一些国家如德国在历史上深受恶性通货膨胀之苦,所以在政府的宏观经济目标中"反通胀"被放在很重要的位置。如果说价格是微观经济学中最核心的变量的话,那么利率应该就是宏观经济学中最关键的指标了。我们通过介绍经典的"费雪方程式"把利率与通货膨胀联系起来,据此分析通货膨胀的成本及其对社会各阶层收入分配的影响。另外,第七章还介绍了中国改革开放40多年来反通胀的经验,以加深对这些理论的认识和辨析。

(三) 短期经济波动

应该看到,当代宏观经济学的核心和重点是短期分析。正如20世纪著名经济学家之一的约翰·梅纳德·凯恩斯(John Maynard Keynes)所说:在长期中,我们都死了。在短期中,价格具有一定的黏性,而工资具有一定的刚性,所以之前讲述的长期宏观经济分析框架并不能用来解释短期经济波动并为此提供合适的政策建议。这一部分包括四章。第八章介绍短期经济波动下的总需求与总供给。与传统的新古典经济学理论所强调的"萨伊定理"(即供给会自动创造需求)不同,当代宏观经济学强调"需求创造供给"。当经济处于萧条时期时,社会有效需求不足,政府应该采取积极的宏观经济政策调控经济。因此,第九章和第十章结合中华人民共和国自成立以来特别是改革开放以来的宏观经济调控实践,分别具体介绍财政政策和货币政策,并讨论一国如何运用或松或紧的财政政策与货币政策组合以有效地对宏观经济进行调控。第十一章可以说是本书的一大特色,介绍了中华人民共和国自成立以来的产业政策,以及不同所有制形态企业(特别是国有企业)的现状、绩效、作用及功能。早在20世纪40年代,以毛泽东同志为核心的党的第一代领导集体就认识到社会主义建设必须有不同所有制的企业并发挥其异质性功能。毛泽东同志在1944年同英国记者斯坦因的谈话中指出:"凡是能够操纵国民生计的关键产业如铁路、矿山等,最好由国家开发经营,其他产业可以让私人资本来发展。"[①]目前面世的经济学教材大都采用或遵循西方经济学主流教材的内容,对产业政策或国有企业基本不加介绍或者蜻蜓点水、一笔而过。但毋庸置疑,产业政策与国有企业的存在对中国的宏观经济有着深刻的影响,因此本书用一整章来对此进行梳理和介绍。

(四) 国际开放经济学

受2008年以来全球金融危机、国际政治领域复杂因素和新冠肺炎疫情的影响,目前一些西方国家推行贸易保护政策,贸易保护主义有所加剧,去全球化思潮有所抬头。但总体来说,

---

① 参见中共中央文献研究室.毛泽东文集:第四卷[M].北京:人民出版社,1996:186。

第二次世界大战以后,贸易全球化已经成为时代的潮流。中国改革开放40年来的成就表明,开放可以带来大发展。因此,这一部分介绍国际开放经济学,包括三章。第十二章主要介绍国际开放宏观经济学的基本概念,包括商品、人员和劳务的流动,同时简单介绍国际开放宏观经济理论。第十三章主要介绍关税与贸易全球化,在WTO等国际机构的努力下,第二次世界大战以后各国大力削减关税和取消非关税壁垒,有力地促进了国际贸易的发展,推动了贸易全球化和经济一体化。第十四章主要介绍汇率、汇率决定理论,以及国际金融体系的形成、演变及其对全球经济的影响。

(五) 当代宏观经济学流派

这一部分即第十五章主要介绍当代宏观经济学流派。只有全面介绍自1929年美国经济大萧条以来宏观经济学各主要流派的核心观点,才能"见树又见林",所以我们在介绍当代宏观经济学流派的主要观点的同时,也介绍存在的不同学术观点及其争论,力图通过"百家争鸣",使真理越辩越明,从"必然王国"走向"自由王国"。

三、"总需求—总供给"下的宏观经济逻辑梳理

对于宏观经济学,我们重点关注两点:长期经济增长(在第三章讨论)与短期经济波动(在第八章讨论)。需要注意的是,宏观经济学源于凯恩斯对实际经济现象的总结,而不单纯是思想实验,因此宏观经济学必然强调理论和实际相结合。宏观经济学的核心概念是总需求与总供给,从总供给角度理解经济的长期增长,从总需求角度理解经济的短期波动,然后将这一思想由封闭经济转入开放经济,我们便可略窥宏观经济学之全貌了。

GDP一般可以分解为消费、投资与政府支出(在第四章讨论),但这样的分解方式更像是从经济体需求的角度分解一国产出。一个自然的问题就是,总供给在生活中的刻画是什么?直观来看,我们似乎难以在实际生活中找到直接对应于总供给的变量,这是因为在微观经济学中我们总是认为企业是独立于消费者之外的供给者,而在宏观经济学中,企业也是宏观经济体的一部分。实际上,无论企业从事何种生产或服务活动,企业的供给总是来源于个体的供给——劳动。因此,对一个现实经济体而言,我们可以用就业水平对供给水平进行刻画(在第五章讨论)。

在讨论总需求与总供给时,我们使用贝壳作为交易媒介,这为我们讲述需求与供给带来了极大的便利。但进入现实社会,我们使用货币作为交易媒介,因此要衡量价格水平,我们就需要找到其在现实中的对应,即货币总量。不同于实物,货币总量由一国中央银行直接决定,所以研究中央银行及受其指挥的金融体系的行为也变得非常重要(在第六章讨论)。同时,我们讨论货币时,不可避免地要讨论货币总量扩大对经济体的影响,即通货膨胀。进而,通过通货膨胀将货币体系中的名义利率和实体经济中的实际利率联系起来(在第七章讨论)。

在理解上述内容之后,我们就可以对宏观经济体的各个方面进行初步的描述,从而分析出一个经济体增长的轨迹。然而,现实生活中的经济体并不都是沿着一条轨道稳步前进(从第五章中可以看到这一点),因此宏观经济学另一个关注重点为经济体在短期中体现的特征(在第八章讨论)。没有人希望现实生活时好时坏,因此在出现短期经济波动时,我们总是希

望政府能够做些什么——宏观调控。常见的宏观调控手段分为财政政策(在第九章讨论)与货币政策(在第十章讨论)。短期经济波动对经济体的影响基本来源于市场失灵,而在市场失灵时指导需求与供给则是应对短期经济波动的第一步。在中国,政府通过制定产业政策指导经济发展,而国有企业(包括银行等金融企业)客观上已经成为中国政府直接调节总需求与总供给,实现国民经济长期稳定发展的重要抓手(在第十一章讨论)。

在以上总需求与总供给的讨论中,我们忽略了 GDP 分解中的出口与进口,将关注的重点放在了封闭经济内。然而,现实生活中基本没有封闭的国家,因此我们必须将进出口纳入考虑的范围,将视角拓展到开放宏观经济学领域(在第十二章讨论)。在封闭经济中,实体经济要素(诸如产出、消费、投资、储蓄等)和货币经济要素(诸如货币、名义利率、通货膨胀等)对应在开放经济中,前者演化为国际贸易,后者则演化为国际金融。在实体经济视角下,我们自然要重视封闭经济中的所有实体要素,但作为额外的内容,国际贸易更加关注国际实体要素的流动(如贸易全球化)及当前存在的障碍(如关税壁垒)(在第十三章讨论)。同样,在货币经济视角下,我们自然也要重视封闭经济中的所有货币要素,但作为额外的内容,国际金融更加注重国家间货币与金融体系的交互,即汇率与国际金融体系(在第十四章讨论)。

最后,宏观经济学总是强调理论与实际紧密结合,脱离实际空谈宏观经济理论不仅不能让我们正确认识宏观经济体,甚至会使我们带着偏见看待实际经济生活。同时,宏观经济学中的很多问题至今在学术上仍存在争议。自凯恩斯以来,宏观经济学在创新中不断发展与完善,我们将在第十五章回顾宏观经济学的发展历程。

四、致谢

本书的写作是集体的成果。北京大学国家发展研究院的多名博士后、博士和硕士研究生对本书的写作做出了大量的贡献,他们分别是林雨晨、郑纯如、黑烨、卢鑫、蓝锦海、郭兰滨、王吉明、解恩泽、高恺琳、梁庆丰、钟腾龙、王霄彤。此外,北京大学习近平新时代中国特色社会主义思想研究院的陈佳也提供了大量宝贵的参考资料,在此一并鸣谢。

余淼杰　于鸿君

2021 年 5 月

目 录

第一篇 宏观经济学概述

第一章 宏观经济指标与生活水准衡量指标 (3)
- 第一节 宏观经济指标 (3)
- 第二节 生活水准衡量指标 (19)
- 第三节 中华人民共和国宏观经济变迁 (24)
- 第四节 小结 (38)
- 内容提要 (39)
- 关键概念 (40)
- 练习题 (40)

第二章 中华人民共和国经济发展 (42)
- 第一节 经济建设成就 (42)
- 第二节 人民生活水平 (57)
- 第三节 基础设施建设 (63)
- 第四节 小结 (77)
- 内容提要 (77)
- 关键概念 (78)
- 练习题 (78)

第二篇 长期经济增长

第三章 产出与长期经济增长 (81)
- 第一节 经济增长的事实 (82)
- 第二节 经济增长的源泉 (94)
- 第三节 "中等收入陷阱" (102)
- 第四节 小结 (113)
- 内容提要 (113)
- 关键概念 (114)
- 练习题 (114)

第四章 宏观视角下的消费、储蓄与投资 (115)
- 第一节 消费 (115)
- 第二节 储蓄 (128)
- 第三节 投资 (135)
- 第四节 储蓄与投资的关系 (148)
- 第五节 小结 (150)
- 内容提要 (151)
- 关键概念 (151)
- 练习题 (151)

第五章 就业与经济周期 (153)
- 第一节 劳动力市场 (154)
- 第二节 就业与失业 (163)
- 第三节 经济周期 (170)
- 第四节 小结 (179)
- 内容提要 (179)
- 关键概念 (180)
- 练习题 (180)

第六章 货币、银行与金融 (181)
- 第一节 货币系统 (181)
- 第二节 银行 (188)
- 第三节 金融 (196)
- 第四节 小结 (202)
- 内容提要 (203)
- 关键概念 (203)
- 练习题 (203)

第七章 利率、物价与通货膨胀 (204)
- 第一节 通货膨胀 (204)
- 第二节 通货膨胀与利率 (212)
- 第三节 通货膨胀与失业：菲利普斯曲线 (220)
- 第四节 小结 (222)
- 内容提要 (222)
- 关键概念 (223)
- 练习题 (223)

第三篇 短期经济波动

第八章 宏观经济运行中的短期波动 (227)
- 第一节 总需求与总供给 (227)
- 第二节 短期波动的理论分析——IS-LM模型 (238)

第三节　宏观调控的理论分析——IS-LM 模型与决策 …………………………（249）
   第四节　短期波动的其他分析框架 ……………………………………………（258）
   第五节　小结 ……………………………………………………………………（264）
   内容提要 …………………………………………………………………………（265）
   关键概念 …………………………………………………………………………（265）
   练习题 ……………………………………………………………………………（265）

第九章　宏观经济调控：财政政策 ………………………………………………（267）
   第一节　财政政策的基本理论 …………………………………………………（267）
   第二节　中国的财政状况及财政政策取向 ……………………………………（283）
   第三节　宏观经济调控与中国财政体制变迁 …………………………………（292）
   第四节　小结 ……………………………………………………………………（308）
   内容提要 …………………………………………………………………………（309）
   关键概念 …………………………………………………………………………（309）
   练习题 ……………………………………………………………………………（309）

第十章　宏观经济调控：货币政策 ………………………………………………（310）
   第一节　货币政策基本理论 ……………………………………………………（310）
   第二节　中国的货币政策 ………………………………………………………（315）
   第三节　中央银行体制与货币政策的发展历程 ………………………………（324）
   第四节　小结 ……………………………………………………………………（342）
   内容提要 …………………………………………………………………………（343）
   关键概念 …………………………………………………………………………（343）
   练习题 ……………………………………………………………………………（343）

第十一章　产业政策与国有企业 …………………………………………………（344）
   第一节　产业政策 ………………………………………………………………（344）
   第二节　1978 年前的国有企业和产业布局 …………………………………（349）
   第三节　国有企业改革、发展与现状 …………………………………………（369）
   第四节　小结 ……………………………………………………………………（377）
   内容提要 …………………………………………………………………………（377）
   关键概念 …………………………………………………………………………（378）
   练习题 ……………………………………………………………………………（378）

第四篇　国际开放经济学

第十二章　国际开放宏观经济学 …………………………………………………（381）
   第一节　开放经济中的国民收入核算 …………………………………………（382）
   第二节　国际收支账户和国际收支平衡表 ……………………………………（386）
   第三节　需求侧视角下的开放经济增长与宏观经济政策 ……………………（395）
   第四节　供给侧视角下的开放经济增长与宏观经济政策 ……………………（400）
   第五节　小结 ……………………………………………………………………（407）

内容提要	(408)
关键概念	(409)
复习题	(409)

第十三章　关税与贸易全球化 (410)
第一节　国际贸易概况	(411)
第二节　贸易政策理论与实践	(427)
第三节　全球化：自由贸易与保护贸易的交织	(438)
第四节　小结	(444)
内容提要	(446)
关键概念	(446)
练习题	(447)

第十四章　汇率与国际金融体系 (448)
第一节　汇率	(448)
第二节　汇率决定理论	(456)
第三节　国际金融体系	(464)
第四节　小结	(474)
内容摘要	(475)
关键概念	(475)
练习题	(476)

第五篇　当代宏观经济学流派

第十五章　当代主要宏观经济学流派 (479)
第一节　马克思主义政治经济学及其发展	(480)
第二节　古典经济学与凯恩斯经济学	(483)
第三节　政府干预主义思潮下的宏观经济学流派	(487)
第四节　自由主义思潮下的宏观经济学流派	(494)
第五节　小结	(502)
内容提要	(502)
关键概念	(503)
练习题	(503)

第一篇 宏观经济学概述

第一章 宏观经济指标与生活水准衡量指标

概括地说,宏观经济学(Macroeconomics)是一门将国民经济作为一个整体并研究其经济行为的学科,其与研究个体(如消费者、企业)经济行为的微观经济学,共同构成现代经济学的两大分支。按照研究对象的属性划分,微观经济学探索微观主体的经济行为及其变动规律;宏观经济学考察经济总量的决定方式及其变动规律,更强调从整体视角对经济运行趋势进行判断和预测。

尽管微观经济学与宏观经济学在研究视角、研究对象与研究范围方面存在差异,但是自20世纪70年代以来,不少宏观经济学家开始强调微观基础对于构建宏观经济理论的重要性,从构成宏观经济模型基础的个体行为决策出发进行宏观问题的研究,为宏观经济理论建立微观基础成为近40年来宏观经济学的重要研究问题之一。

作为研究整体经济的学科,宏观经济学的研究首先需要对整体经济的运行进行监测,了解整体经济的运行状况,这就要求有一套衡量经济行为的宏观指标。本章将介绍用于反映整体经济运行状况的常用指标,包括宏观经济指标与生活水准衡量指标两个维度,并对中国的相关宏观经济数据做出描述。

第一节 宏观经济指标

一、衡量经济体的经济活动:GDP 指标

(一) 如何衡量经济体的经济活动?

在宏观经济学中,我们一般使用经济体的概念作为一个区域的经济整体的统称。经济体既可以是一个国家(如中国、俄罗斯、美国等),也可以是一个地区(如中国的广东、台湾、香港等地区),还可以是由多个国家和地区组成的一个区域(如欧元区、非洲、独联体等)。

如何衡量一个经济体的经济运行状况呢?对于个体,我们可以通过其工资收入额、日常开销额、房车状况等与收入、支出相关的指标来判断其经济状况。这种通过衡量个体收入与支出水平来判断其经济状况的方式同样适用于对经济体整体经济运行状况的分析,即把经济体作为整体讨论其收入与支出情况,进一步评价其总体经济运行状况。

经济体的整体经济支出是指用于经济体中生产的物品与劳务的总支出,而经济体的整体经济收入是指经济体中所有个体的总收入。当我们衡量某一经济体在一段时间内的收支情况时,其总收入与总支出总是相等的。这是因为,在每一次经济活动中,总是存在买卖双方,

物品或劳务的买方的支出,就是对应的卖方的收入,所以,每一次经济活动中的收入与支出总是相等的。当我们讨论经济体在一段时间内的整体经济活动时,需要对这段时间内所有的经济活动所产生的收入与支出分别进行加总,由此得到经济体的总收入与总支出,在这种情况下,经济体的总收入与总支出应当总是相等的。①

在具体衡量经济体的总收入与总支出时,经济学家和决策者最常用到的,也是目前最为重要的指标是国内生产总值(Gross Domestic Product,GDP)。由于经济体的总收入与总支出总是相等的,因此我们使用GDP能够同时衡量经济体的收入与支出。本小节接下来的部分将对GDP的含义、组成、核算方法及相关问题进行具体介绍。

(二) GDP 的含义

我们在日常新闻中时常能够听到有关GDP的信息,例如中国2019年GDP增速能否"保6"? 中国的人均GDP能否在2019年突破1万美元大关? 哪个国家是世界上GDP增速最快的国家? 当我们在讨论一个国家或地区的经济体量、经济增速等宏观经济状况时,GDP是最重要的指标之一。在详细介绍GDP的含义之前,我们先通过一个例子来了解全球视角下的中国宏观经济。

■ 相关资料
全球视角下的中国宏观经济

由于GDP衡量了一个经济体的整体经济运行状况,因此我们时常使用GDP排名来衡量各个国家和地区的相对经济实力。

图1-1反映了1980年、1990年、2000年、2010年和2018年全球GDP排名前十位的国家

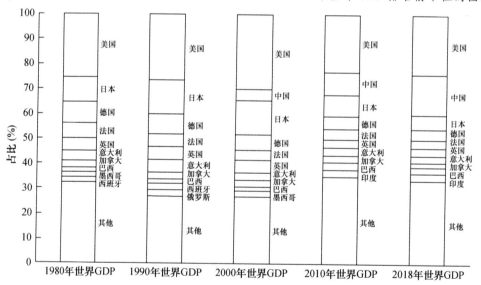

图 1-1 世界主要经济体 GDP 排名变迁
资料来源:世界银行数据库(World Bank DataBank)。

---

① 本章将在后面的内容中具体介绍经济体的总收入与总支出为何相等。

的 GDP 占全球 GDP 总量的比重。可以看出，GDP 排名前十位的国家的 GDP 之和占全球 GDP 总量的 2/3。近 40 年来，全球 GDP 排名前十位的国家较为稳定，美国、加拿大、日本、英国、法国、意大利等发达国家的 GDP 始终处于世界前列，而经济发展较快的新兴经济体如中国、印度、墨西哥、巴西等，也在部分年份进入全球前十位之中。长期以来，日本和德国都是仅次于美国的全球第二大和第三大经济体，但随着中国经济的迅速发展，从 1992 年起中国 GDP 进入全球前十位，并于 2007 年超过德国成为全球第三大经济体，2010 年超过日本成为仅次于美国的全球第二大经济体。不过，需要注意的是，美国作为全球第一大经济体，其 GDP 始终占全球 GDP 总量的 20% 以上，2018 年美国 GDP 占全球 GDP 总量的比重为 23.9%，而中国 GDP 占全球 GDP 总量的比重仅为 15.8%，中国的经济发展水平与美国仍然存在差距。

图 1-2 刻画了 1980—2018 年世界主要经济体名义 GDP 的增长趋势，可以看出，美国经济在过去 40 年整体保持了平稳增长的态势。中国经济虽然在 20 世纪 80 年代增长相对较慢，但 1995 年后进入了长期的快速增长阶段。相比之下，日本经济在经历了 20 世纪 80 年代的快速增长之后，由于 20 世纪末泡沫经济的崩溃，进入了长达 20 年的低迷期。而欧盟在经历了 20 世纪 80 年代以来的持续增长后，受 2008 年全球金融危机和 2009 年欧债危机的影响，经济也处于增长缓慢的低迷状态，近年来增长率有所回升。此外，需要注意的是，欧盟在 2004 年出现了自成立以来最大规模的扩盟，10 个东欧国家同时入盟，欧盟规模扩张带来的统计口径变动，也会对图 1-2 中欧盟 GDP 的增长趋势产生影响。

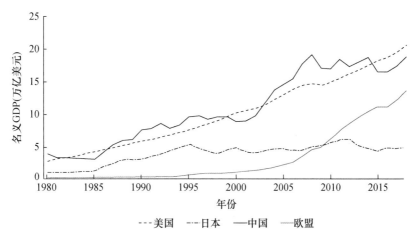

图 1-2　世界主要经济体名义 GDP 增长趋势（1980—2018 年）
资料来源：世界银行数据库。

GDP 能够反映一个经济体的发展水平，现在来进一步介绍 GDP 的含义。GDP 是指一个经济体在一定时期内所生产的所有最终产品（物品和劳务）的市场价值之和。这里，GDP 被视作总支出的度量，有以下几点需要注意：

一个经济体。GDP 衡量的是一定地理范围内经济的总产出或总收入，在一个经济体的地理范围内生产的最终产品都会被计入该经济体的 GDP。例如，一个瑞士公民在中国拥有一个工厂，那么这个工厂生产的最终产品的价值将会被计入中国的 GDP 而非瑞士的 GDP。GDP 的计算考虑的是生产的地点，而非生产资料所有者的国籍，即属于"居民"而非"国民"的概念范畴。

一定时期内。GDP衡量的是"某一特定时期内"一个经济体生产的最终产品的市场价值,可以是一年,也可以是一个季度,还可以是一个月。GDP反映了这段时间内经济活动产生的变量,即经济活动的流量而非存量。例如,如果一个人在2019年从中介处购买了一套建成于2017年的、价值1 000万元的房产,那么这1 000万元不能被计入2019年的GDP,因为这套房产是2017年建成的,其价值应当被计入2017年的GDP,但是在交易过程中支付给中介的服务费则作为新创造的劳务价值,需要计入2019年的GDP。

生产。GDP是一定时期内生产而非销售的最终产品的市场价值,是根据生产的时间而非销售的时间计算的。例如,一家企业在2019年生产了价值10万元的最终产品,但当年仅销售了8万元的产品,那么这10万元都将被计入2019年的GDP,其中8万元是消费,其余2万元是存货投资。

最终产品。GDP考察的是一个经济体生产的最终产品的价值,作为中间产品存在的物品或劳动的价值则不被计入,以避免重复计算,因为中间产品的价值已经被包含在最终产品的价值中计入了GDP。例如,一个黑龙江省的农民收获了价值100元的大米,卖给广西壮族自治区的食品厂制成了价值300元的米粉并送往商场销售,那么在GDP核算时,只能计入米粉的300元,而不能再计入大米的100元。但是,需要注意的是,黑龙江省计算GDP时会计入大米的100元,广西壮族自治区计算GDP时会计入米粉的300元,倘若计算中国的GDP时直接将各个地区的GDP加总,就会导致重复计算的问题,因此计算一国的GDP时,不能将各个地区的GDP进行简单加总,而是应当整体考虑一国范围内生产的最终产品的价值。

物品和劳务。有形物品如大米、石油等的价值,和无形的劳动价值如演唱会门票、家政服务费、英语辅导班学费等,都作为产值的一部分计入GDP。

市场价值。由于市场价值反映的是人们对各种产品的支付意愿,因此GDP使用由货币价格代表的市场价值来衡量经济体中生产的最终产品的价值。例如,同样是进行家务劳动,如果是由雇用保姆完成,则有市场价值,但如果是由自己完成,则不存在相应的市场价值,不会被计入GDP。

此外,一个地区的GDP也被称为地区生产总值,在中国,地方统计部门还会核算省、市乃至区县层面的GDP。

相关资料
中国的区域经济发展

中国幅员辽阔,不同地区的经济基础、资源禀赋、政策条件不同,使得各个地区的经济发展水平存在较大差异,区域经济发展不平衡近年来已经成为中国经济发展面临的重要问题。其中,东部一些省市的经济发展水平已经接近发达国家水平,而一些经济发展起步晚、增速慢的省市,其经济发展水平则与一些中低收入国家大体持平。

图1-3利用2018年中国各省份(不包含港澳台地区)的GDP数据,绘制了与其GDP体量相当的国家对比图。可以看到,2018年中国省级行政区中GDP最高的广东省,其GDP体量相当于澳大利亚;经济发展水平相对较高的江苏省、山东省等,其GDP体量分别相当于西班牙和墨西哥;经济发展水平处于全国中等水平的陕西省、江西省,其GDP体量分别相当于以色列和菲律宾;而经济发展水平相对较低的青海省、西藏自治区,其GDP体量则分别相当于科特迪瓦和巴布亚新几内亚。

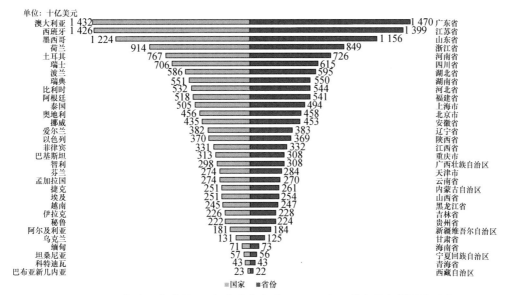

图 1-3　2018 年中国各省份(不包含港澳台地区)GDP 与同等经济规模国家对比
资料来源:世界银行数据库、国家统计局。
注:中国各省份(不包含港澳台地区)GDP 按国家统计局公布的 2018 年美元兑人民币平均汇率进行换算。

图 1-3 中的柱状图反映出中国各省份的经济发展水平仍然存在较大差距。为了进一步探究这个问题,图 1-4 描绘了 2018 年中国 GDP 排名全国前十位的省份(不含港澳台地区)的 GDP 占全国 GDP 总量的比重,图 1-5 则描绘了 2018 年中国三大地区(不含港澳台地区)的 GDP 占全国 GDP 总量的比重。从图 1-4 中可以看出,排名前十位的省份的 GDP 占全国 GDP 总量的 60% 左右,其中 GDP 占比最高的广东省和江苏省,分别占到了全国 GDP 总量的 11% 和 10%。同时,GDP 排名靠前的省份中,有 6 个省份(广东省、江苏省、山东省、浙江省、河北

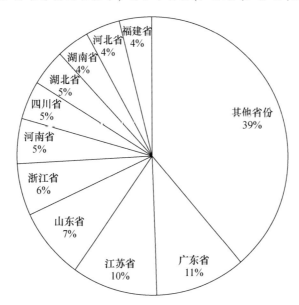

图 1-4　2018 年中国各省份 GDP 占全国 GDP 总量的比重
资料来源:国家统计局。

省、福建省)位于东部地区,3个省份(河南省、湖北省、湖南省)位于中部地区,仅有1个省份(四川省)位于西部地区。图1-5进一步表明,尽管西部各省份的面积占全国总面积的70%,但是其GDP仅占全国GDP总量的20%,而东部地区作为中国长期以来人口密集、经济发达的地区,GDP占全国GDP总量的55%。这一系列数据表明,减少区域经济发展不平衡是中国未来经济发展中亟待解决的问题。

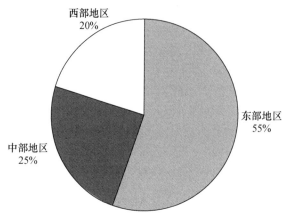

图1-5 2018年中国三大地区GDP占全国GDP总量的比重
资料来源:国家统计局。

(三) GDP 的核算方法

GDP的核算方法主要包括支出法、收入法和生产法,下面依次介绍三种方法的核算方式,并说明三种方法之间的关系。

1. 支出法

支出法核算一个经济体在一定时期内购买最终产品的总支出,这种核算方法将GDP(Y)分成四个组成部分,即消费(C)、投资(I)、政府购买(G)和净出口(NX)。在支出法核算中,一个经济体的所有支出都能够分别被归入上述四个类别中,从而能够得到如下恒等式:

$$Y = C + I + G + \text{NX} \tag{1-1}$$

消费是指居民除购买房产(计入投资)之外用于购买物品和劳务的支出,既包括家具、食品、衣服等有形的物品,也包括健身、教育、医疗等无形的劳务。

投资是指资本资产的增加或变动,可以理解为对用于生产其他物品的生产资料的购买,一般包括固定资产形成总额、存货变动两个部分。其中,固定资产形成总额包括新建成的家用住宅、厂房及其他建筑物、机器设备等固定资产增加的价值总额,存货变动是指企业存货市场价值的变动。

政府购买是指政府用于购买物品和劳务的支出,如政府工作人员的薪水支出、政府提供公共服务时的支出等。需要注意的是,失业救济金、养老金等政府转移支付手段,以及农产品价格补贴、公债利息等支出,其本质是政府收入在不同社会群体之间进行的再分配,没有用于购买现期生产的物品或劳务,因此不属于政府购买,不会被计入GDP。

净出口是一个经济体出口额与进口额的差额,可以视作其他经济体对本经济体生产的物品与劳务的购买(出口)减去本经济体对其他经济体生产的物品与劳务的购买(进口)。进口的物品与劳务作为其他经济体生产的最终产品,无论用于消费、投资还是政府购买,都不属于本经济体生产的最终产品,应当被计入其他经济体而非本经济体的GDP。因此,需要在GDP的核算中相应地减去进口额,将净出口计入GDP。

需要说明的是,包括中国在内的一些国家和地区在统计GDP时,最终消费支出一项包含居民消费支出与政府消费支出两个部分,因此在现实中,GDP的核算时常会被分解为消费、投资和净出口三个部分,即通常所说的拉动经济增长的"三驾马车"。

支出法根据一个经济体内部购买最终物品与劳务所支付的货币总量来衡量该经济体的GDP,是一种从总支出的角度来度量经济活动的核算方法。除了支出法,常用的GDP核算方法还有收入法与生产法。

2. 收入法

收入法根据一个经济体内部所有经济主体获得的收入之和来衡量该经济体的GDP,是一种从总收入的角度来度量经济活动的核算方法。一个经济体在一定时期内的经济活动所创造的价值,最终都会被分配到经济体内各个经济主体上,例如个人的工资、企业的利润等,将这些收入加总,就能够得到一个经济体在一段时间内经济活动的总收入。一个经济体的总收入具体可以分解为:① 要素收入,包括作为劳动要素收入的工资、奖金,作为资本要素收入的利息,作为土地要素收入的租金等;② 企业生产经营活动所获得的利润;③ 包含消费税、增值税等税种在内的间接税;④ 固定资产折旧。

3. 生产法

生产法将一个经济体内部经济活动的每一个环节产生的增加值进行加总来衡量该经济体的GDP。最终产品的生产需要经过多个环节,每一个环节都会产生增加值,即该环节产出的总价值减去该环节购买的中间产品的价值,因此,最终产品的价值能够通过对生产该产品过程中每一个环节产生的增加值的加总得到,同时,对各个经济环节增加值的加总,可以避免核算GDP时出现重复计算的问题。

4. 不同核算方法之间的关系

本节前文曾经提到,GDP反映的是经济活动的总收入或总支出,在一定时期内一个经济体的总收入与总支出总是相等的。因此,衡量GDP的三种核算方法,即支出法、收入法和生产法所得到的计算结果在理论上应当始终相等。本部分将利用某经济体循环流量图(见图1-6)具体阐释这一问题。

在图1-6中,假设家庭是物品与劳务市场的购买者、生产要素市场的提供者,企业则是物品与劳务市场的提供者、生产要素市场的购买者,家庭使用其全部收入进行购买。企业在生产要素市场购买劳动力、土地和资本等生产要素,家庭则在物品与劳务市场购买企业生产的产品。如果按照收入法计算,则可以加总家庭通过生产要素市场获得的、由企业支付的总收入;如果按照支出法计算,则可以加总家庭在物品与劳务市场进行购买的总支出;而如果按照生产法计算,则可以将生产的各个环节的增加值进行加总,得到与最终产品价值相同的结果。因此,无论按照哪一种方法计算,得到的GDP总是相等的。在现实世界的经济核算中,统计误差的存在会使三种核算方法的计算结果存在一定的出入,但不会有很大的偏差。

我们可以进一步通过表1-1的例子来理解三种核算方法的相互联系。假设在一个经济体中,农民通过耕作可以收获价值100元的甘蔗,并将甘蔗卖给制糖厂;制糖厂将甘蔗加工成价值300元的砂糖,并将砂糖卖给食品厂;食品厂将砂糖加工成价值800元的糖果,并将糖果卖给超市;超市最终以1 000元的价格将糖果卖出。按照支出法,该经济体中的最终产品是售价1 000元的糖果,因此由支出法核算的GDP为1 000元;按照收入法,农民的收入为100元,

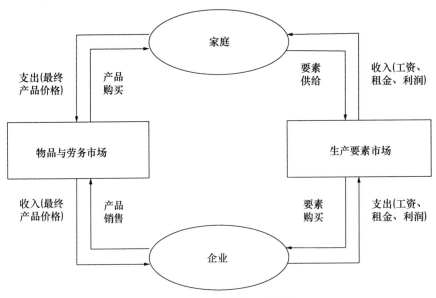

图 1-6　某经济体循环流量图

制糖厂的利润为 200 元,食品厂的利润为 500 元,超市的利润为 200 元,加总收入得到由收入法核算的 GDP 为 1 000 元;按照生产法,在农民、制糖厂、食品厂和超市四个环节中,增加值分别为 100 元、200 元、500 元和 200 元,加总增加值得到由生产法核算的 GDP 为 1 000 元。因此,由三种核算方法得到的 GDP 总是相等的。

表 1-1　GDP 的核算

生产者	购买	销售	增加值	收入
农民	无	100 元的甘蔗	100 元	100 元
制糖厂	100 元的甘蔗	300 元的砂糖	200 元	200 元
食品厂	300 元的砂糖	800 元的糖果	500 元	500 元
超市	800 元的糖果	1 000 元的销售额	200 元	200 元

相关资料
中国国民经济核算体系的变迁

20 世纪以来,世界各国使用的国民经济核算体系主要包括物质产品平衡表体系(Material Product Balance System, MPS)和国民账户体系(System of National Accounts, SNA)。其中,SNA 是第二次世界大战后由联合国等国际组织制定的核算体系,1953 年发布第一版,1968 年、1993 年和 2008 年国际组织先后对 SNA 进行多次调整,2008 年发布的新版 SNA 是当今大多数国家国民经济核算体系的重要依据。而 MPS 最初由苏联在 20 世纪 20 年代设计完成,并在第二次世界大战后逐渐被中国和东欧社会主义国家引入。

中华人民共和国成立以来,为了适应中国经济社会的发展程度,中国的国民经济核算体系整体上经历了从 MPS 向 SNA 的转变,这一发展历程具体可以被分为三个阶段:20 世纪 50 年代至 70 年代的 MPS 阶段,20 世纪 80 至 90 年代 MPS 向 SNA 的过渡阶段,以及 1993 年至今的 SNA 阶段。

1. MPS 阶段

1952年，国家统计局首次在全国范围内开展工农业总产值调查，确立了工农业总产值核算制度，并于1953年基于MPS的框架开始对国民收入进行核算。1956年，中国先后编制了社会产品生产、积累和消费平衡表，社会产品和国民收入生产、分配、再分配和最终使用平衡表，劳动力资源和分配平衡表等，MPS制度在中国基本确立。这一核算体系与中国当时实行的高度集中的计划经济体系相适应，为制订国民经济计划、管理国民经济运行做出了重要贡献。

MPS的核心是国民收入核算，中国的国民收入核算覆盖农业、工业、建筑业、运输业和商业五大物质生产部门，由生产核算和使用核算两个部分组成，核算方法包括现价核算和不变价核算两种，现价核算使用的是现期的产品价格，不变价核算则是根据各种产品的不变价格进行换算，不变价格由国家统计局及相关部门制定。由于不同部门不变价核算的规则有所不同，且较为复杂，我们在此仅简单介绍现价核算。

生产现价核算的公式为：

$$国民收入现价生产额 = 农业净产值 + 工业净产值 + 建筑业净产值 + 运输业净产值 + 商业净产值$$

净产值又有生产法与收入法两种核算方法：

$$生产法净产值 = 总产值 - 物质消耗$$

$$收入法净产值 = 工资 + 职工福利基金 + 利润 + 税金 + 利息 + 其他$$

在进行核算时，不同年份、不同部门使用的核算方法有所不同。一般而言，农业部门多采用生产法，其他四个部门则以收入法为主。

使用现价核算的公式为：

$$国民收入现价使用额 = 消费总额 + 积累总额$$
$$= 居民消费 + 社会消费 + 固定资产积累 + 流动资产积累$$

与GDP核算不同，根据上述公式计算的国民收入现价使用额没有包含净出口。

2. MPS 向 SNA 的过渡阶段

1978年改革开放后，中国的经济体制与经济结构较计划经济时期发生了明显变化，对国民经济核算体系提出了新的要求。MPS下的国民收入仅涵盖物质生产部门，不包括非物质生产部门。而金融业、房地产业等诸多非物质服务业，随着改革开放在中国蓬勃发展，继续沿用MPS将无法全面反映中国的经济社会发展状况。与此同时，MPS主要在苏联和东欧社会主义国家使用，中国改革开放后与世界各国的经济联系日益密切，也需要对现有核算体系进行改革，建立与国际通用标准接轨的新体系。

1985年，国家统计局基于SNA，在国民收入的基础上开始进行GDP的核算，GDP核算的确立标志着中国的国民经济核算体系开始从MPS向SNA转变。此后，国民收入核算的重要性逐渐下降，最初作为国民收入补充的GDP逐渐成为国民经济核算的主要指标。同时，为了使宏观经济历史数据具有可比性和连续性，在进行核算体系改革后，中国对1952—1984年的GDP数据进行了补充。

在从MPS向SNA过渡的阶段，GDP核算最初作为国民收入的补充，是建立在MPS的基础上的，包括GDP生产核算和GDP使用核算两个指标，采用现价核算与不变价核算两种核算方法，这里我们仅简要介绍这一阶段GDP的现价核算方式。

现价GDP生产核算首先将五大物质生产部门的净产值调整为现价增加值后加总，其中现价增加值 = 净产值 - 非物质服务支出 + 现价固定资产折旧，同时加入非物质生产部门的现价增加值。而现价GDP使用核算 = 总消费 + 总投资 + 货物和服务净出口。这里现价GDP使用核算的核算方式，已经与GDP支出法的核算方式基本一致了。

3. SNA 阶段

在过渡阶段,国民收入核算相对于 GDP 核算的重要性逐渐下降,中国的国民经济核算体系随着改革开放后的经济社会发展不断更新完善。1993 年,中国取消了 MPS 下的国民收入核算,进入了 SNA 下的国民经济核算的新阶段。在这一阶段,中国在总结前期国民经济核算体系改革的经验,参考联合国 1993 年版 SNA 的基础上,制定了《中国国民经济核算体系(2002)》,取消了物质生产部门与非物质生产部门的区分,并对行业分类、政府部门分类等技术标准做出了调整。

这一阶段国民经济核算体系改革的另一个重点是 2004 年第一次全国经济普查,这次普查获得了大量有关中国经济运行的基础数据。利用这次普查得到的详细资料,国家统计局对 GDP 核算在资料来源、生产范围、基本分类、计算方法、具体问题处理方法、GDP 数据等方面进行了修订,并对 1993—2004 年的 GDP 数据进行了相应调整。

目前中国实行的国民经济核算体系是针对 2008 年版 SNA 进行全面、系统修订的《中国国民经济核算体系(2016)》。图 1-7 反映了目前国民经济核算体系的基本框架,其中相较于《中国国民经济核算体系(2002)》,此次修订中比较重要的内容包括:① 引入知识产权产品的概念,将研发作为固定资产的组成部分纳入 GDP 核算;② 引入经济所有权的概念,经济所

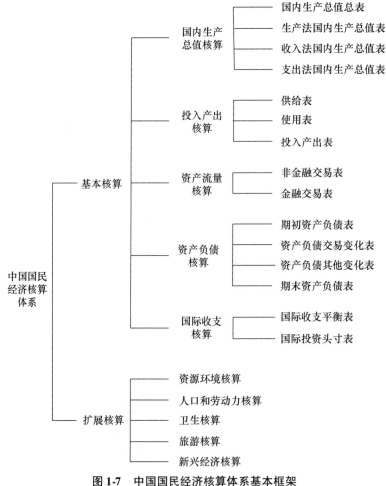

图 1-7 中国国民经济核算体系基本框架

有权是与法定所有权相对应的概念,是指经营相关实体(如货物和服务、自然资源、金融资产和负债),承担有关风险,从而享有相应经济利益的权利,纳入这一概念,有助于厘清中国农村土地承包经营权是否纳入农民收入的问题;③引入市场租金法,对城镇居民自有住房服务价值进行虚拟计算;④引入实物社会转移的概念,即政府与为住户服务的非营利机构免费或以没有显著经济意义的价格提供给住户的消费性货物和服务,这一部分的引入有助于更全面地反映居民的实际消费水平;⑤将雇员股票期权计入劳动者报酬。

资料来源:
[1] 国家统计局《关于印发国民生产总值计算方案(征求意见稿)的通知》,1985年。
[2] 国家统计局《中国国民经济核算体系(2016)》,2017年。
[3] 朱启贵.世纪之交:国民经济核算的回顾与前瞻[J].统计研究,2000(11):15-28。
[4] 国家统计局国民经济核算司.我国国民经济核算的历史性转变从MPS到SNA[J].中国统计,2008(8):7-8。
[5] 许宪春.中国国民经济核算与统计问题研究[M].北京:北京大学出版社,2010。
[6] 许宪春.国际标准的修订与中国国民经济核算体系改革研究[M].北京:北京大学出版社,2014。
[7] 许宪春,吕峰.改革开放40年来中国国内生产总值核算的建立、改革和发展研究[J].经济研究,2018,8(53):4-19。
[8] 联合国,欧盟委员会,经济合作与发展组织,等.2008年国民账户体系[M].中国国家统计局国民经济核算司,中国人民大学国民经济核算研究所,译.北京:中国统计出版社,2012。

(四) 名义 GDP 与实际 GDP

1. 名义 GDP 与实际 GDP 概述

GDP 的核算方法依赖于由货币价格反映的市场价值,到目前为止,我们所使用的 GDP 的概念,是采用经济体在一定时期内生产的最终产品(物品和劳务)的现期价格计算其市场价值的。因此,在对一个经济体的 GDP 进行跨期比较时,GDP 的上升和下降会存在三种不同的可能:一是经济体生产的最终产品的产量变化导致了 GDP 的变化,二是经济体生产的最终产品的价格变化导致了 GDP 的变化,三是产量和价格同时发生了变化。在分析 GDP 的变动趋势时,我们为了区分产量与价格的变化,引入名义 GDP 与实际 GDP 的概念。

在计算一个经济体在一定时期内所生产的所有最终产品的市场价值之和时,名义 GDP 使用的是现期价格,而实际 GDP 使用的是不变价格,即以某一年为基年,以基年的物品与劳务的价格为不变价格进行计算,衡量经济体在某一特定时期内生产的、不受市场价格变化影响的物品与劳务的总产量。当我们使用实际 GDP 来考察 GDP 的跨期变动时,由于使用了不变价格,得到的 GDP 变化来自这一时期内生产的最终产品总产量的变化。

2. 实际 GDP 的计算方法

在表1-2 中,我们假设一个经济体只生产衣服和玉米两种最终产品,该表反映了2017年、2018年和2019年该经济体中两种产品的产量和价格。

表 1-2　某经济体的产出与价格

年份	衣服价格(元)	衣服产量(件)	玉米价格(元)	玉米产量(个)
2017	20	100	1	500
2018	25	200	2	700
2019	30	300	3	750

使用现期价格计算名义 GDP,可以分别得到 2017—2019 年的名义 GDP 为:

2017 年名义 GDP = 100 件衣服 × 每件衣服 20 元 + 500 个玉米 × 每个玉米 1 元
　　　　　　　　= 2 500(元)

2018 年名义 GDP = 200 件衣服 × 每件衣服 25 元 + 700 个玉米 × 每个玉米 2 元
　　　　　　　　= 6 400(元)

2019 年名义 GDP = 300 件衣服 × 每件衣服 30 元 + 750 个玉米 × 每个玉米 3 元
　　　　　　　　= 11 250(元)

以 2017 年为基年,使用基年价格计算实际 GDP,可以分别得到 2017—2019 年的实际 GDP 为:

2017 年实际 GDP = 100 件衣服 × 每件衣服 20 元 + 500 个玉米 × 每个玉米 1 元
　　　　　　　　= 2 500(元)

2018 年实际 GDP = 200 件衣服 × 每件衣服 20 元 + 700 个玉米 × 每个玉米 1 元
　　　　　　　　= 4 700(元)

2019 年实际 GDP = 300 件衣服 × 每件衣服 20 元 + 750 个玉米 × 每个玉米 1 元
　　　　　　　　= 6 750(元)

如果选择 2018 年或 2019 年作为基年,则会得到不同的实际 GDP 计算结果。

(五) GDP 不能告诉我们什么?

尽管 GDP 是目前衡量一个经济体的经济活动最重要的指标之一,但是 GDP 并不能全面地刻画经济活动中的方方面面,也并非衡量经济福利的完美指标,GDP 在衡量经济活动时仍然存在以下一些问题:

第一,GDP 使用市场价值来衡量一个经济体生产的最终产品的价值,因此所有被包含进 GDP 中的最终产品需要从市场经济活动中产生并获得价值,而非市场经济活动由于不能被市场价值衡量,因此无法被计入 GDP。例如,同样的家务劳动,如果雇用保姆完成,则保姆的佣金会被计入 GDP,而如果自己完成,则劳动带来的增加值不会被计入 GDP。类似地,志愿者的服务虽然为社会福利的增进做出了贡献,但不会被计入 GDP。

第二,一些非正式部门的经济活动,比如地下经济,由于没有被统计部门记录,因此不会被计入 GDP。例如,一个人请邻居帮忙在假期照料宠物,并支付给邻居一定的报酬,这些报酬很难被政府部门记录在案,因此不会被计入 GDP。此外,由毒品交易、卖淫、赌博等非法行为构成的地下经济,尽管涉及大量的金钱交易,但显然不可能被计入 GDP。

第三,GDP 并不能很好地反映社会福利,难以体现居民的生活质量。例如,一个人在周末加班获得了额外的工资,并使得企业生产了更多的产品,这将会带来 GDP 的上升,但是个人因加班而失去了闲暇时间,由此带来的福利损失抵消了加班带来的福利收益,虽然 GDP 增加了,但我们很难判断社会福利是否增加。

第四，GDP无法很好地反映收入分配与社会不平等状况。例如，一个经济体由100个年收入为20万元的人组成，该经济体的GDP为2 000万元；而另一个经济体由5个年收入为400万元的人和95个没有收入的人组成，该经济体的GDP同样为2 000万元。尽管两个经济体的GDP相同，但是我们很难判断两个经济体的贫富差距、社会平等状况是一样的，GDP难以反映一个经济体内部个体之间的经济状况差异。

第五，经济活动对环境的影响难以被GDP准确衡量。例如，在政府监管存在漏洞的情况下，企业可能为了增加产出而选择减少在污染防治上的投入，虽然产出增加会提高GDP，但由此带来的环境污染问题则没有体现在GDP中。近年来，环境问题在全球范围内日益受到重视，2013年，联合国同多个国际组织共同发布了《环境经济核算体系(2012)》，为各国制定环境经济核算体系提供了国际统计标准。

随着经济的发展，GDP的核算标准在不断更新，例如知识产权、环境经济核算等逐步纳入了GDP的核算中，对于收入分配这样难以在GDP中衡量的因素，经济学家则使用基尼系数等指标进行度量。GDP虽然不能完美地反映居民的生活质量、幸福感，但整体而言，GDP与这些因素存在正相关关系，而且对于幸福感这样的主观因素，我们很难找到一个可以量化评估的指标。虽然GDP作为衡量一个经济体经济活动的指标存在一些问题，但它仍然是衡量一个经济体总收入与总支出的重要指标。

（六）人均GDP

除了使用GDP这个总量概念衡量一个经济体的经济活动，经济学家和决策者常用的另一个概念是人均经济量，即人均GDP的变动。人均GDP是用GDP总量除以人口总数之后的数值，是一个和GDP一样常用的、衡量经济发展水平的重要指标。

人均GDP剔除了人口规模变化的影响，刻画了经济体中每个人平均的收入与支出，相较于反映经济总量的GDP，人均GDP能够更好地反映经济体的平均福利，体现一个经济体的人均经济发展水平。因此，人均GDP是判断一个经济体是否成为发达经济体的重要标准之一。虽然不能完全等同于人均收入水平或生活水平，但人均GDP是衡量居民收入水平与生活水平的重要依据。2018年，中国的GDP总量达到13.6万亿美元，日本的GDP总量则为4.9万亿美元，而中国的人均GDP仅为9 770美元，日本的人均GDP则达到39 290美元[①]，虽然中国已经超过日本，成为全球仅次于美国的第二大经济体，但人均GDP水平并未达到世界前列，相较于日本等发达国家，中国在医疗卫生、社会保障、生态环境等社会发展的诸多方面仍有很大的提升空间。

图1-8反映了1980—2018年世界主要经济体人均GDP的增长趋势，其中美国的人均GDP增长较为稳健；欧盟的人均GDP波动上升，近年来受到全球金融危机和欧债危机的影响有所停滞；日本的人均GDP则在20世纪末泡沫经济崩溃后，出现了较长时间的增长停滞。与图1-2相比，尽管中国的GDP总量已经超越日本，并不断缩小与欧盟和美国的差距，但是中国的人均GDP长期以来都处于相对较低的水平。21世纪初中国的GDP总量呈现较为明显的增长趋势，2019年达到15.07万亿美元，人均GDP更是逼近1万美元大关，迈入中高收入国家行列，但是和世界主要发达经济体相比，中国的人均GDP水平仍然存在较大的提升空间。

人均GDP虽然是衡量一国居民收入水平的重要指标，但是并不能很好地反映一国居民

---

① 资料来源：世界银行数据库。

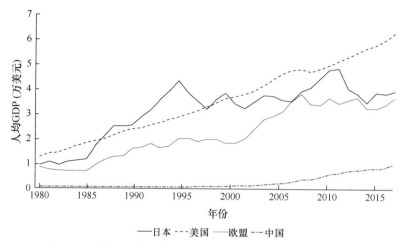

图 1-8 世界主要经济体人均 GDP 增长趋势（1980—2018 年）
资料来源：世界银行数据库。

的生活水准。例如，2018 年北京市人均 GDP 达到 14 万元，但是，如果我们考虑到北京市高额的生活成本，特别是高额的房价带来的房贷压力，那么一个在北京市生活并背有房贷、成为"房奴"的人，他的生活水准可能并不比一个生活在中国三线城市、免于高额生活成本压力的人要高。而像阿联酋、卡塔尔、科威特这样的产油国，丰富的自然资源带来大量出口，使得这些国家的人均 GDP 水平很高——2018 年，卡塔尔的人均 GDP 为 68 793 美元，高于美国的62 794 美元；阿联酋的人均 GDP 为 43 004 美元，与英国的人均 GDP 相当①——但是，对石油的严重依赖导致这些国家的经济结构失衡，不仅工业原材料、轻工业产品乃至农牧业产品依赖进口，教育、医疗、科技等领域的发展也较为有限，有限的石油资源更是为这些国家的可持续发展带来了不确定性。从人民生活水平和社会发展水平来看，我们很难仅凭人均 GDP 就将这些国家定义为发达国家，在国际货币基金组织的分类中，这些国家仍被归类为新兴经济体与发展中国家。

当我们采用人均 GDP 指标衡量一国居民的收入水平时，要注意它并不能很好地反映一国居民的生活水准，我们通常还会采用个人可支配收入、人均消费支出、消费价格指数等指标来衡量一国居民的生活水准，这些相关指标我们将在本章陆续介绍。

二、衡量经济活动的其他指标

在衡量一个经济体的经济活动时，除了 GDP，还有其他一些指标，它们与 GDP 涵盖的范围有所不同。综合不同的指标，我们可以更为全面地了解一个经济体宏观经济的运行状况。

（一）国内生产净值

在经济活动中，生产物品和劳务需要资本与设备的投入，生产过程中将不可避免地产生折旧，因此，我们使用国内生产净值（Net Domestic Product，NDP）来衡量一个经济体在一定时期内的总收入减去折旧后的市场价值。

---

① 资料来源：世界银行数据库。

（二）国民生产总值

国民生产总值(Gross National Product, GNP)是一个经济体的永久居民(即国民)在一定时期内所生产的所有最终产品(物品和劳务)的市场价值。GDP 衡量的是一个经济体地理范围内的生产总值,而 GNP 衡量的是一个经济体永久居民的生产总值。如本节前文所述,一个瑞士公民在中国拥有一个工厂,那么这个工厂生产的最终产品的价值将会被计入中国的 GDP 而非瑞士的 GDP,然而,如果我们用 GNP 来核算,那么这个工厂生产的最终产品的价值将会被计入瑞士的 GNP 而非中国的 GNP。

如果一个经济体的大部分永久居民都在本国或本地区生活、工作,那么 GDP 与 GNP 的差异不会太大,但是在开放经济中,由于对外投资的存在,使得 GDP 与 GNP 存在差异。对于对外投资较多的经济体而言,居民在海外拥有资产、获得收入,使得该经济体的 GNP 高于 GDP。而对于接受外商直接投资较多的经济体而言,外国资本在本国拥有资产、获得收入,使得该经济体的 GDP 高于 GNP。

（三）国民生产净值

国民生产净值(Net National Product, NNP)是一个经济体的居民在一定时期内的总收入减去折旧后的市场价值。

（四）国民收入

国民收入(National Income, NI)是一个经济体的居民一定时期内在生产物品与劳务中获得的总收入,即生产最终产品创造的市场价值在各类生产要素所有者之间分配后,加总得到的总收入,包括工资、利息、租金和利润等。NI 与 NNP 的差异在于,前者包括企业补贴,但是不包括企业间接税。

（五）个人收入

个人收入(Personal Income, PI)是一个经济体的居民在一定时期内从各种途径获得的收入的总和。相较于 NI,PI 减去了社会保障税、企业未分配利润、企业所得税,增加了个人从政府获得的转移支付、公债利息等不属于生产要素报酬的收入。

（六）个人可支配收入

个人可支配收入(Disposable Personal Income, DPI)是一个经济体的居民在一定时期内可用于自由支配的收入的总和。相较于 PI,DPI 减去了个人所得税。

（七）三次产业构成

在中国的 GDP 核算中,会分别计算第一产业、第二产业、第三产业的增加值,加总三次产业增加值得到 GDP。通过将 GDP 分解为第一产业增加值、第二产业增加值和第三产业增加值,可以刻画出经济体的产业结构,反映出各个产业对 GDP 的贡献率和对 GDP 增长的拉动作用。

（八）各指标间的联系

各项宏观经济指标之间存在如下关系：

  国内生产总值(GDP)　　　　＋本国居民国外要素净收入
= 国民生产总值(GNP)　　　　－折旧
= 国民生产净值(NNP)　　　　＋其他调整(统计误差、企业补贴、企业间接税等)
= 国民收入(NI)　　　　　　　－企业未分配利润、企业所得税、社会保障税
　　　　　　　　　　　　　　＋转移支付、公债利息等不属于生产要素报酬的收入
= 个人收入(PI)　　　　　　　－个人所得税
= 个人可支配收入(DPI)

相关资料
GDP核算、国家能力与夜间灯光数据

长期以来，GDP在经济学研究中被视作衡量一个国家或地区经济发展水平与经济运行状况的重要指标，但是，对于GDP数据能否真实地反映宏观经济运行状况，特别是发展中国家经济运行状况的质疑声始终存在。批评者认为，相较于拥有成熟核算体系的发达国家，发展中国家实行国民经济核算的时间较短，统计体系较为落后，政府部门缺乏足够的资源进行大规模的统计工作，而部分国家时有发生的战乱造成的社会不稳定，更是阻碍了对经济运行状况持续的观测与记录，这些因素都可能导致发展中国家的GDP数据质量较低，无法准确反映经济运行状况。

中国GDP数据的真实性与准确性同样面临外界质疑：首先，自中华人民共和国成立以来，为了适应高度集中的计划经济体制，中国国民经济核算在很长一段时间内使用MPS，1985年起逐步采用联合国的SNA，经历了两种核算体系的混合使用后，直到1993年才开始完全实行适合社会主义市场经济体制的SNA，核算体系的变化在一定程度上会导致统计口径不一。其次，对服务业的低估、不变价GDP核算存在的价格指数缺口、地区分级GDP核算带来的重复计算等问题，都对中国GDP数据的质量产生了不利影响。最后，除了技术上的客观限制，一些研究提出，1985年起中国实行GDP分级核算制度，而GDP是考核地方官员的重要指标之一，因此不排除地方GDP被地方官员人为干扰的可能，从而造成GDP的高估。

由于发展中国家的GDP核算受到客观技术条件限制与政府部门人为干扰，经济学家们在不断寻求更客观的指标来补充GDP在衡量经济活动时存在的短板。在替代性指标中，近年来受到广泛关注的是由美国国家海洋和大气管理局(National Oceanic and Atmospheric Administration, NOAA)发布的全球夜间灯光数据。该数据是由美国国防气象卫星(Defense Meteorological Satellite Program, DMSP)自1992年起收集的全球各个地区每晚8:30至10:00的灯光亮度，并消除了月光、云层等自然条件带来的偏误。大多数经济活动都会有夜间表现，而灯光则是夜间表现最显著的特征。例如，居民楼夜间会亮灯，工厂厂区、商场在夜间也会有灯光照明。因此，一个地区的经济活动越活跃，其夜间灯光会越强烈。夜间灯光数据能够有效地反映一个地区的人口密度、经济活动的活跃程度。Elvidge et al. (1997)的研究发现，一国的夜间灯光与GDP存在显著的正相关关系。Chen and Nordhaus(2011)则进一步在地区层面表明，夜间灯光数据能够较为准确地反映地区经济发展水平，从而可以弥补发展中国家使用

GDP核算经济活动时存在的问题。而且,GDP一般以国家或地区为单位核算,而夜间灯光数据能够被分解为很小的网格,可以更为准确地衡量较小的地理范围内的经济活动状况。

我们通过美国国家航空航天局(National Aeronautics and Space Administration,NASA)公布的2016年全球夜间灯光地图①可以看到,夜间灯光强度较大的地区主要集中在美国东部、西欧、印度、中国东部、日本与韩国等,而非洲、南美洲、中亚等地区灯光强度较小,与全球经济活动的分布一致。在中国,夜间灯光强度最大的地区是长三角地区,珠三角地区和京津冀地区次之,整体而言,中部地区和东部地区灯光强度相对较大,西部地区灯光强度偏小,仅有西安周边和成都—重庆地区夜间灯光强度较大,这些夜间灯光强度特点也与中国的区域发展状况高度吻合。

资料来源:

[1] 许宪春.中国国民经济核算体系的建立、改革与发展[J].中国社会科学,2009(6):41-59+205。

[2] 陶然,苏福兵,陆曦,朱昱铭.经济增长能够带来晋升吗:对晋升锦标竞赛理论的逻辑挑战与省级实证重估[J].管理世界,2010(12):13-26。

[3] ELVIDGE C D, BAUGH K E, KIHN E A, KROEHL H W, DAVIS E R, DAVIS C W. Relation between satellite observed visible-near infrared emissions, population, economic activity and electric power consumption [J]. International Journal of Remote Sensing, 1997, 18(6): 1373-1379。

[4] CHEN X, NORDHAUS W D. Using luminosity data as a proxy for economic statistics [J]. Proceedings of the National Academy of Sciences, 2011, 108(21): 8589-8594。

[5] HENDERSON J V, STOREYGARD A, WEIL D N. Measuring economic growth from outer space [J]. American Economic Review, 2012, 102(2): 994-1028。

第二节 生活水准衡量指标

一、消费价格指数

(一) 含义

消费价格指数(Consumer Price Indicator, CPI)是反映一个经济体一定时期内居民一般所购买的物品与劳务价格水平变动的经济指标。

第一节介绍了如何使用GDP等指标衡量一个经济体的经济活动,但是GDP并不能反映有关生活水准的信息。例如,20世纪80年代刚刚改革开放时,中国有"万元户"的说法,即一个人的全年总收入达到了1万元,这一收入标准往往只有农村很少的专业户和城镇的个体工商户才能够达到,万元户在当时成为"富裕户"的代名词。然而,中国居民人均可支配收入在

---

① 参见 NASA. Earth at night: Flat maps [EB/OL]. [2021-06-21]. https://earthobservatory.nasa.gov/features/NightLights/page3.php。

2018年达到28 228元,可以说进入了"人均万元户"的时代,随着社会经济的发展,"万元户"早已不再是高收入的象征。但是,20世纪80年代的物价水平要远低于今天,我们并不能仅通过收入的变化来判断当下年收入超过1万元的个人的生活水准是否真的高于20世纪80年代的"万元户"。为了能够衡量不同时期生活水准的变化,我们使用CPI把不同时期的收入转化为可以比较的物价水平。

(二) 核算方法

我们使用某一固定篮子物品与劳务的现期价格与同一固定篮子物品与劳务的基年价格的比值计算CPI,计算公式为:

$$CPI = \frac{某一固定篮子物品与劳务的现期价格}{同一固定篮子物品与劳务的基年价格} \times 100 \qquad (1-2)$$

在计算CPI时,我们一般遵循如下几个步骤:

第一步,由于CPI通过同一固定篮子物品与劳务在不同时期的价格来衡量物价水平的变化,因此需要先确定固定篮子物品与劳务的内容。一般而言,这个篮子会涵盖代表性消费者所消费的各个类别的物品与劳务,并根据这些消费品对日常生活的必需程度确定权重。例如,如果在一个经济体中,消费者购买的饮用水数量高于购买的T恤衫数量,那么当同时把这两种商品加入计算CPI的固定篮子时,饮用水应当获得比T恤衫更大的权重。

第二步,确定这一固定篮子的物品与劳务在现期的市场价格。

第三步,根据固定篮子物品与劳务的现期价格,计算购买这一篮子物品与劳务的费用。在计算过程中,随年份发生变动的只有物品与劳务的市场价格,一篮子物品与劳务的数量则固定不变,这也正是"固定篮子"的含义。

第四步,确定基年,根据基年价格计算同一固定篮子物品与劳务在基年的费用,并得到某一年份的CPI。由于基年的选择不同,计算得到的CPI也会有所变化。

现在,我们根据表1-3的例子具体阐释如何计算CPI。假设一个经济体计算CPI的固定篮子中有10个玉米和2件衣服,那么根据表中的物价信息,可以分别计算2017年、2018年和2019年这一篮子消费品的费用。如果以2017年为基年,则可以得到2018年CPI为140、2019年CPI为180,说明2018年的物价水平是2017年的140%、2019年的物价水平是2017年的180%。而如果以2018年为基年,则可以得到2017年CPI为71.4、2019年CPI为128.6,说明2017年的物价水平是2018年的71.4%、2019年的物价水平是2018年的128.6%。可以发现,每一年的CPI随着基年的变动而变动,因此,CPI衡量的是不同年份之间物价的相对变动水平,而非绝对变动水平。

表1-3 CPI的核算

固定篮子:10个玉米和2件衣服		
年份	衣服价格(元/件)	玉米价格(元/个)
2017	20	1
2018	25	2
2019	30	3

(续表)

年份	一篮子消费品的费用
2017	20元/件×2件衣服+1元/个×10个玉米=50(元)
2018	25元/件×2件衣服+2元/个×10个玉米=70(元)
2019	30元/件×2件衣服+3元/个×10个玉米=90(元)

年份	CPI(以2017年为基年)
2017	(50 / 50)×100=100
2018	(70 / 50)×100=140
2019	(90 / 50)×100=180

(三) CPI存在的问题

CPI以一个固定篮子物品与劳务的价格变动来衡量物价随时间的变动趋势,这种估算方法存在一些问题。

首先,CPI的固定篮子没有考虑物价变动时出现的消费替代行为。当一种商品的价格大幅上涨时,消费者可能减少对这种商品的购买,而选择购买价格涨幅相对较小的、具有替代性的商品。例如,当猪肉价格上涨过快时,消费者会减少对猪肉的购买,转而增加对牛肉、羊肉等其他肉类的购买。这种消费替代行为会降低物价变动带来的生活成本增加,CPI将会高估物价变动的影响。

其次,CPI无法衡量物品或劳务质量变动的影响。例如,我们在生活中都会用到手机充电线,如果充电线的价格维持不变,但是质量逐年变差,一根原本可以使用一年的充电线现在半年就需要更换,那么生活成本实际上增加了,而依靠市场价格和固定篮子计算的CPI却无法反映质量变动带来的生活成本增加。即便我们在统计中对质量进行监控,将质量变动纳入CPI的计算中,由于质量难以被客观衡量,CPI也很难完全体现质量变动带来的生活成本增加。

最后,CPI的固定篮子没有考虑新产品引入的影响。新产品的出现会给消费者带来更多选择,提高货币的实际购买力,在消费支出不变的情况下可能改善消费者的福利。例如,我们拿100元去购买食品,一个选择是前往校园里的小卖部,另一个选择是前往市中心的大超市,虽然消费额度都是100元,但是我们通常会倾向于前往商品选择更多的大超市购物。然而,通过固定篮子计算的CPI无法反应新产品引入导致的消费选择增加带来的购买力提升,从而高估物价变动带来的生活成本增加。

相关资料
中国的CPI核算

中国编制的CPI,目前涵盖全国城乡居民日常生活消费的食品,烟酒及其用品,衣着,家庭设备用品和维修服务,医疗保健和个人用品,交通和通信,娱乐、教育、文化用品和服务,居住等8大类,262个基本分类的物品与劳务价格。在调查物品与劳务的价格时,中国采用抽样调查的方法确定调查网点,并根据"定人、定点、定时"的原则,由调查员前往调查网点收集原始价格。目前,中国编制CPI采用的价格数据来自全国31个省份的500个市县、8.8万余个价格调查点,价格调查点包括商场(店)、超市、农贸市场、服务网点等。基年一般五年更换一次,根据国家统计局最近一次(2017年)公布的《流通消费价格调查制度》,本轮计算CPI的固定基期和商品篮子确定在2015年。

那么,中国CPI固定篮子中各类物品与劳务的权重如何呢?图1-9反映了中国2006年CPI固定篮子的构成情况,由于国家统计局并没有逐年公布CPI固定篮子的具体内容,目前公开获得的数据仅有2006年各类物品与劳务的权重。从图1-9中可以看到,食品占比最高,达到33.2%,娱乐、教育、文化用品和服务以及居住次之,分别占14.2%和13.2%。

除了CPI,中国编制的价格指数还包括生产价格指数、固定资产投资价格指数、住宅销售价格指数、商品零售价格指数、农产品生产价格指数、农业生产资料价格指数、进出口价格指数等。同时,统计部门会利用相关价格指数构建复合价格指数,例如货币金融服务价格指数、政府消费价格指数等。

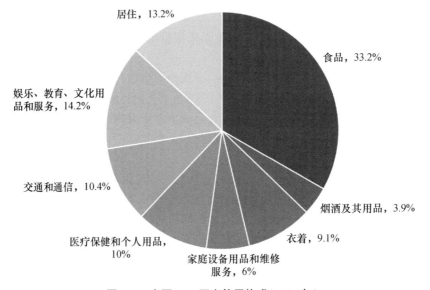

图1-9 中国CPI固定篮子构成(2006年)

资料来源:
[1] 国家统计局.中国国民经济核算体系(2016)[M].北京:中国统计出版社,2017。
[2] 国家统计局网站(http://www.stats.gov.cn/)。

二、GDP平减指数

(一)GDP平减指数的含义与核算方法

除了CPI,我们用于评估物价水平变动的另一个常用指标是GDP平减指数,它根据名义GDP与实际GDP的比值进行计算:

$$\text{GDP 平减指数} = \frac{\text{名义 GDP}}{\text{实际 GDP}} \times 100 \tag{1-3}$$

从第一节中我们知道,名义GDP反映一个经济体在一定时期内生产的所有最终产品的产量和市场价格,而实际 GDP 采用不变的基年价格,只反映经济体在一定时期内生产的所有最终产品的产量。在基年,名义 GDP 和实际 GDP 相等,GDP 平减指数等于 100,而在其他年份,GDP 平减指数所刻画的是名义 GDP 中,不来自实际 GDP 中产量变动的部分,即当年价格相对于基年价格的变动情况。

在表 1-4 中,我们针对表中的经济体,以 2017 年为基年,分别计算了 2017 年至 2019 年的名义 GDP 和实际 GDP,而后,根据 GDP 平减指数的计算公式,可以得到 2018 年与 2019 年的 GDP 平减指数分别为 136 和 167。

表 1-4 GDP 平减指数的核算

年份	衣服价格 (元/件)	衣服产量 (件)	玉米价格 (元/个)	玉米产量 (个)
2017	20	100	1	500
2018	25	200	2	700
2019	30	300	3	750
年份	名义 GDP			
2017	20 元/件 × 100 件衣服 + 1 元/个 × 500 个玉米 = 2 500(元)			
2018	25 元/件 × 200 件衣服 + 2 元/个 × 700 个玉米 = 6 400(元)			
2019	30 元/件 × 300 件衣服 + 3 元/个 × 750 个玉米 = 11 250(元)			
年份	实际 GDP(以 2017 年为基年)			
2017	20 元/件 × 100 件衣服 + 1 元/个 × 500 个玉米 = 2 500(元)			
2018	20 元/件 × 200 件衣服 + 1 元/个 × 700 个玉米 = 4 700(元)			
2019	20 元/件 × 300 件衣服 + 1 元/个 × 750 个玉米 = 6 750(元)			
年份	GDP 平减指数(以 2017 年为基年)			
2017	(2 500/2 500) × 100 = 100			
2018	(6 400/4 700) × 100 ≈ 136			
2019	(11 250/6 750) × 100 ≈ 167			

(二) GDP 平减指数与 CPI 的差异

GDP 平减指数与 CPI 均被广泛使用,共同充当反映经济体物价水平变动的重要经济指标。因此,两者所反映的整体物价水平变动情况是相似的,但是仍然存在一些重要差异,使得两者在数值上存在不完全一致的现象。

首先,计算对象不同。GDP 平减指数采用名义 GDP 与实际 GDP 的比值进行计算,反映的是一个经济体在一定时期内生产的所有最终物品与劳务的价格变动;CPI 则以代表性居民购买的一篮子物品与劳务为对象进行计算,反映的是代表性居民购买的物品与劳务的价格变动。例如,企业每年购买大型机械设备投入生产,且设备的价格逐年增加,企业固定资产投资的增加会被计入 GDP,导致 GDP 平减指数的变化,由于这不属于居民消费,因此这部分价格变动并不会影响 CPI。

其次,加权方法不同。衡量一个经济体的整体物价水平,核心问题是如何对经济体中各类物品与劳务的价格进行加权,以得到整体的物价水平。在这一点上,两个指标的加权方法存在明显的差别。CPI 是对固定篮子物品与劳务进行加权,即选取代表性居民购买的物品与劳务作为固定篮子,对固定篮子中的物品与劳务的价格进行加权;而 GDP 平减指数采用 GDP 数据进行核算,即现期生产的物品与劳务的价格相对于基年同样产量的物品与劳务的价格的变动情况,这从本质上而言是采用一个变动的篮子对价格进行加权。

最后,进口品价格的影响。由于计算对象不同,进口品价格的变动不会对 GDP 平减指数产生影响,而会部分地体现在 CPI 中。在 GDP 平减指数中,我们使用净出口进行计算,但是在 CPI 中,其他经济体生产的物品与劳务有可能进入 CPI 核算的固定篮子。如果物价水平因进口品价格变动而产生变动,则会部分地反映在 CPI 中,但不会反映在 GDP 平减指数中。

三、生产价格指数

在本节中,我们介绍了使用 CPI 来衡量居民消费所面临的物价水平变动情况,那么如何衡量一个经济体中企业生产所面临的物价水平变动情况呢? 这里就需要用到生产价格指数(Producer Price Index,PPI)的概念。

PPI 是反映一定时期内企业一般所购买的物品与劳务价格水平变动的经济指标,它的计算方法与 CPI 基本一致,不同的是固定篮子反映的是代表性企业而非代表性居民购买的物品与劳务。PPI 采用工业企业产品第一次出售时的出厂价格计算,能够较好地反映生产环节中价格的变动趋势。当这些产品的出厂价格上升时,企业购买生产所需要的物品与劳务的费用随之上升,为了保证企业的利润,企业会根据生产成本的变动调整其最终产品的销售价格,从而导致 CPI 的上升。因此,一般而言,PPI 的变动会先于 CPI 的变动,在宏观预测中时常把 PPI 作为预测 CPI 和通货膨胀的指标。

第三节　中华人民共和国宏观经济变迁[①]

本章的前两节介绍了衡量一个经济体的经济活动和生活水准的主要宏观指标,本节将使用这些指标,对中华人民共和国自成立以来的经济社会发展进行梳理、回顾。

一、GDP 的变化趋势

七十多年来,中国从一穷二白、温饱不足的农业国起步,克服了人口众多、资源有限等诸多发展限制,经济规模不断扩大,发展成为一个工业体系全面建立、三大产业均衡发展的世界第二大经济体,创造了人类历史上经济发展的奇迹,对世界经济的持续增长做出了重要贡献。这一经济建设的成就首先体现为中国 GDP 总量和人均 GDP 的持续增长。

(一) GDP 总量与人均 GDP

1952 年,中国确立了高度集中的计划经济体制,将集中力量进行工业化建设作为中国经济发展的重点。经过不懈努力,中国 GDP 总量从 1952 年的 679 亿元增长至 1977 年的 3 250

[①] 本节数据不包含中国港澳台地区。除特别注明外,本节数据均来自国家统计局网站。

亿元,创造了中华人民共和国自成立以来第一个经济发展的奇迹。图 1-10 描绘了 1952—1977 年中国 GDP 总量的变化趋势,可以看出,1952—1960 年,"一五"计划推动中国经济实现持续增长,GDP 总量在 1960 年达到 1 470 亿元;而后,受到"大跃进""三年严重困难"的影响,国民经济的正常运转受到一定程度的破坏,出现了 GDP 负增长,这是中华人民共和国自成立以来经济发展的第一个低谷期;1962—1965 年是国民经济调整时期,中央政府实行了"调整、巩固、充实、提高"的方针,合理调整了重工业、轻工业和农业之间的关系,恢复了社会经济秩序,GDP 实现了快速增长;1966—1968 年,中国经济受到"文化大革命"的严重冲击,再一次出现 GDP 负增长,进入中华人民共和国自成立以来经济发展的另一个低谷期;随着社会经济秩序的逐步恢复,从 20 世纪 60 年代末起,中国经济持续稳定增长,到 1977 年,GDP 总量达到了 3 250 亿元,相较于中华人民共和国成立之初翻了近五番,为中国改革开放后的社会主义现代化建设打下了坚实基础。

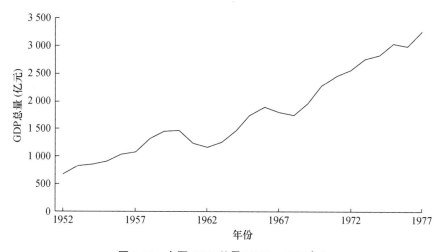

图 1-10　中国 GDP 总量(1952—1977 年)

需要注意的是,GDP 核算主要依赖最终产品的市场价值,而中国在改革开放前实行的是高度集中的计划经济体制,大多数商品由国家统一定价,价格不能完全合理地反映生产的物品与劳务的市场价值,存在实物产量与统计指标脱节的情况,GDP 指标无法全面、准确地反映改革开放前取得的经济建设成就,需要结合同一时期主要农作物与工业品的产量来理解。

图 1-11 反映了 1949—1978 年中国粮食和棉花的总产量,除了"三年严重困难"时期出现了明显的产量下滑,这一时期粮食和棉花的产量整体上呈现波动上升的趋势,粮食产量从 1949 年的 11 318 万吨增长至 1978 年的 30 476.5 万吨,棉花产量从 1949 年的 44 万吨增长至 1978 年的 216 万吨,中国主要农作物产量在这一时期增长显著。

与此同时,1949—1978 年,中国主要农作物的生产能力和效率也得到了较大的提升,这体现在图 1-12 所刻画的粮食和棉花的单位面积产量上。其中,粮食的单位面积产量从 1949 年的每公顷 1 029 公斤增长至 1978 年的每公顷 2 527 公斤,棉花的单位面积产量从 1949 年的每公顷 161 公斤增长至 1978 年的每公顷 445 公斤,均翻了一番有余,这表明中国主要农作物的收获率在改革开放前 30 年间得到了大幅提升。

除了农业稳步发展,改革开放前 30 年,中国在工业和能源生产上也取得了显著的成就。中华人民共和国成立后,中国确立了优先发展重工业的工业化道路,作为重要的原材料行业

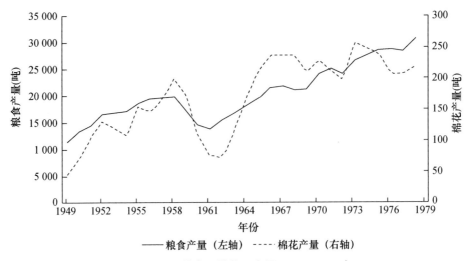

图1-11 中国粮食和棉花总产量（1949—1978年）

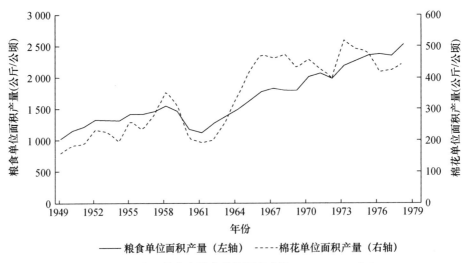

图1-12 中国粮食和棉花单位面积产量（1949—1978年）

的钢铁行业迅速发展,图1-13显示,中国粗钢产量从1949年的16万吨增长至1958年的800万吨,经历了"大跃进"时期的产量激增后,粗钢产量在1961年回落至870万吨,除了在"文化大革命"初期和末期有波动下滑,20世纪60年代和70年代的粗钢产量整体上保持了平稳增长的态势,在1978年达到3 178万吨。与此同时,中国的能源产业发展迅猛,1949年全国发电量仅为43亿千瓦时,此后除了在"大跃进"和"文化大革命"时期出现了几次波动下滑,全国发电量持续增长,且在70年代增速加快,到了1978年,全国发电量已经达到2 566亿千瓦时。

改革开放前30年,在高度集中的计划经济体制下,中国的农业生产稳步推进,原先基础薄弱的工业和能源产业更是得到了大力发展,推动着中国从一个一穷二白、温饱不足的农业国逐渐转变为一个工业体系健全的工业国,这是中华人民共和国自成立以来取得的第一个经济发展的奇迹,为改革开放后的经济发展奠定了重要的工业基础。

改革开放后,中国经济逐渐进入快速发展阶段,图1-14显示,1986年中国GDP总量突破1万亿元。1992年党的十四大提出,中国经济体制改革的目标是建立社会主义市场经济体

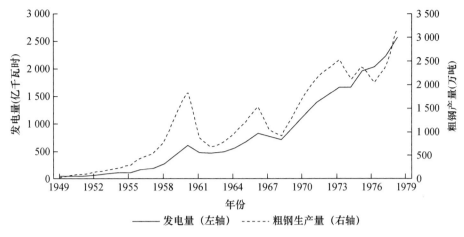

图1-13　中国发电量和粗钢产量(1949—1978年)

资料来源:Wind数据库。

制,破除了市场经济姓"资"、计划经济姓"社"的观点,为经济体制改革指明了方向,中国GDP总量在20世纪90年代进入了一个高速增长时期,并于2000年突破了10万亿元。2001年加入世界贸易组织(WTO)后,中国进一步深入参与到世界经济合作与分工中,为世界经济发展注入了新的动力,尽管中国经济在2008年全球金融危机中受到了一定的负面冲击,但整体上仍然保持了强劲增长的势头。2016—2018年,中国GDP总量连续突破70万亿元、80万亿元和90万亿元,到2018年,中国GDP总量达到919 281亿元,成为仅次于美国的世界第二大经济体。

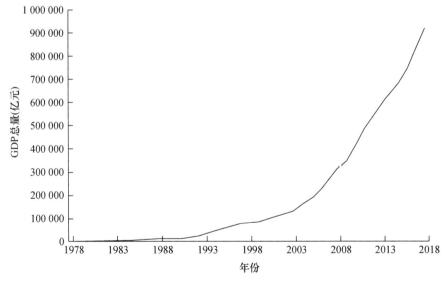

图1-14　中国GDP总量(1978—2018年)

中国人均GDP整体上保持了与GDP总量相近的增长趋势。从图1-15中可以看出,1952—1977年,中国人均GDP呈现波动上升的趋势,但整体水平相对较低,仅从1952年的119元增长至1977年的344元。在改革开放前的30年间,虽然中国的社会经济建设取得了显著的成就,但人均GDP的提升较为有限。

第一章　宏观经济指标与生活水准衡量指标　▶ 27

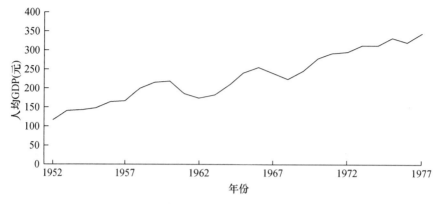

图 1-15 中国人均 GDP(1952—1977 年)

随着改革开放的深入推进,中国经济迅速发展,人民生活水平日益提高。图 1-16 显示,改革开放后,中国人均 GDP 实现了稳定、持续的增长,1987 年突破 1 000 元,2003 年突破 10 000 元,到 2018 年,中国人均 GDP 已经达到 66 006 元,正在稳步迈向全面小康。

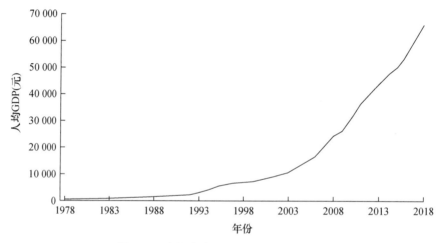

图 1-16 中国人均 GDP(1978—2018 年)

(二) 产业结构

中华人民共和国自成立以来,从一个工业部门单一、工业基础薄弱的农业国,逐步发展成为一个建立了完善的工业体系、重工业与轻工业并重的制造业大国,经济结构发生了显著的变化。

改革开放前 30 年,建设现代化工业体系是中国经济发展的重点内容,在此期间,中国工业得到了快速发展,同时,农业仍然在经济中占据着重要地位。图 1-17 描绘了 1952—1977 年中国三次产业增加值的变化趋势。在中华人民共和国成立之初,第一产业增加值为 343 亿元,远高于第二产业的 141 亿元和第三产业的 195 亿元,而后第二产业迅速发展,除了在"三年严重困难"时期和"文化大革命"初期出现了明显的负增长,整体上呈现波动上升的趋势。到 1977 年,第二产业增加值达到 1 517 亿元,超过第一产业增加值的 942 亿元和第三产业增加值的 790 亿元,成为驱动中国经济发展的最主要力量。这一时期,第一产业增加值和第三产业增加值均呈现波动上升的趋势,但相较于第二产业,增长幅度和速度都相对较慢,1977年,第三产业增加值在三次产业中处于最低水平。

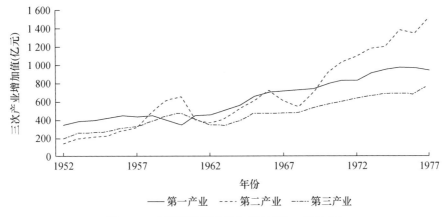

图1-17　中国三次产业增加值(1952—1977年)

从图1-18所示的三次产业构成中,我们可以更直观地了解这一时期的经济结构。1952年,第一产业增加值占GDP的比重为50.5%,第二产业增加值为20.8%,第三产业增加值为28.7%,经济发展对以农林牧渔业为主的第一产业的依赖较强,工业和服务业在国民经济中的占比较低。而后,第一产业增加值占GDP的比重呈现波动下降的趋势,到1977年,占GDP的比重下降至29%。伴随着工业现代化建设,除了在"大跃进"后的国民经济调整时期有一定的下降,第二产业在国民经济中的重要性不断提高,20世纪70年代,第二产业增加值占GDP的比重一直在40%以上,1977年达到46.7%。就第三产业而言,其增加值占GDP的比重变化较小,基本处于20%—30%,1977年仅为24.3%,不仅低于第一产业和第二产业,甚至低于1952年的水平,表明第三产业在改革开放前的发展速度相对较慢。

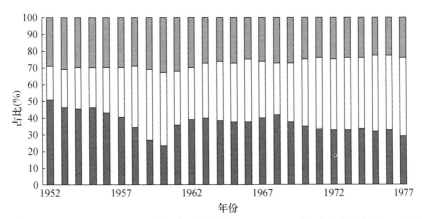

图1-18　中国三次产业构成(1952—1977年)

整体而言,从中华人民共和国成立之初到改革开放前夕,中国经济发展一方面依赖于农业持续发挥的基础作用,另一方面主要来源于迅速发展壮大的工业,而服务业的发展较为滞后,对国民经济的贡献低于农业和工业。

改革开放后,中国的产业结构出现了明显的变化,第三产业迅速发展。图1-19反映了

1978—2018年中国三次产业增加值的变化趋势。随着改革开放的深入推进,金融业、零售业、交通运输业等服务行业进入快速发展阶段,第三产业增加值迅速增长,特别是1992年中国提出确立社会主义市场经济体制后,随着多种所有制经济的蓬勃发展,第三产业增加值在1993年突破1万亿元,2007年突破10万亿元,到2018年达到48万亿元,高于第一产业和第二产业,比1978年实际增长51倍,年均增长10.4%,第三产业成为促进就业、推动经济增长的重要力量。同时,得益于改革开放前打下的坚实的工业基础,第二产业在改革开放后进入了蓬勃发展阶段,增加值从1978年的1755亿元增长至2018年的36万亿元,中国工业生产能力日益增强,多种工业品产量均位居世界第一,并逐渐向中高端稳步迈进。在工业和服务业迅猛发展的同时,农业仍然是支撑中国经济发展的基础产业,农村改革推动着中国农业经济稳步发展,第一产业增加值在1978年突破1 000亿元,1995年突破10 000亿元,到2018年达到64 745亿元。

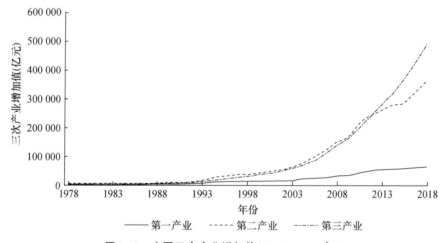

图1-19 中国三次产业增加值(1978—2018年)

图1-20所示的三次产业构成清晰地反映了中国经济结构的变化。从中可以看出,第三产业增加值占GDP的比重持续上升,从1978年的24.6%上升至2018年的53.3%,成为驱动

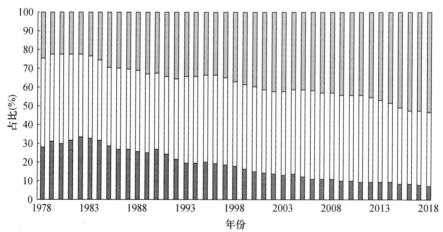

图1-20 中国三次产业构成(1978—2018年)

中国经济发展的重要力量。同时，第二产业增加值占GDP的比重整体保持稳定，长期处于40%—50%，近年来比重有所下降，2016—2018年连续三年低于40%。第一产业增加值占GDP的比重同样表现出持续下降的态势，从1978年的27.7%下降至2018年的7%。由此我们可以看出，1949年至今，中国三次产业发展的均衡性、协调性不断提升，农业发挥着重要的基础性作用，是经济社会发展的有力支撑，工业整体上在经济发展中占据着主导地位，同时，随着金融、房地产、信息技术等产业的快速发展，服务业对中国经济可持续发展的推动作用日益凸显。

需要注意的是，尽管随着国民收入的提高和经济的发展，第一产业与第二产业在GDP中所占的比重会逐渐下降，第三产业所占的比重会逐渐上升，但是我们并不能过分地依赖第三产业的作用。一方面，第三产业的可持续发展依赖于第一产业与第二产业提供的各类原材料和产品，也依赖于国民经济的整体运行状况，不能脱离其他产业而单独发展；另一方面，我们要警惕第三产业的"虚假繁荣"，例如作为第三产业重要组成部分的金融业存在高风险，2008年席卷全球的金融危机正是来自美国过度借贷引发的房贷泡沫。同时，中国不少地区近年来第三产业的迅速发展主要源自房地产业，导致中国的第三产业存在结构失衡严重、缺乏持续性的问题，地方政府的"土地财政模式"也不利于区域经济发展与人民生活水平的提高，房地产业在推动第三产业占比迅速提升的同时，带来的高房价也引发了一系列社会问题。因此，我们既要鼓励第三产业发展，又要认识到第一产业和第二产业仍然是创造国民财富的根基。

（三）GDP的组成

在支出法下，中国GDP由最终消费、资本形成总额、货物和服务净出口三个部分组成。中华人民共和国自成立以来，随着经济的发展、经济结构的变化，GDP各部分的比例发生了显著的改变。

表1-5整理了1952—1977年间中国部分年份支出法GDP和各部分构成的变化情况，其中最终消费从1952年的546.3亿元增长至1977年的2 055.3亿元，资本形成总额从1952年的151.8亿元增长至1977年的1 101.1亿元，货物和服务净出口则从1952年的-7.9亿元增长至1977年的10.1亿元，都出现了明显的增长。相对而言，最终消费在GDP中占比最高，改革开放前夕资本形成总额占比是最终消费占比的一半，而货物和服务净出口受制于改革开放前的经济体制与国际形势，整体处于较低水平。从图1-21中支出法GDP各部分构成的变化可以看出，最终消费始终占据GDP的较大比重，20世纪70年代前，除了个别年份，最终消费均占GDP的70%以上，70年代占比则下降至60%—70%；而资本形成总额占GDP的比重在70年代前基本在20%—30%，70年代则上升至30%以上；货物和服务净出口占比则始终较低，不足1%。

表1-5 中国部分年份支出法GDP(1952—1977年) 单位：亿元

年份	支出法GDP	最终消费	资本形成总额	货物和服务净出口
1952	690.2	546.3	151.8	-7.9
1957	1 099	815.4	278.1	5.5
1962	1 181.7	986.2	182.9	12.6
1967	1 711.6	1 277.2	428.1	6.3
1972	2 456.7	1 640.7	797.6	18.4
1977	3 166.5	2 055.3	1 101.1	10.1

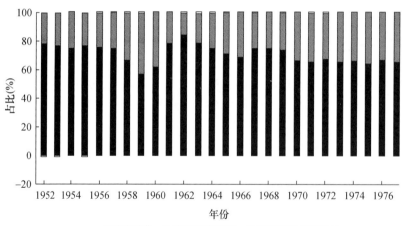

图 1-21 中国支出法 GDP 各部分构成(1952—1977 年)

改革开放后,中国的消费、投资与出口都得到了快速的发展。表 1-6 整理了 1978—2018 年中国部分年份支出法 GDP 和各部分构成的变化情况,其中最终消费在 1989 年突破 1 万亿元,2005 年突破 10 万亿元,到 2018 年达到 50 余万亿元。资本形成总额在 1992 年突破 1 万亿元,2007 年突破 10 万亿元,到 2018 年达到 40 余万亿元。货物和服务净出口的增长幅度在改革开放初期明显小于资本形成总额与最终消费,在 20 世纪 80 年代末期还曾出现一段时间的贸易赤字,但 1994 年后,货物和服务净出口持续稳步扩大,在 1996 年突破 1 000 亿元,2001 年加入 WTO 更是为中国进出口贸易的发展提供了更多的便利条件,货物和服务净出口在 2005 年突破 1 万亿元,2018 年受到中美贸易摩擦的影响,中国的货物和服务净出口自 2005 年以来首次下降至 1 万亿元以下。

表 1-6 中国部分年份支出法 GDP(1978—2018 年) 单位:亿元

年份	支出法生产总值	最终消费	资本形成总额	货物和服务净出口
1978	3 605.6	2 233.6	1 383.3	-11.4
1983	6 034.2	4 061.2	1 922.2	50.8
1988	15 210.5	9 429.4	5 932.2	-151.2
1993	35 576.0	20 814.9	15 440.5	-679.5
1998	84 790.8	51 501.8	29 659.7	3 629.3
2003	137 146.7	79 735.0	54 446.8	2 964.9
2008	318 067.6	158 899.2	134 941.6	24 226.8
2013	596 344.5	306 663.7	275 128.7	14 552.1
2018	915 774.3	506 134.9	402 585.1	7 054.2

图 1-22 进一步比较了消费、投资与出口"三驾马车"对中国经济的拉动作用。改革开放以来,最终消费占 GDP 的比重呈现波动下降的趋势,从接近 70% 下降至 50% 左右,在 2010 年更是下降至 49.3%;但近年来,随着中国逐渐强调扩大消费需求对经济增长的作用,最终消费占 GDP 的比重有所回升,在 2018 年达到 55.3%。与此相对,资本形成总额占 GDP 的比重则从 30% 左右波动上升至 40% 左右,在改革开放时期对中国经济的快速增长起到了极为重要的推动作用,到 2018 年,资本形成总额占 GDP 的比重达到 44%。得益于中国对外贸易的发

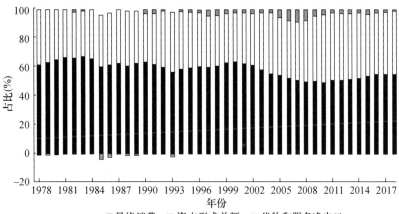

图 1-22 中国支出法 GDP 各部分构成(1978—2018 年)

展,货物和服务净出口占 GDP 的比重从 20 世纪 90 年代起得到了明显的提升,到 2007 年左右达到 8.7%的峰值,受到 2008 年全球金融危机以及危机后出现的贸易保护主义倾向的影响,近年来货物和服务净出口占 GDP 的比重有所下降,到 2018 年更是因为中美贸易摩擦的冲击下降至 0.8%。

最终消费在推动经济增长中扮演着重要作用,在中国的核算体系中,最终消费包括居民消费和政府消费两个部分,对应着支出法一般核算公式中的消费(C)和政府购买(G),图 1-23 和图 1-24 分别绘制了改革开放前和改革开放后两个部分消费的比重变化。

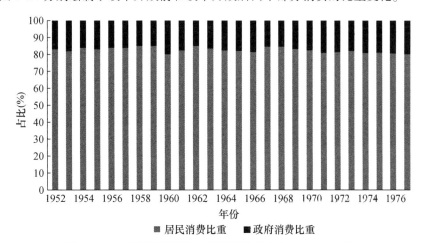

图 1-23 中国居民消费与政府消费的比重(1952—1977 年)

改革开放前,居民消费与政府消费的比重整体稳定,前者在 80%以上,后者则在 20%以下,偶尔存在波动。20 世纪 70 年代,居民消费比重相对下降,逐渐从中华人民共和国成立初期的接近 85%波动下降至 80%左右,而政府消费比重相应上升,到 1977 年,政府消费比重为 19.8%,居民消费比重为 80.2%。

改革开放后,居民消费与政府消费的比重出现了更为明显的变化。一方面,居民消费比重持续波动下降;另一方面,政府消费比重则持续波动上升。2011 年后,中国的最终消费中,政府消费比重超过 30%,而居民消费比重下降至 70%左右,如果去掉政府消费,则中国的居民消费在 GDP 中所占比重不足 40%,低于资本形成总额所占比重,这正是中国自改革开放以

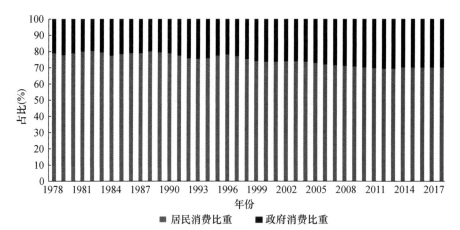

图 1-24 中国居民消费与政府消费的比重（1978—2018 年）

来出现的"高投资、低消费"现象，这一结构矛盾是中国未来经济发展中有待解决的问题。

就居民消费而言，自改革开放以来，中国城镇居民消费和农村居民消费呈现不同的发展趋势。如图 1-25 所示，改革开放之初，中国城乡收入水平和消费水平的差距相对较小，而农村人口数量又远高于城镇人口数量，因此，1978 年城镇居民消费仅占居民消费的 37.9%，而农村居民消费占到了 62.1%。随着改革开放后工业和服务业的繁荣发展，城镇收入水平和消费水平不断提高，大量农村人口流动到城市，农村居民消费比重与城镇居民消费比重发生显著变化。20 世纪 80 年代，由于农村经济改革先于城市经济改革，城镇居民消费比重呈现缓慢波动上升趋势，到 1990 年为 44.5%，仍然低于农村居民消费比重。90 年代起，随着社会主义市场经济的发展，城镇居民消费比重在 1992 年首次超过农村居民消费比重，进入持续上升阶段，直到 2010 年后速度才逐渐放缓，进入一个较为稳定的时期。到 2018 年，中国农村居民消费比重为 21.8%，城镇居民消费比重为 78.2%，而同一年中国农村人口比重为 40.4%，城镇人口比重为 59.6%。改革开放后，中国城镇居民消费支出的相对增长速度远高于农村，一方面体现出城镇居民消费水平有了显著的提升，另一方面这一差异表明中国城乡居民的消费水平仍然存在较大差距。

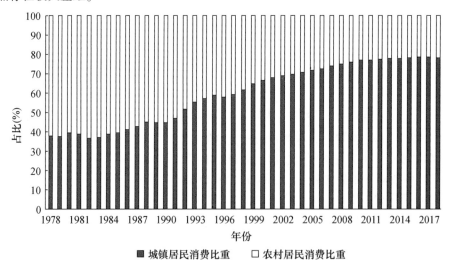

图 1-25 中国城镇居民消费与农村居民消费的比重（1978—2018 年）

二、物价水平变化

我们在第二节介绍了衡量生活水准的宏观指标,本部分将使用中国的 CPI 与 PPI 数据,回顾中华人民共和国自成立以来的物价水平变动,并介绍中国改革开放后的价格改革历程。

(一) 物价水平的变化趋势

图 1-26 刻画了中国 1951—1977 年的 CPI 涨幅,国家统计局公布的 CPI 涨幅数据以上一年度为 100 来计算,根据"涨幅 = $\frac{\text{本年度 CPI} - 100}{100}$"的公式得到每一年的 CPI 涨幅,这也就是我们在新闻报道中看到的"北京市去年 CPI 上涨 2.3%""2018 年全年 CPI 首超 2%"中的百分比。需要说明的是,中国在这一时期实行了高度集中的计划经济体制,商品基本由国家统一定价,因此物价水平的波动并不主要来自市场供需关系的变化。在这一时期,中国的物价水平在 20 世纪 60 年代中期之前波动较大,CPI 涨幅在 1961 年一度达到 16.1%,出现了明显的物价上涨,此后的国民经济调整期间,物价出现回落;60 年代中期到改革开放前,受到"文化大革命"的影响,中国的各类商品价格基本处于冻结状态。

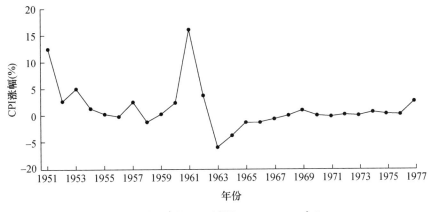

图 1-26 中国 CPI 涨幅(1951—1977 年)

图 1-27 展示了由 CPI 和 PPI 两个指标刻画的物价水平变动状况,可以发现,两种指标所衡量的物价水平变动基本上是一致的,同时,在不少年份,CPI 走势与上一年的 PPI 走势相近,这也印证了 PPI 作为 CPI 预测指标的合理性。从两个指标反映的物价水平中我们可以看到,改革开放后,中国主要经历了两次较为严重的物价上涨:一次是在 1985—1989 年,CPI 涨幅最高达到了 18.8%;另一次是在 20 世纪 90 年代中期,CPI 涨幅在 1994 年达到了 24.1%。第二次物价上涨在 20 世纪 90 年代末期结束,物价进入了一个较为平稳的时期,从 2003 年起再次出现波动上升,直到 2009 年受全球金融危机的冲击出现下降。自 2010 年以来,中国物价水平整体上呈现持续上涨的趋势。

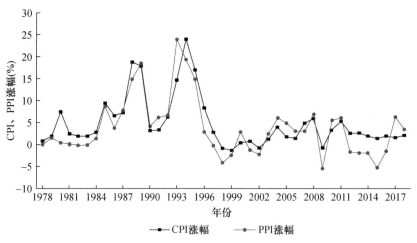

图 1-27 中国 CPI、PPI 涨幅（1978—2018 年）

相关资料
价格改革与 1988 年的"物价闯关"

计划经济体制下，中国的商品价格由国家进行统一垄断定价，价格的形成和调整由中央政府掌握，无法根据市场供需关系进行灵活调整。这一僵化的价格形成机制，一方面不利于中国经济的发展和人民生活水平的提高，另一方面对改革开放的进一步深入形成了阻碍。20 世纪 80 年代，随着改革开放的全面推进，价格改革成为经济体制改革中无法回避的重点问题。

1978—1984 年，中国的价格改革采取了"以调为主，以放为辅"的方式，在不改变价格形成机制的前提下，采用行政手段对不合理的价格进行调整，使得这些商品的定价趋向均衡价格。

1984 年 10 月，党的十二届三中全会通过《中共中央关于经济体制改革的决定》，进一步强调价格改革对经济体制改革的重要意义，提出将市场机制引入各类价格的形成机制中，价格改革进入"价格双轨制"阶段。这一阶段，计划调节与市场调节并存，同一种商品或生产资料计划内的部分由政府定价，计划外的部分由市场定价。双轨制作为一种过渡期的处理办法，避免了短时间内物价水平出现较大波动，有利于经济体制改革的平稳推进。但是，两种价格机制并存带来的巨大价格差异引发了诸多问题，例如提供寻租空间导致了严重的腐败问题；部分企业压缩计划内供应、增加计划外供应，阻碍了国家指令性计划的推行；对计划内价格实行补贴给国家财政造成了一定的负担；等等。

1988 年，中国已经连续几年出现持续的物价大幅上涨，CPI 涨幅接近两位数，一些地方出现抢购风潮。随着不少商品计划外价格放开，通过政府定价延缓物价上涨的办法难以为继，双轨制带来的经济秩序混乱和寻租腐败也日益严重，物价问题成为影响民众日常生活的社会问题。在此背景下，中央政府决定加快价格的"闯关"，实现两轨合并。

1988 年 4 月起，一系列价格改革措施相继出台：提高部分农产品的收购价格，放开多种商品的价格，为应对价格放开后的涨价给居民提供价格补贴等。当时，全国主要城市的猪肉价格以 70% 的幅度上涨，各类食品的价格涨幅很快超过了政策规定，例如北京市的猪肉价格由每斤2.5元上涨至4.9元,西红柿最高价格达到每斤8元。同年7月,中国又放开了名烟名酒的价格管控,茅台酒从每500克20元快速上涨至300元。

价格管控的突然放开造成了物价的全面上涨,担心物价继续上涨的民众纷纷开始抢购物资,1988年上半年,中国多地发生了小规模的抢购风潮。8月,物价涨幅达到了23%。8月19日,《人民日报》发表了中共中央政治局会议公报,报道了价格改革方案的基本内容,"物价闯关"的消息传播开来,这一系列事件引爆了全国性的抢购风潮。在强烈的通货膨胀预期下,人们从银行里提取大量存款后开始抢购各类商品。据当时的报道,百货商场里挤满了前来抢购自行车、电冰箱等能够保值的耐用消费品和各类日用消费品的顾客,之前滞销的商品也被一抢而空。抢购风潮在北京、上海、广州、成都等中心城市爆发后,蔓延到了全国大部分地区的城市、乡镇,抢购导致物价进一步上涨、物资空前紧张。据统计,1988年8月市场零售物价总水平涨幅达到了23.2%,全国的经济秩序陷入混乱和失控的边缘。

面对激进的价格改革带来的种种问题,中央政府不得不中止"物价闯关"。1988年8月30日,国务院常务会议提出价格改革要经过5年或更长的时间达到目标,并出台一系列措施来稳定经济秩序,包括1988年下半年不再进行调价,开办保值储蓄使得3年或以上存款利息不低于物价上涨幅度,压缩固定资产规模,做好粮、棉、油等农产品的收购以保证市场供应,严格物价管理、整顿市场秩序等。这一系列措施平息了蔓延全国的抢购风潮,也标志着"物价闯关"的中止。

1988年下半年,中共中央提出了"治理经济环境,整顿经济秩序"的"治理整顿"方针,通过一系列抑制经济过热、收缩经济的政策,稳定了全国物价,价格改革也回到了循序渐进的改革思路上。进入20世纪90年代,随着社会主义市场经济体制改革目标的确立,非国有经济快速发展,价格改革的市场导向也逐渐明晰,计划价格轨的规模不断缩小,市场价格轨的份额则越来越大。1993年,通过市场机制形成价格的商品,已经占到中国社会商品零售总额的95%,工业生产中受到指令性价格影响的产值占工业总产值的比重从1979年的70%下降至5%。90年代末期,价格双轨制基本取消,中国逐步建立起适应社会主义市场经济体制要求的、将市场机制与政府调控相结合的价格形成机制。

资料来源:
[1] 田源,乔刚.中国价格改革研究(1984—1990)[M].北京:电子工业出版社,1991。
[2] 林毅夫,蔡昉,李周.中国的奇迹:发展战略与经济改革[M].上海:上海人民出版社,1994。
[3] 中国价格协会课题组.敢于变革 敢于创新 推进价格改革深化:价格改革30年的回顾与展望[J].经济研究参考,2008(50):37-47。
[4] 刘伟.1988年中国"物价闯关"研究[D].中共中央党校,2011。

(二) 物价水平的城乡差异

我们已经系统回顾中华人民共和国自成立以来物价水平的变化趋势和价格改革的历程,这一部分将简要介绍物价水平的城乡差异和变化。

改革开放前,中国农产品收购价格、工业产品产出价格等各种商品价格都由政府行政部门统一制定。经济学家林毅夫教授指出,中国在1949年后采取了优先发展重工业的工业化道路。作为资本密集型产业,重工业的生产需要大量的资本投入,而当时的中国还是一个资本严重不足的农业国,且外汇储备匮乏。为了使重工业获得资本积累、推动重工业发展,政府只能压低农产品的收购价格、提高工业产品的产出价格来获得农业剩余。① 这种农产品与工业产品之间的价格差异,被称为"价格剪刀差"。1926 年,苏联经济学家普列奥布拉任斯基(Preobrazhensky)提出了这一概念,用来指代政府从农业部门赚取剩余来补贴工业部门,并提高资本积累的速度。改革开放前,中国长期存在"价格剪刀差"现象,这种定价策略本质上是通过压缩农业部门的福利来发展工业部门,中国工业的快速发展是建立在农村百姓的大量贡献的基础之上的。

改革开放后,随着各类价格的放开,中国城乡物价水平差异逐渐缩小。图 1-28 显示,20 世纪 80 年代末到 90 年代初,受到当时价格改革、城镇物价猛烈上涨的影响,城镇物价水平的上涨幅度高于农村。而自 90 年代末价格改革基本完成后,随着中国经济发展、城镇化水平不断提高,城乡之间的物价水平差异逐渐消失,中国城镇与农村的物价水平变动趋势基本一致。

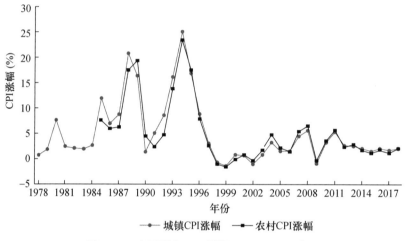

图 1-28　中国城乡 CPI 涨幅(1978—2018 年)

第四节　小　　结

宏观经济学是对一个经济体的整体经济运行状况进行研究的学科,关注的是经济作为一个整体的运行规律,这首先需要有一套能够监测、衡量经济运行状况的指标。本章介绍了衡量一个经济体的经济活动与生活水准的宏观指标,理解它们的概念、核算方式与经济学意义是我们进入宏观经济学的基础。掌握这些指标,也能够帮助我们更好地理解现实中的经济运行状况。

我们在衡量一个经济体的经济活动时,主要是对这个经济体的总收入与总支出进行度量,在一段时间内,一个经济体的总收入总是等于它的总支出。我们最常用到的衡量指标是 GDP,它衡量的是一个经济体在一定时期内所生产的所有最终产品的市场价值之和。常用的

---

① 参见 LIN J Y. Development strategy, viability, and economic convergence [J]. Economic Development and Cultural Change, 2003, 51(2): 277-308; LIN J Y. Viability, economic transition and reflection on neoclassical economics [J]. Kyklos, 2005, 58(2): 239-264; LIN J Y. Development and transition: idea, strategy, and viability [C]. Marshall Lectures, Cambridge University, 2007。

GDP核算方法包括支出法、收入法和生产法,支出法将GDP分解为消费、投资、政府购买和净出口四个部分,收入法将一个经济体内部所有经济主体获得的收入进行加总,而生产法将一个经济体内部经济活动所有环节产生的增加值进行加总。通过循环流量图,我们可以知道,收入法、支出法和生产法核算得到的GDP在理论上始终是相等的。而后,我们介绍了名义GDP与实际GDP的概念,相较于名义GDP,实际GDP能够帮助我们更直观地衡量一个经济体所生产的最终产品的产量变化情况。

尽管GDP是目前衡量一个经济体经济活动最具有代表性的宏观指标,但是GDP也存在一些问题,例如无法衡量非市场经济活动、非正式部门的经济活动、经济活动对环境的影响,也难以很好地反映社会福利、收入分配与社会不平等状况等。因此,在GDP之外,我们常用人均GDP来衡量经济体中的平均收入与平均支出,从而反映经济体的平均福利。同时,GDP、GNP、NNP、NI、PI、DPI等指标,都从不同的侧重点出发,对宏观经济活动进行衡量。

进入第二节,我们介绍了衡量生活水准的主要经济指标,包括CPI、GDP平减指数和PPI。CPI测算的是一定时期内代表性居民购买的物品与劳务的物价水平变动,是目前用于反映物价水平变动的最重要指标。但是,CPI也存在忽略消费替代行为、难以衡量质量变动、没有考虑新产品引入带来的实际购买力增加等问题。GDP平减指数通过计算名义GDP变化中不来自产量变动的部分,衡量物价的相对变动情况,它与CPI所反映的物价变动趋势大体上是一样的,但是两者在具体的测算方法上存在一些明显的区别。PPI的测算方法与CPI基本一致,不过它关注的是代表性企业面临的物价变动,在宏观预测中经常被视为CPI和通货膨胀的预测指标。

结合我们所学到的有关经济活动与生活水准的衡量指标,第三节回顾了中华人民共和国自成立以来宏观经济的变动情况,从一穷二白、温饱不足的农业国到全面工业体系基本建成的世界第二大经济体,从高度集中的计划经济体制下的重工业优先发展到改革开放40多年后三次产业协调发展,中国正在创造着一个又一个人类历史上经济发展的奇迹。

内容提要

- GDP是衡量经济体的总收入与总支出的重要指标,是一个经济体在一定时期内所生产的所有最终产品的市场价值之和。

- GDP的核算方法包括支出法、收入法和生产法三种。支出法将GDP分解为消费、投资、政府购买和净出口四个部分,收入法将一个经济体内部所有经济主体获得的收入进行加总,而生产法将一个经济体内部经济活动所有环节产生的增加值进行加总。根据循环流量图,由三种方法核算得到的GDP在理论上是一致的。

- 尽管GDP是目前衡量宏观经济的重要指标,但并非反映经济活动或经济福利的完美指标,例如无法衡量非市场经济活动、非正式部门的经济活动、经济活动对环境的影响,也难以很好地反映社会福利、收入分配与社会不平等状况等。除了GDP,还有一系列刻画经济收入的统计指标。

- 名义GDP使用现期价格计算最终产品的市场价值,实际GDP使用基年的不变价格计算最终产品的市场价值,能够反映最终产品总产量的变化。

- CPI是反映一个经济体一定时期内居民一般所购买的物品与劳务价格水平变动的经济指标,用于衡量一个经济体的物价总水平。

- CPI在衡量物价变动时存在一些问题:① CPI的固定篮子没有考虑物价变动时出现的消费替代行为;② CPI无法衡量物品或劳务质量变动的影响;③ CPI的固定篮子没有考虑新

产品引入的影响。

- 除了 CPI，GDP 平减指数也是常用的衡量物价水平的指标，它与 CPI 在核算上存在一些差异，但整体反映的物价变动趋势是一致的。与 CPI 类似的 PPI 一般可以用来预测 CPI 的变动趋势。

关键概念

GDP	人均 GDP	GDP 平减指数
名义 GDP	CPI	PPI
实际 GDP		

练习题

1. 为什么一个经济体的总收入与总支出是相等的？
2. 为什么中国各省份的 GDP 之和不完全等于中国的 GDP？
3. GDP 在衡量一个经济体的经济活动时存在哪些问题？请分别举例说明。
4. 除了本章中提到的夜间灯光数据，你认为还有哪些数据可以反映一个地区的经济运行状况？为什么？
5. 下列哪些经济活动会被计入本年度的 GDP？哪些不会？为什么？
  （1）公立学校发放的助学金；
  （2）春节时长辈给的红包；
  （3）自己在家做的午餐；
  （4）去年存入的一笔存款在今年收到的分红。
6. 如果你正在寻找一个未来消费者价格通胀的早期迹象，你需要关注（   ）。
  A. CPI
  B. 价格水平
  C. GDP 平减指数
  D. 原材料购进价格指数
7. 下列经济活动中，（   ）会被列入 GDP 的投资项目。
  A. 华为购买了小米的股票
  B. 腾讯在自己的银行储蓄账户中存入了 1 000 万美元
  C. 特斯拉公司建立了一家工厂
  D. 中国政府部门订购了 30 台电脑
8. 假设某经济体一段时间内的消费量如下表所示：

某经济体的消费量

年份	胡萝卜		馒头	
	数量(个)	价格(元/个)	数量(个)	价格(元/个)
2017	500	5.0	1 000	2.0
2018	500	6.0	1 100	2.5
2019	600	5.5	1 200	3.0

要求：

(1) 以2017年的消费量为依据，并以2017年为基年，分别计算2018年和2019年的CPI。

(2) 根据(1)的计算结果，分别计算2018年和2019年的CPI变化率。

(3) 以2017年为基年，分别计算2018年和2019年的GDP平减指数。

(4) 根据(3)的计算结果，分别计算2018年和2019年的GDP平减指数变化率。计算结果与(2)一致吗？

第二章 中华人民共和国经济发展

中华人民共和国自成立以来,在经济建设上取得了举世瞩目的辉煌成就。在改革开放前30年的经济建设中,中国在一穷二白的基础上迅速建立了现代化的国防科技体系和工业产业链,这为改革开放后40多年的经济建设奠定了重要的产业和技术基础。从1978年开始,中国开始了波澜壮阔的改革开放实践,宏观经济取得了持续而快速的增长,国际地位和人民生活水平明显提高。

本章从中华人民共和国的经济建设成就、人民生活水平和基础设施建设三个角度,剖析中华人民共和国自成立以来取得的伟大成就。

第一节 经济建设成就

在中华人民共和国成立初期,中国还是一个封闭落后的农业国家;目前,中国已经成为世界第二大经济体。在对外贸易和投资建设方面,中国不仅是世界第一大货物出口国和第二大货物进口国,还在服务贸易和对外直接投资方面跃居世界第二位。不管是与同期世界其他国家横向对比还是与本国不同历史时期纵向对比,中国都取得了辉煌的成就。本节主要介绍中华人民共和国自成立以来的宏观经济建设成果,包括投资和建设、国际贸易发展及财政金融建设三个部分。

一、投资和建设

(一) 固定资产投资

在改革开放前30年的经济建设中,中国固定资产投资主要服务于建设工业强国的目标。面对工业化基础极为薄弱的现实,中国从第一个五年计划开始就把工业化进程摆在经济建设的首要地位。分阶段来看,1949—1957年,中国固定资产投资发展迅猛,这其中包括三年的经济建设恢复阶段,以及成绩斐然的"一五"计划期间。从图2-1中可以看出,这一阶段的固定资本形成总额持续增长。这是此阶段工业增加值得以保持年均19.8%增长速度的重要支撑。1958—1970年,受"大跃进"和"文化大革命"的影响,中国固定资产投资进入低谷期,这也直接导致了工业增加值和国民经济建设持续低迷。尽管如此,经济指导思想很快在20世纪60年代后期发生了转变,并进入了经济建设的调整期。从70年代开始,中国固定资产投资开始实现稳步增长,这为改革开放后40多年的经济建设奠定了基础。

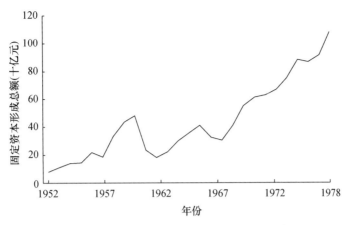

图 2-1　中国固定资本形成总额(1952—1978 年)

从图 2-2 中可以看出,改革开放后,中国固定资产投资换发了活力,并在改革开放后 40 多年取得了持续而稳定的增长。1979 年,中国固定资本形成总额为 1 080 亿元,到 1993 年迅速突破 1 万亿元大关,2007 年突破 10 万亿元,到 2018 年,中国固定资本形成总额已经达到 39 万亿元。这是改革开放以来国民经济建设迅猛发展的直接表现之一。

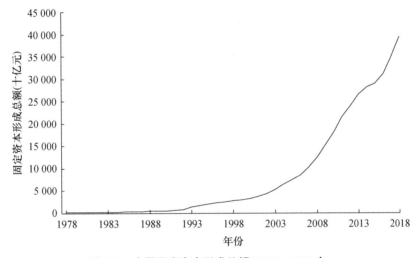

图 2-2　中国固定资本形成总额(1978—2018 年)

图 2-3 分类统计了 1981—2003 年三大产业吸收国有固定资产投资的情况。可以看到,尽管各产业的投资总额在这些年都是持续增长的,但是其内部结构调整幅度较大。第一,第一产业吸收国有固定资产投资的比重经历了先降低后提高的过程;20 世纪 80 年代,第一产业吸收国有固定资产投资的比重主要呈下降趋势,这主要是由于工业化迅速发展,大量的投资从第一产业转移到第二产业和第三产业;进入 90 年代以后,第一产业吸收国有固定资产投资的比重逐步提高,这反映了中国农业现代化和机械化的发展。第二,进入 90 年代以后,第二产业吸收国有固定资产投资的比重持续下降,取而代之的是第三产业,这反映了中国三大产业结构调整的趋势,即服务业的发展。

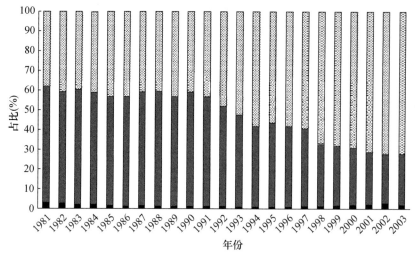

■ 国有固定资产投资：第一产业　■ 国有固定资产投资：第二产业　□ 国有固定资产投资：第三产业

图 2-3　国有固定资产投资产业结构（1981—2003 年）

（二）外商投资

改革开放前 30 年，中国通过从西方国家进口先进设备和技术的方式，辅助克服经济建设中的短板问题。例如，在"一五"计划期间，中国重点发展的新产业和产品，基本是在从苏联和其他东欧国家引进的"156 项重点工程"的基础上发展起来的。这一时期中国以贷款的形式从苏联引进大量恢复工业生产急需的机器设备和工业材料，从而建立起高投资、高技术的行业，如重型汽车、航空、化学等。从 20 世纪 60 年代开始，由于中苏关系恶化，中国转而从日本、英国等西方国家进口所需的机器设备。1976 年，中国以国家预算投资金额的 21% 从西方国家进口大型化工设备等。[①]

尽管如此，改革开放前 30 年，中国对外商投资的限制是比较严格的，大规模引进外资是从 1978 年设立 4 个经济特区开始的。图 2-4 展示了 1983—2018 年中国实际利用外资与外商直接投资金额的变化。可以看到，1983—1991 年为起步阶段，中国实际利用外资金额较小，增长速度较慢；1991 年以后实际利用外资金额迅速增长，但在 2000 年左右出现了下降趋势；2001 年以后，实际利用外资金额与实际利用外商直接投资金额都迅速增长。以下我们将介绍这三个历史阶段的相关政策和国内、国际经济形势，从而解释实际利用外资金额的阶段性特征。

1. 起步阶段（1983—1991 年）

这一阶段，中国实际利用外资金额主要伴随着 4 个经济特区和 14 个沿海开放城市的建立而起步发展。1979 年，中国颁布《中华人民共和国中外合资经营企业法》；1986 年，国务院发布《关于鼓励外商投资的规定》，通过政策优惠措施鼓励企业出口和利用外资先进技术。中国实际利用外资金额从这一阶段起步发展主要得益于两个方面的机遇：其一，由于当时国内生产的产品质量较低、技术水平有限，国内消费者更加偏好外资生产的产品，这使得国内对外资有旺盛的需求；其二，外资看重中国巨大的消费市场和改革开放这一重要历史机遇。

[①] 参见江小涓. 新中国对外开放 70 年[M]. 北京：人民出版社，2019。

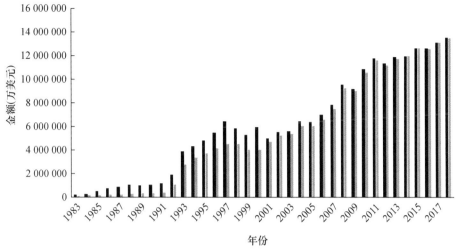

图 2-4 中国实际利用外资与外商直接投资金额(1983—2018 年)
资料来源:中国商务部。

尽管如此,改革开放初期,中国针对外资的政策和措施还不够完善,营商环境较为一般,基础设施水平有限,外商投资项目和数额都比较少,实际利用外资金额处于一个平稳增长的阶段。如图 2-4 所示,1983 年,中国实际利用外商直接投资金额为 22.6 亿美元,到 1991 年年底,实际利用外商直接投资金额达到 115.5 亿美元。外商直接投资在这一阶段的占比并不高,且大多来自中国港澳台地区和东南亚地区,主要投向纺织、食品饮料加工和家用电器等轻工业行业。

2. 调整阶段(1991—2001 年)

外商直接投资在这一阶段经历了较大的波动。1992 年,邓小平同志南方谈话后,中国经济建设进入了一个新的高速增长阶段,也吸引了较大规模的外商直接投资。此外,经过十几年的改革开放,中国基础设施建设和营商环境有了明显的改善,对外商直接投资的吸引力加大,这使得这一阶段吸收的外商直接投资规模迅猛增长。1993 年年底,中国实际利用外资金额达到 389.6 亿美元,其中实际利用外商直接投资金额达到 275.1 亿美元。

从 20 世纪 90 年代中后期开始,中国实际利用外商直接投资金额持续减少,而这一时期正是跨国企业全球投资高速增长的时期。形成这一反差的原因是多方面的:第一,这一时期的跨国企业投资主要通过跨国并购的方式进行,而中国吸收外资主要通过合资等"绿地投资"的方式,跨国并购在中国缺乏必要的法律环境支持。第二,1996 年中国出台了与外商直接投资相关的限制性政策,并取消了外资企业进出口商品的税收优惠政策。第三,这一时期的跨国企业投资目标向服务业转移,而中国服务业在吸收外资上有较多限制性的规定,开放程度还较低。[1]

3. 高速增长阶段(2002 年至今)

2001 年加入 WTO 后,中国吸收外资进入了高速增长的黄金时期。在外资利用合同规模上,中国于 2003 年和 2006 年分别突破 1 000 亿美元、2 000 亿美元大关;在实际利用外资金额

---

[1] 参见江小涓. 新中国对外开放 70 年[M]. 北京:人民出版社,2019。

上,中国于2010年突破1 000亿美元,达到1 088亿美元,其中1 057亿美元来自外商直接投资。一方面,加入WTO使得外资企业在中国的服务业尤其是金融行业得到了更多的国民待遇,服务业吸收外资的规模占比达到46%;而在此之前,服务业外商投资在中国受到了较多的限制。另一方面,由于经济总量迅速增长,中国的投资机会持续增多,对外资的吸引力也相应提高。

(三) 对外直接投资

改革开放前30年,中国的境外资本流动一直以外商对华直接投资为主,中国对外直接投资的起步则较为缓慢,一直到2000年以后才开始有较大的增长。表2-1直观地展示了这一发展情况。1982—2000年,中国对外直接投资总体上有所发展,但是波动较大:1985年,中国对外直接投资存量不到10亿美元,占全球比重仅为0.12%;到1998年,达到250.78亿美元,但此后迅速下降。2001年,中国对外直接投资存量达到346.54亿美元,2006年持续增加到733.30亿美元。这一阶段中国对外直接投资存量占全球比重稳定在0.5%左右。

表2-1 中国对外直接投资发展情况(1982—2006年)

年份	绝对额(亿美元)		占全球比重(%)	
	流量	存量	流量	存量
1982	0.44			
1985	6.29	9.00	1.00	0.12
1990	8.30	44.55	0.36	0.25
1995	20.00	177.68	0.55	0.60
1998	26.34	250.78	0.38	0.58
1999	17.74	268.53	0.16	0.52
2000	9.16	277.68	0.07	0.45
2001	68.85	346.54	0.92	0.52
2002	25.18	371.72	0.47	0.5
2003	28.55	332.22	0.51	0.38
2004	54.98	447.77	0.63	0.44
2005	122.61	572.06	1.46	0.54
2006	161.30	733.30	1.33	0.59

进入2007年后,中国人均收入突破2 000美元大关,这意味着中国的收入达到了在保持较多国际资本流入的同时对外进行大幅度投资的水平。这一阶段中国对外直接投资进入快速增长的黄金时期。目前,中国的对外直接投资存量已经位列发展中国家第一、世界第二。这一阶段中国对外直接投资迅猛增长有以下几个原因:第一,随着产业结构的升级调整,中国有大量过剩的生产能力得不到有效利用,但是其技术并不落后,有些生产能力在发展中国家甚至发达国家的某些行业中能够得到有效利用,因而通过对外直接投资的方式在全球范围内重新配置过剩产能,是推动国内产业结构升级调整、缓解国内企业困境的重要途径。第二,随着科技和资本的迅速发展,中国不少企业在境外收购企业或建立研发中心,能够推动其核心技术发展或扩大其品牌影响力。第三,对外直接投资可以有效贴近市场,这对于机电设备、成套装备等重服务、重设计、重售后的行业而言是重要的优势。第四,在当前国际经贸冲突日渐

严重的背景下,出口转向投资是多数企业的更好选择。①

二、国际贸易发展

自中华人民共和国成立以来,对外开放与国内发展关系密切,成为推动国民经济发展的重要力量。在改革开放前30年,中国国际贸易主要表现为进口先进设备和技术,并通过引进重点项目,为国民经济建设奠定重要基础。自改革开放以来,中国在国际贸易、对外投资、吸引外资,以及其他国际经济合作项目上都取得了重要的成果。本部分将从货物贸易发展总况和货物贸易结构变化两个方面详述中华人民共和国自成立以来的国际贸易建设成就。

(一) 货物贸易发展总况

1. 货物贸易进出口总额

改革开放前30年,在国际政治、经济环境复杂多变的情况下,中国货物贸易艰难起步并曲折发展。这一时期的进口主要是为了引进国外的先进设备和技术,为国内工业化建设提供必要的基础;相应地,这一时期的出口主要是为了获得外汇,从而在国际市场上购买发展生产所需的原材料和设备。在生产力较弱的背景下,这一时期国内绝大多数物资处于供应紧张的状态,国家只能采取统购统销的方式保证出口需要。

图2-5展示了1950—1979年中国货物贸易进出口总额的发展情况。分阶段来看,1950—1960年是恢复经济生产的阶段,也是中国第一个五年计划启动的阶段,这一阶段中国从苏联和其他东欧国家引进大量先进设备和生产项目,如"156项重点工程"等,货物贸易进出口额均呈上升趋势。1960—1970年,随着中苏关系恶化,大多数合作项目被终止,因而货物贸易进出口额呈波动趋势,这一阶段中国开始向苏联以外的国家(如日本、英国等)进口先进设备,以弥补国内工业生产中较为薄弱的技术环节。20世纪70年代以后,随着中美、中日相继建交,中国的外交环境逐步改善,中国开始部署从发达国家引进成套技术装备的大型项目,因而这一时期的货物贸易进口总额有重要的增加。

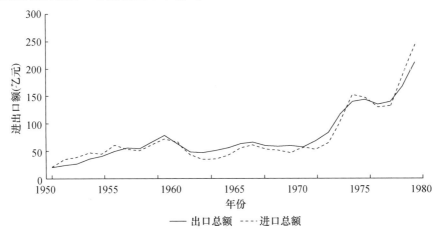

图2-5 中国货物贸易进出口总额变化(1950—1979年)

---

① 参见江小涓.新中国对外开放70年[M].北京:人民出版社,2019。

改革开放后40多年则是一个全新的开放过程。经过改革开放前30年的经济建设,中国已经具备现代化的工业基础,加快国内经济发展的需求强烈。图2-6展示了1978—2018年中国货物贸易进出口总额的发展情况,我们将这40年的货物贸易发展划分为四个阶段。第一阶段是1978—1992年,这一阶段是对外开放起步阶段,中国逐步改革中央集中统一的货物贸易管理体制,并通过企业承包经营等方式鼓励出口的发展。第二阶段是1992—2001年,随着市场经济改革的进行,货物贸易发展速度逐步加快,这一阶段有两件推动货物贸易迅速发展的事件:一是1992年邓小平南方谈话后,对外开放进程再次加速;二是中国自1986年提出加入关税及贸易总协定(GATT)(即之后的WTO)后,分别在1992年、1993年和1995年进行了三次大规模的进口关税削减,分别将进口关税下降了7.3%、8.8%和23%。进口关税的下降一方面直接扩大了中国货物贸易进口总额,另一方面通过竞争效应推动中国企业升级发展,加速了企业新产品和新技术的开发应用。第三阶段是2001—2008年,得益于加入WTO,这一阶段中国货物贸易发展迅速,2006年和2007年货物贸易出口总额增长速度分别达到27%和26%。中国货物贸易顺差的特征在这一时期更加明显,2005年货物贸易顺差首次接近1 000亿美元。第四阶段是从2008—2018年,尽管2008年全球金融危机使得中国货物进出口受到短暂的冲击,但是很快恢复了增长,货物贸易顺差也在这一时期进一步扩大。因此,近年来,中国比以往都更加重视扩大进口的作用。2018年和2019年,中国连续举办两届国际进口博览会,彰显了中国进一步对外开放的信心和推动经济全球化的大国担当。

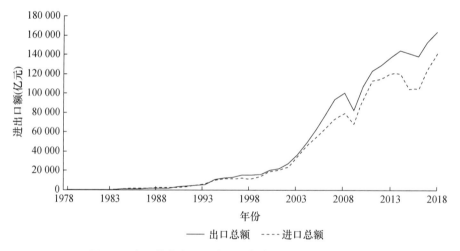

图2-6 中国货物贸易进出口总额变化(1978—2018年)

2. 中美贸易依存度对比

贸易依存度是指一国国际贸易总额与GDP的比值,用于衡量国际贸易在国民经济发展中的地位。我们通过对比来考察世界上最大的两个贸易国——中国和美国的贸易依存度。首先,从图2-7和图2-8中可以看出,中美两国的贸易依存度在过去60多年来都有明显的上升,这反映了这些年经济全球化对发达国家和发展中国家普遍的深入影响。其次,中国比美国更加依赖国际市场,美国则更加依赖其国内市场。最后,从进出口额来看,美国从20世纪70年代开始出现贸易逆差,并长期保持逆差的特征;中国则从20世纪90年代开始呈现贸易顺差的趋势。

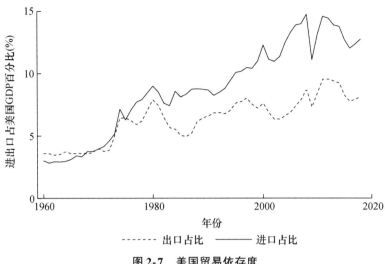

图 2-7　美国贸易依存度

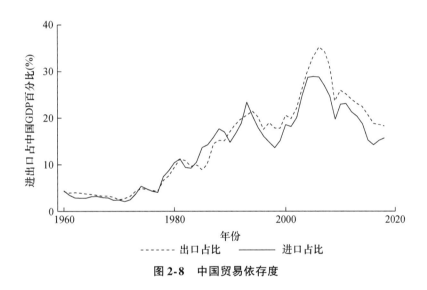

图 2-8　中国贸易依存度

(二) 货物贸易结构变化

1. 出口产品结构变化

改革开放以来,中国根据比较优势,制定符合要素禀赋的发展战略。在改革开放初期,中国主要出口食品和矿物燃料等初级产品,工业制成品的出口也集中在轻纺产品、杂项制品等劳动密集型产业上。随着产业结构不断升级的动态变化,中国出口呈现明显的价值链升级趋势,从低附加值的矿物燃料逐步升级为资本密集型货物乃至高科技产品。

表 2-2 反映了 1978—2018 年中国出口产品结构的变化。1978 年,中国初级产品和工业制成品出口的比例接近 1∶1,到 2018 年,这个比例变为 1∶17.42。具体产品类别上,1978 年,

主要出口食品和矿物燃料等初级产品,以及轻纺产品、橡胶制品和矿冶产品等工业制成品,到2018年,工业制成品出口类别中有50%是机械及运输设备。

表2-2 中国出口产品结构变化 单位:%

出口产品分类(国际贸易标准分类)	1978年	1980年	1998年	2008年	2018年
初级产品	50.301	30.318	11.153	5.449	5.429
食品及主要供食用的活动物	16.474	12.396	5.723	2.290	2.633
饮料及烟类	0.430	0.495	0.531	0.107	0.149
非食用原料	9.443	8.959	1.915	0.791	0.725
矿物燃料、润滑油及有关原料	23.622	8.313	2.817	2.221	1.879
动、植物油脂及蜡	0.331	0.156	0.167	0.040	0.043
工业制成品	49.699	69.682	88.846	94.551	94.571
化学品及有关产品	6.181	6.097	5.618	5.546	6.735
轻纺产品、橡胶制品、矿冶产品	22.075	22.071	17.678	18.340	16.273
机械及运输设备	4.653	5.828	27.335	47.063	48.570
杂项制品	15.652	17.400	38.212	23.482	22.745
未分类的其他商品	1.142	18.282	0.003	0.120	0.248

资料来源:中华人民共和国海关总署。

2. 进口产品结构变化

中国进口产品结构总体上以工业制成品为主、初级产品为辅。从表2-3中可以看到,初级产品的进口比例在20世纪80年代和90年代有所下降,进入21世纪后有所回升并且稳定在30%左右,这反映出随着国民经济的高速发展,中国对初级产品尤其是矿物燃料等工业原材料的需求仍然较大。工业制成品的结构上,轻纺产品、橡胶制品和矿冶产品的比例逐渐下降,机械及运输设备的比例则保持在40%左右。可以看到,机械及运输设备的进口比例和出口比例都很高,这也反映了机械及运输设备产业内贸易比例高的特征。

表2-3 中国进口产品结构变化 单位:%

进口产品分类(国际贸易标准分类)	1978年	1980年	1998年	2008年	2018年
初级产品	34.765	18.217	16.364	31.998	32.857
食品及主要供食用的活动物	14.623	6.289	2.701	1.241	3.034
饮料及烟类	0.180	0.626	0.128	0.170	0.359
非食用原料	17.755	9.210	7.641	14.718	12.742
矿物燃料、润滑油及有关原料	1.014	1.424	4.832	14.943	16.358
动、植物油脂及蜡	1.194	0.668	1.063	0.926	0.364
工业制成品	65.235	81.796	83.636	68.002	67.143
化学品及有关产品	14.533	16.536	14.374	10.524	10.471
轻纺产品、橡胶制品、矿冶产品	20.752	18.835	22.159	9.462	7.087
机械及运输设备	25.573	30.211	40.535	39.006	39.315
杂项制品	2.708	3.586	6.030	8.621	6.730
未分类的其他商品	1.669	12.628	0.538	0.389	3.540

资料来源:中华人民共和国海关总署。

三、财政金融建设

在中华人民共和国成立初期,中国财政状况十分困难。经过 70 多年的经济建设,中国财政收入随着经济发展而大幅增长,为调节宏观经济发展、改善人民生活水平提供了有力的资金保障。本部分主要介绍中华人民共和国自成立以来财政建设与金融市场的发展。

(一) 财政建设

1. 财政收入与支出

1950 年,中国财政收入总额仅为 62 亿元,当年财政支出总额为 68 亿元,主要通过借债等方式支撑国家财政政策的运转。经过近 30 年的经济建设,1978 年中国财政收入增加到 1 132 亿元。图 2-9 刻画了这一时期中国财政收支情况,主要有两个特征:一是除了 20 世纪 60 年代财政收支情况有较大波动,50 年代及 70 年代财政收支都处于稳步增长阶段,这与该时期国民经济发展水平是相适应的。二是这一时期主要处于财政盈余状态,即财政收入大于财政支出,表明这一时期的财政政策较为保守。

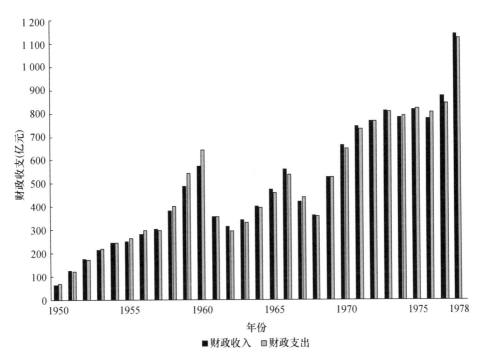

图 2-9 中国财政收支情况(1950—1978 年)

改革开放以来,随着经济的快速发展,中国财政收入总额实现大幅增长,1999 年中国财政收入总额首次突破 1 万亿元。进入 21 世纪后,中国财政收入更是实现连续跨越并保持较快的增长速度。2018 年,中国财政收入总额达到 183 352 亿元。1994 年以来,中国财政收入年均增长 12.5%,其中改革开放后 40 年年均增长速度达到 13.6%。从图 2-10 中可以看到,改革开放后,尤其是 20 世纪 90 年代以来,中国财政主要处于赤字状态,主要是由于政府通过大规模基础设施建设、公开发行债券等方式拉动国民经济增长。这一时期政府投资占中国资本形成总额的较大比例,这对于刺激经济发展、提供就业岗位及稳定国计民生发挥了重要作用。

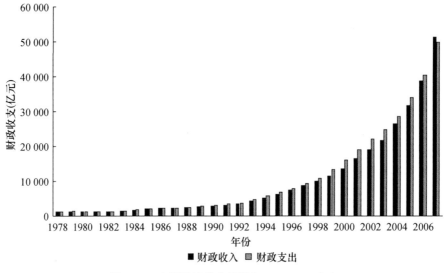

图 2-10 中国财政收支情况(1978—2007 年)

2. 中央与地方财政

中华人民共和国自成立以来,财政制度经历了几次重要的调整,使得中央与地方财政收支结构发生了较大的改变。具体而言,中国财政制度可以分成统收统支、包干制、分税制和预算管理制度四个阶段。①

统收统支阶段是指 1949—1978 年。在第一个五年计划期间,为了支撑计划经济体制的顺利运行,中国以集中全国财力、物力的方式为工业化进程筹集了大量资金。从图 2-11 中可以看到,在该体制下,1953 年中国中央财政收入占全国财政总收入的比重高达 83%,到 1958 年仍高达 80%。从 1958 年开始,为了推动第二个五年计划的实施,中国开始施行"以收定支"的财政政策,以激励地方财政的积极性,为地方经济"大跃进"提供财政支持,这使得从 1959 年开始,中央财政收入占比迅速降低。此后十年,受"文革"政治动乱的影响,中国财政制度遭到破坏,经济效益也受到一定影响。但总体而言,这一阶段的财政制度主要通过集权与分权的调整来为国家计划的实施提供资金支持。从图 2-12 中可以看到,这一时期中国中央财政支出占全国财政总支出的比重平均达到 58% 以上。

包干制阶段是指 1979—1994 年。1979 年党的十一届三中全会后,为了打破"财权集中过度、分配统收统支,税种过于单一"的财政格局,中央提出"放权让利"的改革政策。中央与地方依据隶属关系获得收入,并依据隶属关系自主经营、自负盈亏。这种财政制度有效调动了中央与地方、政府与企业发展的积极性,为国家经济的增长及财政收入的增加奠定了基础。此后 10 年,中国国民经济平均年增长 10% 以上,而财政收入也取得了较快的增长,1993 年中国财政总收入达到 4 348 亿元,较 1980 年翻了两番。这一阶段地方财政支出和财政收入的占比都有所提高:地方财政收入占比平均为 69%,财政支出占比平均为 58%。

分税制阶段是指 1995—2013 年。这一阶段中国进行了分税制改革。在包干制财政制度下,中央财政收入占比不断下降,国家财力过于分散,弱化了中央政府对经济的宏观调控能

---

① 参见龚浩,任致伟.新中国 70 年财政体制改革的基本历程、逻辑主线与核心问题[J].改革,2019(5):19-28。

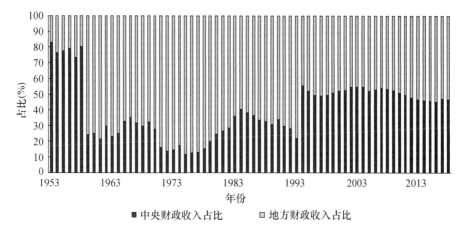

图 2-11　中国中央与地方财政收入结构

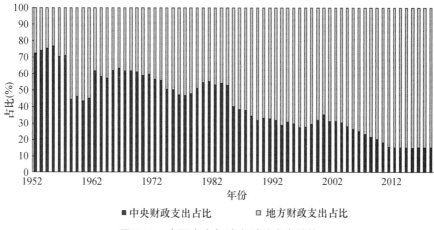

图 2-12　中国中央与地方财政支出结构

力,特别是影响了国家统一市场的形成。因此,党的十四届三中全会提出,建立中央税收和地方税收体系,实行财政返还和转移支付,初步建成分税制财政管理体制。1993 年中央财政收入占比仅为 22%,1994 年迅速提高至 55.7%。1994—2013 年,中央财政收入占比平均达到 51.8%。分税制改革有利于全国统一市场的形成及国家宏观经济调控作用的发挥。

预算管理制度阶段从 2013 年党的十八届三中全会明确提出建立现代财政制度开始,包括政府预算制度改革、各类税制改革和分级财政关系改革等内容。2013—2018 年,中国中央财政收入占比平均为 50%,基本维持中央与地方收入"平分"的格局。

(二) 金融市场的发展

1. 货币政策演变

中国货币政策的演变大致经历了三个阶段:第一个阶段是计划经济时期,从 1949 年到 1978 年;第二个阶段是社会主义市场经济体制建立时期,从 1979 年到 2012 年;第三个阶段是全面深化改革时期,从 2013 年至今。

在计划经济时期,中国以财政政策为主,货币政策处于从属地位。这一时期的中央银行同时肩负着政策银行和商业银行的职能,对货币领域实行集中的统一管理。这一时期的货币政策在促进国民经济恢复发展、推动现代化工业体系建立上起到了积极的作用。

改革开放后,尤其是1992年确定建立社会主义市场经济体制后,中国的货币政策进入新的发展阶段。这一时期的货币政策有两个特征:一是中央银行主要通过外汇占款的方式实现基础货币发行,这与中国国际贸易迅速增长、经常项目和资本项目双顺差规模不断扩大的趋势相符合。因此,与之前相比,这一时期基础货币发行渠道更加多元化。二是这一时期注重对经济的间接调控,例如更加关注货币中介指标,如流通中现金(M0)供应量、货币(M1)供应量,以及货币和准货币(M2)供应量。

货币政策的另一个重大调整从2013年开始。2008年全球金融危机之后,中国采取了"四万亿计划"刺激经济增长,货币供应量持续快速增加,并由外汇占款渠道转向央行再贷款。2008年中国货币和准货币供应量为475 167亿元,2009年增长至610 225亿元(见图2-13),增长了28.4%。随着经济结构升级调整加速,中国于2013年提出"新常态"的重大论断,经济发展由高速增长向中高速增长阶段转变,并推动货币政策向多元化、复杂化方向转变。这一时期,商业银行通过信托、基金、资管计划等非银行渠道向实体经济大规模输送资金,信用体系多元化迅速推进;此外,随着互联网的高速发展,以P2P(个人对个人)、区块链为代表的民间信用活动在正规金融体系之外迅速发展。

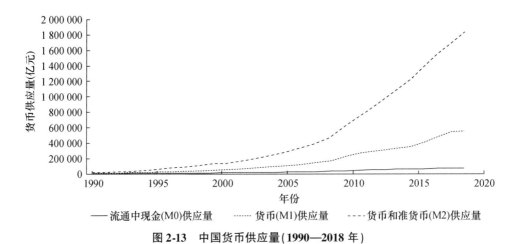

图2-13 中国货币供应量(1990—2018年)

2. 黄金和外汇储备

在中华人民共和国成立初期,中国外汇和黄金储备非常紧张,1952年年末外汇储备仅为1.08亿美元,黄金储备为500万盎司①。这一时期的外汇主要用于进口先进设备和技术,为国家现代化工业体系建设的薄弱环节提供支撑。由于当时国内物资供应紧张和生产力低下,这一时期中国出口创汇能力较弱,1978年年末中国外汇储备也仅为1.67亿美元(居世界第38位),黄金储备为1 280万盎司(见图2-14)。

改革开放以来,中国外汇和黄金储备稳步增加。20世纪80—90年代,中国外汇储备增速较为平稳,主要用于进口工业原材料和初级产品、推动国内工业建设。2001年加入WTO后,中国出口高速增长并创造大量外汇储备,2006年中国外汇储备突破1万亿美元,居世界第1

---

① 1盎司=28.3495克。

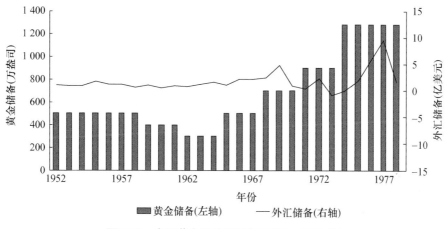

图 2-14 中国黄金和外汇储备(1952—1978 年)

位;到 2018 年年底,中国外汇储备余额已经达到 30 727 亿美元。这一时期中国黄金储备也相应做出调整。2009 年中国黄金储备为 3 389 万盎司,2016 年又增加至 5 924 万盎司(见图 2-15)。外汇和黄金储备的稳步增加是中国财政实力的体现,也是国民经济迅速增长的反映,体现出中国较强的经济风险防范实力。

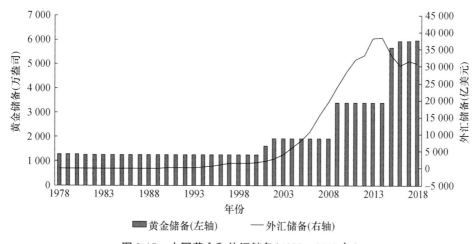

图 2-15 中国黄金和外汇储备(1979—2018 年)

3. 金融市场发展

1978 年以前,中国仅有中国人民银行一家金融机构,其既是政策银行又是商业银行,并且隶属于财政部,兼具财政职能和金融职能。1978 年,中国人民银行与财政部分离,紧接着建立起中国农业银行、中国银行、中国建设银行、中国工商银行和中国交通银行五家专业银行,随后又建立起中信银行、兴业银行、广发银行和华夏银行等 12 家股份制银行。与财政分离是中国金融业发展的重要起步,中国银行业基本框架开始建立。1993 年,中国相继建立起国家开发银行、中国进出口银行和中国农业发展银行三大政策性银行;此外,中国农业银行、中国银行、中国建设银行和中国工商银行逐渐向国有控股商业银行转变,其政策性业务也逐渐被剥离开来。

近 40 年来,中国金融市场日益成熟,在信贷、资本、外汇、黄金、期货、保险、基金和票据等领域都有了迅速的发展。20 世纪 90 年代初期,中国建立起上海股票交易所和深圳股票交易所,开始公开发行和买卖股票,1992年中国股票市价总值为1 048亿元,到2018年增长至434 924亿元(见图2-16),增长了414倍。随着总量的持续增长,中国股票市场多样化和差异化建设也逐渐完善,其中主板市场以沪深股市为核心,二板市场以创业板为主要内容,三板市场以中小企业股份转让为核心。1992年,中国有境内上市公司(A、B股)53家,到2018年年底,中国有境内上市公司3 584家,比1992年增加了66.6倍。此外,中国债券市场也迅速发展。图2-17为1992—2018年中国股票市场和债券市场的发展情况。可以看到,1997年之前,中国以股票市场为主,债券市场主要从1997年才开始起步。进入21世纪后,债券市场比重迅速提高,2001年中国债券市场成交额首次超过股票市场,达到41 030.69亿元,当年股票市场成交额为38 305.18亿元。2018年,中国债券市场成交额达到2 405 453.7亿元,为股票市场成交额的2.66倍。

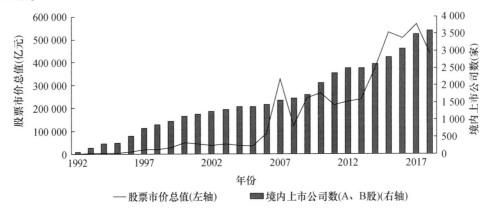

图2-16　中国股票市场发展情况(1992—2018年)

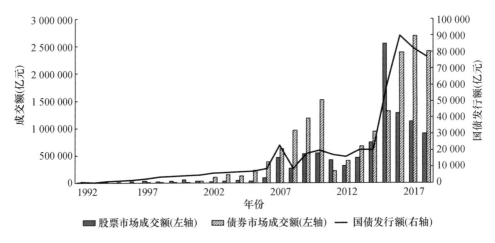

图2-17　中国股票市场和债券市场成交额(1992—2018年)

21世纪以来,互联网小额贷款、众筹和P2P等数字金融模式崛起,也对中国金融商业模式产生了深刻的影响。2018年,中国互联网网贷平台达到6 610家,P2P贷款规模超过1万亿元。[①]互联网金融的发展有效地降低了融资成本,加速了民间资本的流动,推动了普惠金融的发展,但与此同时,也为金融行业的监管带来了新的挑战。

---

① 参见网贷之家—网贷行业数据[EB/OL].[2021-06-21]. https://shuju.wdzj.com/industry-list.html。

第二节 人民生活水平

中华人民共和国自成立以来,从最不发达国家之一跃升为中高收入发展中国家,在短短的70年内实现了将近7亿人口的脱贫,2019年中国人均GDP突破1万美元大关,有望在近年内成功跻身发达经济体行列。本节将从人口指标和居民收支两个方面介绍中华人民共和国自成立以来在改善人民生活水平方面取得的成就。

一、人口指标

(一) 人口总量

中华人民共和国自成立以来,生育政策发生了几次重要的调整,对劳动力总量和结构产生了深远的影响,并将在较长一段时间内继续影响中国经济的发展。本部分梳理中华人民共和国自成立以来生育政策的调整。

第一阶段是1949—1970年,鼓励生育阶段。在中华人民共和国成立初期,随着经济秩序逐步恢复,国民经济建设需要大量的劳动力投入。此外,人民生活水平逐步提高,在鼓励生育政策的刺激下,人口总量从解放初期的"4万万"跃升为1954年第一次人口普查时的6亿人。中国政府开始意识到过快的人口增长给社会带来的压力。尽管这一阶段计划生育政策还未开始执行,但是节制生育的思想已经开始萌芽。1963年,中国正式成立计划生育机构并开展了相关的节育工作,但是随后的政治风波冲击了相关生育政策的落实。[①] 1966—1970年,中国人口总量在短短5年内增长了1个亿。

第二阶段是1971—2012年,计划生育阶段。从1970年开始,中国全面推行计划生育政策,20世纪70年代推行"晚稀少"政策,到80年代调整为"晚一孩"政策。1990年第四次人口普查显示,中国人口总量已经突破11亿人,自然增长率达到14‰,人口总量和增长率都已经达到严峻的态势。面对这一新形势,中国开始提倡"晚婚、晚育、少生、优生"。到1997年,中国人口自然增长率下降至10‰以下,有效地缓解了人口对经济和社会发展所造成的压力。计划生育政策在中国取得了明显成效。

第三阶段从2013年开始,中国逐步放开计划生育政策,从"单独二孩"到"全面二孩"。经过40年计划生育政策的严格执行,中国出现了一些负面的社会现象,包括人口老龄化严重、人口红利缺失、劳动力人口急速下降和性别比例失衡等,对社会经济发展产生了较大压力。2018年,中国人口总量达到13.95亿人,但是自然增长率仅为3.81‰(见图2-18)。在当前形势下,"全面二孩"政策更适应中国的人口现状和人口结构,并将促进中国人口结构的均衡发展。

[①] 参见冯立天.中国人口政策的过去、现在与未来[J].人口研究,2000(4):23-34。

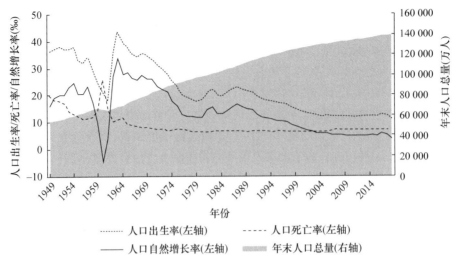

图 2-18 中国人口总量和增长率(1949—2018 年)

注:1981 年及以前人口数据为户籍统计数;1982 年、1990 年、2000 年、2010 年数据为当年人口普查数据推算数;其余年份人口数据为年度人口抽样调查数据推算数。

(二) 人口结构

1. 人口年龄结构

人口年龄结构的变化对宏观经济发展具有重要影响。一方面,人口年龄结构的变化直接影响社会劳动力的供给,并对工资水平、产品价格甚至产业结构有深刻的影响;另一方面,人口年龄结构的变化使得社会抚养比有较大的波动,这将直接影响中国人民生活水平,并对社会福利水平有深远的影响。

图 2-19 展示了 1982 年以来中国人口结构的变化。具体而言,0—14 岁人口的占比逐步下降,2010 年以后逐渐稳定,这与中国的生育政策及其调整有直接关系。与之相对,20 世纪五六十年代出生的人口在 2010 年以后逐步迈入老年行列,因而 65 岁及以上人口的占比在这一时期持续上升,这使得中国社会保障的压力有所上升,人口红利逐渐减弱。

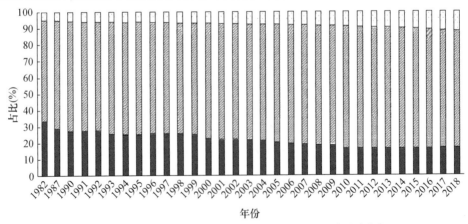

图 2-19 中国人口结构变化(1982—2018 年)

图 2-20 展示了 1982 年以来中国抚养比的变化。一个社会的抚养比越大,意味着劳动力人均承担的抚养人数越多(包括老年人和未成年人),劳动力的抚养负担越重。从图 2-20 中可以看到,改革开放后 30 年,中国总抚养比有明显的下降,但是这种下降主要是少儿抚养比的下降带来的;相比之下,老年抚养比在近 40 年内持续上升,这表明中国劳动力的养老负担持续上升,这也是中国逐渐进入老龄化社会的体现。从 2010 年开始,中国总抚养比有显著的上升,这一方面是由于计划生育政策的放开加剧了少儿抚养压力,另一方面是由于老年抚养比在持续上升。

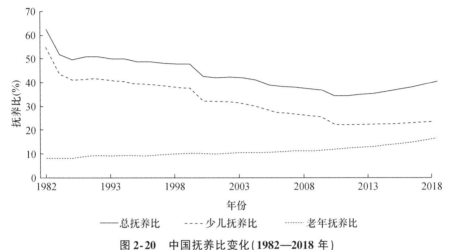

图 2-20 中国抚养比变化(1982—2018 年)

2. 城乡结构

城乡人口比例变化是衡量一个国家城镇化进程的重要指标。如图 2-21 所示,1949 年,中国城镇人口占总人口的比例仅为 10.6%。1949—1959 年,中国城镇化有较快发展,1959 年城镇人口比例达到 18.4%。改革开放以后,尤其是 20 世纪 90 年代以来,中国城镇化进程明显加速,2012 年城镇人口比例首次突破 50%,这意味着中国城镇化发展进入新的历史阶段。

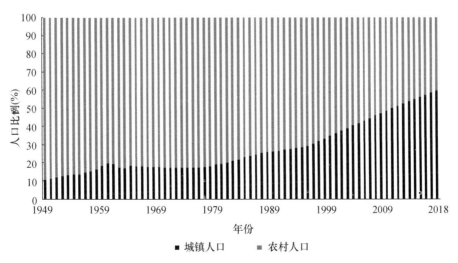

图 2-21 中国城乡人口比例(1949—2018 年)

图 2-22 进一步展示了城镇在吸收就业人口方面的巨大进步。可以看到,中华人民共和

国自成立以来,就业人口总量持续上升,其中城镇就业人口比例稳步上升,这表明城镇为新增就业人口提供了大量工作岗位,城镇化质量日益提升。此外,随着城镇化的快速推进,中国城镇集聚效应明显增强。就目前而言,中国已形成长三角、珠三角、京津冀等高度集聚的城市群,这些城市群是人口和经济聚集的重要地域,也是中国经济发展的重要引擎。

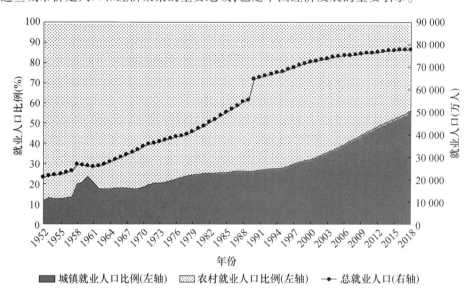

图 2-22 中国城乡就业人口比例(1952—2018 年)

注:全国就业人口1990—2000年数据根据劳动力调查、人口普查数据推算,2001年及以后数据根据第六次人口普查数据重新修订;城镇单位数据不含私营单位;2012年行业采用新的分类标准,与前期不可比。

3. 就业结构

图 2-23 为 1952—2018 年中国三大产业就业人口的分布情况。从中我们可以看到:首先,第一产业就业人口占比偏高。相较于第一产业增加值在中国 GDP 中的占比,第一产业就业人口占比更高。这一方面是由于中国人口众多,对农产品的依赖较大,因而需要更多的农业人

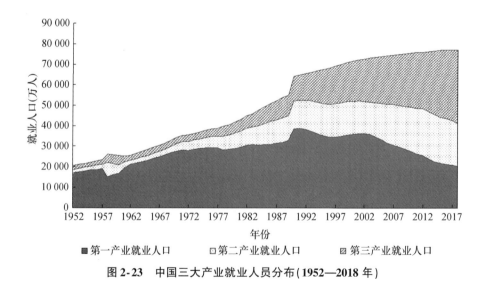

图 2-23 中国三大产业就业人员分布(1952—2018 年)

口满足生产需求;另一方面也说明中国第一产业生产率较为低下,农业现代化、规模化进程仍有待提高。其次,第一产业就业人口占比从20世纪90年代开始有较大的下降。尽管如此,目前中国农产品的供给仍然支撑起广大人民生活和经济建设的需求,这说明中国第一产业的生产效率在不断提高,农业结构在不断优化调整。最后,20世纪90年代以来,中国第三产业就业人口占比迅速上升,1984年中国第三产业就业人口占比仅为16%,2008年突破1/3达到34.09%,2017年更是达到46.3%。这表明中国产业结构不断优化,工业化和现代化水平不断提高。

二、居民收支

(一) 居民收支基本情况

在中华人民共和国成立初期,中国居民收入水平和消费水平均较低,1956年中国居民人均可支配收入和人均消费支出分别为98元、88元。①

经过20年的经济建设,中国城乡居民生活有所改善,但农村贫困问题仍然极为严重。这一方面是由于人口增长过快,另一方面是由于集中精力快速建设工业化国家的首要目标在一定程度上牺牲了人民生活水平。如图2-24所示,到1978年,中国城镇居民人均可支配收入和农村居民人均纯收入分别达到343元、133.6元,这已经比中华人民共和国初期有了较大的增长。改革开放后,中国农村收入增长速度连续多年超过城镇。2018年,中国城乡居民收入之比为2.69,比2007年缩小了0.46倍。可见,随着农村改革的不断发展和扶贫工作的持续推进,中国在居民收入水平方面的城乡差距已逐渐缩小。

从城乡居民消费水平来看,如图2-25所示,2018年中国城镇居民人均消费支出达到26 112.31元,比1978年的311元增加了83倍;农村居民人均消费支出达到12 124元,比1978年的116元增加了103倍。

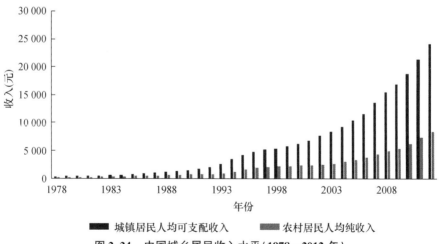

图2-24 中国城乡居民收入水平(1978—2012年)

---

① 资料来源:国家统计局《沧桑巨变七十载 民族复兴铸辉煌——新中国成立70周年经济社会发展成就系列报告之一》。

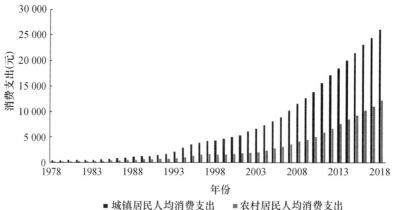

图 2-25 中国城乡居民人均消费支出（1978—2018 年）

（二）居民储蓄存款情况

在中华人民共和国成立初期，中国居民收入水平极低，因而居民储蓄存款比例也很低。如图 2-26 所示，1952 年中国居民储蓄存款总额不到 9 亿元，其中活期储蓄存款年底余额仅为 3.8 亿元。经过 30 年的经济建设，中国居民储蓄存款波动上升，1978 年年底储蓄存款总额达到 211 亿元。这一时期的居民储蓄存款以定期储蓄存款为主，其占比超过 60%。

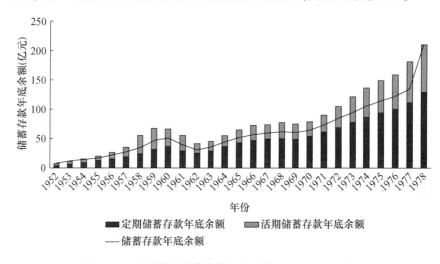

图 2-26 中国居民储蓄存款年底余额（1952—1978 年）

改革开放后，中国居民储蓄存款发生了几个重要变化。表 2-4 列出了 1978—2010 年中国居民储蓄存款增加额的变化情况，主要有以下三个特征：一是年储蓄存款增加额总体上呈上升趋势，这与中国国民经济和居民收入水平的发展趋势相符合；二是年储蓄存款增加额与短期经济增速密切相关，2008 年年底全球金融危机后中国储蓄存款总额有迅猛增长；三是前 20 年的储蓄存款以定期储蓄存款为主，进入 21 世纪后，活期储蓄存款的占比逐渐提高，2000 年、2007 年、2009 年和 2010 年活期储蓄存款占比超过定期储蓄存款，这表明随着消费水平的提高及日常风险的增加，居民对低风险、低收益的储蓄方式有更强的偏好。

表2-4 中国居民储蓄存款年增加额(1978—2010年)

年份	储蓄存款年增加额 (亿元)	定期储蓄存款占比 (%)	活期储蓄存款占比 (%)
1978	29.00	59.310	40.690
1985	407.90	79.505	20.495
1990	1 935.10	87.897	12.103
1995	8 143.46	85.216	14.784
2000	4 710.55	25.189	74.811
2001	9 430.05	56.131	43.869
2002	13 148.22	55.932	44.068
2003	16 707.00	58.118	41.882
2004	15 937.74	60.487	39.513
2005	21 495.60	65.710	34.290
2006	20 544.00	52.460	47.540
2007	10 946.90	17.568	82.432
2008	45 351.16	75.777	24.223
2009	42 886.31	48.804	51.196
2010	42 530.84	42.754	57.246

第三节 基础设施建设

基础设施建设不仅是社会经济生产的前提,还是劳动力再生产的重要条件,在推动国民经济发展和吸收资本投资、拉动经济增长方面发挥了重要作用。本节重点介绍中华人民共和国自成立以来在能源行业、信息和通信行业、运输行业的发展情况,以及在科技、教育、文化、卫生与社会保障方面的建设成就。

一、能源行业

(一)能源生产和消费总量

图2-27是2000—2018年中国能源生产和消费总量的趋势图,从中可以看出两个主要趋势:一是随着国民经济的迅速发展和生产总值的增加,中国的能源生产和消费总量都在逐年增加;二是随着中国产业结构的调整和转型,中国能源生产总量与消费总量的缺口逐渐增大,这也说明中国能源消费对进口的依赖逐渐上升。

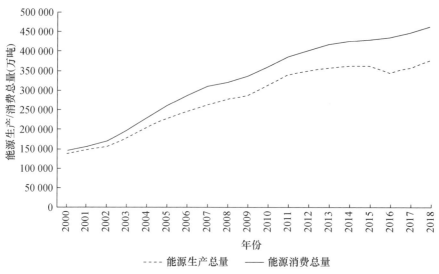

图 2-27 中国能源生产和消费总量(2000—2018 年)

(二)能源生产和消费结构

图 2-28 展示了 1949—2019 年中国能源生产结构的变化,主要表现为:首先,原煤生产仍是中国能源生产的主要类型,1949—1979 年其占比逐渐下降,1979 年后保持了较为平缓的趋势,2018 年中国原煤生产占比依然达到 70% 左右。其次,原油生产在 1949—1979 年增长加速,1979—1999 年保持了较为平缓的趋势,占比约为 25%;进入 21 世纪后,其占比逐渐下降,取而代之的是水电、核电和天然气等新能源的生产。最后,70 年来占比基本保持上升趋势的是水电、核电和天然气等清洁能源的生产,2018 年其占比合计已经超过 20%,这表明中国的能源生产结构逐渐朝绿色环保的方向转变。

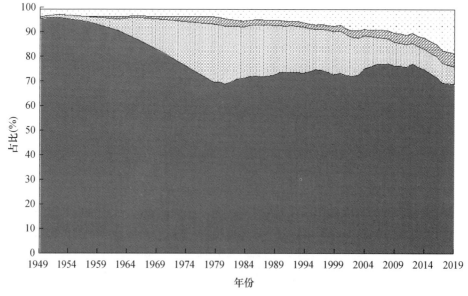

图 2-28 中国能源生产结构变化(1949—2019 年)

图 2-29 展示了 1953—2019 年中国能源消费结构的变化,主要表现为:1953—1979 年原煤消费占比逐渐下降,原油消费占比上升;1979—2009 年保持较为平稳的趋势;2009—2019年随着水电、核电和天然气等新能源的发展,原煤消费占比下降明显,2018 年其占比已经低于 60%。

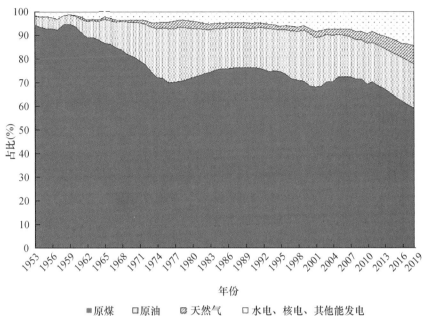

图 2-29　中国能源消费结构变化(1953—2019 年)

二、信息和通信业

(一) 电话用户总数

图 2-30 展示了 1992—2018 年中国固定电话和移动电话普及率的变化情况。1992 年,中国固定电话普及率仅为每百人 1.59 部,到 2007 年,达到每百人 28 部。由于固定电话主要在家庭或办公场所使用,平均 3 人使用一部固定电话的比例是比较高的。2007 年以后,中国固定电话的使用率逐年下降,这得益于移动电话尤其是智能手机的迅猛发展。从图 2-30 中可以看到,中国移动电话普及率逐年上升,2017 年超过每百人 100 部,即有许多人开始拥有多部移动电话;到 2018 年,中国移动电话普及率达到每百人 112 部,表明平均有 10% 的人拥有不止一部移动电话。这充分反映了 20 世纪 90 年代以来中国通信业的快速发展,以及人民生活水平的提高。

(二) 互联网规模

进入 21 世纪后,中国互联网发展迅猛。互联网的兴起为国民经济尤其是服务业的发展创造了基础性平台,不仅让电子商务等新兴产业的发展成为可能,也为中国城乡居民创造了大量的就业机会。图 2-31 展示了 2007—2018 年中国互联网普及率的变化情况,主要有两个趋势:第一,城镇和农村的互联网普及率都实现了连年增长,2007 年全国平均互联网普及率不

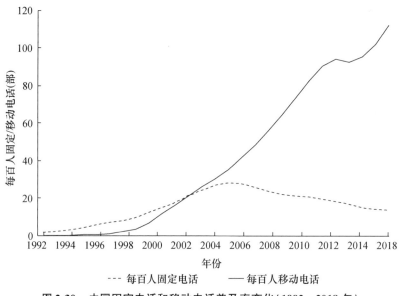

图 2-30　中国固定电话和移动电话普及率变化（1992—2018 年）

到 20%，城镇不到 30%，农村更是不到 10%；经过 10 年的发展，2018 年全国平均互联网普及率突破 60%，其中城镇达到 75%。第二，应该看到城镇和农村的发展仍有较大差距，并且在互联网普及率方面差距仍在扩大。2018 年，中国农村互联网普及率仅为 38%，相较于 2007 年增加了 30 个百分点，而城镇互联网普及率增加了 50 个百分点。

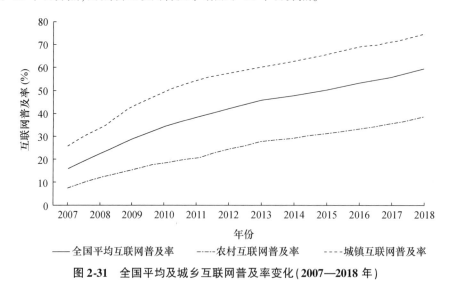

图 2-31　全国平均及城乡互联网普及率变化（2007—2018 年）

三、运输行业

（一）运输行业主要发展指标

运输行业是国民经济发展的基础性行业，也是衡量居民生活便利化程度的重要指标。在中华人民共和国成立之初，中国的交通十分落后。1994 年以来，中国各运输方式下的旅客量和货物量都随现代化建设而成倍增长。表 2-5 展示了 1949—2018 年中国运输行业的主要发展指标,包括总旅客运输量、总货物运输量,以及改革开放以来主要港口主要货物吞吐量、进港量和出港量。可以看到,中国运输行业的发展基本实现 10 年一个跨越,这也是中国国民经济及国际贸易迅速发展的一个侧面反映。

表 2-5 中国运输行业主要发展指标(1949—2018 年)

年份	总旅客运输量（百万人）	总货物运输量（百万吨）	主要港口主要货物吞吐量（万吨）	主要港口主要货物进港量（万吨）	主要港口主要货物出港量（万吨）
1949	137	161			
1959	912	1 499			
1969	1 239	1 239			
1979	2 897	5 375	21 257	10 889	10 368
1989	7 914	9 884	49 025	23 506	25 519
1999	13 944	12 930	105 162	53 747	51 415
2009	29 769	28 252	475 481	273 208	202 273
2018	17 938	51 527	922 392	518 509	403 883

(二) 运输方式

图 2-32 和图 2-33 分别展示了 1999—2019 年中国旅客与货物运输方式的变化情况。从图 2-32 中可以看到,中国水路旅客运输量保持较为平缓的发展趋势,基本在每年 2 亿—3 亿人次;航空旅客运输量则保持高速增长,1999 年全年旅客运输量仅为 6 100 万人次,2019 年达到 6.6 亿人次;公路旅客运输量则先增后降,1999—2013 年公路旅客运输量从 128 亿人次增加至 374 亿人次,到 2019 年又降为 130 亿人次左右,这反映了近年来高铁、地铁等新型交通方式对旅客运输量的分流。从图 2-33 中可以看到,三种运输方式的货物运输总量都呈上升趋势。

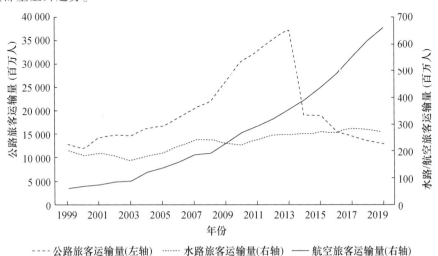

图 2-32 中国旅客运输方式变化(1999—2019 年)

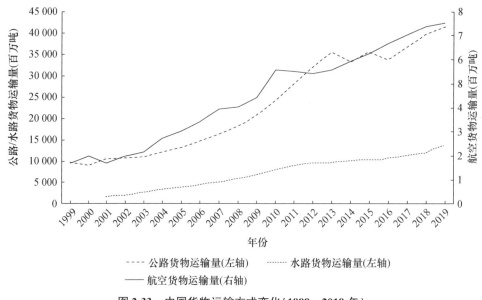

图 2-33 中国货物运输方式变化(1999—2019 年)

相关资料
中国交通运输体系建设成果

截至 2018 年年底,中国高速铁路、高速公路里程以及港口万吨级泊位数量等均位居世界第一,机场数量和管道里程位居世界前列,中国已基本贯通"五纵五横"综合运输大通道,初步形成现代化综合交通运输体系。

截至 2017 年年底,铁路方面,全国里程达 12.7 万公里,是 1978 年的 2.5 倍;高速铁路方面,全国里程达 2.5 万公里,占世界高铁的 2/3,覆盖百万人口以上城市比例达 65%,"四纵四横"高铁主通道基本贯通,以高速铁路为骨架、以城际铁路为补充的快速客运网络初步建成;公路方面,全国公路通车总里程达 477.35 万公里,是 1978 年的 5.4 倍,高速公路覆盖 97% 的 20 万人口城市及地级行政中心,国省干线公路连接了全国县级及以上行政区,农村公路通达 99.99% 的乡镇和 99.98% 的建制村;水运方面,中国港口拥有生产性码头泊位 2.76 万个,其中万吨级及以上泊位 2 366 个,分别是 1978 年的 38 倍和 18 倍,初步建成了以"两横一纵两网十八线"为主体的内河航道体系;民航方面,全国民航运输机场达 229 个,是 1978 年的 2.8 倍,服务覆盖全国 88.5% 的地市、76.5% 的县,初步形成了以北京市、上海市、广州市等国际枢纽机场为中心,省会城市和重点城市区域枢纽机场为骨干,以及其他干支线机场相互配合的格局;城市轨道交通方面,全国 34 个城市开通了 153 条城市轨道交通线路,运营里程达 4 583.8 公里。邮政方面,全国邮路总条数达 2.7 万条,快递服务营业网点达 21 万处,目前中国邮政网络成为世界规模最大的网络之一。

此外,中国高铁以先进的技术、完善的设备及全球互利共赢的理念被世界认可,代表着今天的中国产业从"制造"到"创造"的升级。在中共十八大期间,中国高铁成就不仅实现了线路最长、标准最高,在实际营运速度上也达到了 350 公里/小时,尤其是中国磁悬浮列车的速度已经超过400公里/小时,超过了法国和日本两大高铁技术强国。2012年12月26日,世界上里程最长的高铁——京广高铁全线通车;2014年12月26日,世界上一次性建成里程最长的高铁——兰新高铁全线贯通;2017年9月21日,世界上高铁商业运营速度最快的高铁——京沪高铁"复兴号"实现350公里时速运营。中国高铁技术在世界上已经是名副其实的"领头羊"。

资料来源:2018年12月21日交通运输部例行新闻发布会。

四、科技、教育、文化、卫生与社会保障成就

(一)科技

1. 科研活动基本情况

在中华人民共和国成立初期,中国科技水平落后,科研人员和机构数量极少,科技成果不多。中华人民共和国成立以后,中国开始自力更生发展科技事业,初步建立了现代化的国防工业和科技体系,取得了"两弹一星"等重大成果。但因起步基础差,中国科技水平总体而言与发达国家相比仍有较大差距。

改革开放以来,随着经济实力的增强,中国在科技研究上的投入持续增加,产学研相结合的体系不断强化,科技创新能力逐步增强。进入20世纪90年代以后,随着"科教兴国"战略的深入推进,中国科研人员和经费支出总额都有较快的增长。如图2-34所示,1995年中国研发经费支出为348.69亿元,2018年为19 678.00亿元,增长了55.43倍。2018年,研发经费支出总额与GDP之比为2.18%,比1995年提高了1.61个百分点,超过原欧盟15国的平均水平。此外,1995年中国研发人员仅为75万人,2018年达到438万人,增长了4.84倍。2013年,中国成为世界第二大研发经费投入国,研发人员总量、发明专利申请量分别连续6年和8年居世界首位。2018年年底,中国专利申请受理数达到4 323 112项,其中授权数达到2 447 460项,科技成果登记数达到65 720项(见图2-35)。

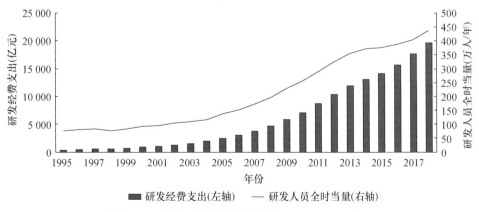

图2-34 中国研发经费和人员情况(1995—2018年)

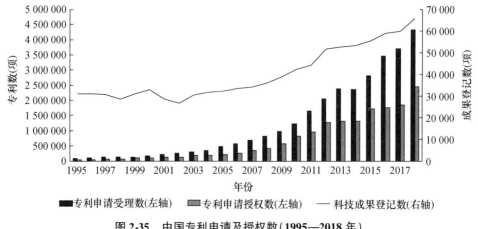

图 2-35 中国专利申请及授权数(1995—2018 年)

相关资料
"两弹一星"与中华人民共和国成立初期中国科技建设成果

20世纪50年代初期,帝国主义对新诞生的中华人民共和国采取了武力威胁甚至核讹诈策略。面对严峻的国际形势,中国领导人毅然做出独立研制导弹、核弹和人造卫星的战略决策,突破帝国主义的技术封锁。在落后的科技基础和贫穷的经济条件下,大批优秀的科技工作者积极响应国家号召并投身于这一神圣的社会主义科技建设任务中来,其中有大批工作者拥有海外教育背景甚至已经在海外取得杰出的成就。

1958年,中国建立起第一座实验性原子反应堆;1960年,中国成功发射第一枚自主研制导弹;1964年,中国研制的第一颗原子弹在西北罗布泊沙漠爆炸成功,1967年又爆炸成功第一颗氢弹。这标志着中国成功打破少数大国的核垄断状态,成为当时世界上为数不多的核国家,为中国国防安全提供了重要的保障。1970年,中国使用"长征一号"运载火箭,成功发射中国第一颗人造地球卫星"东方红一号",这使得中国成为继苏联、美国、法国、日本之后第五个能独立发射人造地球卫星的国家,标志着中国开始进入太空研究和探索领域。

在原子弹的研制开发上,美国花费了7年的时间,法国经历了8年的时间,苏联和英国分别使用了4年的时间,而中国仅花费了3年的时间,并且是在中华人民共和国成立初期经济和科技基础极为薄弱的形势下。这一方面充分展示了社会主义集中力量办大事的优越性,另一方面也离不开中国科技工作者的艰苦奋斗和向社会主义奉献的热情。1999年,在中华人民共和国成立50周年之际,中国对为"两弹一星"事业做出突出贡献的23位科学家颁布"两弹一星功勋奖章",表彰其为中国航空航天事业、国防科技与核武器开发做出的卓越贡献。

2. 高科技产品进出口情况

自中华人民共和国成立以来,中国的科技水平不断提高,主要体现在高科技产品进出口比例上。在中华人民共和国成立初期,中国主要通过进口先进设备和技术等方式弥补工业化体系中的薄弱环节,高科技产品进口额远超出口额;一直到改革开放初期,中国在高科技产品上依然以进口为主,1995年中国高科技产品进口额为218.27亿美元,为出口额的2.16倍。2004年以后,中国高科技产品出口额开始超过进口额,到2018年,中国高科技产品进口额达6 655.21亿美元,出口额达7 430.44亿美元。图2-36为1995—2018年中国高科技产品进出口额分布。这体现出中国的科技水平不断提高,为中国国际贸易的发展和质量升级做出了重要贡献。

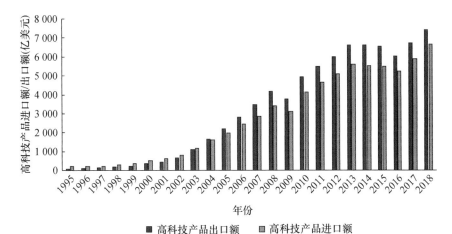

图2-36　中国高科技产品进出口额(1995—2018年)

(二) 教育

1. 基础教育

在中华人民共和国成立初期,中国教育水平很低,学龄儿童净入学率不及20%,小学升学率不及50%。在中华人民共和国成立后,中国开始大力推动基础教育的发展,到1978年,中国学龄儿童净入学率已经超过95%,小学升学率接近90%。改革开放以来,中国国民受教育程度持续提高,到2018年,中国学龄儿童净入学率、小学升学率、初中升学率分别达到100%、99.1%和95.2%(如图2-37所示)。

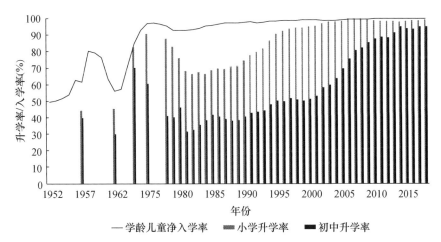

图2-37　中国各阶段教育升学率/入学率(1952—2018年)

2. 高等教育

自中华人民共和国成立以来,中国高等教育经历了较为曲折的发展。在中华人民共和国成立初期,中国主要致力于基础教育的推广,兼顾高等教育的发展。1953 年,中国研究生招生人数不及 3 000 人,研究生在学人数仅为 4 149 人,学成回国留学人数仅为 16 人。20 世纪 50 年代中期,中国出现了第一波出国留学高潮,主要为公派前往苏联或东欧国家学习先进技术,这批留学人员在 60 年代形成第一批回国高潮,为社会主义经济建设做出了重要贡献。改革开放以后,中国高等教育发展迅速,目前已在世界上达到中上水平。如表 2-6 所示,2018 年,中国研究生在学人数已经达到 273.1257 万人,毕业人数超过 60 万人。

表 2-6 中国高等教育发展情况主要指标

年份	研究生招生人数（万人）	研究生在学人数（万人）	研究生毕业人数（万人）	出国留学人数（人）	学成回国留学人数（人）
1955	0.1751	0.4822	0.1730	2 093	104
1960	0.2275	0.3635	0.0589	441	2 217
1965	0.1456	0.4546	0.1665	454	199
1980	0.3616	2.1604	0.0476	2 124	162
1985	4.6871	8.7331	1.7004	4 888	1 424
1990	2.9649	9.3018	3.5440	2 950	1 593
1995	5.1053	14.5443	3.1877	20 381	5 750
2000	12.8484	30.1239	5.8767	38 989	9 121
2005	36.4831	97.8610	18.9728	118 515	34 987
2010	53.8177	153.8416	38.3600	284 700	134 800
2015	64.5055	191.1406	55.1522	523 700	409 100
2018	85.7966	273.1257	60.4368	662 100	519 400

3. 教育经费

基础教育和高等教育的发展都离不开大量教育经费的投入。图 2-38 展示了 1991—2018 年中国教育经费投入结构的变化情况。这一阶段中国教育经费投入结构主要有两个特征:一

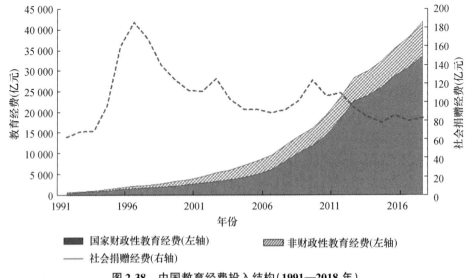

图 2-38 中国教育经费投入结构(1991—2018 年)

是中国教育经费仍以财政性投入为主,1991年国家财政性教育经费投入占教育经费总额的84.5%,到2017年,这一比例仍然高达80%。二是中国教育经费来源逐步实现多元化,非财政性教育经费投入逐年增加,社会捐赠经费投入有所减少但是总额依然可观。可见,中国社会对教育的重视程度日益提高。

(三) 文化

在中华人民共和国成立初期,中国公共文化事业发展落后,公共图书馆、艺术表演团体机构、体育场馆等非常有限,图书、新闻、报纸、电影和广播等更是严重不足。从图2-39中可以看到,1949年中国仅有公共图书馆55个,艺术表演团体机构1 000个。到1960年,中国公共图书馆增加至1 093个,艺术表演团体机构增加至3 309个,中国公共文化事业有了较快发展。20世纪六七十年代,中国公共文化事业历经了曲折发展,到1978年,中国公共图书馆数量和艺术表演团体机构数量分别达到1 218个、3 150个。改革开放以来,中国公共文化事业发展迅猛,到2018年,中国有公共图书馆3 176个,比1949年增长了56.7倍;艺术表演团体机构17 123个,是1949年的17.1倍。

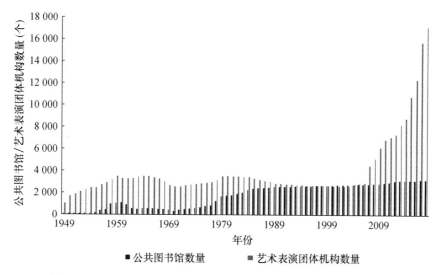

图2-39 中国公共图书馆和艺术表演团体机构数量(1949—2018年)

除此之外,中国文化软实力也有了长足的进步,中华文化的国际影响力日益增强。1950年,中国图书出版种数仅为12 153种,1978年达到14 987种,到2018年达到519 250种,增长了41.7倍;1952年,中国故事影片生产量仅为4部,1957年达到40部,1978年达到46部,到2018年达到902部,增长了224.5倍。另外,中华文化在全世界的影响力日益增强:截至2018年,中国孔子学院已经遍布海外154个国家或地区,共建立孔子学院548所,开设孔子课堂1 193个。此外,中国体育事业蓬勃发展,全民健身理念深入人心,国民身体素质有明显的提升。2008年,中国成功举办第29届夏季奥运会,并在金牌总数上位列世界首位。从图2-40中可以看到,中国运动员在世界舞台上的表现优异。截至2018年,中国运动员共获得世界冠军3 458个。

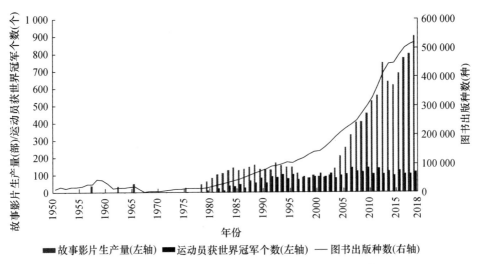

图 2-40 中国图书、影片和体育事业发展(1949—2018 年)

(四) 卫生

1. 基本情况

在中华人民共和国成立初期,中国医疗卫生水平极低,1949 年全国仅有医疗卫生机构 3 670 个,且绝大部分集中在城镇地区。经过 30 年的努力,1979 年中国医疗卫生机构达到 176 793 个,医疗卫生从业人员达到 773.80 万人,其中执业医师将近 109 万人。尽管如此,这一时期中国医疗卫生水平与发达国家相比仍有较大差距。改革开放以来,中国医疗卫生从业人员逐渐增加,中国建立起更加健全的医疗卫生体系。从表 2-7 中可以看到,2018 年年末中国共有医疗卫生机构 997 433 个,比 1949 年年末增长了 270.78 倍;医疗卫生从业人员 1 230.03 万人,比 1949 年增长了 21.74 倍。此外,面对 2020 年的新冠肺炎疫情,中国展示了较强的疾病防控能力和社会管理水平,医疗卫生从业人员素质和科技攻坚能力也有较大的突破。

表 2-7 中国医疗卫生机构和从业人员的变化(1949—2018 年)

年份	医疗卫生机构数(个)	门诊部(所)数(个)	医疗卫生从业人员数(万人)	执业(助理)医师数(万人)	注册护士数(万人)
1949	3 670	769	54.10	36.30	3.30
1959	231 958	186 039	163.80	59.40	16.00
1969	153 891	90 744	181.20	69.70	29.30
1979	176 793	99 643	773.80	108.80	42.10
1989	1 027 522	128 112	602.80	171.80	92.20
1999	1 017 673	226 588	689.50	204.50	124.50
2009	916 571	182 448	778.14	232.92	185.48
2018	997 433	249 654	1 230.03	360.72	409.86

2. 卫生费用

改革开放以来,随着国民经济的迅速发展,中国居民卫生费用支出增长迅速,这表明中国居民对健康状况愈加重视。从图2-41中可以看到,改革开放后20多年,中国政府卫生支出增长较快,1978年政府卫生支出总额为35.44亿元,2000年达到709.52亿元,增长了19倍;相比较而言,这一时期人均卫生费用从11.45元增长至361.88元,增长了30.61倍。进入21世纪后,如图2-42所示,中国政府卫生支出增长迅猛,2018年政府卫生支出总额达到16 399亿元,比1978年增长了461.73倍。

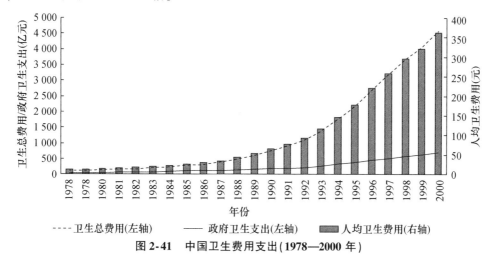

图2-41 中国卫生费用支出(1978—2000年)

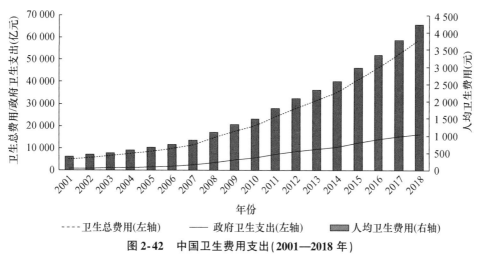

图2-42 中国卫生费用支出(2001—2018年)

(五) 社会保障

在中华人民共和国成立前,中国基本上没有任何社会保障。在中华人民共和国成立后20年,中国劳动保障和社会保障的受益群体极为有限,只由少数城镇职工和农民享有。改革开放以来,中国社会保障制度逐步建立健全,覆盖范围愈加广泛,形成了多层次的社会主义保障体系。2018年年末,全国参加城镇职工基本养老保险人数达41 901.6万人,比2000年增长了2.1倍;参加城镇基本医疗保险人数达31 680.8万人,比2000年增长了7.4倍;参加失业保险人数达 19 643.5 万人,比 2000 年增长了 0.9 倍。

表 2-8 展示了 1989—2018 年中国三大社会保障制度——基本养老保险、基本医疗保险和失业保险的主要发展指标。可以看到,三大社会保障制度的收入与支出逐年增长,并且差额逐年扩大,这表明中国居民社会保障投入逐年增加,保障意识日渐增强;此外,离退休人员参保比例逐年上升,反映出中国社会保障体系逐渐完善,离退休人员的基本生活得到更好的保障,这也是中国缓解日益严重的老龄化问题的重要途径。

表 2-8 中国社会保障制度主要发展指标(1989—2018 年)

城镇职工基本养老保险

年份	基金收入（亿元）	基金支出（亿元）	参保人数（万人）	在职职工参保比例（%）	离退休人员参保比例（%）
1989	146.7	118.8	5 710.3	84.3	15.7
1995	950.1	847.6	10 979.0	79.6	20.4
2000	2 278.5	2 115.5	13 617.4	76.7	23.3
2005	5 093.3	4 040.3	17 487.9	75.0	25.0
2010	13 419.5	10 554.9	25 707.3	75.5	24.5
2015	29 340.9	25 812.7	35 361.2	74.2	25.8
2018	51 167.6	44 644.9	41 901.6	71.8	28.2

城镇基本医疗保险

年份	基金收入（亿元）	基金支出（亿元）	参保人数（万人）	在职职工参保比例（%）	离退休人员参保比例（%）
1995	9.7	7.3	745.9	94.2	5.8
2000	170.0	124.5	3 786.9	75.6	24.4
2005	1 405.3	1 078.7	13 782.9	72.7	27.3
2010	4 308.9	3 538.1	23 734.7	75.0	25.0
2015	11 192.9	9 312.1	28 893.1	74.0	26.0
2018	21 384.4	17 822.5	31 680.8	73.6	26.4

失业保险

年份	基金收入（亿元）	基金支出（亿元）	参保人数（万人）	领取人数（万人）
1990	7.2	2.5		
1995	35.3	18.9		
2000	160.4	123.4	10 408.4	190.0
2005	340.3	206.9	10 647.7	362.3
2010	649.8	423.3	13 375.6	209.1
2015	1 367.8	736.4	17 326.0	226.8
2018	1 171.1	915.3	19 643.5	223.1

注:城镇基本医疗保险参保人数不分地区合计中,包括中国人民银行、中国农业发展银行数;2007 年及以后城镇基本医疗保险基金中包括城镇职工基本医疗保险和城镇居民基本医疗保险。

第四节 小 结

中华人民共和国自成立以来,从封闭落后走向开放进步,从积贫积弱走向繁荣富强,从温饱不足走向全面小康,在中国特色社会主义道路上深入探索,并取得了辉煌的成就。本章从经济建设成就、人民生活水平和基础设施建设三个角度,介绍了中华人民共和国自成立以来取得的伟大成就,以及中国经济面临的一系列结构变化。

经济建设成就一节包括投资和建设、国际贸易发展及财政金融建设三个部分。首先,投资和建设部分介绍了固定资产投资、外商投资及对外直接投资的基本情况,此外,对各投资类型的历史发展状况做了梳理。其次,国民经济建设取得的巨大成就,离不开国际贸易的发展,因此国际贸易发展部分对国际贸易的发展情况和结构变化做了梳理与总结。最后,财政金融建设部分主要介绍了改革开放以来,随着价格改革的推进,中国资本市场的发展情况。

人民生活水平一节包括人口指标和居民收支两个部分。首先,中华人民共和国自成立以来,生育政策发生了几次重要的调整,其产生的人口结构的变化深刻地影响了中国经济的发展。人口指标部分梳理了人口总量及人口结构的历史变化。其次,居民收入和支出是反映人民生活水平最直接的指标,居民收支部分对中华人民共和国自成立以来的居民收支和储蓄存款情况做了介绍。

基础设施建设一节重点介绍了中华人民共和国自成立以来在能源行业、信息和通信行业、运输行业的发展情况,以及在科技、教育、文化、卫生与社会保障方面的建设成就。

内容提要

- 改革开放前30年,中国通过从西方国家进口先进设备和技术的方式,辅助克服经济建设中的短板问题,形成这一时期对外贸易、利用外资的主要内容。改革开放以来,中国在国际贸易、对外投资、吸引外资,以及其他国际经济合作项目上都取得了重要的成果。

- 中华人民共和国自成立以来,财政制度经历了统收统支、包干制、分税制、预算管理制度四个阶段,财政收入水平不断提高,为调节宏观经济发展、改善人民生活水平提供了有力的资金保障;中国货币政策演变大致经历了计划经济时期、社会主义市场经济体制建立时期,以及全面深化改革时期,对于推动国民经济发展起了重要的作用。

- 中华人民共和国自成立以来,生育政策经历了鼓励生育阶段、计划生育阶段和逐步放开计划生育政策阶段,这其中伴随着中国人口结构的变化;当前,中国人口老龄化问题逐渐严重。

- 中华人民共和国自成立以来,能源、交通、通信等工程设施不断完善,科研与技术服务、文化教育、卫生事业和社会保障等公共生活服务水平不断提高,基础设施建设在推动国民经济发展和吸收资本投资、拉动经济增长方面发挥了重要作用。

关键概念

固定资产投资　　　　贸易依存度　　　　财政制度
外商直接投资　　　　生育政策　　　　　就业结构
对外直接投资

练习题

1. 改革开放以前,中国在引进外资方面有哪些成就?
2. 改革开放以来,中国对外开放经历了哪几个阶段?
3. 简述中国生育政策变化的几个阶段及其背景。
4. 中华人民共和国自成立以来,中央与地方政府财政关系有哪些变化?

第二篇　长期经济增长

第三章　产出与长期经济增长

2019年，中国实际GDP总量达11.3万亿美元（以2010年为基期计算）①，这是一个值得自豪的数字，因为这个数字意味着中国成为继美国之后世界第二个实际GDP总量达到10万亿美元水平的国家。与40年前相比，中国实际GDP总量有了巨大的提高，2018年中国实际GDP总量是40年前的37倍左右，人均实际GDP达到了1977年水平的25倍以上。如此巨大的增幅为中国居民的生活带来了翻天覆地的变化。今天生活在中国的居民享受着较高质量的生活，城市和农村的绝大多数家庭都使用网络取代书信进行通信；几乎覆盖全国的高铁网络，将北京市到天津市的列车运行时间缩短到半小时；更多人接受了教育，基本消除了文盲；基本医疗卫生服务和更好的营养健康水平，让中国人均寿命提高到了77岁……

中国居民的生活变化依赖于中国近几十年的高速经济增长。改革开放以来，中国按人均实际GDP衡量的人均收入以每年8.4%的速度增长，按照这个增长速度每隔9年中国居民的人均收入水平就会翻一番，也许只需要再经历一代人的时间，中国就能跻身世界最富足的国家行列。

国家间的增长速度差距巨大。2018年，美国人均实际GDP高达54 000多美元，是中国的7倍左右；法国、德国等其他发达国家居民同样享受着高水平的人均收入。虽然没有中国的增速惊人，但是这些富国在经济增长方面同样表现出色，半个世纪以来，美国能够保持人均收入2%左右的增长速度，法国、德国分别为2.2%和1.7%。然而，大多数非洲国家则面临经济增长难题，2018年津巴布韦的人均实际GDP只有1 322美元，长时间的恶性通货膨胀让津巴布韦的人均收入相较于20年前反而有所下降。

是什么原因导致了中国的长期高速增长和津巴布韦的增长困境呢？发展中国家如何保持高速经济增长以追赶发达国家并跻身发达国家行列呢？这些宏观经济的重要问题将在本章做出介绍。本章将分三节回答这些问题：第一节通过展示世界各国的经济增长数据来反映部分国家的经济增长事实；第二节通过简单的理论框架分析影响经济增长的因素；第三节介绍很多发展中国家在经济增长中会遇到的"中等收入陷阱"这一难题，并分析中国是否也会面临这一难题。

---

① 本章提及的所有实际GDP数据均以2010年为基期计算。

第一节 经济增长的事实

一、经济增长的描述

(一) 单期实际 GDP 增长率

正如第一章所介绍的,在衡量一个国家(地区)的经济发展状况时,通常会选用实际 GDP 或人均实际 GDP 作为衡量指标。这两个指标,尤其是后者,可以很好地反映出该国(地区)居民的生活水平。在宏观经济学中,实际 GDP 增长率或实际人均 GDP 增长率同样能够很好地衡量一个国家(地区)的经济发展状况。

假设某个国家(地区)在 t 时期的实际 GDP 为 Z_t,在上一期即 $t-1$ 时期的实际 GDP 为 Z_{t-1},那么就可以定义实际 GDP 增长率为:

$$g_z = \frac{Z_t - Z_{t-1}}{Z_{t-1}} \tag{3-1}$$

例如,2017 年中国实际 GDP 总量为 10.13 万亿美元,2016 年为 9.51 万亿美元,根据式(3-1)可以得出 2017 年中国实际 GDP 增长率为 6.52%[=(10.13-9.51)/9.51]。对于 t 时期人均实际 GDP 则有相似的定义。

(二) 年均实际 GDP 增长率

g_z 定义了一个国家(地区)单期的经济增长水平,与之区别的是关于一个国家(地区)年均实际 GDP 增长率的定义。假设 Z_t 和 Z_{t-n} 分别表示一个国家(地区) t 时期和 $t-n$ 时期的实际 GDP,那么可以定义该国(地区)在 n 时期内年均实际 GDP 增长率为:

$$g = \left(\frac{Z_t}{Z_{t-n}}\right)^{1/n} - 1 \tag{3-2}①$$

年均实际 GDP 增长率可以在一定程度上反映出一个国家(地区)在一定时期内经济增长的情况。图 3-1 展示了 1970—2018 年世界各国年均实际 GDP 增长率,其中每个柱形表示年均实际 GDP 增长率落在该区间的国家数量。例如,英国近半个世纪以来的年均实际 GDP 增长率为 1.8%,因此英国与德国等其他 20 个国家一同落入 1.5%—2.0% 的增速区间内。

1970 年以来,经济增长速度最快的国家是中国,年均实际 GDP 增长率高达 7.6%。新加坡、泰国、缅甸等其他亚洲国家同样以年均 4% 以上的经济增长率共同贡献着亚洲的增长奇迹。另外,图 3-1 还清晰地展示了世界各国年均实际 GDP 增长率的巨大差距:美国、德国等发达国家以年均 2% 左右的经济增长率维持着经济增长,虽然 2% 的经济增长率并不突出,但是依然可以保证普通民众享受经济不断增长的福祉;利比里亚、津巴布韦等十几个国家在近半个世纪以来则面临严峻的经济增长难题,它们的年均经济增长率长期处于负水平。②

---

① 需要注意的是,这里我们引入了 n 时期内经济增长率不变的假设。
② 资料来源:世界银行数据库。

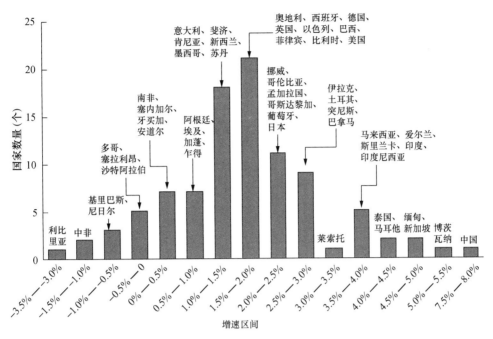

图 3-1　1970—2018 年世界各国年均实际 GDP 增长率
资料来源：世界银行数据库。

通常而言，实际 GDP 增长率高的国家能为民众提供更优质的医疗保健服务，能为儿童提供更好的教育资源，此外，能让民众享受更高质量的文化服务。因此，保持长期经济增长对于任何一个国家而言都至关重要。国家间的经济增长速度难免存在差异，即使很微小的差异，如果能够长期保持，也会导致显著的结果差异，这种效应我们称之为"累计增长定律"。图 3-2 提供了更清晰的说明，图中的 5 条线表示从相同的经济起点（假设为 10）开始的不同经济

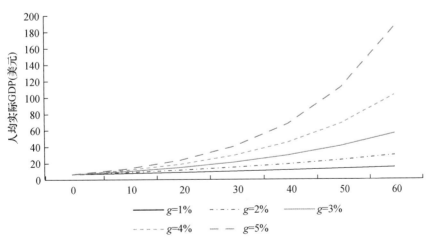

图 3-2　累计增长定律的图示

第三章　产出与长期经济增长

体人均实际 GDP 增长轨迹,这 5 个经济体除经济增长速度以外其他条件完全相同。① 由于增长率 g 的差异,经历了 60 年的增长以后,最高经济增长速度($g=5\%$)国家的人均实际 GDP 已经达到 186.8 美元。中低增长速度($g=2\%$)国家的人均实际 GDP 只有 32.8 美元,仅是最高经济增长速度国家的 1/6,但是依然达到了 60 年前的 3 倍多。2% 的年均实际 GDP 增长率对于 1 年的时间来说可能显得非常缓慢,人们甚至无法明显感觉到生活发生了变化,但是如果将时间拓展到一代人(30 年)左右,那么 2% 的年均实际 GDP 增长率意味着人均实际 GDP 累计了 80% 多的增幅,这是非常大的变化幅度。

相关资料
经济增长的"副作用"

1955 年,美国经济学家西蒙·库兹涅茨(Simon Kuznets)阐述了其对经济增长的观察。他通过分析 1913—1948 年美国、德国等发达国家人均收入数据发现,这些国家的收入不平等趋势全部呈现倒 U 形。因此,他认为在工业化和经济发展的进程中,收入不平等程度先上升再下降似乎是一种必然现象。时光荏苒,如今距离库兹涅茨生活的年代已经过去几十年,他当年的著名论断依然适用于我们今天的世界吗?答案恐怕并不那么乐观。

法国经济学家托马斯·皮凯蒂(Thomas Piketty)的著作《21 世纪资本论》(*Capital in the Twenty-First Century*)提供了详细的数据。与库兹涅茨一样,皮凯蒂用美国国内收入前 10% 人群收入占美国国民总收入的比重衡量收入不平等程度。数据显示,20 世纪 40 年代末该比例降到了 30%—35%,这一点与库兹涅茨的发现吻合,但是到了 20 世纪 80 年代,收入不平等程度迅速回升,2000 年美国国内收入前 10% 人群收入占美国国民总收入的比重已回升到 45%—50%,其他发达国家的长期收入数据也显示出同样的收入差距扩大趋势。图 3-3 进一步提供了部分国家收入不平等程度的演变。可以发现,库兹涅茨生活的年代确实出现了收入

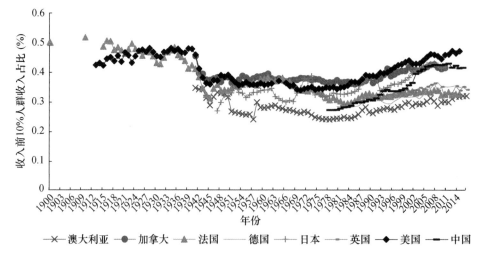

图 3-3　部分国家收入前 10% 人群收入占比(1900—2016 年)
资料来源:WID 数据库。

---

① 当然,经济增长速度的差异来源就是各个国家的异质性,本部分只是为了向大家展示不同经济增长速度带来的差异,因此假设相同的国家(即国家制度、自然条件一样的国家)拥有不同的经济增长速度。

差距缩小的事实,所有曲线在1980年以前都呈下降趋势,但是从20世纪80年代开始,收入不平等加剧又成为常态。出现这种U形曲线的原因在于,在收入不平等程度下降时期全球遭遇了第二次世界大战、冷战等诸多极端事件。这一时期世界各国采取的战时控制政策对于收入差距的扩大具有抑制作用。冷战结束后,世界重新回到了比较平稳的发展态势,大规模战争的可能性几乎为零,战时控制政策的逐渐废止为经济自由发展重新创造了条件,收入不平等随之而来。皮凯蒂认为,收入不平等的根本动因是资本收益率(r)大于经济增长率(g)。在财富积累和集中过程中,$r>g$这一机制为收入不平等提供了巨大的力量,只要$r>g$,富人的财富(注意这里的财富即资本)积累速度就会比典型的靠劳动获得收入的劳动者快得多。但是,$r<g$在逻辑上也是完全可以成立的,之所以历史数据显示$r>g$,是因为到目前为止人类社会总是处于经济增长率不高而资本稀缺的状态。

二、世界各国的经济增长

(一) 经济增长的经验事实

本小节将通过介绍世界各国经济增长的实际情况来继续研究有关经济增长的问题。我们通过比较2018年和40年前世界各国人均实际GDP数据可以清晰地看出,世界各国过去和现在的贫富变化显示了世界各国的经济增长异同。

图3-4展示了2018年世界各国人均实际GDP。其中,横坐标表示人均实际GDP,纵坐标表示处于该人均实际GDP水平的国家数量,图中的柱形表示人均实际GDP处于某水平的国

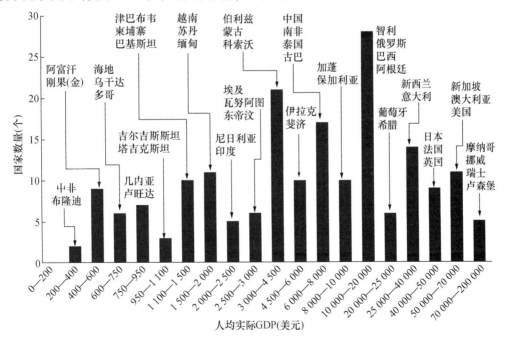

图3-4 2018年世界各国人均实际GDP

资料来源:世界银行数据库。

家的集合,例如2018年俄罗斯的人均实际GDP为11 729美元,其与智利、巴西等其他28个国家一同落入10 000—20 000美元区间。

2018年,中国的人均实际GDP为7 753美元,按照世界银行当年的标准,中国已经步入中高收入国家行列;中国的邻国印度,人均实际GDP仅为2 100美元,虽然其拥有与中国相近的人口数量,但其实际GDP总量只有中国的1/3左右;人均实际GDP最高的国家是摩纳哥——一个领土面积2.08平方公里的欧洲国家,其人均实际GDP高达195 580美元;世界上最大的经济体美国,人均实际GDP为54 579美元,是全球13个人口数量1亿以上的大国中人均实际GDP最高的国家。2018年,世界上最富裕的30个国家(地区)中,OECD(经济合作与发展组织)国家占据了21席,其他主要集中在亚洲地区,比如卡塔尔、新加坡、中国澳门和中国香港等。

图3-4还提供了低收入国家的状况。2018年,布隆迪是世界上最贫穷的国家,这个位于赤道地区的国家由于政局的连年动荡,人均实际GDP仅为210美元,不足中国的3%。世界上最贫穷的30个国家绝大部分位于撒哈拉沙漠以南,比如中非、尼日尔、刚果(金)等。中亚地区也有很多贫穷国家,巴基斯坦、吉尔吉斯斯坦等国同样面临脱贫的巨大挑战。

图3-4基本提供了2018年世界各国经济状况的全景图。世界上诸多富裕国家之所以具有高水平的人均实际GDP,是因为在2018年之前,这些国家的人均收入基本都保持着上升趋势。相形之下,贫穷国家普遍在很长一段时间内遭遇经济发展停滞的状况,部分非洲国家甚至经历了经济负增长,以至于随着时间的推移,这些国家的人均实际GDP还会有所下降。

为了考察经济增长问题,我们需要将2018年的人均实际GDP状况与前些年的数据进行对比。图3-5展示了1978年世界各国人均实际GDP。与图3-4相同,图3-5中的横坐标表示人均实际GDP,纵坐标表示处于该人均实际GDP水平的国家数量,图中的柱形表示人均实际GDP处于某水平的国家的集合。

1978年,中国的人均实际GDP只有307美元,是当时世界上最贫穷的国家之一;印度的人均实际GDP为403美元,略高于中国,但也处于贫穷国家行列。幸运的是,自1978年以来,中国始终保持了较高的经济增长速度,2018年中国的人均实际GDP水平已经相应地提高了20多倍,成功地步入了中高收入国家行列。与中国具有同样亮眼表现的还有"亚洲四小龙",这些经济体在过去40年的时间里均实现了人均实际GDP至少翻两番,成功地步入了高收入国家(地区)行列。

1978年,世界上最富裕的国家是挪威,其人均实际GDP达到了44 770美元;美国、加拿大等其他OECD国家占据着世界上最富裕30个国家(地区)中的22席,亚洲国家韩国当时还没有进入前30位。另一个有趣的现象是,几乎所有始终处于人均实际GDP前30位的OECD国家,经过40年的发展都实现了人均实际GDP翻一番。这说明这些发达国家在40年的时间里几乎保持着相同的经济增长速度。不同于2018年,1978年的高收入国家中还包括委内瑞拉和非洲国家加蓬,但是在2018年,这两个国家均跌出了高收入国家行列,其中委内瑞拉经历了严重的经济衰退,人均实际GDP仅为1978年的一半。

1978年,世界上最贫困的国家是缅甸,人均实际GDP只有194美元;非洲国家依然占据着世界上最贫穷30个国家(地区)中的22席,而且这些国家(地区)大部分在2018年依旧处于贫穷国家(地区)行列。这些国家(地区)从一开始就极度贫穷,在40年中几乎没有稳定的经济增长,因此始终无法摆脱最贫穷国家(地区)的帽子,这一点与OECD国家完全相反。实际上,1978—2018年,非洲国家(地区)的低速增长与亚洲国家(地区)的高速增长是引起2018年世界居民生活水平差距的最主要原因之一。

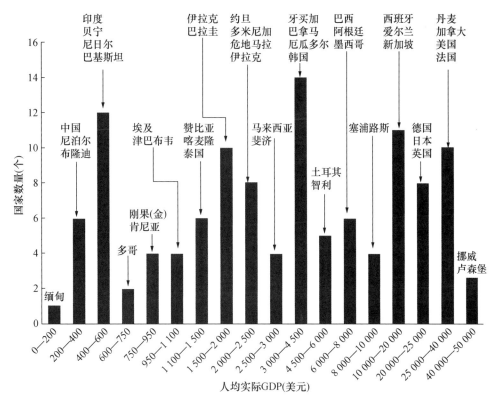

图 3-5　1978 年世界各国人均实际 GDP

资料来源：世界银行数据库。

（二）中国的经济增长

1. 中国的长期经济增长

中国和大部分撒哈拉沙漠以南的非洲国家都曾是世界上最贫穷的经济体。但在 2018 年，中国已经成为中高收入国家，而且极有可能在未来的几年内步入高收入国家行列，而曾经贫穷的非洲国家如今依然处于极度贫穷的状态。

中国的经济发展成就得益于长期的高速经济增长。表 3-1 描述了在两个时间段内，中国经济总体始终保持着增长的态势。1960—1978 年，中国年均实际 GDP 增长率为 4.1%，年均人口增长率为 2%，年均人均实际 GDP 增长率为 2.1%，这一增速与同时期的发达国家经济增速基本持平。改革开放以后是中国经济最为繁荣的时期，1978—2018 年，中国年均实际 GDP 增长率高达 9.4%，年均人口增长率下降至 1%，因此年均人均实际 GDP 增长率提高了将近四倍，达到了 8.4%。

表 3-1　中国实际 GDP 增长

年份	年均实际 GDP 增长率	年均人均实际 GDP 增长率
1960—1978	4.1	2.1
1978—2018	9.4	8.4

资料来源：《中国统计年鉴（1960—2018）》。

图 3-6 进一步展示了 1978—2018 年中国的人均实际 GDP 与人均实际 GDP 增长率的时间序列。从中可以看出,中国的人均实际 GDP 在此期间始终处于上升趋势,尤其是在 1995 年以后,上升趋势更为明显。虚线代表的增长率更为直观地反映了类似的故事。在此期间,中国经济在绝大部分时间都保持着 6% 以上的高速增长,这是十分巨大的成就。如此持续高速的增长在世界历史上只发生过三次:第一次是第二次世界大战后的日本,1955—1973 年其年均人均实际 GDP 增长率达到 7.5%;第二次是 1982—1996 年,韩国、泰国、中国台湾等几个东亚经济体保持着 7% 左右的极高速增长;第三次即是改革开放后的中国。不同于前两次,中国的高速增长保持了更长的时间,直到今天,中国的增长浪潮依然没有消退。

图 3-6 显示了中国人均实际 GDP 增长率存在明显的周期性特征,由于中国人口增长在这一时期较为缓慢,因此实际 GDP 总量增长也显现出同样的周期性特征。高峰点出现在四个时期,分别是 1978 年、1984—1985 年、1992—1994 年和 2005—2007 年。每一个高峰增长期往往伴随着通货膨胀等现象,从而造成经济紧张,随之而来的便是一个紧缩和增长放缓的阶段。但是由于每次紧缩之后都会带来新一轮的快速增长,因此可以相信,中国的快速经济增长未来依然可以持续。

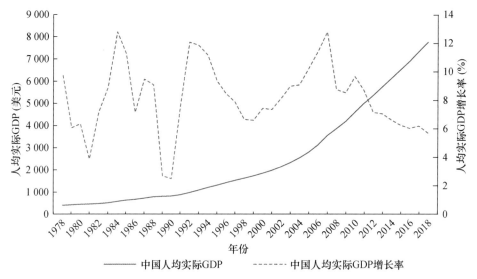

图 3-6　中国人均实际 GDP 与人均实际 GDP 增长率(1978—2018 年)
资料来源:世界银行数据库。

2. 增长中的结构变化

如果你有一位喜欢回忆过去的祖父母,那么你也许会从他们的经历中感觉到今天的生活较之过去是多么丰富多彩:时尚饕客可以在上下班的途中享用世界各地的美食,敏锐果敢的投机者可以在金融市场上大杀四方;人们的职业选择更加自由,从工人到赛车手、从警察到社区工作者,职业选择更多的是依据劳动者的喜好与技能。这些变化的背后隐含的是中国经济结构的深刻改变,本小节从三大产业实际 GDP 占比变化来讨论中国经济结构的变化。

经济学中所指的三大产业是划分产业的一种方式,包括第一产业、第二产业和第三产业。具体来说,第一产业主要指农业、林业、牧业和渔业(简称为"农业");第二产业主要包括国民经济账户中的制造业、采矿业和建筑业(简称为"工业");国民经济账户中的其他行业,例如教育、金融等则统归于第三产业(简称为"服务业")。

图 3-7 是以 2015 年价格为基数度量的 1978—2018 年中国三大产业实际 GDP 占比。从中

可以看出,1978 年中国第一产业实际 GDP 占比为 50.9%,第二产业为 26.3%,第三产业为 22.7%,GDP 主要构成成分是第一产业。在就业结构方面,1978 年,中国第一产业就业人数占全国总人数的 76%,第二产业就业人数占 18%,由此推之,1978 年一名产业工人的生产力大约是一名农民的 2.2 倍。生产力差距的部分原因是产业工人在教育和生产装备上的优势,大部分发展中国家也具有类似的生产力差距。2018 年,中国第一产业就业人数占全国总人数的比重已经下降至 26.1%,第二产业就业人数则占 27.6%;另外,第一产业实际 GDP 占比下降至 7.7%,而第二产业实际 GDP 占比则上升至 40.3%。此时,第二产业人均生产力上升为第一产业人均生产力的 5 倍左右,第三产业人均生产力为第一产业人均生产力的 6.3 倍,第二产业与第三产业从业者在技能、教育和生产设备上的优势更加突出。相较于第二产业与第三产业,中国第一产业人均生产力 40 年来发展比较缓慢,这也是我们长期关注"三农问题"的动因之一。

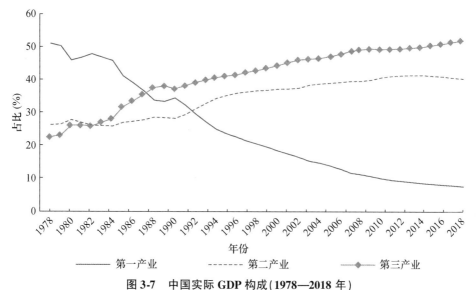

图 3-7　中国实际 GDP 构成(1978—2018 年)

资料来源:《中国统计年鉴(1978—2018)》,根据 2015 年价格调整。

图 3-7 透露的另一个重要信息在于,1990 年是中国经济结构变化的一个分水岭,在 1990 年前后清晰地呈现了两个不同发展特征的时期。1978—1990 年是第一个时期,改革开放带来了第三产业需求的巨大释放,使第三产业实际 GDP 占比迅速上升,从 1978 年的 22.7% 上升至 1990 年的 37.2%;与之相反,第一产业实际 GDP 占比迅速下降,从 1978 年的 50.9% 急速下降至 1990 年的 34.5%;第二产业实际 GDP 占比在这一时期则比较平稳,12 年间只上升了 2 个百分点。虽然这一时期中国政府实施了农业优先发展战略,并出台了一系列改革举措,但是对经济增长贡献更大的依然是第二产业与第三产业等现代化部门。1991—2018 年是第二个时期,随着改革开放的逐渐深入和经济的快速发展,这一时期经济结构变化加快,第二产业与第三产业的发展再一次在这一时期占据主要地位。1991 年以后,中国第二产业实现了快速增长,1991—2001 年,第二产业实际 GDP 占比从 29.4% 跃升至 37.2%,上升了近 8 个百分点,增长速度是第一个时期的 4 倍。随后这一上升趋势继续保持,2018 年中国第二产业实际 GDP 占比已经达到 40.32%。第二产业的迅速发展带来了收入的上升,由此第三产业的快速发展就在意料之中了。1991—2018 年,第三产业始终保持高速发展,实际 GDP 占比在 2015 年突破了 50% 大关,随后继续上升至 51.9%(2018 年)。第二产业与第三产业的发展伴随着第一

产业实际 GDP 占比的持续快速下降。截至 2018 年,中国第一产业实际 GDP 占比已经不足 7.7%,40 年来下降了 43 个百分点。几十年的经济快速发展与现代化建设,已经把中国从传统的农业大国变成了新兴的工业大国。

相关资料
一个美丽的误会

在上文中,我们就图 3-7 所描述的趋势分析了中国的经济结构变化过程,发现中国的第二产业实际 GDP 占比在 40 年中是逐渐上升的。但是,如果你去查阅《中国统计年鉴》,则会发现其中所公布的数据与图 3-7 中的趋势可能完全不同。图 3-8 是以《中国统计年鉴》中的原始数据表现的趋势。图中显示,早在 1978 年,中国第二产业实际 GDP 占比就已经达到 47.7%,而随后的 40 年则停滞不前,实际 GDP 占比从未超过这一数值。第一产业与第三产业虽然趋势相同,但是由于第二产业的高占比,这两个产业的变化显得温和得多,出现了中国的第三产业发展始终滞后于第二产业发展的现象。

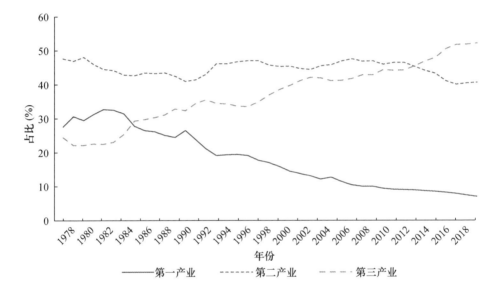

图 3-8　中国实际 GDP 构成(原始数据)(1978—2018 年)
资料来源:《中国统计年鉴(1978—2018)》。

这是因为上文中衡量三大产业实际 GDP 所使用的是每个产业的产出价值,而准确反映价值的关键在于采用一个适当的价格标准来处理每年价格的变化。原始数据是以 1978 年为基年计算的不变价 GDP,而图 3-7 则是以 2015 年为基年计算的不变价 GDP,因此产生了两种不同的经济结构变化趋势。在中华人民共和国成立初期,中国工业基础极为薄弱,百废待兴。为了尽快建立起完备的工业体系,保证国家安全、加速经济发展和现代化建设,中国采取了重工业优先发展战略。为了配合这一发展战略,有效地降低重工业发展成本,国家人为地压低了资本、原材料、外汇、劳动力和能源价格,也就因此间接地提高了工业品的相对价格。由此观之,相较于 2015 年的价格水平,1978 年重工业发展战略下的扭曲价格体系必然对当时的工业品价格造成了巨大的影响。如果使用 1978 年作为基年计算实际 GDP 就会造成第二产业产出水平的高估和第一产业、第三产业产出水平的低估。结果就是 1978 年中国第二产业实际 GDP 占比高达 47.7%,即便经历了后来 40 年的发展,第二产业的经济贡献也仍然无法媲美 1978 年。于是这便造成了一个美丽的误会——各部门变化相对缓和,显然这与实际趋势是有所差距的。

改革使得中国经济不断地朝市场竞争与国际贸易方向开放,因此,可以认为,今天的价格体系能够更好地反映市场的实际情况。所以,使用 2015 年作为基年计算实际 GDP 可以比较真实地反映出中国 40 年来各部门的发展历程,也就是图 3-7 中的结果。

3. 经济发展与贫困

经济发展会提高人们的生活水平,这一点对于生活水平很低的人来说尤为重要。经济学上用"贫困"一词来形容生活水平低下的状态,通常来说,处于贫困状态的人无法享受良好的教育和基本的医疗,甚至连温饱都难以为继。1990 年,世界银行根据当时最贫困的一组国家的贫困线将世界的贫困标准定为人日均 1 美元。2017 年,考虑到世界各国的平均实际收入和发展水平的差距,世界银行重新调整了贫困标准:人日均 1.9 美元为国际极端贫困标准,人日均 3.2 美元为中低收入国家贫困标准,人日均 5.5 美元为高收入发展中国家贫困标准。中国政府从 1978 年开始先后实行过三个贫困标准,目前在使用的是 2010 年标准。根据这一标准,2019 年中国贫困线为年收入 3 747 元,略低于世界银行的标准,该年年末农村剩余贫困人口 551 万,2020 年中国已经全面消除绝对贫困。

经济学认为,一个国家的贫困人口数量通常取决于两个因素:一是该国的人均实际收入水平,本章会继续使用人均实际 GDP 来衡量;二是该国的收入不平等程度。

人均实际收入很低的国家往往意味着该国大部分人都处于贫困状态。表 3-2 展示了不同收入水平国家的平均贫困发生率。该表根据世界银行的标准,将世界各国按照人均实际GDP 水平的高低分为 4 个集团,表中的每个数字代表着不同年份下这些国家集团的平均贫困发生率。在数据适用的年份,高收入国家集团的平均贫困发生率始终维持在 0.6% 左右,处于所有国家集团中贫困发生率的最低水平;低收入国家集团的平均贫困发生率始终处于最高水平,2015 年为 45.0%,是中等收入国家的 4 倍、高收入国家的 64 倍。

表 3-2　不同收入水平国家平均贫困发生率(2010—2015 年)　　　　　　　单位:%

国家类别	2010 年	2011 年	2012 年	2013 年	2014 年	2015 年
高收入国家	0.6	0.6	0.6	0.6	—	0.7
中等偏上收入国家	7.7	5.7	4.9	2.3	—	1.6
中等偏下收入国家	23.3	20.0	18.6	16.9	—	14.1
低收入国家	49.0	47.7	46.1	45.1	—	45.0

资料来源:世界银行数据库。

注:世界银行未提供 2014 年数据。

如果一个国家在收入分配环节存在巨大的不平等,则即使人均实际收入很高,也可能是很大一部分财富集中在小部分人手中,而绝大多数人依然难以摆脱贫困。基尼系数可以用来描述一个地区的收入不平等程度,基尼系数越高,表示该地区的收入不平等程度越大。也可以使用收入最高(低)的 $m\%$ 人口的收入占该国总收入的比重来衡量。$m\%$ 表示一个比重,习惯上可以使用收入最高的 1%、10%、20% 人口,也可以使用收入最低的 20%、50% 人口。如果使用收入最高的 1% 人口的收入占比作为衡量指标的话,那么当这个国家收入分配非常平等时,这些人的收入占比应该为 1%。真实占比距离 1% 越远,表示这个国家的收入不平等现象越严重。事实上,收入分配是非常不平等的。图 3-9 所示的 4 个折线图描述了 1978—2016

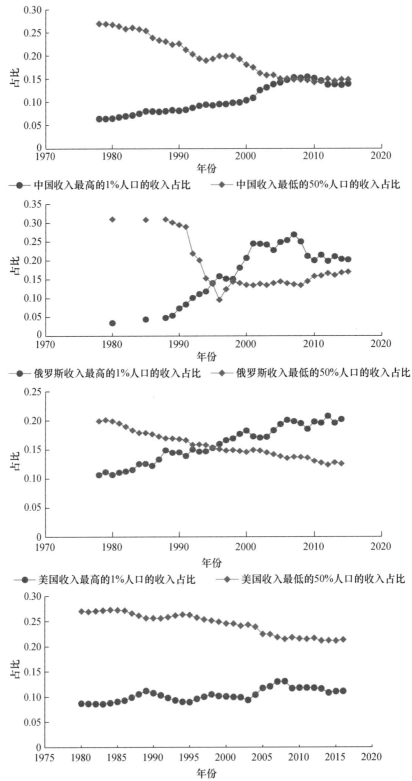

图 3-9 中国、俄罗斯、美国、德国四国收入不平等趋势

资料来源：WID 数据库。

年中国、俄罗斯、美国和德国收入最高的1%人口的收入占比变化与收入最低的50%人口的收入占比变化。

4个国家在样本时期都存在严重的收入不平等现象。其中,德国收入分配较为平等一些,样本时期最高收入阶层的占比始终低于最低收入阶层的占比,最低收入阶层的占比虽然在逐渐降低,但是始终保持在20%以上。俄、美两国经历了相似的不平等加剧过程,而且都在1995年收入最高的1%人口的收入占比超过了收入最低的50%人口的收入占比;但是,俄罗斯的收入不平等更为严重一些,21世纪以来,其最高收入阶层的收入占比始终高于最低收入阶层的收入占比,2007年达到峰值27%,随后有所缓解,但是依然保持在20%以上。[①]

1978年,中国收入最高的1%人口的收入占比为6%,说明中国曾经一度创造了相当平等的社会。改革开放以后,收入不平等的程度不断提升,2015年中国收入最低的50%人口的收入占比与收入最高的1%人口的收入占比已经大致相同,都在14%左右。

同上述4个国家一样,世界上绝大多数国家也经历了不断扩大的收入不平等现象,但幸运的是,贫困人口数量在不断下降。这说明虽然收入不平等会在一定程度上造成贫困,但是无法掩盖经济增长的减贫作用。长期经济增长确实是减贫最重要的动力,其直接减贫作用主要体现在两个方面:一是经济增长提供了更多的就业机会,有利于贫困人口收入的增加;二是经济增长有助于政府提供更多的社会保障服务,起到减贫的效果。

图3-10展示了1978—2017年中国人均实际GDP与农村贫困[②]发生率之间的关系。数据清晰地显示了二者之间显著的相反趋势。按照2010年标准,1978年中国农村贫困发生率高达97.5%,而人均实际GDP仅为307美元。随着中国人均实际GDP的快速增长,农村贫困发生率也在平稳地下降,2017年这一数字已经下降至3.1%。

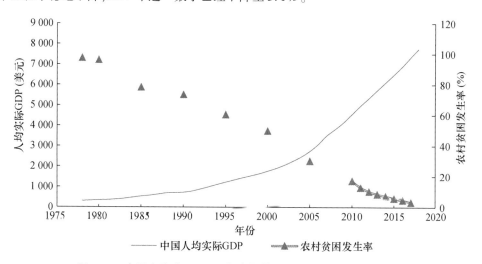

图3-10 中国人均实际GDP与农村贫困发生率(1978—2017年)
资料来源:《中国统计年鉴(1978—2017)》《中国农村贫困监测报告2018》。

中国第一次农村减贫高峰出现在20世纪80年代初期,农村贫困发生率从1980年的

---

① 注意:我们只是在单纯地探讨收入不平等问题,并没有涉及对收入不平等的好处与坏处的讨论。事实上,一个完全平均化的社会并不健康。单纯地追求平等,会影响对社会成员的激励,因此并不是一个明智之举。
② 我们讨论的贫困问题是绝对贫困。根据中国的标准,城市基本不存在绝对贫困人口,因此贫困问题基本属于农村现象。

96.2%下降至1990年的78.3%。早期农村贫困人口的大量减少反映了一系列经济政策的红利:人为压低的农村统购价格的撤销、生产组织转变刺激了农民的生产积极性,以及大量现代化农业设备的投入,都极大地提高了农业产出,增加了农民收入。第二次农村减贫高峰出现在20世纪90年代初期,1990—1995年农村贫困发生率下降了13个百分点。这一时期中国的主要扶持政策在于通过制定农业支持价格,进一步改善农村贸易条件来提高农民收入。另外,中国从80年代后期开始动用了大量的资金帮扶指定的贫困县。这些扶贫资金除了直接用于提高农民收入,还投资建设了很多农村基础设施,为90年代初期的减贫工作提供了动力。改革开放的深入推进带来了2000年以后的第三次农村减贫高峰。90年代后期的城市改革产生了大量的城市失业人口,因此阻碍了农村剩余劳动力向城市转移,而对外贸易发展和外商直接投资带来的新的劳动力需求大量吸收了这些剩余劳动力,促进了农村就业,也促进了农村劳动力向非农部门的转移。

第二节 经济增长的源泉

第一节讨论了一些经济增长的实际情况,现在可以来研究影响各国经济增长的一些因素。本节将介绍一个简单的描述经济增长的模型,它将有助于我们理解经济增长的源泉。

一、生产要素与生产函数

(一)生产要素

人们为了生产出日常所需的产品或服务,通常在生产过程中需要投入不同的生产要素。假设有一位农民想在秋季获得粮食的丰收,那么他需要一片肥沃的土地、足够的种子和农具,这样,在经过一个夏天的劳作以后,他也许会获得不错的收成。如果他学习到了更为先进的农业种植手段或者发明了更高效的肥料,那么在秋天到来的时候可能会收获更多。经济学中将这些影响农民收成的因素称为资本、劳动、人力资本、自然资源与技术。

经济学中通常将用于生产产品与服务的设备和建筑物存量称为资本或物质资本。上面例子中所提到的农具就属于资本范畴。不同的资本会对这位农民的生产产生不同的影响,使用现代化的农机往往可以比使用传统的犁耕作更多的土地。资本具有一个重要的特征:它既是当前生产过程的生产要素,又是上一个生产过程的产出。比如,作家使用计算机编写文章,而计算机同时也是计算机制造商生产的产品。

生产要素中的劳动是指一个具有标准素质和努力程度的典型劳动力每年的工作时长。如果一个工人一年工作2 000个小时,就说该工人一年的劳动投入为2 000小时。通常情况下,为了方便起见,会假设每个劳动力每年拥有固定的工作时长,从而将劳动投入简化为劳动力的数量。在一定条件内,劳动投入的增加是有利于总产出增长的。

需要说明的是,在这里隐含着假设每个劳动力都是同质的。但是现实中每个劳动力的生产能力显然是参差不齐的,而同一个劳动力在经过培训或积累了经验以后也会提高自己的生产能力。我们将工人通过教育、培训和经验积累获得的知识与技能称为人力资本。人力资本可以提高劳动力的工作效率,因此在一定程度上与物质资本有所相似。如果把学生接受教育、工人在实践中积累经验看作一种生产人力资本的过程的话,那么同物质资本相似,人力资本也是生产出来的。

自然资源是指自然界提供的生产投入,例如土地、河流、森林、草原和矿藏等。自然资源对一个地区的经济发展具有很大的影响。汉唐时期的关中平原之所以能够成为当时全国最富庶的地区,在很大程度上是由于那里拥有大量适于农耕的土地供给;中东地区丰富的石油资源也同样为中东国家的富庶提供了巨大的支持。

在上面的例子中,更为先进的农业种植手段与更高效的肥料都是技术进步的一种表现。技术进步对于产出的增长极为重要。比如,现代计算机的出现可以使人们从事更为复杂的数据处理工作,人们今天能够畅快地应用网络进行社交和学习,这显然在手工算盘时代是无法想象的。技术的扩散方式有所不同,如果那位农民能够大公无私地将他的肥料秘方公之于众,每个人都将了解这项新技术并且可以自己配制肥料,那么这项技术就成为公共知识。如果他选择从此个人保留这项技术而其他人无从知晓,那么这项技术就属于私人财产。

(二) 生产函数

经济学中经常用生产函数来表示生产要素与产出之间的关系。考虑两种生产要素劳动(L)与资本(K)的情况,如果将这两种生产要素以某种技术进行组合,并产生了 Y 单位的产出,就可以将产出与这两种生产要素之间的关系写成一个函数的形式:

$$Y = AF(L,K) \tag{3-3}$$

式(3-3)就是一个生产函数。其中,A 表示生产技术,函数 $F(\cdot)$ 表示将 L 与 K 结合起来生产新产品的过程。

许多生产函数都具有一种特性:规模报酬不变。对于规模报酬不变的生产函数,如果将所有生产要素投入都增加 t 倍,那么产出也会增加 t 倍。对于任意正数 t,可以得到数学关系式:

$$tY = AF(tL,tK) \tag{3-4}$$

规模报酬不变是一个重要的性质,因为根据这一性质可以很容易地用生产函数来描述平均变量的关系。当 t 值取为 $1/L$ 时,式(3-4)即变为:

$$Y/L = AF(1,K/L) \tag{3-5}$$

其中,Y/L 表示人均产出,K/L 表示人均资本。式(3-5)成功地将对总量的考量转化为对人均量的考量,反映出人均产出取决于技术与人均资本。

二、经济增长核算

我们继续研究式(3-3)所代表的生产函数,利用这种生产函数将经济增长分解成三种不同的来源,即资本增长、劳动增长与技术进步。

(一) 资本增长

为了更好地突出资本增长的作用,可以先忽略对技术变量 A 的考虑,将模型简化为产出变动仅仅是生产要素投入的变动造成的,此时生产函数为:

$$Y = F(L,K) \tag{3-6}$$

此时,当资本增加 ΔK 单位时,产出又会增加多少呢?解释这个问题需要先来回顾一下资本的边际产出的概念,即

$$\text{MPK} = F(L, K+1) - F(L, K) \tag{3-7}$$

MPK 代表资本增加一单位带来的产出的增量。那么当资本增加 ΔK 单位时,产出的增量(ΔY)就可以近似地得出①:

$$\Delta Y = \Delta K \times \text{MPK} \tag{3-8}$$

(二) 劳动增长

劳动增长带来的产出增加具有与资本增长相同的逻辑。同样,先来回顾一下劳动的边际产出的概念:

$$\text{MPL} = F(L+1, K) - F(L, K) \tag{3-9}$$

MPL 代表劳动增加一单位带来的产出的增量。那么当劳动增加 ΔL 单位时,产出的增量(ΔY)同样可以近似地得出:

$$\Delta Y = \Delta L \times \text{MPL} \tag{3-10}$$

现在,可以更进一步地考虑两种生产要素共同增长产生的影响。假设资本增加 ΔK 单位,劳动增加 ΔL 单位,产出的增长便有了资本增长和劳动增长这两种来源,于是产出的近似增量为:

$$\Delta Y = \Delta L \times \text{MPL} + \Delta K \times \text{MPK} \tag{3-11}$$

式(3-11)第一项表示劳动增加带来的产出增量,第二项表示资本增加带来的产出增量。一个问题在于,在真实的数据中,我们很难去度量每一单位生产要素的边际产出,因此为了更好地拟合数据,需要将式(3-11)做一些简单的数学变换:

$$\frac{\Delta Y}{Y} = \frac{\Delta L}{L} \times \left(\frac{\text{MPL} \times L}{Y}\right) + \frac{\Delta K}{K} \times \left(\frac{\text{MPK} \times K}{Y}\right) \tag{3-12}$$

式(3-12)与式(3-11)的区别在于,将产出与生产要素的增量关系转换为了产出增长率$\left(\frac{\Delta Y}{Y}\right)$与生产要素增长率$\left(\frac{\Delta L}{L}、\frac{\Delta K}{K}\right)$的关系。②括号中的两项也有相应的经济含义。在市场达到均衡时,MPL 等于实际工资,因此,$\text{MPL} \times L$ 表示劳动的总收入,$\frac{\text{MPL} \times L}{Y}$ 表示劳动在总产出中所占的份额;同样,MPK 等于资本的实际租金,因此,$\text{MPK} \times K$ 表示资本的总收益,$\frac{\text{MPK} \times K}{Y}$ 表示资本在总产出中所占的份额。如果用 α 表示资本份额,$(1-\alpha)$ 表示劳动份额。那么式(3-12)可以写为:

$$\frac{\Delta Y}{Y} = \frac{\Delta L}{L} \times (1-\alpha) + \frac{\Delta K}{K} \times \alpha \tag{3-13}$$

(三) 技术进步

在刚刚的分析中,我们忽略了技术变量 A,假设生产函数是不随时间变化的。但是在现

---

① 在描述产出增量时,我们强调了"近似"。因为只有在 ΔK 增加很小的单位时,才能保证 MPK 始终处于同一水平,我们这种计量产出变化量的方式才是准确的。这是一个数学上的微分概念。事实上,边际产出递减规律告诉我们,随着资本的增加,MPK 会不断减少。

② 这里的增长率与上一节介绍的增长率定义相同,只是将生产要素与产出变量的时间下标忽略掉了。

实生活中,技术确实是促进产出增长的十分重要的一个因素,在给定相同的生产要素的情况下,技术先进的地区往往能够生产出更多的产品。现在放弃这一假设,重新回到式(3-3)定义的生产函数 $Y = AF(K,L)$。生产函数中的 A 是当期生产技术的一种衡量,经济学中称之为全要素生产率。现在,产出的增长不仅是劳动与资本等生产要素投入的增加所导致的,全要素生产率的提高同样能够带来产出的增长。考虑 A 变化带来的产出增长,只需在式(3-13)中加入一项:

$$\frac{\Delta Y}{Y} = \frac{\Delta A}{A} + \frac{\Delta L}{L} \times (1 - \alpha) + \frac{\Delta K}{K} \times \alpha \qquad (3\text{-}14)$$

式(3-14)是核算经济增长的关键方程。该方程清晰地解析了产出增长的三个源泉,即全要素生产率的变动、劳动投入的变动与资本投入的变动。从方程中可以看出,当全要素生产率提高1%时,即使劳动投入与资本投入没有任何变化,经济也会迎来1%的增长。全要素生产率的增长涵盖了除直接投入以外的其他一切可以导致产出增长的因素,例如技术知识、组织管理和教育等。而生产中的技术知识是能够最快促进产出增长的因素,因此,全要素生产率的增长经常被用来描述技术进步。可惜的是,全要素生产率无法在数据中进行直接观测,所以需要根据经济增长核算方程来间接估计。通过式(3-14)可以得到:

$$\frac{\Delta A}{A} = \frac{\Delta Y}{Y} - \frac{\Delta L}{L} \times (1 - \alpha) - \frac{\Delta K}{K} \times \alpha \qquad (3\text{-}15)$$

式(3-15)中,等式右边的产出、劳动投入和资本投入的增加,以及劳动份额与资本份额都可以从数据中直接观察到,在排除直接影响后,剩余的产出增长就可以被解释为全要素生产率的增长。这种方式最先由美国经济学家罗伯特·默顿·索洛(Robert Merton Solow)提出,因此,全要素生产率的增长也被称为"索洛剩余"。

相关资料
中国经济增长动力

上一节讨论了中国改革开放以来的经济增长路径,但未仔细研究推动中国长期经济增长的动力,现在我们来完成这一任务。表3-3展示了中国1978—2015年经济增长核算的结果,表中的每个数值表示该时间段的平均增长率。从中可以看出,这一时期中国的产出年均增长9.4%,其中劳动投入年均贡献2.7%,资本投入年均贡献4.7%,全要素生产率年均贡献2.0%。

中国的经济增长具有明显的周期性(如图3-6所示),因此,我们按照经济增长的周期将这38年划分为几个时间段。在这几个时间段中,资本投入几乎始终是中国产出增长的主要动力,尤其是在2000年以后,资本投入年均贡献着超过4%的产出增长。

该表显示出的另一个显著特点是,产出增长较快的时间段都有正向的全要素生产率增长。在1991—2008年的两个时间段内,中国能够保持年均9.5%左右的产出增长,其中全要素生产率的增长始终扮演着重要角色。改革开放以来中国出现的第一个全要素生产率增长高峰是1982—1986年,这一时期中国社会发生了深刻的变革。以农业部门为例,农业改革给予了农村基层单位极大的自主权,使得基层单位能够采取更有效的生产组织结构并调动农民的生产积极性。农村的自主权和农业科技的研发重新步入轨道,促进了"绿色革命"①,这是

---

① "绿色革命"技术是指对育种、施肥和水利灌溉等传统技术的升级或改良。

技术进步的一种标志,自然也带来了全要素生产率的增长。2008年以来,中国的经济增长动力又回到了以资本投入为主的模式,这主要是由于金融危机导致的巨大的外生冲击。金融危机导致了全球资本配置效率的极大降低,国际贸易发展也受到阻碍,而这些外生冲击也导致了中国全要素生产率的下降,这一时期全要素生产率贡献下降到1.5%,而资本投入贡献重新回到4.9%。为了保持国内经济增长的稳定,中国政府制定了4万亿元的投资计划。

表3-3 中国经济增长核算 单位:%

年份	产出增长 $\Delta Y/Y$	劳动投入增长 $(1-\alpha)\Delta L/L$	资本投入增长 $\alpha\Delta K/K$	全要素生产率增长 $\Delta A/A$
1978—2015	9.4	2.7	4.7	2.0
1978—1981	4.2	1.8	2.7	-0.3
1982—1986	9.5	2.6	3.6	3.3
1987—1990	4.8	5.3	2.6	-3.1
1991—1999	9.6	1.6	3.4	4.6
2000—2008	9.5	1.4	4.4	3.7
2009—2015	7.1	0.7	4.9	1.5

资料来源:作者根据公开数据计算。

三、促进经济增长的经济政策

经济增长核算方程说明,一个经济的增长动力主要来自三个方面,即资本存量的增加、劳动投入的增加和技术进步。一个有为的政府往往希望通过一些政策手段来刺激这些增长源泉的涌流,本小节就来讨论相应的宏观经济政策。

(一) 储蓄与投资

每一个经济体都希望获得源源不断的资本存量增加来刺激经济增长,但是天上不会掉馅饼,资本也不会凭空产生,相反还会不可避免地产生折旧。为了生产出新的资本品,需要将当期的部分资源用于投资以积累新的资本。只有当这些新的资本超过本期的资本折旧时,下一期的资本存量才会增加。理论上,在一个封闭的经济体中,投资的唯一来源是该经济体中私人部门和公共部门的储蓄。因此,我们需要通过增加储蓄的方式来提高投资水平。

但是,储蓄并不是免费的午餐,它需要储蓄人放弃今天用于消费的资源来换取明天的资本积累,就像为了换一台新电脑,你不得不在今天放弃买球鞋。储蓄和消费的这种替代关系说明政府不可能无节制地提高储蓄率,因为这会损害今天消费者的福利水平。但是如果今天投资的资本带来的未来收益能够弥补今天减少消费带来的损失,那么储蓄就是一个"划算"的选择。人们正是根据今天投资的资本带来的未来收益与今天减少消费需要放弃的福利之间的比较,来权衡最有效率的储蓄水平。研究消费与储蓄之间更为细节的关系是下一章的学习任务。

如果其他条件保持不变,一旦经济体确定了一个储蓄率,就会逐渐演变到一个对应的稳定状态的资本存量,随后,达到稳定状态的经济将会停留在那里不再变动。稳定状态实际上是一个经济体的长期均衡。在达到长期均衡的过程中,初始状态下由于资本存量距离稳定状态较远,资本的边际产出比较高,产出就会以一个较高的增长率向稳定状态进发。当资本存量达到一定水平时,由于资本的边际产出递减规律,产出的增长速度会有所减缓,直到达到稳定状态。日本和德国的经历可以很好地帮助我们理解这一过程。第二次世界大战以后,日本和德国经历了有记录以来的最快速的经济增长。1948—1972 年,德国的人均产出增长率为 5.7%,日本则达到了更为惊人的 8.2%,同期的美国只有 2.2%。这是由于战争摧毁了两国大量的资本存量,如果两国的储蓄率保持不变,那么重新积累起来的资本存量就会带来高速的经济增长,直到它们重新回到原来的经济水平。1973—2018 年,两国重新回到了高收入经济体行列,拥有了丰富的资本存量以后,人均产出增长率随之逐渐下降至不到 2%。

给定一个储蓄率,产出增长会经历一个先快后慢的过程,那么当储蓄率提高时,产出增长会受到什么影响呢? 储蓄率的提高会带来更多的可用于投资的资源,因此为了达到一个更高资本存量的稳定状态,当下的资本存量就会变得相对较低,在开始阶段产出增长的速度也会加快。但是这只是暂时的,一旦资本存量达到新的稳定状态,资本存量和产出水平就会再次停止在稳定状态。换句话说,这种通过更高储蓄率带来的经济增长并不是一劳永逸的,更高的储蓄率只会导致更高的稳定状态资本存量和产出水平,却无法保持长期的高产出增长率。

(二) 人口增长

人口问题对经济增长的影响已经被经济学家们争论了两百多年。1798 年,英国经济学家托马斯·马尔萨斯(Thomas Malthus)在其著作《人口论》(*An Essay on the Principle of Population*)中首先系统地表达了他对人口增长的极度悲观的思索。他认为,人类将不可避免地要永远生活在战争、饥饿与疾病之中,因为人口增长的速度远远超过了人类生产生活资源的增长速度,而教会与政府对穷人的补助同样限制了社会生产的发展,因为它们努力减贫的结果只是让穷人生育更多的人口。值得欣慰的是,马尔萨斯的预想落了空。当今世界的人口数量已经是马尔萨斯那个年代的 7.6 倍左右,但是贫困人口的比重要比那个年代低得多。虽然当今世界的某些地方确实存在战争、饥饿与疾病,但是造成这些悲剧的原因不是人类生产生活资源的短缺。马尔萨斯的逻辑中忽略了人们的创造力带来的影响。人们创造了农药、化肥、高产作物和其他很多的新技术,极大地提升了农业生产率。虽然今天全世界要养活比从前多得多的人口,但是从事农业生产的劳动者反而减少了。

虽然人口增长对经济增长的副作用没有马尔萨斯所言的那么耸人听闻,但是过快的人口增长的确更多地出现在贫困地区。2017 年,人口增长速度在 3% 以上的国家中,赤道以南的非洲国家占了 75%。这些国家目前还没有办法为其居民提供好的教育、医疗条件,很多面临饥饿威胁的人民也都生活在这个区域。过快的人口增长会稀释资本和土地等生产要素。人均生产要素的减少不可避免地要引起人均产出的增长乏力。另外,在人力资本积累的问题上,其人口负担显得更为沉重。2017 年,中国人均受教育年限为 7.8 年,处于世界中游水平,但是相较于 1990 年的 4.8 年,已经增长了 62.5%。与此同时,人口增长率的表现则完全相反,中国的人口增长率从 1990 年的 1.46% 起一直保持下降,2017 年仅为 0.55%。图 3-11 展示了 2017 年世界各国的人口增长率与人均受教育年限之间的关系,其中横坐标表示人均受教育年限,是我们用来反映人力资本状况的指标;纵坐标表示人口增长率。可以明显地看出,两个变量呈负相关关系,即人口增长率越高的国家,人均受教育年限越短。图 3-11 右下方的点表示人均受教育年限较长的国家,OECD 国家再次占领了绝大部分,左上方的散点则集中在非洲和亚洲的贫困国家集团中。人口增长过快的国家会有很多学龄儿童需要接受教育,这为国家的教育体系带来了巨大的压力,因此,当我们发现人口增长速度遥遥领先的非洲国家在教育问题上捉襟见肘时就毫不奇怪了。

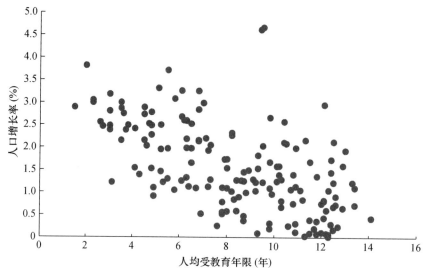

图 3-11　人口增长率与人均受教育年限的关系(2017 年)
资料来源:世界银行数据库。

当然,人口增长不是百无一用的。中国曾经也是世界上人口增长最快的国家之一,20 世纪 60 年代中期,中国的人口增长率一度达到 3%。人多力量大,正是这些出生于 60 年代的人,在改革开放以后成为劳动适龄人口。当时中国的劳动适龄人口数量每年持续增长,80 年代城市劳动人口每年增长 4%。劳动人口比重的不断提升,意味着人口结构逐渐转变为生产性人口结构,这能够保证劳动力的充足供给和储蓄率的不断提升,为社会发展带来"人口红利"。

有关人口增长与经济增长的关系,图 3-12 给出了一个更清晰的说明。图 3-12 的横坐标

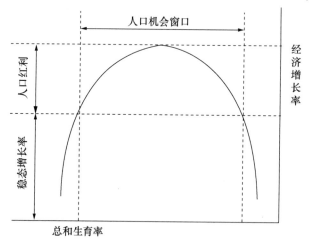

图 3-12　总和生育率与经济增长率的关系
资料来源:蔡昉.人口转变、人口红利与刘易斯转折点[J].经济研究,2010(4):5-14。
注:总和生育率是指一个国家或地区在育龄期间的妇女平均的生育子女数。这一指标可以更好地反映人口结构转变阶段的变化。

表示总和生育率,坐标越往左,表示总和生育率越高;纵坐标表示经济增长率,坐标越往上,表示经济增长率越高。总和生育率与经济增长率大致呈倒 U 形的关系。初始阶段,总和生育率处于高水平,在没有前一代人成长导致的人口结构转变时,经济增长处于低水平的稳定状态。随着总和生育率下降,人口结构逐渐转变为生产性人口结构,大量的劳动力供给和储蓄带来了巨大的人口红利。在剩余劳动力没有被充分利用之前,资本的边际产出递减甚至可以不发生。随着总和生育率继续下降,生产性人口结构成为过去,人口老龄化程度提高,经济增长率随之下滑,直至回到稳定状态水平。在上述过程中,生产性人口结构所造成的特定人口转变时期称为"人口机会窗口"。

(三) 研发投入

经济增长最重要的动力在于技术进步带来的生产率提升。图 3-13 提供了一个浅显易懂的解释。一个由两种生产要素组成的经济开始阶段处于 (L_0, K_0),在现有技术条件下生产出 Q_0 的产品。当资本投入增加到 K_1 时,由于劳动供给有限,虽然产出增加到了 Q_1,但是资本的边际产出减少了。一旦经济通过技术进步或更有效率的组织使得生产率有所提升,那么即使不存在生产要素投入的增加,产出同样能够增加到 Q_2 的状态。

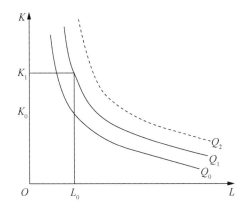

图 3-13 生产率提升图示

但是设计有效的政策来刺激生产率提升确实是件很困难的事情,因为我们很难准确地了解哪些行为会有助于生产率的提升。美国经济学家罗伯特·卢卡斯(Robert Lucas)在其新增长理论中提出,人力资本的提升会提高工人的生产率,同时还会存在提高他人生产率的正外部性。他发现,产出对人力资本外部性的弹性为 4%,即人力资本外部性每提高 10%,产出就会增加 4%。这样看来,政府补贴教育、卫生、培训等有助于积累人力资本的部门,对于经济长期增长就具有重要意义。另外,生产率的提升也可以来自生产组织的转变。例如,中国在 20 世纪 80 年代进行的农村家庭联产承包责任制改革,就有效地促进了农村劳动力的重新配置,虽然劳动投入没有增加,但是提高了农产品产量。

企业的投入与研发同样重要,尤其是对于具备成熟制度体制的发达国家来说,创新技术也许是它们唯一有效提高生产率的途径。技术创新的一个重要来源在于知识的创造与传播。知识是一项公共品,一旦某个思想被发明出来,就会迅速地在社会上进行传播供人们免费试用,产生巨大的外部性。长期以来,中国政府在创造与传播知识方面起着巨大的作用。"两弹一星""杂交水稻"等多项关乎民生和国家安全的重要科研成果都是在国家的支持下完成的。

政府鼓励创新的另一种政策手段是建立专利保护制度。当个人或企业发明了一项新产品或新技术时,可以申请专利,通过国家对专利权的保护,形成自己对该项技术的产权,将公共品转化为私人物品。专利权可以让创新者从市场中获得正当的经济利益以弥补技术创新中投入的成本,虽然这种利润获取只是暂时的,但是可以为接下来的创新研究创造投入来源。

第三节 "中等收入陷阱"

一、"中等收入陷阱"概述

2007年,世界银行在报告《东亚复兴:关于经济增长的观点》中提出,比起较富或较穷的国家,中等收入国家的增长会相对较慢。为了更明确地突出这一警示,报告中首次提出了"中等收入陷阱"的概念。"中等收入陷阱"十分形象地描述了一些中等收入国家经济增长长期处于停滞状态的困境,国家经济好像落入了"陷阱"之中无法自拔。那么从经济学角度我们如何理解这一概念呢?"中等收入陷阱"是否在所有国家都存在呢?是什么原因导致了这些国家"陷入"中等收入的泥淖之中呢?本部分就来回答这些问题。

关于"中等收入"这一概念有两种定义方法,分别为绝对标准和相对标准。绝对标准是通过一个确定的人均收入阈值来区分不同国家的收入水平。世界银行每年会对这一阈值进行调整,例如2019年,世界银行以国民人均年收入为主要标准,把不同国家划分为四类,即高收入国家、中等偏上收入国家、中等偏下收入国家和低收入国家。根据当年的标准,人均年收入达12 616美元属于高收入国家;低于1 035美元为低收入国家;4 085美元则为中上和中下收入国家的分界线。

根据世界银行2012年的标准,当一个国家的人均收入为当年美国人均收入的5%—45%时,就称之为中等收入国家,高于这一标准则为高收入国家,低于这一标准就是低收入国家。图3-14为我们提供了部分亚洲和拉丁美洲国家(地区)1978年与2018年的收入状况。其中横坐标表示1978年各国(地区)相对于美国的人均收入水平,纵坐标表示2018年各国(地区)相对于美国的人均收入水平。虚线是2012年世界银行规定的相对标准,距离原点较近的虚线表示5%的相对收入水平,距离原点较远的虚线表示45%的相对收入水平,处于这一区间的则为中等收入国家。例如1978年,中国的人均收入仅为美国的1.1%,所以属于低收入国家,而在2018年人均收入为美国的14.2%,因此已经处于中等收入国家行列。

概念中的"陷阱"在经济学中并不具有贬义,而是指一种超稳定的均衡状态,在这种均衡状态下,一般的短期外部冲击不足以改变均衡,即使发生短期冲击,经济最终也会回到原来的均衡状态。也就是说,当某个能够促进人均收入增长的短期外力发挥作用后,由于缺乏持续性,其他制约因素会抵消其作用,逐渐将人均收入拉回到原始水平。因此,"中等收入陷阱"也可以解释为:当一个国家从低收入阶段进入中等收入阶段后,劳动力成本上升但是技术创新未得到显著的发展,导致该国既失去了在劳动力密集型产业中的比较优势,又无法在技术密集型产业中与发达国家竞争,从而失去在国际市场上的竞争力。一旦出现这种比较优势"真

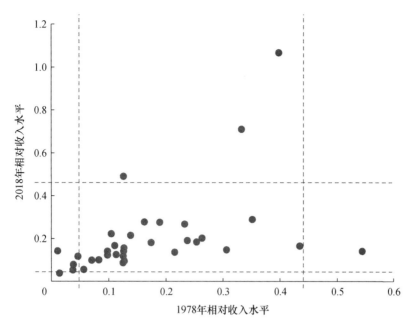

图 3-14　部分亚洲和拉丁美洲国家(地区)经济增长状况
资料来源:世界银行数据库。

空"的状态,该国的经济增速就会下降甚至倒退,无法发展成为高收入国家,只能长期处于中等收入国家的状态。

再次回到图 3-14,图中的两条平行虚线之间为中等收入区间,因此落入四条虚线围成的矩形部分的国家,就表示 40 年时间始终没有突破中等收入阶段,也就是落入了"中等收入陷阱"。巴西、乌拉圭、智利、阿根廷、墨西哥等诸多拉丁美洲国家都落在这一区域,长时间没有跨越"中等收入陷阱"。这些国家早在 20 世纪 70 年代前后就已经达到中等收入水平,但是始终滞留在"中等收入陷阱"之中。截至 2018 年,阿根廷已经停留了 56 年,智利停留了 47 年,停留时间最短的哥伦比亚已有 39 年。当然"中等收入陷阱"并非不可跨越,处于图上方的三个亚洲国家(地区)——新加坡、韩国和中国香港地区就成功地步入了高收入国家(地区)行列,而并未滞留在中等收入阶段。另一个亚洲国家印度在过去 40 多年中的人均收入增长值得担忧,1978 年印度的人均收入为美国的 1.4%,处于低收入国家行列,而 2018 年这一比例也仅为 3.8%。从相对水平来看,印度在过去 40 多年甚至并未脱离低收入状态。

二、关于"中等收入陷阱"的解释

"中等收入陷阱"是一个很容易激起经济学家好奇心的复杂经济现象。自这一概念被提出以来,很多经济学家都从不同的角度来解读它,毕竟当一个经济长期处于停滞状态之时,意味着生活在那里的居民的生活很难有所改善。对这种困境的充分解读和清醒认识,有助于避免因"哀之而不鉴之"而重蹈覆辙。

图 3-15 汇总了到目前为止经济学家认为的"中等收入陷阱"的主要触发因素,这些因素涵盖的范围非常广泛,从宏观部门的货币政策、金融制度到微观部门的实际生产技术和

组织结构都有所涉猎。本部分会对其中的一些因素进行介绍,以加深大家对"中等收入陷阱"的理解。

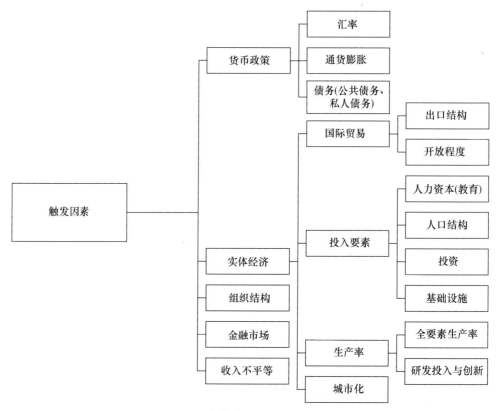

图 3-15 "中等收入陷阱"的触发因素

(一) 收入不平等

前文中提到过基尼系数,这是一个衡量收入不平等程度的指标,基尼系数越高,表明社会收入差距也就越大。从世界各国的基尼系数统计来看,国土面积相当的国家中,大部分中低收入国家都具有比较高的基尼系数,而西欧发达国家的基尼系数则低得多,一般不超过 0.4。由此观之,收入不平等与经济增长具有高度的负相关性。

对于一个增长长期停滞的经济体而言,当社会资源与既得利益者联系紧密时,政府在分配方面的承诺就无从实现,公信力也就荡然无存。良好激励制度的缺乏会造成寻租行为的泛滥,进而导致社会资源分配差距的不断扩大,造成社会的两极分化、城市的动荡不安及信用体系的难以为继。拉丁美洲国家是世界上基尼系数最高的地区,社会混乱与动荡的问题也由来已久。分化的社会仿佛给这些国家装配了"方形的轮子",使得经济发展走走停停,难以持续。

与拉丁美洲国家相反,成功突破中等收入阶段的日本和"亚洲四小龙"在快速经济增长的同时,保持了收入的相对平等,使得这些国家(地区)的中产阶级逐渐发展成为社会的主体。中产阶级的崛起减小了这些国家(地区)精英阶层对社会资源掌控的力量,对于创造稳定的社会环境具有重要意义。另外,相较于低收入群体的主导消费集中在衣食方面,中产阶级的消费能力更为多样,他们有足够的收入空间拓宽其消费到教育、健康、旅游娱乐等其他产业,能够为更多的企业提供更高的利润,促进企业的创新投资;同时,接受教育和维系健康的过程,也为其积累人力资本提供了重要支撑。

(二) 人口结构

发展中国家在从低收入阶段向中等收入阶段发展的过程中,往往经历着二元经济发展过程。在这个过程中,整个经济可以很清晰地划分为农业部门和非农部门,其中农业部门存在大量的剩余劳动力,而非农部门则能够源源不断地为这些剩余劳动力提供就业机会。农业部门对劳动力的不断释放和非农部门对劳动力的无限吸收,会伴随着"人口红利",这些因素构成了该国经济增长的主要过程。

在开始阶段,由于农业部门存在大量的剩余劳动力,这些劳动力的边际产出几乎为零,显著低于非农部门劳动力的边际产出,因此在劳动力转移的过程中,普通劳动力由于接近无限供给而导致工资保持不变。但是这里的无限供给只是一种相对的状态,绝对量终究是有限的。随着劳动力的转移,终究会在某一时点出现劳动力短缺进而工资上涨的现象,这个时点被称为"刘易斯拐点"。达到刘易斯拐点意味着劳动力会逐渐变得稀缺,从而导致之前的资本边际收益不变的理想状态不复存在。当劳动力继续在部门间转移,直到两个部门的劳动边际产出相同时,这种二元经济的发展模式也就宣告结束了。

在二元经济的最后阶段,本国原有的增长动力逐渐减弱——劳动力成本提高、资本边际收益下降、"人口红利"逐渐消失——同时前一阶段资本积累的激励机制可能失去效力,如果没有技术创新、人力资本积累等新的增长动力被创造出来,那么经济增长就会面临减速的风险,逐渐落入"中等收入陷阱"。

2004 年,中国沿海地区出现的"民工荒"是随后全国性劳动力短缺的起点。劳动力短缺带来了普通工人工资的上涨。根据国家统计局的数据,在随后的 10 年时间里,外来务工人员的实际工资年均增长 12%。这意味着 2004 年,中国达到了"刘易斯拐点",进入了二元经济的最后阶段。另外,截至 2019 年,中国依然是中等收入国家,因此关注"中等收入陷阱",了解其中的因素并努力避免之就意义重大了。

(三) 城市化

城市化是经济发展的一个重要动力,任何一个国家在经济发展的同时都会伴随着越来越高的城市化率。2017 年,世界主要发达国家的城市化率达到了 80% 以上,而大部分中低收入国家都远远低于这一数值。作为亚洲另一个成功跨越中等收入阶段的国家,韩国的城市化进程对中国很有启示。1996 年,韩国的人均实际 GDP 达到 12 847 美元,迈入高收入国家行列,而 1966 年韩国的人均实际 GDP 仅是 1996 年的 1/3。在这一时期,韩国的城市化率也在随着经济增长而逐渐提高,如图 3-16 所示,韩国的城市化率从 1966 年的 33% 提高至 1996 年的 80%。城市化作为经济增长的重要引擎,主要可以从以下几个方面成为中等收入国家迈入高收入国家的强大推力:第一,城市化带来的人口聚集和产业聚集为现代服务业的发展提供了基础。通信、金融、物流等现代产业的兴起将带动整个第三产业的发展和产业结构的升级。第二,新兴产业带来的就业需求会进一步吸引人口流动到城市中来,扩大城市的人口规模,更有效率地利用土地和其他公共服务,从而稳定城市居民的收入水平,刺激城市的消费需求。第三,城市化进程吸引农村剩余劳动力向城市非农部门转移,能够有效地提高剩余劳动力的劳动生产率。当这些原有的农村人口逐渐融入城市生活成为城市生产的强大力量时,他们将更有激励去储蓄、投资自身和子女的教育与健康事业,为城市的将来发展储备人力资本和物质资本。

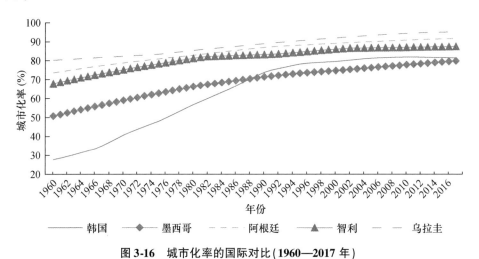

图 3-16　城市化率的国际对比(1960—2017 年)

资料来源:世界银行数据库。

城市化虽然是经济增长的推力之一,但是从拉丁美洲国家的经验来看,一旦过度城市化,就有可能造成危机。图 3-16 同时展示了墨西哥、阿根廷、智利和乌拉圭这几个中等收入国家的城市化进程。有趣的是,除墨西哥以外,其他 3 个国家在整个样本时期的城市化率都高于韩国。2017 年,墨西哥的城市化率与韩国不相上下,达到了 79.6%,乌拉圭更是达到了惊人的 95.2%。不幸的是,伴随拉丁美洲国家高度城市化而来的不是快速的经济增长,而是长期的增长停滞。拉丁美洲国家这种过度城市化的问题在于,在城市发挥聚集效应的同时,城市的基础设施建设远远落后。虽然很多农业劳动力转移到了城市中的非农部门,但是无论是他们自身还是其后代,都没有办法享受到城市应该提供的教育资源和卫生资源,从而致使这些劳动力缺乏有效的人力资本积累手段,只能长时间从事低技能的劳动。长期的低收入与得不到保障的健康带来了严重的收入不平等和失业,这些低收入者和失业者面对城市繁华地区高昂的生活成本望洋兴叹,只能转移到缺少基础设施的廉价的土地上,也就形成了拉丁美洲国家城市中大量的贫民窟,既有的社会资源也就进一步控制在了既得利益集团手中。

中国的城市化水平低于同等收入水平下日韩的水平,2017 年,中国的城市化率为 57.9%,而同等收入水平下的韩国的城市化率为 70.4%,日本为 60%。而且,按照现有的统计方法,中国的城市化率还可能存在高估的现象。国家统计局在统计城镇人口时,使用的是城市"常住人口"而不是户籍人口,这样中国近 3 亿的外来务工人员就被划归到了城市人口中。虽然他们从事的是非农劳动,但是并未享受城市提供的各项福利。另外,很多城市在进行城市化的过程中实行的是城市边界的扩张,一部分农村人口只是因此被划分为城市人口,但是其生活方式没有得到根本的改变。鉴于此,中国的城市化水平并不过激甚至有些落后,因此,良性地发展城市化可以作为中国继续保持经济增长的另一个动力。

三、中国是否会落入"中等收入陷阱"?

我们关注"中等收入陷阱"的目的在于找出其中的原因与规律,以避免中国在经济增长中遭遇同样的困境。诚然,中国是否会落入"中等收入陷阱"这一问题还需要更多的时间来回答,但是经济学的魅力就在于,人们可以通过它的理论和逻辑来推演出未来可能出现的结果。好的结果继续追求,而坏的结果找到问题源头努力避免。本部分将从人力资本、出口结构和全要素生产率三个角度来探寻中国是否会落入"中等收入陷阱"这一问题的答案。

(一) 人力资本

人力资本作为一种生产要素在经济增长中具有很重要的作用,尤其是对于达到刘易斯拐点的中等收入国家而言更为重要。人力资本的积累可以提供更多的高技术劳动者和管理型人才,同时使其从事高附加值的行业,逐渐弥补中等收入国家在此类人才上的劣势并转化为优势。让公民接受教育,尤其是中学以上的教育,是国家积累人力资本最好的方式。有研究发现,中学教育普及度越高的国家,经济增长速度下降的情况发生得越少,因此,有学者认为,积累人力资本是避免落入"中等收入陷阱"的关键武器。

图 3-17 和图 3-18 展示了 1950—2010 年部分国家中等教育完成率与高等教育完成率。这些样本基本代表了世界上所有发展阶段的国家和地理位置的国家。如图 3-17 所示,1980—2000 年,中国中等教育完成率从 9.4% 跃升至 27.5%,以每年 5.5% 的增速在 20 年间增长了 193%;高等教育的发展则从 20 世纪 80 年代开始,21 世纪的前 20 年增长最快。但是,2000 年

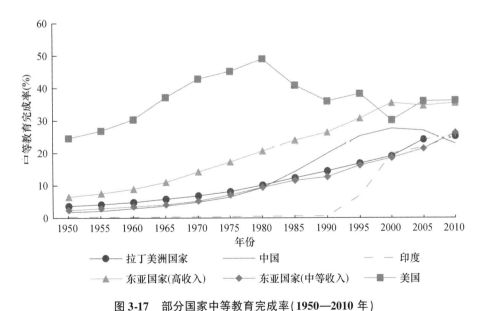

图3-17 部分国家中等教育完成率(1950—2010 年)

资料来源:BARRO R J, LEE J-W. A new data set of educational attainment in the world, 1950—2010 [J]. Journal of Development Economics, 2013, 104: 184-198。

以后,中国中等教育完成率的发展遇到了瓶颈,2005年以后出现了下滑趋势,同时段的高等教育完成率则始终稳定在2.8%左右。跨国来看,中国的教育状况并不乐观,尤其是高等教育完成率在样本国家中始终处于最低状态。在高等教育方面,中国与印度的完成率相似,但是低于东亚中等收入国家和拉丁美洲国家。中国的中学教育普及确实做得更出色一些,2000年中国中等教育完成率几乎追赶上了东亚高收入国家和美国;但是之后10年有所下降,中等教育完成率又一次与高收入国家产生了差距。总体来说,中国的中高等教育水平相较于中华人民共和国成立初期确实有了巨大的提高,但是不能忽略缓慢发展的高等教育和2000年以后中等教育的倒退这两个负面的信号。其中可能的原因是,一直以来中国城市化进程较慢,第一产业劳动力占比较高。1996—2002年中国第一产业劳动力占比始终保持在50%,2010年这一占比虽然下降至36.7%,但是相同收入水平下的韩国的第一产业劳动力占比为24.9%。而第一产业中大部分工作对教育水平的要求并不高,因此,农业部门劳动力转移的缓慢对教育的发展和人力资源的储备产生了不利的影响。

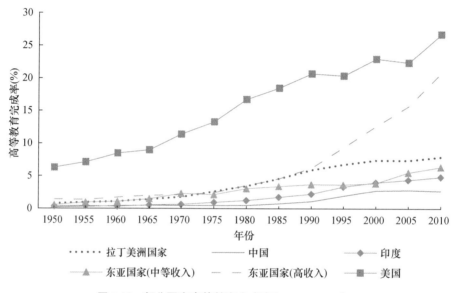

图3-18 部分国家高等教育完成率(1950—2010年)

资料来源:RARRO R J, LEE J-W. A new data set of educational attainment in the world, 1950—2010[J]. Journal of Development Economics, 2013, 104: 184-198。

中国中高等教育发展的波动本质上反映了城乡之间的教育差距,这是中国人力资本积累过程中的巨大阻力。中国有近3亿的外来务工人员,这些外来务工人员的子女和农村儿童还无法享受到与城市同龄人一样的教育条件。2017年,中国农村地区高中以上学历的劳动力人口占比为20.5%,大专以上学历为5.46%,而城镇的相关占比则为50.33%和26.69%,基本达到了发达国家的教育完成水平。事实上,正如之前所提到的,由于统计上的偏差,中国城乡之间的教育差距可能更大。图3-19展示了1985—2017年中国城乡劳动力实际人力资本的发展状况,中国城镇劳动力实际人力资本存量从1998年开始超过农村,从1999年开始城乡差距逐渐拉大,2017年城镇劳动力实际人力资本存量已经达到农村的2倍。中国应将农村地区有限的教育资源作为改革的重点对象,以缩小城乡劳动力人力资本差距,避免这种差距在将来影响劳动力供给的质量,成为中国跨越"中等收入陷阱"的障碍。

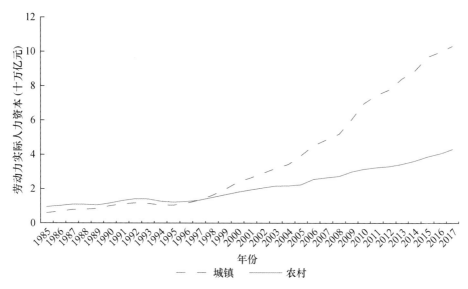

图 3-19　中国城乡劳动力实际人力资本(1985—2017 年)
资料来源:中国人力资本与劳动经济研究中心。

(二) 出口结构

发展经济学将经济发展看作一个结构转换的过程,经济体通过这个过程完成资源从低生产率生产活动到高生产率生产活动的转移。不同的生产活动在经济发展过程中发挥着不同的作用。一些产品具有规模报酬递增、高需求弹性且市场竞争不完全的特性,如果经济体能够涉足这些产品的生产,就好像进入了一条"自动提升轨道"。在这种发展模式下,经济增长的主要驱动力是逐渐提高的企业生产能力,生产能力的提高可以促进企业实际工资的增长。资本在此时具有重要的互补作用,因为更高的实际工资会驱使企业逐渐转向资本密集度更高的生产活动以避免上涨的劳动力成本。生产活动资本密集度的转换产生了更高的资本—劳动比,进而进一步提高了企业支付给工人的实际工资,从而又一次循环了这种发展轨迹。换句话说,当一个经济体能够生产更"复杂"的产品时,就会通过它们独有的技术力量获取更高的附加值,在全球生产链中获取更高的收益。图 3-20 是著名的 iPhone 手机全球生产环节中的利润分成,中国大陆在 iPhone 的生产链条中主要负责最后的组装工作,属于生产链条中相对"简单"的任务,因此每一部 iPhone 支付给中国大陆劳动者的利润只占 1.8%。大部分利润被美国苹果公司获取,因为它可以从事更"复杂"的设计和销售,以及精密零部件的生产。

经济体彼此之间不同的出口结构可以透露出经济体生产能力之间的差异,因为产品出口可以很好地体现出一个经济体在技术和资源禀赋上的比较优势。宏观经济学家在研究中发现,韩国、中国台湾地区等成功避免落入"中等收入陷阱"的经济体的出口结构要比拉丁美洲国家(地区)更为复杂多样,这种复杂多样的出口结构可以在它们需要转换经济结构时提供更多的机会。一个经济体的产业升级不是一蹴而就的,而是一个渐进的过程。相较于比较单一的出口结构,复杂多样的出口结构往往包含了更多"连接性"的产业。这些"连接性"产业由于产业本身的技术特点与其他产业具有一定的相似性,会把经济体的产业升级过程变得相对简单,因此也就容易避免落入"中等收入陷阱"。

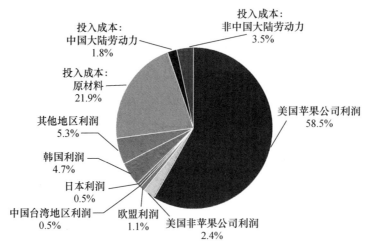

图 3-20 iPhone 利润分成

图 3-21 和图 3-22 展示了中国内地和其他经济体出口复杂度的比较。其中,纵坐标表示出口复杂度,出口复杂度越高,表示该经济体的出口篮子越多样、越复杂。图 3-21 比较了中国内地与其他经济体的出口复杂度,其中拉丁美洲经济体包括巴西、智利、阿根廷等中等收入经济体,东亚中等收入经济体包括菲律宾、泰国、马来西亚等,东亚高收入经济体包括日本、韩国、中国台湾地区等。总体来看,中国内地在样本时期出口复杂度快速上升,而且远高于拉丁美洲经济体的平均水平以及人口大国印度。另外,中国内地的出口复杂度低于东亚高收入经济体和中等收入经济体的平均水平,虽然样本时期差距不断收敛,但是距离东亚高收入经济体与东亚中等收入经济体的平均水平依然存在 14.2% 和 5.1% 的差距。图 3-22 单独列出了中国内地与东亚 4 个高收入经济体的出口复杂度趋势。相对于这 4 个成功摆脱"中等收入陷阱"的经济体,中国内地的出口复杂度始终保持着与之收敛的趋势,2007 年达到了与中国香港地区相同的水平。

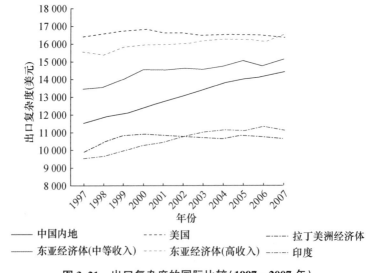

图 3-21 出口复杂度的国际比较(1997—2007 年)

资料来源:China in the middle-income trap [EB/OL]. (2016-08-26)[2021-08-12]. https://mpra.ub.uni-muenchen.de/73336/。

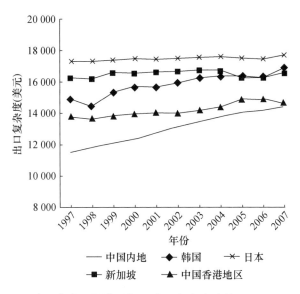

图 3-22　中国与东亚国家(地区)出口复杂度比较(1997—2007 年)

资料来源：China in the middle-income trap [EB/OL]. (2016-08-26) [2021-08-12]. https://mpra. ub. uni-muenchen. de/73336/。

总体来看,中国的出口结构日趋复杂化和多样化,这是中国制造业高度发展的结果。目前,中国已经成为制造业体系最为完整的国家之一,小到牙刷、签字笔,大到汽车、飞机都已经被囊括到中国制造的范围内。国产产品的多样化意味着中国具有在未来发展更多先进产业、跨越"中等收入陷阱"的潜力。

(三) 全要素生产率

提高全要素生产率也许是跨越"中等收入陷阱"最有效的方法,因为全要素生产率的提高意味着我们可以用等量的要素实现更多的产出,获得更快的经济增长。中等收入国家如果想要跨越"中等收入陷阱",最有效的方法就是将"要素驱动"的经济增长模式转换为"全要素生产率驱动"的增长模式。如果可以更多地依靠"智慧"而不是"汗水"来创造经济增长,那么经济增长会更可持续。在判断中国是否落入"中等收入陷阱"时,对世界各国(地区)全要素生产率的横向比较也许能够得到最直观的启示。图 3-23 和图 3-24 展示了 2000—2017 年中国与世界其他国家(地区)全要素生产率的变化状况。图 3-23 比较了中国与阿根廷、巴西、智利和墨西哥四国的全要素生产率情况。21 世纪以来,中国的全要素生产率始终呈上升趋势,近 20 年来年均增长速度为 2.2%,其中 21 世纪前 10 年为高速增长时期,10 年内增长了近 50%。很明显,中国全要素生产率的增长趋势与经济增长趋势是非常相似的。而其他 4 个拉丁美洲国家的全要素生产率均呈下降趋势。其中,墨西哥与智利的全要素生产率在 2009 年以后基本保持不变,而巴西与阿根廷依然没有改变下降的趋势,这些拉丁美洲国家在近 40 年里的经济增长基本处于停滞状态的原因从图 3-23 中我们可以略窥一二了。

图 3-24 比较了中国内地与美国和"亚洲四小龙"的全要素生产率情况。美国作为世界上最发达的经济体之一是我们衡量自身的好目标,而"亚洲四小龙"——韩国、新加坡、中国台湾地区和中国香港地区是世界上为数不多的成功跨越"中等收入陷阱"的经济体。这些经济体从 20 世纪 60 年代开始创造了经济增长奇迹,因此被合称为"亚洲四小龙"。相较于"亚洲四

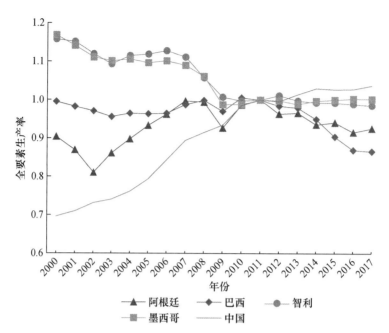

图 3-23 中国与部分拉丁美洲国家全要素生产率国际比较(2000—2017 年)
资料来源:佩恩表 9.1,以本国(地区)2011 年不变价计算全要素生产率。

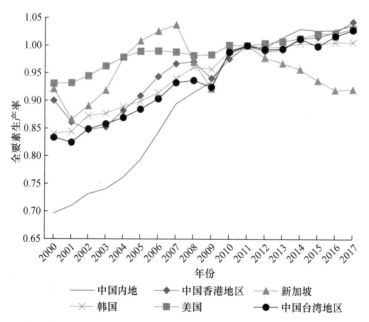

图 3-24 中国内地与美国和"亚洲四小龙"全要素生产率国际比较(2000—2017 年)
资料来源:佩恩表 9.1,以本国(地区)2011 年不变价计算全要素生产率。

小龙"和美国,中国内地在 21 世纪初的全要素生产率水平处于劣势,但是在 2017 年已经与美国和中国台湾、中国香港地区相当,超过了新加坡和韩国。发达经济体与巴西、阿根廷等中等收入经济体一个很明显的区别在于全要素生产率的走势上,"亚洲四小龙"和美国在进入 21 世纪以来全要素生产率几乎都保持着上升趋势,新加坡有所波动但是在 2017 年依然高于

2000年的水平。这些经济体的全要素生产率增长速度虽然不快，但是也足以拟合这些经济体的经济增长速度。

总体来看，全要素生产率的国际比较给我们提供了一个相当乐观的信号。如果中国能够继续保持全要素生产率上升的趋势，那么我们就有足够的信心跨越"中等收入陷阱"。

第四节 小　　结

本章我们研究了有关经济增长的问题。为了度量经济增长，我们在第一节介绍了经济增长率的概念，了解了不同的经济增长速度随着时间的积累会带来的巨大差距。半个世纪以来，中国的经济增长速度高达8.4%，只有如此快速的经济增长才能使我们的收入几乎每9年就能翻一番。本节还介绍了世界各国经济增长的不同情况。欧美等发达国家有着更平稳的经济增长，这些国家的增长速度虽然不高，但是足以维持其居民生活质量的不断提高。与此相反，非洲南部的贫穷国家由于政治动荡、通货膨胀等时常出现经济衰退。伴随经济增长而来的往往还有不断加重的收入不平等。造成收入不平等的一个原因在于资本收益率高于经济增长率，因此，如果没有好的办法扭转二者的关系，那么收入不平等的现象将依然持续。此外，本节还详细分析了中国产业结构的变化，改革开放使得中国从一个农业国逐渐发展成为更多依靠第二、第三产业的现代化国家。经济增长的一个重要作用是减少贫困。减少贫困的主要途径有两个：一是经济增长，二是减少收入不平等现象。事实证明，第一个因素更为重要。

第二节介绍了生产要素的概念，当这些要素被组合在一起时就可以以某种关系生产出消费者需要的产品，经济学中将这种关系模型化为生产函数。事实证明，产出的价值往往会高于生产者使用的投入品，产生"索洛剩余"，对所有生产要素的分解产生了重要的经济增长核算方程。宏观经济政策对国家长期经济增长至关重要，因此本节继续介绍了影响经济增长的公共政策，分析了为什么政府可以通过鼓励储蓄与投资、影响人口增长和刺激研发投入对经济增长产生影响。

第三节介绍了"中等收入陷阱"的概念。"中等收入陷阱"实际上是中等收入国家陷入的一种很难打破的均衡，经济学上称这种均衡为"陷阱"。造成这种"陷阱"的原因纷繁复杂，本节简要地介绍了其中的三种：收入不平等，人口结构，城市化。最后，根据本章介绍的基本理论，本节从人力资本、出口结构和全要素生产率三个方面考察了中国落入"中等收入陷阱"的风险，认为中国能够成功跨越"中等收入陷阱"。

内容提要

● 衡量一个国家某一年的经济增长速度通常使用当年的经济增长率，衡量一个国家一段时间的平均经济增长速度可以使用平均经济增长率。经济增长率对一个经济体的经济发展至关重要，哪怕只有1%的经济增长率，差距累计几十年也可以产生巨大的人均收入差距。世界各国的经济增长率存在巨大的差别。

● 中国在过去几十年经济结构发生了巨大的变化，经济主要成分从农业转化为工业与服务业。经济增长的一个巨大作用就是减少贫困。虽然经济增长常常伴随着收入不平等现象，而收入不平等会加剧贫困的发生，但是这仍然无法掩盖经济增长的减贫作用。

- 经济学中一般将影响经济增长的生产要素概括为资本、劳动、人力资本、自然资源与技术。在只考虑资本、劳动与技术的经济中，经济增长核算方程说明，经济增长主要来源于资本积累、劳动增长与技术进步。由于技术不可以直接观察，因此一般使用计算残差的方式获得，即"索洛剩余"。

- 政府可以通过提高储蓄率、增加劳动力供给和刺激研发投入的宏观政策来刺激经济增长。储蓄政策具有短期影响，一旦经济达到了长期均衡，就会停止增长。此时若提高储蓄率则会在短期内提高经济增长率，随后在更高的产出水平上达到均衡状态。增加劳动力供给的人口政策是一把"双刃剑"，一方面过快的人口增长会稀释资本存量，但是另一方面未来可以带来"人口红利"。技术创新是经济体经济增长的重要手段，甚至可能是发达经济体的唯一手段。

- "中等收入陷阱"是指一种超稳定的均衡状态，在这种均衡状态下，一般的短期外部冲击不足以改变此均衡。本章主要介绍了造成"中等收入陷阱"的三种原因，即收入不平等、人口结构和城市化。

- 本章从人力资本、出口结构和全要素生产率三个方面对比了中国与成功跨越"中等收入陷阱"国家（地区）的异同，以及与长期处于"中等收入陷阱"国家（地区）的异同。结果证明，中国能够成功跨越"中等收入陷阱"。

关键概念

经济增长	绝对贫困	"中等收入陷阱"
人口增长	生产函数	收入差距
经济增长率	生产要素	城市化
创新研发	全要素生产率	出口结构
经济结构变化	储蓄与投资	

练习题

1. 我们如何衡量经济增长？不同衡量方式的意义有何不同？请简要回答。

2. 假设现在国家决定减少消费同时增加投资，那么这种做法对经济增长会产生什么影响？哪些群体会从中获益？哪些群体又会受损呢？

3. 资本积累的机会成本是什么？人力资本积累的机会成本是什么？会有国家对资本和人力资本进行过度投资吗？为什么？

4. 至今很多地区男性的受教育程度依然明显高于女性。请举出几个事实来说明女性受教育程度提高可能带来的好处。

5. 富裕的国家具有更高的人口健康和营养水平。请尝试解释人均收入与人口健康之间的关系。是前者导致了后者，还是后者导致了前者，还是双方互相促进？

6. 经济全球化的深入推进使当今世界上的绝大多数国家都在国际贸易中进口或出口大量的产品与服务，但是本章介绍的理论说明，只有本国企业生产产品的丰富程度越高，本国居民能够享受的生活水准才会越高。请问这两种说法矛盾吗？如何使之一致呢？

第四章　宏观视角下的消费、储蓄与投资

对于任何经济体来说,消费、储蓄与投资都是国民总产出的重要组成部分。

消费是经济增长的终极目标之一,对提升居民福利有最直接的作用。上一章提到的产出和经济增长固然重要,但是除了那些能够直接从银行账户的数字中感受到快乐的人(经济学对此有一个专有名词叫"money in the utility"),大多数人还是要将收入用于消费,得到实实在在的产品和服务,只有这样才会产生满足和幸福感。如果稍微观察一下日常生活,我们就会发现经济生活的重要组成部分之一就是消费(换一种更接地气的说法就是"买买买")。知晓了这一点,下次当你看到在商场、超市大肆抢购的人群,或者在家里不停刷线上购物 App(手机软件)的家人和朋友,也许更能从经济人的角度理解他们的行为——他们只不过是在追求自己的效用最大化,从而帮助实现经济增长的终极目标而已。相应地,我们也可以预期,在居民收入水平相近的国家当中,消费水平较高国家居民的幸福感会比较强。

沿着这个逻辑,似乎每个人都应该像微观经济学中消费者预算约束式通通取等号那样,将自己的可支配收入尽数用于消费才对。但是在现实经济中,每年的私人消费仅占 GDP 的 40% 左右①,剩余的部分是投资(或者说与之等价的储蓄,本章最后一节将会讨论这两者为什么是等价的)、政府购买和净出口。储蓄和投资的动机及意义显然不难理解。从个人层面来讲,与单期效用最大化模型不同,现实中人的生命将会持续多期,因此人们需要在不同的时期(可以将其想象成每年或每个月)做出消费或储蓄的抉择,而由于收入流具有不确定性,如果每期都把当期获取的收入花得一干二净,未来就可能出现入不敷出的糟糕情况。② 从国家层面来讲,储蓄和投资对长期经济增长有着至关重要的作用。事实上,我们也观察到储蓄率和投资率更高的经济体,GDP、人均 GDP 和人均工资增长得更快、更稳定,譬如处于经济腾飞时期的日本、"亚洲四小龙"和中国内地;而更偏好"及时行乐"、消费占比更高的经济体,譬如南美洲和非洲的一些贫穷国家,经济增长和技术进步缓慢,甚至经济危机不断。另外,储蓄和投资的等价性对于没有接触过经济学的读者来说可能很难理解:为什么去银行存款和开户购买股票会与市中心林立的摩天大厦及浓烟滚滚的工业园区产生联系?本章的最后一节将会告诉你储蓄和投资是同一个硬币的两面。

第一节　消　　费

前文已经提到,无论是从个人层面还是从国家层面来讲,更多、更好的消费都是经济增长

---

① 这是中国的数据,发达国家消费的占比要更高一些,但也远远没到 100%。
② 对于这一点,后文介绍"永久收入假说"和"生命周期假说"之后会理解得更透彻。

的终极目标之一,这也决定了消费在国民总产出中的重要地位——2018年,私人消费占中国GDP的比重为38.7%。那么,究竟什么是消费?消费有哪些组成部分?宏观经济学理论对消费有何种见解?中国真实经济中的消费是什么样子的?本节将以理论与实践相结合的方式,着重从中国的实际出发,对以上问题展开讨论。

一、消费的定义、相关概念与分类

(一) 国民收入恒等式:支出法视角下的消费

什么是消费?直观地讲,我们每天的衣食住行,例如网购一件服装、在食堂打饭(或者在宿舍点外卖)、向学校上交学费和住宿费、乘坐地铁出行,都是消费。用保罗·萨缪尔森(Paul Samuelson)的话说,**消费指的是居民在最终产品与服务上的支出**[①]。

回顾第一章第一节支出法核算GDP的内容,我们有国民收入恒等式:

$$Y = C + I + G + NX \tag{4-1}$$

其中,Y指国民总收入,C指消费,I指投资,G指政府购买,NX指净出口。因此,消费是国民总收入(等价的,国民总支出)的一个组成部分。对于这个定义要注意以下几点:

(1) 本节讨论的消费是私人消费(即居民消费),所以行为主体是居民。政府修建办公大楼,为公职人员购买文具用品、通信设备等支出则应该计入政府购买。

(2) 消费的对象一定是最终产品与服务。与中间产品不同,家户购买这些产品或服务是用于自我享受而非投入下一步的生产,譬如两个家庭从同一家超市购买猪肉,第一个家庭晚饭用这些猪肉做了鱼香肉丝,一家人大快朵颐,而第二个家庭开了一家包子铺,他们用这些猪肉包成了猪肉大葱包子出售给顾客,那么第一个家庭购买的猪肉计入消费,而第二个家庭的不计入(顾客在包子铺购买的猪肉大葱包子才计入)。[②]

(3) 要注意区分消费行为和消费支出。我们平时谈论消费观或者用经济学理论研究消费时指的是前者,而在用支出法统计和描述消费时指的是后者。国民收入核算中的消费并非单指产品及其数量,而是包含了价格(名义消费),这与微观经济学中的定义(实际消费,即消费量)有所区别。

(4) 与GDP一样,支出法视角下的消费也是针对某个特定国家或地区在某个特定时期而言的流量的概念。

在国民经济核算体系中,居民消费支出除了直接以货币形式购买的产品和服务的消费支出,还包括虚拟消费支出,比如用人单位以实物报酬及实物转移的形式提供给员工的产品和服务。[③] 根据这个定义,我们有理由认为,用人单位逢年过节发给员工的月饼、粽子等,虽然不是员工自愿出钱购买的,但是也计入了居民消费支出当中。当然,宏观经济学家并非政府的统计官员,没有必要把每一项经济活动都完全各归其类,了解统计指标是为了帮助我们更好地从宏观经济层面理解和思考。

[①] 参见萨缪尔森,诺德豪斯.经济学[M].19版.萧琛,译.北京:商务印书馆,2013。

[②] 尽管从严格的定义上讲应该如此,但是在实际的统计中往往忽略这种出入,因为从实际操作上讲,要确定每个商品的流转过程太困难。

[③] 摘自中国统计数据库中的"数据解释",转引自国家统计局.中国统计年鉴(2010)[M].北京:中国统计出版社,2011。

(二) 消费的相关概念

1. 消费函数

影响消费的因素包罗万象,从收入、财富、税收、物价,到经济增长、消费者对未来的预期和公共政策,如果只能选一个最重要、影响最大的变量,那么可支配收入(即收入减去税收和利息支出)当之无愧。图4-1可以更为直观地说明消费支出与可支配收入之间的紧密关系。本节所讲的狭义消费函数,描述的就是消费支出与可支配收入之间的关系。实际上,这一概念早在1936年就由英国著名经济学家约翰·梅纳德·凯恩斯(John Maynard Keynes)在其著作《就业、利息和货币通论》(*The General Theory of Employment, Interest and Money*)中提出。凯恩斯通过"内省和偶然的观察",敏锐地捕捉到了消费支出与可支配收入之间的关系,并由此搭建了沟通国民产出与总需求的桥梁。因此,我们也把这种消费函数称为凯恩斯消费函数。

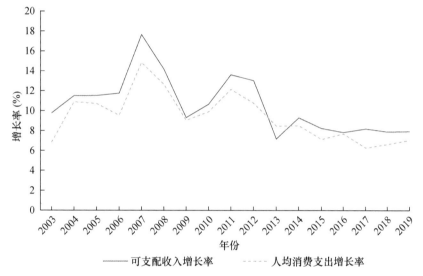

图4-1 中国城镇人均可支配收入和人均消费支出增长率(2003—2019年)
资料来源:中国统计数据库。

(1)个人消费函数。由于宏观经济现象是无数微观经济主体行为加总和相互作用的结果,因此在研究宏观经济中的某个变量或现象时,我们有必要以微观经济主体的行为分析为起点[①],这也是现代宏观经济学的理论基础之一。所以,在深入讨论宏观层面的凯恩斯消费函数之前,我们首先回顾一下微观经济学关于个人(宏观经济学一般习惯以家户为消费的单位主体)消费函数的阐述。经典的微观经济学定义消费函数为$x(I,p)$,假设在柯布-道格拉斯的效用函数$U(x_1,x_2)=x_1^{\alpha}x_2^{1-\alpha}$下,收入为$I$,价格为$p$,则有:

$$x_1(I,p) = \frac{\alpha I}{p} \tag{4-2}$$

注意,微观经济学的消费函数描述的是"消费量",如果按照宏观经济学的定义,则消费应该是消费量和价格之乘积,即消费支出,因而有:

$$c \equiv x_1(I,p) \times p = \alpha I \tag{4-3}$$

---

① 一个经典的例子是拉姆齐(Ramsey)模型以居民最大化一生效用的贴现和为起点研究资本积累和经济增长。

即消费支出是收入的一个固定比例。尽管这种关系是由特定的效用函数推导出的,但是至少能够得出消费支出与收入关系密切的结论,这对宏观层面的消费函数具有重要的启示。

(2) 国民消费函数。与个人消费函数不同,(凯恩斯)国民消费函数不是通过对代表性消费者的偏好假设和最优化求解得到的,而是基于经验观察与主观猜测。凯恩斯认为,经济中的总消费 C 与总收入(总产出) Y 之间存在如下线性关系:

$$C = c_0 + c_1 Y \tag{4-4}$$

其中,截距 c_0 称为必需消费,指用于维持最低生活水平的消费支出。要理解这一点,在上式中令 $Y=0$,则 $C=c_0$,即没有收入时也必须进行的消费。斜率 c_1 则代表**收入每增加一个单位(如一元人民币)消费的增加值**,即边际消费倾向,后文即将述及。尽管式(4-4)是宏观经济变量之间的关系总结,但宏观经济变量是微观经济主体行为加总和相互作用的结果——如果不理解这一点,则很有可能迷失在宏观经济错综复杂的指标和现象里而无法发现背后的逻辑与驱动因素——**因此这个关系式既可以用来刻画单个家户的消费行为,又可以用来描述整个经济体的消费与收入之间的关系**:尽管经济体中不同的家户有不同的必需消费和边际消费倾向,但当把所有家户作为一个整体看待时,他们的总消费和总收入之间存在这样一种关系,因此式(4-4)中的 c_0 和 c_1 可以分别理解为这些家户的必需消费与边际消费倾向的某种加权平均。这一观察也是从消费需求迈向总需求的起点。

2. 消费倾向

(1) 边际消费倾向。前文已经提及边际消费倾向的概念,即收入每增加一个单位消费的增加值。凯恩斯假设边际消费倾向大于 0 小于 1,即 $0 < c_1 < 1$。换句话说,当收入增加时,消费将介于不增加和收入的增加值之间。这是因为人们除了消费还有储蓄需求。应该说这是一个非常符合直觉的假设。在凯恩斯提出这个消费函数之后,有学者针对单个家庭的消费和收入进行了调查,发现高收入的家庭消费更高,这就证明了边际消费倾向大于 0;并且高收入的家庭储蓄也更高,这又证明了边际消费倾向小于 1——要理解这个结论从何而来,只需要在消费函数两端取负号,并分别加上 Y,得到 $Y - C = -c_0 + (1 - c_1)Y$,即家庭储蓄 $S = -c_0 + (1 - c_1)Y$,与前述同理,有 $1 - c_1 > 0$,即 $c_1 < 1$。

(2) 平均消费倾向。**平均消费倾向为消费与收入的比值**,代入消费函数中,得到平均消费倾向 $= c_0/Y + c_1$。因此,按照凯恩斯的假设,我们可以预期,随着收入的增加,家庭会将收入中更少的部分用于消费、更多的部分用于储蓄。经济学家对家庭调查的结果再次支持了这一结论:高收入的家庭储蓄占收入的比例更高。

读者也许已经发现,早期研究在为消费倾向"应该"具有的性质举证时都是在同一个时期不同的家庭之间进行比较,那么是否可以跟踪同一个家庭或经济体不同时期的消费与收入之间的关系,并得到相应的结论呢?答案是不确定的。比如,将 2002—2019 年国家统计局住户调查所得的城镇居民人均消费支出对人均可支配收入作图(如图 4-2 所示,虚线是线性拟合的结果),会发现消费和收入之间的线性关系非常好:城镇居民的(平均)必需消费约为 3 270.9 元,(平均)边际消费倾向约为 0.623 6。但是这并不意味着凯恩斯对消费倾向的推测在所有情况下都能成立。比如,我们用中国城镇居民人均消费支出和人均可支配收入计算了当年与上年相比的消费倾向,发现改革开放以来中国城镇居民人均可支配收入增加了近 70 倍,而同期平均消费倾向从 0.91 下降到了 0.69,而边际消费倾向始终在 0 到 1 的范围内上下波动;用同样的方法研究农村的情况,则发现尽管人均可支配收入同样大幅增长,但是平均消费倾向并未显著下降,边际消费倾向还有不少年份超出了 0 到 1 的范围。①这个结果就对凯恩斯消费函数提出了挑战。在经典消费理论与模型部分,我们还会进一步阐述凯恩斯消费函数的局限性。

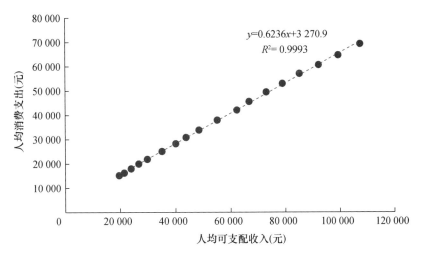

图 4-2　中国城镇居民人均消费支出与人均可支配收入的关系(2002—2019 年)
资料来源:中国统计数据库。

3. 耐用品、非耐用品与服务消费

尽管现实中消费的产品与服务种类繁多、数不胜数,但大体上可以将其分为三类,即耐用品、非耐用品与服务,其中前两者属于实物商品(不过,目前国家统计局在采用支出法统计居民消费时,没有采用耐用品、非耐用品与服务的三分法)。下面将分别对这三类消费进行介绍。

(1)耐用品消费。**耐用品是指可以多次使用、寿命较长(至少一年以上),可以消费不止一期的商品。** 最典型的例子包括家用汽车、大型家用电器等可以使用很长一段时间(多数在三年甚至五年以上),而且保值度较高的商品。对于消费者来说,在做出购买耐用品的决策之前,需要多维度的考察。以汽车为例,大多数人在购买汽车时都会综合考虑价格、品牌、性能、外形、空间、驾乘体验等众多因素,经过精挑细选后最终买下心仪的爱车。显然,这和我们去菜市场采买晚饭的食材或者在网上选购一件外套的过程不太一样。② 多数耐用品可以出租或者进入二手市场,比如某个家庭购置了一辆汽车,开上几年之后,他们想换一辆新车,而旧车还远没有达到强制报废的程度,这时他们一般会把旧车以一个便宜的价格转卖出去,而非直接开到修理厂报废。类似的,电视、电冰箱等家用电器也有广阔的二手市场。你可能会认为你的水杯、书包、运动鞋等物品也可以用上好几年不换,但是你很难想象还能把这些物品再出售给他人,尤其是当你已经用过很久之后。这意味着耐用品不仅在购买的当期,而且在未来的很多期内都可以持续为消费者带来效用,并且这种效用衰减的速度很慢。可能有读者认为,价值最大的耐用品应该是住房,因为一套房子的价格高昂,一住就是几年甚至几十年,而且二手房交易也很常见。但是实际上**居民购买住房的支出应该计入投资(更具体的,固定资**

---

① 参见李晓西. 宏观经济学(中国版·第三版)[M]. 北京:中国人民大学出版社,2018。
② 你很难想象有人愿意花十几万元在网上购买一辆他没有实地考察过的汽车,大多数人会选择在汽车店看好之后当场购买,这不仅是因为汽车的价格昂贵、有多种特质需要实地考察,还因为购买一辆汽车需要开上好几年才会更换。

本形成总额)而非消费。① 从统计上讲,尽管国家统计局对居民消费的统计有居住消费一项,但是它只包括房租、装修、贷款利息、水电燃气等支出。直观地讲,大部分人购置房产的确是为了自住,但是也不乏有人将住房作为投资品(譬如前些年"名声大噪"的"炒房团")。实际上,将购买住房算作投资主要是因为它在宏观经济中扮演的角色更偏向投资而非消费,这一点我们在第三节中还会详述。

(2) 非耐用品消费。我们采用对偶的方式定义**非耐用品,即除耐用品之外的实物消费品**。实际上,我们日常生活中的大部分消费品都属于非耐用品,比如食品、服装、化妆品、文娱用品等,相对的,非耐用品的特点就是只能在一期或少数几期内为消费者带来效用、本身的寿命较短(有的甚至是一次性的,比如食物、纸巾等)、难以二次出售等。实际上,耐用品和非耐用品之间也并非泾渭分明,譬如前文提到汽车是耐用品,那么电动车或许也可以算作耐用品,但是再往下推,自行车呢?如果精品自行车店里出售的10 000元一辆的高档自行车属于耐用品(鉴于其转手比较容易),那么学校的修车店里出售的200元一辆的普通自行车呢?宏观经济学不要求将经济中的每种消费品进行准确无误的分类(那是政府统计官员的任务),重要的是理解不同类型的消费品与宏观经济的关系。

(3) 服务消费。**所有非实物的消费都是服务消费**。事实上,服务消费与非耐用品消费一样,在我们的生活中十分常见。比如,我们支付的学费、考试费、理发费,购买的景区门票、火车票或飞机票,从微信或支付宝提现时支付的手续费,购买基金时交纳的手续费,或者购买保险时支付的保费等。

(4) 不同类型的消费品与经济周期的关系。在三种类型的消费中,耐用品受可支配收入的影响最大;如果由于经济危机、政府加征税收等,导致消费者的可支配收入减少,那么耐用品消费的下降幅度将是最大的。比如,在美国次贷危机引起的经济衰退最严重的2009年第一季度和第二季度(GDP分别同比下降3.6%和3.0%),耐用品消费分别同比下降14.1%和13.0%,相比之下,非耐用品消费分别同比下降8.4%和7.1%,服务消费分别同比下降3.5%和5.7%(如图4-3所示)。之所以如此,是因为耐用品的两个特征:第一,单价昂贵,消费者在做出购买决策时需要深思熟虑,当收入减少时,消费者会优先满足更为便宜的非耐用品。第二,可以使用多期,因此在收入突然减少时,消费者倾向于继续使用手头的耐用品、推迟换新的时间——家里的旧车尚未报废,还能将就着开几年,旧电脑虽然卡了一点,还能凑合着用两年——以等待经济复苏、收入重新增加。此外,多数必需消费(如食品)属于非耐用品。正因如此,经济学家们将耐用品消费视为经济运行情况的风向标之一。当然,在一些特殊情况下,服务消费受到的负面冲击将超过实物消费。譬如在本书写作之时,新冠肺炎疫情正在全球蔓延,为了有效防控疫情蔓延,各国政府大都采取了暂时关停景区和娱乐场所的措施,并禁止大型集会,呼吁甚至强制要求普通民众减少出行。这些公共卫生政策客观上大大减少了民航、旅游、餐饮、酒店、文娱等服务业的消费。

---

① 按照联合国2008年的国民经济核算体系,对贵重物品(艺术品、宝石和金属,以及由这些宝石和金属制成的珠宝)的购买支出也算作投资。因为持有这些物品是期望它们的价格相对于其他商品的价格保持在较高水平,从而带来收益流。

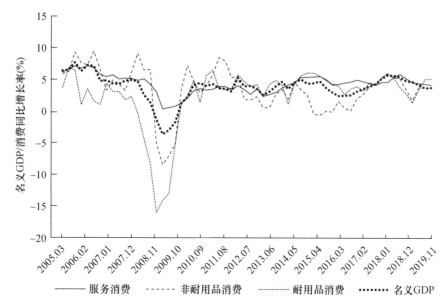

图 4-3　美国次贷危机期间的名义 GDP 和消费同比增长率

资料来源：中国统计数据库。

二、经典消费理论与模型

（一）凯恩斯消费理论

前文详细阐述了凯恩斯消费函数的定义、内涵和实际表现，但我们已初步看到，凯恩斯消费函数并非处处适用。事实上，经济学家们曾试图用总消费和总收入的数据去估计[①]必需消费与边际消费倾向，但是发现很难估计出一个稳定的消费函数——用不同来源的数据估计的结果大相径庭。另外，如果以更长远的眼光看待凯恩斯消费函数，则随着经济增长和收入增加，按照凯恩斯的假设，消费率将越来越低，而低消费会引致总需求降低甚至引起经济衰退，经济将经历长期停滞。[②] 但事实上并没有哪个经济体因经济增长引起消费不足而导致经济陷入停滞。这并不是说凯恩斯的观察、猜想和总结错了，而是说尽管凯恩斯消费函数易于理解、符合直觉，并且得到了早期经验事实的支持，但是现实中影响消费的因素实在太多了，一个单一的线性关系式无法准确地刻画消费。

（二）永久收入假说

著名的经济学家米尔顿·弗里德曼（Milton Friedman）于 1957 年提出了永久收入假说。[③] 弗里德曼认为，当期的收入可以分为两个部分——**一部分是人们预期能够持续较长时间获取的收入，称为永久收入；另一部分是人们预期并不能持续获取的收入，称为暂时收入**。比如某

---

① 要准确理解这里的"估计"一词，需要具备一点计量经济学的基础知识。
② 参见曼昆.宏观经济学[M].9版.北京：中国人民大学出版社，2016。
③ 参见 FRIEDMAN M. A theory of the consumption function [M]. New Jersey：Princeton University Press，1957.

个拥有稳定工作的人,某个月的收入包括公司发放的基本工资、这个月刚完成的项目奖金,以及在股票市场赚取的收益,其中工资就可以视为永久收入(如果他可以断定自己短期内不会失业),而奖金和分红则只能视为暂时收入(不是每个月都有新项目可做,而股票市场也不可能一直都顺风顺水)。用数学公式表达即

$$Y = Y^P + Y^T \tag{4-5}$$

其中,Y^P代表永久收入,上标P代表"permanent";Y^T代表暂时收入,上标T代表"temporary"。**弗里德曼进一步论述,消费不应该简单地取决于全部的当期收入,而是主要受永久收入的影响**,换句话说,凯恩斯认为的边际消费倾向应该只对永久收入起作用,而大部分的暂时收入会被储蓄起来,用以支持未来的消费——人们都有平滑自己一生消费的倾向,大部分人都不希望自己一生当中的一段时光富裕充足、挥霍无度,而另一段时光穷困潦倒、食不果腹,都希望自己在大部分时间里都能有一个比较体面的消费水平。既然暂时收入是不能持续的、没有保证的,那么就没有理由像对待稳定的永久收入一样消费掉这些收入。用数学公式表达即

$$C = \gamma Y^P + \delta Y^T + \varepsilon \tag{4-6}$$

其中,$\gamma \gg \delta$,表示永久收入的边际消费倾向远高于暂时收入。在中级和高级宏观经济学中,我们将用更复杂和准确的数学模型分析永久收入假说的假设、推导与结论,在这里,读者只需要理解该假说的基本思想。

(三) 生命周期假说

在永久收入假说中,我们已经看到,影响消费行为的一个重要因素是人一生的收入流(即不同时期的收入及其构成),而从更现实的角度来看,**除了收入,财富也是影响消费的一个重要因素**。设想两个拥有完全相同的收入流和偏好的人,其中一个人继承了一笔客观的遗产,而另一个人的家庭并不能给他任何经济上的支持,显然这两个人的消费决策会大不相同。

即使排除继承遗产这种比较特殊的财富来源,人一生的收入和财富的变化也有比较明显的规律。设想一个人的一生:从他刚出生到参加工作的这段时间里,除了一点微薄的奖学金、压岁钱和打零工赚取的工资,几乎没有什么收入,这段时间内他显然处于"负储蓄"的状态,依靠家庭支持或助学贷款生活和学习;大学毕业后他开始工作并赚取工资,并且随着时间的推移获得岗位和工资的双重晋升,他的收入会迅速增加,并在退休之前的某个时期达到顶峰,这段时间内他开始储蓄,财富也开始积累;在60岁退休之后,他便依靠退休工资和养老金生活,这段时间内他的收入比工作时低,并且开始消耗之前积累的财富。因此,人一生(靠自己赚取)的财富也有一个明显的变化趋势:参加工作之前积累的财富为负,从参加工作到退休之前(波动地)上升,退休之后(平稳地)下降。

基于以上逻辑和观察,弗兰科·莫迪利亚尼(Franco Modigliani)在20世纪50年代的一篇文章中提出了生命周期假说,他的两个主要思想已在上文述及:一是财富和人一生的收入会共同影响消费,二是在人的生命周期中财富和收入的变化有迹可循。本节不打算介绍该假说的数学模型,而是把它留到中级宏观经济学中——介绍该假说的目的主要是提醒读者在理解消费行为时,要树立跨时期的观念。

三、中国居民消费实际状况

(一) 中国居民消费支出

自1952年国家统计局开始统计居民消费以来,居民消费就位于支出法核算的"国内生产总值:最终消费"目录下(最终消费包括居民消费和政府消费)。根据前文阐述,政府消费应该与居民消费区别开来,因为二者对宏观经济的影响方式和程度均有明显的差别,有关政府消费的内容将在第九章"宏观经济调控:财政政策"中详细介绍。

1. 中国居民消费支出增长情况

中国居民消费支出从1952年的529.2亿元增长至2018年的354 124.38亿元,年均复合增长率达10.36%;城镇居民消费支出从140.8亿元增长至276 915.9亿元,年均复合增长率达12.18%;农村居民消费支出从312.2亿元增长至77 208.4亿元,年均复合增长率达8.71%。1952—2018年,中国城乡居民消费支出增长率如图4-4所示。1992年以前,农村居民的消费支出均高于城镇居民,但随着20世纪90年代初邓小平"南方谈话"、改革开放"重启",城市化进程加快,城镇人口增加、收入上升,城镇居民消费支出首次超过农村并迅速拉开差距。① 1992—2018年,城镇居民消费支出的年均复合增长率达15.00%,相比之下农村只有9.96%。

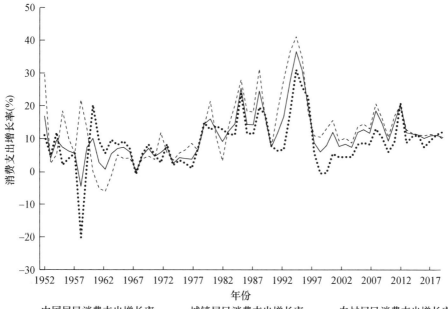

图4-4 中国城乡居民消费支出增长率(1952—2018年)

资料来源:中国统计数据库。

---

① 如果严谨地根据统计数据判断,则城镇居民消费支出首次超过农村应该是1960年,但由于当年二者数据十分接近(分别为371.5亿元和370.2亿元),一年之后农村居民消费支出又迅速反超,再考虑到当年处于"三年严重困难"的特殊时期,我们不认为这个统计数字能说明某种趋势。

中国居民人均消费支出①从1952年的79.63元增长至2018年的25 426.64元,年均复合增长率达9.13%;城镇居民人均消费支出从243.51元增长至33 670.86元,年均复合增长率达7.75%;农村居民人均消费支出从62.45元增长至13 537.98元,年均复合增长率达8.49%。1952—2018年,中国城乡居民人均消费支出增长率如图4-5所示(为了方便对比,纵坐标取了常用对数)。自1952年有统计数据以来,城镇居民人均消费支出始终高于农村(因而也高于全国人均消费支出)。如果以1978年改革开放为分界点,则1952—1978年,中国居民人均消费支出年均复合增长率为4.24%,城镇居民人均消费支出年均复合增长率仅为2.55%,农村居民人均消费支出年均复合增长率也仅为3.12%;1979—2018年,中国居民人均消费支出增长率、城镇居民人均消费支出增长率、农村居民人均消费支出增长率则分别达13.1%、11.86%和12.07%。

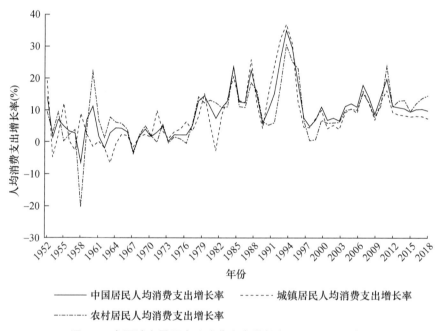

图4-5 中国城乡居民人均消费支出增长率(1952—2018年)
资料来源:国家统计局。

相关资料
改革开放前居民消费增长缓慢之"谜"

前文对中国居民消费的初探发现,在1978年中国实行改革开放前后,中国居民消费的增长速度有很明显的差别。而如果从另一个指标"居民消费水平指数"来看,则1952—1978年,中国居民消费水平指数仅增长了77%,其中城镇增长了107%,而农村仅增长了58%;相比之下,1978—2018年,中国居民消费水平指数增长了205倍,其中城镇增长了117倍,农村增长了154倍。

为何两个时期中国居民消费的增长速度差距如此之大呢?根据理论模型部分的阐述,消费受收入的影响最大,那么改革开放之前中国居民消费增长缓慢是否应该归因于经济发展缓

---
① 人均消费支出=当年消费支出/[(当年年末人口+上年年末人口)/2]。

慢呢？实则不然，1952—1978年，中国国民总产出翻了两番，年均6%的增长率并不低。要回答这个问题，需要理解改革开放之前国家的建设目标导向和收入分配情况。在社会主义建设时期，中国为了巩固国防、快速实现富国强兵的目标，实行了重工业优先的发展战略，但在一个资本匮乏的国家，只能通过维持工业企业的垄断地位并压低投入要素的价格——如原材料价格、利率、工人工资——来获取高利润，以用作下一期工业生产的投入。同时为了使工人能够生存下去，就必须压低所有生活必需品的价格，其中就包括粮食价格。为了不让工业企业积累的剩余转移到农村，国家还在农村实行统购统销，即在农村统一以低价买入粮食，再统一在城市以低价卖出。这样，城市工人的工资收入和农民销售粮食的收入同时被压低，因而消费也跟着降低了。

读者可能会感到迷惑，总产出增加，总收入应该同步增加才对啊？其实这背后的奥妙在于收入分配环节，大部分产出也就是收入作为国有工业企业的利润留存（为后期投入做准备），而没有进入老百姓的腰包，这一结果也与上一段讲述的逻辑相符合。因此，在计划经济体制下，国民总产出的增加并不一定对应国民总收入的增加。

那么，按照以居民福利为经济增长目标的标准，社会主义建设时期的经济发展是不是就一无是处了？答案是否定的。我们在思考问题时，一定要注意当时的环境。在第二次世界大战后的美苏冷战时期，美苏加紧军备竞赛，热战随时可能打开，如果中国不大力加强国防建设，则一旦遭遇外敌入侵而无力抵御，再出色的经济建设成果也都会付之一炬。"在正确的时间点做正确的事"，重工业优先的发展战略固然暂时牺牲了居民的消费福利，但是保证了国家的安全，而社会主义建设时期的基础设施建设和技术人才积累也为改革开放后的经济腾飞奠定了坚实的基础。

资料来源：林毅夫，余淼杰. 我国价格剪刀差的政治经济学分析：理论模型与计量实证[J]. 经济研究，2009(1)：42-56。

2. 消费率的变化

消费率是指消费占GDP的比重，反映了消费在国民经济组成中的相对重要性。我们将从纵向的时间序列对比和横向的国别对比两个方面刻画消费率。

（1）纵向的时间序列对比。如图4-6所示，1952—2018年，中国居民消费率呈波段式下降趋势。1952年，中国居民消费率为65.64%，1978年下降至48.79%，2018年继续下降至38.67%，最低点2010年甚至刚刚超过1/3。但是2011—2017年，中国居民消费率连续6年呈上升趋势。

（2）横向的国别对比。如果单看中国的居民消费率，则由于不存在比较标的，不容易形成一个具象的认识。将其他国家的居民消费率作为参考是一个选择。但是请注意，直接比较同一时期中国与其他国家的居民消费率是不合理的，因为根据前文所讲的消费理论，消费与收入密切相关，不同收入水平下的消费率（也即平均消费倾向）本身就存在差异，因此，我们借鉴了徐高的著作《宏观经济学二十五讲：中国视角》[1]中的做法，比较了同一收入水平下的消费率。图4-7是利用佩恩表9.1绘制的居民消费率与人均GDP之间的关系，横坐标是以2011年不变价美元计的购买力平价[2]下的人均GDP，纵坐标是经过购买力平价换算的居民消费

---

[1] 参见徐高. 宏观经济学二十五讲：中国视角[M]. 北京：中国人民大学出版社，2019。
[2] 购买力平价会在第十四章"汇率与国际金融体系"中详细讲述，现在可以先理解为去除价格和不同货币价值影响之后的人均GDP。

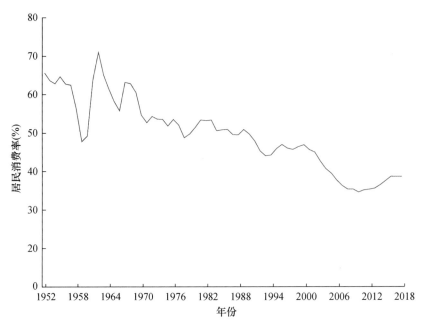

图 4-6　中国居民消费率变化 (1952—2018 年)

资料来源：中国统计数据库。

率。世界平均值是指在某一人均收入水平下,世界居民消费占世界 GDP 的比重(也即世界各国居民消费率的加权平均)。从图 4-7 中可以明显地看出,即便放在同一人均收入水平下比较,中国的居民消费率也远低于世界平均值。比如,在世界平均人均收入接近中国 2018 年的人均收入时(2008 年),世界平均的居民消费率约为 56.0%,而中国只有 32.2%[①],比世界平均值低 42.5%。

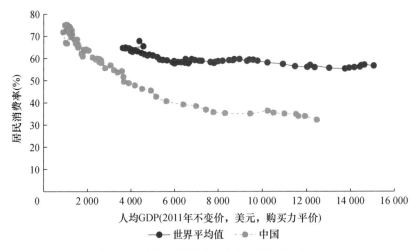

图 4-7　中国居民消费率与世界平均值对比

资料来源：佩恩表 9.1。

---

① 经购买力平价调整后,支出法 GDP 中的统计项会有所出入。

(3) 中国居民消费率偏低的原因。有人把中国居民消费率偏低归结于中国人受到"温良恭俭让"的儒家传统文化(或者说勤俭节约的民族美德)的影响,但是同样接受了儒家文化熏陶的日本、韩国和其他东南亚国家,在同等收入水平下的消费率也高于中国;有人认为中国进行商品房改革,尤其是进入21世纪第1个10年以来的高房价挤出了居民的私人消费,但是在商品房改革和房价高企之前,中国的居民消费率就已经出现低于世界平均水平的趋势。实际上,居民消费率的高低受很多复杂因素的影响,如果仅从宏观总量上进行分析或者进行一些简单的逻辑推演、关系总结,则很难捕捉到现象背后的本质。就像前文提到,理解宏观经济现象,需要从微观经济主体行为入手。徐高认为,能够在消费与投资之间进行跨期优化的前提是居民能够自由支配资本,但是由于中国民营企业的股权在居民之间的分配极不平衡,因此即便投资过多、收益率过低,消费者也没有意愿和能力将多余的投资转换成消费。①

(二) 最终消费对经济增长的拉动和贡献率

首先对增长拉动和贡献率做一个定义。从国民收入恒等式 $Y = C + I + G + NX$ 开始,有 $\Delta Y = \Delta C + \Delta I + \Delta G + \Delta NX$,两边同时除以 Y 则有 $\frac{\Delta Y}{Y} = \frac{\Delta C}{Y} + \frac{\Delta I}{Y} + \frac{\Delta G}{Y} + \frac{\Delta NX}{Y}$。假设某年 $Y = 100$,$C = 30$,$I = 60$,$G = 5$,$NX = 5$;下一年 $\Delta Y = 10$,$\Delta C = 6$,$\Delta I = 2$,$\Delta G = 1$,$\Delta NX = 1$。容易计算,Y 的变化率为10%,在这10个百分点中,有6个百分点来自 C $\left(即 \frac{\Delta C}{Y} = 6\%\right)$,2个百分点来自 I,1个百分点来自 G,1个百分点来自 NX。因此,C 对经济增长的拉动就是6%,贡献率为60%($= 6\%/10\%$);I 对经济增长的拉动为2%,贡献率为20%;G 和 NX 对经济增长的拉动均为1%,贡献率均为10%。也就是说,**总产出中的基本要素对经济增长的拉动是其当年的增长率,而贡献率是其增长率与总产出增长率的比例**。可以看到,尽管"消费"在总产出中的占比只有30%,但是其对经济增长的贡献率达到了60%。

图4-8展示了1978—2018年中国最终消费(包含居民消费与政府消费)对经济增长的拉动和贡献率。从中可以看出,从2003年起,最终消费对经济增长的贡献率波动上升。这一方面反映了消费对中国经济增长的拉动效果愈发凸显,另一方面反映了中国鼓励内需的政策导向初见成效。中国近年来接连发布多项政策鼓励消费,譬如2019年8月国务院办公厅印发《关于加快发展流通促进商业消费的意见》,"为推动流通创新发展,优化消费环境,促进商业繁荣,激发国内消费潜力,更好满足人民群众消费需求,促进国民经济持续健康发展"②,提出20条指导意见。这体现了中国从主要依靠要素投入和外需发展转向依靠内需实现经济增长的决心。

(三) 中国居民消费结构

从2013年起,国家统计局在调查统计居民消费时采用了新的统计口径,将居民消费分为食品烟酒,衣着,居住,生活用品及服务,交通和通信,教育、文化和娱乐,医疗保健,其他用品及服务八项。从图4-9中可以看出,食品烟酒消费占比最高,2018年占居民总消费的近30%,但是近年来呈逐渐下降趋势;占比第二高的是居住,并且近年来有一定的增长;交通和通信、医疗保健消费占比明显上升,其余消费占比变化不大。

---

① 参见徐高.宏观经济学二十五讲:中国视角[M].北京:中国人民大学出版社,2019。
② 中国政府网。

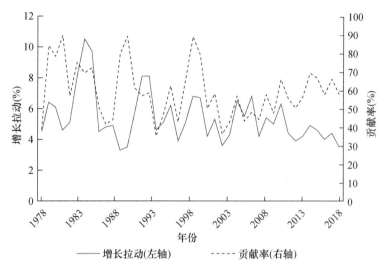

图 4-8 中国最终消费对经济增长的拉动和贡献率(1978—2018 年)
资料来源:中国统计数据库。

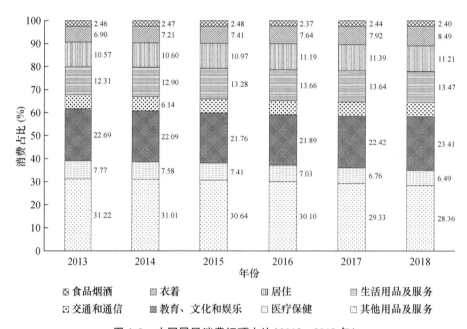

图 4-9 中国居民消费细项占比(2013—2018 年)
资料来源:国家统计局。

第二节 储　　蓄

和消费一样,读者对"储蓄"一词一定也不陌生。如果说个人的储蓄是为了抵御未来的不确定性、平滑不同时期的消费,那么国民储蓄则起到了推动经济增长的作用。储蓄虽然并未直接出现在国民收入恒等式中,但毫无疑问其是个人经济生活和国民经济的重要组成部分之一。本节将探讨有关储蓄的一些内容,我们即将看到,储蓄与消费之间存在紧密的联系,正因如此,本节将利用上一节的有关概念(比如消费函数、消费倾向)进行简单的类推,不再长篇详述。

一、储蓄的定义、相关概念与分类

(一) 国民收入恒等式另解:储蓄与消费的替代

回顾国民收入恒等式 $Y = C + I + G + NX$,进行简单变形后有 $Y - C - G = I + NX$。$Y - C - G$ 是国民收入中除去居民消费和政府购买的部分,这部分产出(收入)被定义为储蓄。如果我们将政府购买也视为某种消费①的话,那么给定总收入不变,储蓄与消费就有 1∶1 的替代关系,即消费每增加一单位,储蓄就减少一单位;反之亦然。既然如此,要想理解储蓄,我们是否只需要研究消费就行了? 实则不然,且不论政府购买与居民消费起到的不同作用,我们还将在下文看到,储蓄的影响因素并不比消费简单,而且二者之间除了时期内(intra-period)的替代关系,还有跨期(inter-period)的互补作用。

与前文的理论推导类似,国家统计局对总储蓄的定义是:总储蓄指可支配总收入用于最终消费后的余额。各部门的总储蓄之和称为国民总储蓄。②

(二) 储蓄率

1. 定义

储蓄率就是国民总储蓄在国民总产出中的占比,即 $\frac{S}{Y}$。代入储蓄的定义 $S = Y - C - G$,则 $\frac{S}{Y} = 1 - \frac{C}{Y} - \frac{G}{Y}$。如图 4-10 所示,1980—2018 年,中国的储蓄率经历了上升、下降、再上升、再下降的过程——1980—1994 年是第一个上升期,1994—2000 年是第一个下降期,2000—2008 年是第二个上升期,2008—2018 年是第二个下降期。总体来讲,1980—2018 年,中国的储蓄率维持在较高水平:从来没有低于过 30%,最高曾达到 52.3%。另外,储蓄率变化与实际 GDP 增长率变化有比较强的相关性:当经济增长强劲时,储蓄率有所上升;当经济增速放缓时,储蓄率则明显回落。对此我们不应该感到意外:按照凯恩斯消费理论,收入增加会导致平均消费倾向降低,而消费与储蓄之间具有此消彼长的关系,因此储蓄在总产出中的占比会有所上升。但值得注意的是,经济学中广泛存在"互为因果"关系,比如有两个变量 X 和 Y,X 在影响 Y 的同时,Y 也在影响 X。放在这里,就是说实际 GDP 增长率在影响储蓄率的同时,储蓄率也会反过来影响实际 GDP 增长率,我们马上就会看到这一点。

2. 经济意义

在第三章中,我们曾提到资本、劳动和技术是经济增长的三大源泉,相对来说,人口增长和技术外生给定的程度比较大,而资本增长来自内生决定的储蓄——给定收入,则是储蓄率。③ 因此,尽管多储蓄会减少我们当期的消费,但是能在未来带给我们更多的收入及更多的消费。

---

① 如前所述,国家统计局采用支出法核算 GDP 时,最终消费一项就包括居民消费和政府消费。
② 中国统计数据库中的"数据解释",转引自国家统计局国民经济核算司编制的《资金流量表注释》。
③ 外生代表经济体自身无法掌控,内生代表经济体内部可以自行决定。关于储蓄与投资的等价关系,第四节会专门论述,这里先当作结论使用。

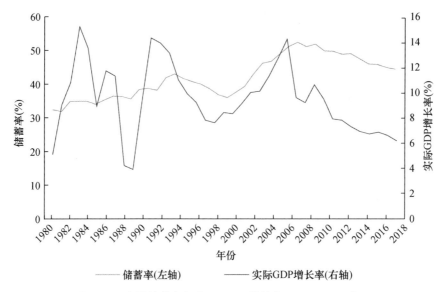

图 4-10　中国储蓄率与实际 GDP 增长率(1980—2018 年)
资料来源:世界经济展望数据库。该数据库只提供了中国 1980 年之后的储蓄率。

为了更具体地观察储蓄率与经济增长之间的关系,图 4-11 展示了 2018 年世界各国人均实际 GDP 与 2014—2018 年平均储蓄率的关系,其中横坐标代表 2014—2018 年的平均储蓄率,纵坐标代表 2018 年的人均实际 GDP。如果忽略一些"离群点"①,则可以看出,储蓄率更高的国家有更高的人均实际 GDP。当然,也有许多国家的储蓄率高而人均实际 GDP 偏低(位于趋势线右下方),这是因为人均收入的影响因素远不止储蓄率一个,这些国家可能在储蓄率方面做得比较好,而在其他方面有所不足。同时,经济发展的绝对水平不仅取决于经济增长的速度,还取决于一个国家经济发展的阶段。

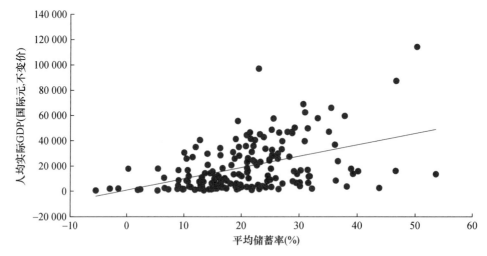

图 4-11　2018 年世界各国人均实际 GDP 与 2014—2018 年平均储蓄率的关系
资料来源:世界经济展望数据库。

---

① 即偏离趋势线太远的点。

图 4-12 更清楚地展示了储蓄率与经济增长(而非经济发展的绝对水平)之间的关系。其中,横坐标仍然代表 2014—2018 年的平均储蓄率,而纵坐标代表 2014—2018 年的人均实际 GDP 累计增长率。类似的,我们也能看出二者之间有比较明显的正相关关系:储蓄率越高的国家,人均实际 GDP 增长得越快。

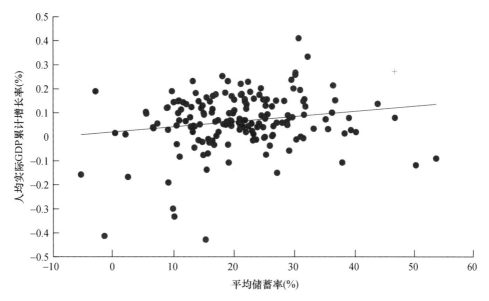

图 4-12　2018 年世界各国 2014—2018 年人均实际 GDP 累计增长率与平均储蓄率的关系
资料来源:世界经济展望数据库。

(三) 私人储蓄与政府储蓄

国民总储蓄大体上可以分为私人储蓄和政府储蓄,前者以居民和企业为主体,后者以政府部门为主体。回顾储蓄在国民收入恒等式中的定义 $S = Y - C - G$,如果考虑政府收入 T,则有 $S = (Y - C - T) + (T - G)$,**前者$(Y - C - T)$代表可支配收入除去消费后的部分,称为私人储蓄**;**后者$(T - G)$代表政府收入除去支出后的部分,称为政府储蓄**。从存量的意义上讲,私人储蓄主要是居民和企业在银行的活期、定期存款,以及购买的股票、债券、保险等各种金融资产,具体到中国的经济环境中,很重要的一部分私人储蓄是"五险一金",即聘任单位给予被聘者的几种保障性待遇,包括养老保险、医疗保险、失业保险、工伤保险和生育保险及住房公积金,通常在聘任单位下发工资时自动抵扣和上缴。政府储蓄则主要是政府部门利用财政盈余进行的存款和购买的其他金融资产。

相关资料
中国国民总储蓄的部门构成与国民财富的部门分配

中国的国民总储蓄可以按部门划分为居民储蓄、非金融企业储蓄、金融机构储蓄和政府储蓄。其中,非金融企业和金融机构都属于企业部门(按其主营业务是否为金融业进行划分,因为这两种企业的性质和作用有较大的区别),而居民部门和企业部门共同组成了私人部门,相应的,政府部门又可以称为公共部门。图 4-13 展示了 2000—2017 年中国国民总储蓄的部门构成情况。从中可以看出,中国私人部门的储蓄在国民总储蓄中占据绝对的主导地位,绝大部分时间其占比都高于 90%,其中又以居民部门和非金融企业为主,而金融机构的储蓄占比从未超过 10%;政府部门的储蓄在 21 世纪初曾有几年短暂为负(这意味着政府当年的支出大于收入,需要通过发行政府债券等方式向社会借款以应对多余的支出),之后保持为正。

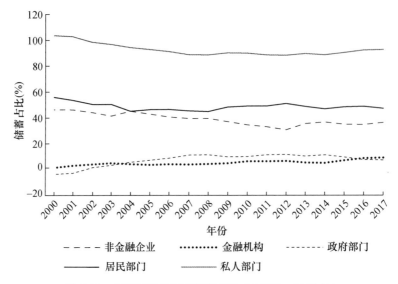

图 4-13 中国国民总储蓄的部门构成(2000—2017 年)
资料来源:国家统计局。

分析国民总储蓄的部门划分,可以让我们对国民财富在部门之间的分配和各微观经济主体对资本积累的贡献有一个比较粗略的了解。居民储蓄是可支配收入除去消费后的部分,企业储蓄主要是利润留存,政府储蓄则来自财政盈余。2018 年,居民消费在 GDP 中的占比大约为 40%,储蓄也约为 40%,而居民储蓄在国民总储蓄中大约占到一半,那么居民的可支配收入(消费加上储蓄)大约占 GDP 的 60%(=40% + 40% × 50%)。尽管这一估算不太精确(因为最终消费和储蓄的统计口径与统计主体都存在差异),但是至少我们能够粗略地判断,在中国 2018 年大约 90 万亿元的国民总产出中,约有 54 万亿元进入了普通老百姓的腰包,这个数字除以 14 亿的总人口数量,得到人均可支配收入约为 3 万余元,与实际统计数字 28 228 元还是比较接近的。

二、储蓄的决定因素

(一)可支配收入

回顾第一节的内容,设想所谓的"储蓄函数":在凯恩斯消费函数的假设下,有 $S = Y - C - G = Y - (c_0 + c_1 Y) - G = (1 - c_1)Y - c_0 - G$。显然 $1 - c_1$ 也在 0 到 1 之间,因此当收入增加时,储蓄也会随之增加。回顾本节的图 4-10,从中国的经济数据中也能够看出储蓄与收入之间的正相关关系。

(二) 利率

从多期的角度考虑,储蓄与消费最大的不同在于,储蓄可以在未来带来额外的回报,而消费不能,这也是人们选择储蓄的重要原因:如果 100 元钱存到未来还只是 100 元钱,那么人们会倾向于当期把这 100 元钱都消费掉——这是因为人具有"不耐心"的特性,如果可以的话,那么人们总是想尽快消费而非留待未来,换句话说,同样的一笔消费在今天带来的效用要大于明天(再大于后天)。[①] 但现实中的储蓄几乎都能带来回报(除了为了方便支付持有的现金),不论是银行存款和债券的利息,还是股票的分红,因此,100 元钱存到未来,得到的将会超过 100 元钱,正是储蓄的回报平衡了人性的"不耐"。

为了简单起见,我们可以把金融资产的回报率统一抽象成利率[②]。显然,更高的利率会刺激储蓄,因为同一笔储蓄在未来得到的回报会更高,这意味着增加储蓄是有利可图的。[③] 既然消费与储蓄有如此密切的关系,那么利率是否也会影响消费呢?答案是肯定的。如果利率升高,则一方面消费者会更多地储蓄、更少地消费,另一方面消费贷款也会变得更昂贵(尽管存款利率和贷款利率不同,但二者之间有密切的联系),即使是那些"今朝有酒今朝醉"的人,也不得不更节俭一点。

(三) 预期

爱思考的读者可能已经发现,既然人们一生的收入流和不同时期的利率会影响其消费及储蓄决策,那么人们在做出这些决策时一定会考虑未来。但事实上,站在做出决策的时间点,人们不可能确切地知道未来会怎样发展。这难道不是矛盾的吗?现实中,人们虽然不能直接预见未来,但是总是想要预测未来,因此,人们对未来的情形总会形成某种**预期**。比如,**预期收入就是消费者认为自己在未来的收入**。如果人们预期自己未来的收入会很高,那么当期就可能减少储蓄;反之亦然。利率等其他因素也是同样的道理。那么预期是怎样形成的?首先,最重要的参考是当下和历史上相类似的情况;其次,大到宏观经济环境、"黑天鹅"[④]的出现,小到领导同事的一句评价、通勤路上的顺畅程度,都有可能改变一个人对未来的预期(虽然这些事件的影响力不同);最后,每个人形成预期的方式不尽相同。对预期的研究是现代主流宏观经济学的重要课题之一,我们将在今后的宏观经济学学习中不断遇到这一概念。

---

① 这可能来自人内心深处对未来不确定性的恐惧,因为客观地讲,没有人敢百分之百地保证自己明天还存在这个世界上;但是当一个人做出消费和储蓄等各种经济与非经济决策时,他显然又在为未来考虑。这看起来很矛盾,我们不想对人性做过多的讨论,但至少把"不耐心"作为经济人的基准假设是没有多大问题的。

② 要知道,现实生活中有成千上万种利率,我们很难找到一个最好的标的去对应这里的"利率",你可以简单地把它理解为银行的存款利率,或者所有储蓄的某种平均回报。但是要注意这里的利率指的是实际利率,即名义利率扣除通货膨胀。

③ 实际上这只是利率对储蓄影响的一个方面,称为"替代效应"。另外还有"财富效应":设想利率上升到足够高,比如夸张一点,100%,你还会继续增加储蓄吗?也许不会,因为你觉得即便少储蓄一点,带来的高回报也已经足够支撑你在下一期获得足够高的收入了,因此你会增加而非减少当期的消费。不过,为了简单起见,本章我们只考虑"替代效应"。

④ 指超乎寻常、意想不到的,对经济社会造成重大影响的现象或事件,比如在本书写作过程中遇到的新冠肺炎疫情,就是典型的"黑天鹅"。

三、中国储蓄实际状况

(一) 国民总储蓄的金融资产构成

本节的案例已经从部门划分的角度展示了国民总储蓄的构成情况,但这样的分类表述毕竟离我们的生活还有一些遥远。如果要把"储蓄"具象化为日常经济生活中能够实实在在地观察得到的事物,我们就不得不诉诸金融市场,因为除了手头持有的现金,我们的收入中没有被消费掉的部分几乎全部进入了金融市场。关于中国金融市场的具体组成(也就是储蓄的金融资产构成),第六章"货币、银行与金融"会进行详细的介绍,这里我们简单地理解为存款、信托、股票、债券、金融衍生品、基金等各种各样的金融产品就可以了。但与此同时,要记住国民经济核算始终讨论的是经济中的流量,因此储蓄指的是这些金融资产在某个时间段内的净增加值,而非其在经济中的存量。

(二) 储蓄率的国别横向比较

在第一节中我们已经看到,中国的消费率相较于世界平均水平明显偏低。那么根据消费和储蓄之间的替代关系,我们可以预期中国的储蓄率将会是偏高的。图 4-14 对比了中国与世界其他国家的(加权平均)储蓄率,可以看到进入 21 世纪以来,中国的储蓄率明显高于其他国家(尤其是在 2008 年起的全球金融危机期间①):世界其他国家的储蓄率基本保持在 30%—35%,而中国的储蓄率则在大部分时间都要高于 45%。

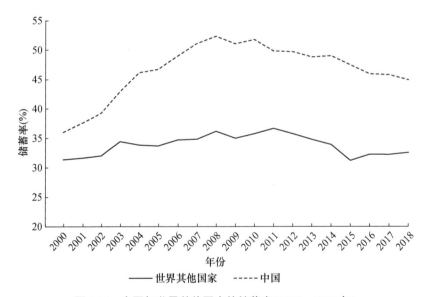

图 4-14 中国与世界其他国家的储蓄率(2000—2018 年)
资料来源:世界经济展望数据库。

图 4-15 则选取了 2018 年购买力平价下的人均 GDP 与中国相近的几个国家(你可能会惊讶于这些国家和中国的人均 GDP 如此接近,但是要记住购买力平价是去除了价格与汇率因

---

① 在后续的章节中我们会看到,这是因为当时中国政府实行了"四万亿"财政刺激计划,导致投资大幅上升。

素的),并对比了它们与中国的储蓄率。同样的,进入21世纪以来,中国的储蓄率均高于这些国家。

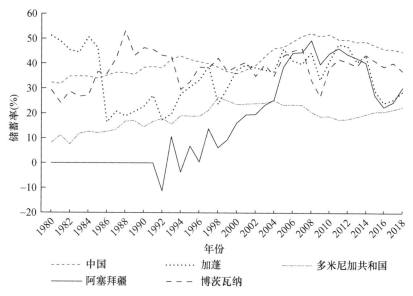

图 4-15 与中国人均 GDP 相近的国家的储蓄率(1980—2018 年)
资料来源:世界经济展望数据库。

长期来看,高储蓄率有利于经济增长;短期来看,高储蓄率能够给予政府的财政政策更大的空间。但是回顾第一节,经济增长的终极目标应该是消费,因此储蓄率并非越高越好。从发达国家的经济增长经验来看,它们也都经历了从高储蓄率到低储蓄率的过程——比如美国的储蓄率从20世纪80年代11%的高点,下降至2019年年末的7.6%。当然,消费和储蓄的形成有其背后复杂而深刻的原因,作为微观经济主体的居民、企业与政府会在当期消费和储蓄(代表未来消费)之间寻求某种平衡,因此,不能简单地以消费和储蓄率本身的高低评判一个国家国民经济构成的"好坏"。

第三节 投 资

在介绍完消费和储蓄之后,我们接着谈论国民经济的另一个重要构成,也是国民总产出的第二个组成部分——投资。尽管投资不能直接给居民带来效用,但是投资在短期经济波动和长期经济增长中都扮演着重要角色。事实上,无论是我们抬眼望去的高楼大厦,还是我们日常享用的各类消费品,都直接或间接地是投资的产物。本节将要向读者比较全面地展示国民经济中的投资。首先,我们将对投资进行概念上的厘定——究竟什么是"投资"?投资有哪些类型?其次,我们将讨论投资的决定因素及投资的经典理论模型。最后我们将介绍中国宏观经济环境下的投资。

一、投资概念界定:区分各种投资

对于"投资"一词,想必读者都是耳熟能详。让我们看几个比较具体的例子:
(1) 据媒体报道,美国汽车公司特斯拉首次在中国投资设厂。
(2) 在股市"摸爬滚打"十几年,某公司的某基金经理已经是市场上公认的投资行家。
(3) 毕业多年,一位老同学突然给我发来一条消息:"我手头有一个线上零售的投资项目,前景非常看好,你要不要搭个伙,咱们一块儿干?"
(4) 健身房或教育培训机构的广告词:"这个时代最好的投资,就是投资你自己。"

事实上,不仅政府官员、制造业企业董事长、上市公司经理人、创业新锐和金融界专业人士谈投资,就连我们身边的亲朋好友、老师同学日常生活中也都经常提及投资。然而,"投资"一词的内涵十分丰富、不一而足,不同的人谈论的投资,往往不是同一个概念。因此,在介绍投资之前,我们有必要先对投资做一个概念上的界定。

(一) 经济学中的投资

宏观经济学家所说的"投资"或"实际投资",代表的是生产性资产和资本品存量的增加。[①] 换句话说,投资是用于生产活动而非生活消费的实物支出,其成果会带来产出的增加。大体上讲,投资可以分为三类,即企业固定投资、住房投资和存货投资。

国家统计局在采用支出法核算 GDP 时,将投资列于"资本形成总额"名录下,定义为"常住单位在一定时期内获得减去处置的固定资产和存货的净额,包括固定资本形成总额和存货增加两部分"[②]。

1. 企业固定投资

无论是制造业企业购买厂房、机器设备、生产车间,还是服务业企业购买用于员工办公的计算机或软件,只要是**企业为未来生产而购买的设备和建筑物等生产性资料,都属于企业固定投资**。企业固定投资在整个投资中占比最高,而且一般来说支出金额较高、决策时间较长,受经济环境和未来预期的影响较大。

2. 住房投资

回顾第一节,**居民购买住房(无论是用于自住还是出租抑或转售)属于投资**而非消费,这主要是因为住房的资本品性质。一方面,住房的建筑过程属于固定资本形成过程;另一方面,在中国,居民购买的住房有数十年的产权,这远远超过了任何一种耐用品的寿命,而且住房可以用于出租或转售,从而带来经济回报,因此将购买住房视作产生住房服务而进行的投资。[③] 住房投资主要受住房价格影响,而住房价格由住房市场的供需决定。如图 4-16 所示,住房价格的变化与住房销售面积的变化高度一致(尽管有时间上的滞后),住房销售面积的增加常常伴随住房价格的上涨。

[①] 参见萨缪尔森,诺德豪斯.经济学[M].19 版.萧琛,译.北京:商务印书馆,2013。
[②] 中国统计数据库中的"数据解释",转引自国家统计局.中国统计年鉴(2010)[M].北京:中国统计出版社,2011。
[③] 可能有读者存在疑问,如果居民购买住房计入投资,那么房地产开发商的建筑活动呢?实际上,房地产开发商的建筑活动只是中间的生产过程,其产出价值都已经包含在房地产的售价当中,所以最终只有消费者的购房支出才计入 GDP。

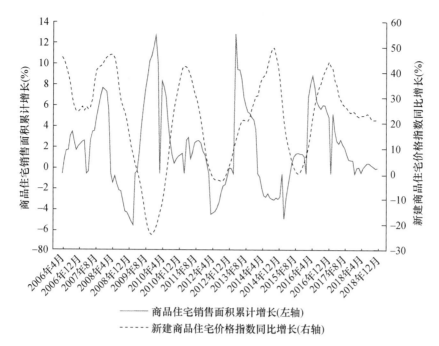

**图 4-16 中国商品住宅销售面积与新建商品住宅价格指数之间的关系
（2006 年 4 月—2018 年 12 月）**

资料来源：Choice、国家统计局。

从统计上讲，企业固定投资与住房投资一起，对应**固定资本形成总额**，国家统计局将其定义为"常住单位在一定时期内获得的固定资产减处置的固定资产的价值总额……可分为有形固定资本形成总额和无形固定资本形成总额。有形固定资本形成总额包括一定时期内完成的建筑工程、安装工程和设备工器具购置(减处置)价值，以及土地改良、新增役、种、奶、毛、娱乐用牲畜和新增经济林木价值。无形固定资本形成总额包括矿藏的勘探、计算机软件等获得减处置"[①]。

3. 存货投资

存货投资是指企业用于原材料、中间品及产成品的支出。按照国家统计局的定义，存货投资位于"存货增加"名录下，指"常住单位在一定时期内存货实物量变动的市场价值……存货包括生产单位购进的原材料、燃料和储备物资等存货，以及生产单位生产的产成品、在制品和半成品等存货"[②]。注意，对特定的企业来说，存货既包括企业自己生产的产品，又包括上游企业的生产材料，前者对应宏观经济分析中常用的"生产库存"，而后者对应"流通库存"。

企业持有存货有多种原因，包括应对不同的经济环境以平滑不同时期的生产水平、支持企业不断开工生产、避免产品脱销，以及多重生产工序带来的在制品。[③] 尽管存货投资在整个投资中占比只有1%左右，但是由于其反映了企业对生产和需求前景的预期[④]，存货(库存)成为研究短期经济波动的重要变量，业界的宏观研究有"库存周期"的概念。如图4-17所示，存

---

① 中国统计数据库中的"数据解释"，转引自国家统计局. 中国统计年鉴(2010)[M]. 北京：中国统计出版社，2011。
② 同上。
③ 关于存货投资更详细的原因，请参考曼昆. 宏观经济学[M]. 9版. 北京：中国人民大学出版社，2016。
④ 若企业预期未来一段时间产品需求将会增加，那么企业就可能增加存货投资；反之亦然。

货增加与名义 GDP 增速有很强的正相关性。

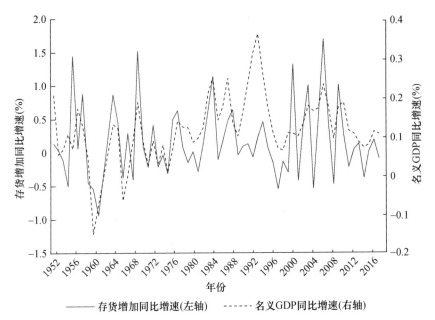

图 4-17 存货增加与名义 GDP 同比增速的相关性（1952—2017 年）
资料来源：中国统计数据库。

（二）金融投资

金融投资是指居民和企业在股票、债券、基金、期货等金融衍生品市场上买卖金融资产。居民和企业之所以持有这些资产，是因为他们相信这些资产会在未来给他们带来回报，或者认为可以从买卖差价中赚取回报。以宏观经济学的视角来看，利用未被消费的收入进行的金融投资实际上是储蓄的一部分。

（三）股权投资

股权投资是指为参与或控制某一公司的经营活动而投资购买其股权的行为，可以发生在公开的交易市场上，也可以发生在公司的发起设立或募集设立场合，还可以发生在股权的非公开转让场合。比如，某公司出资 1 000 万元购买了另一家公司 50% 的股权。股权投资中最重要的分类应该是风险投资（又称创业投资），主要是指向初创公司提供资金支持以取得该公司股权、分享该公司未来盈利的一种投资方式。而本节开头的第三个例子则属于合伙人投资。①

（四）人力资本投资

人力资本投资是指以培育人力资本为目的的支出，比如学校教育和工作培训的支出。在支出法下，这些支出应该属于消费，但是从长期经济增长的角度来看，除了实物资本，人力资

---

① 关于股权和合伙人投资的定义，涉及股份制公司、合伙制公司的架构和资本市场的运作，不属于本书的知识范围，有兴趣的读者可以参考投资学和公司金融的相关书目。

本(即人的智慧、知识、技术和才干)对经济增长也有着至关重要的作用。罗伯特·卢卡斯在其1988年的文章中提出了两个以人力资本为核心要素的经济增长模型,一个强调通过学校教育积累人力资本,另一个强调通过"干中学"进行积累。[1] 这篇文章引发了宏观经济学界对经典的经济增长模型的反思,后来的拓展模型将人力资本作为资本看待。从这个意义上讲,培育人力资本的支出完全可以算作投资。

注意,在所有这些投资当中,只有宏观经济学家所说的投资才是真正的实物投资(即支出结果产生了生产性的实物资本),而其他"投资"要么是收入进入储蓄的过程,要么是资本在市场间的流动(因而不计入 GDP),要么是居民的消费。

二、投资的决定因素[2]

企业在进行投资决策时,会同时考虑收益与成本两端,只有一个项目的(预期)收益大于成本,企业才会投资该项目。因此,我们将从收益和成本两个方面探讨投资的决定因素。

(一) 收益

1. 总产出水平

总产出水平是怎样影响企业的投资决策的呢?从需求端来说,总产出对应总收入,经济中的总收入越高,就有越多的市场需求需要新投资满足,企业盈利的可能性就越大。从供给端来说,更高的总产出水平意味着更高的企业收入,企业也就有更多的留存利润用于投资。大量的宏观经济研究表明,投资对经济周期非常敏感。于是我们又一次看到第二节所讲的"互为因果"关系——从短期来看,总收入影响投资;从长期来看,投资又反过来影响总收入。

> **相关资料**
> **投资比消费对总产出更敏感**

回归本章第一节的内容,消费与投资同属国民总产出的主要构成部分。但是二者跟随 GDP 的波动幅度不同——经济景气时,投资增速增幅更大;经济增速下行时,投资增速降幅也更大——换句话说,相比消费,投资对总产出更敏感。图4-18展示了1953—2018年中国支出法下的名义 GDP、固定资本形成总额和最终消费的同比增速,从中可以明显地看出,固定资本形成总额同比增速的波动率明显大于名义 GDP 和最终消费。

为什么相比消费,投资对总产出更敏感呢?首先,消费当中有一部分属于必需消费(回顾第一节的内容),即使短期收入减少,消费者也必须保证在必需消费上的支出;其次,消费品分为耐用品、非耐用品和服务消费,我们已经在第一节看到,当经济陷入阶段性衰退时,消费者一般会大幅降低在耐用品上的开支,而非耐用品和服务消费所受的影响比较小。相比之下,投资刚性就小很多——如果当前总需求减弱,则会导致工厂出现闲置的情况,再加上企业对未来的销售前景感到悲观,企业就会更多地留存当期利润,而没有动机追加新的投资。在学

---

[1] 参见 LUCAS R. On the mechanics of economic development[J]. Journal of Monetary Economics, 1988, 22: 3-42。
[2] 注意,由于住房投资和存货投资比较特殊,而且企业固定投资对经济的影响最大,因此本部分所讲的投资指企业固定投资。

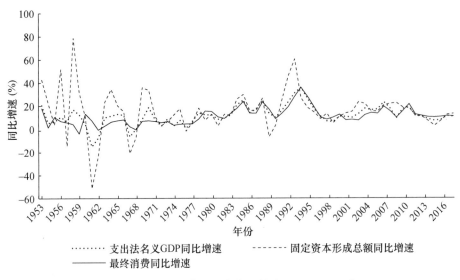

图 4-18 投资比消费对总产出更敏感（1953—2018 年）
资料来源：中国统计数据库。

习短期经济波动的模型之后，我们会进一步理解投资对总产出的敏感性来自"乘数效应"。

因此，我们看到，当经济增速下行压力较大时，投资受到的负面影响会更大，比如"三年严重困难"后的国民经济调整时期（1962 年），GDP 下降了 7.6%，而投资大幅下降了 23.1%；再如改革开放遭遇"价格闯关"难题时（1989 年），尽管 GDP 上升了 13.4%（相比上一年的 24% 是一个比较明显的缩减，而且主要来自价格的上涨），但是投资下降了 6.7%。反之，当经济加速时，投资也会有比较强的正向反馈，比如 1992 年邓小平"南方谈话"点破"社资之争"、改革开放再次加速启动之后，1992 年、1993 年的名义 GDP 增速分别达到 23.4% 和 31.0%，同期投资增速则分别高达 45.9% 和 60.3%。

2. 资本回报率

除了总产出水平，另一个与投资收益紧密相关的因素是资本回报率。**资本回报率衡量的是一单位投资所能得到的额外收益**，因而更高的资本回报率会鼓励更多的投资；反之亦然。那么资本回报率又与哪些因素有关呢？首先，与资本存量有关。回顾微观经济学中的资本边际产出递减规律，当资本存量增加时，其边际产出（也就是边际回报）会降低，这部分解释了近年来中国投资对经济增长的拉动和贡献率逐渐降低的原因——前期投资增速较高，积累的资本存量较多，压低了资本回报率和投资意愿。其次，与一个国家或地区的法律制度和社会文化有关。法律制度的制定越健全、执行越严格，社会文化越倡导契约精神和个人奋斗，在这个国家或地区进行投资就越容易成功，因为法律制度和社会文化会惩罚与谴责不遵守合同规定、背信弃义的人。

（二）成本

前文在考虑投资的决定因素时，都是从收入端讨论企业的投资决策，但是投资本身是有成本的，比如某企业考虑现在投资购买一批新的生产设备，那么企业将为此支付一笔货款，如果这笔货款是从别处借贷的(通常情况如此),那么企业还需要支付利息费用,同时还需要向政府缴纳税款。

1. 资本品价格

资本品价格是企业投资时首先要考虑的成本因素,这有点类似消费容易受到商品价格的影响,因此当投资所用的资本品(譬如建造厂房所用的钢筋水泥或者机器设备)的价格上涨时,投资将会受到抑制;反之亦然。

2. 利率

利率会影响投资是因为,企业(投资者)经常是通过外部融资(无论是从银行进行抵押贷款还是信用贷款,或者是在债券市场发行企业债、公司债)获得借款来进行投资的①,2018 年中国社会融资规模增量累计为 19.26 万亿元,约占当年 GDP 的 20%。而借款的成本就是利率(贷款利率将会在贷款基准利率的基础上视贷款者的信用记录和偿债能力等情况合理浮动),因此利率上升会提高企业的融资成本,抑制企业投资;反之亦然。利率与投资之间的这种关系也构成了本书后面章节将重点介绍的 IS 曲线的理论基础,以及货币政策对实体经济产生影响的基本机制。那么,如果企业用于投资的款项属于自有资金,是否就不受利率的影响了呢?实际上,利用自有资金进行投资也会产生资金的机会成本——假设企业不用这笔钱做实物投资,而将其存入银行或购买金融资产,就能获得其他回报——如果利率上升,那么自有资金的机会成本就会上升,同样会抑制企业投资。

3. 税率

在中国,企业兴建厂房或购买资本品需要向政府缴纳企业所得税和增值税,因而税率也是影响企业投资的一个因素。比如,中国现行非高新技术企业的所得税税率为 25%,这意味着企业每获得 100 元的利润,就要上缴给政府 25 元。而企业之所以会投资,就是认为投资会带来(净)利润的增加。因此,税率上升,显然会抑制企业的投资。中国近年来实行的一系列减税降费的政策,在一定程度上就是为了鼓励企业投资。

4. 预期

与储蓄决策类似,企业的投资决策在很大程度上取决于企业的预期。这是因为,企业只有在认为投资带来的收益的折现值大于投资成本时,才有动机进行这项投资。有读者也许会认为,企业家相比普通居民,在商业和经济计算上更加专业,因此他们的投资决策会更加理性。然而,企业未来的收益也总是存在不确定性,因此即使再精明的企业家也无法完全基于冷静而精确的计算结果做出投资决策,而要加入主观的甚至情绪化的判断。正如凯恩斯所说,我们想做正事的决定,大部分也许只能体现着某种动物精神(animal spirit)。② 而企业家对投资决策判断的准确程度,就是考量其能力高低的一个重要指标。影响企业投资预期的因素包括宏观经济的运行状况、宏观经济政策的稳定性、一些重大公共事件的发生等,这也是导致投资对经济周期敏感度较高的重要原因。

5. 融资约束

正如"利率"部分所阐述的,企业投资受融资成本的影响很大。但是除此之外,还应该考量企业能否得到足够的融资以用于投资,即是否受到融资约束。事实上,中国的融资体系以

---

① 我们不打算在这部分展开介绍中国企业的融资情况,大体上讲,直接融资(发行股票或债券)的规模远低于间接融资(银行贷款)。

② 参见凯恩斯.就业、利息和货币通论[M].高鸿业,译.北京:商务印书馆,1999.

银行贷款为绝对主体,而中国大量的小微企业由于缺乏信用记录、抵押物和标准的财务报告体系,导致银行获取准确信息的成本很高,难以对这些企业的贷款进行比较好的风险控制,因此这些企业即便在事实上能够支付贷款的本息,也无法从银行获取足额的贷款进行计划中的投资(当然,这只是融资约束的其中一个原因)。因此,如果企业面临融资约束,投资就会受到抑制。

三、经典的投资理论

(一) 托宾 q 值

本小节要介绍的第一个有关实物投资的经典理论,与前文提到的金融投资中的股票投资紧密相关。事实上,股票市场与实体经济之间有着紧密的联系,股票投资绝非投资者的资本游戏:公司(在中国,只有公司制的企业才能够上市)在股票市场上市,是借助投资者的资金用于公司的投资;投资者持有一家公司的股票,则是因为预期这家公司的投资在未来会带来收入和利润的增加。这样,实物投资和金融投资就建立了一种联系。詹姆斯·托宾(James Tobin)在这种观察的基础上提出,公司应根据一个比率做出是否投资的决策,该比率后来被称为"托宾 q 值"。

1. 定义

托宾 q 值被定义为已有资本的市场价值与已有资本的重置成本的比率,其中资本的市场价值等于股票市场决定的股价乘以资本对应的股数,属于股票估值的概念范畴;重置成本则是当下在(实物资本)市场上购买同样的资本所需要的资金,属于会计核算的概念范畴:

$$托宾 q 值 = 已有资本的市场价值/已有资本的重置成本 \tag{4-7}$$

2. 经济学含义

如果托宾 q 值大于 1,则意味着股票市场对公司资本的估值高于其重置成本,那么公司经理追加投资就可以提高公司股票的市场价值(这正是上市公司的经理追求的目标);相反,如果托宾 q 值小于 1,则意味着资本的重置成本高于其市场价值,那么公司经理就会让已损耗的资本继续存在,而没有动机进行新的投资以替换折损的资本。因此公司的投资决策会取决于托宾 q 值与 1 的相对大小。

托宾 q 值不仅衡量了资本的现期获利性,还反映了未来的预期获利性,并且用托宾 q 值刻画的企业投资决策与前文介绍的投资影响因素的预期结果是一致的。例如,假设现在政府决定全面下调企业所得税和增值税税率,在投资收益不变的情况下,减税意味着公司的预期净利润增加,更高的预期净利润会使得投资者更愿意购入公司的股票,从而抬升股价及托宾 q 值,进而提高公司追加投资的可能性。

3. 局限性

正如我们所看到的,托宾 q 值模型十分简单明了,但是我们也许不应该预期一个如此简单的模型能够刻画复杂多变的企业投资行为。第一,托宾 q 值只能刻画市场中部分企业的投资行为,因为并非所有企业都能上市——中国 A 股上市公司只有几千家,但是市场中的企业起码有数百万之众。第二,托宾 q 值显然是从以企业为主体的微观层面考虑投资决策,而宏观层面并不存在资本的市场价值和重置成本这两个变量,因此其给予的宏观投资指导不够直接。

(二) 投资需求曲线

1. 投资需求曲线的定义

在分析投资的决定因素时,我们把总产出和利率放在了前面。然而,由于投资本就是总产出的一部分,而政府和货币当局的宏观政策也主要通过利率影响企业投资①,因此本小节所讲的**投资需求曲线,刻画的是投资与利率之间的关系**。与第一节所讲的消费函数类似,这种简化处理虽然忽略了现实中许多其他投资决定因素,但是让我们能够直观地思考投资的形成,以及其与总需求之间的关系。

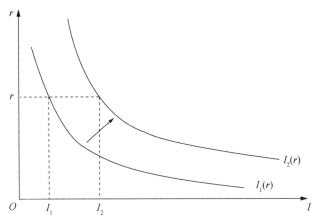

图 4-19　投资需求曲线

图 4-19 是投资需求曲线的示意图,横坐标是投资,纵坐标是(实际)利率。② 回顾投资的决定因素,在其他条件不变的情况下,更高的利率将会提高企业投资的成本,从而抑制投资。为了更好地理解投资需求曲线,我们还可以设想这样一种情况:企业面临多个不同的投资项目,每个项目有各自不同的收益和共同的由利率决定的资金成本,企业只愿意投资有利可图(即收益大于成本)的项目。当利率很低时,几乎所有的项目都是有利可图的,因此投资额将会很高;随着利率逐渐上升,一些项目变得无利可图,从而被企业抛弃,因此投资额将会逐渐降低;当利率很高时,就只剩收益非常高的项目会被企业选择,但显然这种项目可谓凤毛麟角,因此投资额将会很低。

2. 投资需求曲线的移动

上述讨论的投资随利率的变化都是在同一条投资需求曲线上移动的,如果盈利预期改善、税率下调或信贷标准放宽,那么投资需求曲线将会向外移动(如图 4-19 所示)。因此,即使在同一利率水平下,企业也会进行更多的投资。③

3. 从投资需求到总需求

总需求包含消费需求和投资需求。第一节阐述了消费与收入的密切关系;本节我们看到利率可以有效地影响投资,从而影响总需求。消费函数与投资需求曲线一起,为后续章节将

---

① 尽管从边际效果来看,税率和利率应该是相似的,但是实际经济中税率的调整频率远远低于利率。
② 注意,投资与利率并不像消费与收入那样是简单的线性关系,因此投资需求曲线是曲线的形式。
③ 我们在讨论"需求增加"时,一定要注意区分这种需求增加是内生的还是外生的,前者是内生变量变化导致的,表现为均衡点沿着同一条曲线移动;后者则是外生变量变化导致的,表现为曲线的移动。

要重点介绍的 IS-LM 模型做好了准备。

四、中国投资实际状况

(一) 中国投资率的变化

与消费率和储蓄率类似,投资率是指资本形成总额占 GDP 的比重。和第一节一样,我们将从纵向的时间对比和横向的国别对比两个方面刻画中国的投资率。

1. 纵向的时间对比

如图 4-20 所示,1952—2018 年,中国的投资率呈波段性上升趋势,从 22.0% 上升至 44.0%,翻了一番,绝对量则从 151.75 亿元增长至 402 585.15 亿元,年复合增长率达 12.7%。分细项来看,固定资本形成总额和存货增加占 GDP 的比重的走势完全不同。前者在阶段性波动中不断上升,从 11.4% 上升至 43.0%,绝对量则从 78.75 亿元增长至 393 847.90 亿元,年复合增长率高达 13.8%。后者则呈显著的下降趋势,尤其是在 20 世纪 90 年代之后下降速度明显加快,从 1952 年与固定资本形成总额占比接近的 10.6% 下降至 2018 年的不到 1%,但是其绝对量仍有可观的增长——从 73.00 亿元增加至 8 730.72 亿元,年均复合增长率为 7.5%。之所以两种投资的 GDP 占比出现分化,是因为固定资本形成总额不仅包括企业的实物投资,还包括房地产开发投资和基础建设投资,而后两者自改革开放以来迅速增加,存货投资则相对比较稳定。

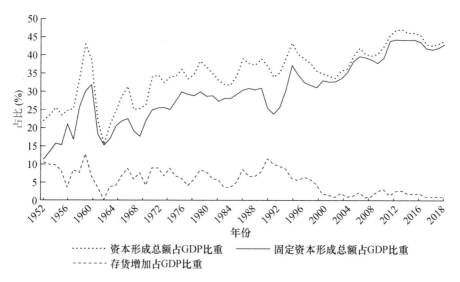

图 4-20 中国资本形成总额占 GDP 比重(1952—2018 年)
资料来源:中国统计数据库。

2. 横向的国别对比

我们再次利用佩恩表 9.1 的数据,对比同一人均收入水平下中国的投资率与世界平均值。①

---

① 由于数据库里只有 1950 年以来的数据,而 1950 年世界人均 GDP 已经达到 3 619 美元,所以低于这个值的世界平均投资率是缺失的。

随着人均收入的增加,中国的投资率快速上升,从10%以下上升至50%左右,而世界平均水平一直稳定在20%—30%(如图4-21所示)。结合第一节的消费率的国别对比,我们可以更清楚地看到中国消费率偏低、投资率偏高的经济结构。

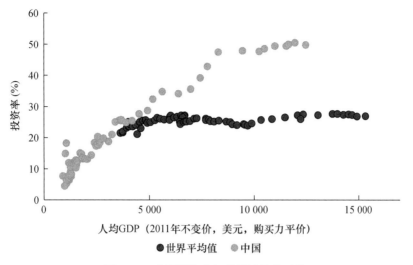

图4-21 中国投资率与世界平均值对比

资料来源:佩恩表9.1。

(二) 资本形成总额对经济增长的拉动和贡献率

图4-22展示了资本形成总额对中国经济增长的拉动和贡献率。可以看到,1979年国民经济调整和1988年"价格闯关"时期,资本形成总额对经济增长的拉动一度为负,说明当年投资受到了巨大的冲击,其余时期资本形成总额对经济增长的拉动和贡献率均为正。另一个显著特征是,1979—2008年,资本形成总额对经济增长的拉动和贡献率在波动中不

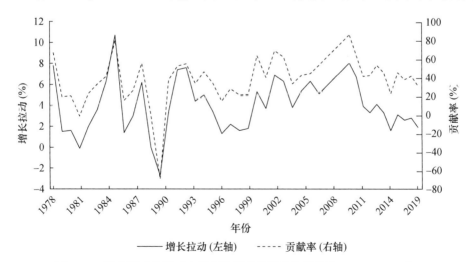

图4-22 资本形成总额对中国经济增长的拉动和贡献率(1978—2019年)

资料来源:中国统计数据库。

断上升,但在达到2009年的高点之后呈现明显的下降趋势,2019年对经济增长的拉动已经下降至1.9%,贡献率也下降至31.2%。这说明中国自改革开放以来的经济腾飞在很大程度上依赖于投资的大幅增加,但近年来投资在经济增长中的相对作用正在下降并逐渐让位于消费。

(三) 中国固定资本形成总额的构成

1. 按用途分类

中国固定资本形成总额按用途可以细分为房地产开发投资、制造业固定资产投资、基础设施固定资产投资和其他投资(此处未统计)。如图4-23所示,房地产开发投资增速在2008年起的全球金融危机期间遭遇重挫,但在2010—2012年得到反弹,之后温和回落,在2016年左右探底之后又重新回升;制造业和基础设施固定资产投资增速则分别在2013年、2016年后迅速下降。2017年以来,无论是从总额还是从细分项来看,中国的固定资产投资增速都处在较低的水平。

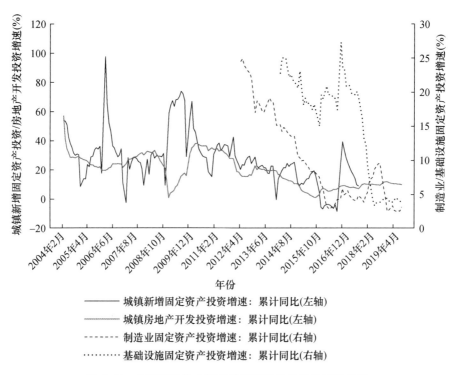

图4-23 中国固定资本形成总额按用途分类的同比增速

资料来源:Choice。

图4-24展示了2014—2017年中国固定资本形成总额按用途分类的构成情况。从中可以看出,制造业固定资产投资占比一直是最高的,但呈缓慢下降趋势;基础设施固定资产投资占比有了比较明显的上升,2016年超过房地产开发投资,仅次于制造业固定资产投资。

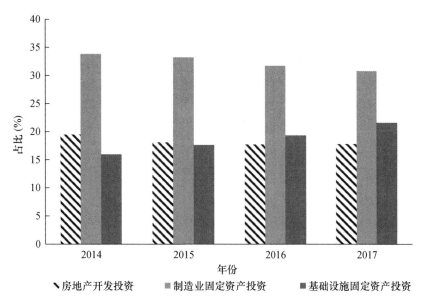

图 4-24 中国固定资本形成总额按用途分类的构成（2014—2017 年）
资料来源：Choice。

2. 按企业所有制分类

按企业所有制可以把中国的固定资产投资主体分为国有企业、集体企业、个体经济、私营企业、外商投资企业和其他所有制经济（如各种内外资合资企业、联营经济等）。图 4-25 展示了 2004—2017 年中国固定资本形成总额按企业所有制分类的构成情况。其中，最明显的特征是，私营企业占比在 2012 年左右超过了国有企业并继续拉开差距，而集体企业、个体经济和外商投资企业的占比都降到了 5% 以下。

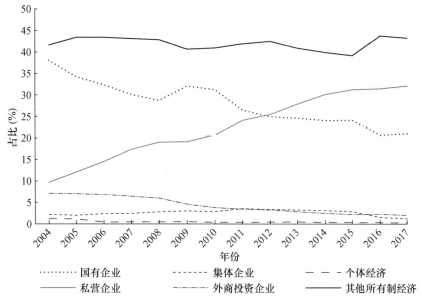

图 4-25 中国固定资本形成总额按企业所有制分类的构成（2004—2017 年）
资料来源：国家统计局。

第四节 储蓄与投资的关系

一、封闭经济国民收入恒等式：储蓄等于投资

本章已经多次提到，储蓄和投资是等价的。我们现在从国民收入恒等式和经济学直觉两个方面说明这一点。

（一）等式推导

国民收入恒等式作为研究宏观经济组成的基础，很好地描述了封闭经济中储蓄和投资的等价关系。在原始等式 $Y = C + I + G$ 两边同时减去 C 和 G，得到 $Y - C - G = I$，回顾第二节的内容，总收入中未被消费的部分即为储蓄，因此有 $Y - C - G = S = I$。[①]

（二）直观解释

要从直观上理解这一点，我们需要追溯国民储蓄在经济中的流向。假设你将今年春节的压岁钱或去年的年终奖存入了银行，那么你这样做是为了获取银行兑付给你的利息。一段时间之后，这笔存款会被银行借贷给某个企业进行投资扩产，或者借贷给某个家庭以支付住房按揭贷款，而银行这样做是因为企业或家庭同样会支付给它们一笔利息（当然，贷款的利率会高于存款，因为银行还要承担贷款违约风险、偿付运营成本并获取一定的利润）。这样，借由银行等金融中介，储蓄就转化为了经济中的投资。类似的过程也可以推广到股票、债券等金融资产上：一方面，居民购买这些金融资产的储蓄行为，是为了获取收益；另一方面，企业或金融机构发行这些金融资产是为了融资（最终用于投资）。也就是说，储蓄经由金融中介转化为了投资。

二、可贷资金市场

（一）概念

有了上文的铺垫，接下来要介绍的可贷资金市场理论就很容易理解了。我们知道，一个市场有三个基本的构成要素，即供给方、需求方和价格。设想经济中存在这样一个市场，其中交换的"产品"被称为可贷资金。第二节已经说明储蓄与利率是正相关关系，而第三节则说明投资与利率是负相关关系，如图 4-26 所示，**在可贷资金市场上，储蓄函数是可贷资金的供给曲线，而投资需求曲线是可贷资金的需求曲线，两条曲线的交点决定了均衡利率、储蓄和投资**。实际上，可贷资金市场就是广义的金融市场，出资方是投资者和储蓄者，他们提供资金是

[①] 需要注意的是，在开放经济中，投资和储蓄并非等价关系，由于国民收入恒等式应该写为 $Y = C + I + G + NX$，因此 $S = I + NX$，也就是说国民储蓄一部用于投资，另一部用于净出口——如果储蓄高于投资，剩余的储蓄就可以通过出口的方式贷款给外国居民；如果储蓄低于投资，则需要通过进口的方式向外国居民借款。我们将在第十二章"国际开放宏观经济学"中详细讨论有关净出口的问题。

为了寻求回报;融资方是企业,它们寻求外部资金以用于投资。利率是调节储蓄和投资相等的价格——更高的利率在刺激储蓄的同时抑制了投资。

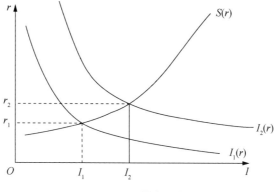

图 4-26　可贷资金市场

(二) 比较静态分析

假设现在由于政府的减税计划或者出于某种原因企业对未来的盈利前景看好,那么投资需求曲线将向外移动,如图 4-26 所示,这将导致均衡利率升高、储蓄和投资增加。这背后的经济学逻辑是,如果投资项目的预期收益增加(或者高收益的项目变多),那么企业就可以承受更高的资金成本或者说利率,同时进行更多的投资,因此企业通过竞价的方式抬高了均衡利率水平(如图 4-26 所示,均衡利率水平同时取决于投资需求曲线的移动程度和储蓄函数),而更高的利率水平导致了储蓄的增加。那么储蓄会增加多少呢?答案是增加到与投资再次相等,这是市场出清(即供需相等)所要求的结果。

相关资料
中国的可贷资金市场出清了吗?

可贷资金市场似乎是一个非常有说服力的理论,但是我们知道,理论与现实之间经常是有差距的。因此,如果用实际数据来检验中国的可贷资金市场是否出清,结果会是怎样的?除了关注是否出清,我们还需要关注出清的速度有多快。因为在现实经济中,宏观经济变量是动态变化的,因此市场出清也是一个动态的过程,即便理论模型预测市场最终会出清,我们也需要关注市场达到均衡状态所需要的时间——有可能是一个月之短,也有可能是几十年之长。显然,这两种情况的经济影响是大相径庭的。

为了达到这个目的,我们需要对比中国的国民储蓄、投资和净出口(中国当然是一个开放的经济体,并且贸易依存度很高,因此必须考虑净出口的影响)。为了尽量减少统计方法和口径造成的出入,我们统一选取国家统计局的数据,其中储蓄使用国民账户下的资金流量表实物交易资金来源中的"总储蓄",投资使用支出法 GDP 中的"资本形成总额",净出口使用同一名录下的"货物和服务净流出"。如图 4-27 所示,2000—2017 年,中国的国民储蓄与投资和净出口之和非常接近,其差距可以用统计误差来解释。由于对 GDP 各项指标的统计都以年为频率,因此这个结果至少在一定程度上说明,中国的可贷资金市场不仅出清程度较高,而且出清速度较快。

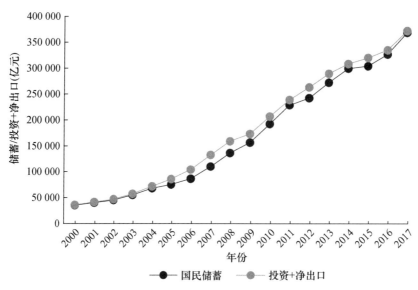

图 4-27　中国的国民储蓄与投资和净出口之和非常接近（2000—2017 年）
资料来源：国家统计局。

我们将把对可贷资金市场的均衡价格,也即利率的详细介绍与讨论放在后续专门介绍货币市场和货币政策的章节中去。这里我们只需要知道,该利率是某种由经济结构和货币供给量共同决定的实际利率,在该利率下产出将会达到其潜在产出水平,可贷资金市场也将会出清。

第五节　小　　结

消费、储蓄与投资是宏观经济的核心组成部分,也是我们理解宏观经济运行重要的切入点。如果没有理解消费、储蓄与投资及其相互之间的关系,那么我们对宏观经济的分析就无从下手,对宏观经济学的学习也就没有入门。

消费是衡量居民福利的重要指标,也是经济增长的终极目标之一。消费是指居民在最终产品与服务上的支出,可以细分为耐用品消费、非耐用品消费和服务消费,这三类消费对经济周期的敏感性不同。凯恩斯消费函数是宏观经济学的初学者进入宏观消费理论学习的一个好的起点,但我们也必须看到这个简单模型在面对纷繁复杂的现实世界时存在的局限性,并用诸如永久收入假说、生命周期假说等其他宏观消费理论给予补充和延伸,其中读者需要理解边际消费倾向、平均消费倾向等基本概念。尽管自中华人民共和国成立以来,中国居民的消费率在世界范围内偏低,但近年来消费在中国宏观经济中的重要性正在不断提升,这体现了中国从主要依靠要素投入和外需发展转向依靠内需实现经济增长的决心。

尽管消费是经济增长的终极目标之一,但是储蓄对经济增长也有不可替代的重要作用。从个人层面来讲,储蓄能够平滑个人一生的消费;从国家层面来讲,储蓄是决定长期经济增长速度的重要变量。从国民收入恒等式中我们看到,储蓄和消费有着一一替代的关系。储蓄的决定因素包括可支配收入、利率和对未来的预期。中国的储蓄率在世界范围内偏高,其中居民和企业储蓄是最重要的组成部分。

投资也是宏观经济中绝对重要的组成部分,投资需求与消费需求一起,组成了宏观经济的总需求,并且投资也是长期经济增长的决定性因素。在讨论投资之前,我们需要区分宏观经济学所讲的投资与现实世界中纷繁复杂的投资概念。投资主要分为企业固定投资、住房投资和存货投资。投资的决定因素非常复杂,包括收益和成本两大方面,其中又包括总产出水平、资本回报率、资本品价格、利率等。本章介绍的经典投资理论主要包括托宾 q 值和投资需求曲线,后者是我们通向更复杂的宏观经济学模型的基础。中国的投资率在世界范围内偏高,但是投资对经济增长的拉动和贡献率近年来正在逐步下降。中国的投资可以按照用途和企业所有制分类。

我们从国民收入恒等式中推导出了投资和储蓄的等价关系,并借助可贷资金市场模型对这一等价关系做了清楚而直观的解释:投资是可贷资金市场的需求方,储蓄是可贷资金市场的供给方,利率是市场价格。我们用经济数据对中国的可贷资金市场做了检验,发现中国可贷资金市场的出清程度较高、出清速度较快。

内容提要

- 消费是经济增长的终极目标之一,其与收入有着紧密的联系,因此凯恩斯消费函数是我们理解消费的一个好的起点,但是消费的决定显然不止于此。中国居民消费率偏低的问题在近年来有所改善。
- 储蓄对个人和国家的存续都有着重要的意义,我们可以看到储蓄率更高的国家有着更高的增长率,但是这并不意味着储蓄率越高越好,中国偏高的储蓄率也带来了一系列问题。
- 投资也是宏观经济中重要的组成部分和长期经济增长的决定性因素,其决定因素十分复杂,并且对经济周期的敏感程度很高,近年来随着产能和资本过剩的发生,中国的投资增速已经开始下滑。
- 投资和储蓄是同一个硬币的两面,可贷资金市场是理解这一等价关系的模型。

关键概念

居民(消费)	对经济增长的拉动	住房投资
(凯恩斯)消费函数	对经济增长的贡献率	存货投资
个人消费函数	储蓄	金融投资
边际消费倾向	储蓄率	股权投资
平均消费倾向	可支配收入	人力资本投资
耐用品	私人储蓄	资本回报率
非耐用品	政府储蓄	托宾 q 值
服务消费	预期收入	投资需求曲线
永久收入假说	实际投资	可贷资金市场
生命周期假说	企业固定投资	

练习题

1. 除了收入,结合本章的提示和你的生活经验,你还能想到哪些影响消费的因素?这些因素对消费的影响方向如何？分别是通过什么渠道影响消费的？

2. 结合本章内容，谈谈凯恩斯消费函数有哪些局限性。

3. 你认为中国居民消费率偏低的原因有哪些？近年来消费占GDP的比重和对经济增长的拉动（贡献率）不断上升说明了什么？

4. 人们为什么需要储蓄？储蓄率的高低对一个国家的长期经济增长意味着什么？

5. 以宏观经济学的视角来看，人们的银行存款或股票户头属于投资还是储蓄？这对于你对投资和储蓄关系的理解有什么启发？

6. 结合你的生活经验，你认为近年来中国投资对经济增长的拉动和贡献率逐渐降低的原因有哪些？

7. 复述可贷资金市场的概念。设想现在出于某种原因居民的储蓄意愿上升，这对利率和均衡投资（储蓄）量有何影响？请用平实的语言解释其背后的经济学逻辑。

第五章　就业与经济周期

在众多细分市场中,劳动力市场无疑是最为关键与重要的市场之一,人们在劳动力市场上出售劳动力,企业、机构、政府等在劳动力市场上雇用劳动力,这构成了最基本的劳动力供需关系。在劳动力需求方面,最关键的理论是"边际生产率理论",即真实工资等于最后一单位劳动力的边际生产力,对劳动力的需求反映的是劳动力的边际生产率。而当下的劳动边际生产率变化受到多种因素影响,其中最为基本的是资本的相对丰裕程度和劳动力自身的质量,资本丰裕程度的不断上升和教育资源的不均匀分配,导致了劳动力需求的波动。而在劳动力供给方面,除人口规模和结构外,劳动工作时长和劳动参与率是决定劳动力供给的两大关键因素。

现实世界中,劳动力市场并没有呈现完全竞争的市场特点,而是出现了许多市场势力与政府调节。一方面,劳动力内部出现了"工会"这一制度,导致在工资议价过程中,劳动力的议价能力大大增强。回顾历史,工会制度在初期较好地维护了广大劳动者的基本权利,并大幅改善了劳动者的工作条件与福利,但随着工会制度的不断发展,近年来发达国家的工会组织的罢工行动又让工会制度陷入了激烈的讨论。另一方面,劳动力就业作为重大民生问题,政府对劳动力市场进行了一系列的调节,包括最低工资制度和失业保险制度,本章希望立足于中国特色,简要介绍中国的最低工资制度实施情况和"五险一金"制度中的失业保险,并讨论上述制度对劳动力市场的影响。

就业的反面是失业,而失业常常更夺人眼球。过高的失业率无疑对整个经济有着各种各样的坏处,其中最突出的是失业对应的经济问题和失业引起的社会问题。对失业进行细分更有利于我们看清失业背后的经济问题,因此本章对失业的类型做了详细划分,包括摩擦性失业、结构性失业和周期性失业,并对其特点与来源进行介绍。失业的重要性让我们需要有更直观的数据来揭示市场上的失业水平,因此衡量失业成为各国经济统计的重点之一,对此现象,本章也简要介绍失业的衡量指标是如何构建的。另外,在当前的失业率分析中,自然失业率无疑是众多研究者的关注热点,因此本章也简要介绍自然失业率的由来与作用。失业带来的焦虑无时无刻不困扰着众多劳动者,随着科技的发展,新世纪的人工智能技术无疑又加深了大家对未来劳动力市场的担忧,因此本章对此进行案例分析。失业率通常围绕自然失业率上下波动,并在经济发展中呈现周期性的走势,借此引出经济周期的概念。

自第一次工业革命以来,历史上出现了多轮经济周期,学者们对经济周期做了许多研究,渴望探究周期背后的经济逻辑。最后,本章以史为鉴,简要介绍几次重要的经济危机,并分析中国当前经济中的隐忧,主要是房地产方面的案例。

第一节 劳动力市场

劳动是一种抽象的生产要素。大多数人在一生中都需要通过提供劳动来获得生活所需,而企业则需要通过投入劳动来进行生产,其中不可避免地会产生劳动力供需关系,进而催生了市场经济中最基本的要素市场——劳动力市场。本节将讨论劳动力市场的劳动力需求和供给,以及在劳动力市场中的非竞争性因素,包括工会与政府调节等。

一、劳动力供需

劳动力市场是劳动力通过市场机制进行配置的场所或空间,其由无数的买者和卖者组成,在这个市场上,买卖双方分别对应着劳动力的需求和供给。生活中,我们经常会听到"失业"和"用工荒"等词语,这意味着劳动力市场并非一直处于供需平衡的状态,那么到底是什么因素决定或影响着劳动力的供需?接下来本部分将从劳动力的需求和供给两方面,讨论其影响因素。

(一)劳动力需求

在分析劳动力需求的决定因素时,我们不妨先回顾一下微观部分曾学过的边际生产率理论。

1. 边际生产率理论

企业在进行生产决策时,一般会以利润最大化为最终目标,并据此决定各类生产要素的投入,包括厂房、原料及劳动等。边际生产率理论的诞生则进一步厘清了生产分配的基本逻辑。

边际生产率理论又称边际产出递减规律,指在生产技术水平和其他生产要素投入量均不变的情况下,连续增加一种生产要素的投入量,总是存在一个临界点,超过这一点后,边际产出将出现递减的趋势。

1826年,德国著名经济学家约翰·亨利·屠能(Johann Heinrich von Thünen)第一次提出了边际生产率的概念,但是在其研究生产分配的论文中,还未明确提出名词"边际生产率",美国经济学家约翰·克拉克(John Clark)在19世纪末明确提出了边际生产率理论。图5-1将劳动的边际生产率理论形象化,体现了在给定的时间和生产技术水平下,同时保持其他生产要素(资本、土地等)的投入量不变,劳动的投入与具体产出间的关系,即每一单位新增的劳动投入所带来的边际产出越来越少,即边际产出递减。

图5-1中深色竖条对应着第n个单位劳动带来的新增产出。具体来看,在投入第15个单位劳动时,此时的边际产出对应的市场竞争下的一般工资为30元/小时,即我们希望知道的第15个单位劳动的边际生产率。总体来说,在其他条件不变时,劳动的边际生产率上升将会导致劳动力的需求增加。

2. 边际生产率变化

随着时间的推移和技术升级,图5-1中的边际生产率曲线会逐渐上移,同样条件下的单

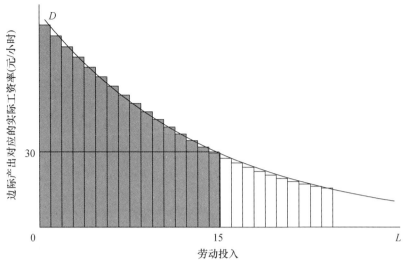

图 5-1 劳动的边际生产率反映的是对劳动力的需求

位劳动可以带来更多的边际产出。当劳动的边际生产率上升时,企业会增加对劳动力的需求;反之亦然。边际生产率曲线的移动会导致劳动力需求的变动,因此我们进一步讨论边际生产率曲线移动的原因。

第一,如果劳动者在工作过程中拥有更多、更好的资本设备,那么他的劳动生产率想必会有所提高。在人类的历史进程中,多次工业革命的爆发为劳动者带来了更多且更先进的资本设备。不妨回想一下,古代驿站和现代手机信息传递能力的差距,以及使用铲子的工人与开挖掘机的工人工作量的差距。科技进步和随之而来的设备升级,大大提高了劳动的边际生产率。

第二,劳动力之间也存在质量差异。比如,当你结束了学生生涯即将进入职场时,企业在招聘过程中必定会询问以下几个问题:你的最高学历是什么?是否获得了相关专业证书?等等。企业会根据回答来判断你是否训练有素或受过良好教育,一般来说,高学历可能为你带来更高的工资,这意味着如果你拥有更多的"人力资本",那么相对其他拥有较少"人力资本"的人,你的边际生产率水平通常较高。

以中国为例,一方面,中国在多年的发展历程中从未停止工业化的脚步,工业化水平持续提高(如图5-2所示);另一方面,在中国共产党的领导下,政府将很大一部分财政支出用于教育,劳动力受教育水平持续提高,识字率从1949年的20%提高至2019年的96%。随之而来的是劳动边际生产率的持续提高,中华人民共和国自成立以来,劳动力的生活水平显著提高,从前中国劳动人民"食不果腹,衣不蔽体"的日子一去不复返,除了基本的衣食需求,中国劳动人民对文体娱乐和医疗保健的购买力也有了很大的提高,保证了国民人均寿命的稳步提高。如果一国在教育和医疗保健领域的投资不足,则可能导致其劳动的边际生产率一直处于缓慢增长甚至停滞的状态。

(二)劳动力供给

这一部分,我们将从劳动力市场的需求转到劳动力市场的供给,进一步讨论劳动力市场

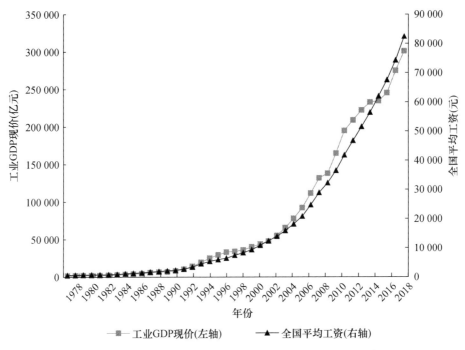

图 5-2　中国工业 GDP 现价和全国平均工资（1978—2018 年）

资料来源：国家统计局。

中影响劳动力供给的因素。劳动力供给是指人们愿意在有收益的活动中工作的小时数。劳动力供给受到三个主要因素的影响，即人口规模和结构、工作时长及劳动参与率。

1. 人口规模和结构

影响劳动力供给最直接的因素是人口因素，其又细分为人口规模和人口结构。人口的不断增长为经济发展提供了充足的劳动力，因为年轻人口相对老年人口一般能提供更多的劳动。目前，许多发达国家和地区，甚至一部分发展中国家和地区都面临"少子化"和"人口老龄化"的双重问题，新生儿数量逐年减少，老年人口比例逐年上升，劳动力市场供给面临困境。

在大多数国家，人口增长主要是通过自然生育，而美国及部分欧美国家则是通过吸收移民来创造劳动力供给。2017 年，美国总人口中有近 14% 是在外国出生的，同时，美国有着世界上最大的移民数量，有高达 4 400 万移民居住在美国。

知识链接
2019 年世界各国（地区）出生率

《世界人口综述》（*World Population Review*）在其官网上公布了其调查的 2019 年世界 200 多个国家或地区的出生率。其中，中国作为世界人口数量排名第 1 位的国家，2019 年的出生率并不高，中国大陆的出生率为 1.635，即每位妇女平均生产 1.64 个婴儿，仅排名第 164 位。

出生率最高的国家或地区主要分布在非洲，排名前 10 位的国家或地区中有 9 个来自这里，包括世界出生率最高的国家——尼日尔，其出生率高达 7.15。出生率排名第 10 位的国家是来自东南亚的东帝汶，其出生率高达 5.34。中国台湾地区以每个妇女平均生产 1.22 个婴儿，排名垫底。倒数第 2 位的是摩尔多瓦，出生率为 1.23；倒数第 3 位的是葡萄牙，出生率为 1.24。

至于欧美等发达经济体,美国的出生率为 1.89,排名第 135 位;法国为 1.97,排名第 126 位;英国为 1.87,排名第 138 位;德国出生率更低,仅为 1.47,排名第 181 位。

2. 工作时长

工作时长通常是指在不同长度的时间内,劳动力工作时间的平均长短。以"朝九晚五"的八小时工作制为例,在每周双休的情况下,劳动力一周的工作时间大概为 40 个小时。但是,每个人的工作时间能够做出灵活的安排,比如上学时间的安排、退休时间的先后、全天还是部分时间工作,不同的安排会影响人一生工作时间的总时数。

以中国为例,中国政府在 1999 年开始对大学进行扩招,并一直持续至今。大学生数量限制的放松使得更多年轻人得到了上大学的机会,在短时间内减少了劳动力的供给,缓解了经济的就业压力,同时,给更多年轻人提供了教育资源,从长期来看,提高了劳动力的质量。

知识链接
世纪之交的中国高校扩招

1977 年,中国开始恢复高考招生,十几年来,虽然中国高校的招生规模在不断扩大,但是在 1977—1999 年,高校招生的年均增长率仅约为 8.5%,"千军万马过独木桥"的高考竞争十分激烈。

20 世纪末,中国教育部出台了《面向 21 世纪教育振兴行动计划》,该计划中明确了中国 21 世纪的教育计划,其中最关键的一点就是高校扩招计划,即到 2010 年,中国的高等教育毛入学率应该达到所有适龄青年的 15%。

该计划实施后,中国高校迅速扩大招生规模,仅 1999 年,招生人数就增加了 51 万人(见图 5-3),增长率高达 47.4%,同时高增长率持续多年,仅 4 年后,中国普通高校本专科生在校人数超过 1 000 万人。

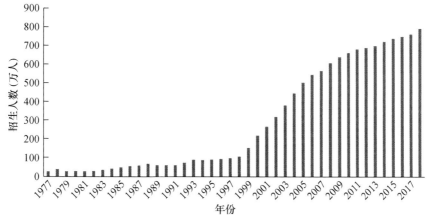

图 5-3 中国高校招生人数(1977—2018 年)

资料来源:《中国教育统计年鉴(1977—2018 年)》、教育部发展规划司网站等。

3. 劳动参与率

劳动参与率是指在总劳动人口中,有多少比例的劳动力在积极寻找工作或正在工作。在劳动人口规模保持不变的条件下,劳动参与率越高,意味着劳动力供给越多。

从表 5-1 的数据来看,女性劳动参与率明显低于男性。女性劳动力参与率最高的国家类别是低收入国家,因为低收入国家均以农业生产为主,而农业生产中女性的参与门槛较低。此外,高收入国家的女性劳动参与率也较高,因为这类国家通常拥有较为完善的社会福利机制、平等的就业市场环境及高附加值的产业结构等,女性面临和男性平等的社会地位及经济地位,所以在劳动力市场上面临平等的选择,能充分施展自己的才能。

表 5-1　不同国家的劳动参与率(2019 年)　　　　　　　　　　单位:%

劳动参与率	世界	低收入国家	中等收入国家	高收入国家
女性劳动参与率 (占 15 岁以上女性人口比重)	47.66	64.32	44.75	52.74
男性劳动参与率 (占 15 岁以上男性人口比重)	74.70	78.93	75.85	68.06
总劳动参与率 (占 15 岁以上总人口比重)	61.16	71.50	60.34	60.33

资料来源:世界银行。

二、工会与政府

我们之前一直分析的是理想条件下竞争性的劳动力市场。但是在现实世界中,劳动力市场并没有呈现完全竞争的特点,某些因素会扭曲和阻碍完全竞争的劳动力市场的运行。非竞争因素主要包括两个方面:一是工会与集体谈判对劳动力市场的影响;二是政府对劳动力市场不容忽视的影响,政府通过强制实行失业保险、设定最低工资标准等举措对劳动力市场进行调节。

(一)工会与集体谈判

工会是一种特殊的社会组织,其主要成员是劳动者。最初的工会形成于 18 世纪的英国,此后,其他国家陆续诞生了工会组织。通常来说,成立工会的目的是保护组织内劳动者的权益,是代表劳动者与企业进行沟通的一个组织。工会自诞生以来,其对劳动力市场的发展产生了很大的影响。

1. 工会与劳动力市场

工会的形式在各国虽然有所不同,但其主要目标均为:第一,为组织内的劳动者提供保障,维护其劳动条件和工资待遇等;第二,维持工会运转,保证工会能够长久、有效地发展下去。

具体而言,工会发挥作用的主要途径是代表组织内的劳动者进行集体谈判,并就劳动报酬、劳动福利和劳动条件等与企业达成协议。在一定条件下,工会可以发起罢工,增进从企业那里获得更好的劳动条件的议价能力。集体协议通常是指由工会出面,代表组织内的劳动者和企业进行磋商,签订的以劳动条件为核心的集体合同。

2. 中外工会组织的差异

中国作为社会主义国家,自身的工会制度与资本主义国家的工会制度有着根本上的不同。官方定义上,中国工会组织是职工自愿结合的工人阶级的群众组织。中国的工会有着鲜明的阶级性,它是工人阶级的群众组织。另外,中国的工会组织具有自愿性,任何职工可以自己决定是否加入工会组织。

得益于中国政府对工会组织的明确定义和重视,工会组织作为工人阶级的群众组织,为党和国家提供了联系广大职工群众的沟通桥梁,成为中国重要的社会支柱之一。中国的工业发展历程虽然短于老牌的资本主义国家,但是中国以工人阶级为主要执政力量,在中国共产党的领导下,中国工会组织与各方的根本利益一致,能够更有效地发挥工人与企业之间的沟通作用。除了政治体制不同,中外工会组织还有不少差别,如表5-2所示。外国工会组织的一个主要职能是组织罢工,而罢工会或多或少地影响普通百姓的日常生活。

表5-2 中国和美国工会组织的比较

项目	中国总工会	美国劳工联合会产业工会联合会(AFL-CIO)
规模	3.03亿人(截至2017年9月)	1 481万人(截至2017年年底)
独立性	工作中贯彻党的指导方针,有政府财政补助	有独立机构,政策诉求,独立经费,独立运作
领导人产生	由党组织考核安排,全国人民代表大会选举	由各工会组织成员选举产生
与产业工会组织和地方工会组织的关系	上下级领导关系	松散的指导关系,各产业工会组织独立运作
工会会员与非会员待遇比较	工会会员福利略好	会员工资普遍比非会员高
建立新的工会组织	政府鼓励	自由,企业中35%的工人同意即可筹备,50%同意即成立
工会组织行使权利的方式	协商,行政干预,法律诉讼	协商,罢工,示威,联合抵制,游说,法律诉讼

3. 外国工会组织的历史与现状

工会组织已经在发达国家有两个多世纪的历史。在二百多年的发展历程中,外国工会组织发生了很大的变化。以美国为例,美国的工会组织一开始是由技术工人自发组织和形成的地方工会组织,随着时间的推移,地方性的工会组织已无法满足美国工人对工会组织的需求,之后工会组织持续发展壮大,全国性的工会组织逐渐形成;19世纪末,美国劳工联合会正式成立,美国工会组织的金字塔状逐步成型。

外国工会组织在逐渐形成和规范的过程中,支持和反对的声音不绝于耳,经济学家们对工会组织也有着各自的看法。

工会组织的支持者们认为,工会组织有助于工人联合起来,提高与企业商定工资时的议价能力。公众一般认为个体劳动者在面对大企业时,处在议价的弱势地位,尤其当企业的市场势力非常大时,工人的议价能力被压低。因此,在工会组织出现之前,企业可能依赖自身的市场势力压低工资,并提供恶劣的劳动条件。此时,工会组织的出现可以平衡工人与企业间的议价能力,保护工人的劳动条件和待遇。回顾历史,在工会组织出现伊始,工会组织确实为改善工人的劳动条件和报酬提供了巨大的帮助。

工会组织的批评者们则反驳,工会组织造成了一定程度上劳动力的垄断供给。因为工会组织的集体谈判会导致工资提高到均衡工资水平之上,使得企业的劳动力需求减少,最终使得一些工人失业。批评者们还认为,一方面,工会组织导致的高工资使就业低于有效率的竞争水平;另一方面,工会组织内工人的利益增加是以非工会工人的损失为代价的。

相关资料
全美汽车工人联合会简介

全美汽车工人联合会(United Automobile Workers, UAW)是美国最大的工会组织。UAW成立于1935年,在1936年针对汽车寡头的一次罢工中,汽车寡头们首次见识到了UAW的厉害,由此也奠定了UAW在汽车工人中的领导地位。UAW在20世纪30—50年代迅速发展,在其巅峰时期,会员总数一度达到150万人左右。

20世纪80年代,日本汽车的大量进口严重冲击了美国汽车产业。1979—1980年,美国汽车行业失业人数增加,利润下降,福特汽车公司和UAW向美国国际贸易委员会(ITC)申请了"201条款"保护。最终,该申请被拒绝,理由是相比日本进口汽车的增加,美国的经济衰退才是导致失业的主要原因。

面对这种结果,福特汽车公司通过UAW转而寻求国会的帮助。为此,美国国会通过了一项限制进口的法案,该法案提出在1981年、1982年和1983年将日本出口到美国的汽车限制在每年160万辆。最终,日本政府于1981年5月宣布日本对美国乘用车出口量限制在每年不超过168万辆,从1981年4月1日开始执行,为期3年。至此,UAW再次维护了汽车工人的利益。

资料来源:FEENSTRA R C. Advanced international trade: theory and evidence[M]. New Jersey: Princeton University Press, 2015。

(二) 政府政策

劳动力市场关乎每个人的工作与生活,劳动力市场上劳动力的短缺或过剩,对应着"用工荒"和"失业"这类重大的民生问题,政府在多年的调节过程中,多采用最低工资制度和失业保险制度等政策。一方面,这些政策保障了劳动者的最低生活水平并降低了其遭遇失业的损失;另一方面,这些政策造成了劳动者更多的"失业"。

1. 最低工资制度

最低工资制度是指劳动者在法定的工作时间里为雇主提供正常劳动时,雇主应该为劳动者提供最低劳动工资。在提及最低工资制度时,其引发的"失业"被反复提及。因此,我们先讨论一下最低工资制度造成失业的主要原因。

图5-4说明了最低工资制度的经济学分析。如果最低工资的设定值高于自由竞争市场下的均衡工资水平,那么最低工资制度会导致劳动力的供给超过需求,最终导致市场上有一些劳动者即使愿意工作,也无法找到工作,成为失业者。

但是,在实际中,大多数劳动者的工资高于最低工资标准,最低工资制度针对的只是小部分劳动者,包括最不熟练的劳动者和经验不足的新人,最低工资制度在保障其最低生活水平的同时,也带来了一部分失业。

面对最低工资制度,一部分学者强调了最低工资上涨对低收入群体就业的负面影响;另一部分学者则认为最低工资制度不仅不存在显著的负面影响,而且在边际上有正向作用,这

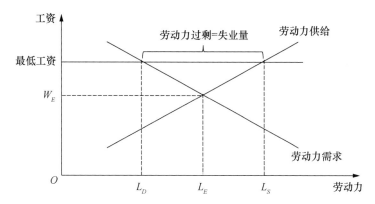

图 5-4　最低工资高于均衡工资水平造成的失业

也在一定程度上解释了为什么各国政府基本上都实施了最低工资制度。在研究中,学者们发现,最低工资制度的影响范围可能远不止图 5-4 所描绘的那般简单,有学者就曾研究最低工资与出口行为的关系,发现最低工资对加工贸易企业、低生产率企业和低资本劳动比企业等对非技术工人依赖度较高企业的影响显著小于其他企业。[①] 类似的研究不胜枚举,因此最低工资制度对经济的影响逻辑依旧有待探索。

■ 知识链接
中国各省市的最低工资标准

在国际上,最低工资制度通常是通过法律的形式在各国范围内统一实施,中国也按照这一国际惯例,通过立法确立了最低工资制度,但是考虑到中国不同地区和省市间经济发展水平不一,如果实施统一的最低工资标准则会有很大的困难。因此,中国不同省市均自行拟定了适合的最低工资标准。同时,当省内经济发展水平有较大差异时,不同地级市间可以有不同档的最低工资标准。截至 2019 年 7 月,中国 31 个省市最低日工资标准如表 5-3 所示。

表 5-3　中国 31 个省市最低日工资标准(截至 2019 年 7 月)　　　　　　　　单位:元

地区	标准实行日期	第一档	第二档	第三档	第四档	第五档
北京	2019 年 7 月 1 日	2 200				
天津	2017 年 7 月 1 日	2 050				
河北	2016 年 7 月 1 日	1 650	1 590	1 480	1 380	
山西	2017 年 10 月 1 日	1 700	1 600	1 500	1 400	
内蒙古	2017 年 8 月 1 日	1 760	1 660	1 560	1 460	
辽宁	2018 年 1 月 1 日	1 620	1 420	1 300	1 120	
吉林	2017 年 10 月 1 日	1 780	1 680	1 580	1 480	
黑龙江	2017 年 10 月 1 日	1 680	1 450	1 270		

---

① 参见崔晓敏,余淼杰,袁东.最低工资和出口的国内附加值:来自中国企业的证据[J].世界经济,2018(12):4。

(单位:元)(续表)

地区	标准实行日期	第一档	第二档	第三档	第四档	第五档
上海	2019年4月1日	2 480				
江苏	2018年8月1日	2 020	1 830	1 620		
浙江	2017年12月1日	2 010	1 800	1 660	1 500	
安徽	2018年11月1日	1 550	1 380	1 280	1 180	
福建	2017年7月1日	1 700	1 650	1 500	1 380	1 280
江西	2018年1月1日	1 680	1 580	1 470		
山东	2018年6月1日	1 910	1 730	1 550		
河南	2018年10月1日	1 900	1 700	1 500		
湖北	2017年11月1日	1 750	1 500	1 380	1 250	
湖南	2017年7月1日	1 580	1 430	1 280	1 130	
广东	2018年7月1日	2 100	1 720	1 550	1 410	
其中:深圳	2018年7月1日	2 200				
广西	2018年2月1日	1 680	1 450	1 300		
海南	2018年12月1日	1 670	1 570	1 520		
重庆	2019年1月1日	1 800	1 700			
四川	2018年7月1日	1 780	1 650	1 550		
贵州	2017年7月1日	1 680	1 570	1 470		
云南	2018年5月1日	1 670	1 500	1 350		
西藏	2018年1月1日	1 650				
陕西	2019年5月1日	1 800	1 700	1 600		
甘肃	2017年6月1日	1 620	1 570	1 520	1 470	
青海	2017年5月1日	1 500				
宁夏	2017年10月1日	1 660	1 560	1 480		
新疆	2018年1月1日	1 820	1 620	1 540	1 460	

资料来源:人力资源和社会保障部官网。

2. 失业保险制度

失业保险制度是社会保险制度的组成部分,亦称失业社会保险,是政府和社会团体对身体健康的失业者在一定期限内支付失业救济金的社会保险制度。失业保险制度给失业者提供部分经济保障,使其能在失去工作的短时间内维持一定的生活水平,缓解其在寻到下一份工作前的生活压力。

在2008年全球金融危机期间,实体经济受到了金融危机的冲击,许多工人失去了工作。此时,失业保险制度能够较好地帮助工人度过金融危机,保障其在危机期间的生活水平。

尽管失业保险制度减轻了失业所带来的痛苦,但也增加了失业量。因为工人在失业期间可以领取一定的失业补助,所以失业者会降低寻找工作的迫切程度,并更容易拒绝缺乏吸引力的工作。同时,失业保险通常由企业提供,失业保险费提高了企业的用工成本,企业会偏向于减少雇员数量。

> **相关资料**
> **中国"五险一金"制度之失业保险制度**
>
> 在中国,"五险一金"制度涵盖了失业保险这一子项。"五险一金"是用人单位给予劳动者的几种保障性待遇的合称,包括养老保险、医疗保险、失业保险、工伤保险和生育保险,以及住房公积金。本部分将简要介绍失业保险。
>
> 1986年国务院发布的《国营企业职工待业保险暂行规定》(现已失效)是中国第一份以失业保险为核心的官方规定,其拉开了中国失业保险制度的序幕。20世纪末,中国政府为了进一步发展和完善劳动力市场,不断鼓励地方政府进行失业保险的地区性实验。之后,在不断总结和归纳地方失业保险制度实行经验的基础上,1999年中国政府颁布了《失业保险条例》,该条例标志着中国失业保险制度的正式建立。
>
> 中国的《失业保险条例》规定,失业保险基金由下列各项构成:① 城镇企业事业单位、城镇企业事业单位职工缴纳的失业保险费;② 失业保险基金的利息;③ 财政补贴;④ 依法纳入失业保险基金的其他资金。
>
> 失业保险待遇由失业保险金、医疗补助金、丧葬补助金和抚恤金、职业培训和职业介绍补贴等构成。失业保险待遇中最主要的是失业保险金,失业人员只有在领取失业保险金期间才能享受其他各项待遇。

第二节 就业与失业

工作是人们生活的核心,如果没有解决好就业问题,那么社会稳定的基础就会十分薄弱。就业问题不仅是一个关乎个人的实际问题,还是一个关乎整个社会能否稳定、健康发展的核心问题。失业是指具有劳动权利能力和劳动行为能力并有就业意愿的劳动者处于得不到就业机会或就业后又失掉工作的状态。过多的失业人口无疑对整个经济有着各种各样的坏处,其中最突出的是失业对应的经济问题和失业引起的社会问题。

在现实中,失业的现象常有发生,有的人可能是因"跳槽"而暂时性失业,有的人可能是被公司解雇。本节将细分不同类型的失业,包括摩擦性失业、结构性失业和周期性失业,并具体讨论失业背后的经济逻辑。

失业的重要性让我们需要有更直观的数据来揭示市场上的失业水平,因此衡量失业率成为各国经济统计的重点之一。对此,本节将为大家简要介绍失业率的度量指标和构建方法。另外,在当前的失业率分析中,自然失业率是众多学者的研究热点,因此本节也简要介绍自然失业率的概念与相关理论。

一、失业与经济

就业的反面是失业,而失业常常更夺人眼球。失业率高企是各国政府都不愿面对的难题,一方面,高失业率意味着经济发展受挫;另一方面,高失业率威胁着社会的稳定。为此,经济学家们从失业的具体原因下手,将失业的种类进行细分,致力于探索解决失业率过高的办法。

(一) 失业的成本

对于绝大多数社会成员来说,没有稳定的工作就意味着没有稳定的收入,失业者及其家庭很难维持正常的生活。除了造成个人失业时的困境,对于宏观经济和社会发展来说,高失业率还可能激化甚至引发各类经济或社会矛盾。

1. 经济成本

当失业率上升时,经济实际上是损失了那些本可以由失业者生产的商品和服务。在经济衰退时期,高失业率就相当于让无数的商品和服务凭空消失。以美国为例,历史上美国最大的经济损失发生在20世纪二三十年代的大萧条时期,当时美国的失业率曾一度高达25%。

除了资源的不充分利用,失业带来的一个重要经济问题就是进一步拉大了社会贫富差距。以常见的四口之家(一对夫妻和两个小孩)为例,假设夫妻各自的月收入为5 000元人民币,因为经济不景气或者出于其他原因,夫妻中的一方失去了工作,如果失业保险制度不健全,那么其家庭收入就直接减半,会让其原本就不宽裕的日子变得更加窘迫。可见,失业会导致贫困人口增加,失业者及其家庭可能最先成为新的贫困者。

2. 社会成本

如果你拥有一份工作,那么除了以工资为主的经济收益,你还能"正常"地融入社会生活环境;反之,失业可能意味着你将进入一个"边缘化"的社会生活状态,使你和"主流"的社会生活分隔开来。如果出现了这样片面、狭窄甚至封闭的社交状态,那么失业者可能和其他社会成员出现沟通与交流上的障碍,使得失业者没有勇气或不愿意和外界重新建立联系。

当人们难以走出失业的阴霾时,将会发生极端的情况。一篇发表在《柳叶刀:精神病学》(*The Lancet Psychiatry*)期刊上的文章表明,在纳入数据分析的63个地区,失业对自杀率都产生了相似的影响。[①] 失业率与自杀率之间呈现一种带有时间延迟的、非线性的正相关关系。在整体失业率较低的地区,失业率上升所导致的自杀率上升现象更加明显。据研究者估计,2000—2011年,在这63个地区中,总共发生了约233 000起自杀事件,而其中与失业相关的占到了1/5左右(约45 000起)。

此外,年轻人的失业问题尤为关键,由于年轻人经济基础通常比较薄弱,如果长期失业,则可能产生一系列反社会行为,甚至可能犯罪。失业状态所带来的对失业者精神和生理的伤害,以及伴随高失业率而来的社会秩序混乱,会给社会发展带来难以衡量的阻碍。

(二) 失业的类型

国际劳工组织(ILO)把失业者定义为:没有工作但可获得工作并正在寻找工作的、经济上活跃的人口,包括被动失去工作的人和自愿离开工作的人。前文已经简单叙述失业的成本,这一小节将细分失业的类型,包括摩擦性失业、结构性失业和周期性失业。

---

① 参见 NORDT C, et al. Modelling suicide and unemployment: a longitudinal analysis covering 63 countries, 2000-11 [J]. The Lancet Psychiatry, 2015, 2(3): 239-245.

1. 摩擦性失业

摩擦性失业是指均衡条件下的失业,劳动者寻找适合自己兴趣爱好和技能的工作需要时间,因此引起失业,通常认为这种失业可以解释持续时间较短的失业。比如,应届大学生毕业进入劳动力市场寻找工作,或者劳动者选择"跳槽",或者劳动者找到了工作岗位但还需要一段时间的准备才能上岗,这些情形都需要一定的时间,在这段时间的失业就是摩擦性失业。另外,在需求方面,当企业想要招募工人来填补岗位空缺时,通常企业会进行选拔,以选择更加适合岗位的候选人,这也会造成摩擦性失业。

摩擦性失业是由经济体的动态变化造成的,即使经济处于运行良好的状态,摩擦性失业也总是存在的,它是一种经常性的失业,并非周期性的。它的规模取决于失业者及寻找工作时所遇到的结构上的困难。因此,消除摩擦性失业的主要途径是提高劳动者的流动性,并为企业和劳动者提供更多的就业信息。

知识链接
摩擦性失业季节性因素和"麦客"的前世今生

在造成摩擦性失业的众多因素中,季节性因素和农业生产息息相关。在以农业生产为主的旧社会中,一年四季的变迁造成不少周期性失业。其中,一个极具中国特色的例子就是"麦客"。

在中国古代,农作物收获的时节是农民一年中最为繁忙的时刻。在以小麦为主要粮食作物的中国北方,由于不同纬度下小麦的成熟时间不同,催生了一种名为"麦客"的职业。"麦客"的主要工作就是在农忙时替人收割麦子。

"麦客"通常是青壮年,他们在农忙时的收割工作缓解了中国北方农村在夏天收获季节人手不足的困境。但是,随着小麦收割季节的结束,如果"麦客"没有自家的田地,那么他们就将面临几个月的失业,即我们前文提到的摩擦性失业。

随着中国农业机械化水平的不断提高,机械收割的比例越来越高,每年夏天都有许多收割机四处奔波,为北方农村的小麦收割贡献力量。这些收割机因为和旧时的"麦客"起着一样的作用,所以农民称它们为"机械麦客"。

2. 结构性失业

结构性失业是指因劳动力市场可提供的工作岗位数量不足以为每个想工作的人提供工作而引起的失业,通常是指因经济结构变动导致劳动力市场中供需出现错配而造成的失业。常见的情况有,产业兴衰所引起的行业间或地区间的结构性失衡。比如,20世纪电报员和电话接线员曾为千家万户的通信带来了帮助,但是21世纪以来,移动通信发展迅速,中国引领的5G时代更是将移动通信推向了新的高峰。这一方面造成了电报员和电话接线员的失业,另一方面创造了对高端通信工程师的需求,最终形成了典型的结构性失业。此外,回顾我们前文曾提到的最低工资制度,当均衡工资水平低于最低工资时,也会出现结构性失业。

为了缓解结构性失业,政府应该以现有劳动力结构为基础,实施合适的产业政策和人力资源政策,或者顺应技术的变化,积极提供就业培训和职业教育,以适应新职业的需要。

知识链接
中国的"用工荒"和"就业难"问题

2019年,中国的应届高校毕业生规模超800万人,比10年前增加了26%,更是较15年前的不到300万人暴增了近200%。高校毕业生数量激增导致"就业难"问题雪上加霜,一边是高校毕业生"就业难",另一边却出现了企业"用工荒"。早在2004年,珠三角等几个沿海经济高新区就相继出现了"用工荒"潮,许多工厂出现了"空厂房、无人产"的怪象,从而被迫使用机器人代替手工生产。面对"用工荒"和"就业难"同时存在的两难困境,研究人员给出了不同的原因,包括信息收集不对称、大学生的择业途径与企业的招聘途径不对称、大学生的专业与企业所需的岗位不对称、大学生的职业能力不符合企业的标准,等等。

3. 周期性失业

前文提到的两种失业类型,即使在稳定运行的经济中也会出现,但有一种失业的出现则主要受经济周期性波动的影响,即所谓的周期性失业。

周期性失业通常与市场经济中的周期性波动相联系。从逻辑上讲,当经济不景气时,社会上的失业者就会大量增加;但随着经济景气全面回升,社会对劳动力的需求就会增加,就业率随之上涨。一般来说,低工资和非熟练工人在经济周期性波动中受影响程度最高,但若经济危机十分严重,则不同行业的生产都会受到影响,失业将成为普遍现象。

针对周期性失业的讨论将在经济周期部分进一步探究。

相关资料
科技进步的"大规模失业"焦虑:从机器到人工智能

历史上,人类社会的几次关键进步都得益于科学技术的突破,我们将技术进步中表现最为集中和突出的部分称为"技术革命"。通常来说,一方面,技术革命的爆发会为经济带来新的增长点,产生新的物质和人才需求;但另一方面,某些产业可能被新的技术淘汰,落后产业将面临劳动力过剩的新问题。

早在工业革命早期,当时的工人们就已经感受到机器对他们的影响。机器生产使得传统的手工生产再无利润可言,工厂主自然转而使用机器来替代手工生产,许多手工工人工资逐步下滑,甚至失业。当时的工人们将机器视作自己失业的主要原因,利用破坏机器的方式来发泄自己的不满,抗议工厂主对自己的压迫。在这期间,英国莱斯特郡一个名叫卢德的工人,为了抗议工厂主的压迫,第一个捣毁织袜机,因此,这次运动被称为"卢德运动"。

现如今,我们身处21世纪信息革命的浪潮之中,这次的技术进步产生了互联网、物联网、人工智能、大数据等一系列新兴行业,这些行业极大地方便了我们的生活,也改变了我们的生活和工作方式。其中,人工智能技术的发展正带来一场深刻的系统性变革,人工智能可能引发的失业问题在各个维度上都远远超过一般的技术性失业。人工智能不仅能够通过编程来处理一些重复性的工作,而且可以通过机器学习等手段取代一些创造性的工作。在人工智能逐步向人类生活靠近的同时,劳动者对就业的不安全感和对再就业的担忧成为不可忽视的社会问题。

二、失业的度量

虽然全球的失业率较20世纪30年代的大萧条时期已经有了大幅降低,但失业率的变动依旧是各国关注的重点。媒体上常常提及的中国特有的"城镇登记失业率"、美国的"非农业失业率"等失业率指标是怎样构建的?了解失业率的数据构造基础将有利于我们理解失业率背后的具体意义,看清指标的优势与不足。

即使是在平稳运行的经济中,工人也会面临失业,经济学家由此引出了自然失业率的概念,成为众多研究者的关注热点,本小节也将简单介绍自然失业率及其相关理论。

(一) 失业度量指标的构建

度量失业一般是各国政府的工作,政府通常在固定时间调查和提供关于失业与劳动力市场的数据,包括失业率、失业类型等。

1. 失业率的计算

在各国失业率的计算方法中,最为常见的是美国的模式,因此本部分首先介绍典型的失业率计算方法,然后将其与中国特有的城镇登记失业率指标进行对比。

以美国为例,美国政府中负责进行失业度量的部门为美国劳工部(DOL)的劳工统计局,它对大量的美国家庭进行定期调查,并根据每次调查的结果,将每个受调查家庭中的成年人分别划入三种不同的类别:

(1) **就业者**:正在从事有报酬工作的人,包括在家族企业中工作但没有拿报酬的人,在自己的企业中工作并得到报酬的人,以及在别的企业中作为员工而得到报酬的人,因病、因假或因罢工而缺勤者也算就业者。

(2) **失业者**:包括能够工作,并在之前一段时间内努力寻找工作但依旧失业的人。被划入失业者的关键,不仅是这个人没有工作,而且他在采取措施寻找新工作。

(3) **非劳动力**:这部分人有的在家负责家务,有的生理条件不适合工作,有的拒绝寻找工作,有的已经退休,有的属于全日制的学生。

劳工统计局将失业率定义为失业人数占劳动力数量的百分比,劳动力数量即就业者加上失业者:

$$失业率 = \frac{失业人数}{劳动力数量} \times 100\% \tag{5-1}$$

另一个我们曾提及的指标为劳动参与率,它衡量的是一国成年人总人口中劳动力所占的百分比:

$$劳动参与率 = \frac{劳动力}{成年人总人口} \times 100\% \tag{5-2}$$

在美国的失业率指标体系中,失业率不仅包括整个成年人总人口的失业率,还进一步进行细分,包括性别、种族等分类。美国另一组重要的失业数据是非农业数据,包括非农业人口的就业数量、就业率和失业率,非农业数据可以极大地影响货币市场的美元价值,因为其客观地反映了美国经济的兴衰。

在中国,政府对外公布的失业指标为中国特有的失业统计指标——城镇登记失业率,由中国人力资源和社会保障部对外公布,其计算公式为:

$$城镇登记失业率 = \frac{城镇登记失业人数}{城镇从业人数 + 城镇登记失业人数} \times 100\% \qquad (5\text{-}3)$$

其中,城镇登记失业人数是指拥有非农业户口、在一定劳动年龄(16周岁以上及男性50周岁以下、女性45周岁以下)内、拥有劳动能力、无业且要求就业,并在当地就业服务机构进行求职登记的人员总数;城镇从业人数则是指城镇劳动年龄人口中处于就业状态的人员总数。

中国城镇登记失业率指标的优势是其统计成本低,符合中国劳动力市场监管并不健全时的指标构建要求;但从局限性来讲,城镇登记失业率通常会小于实际失业率,因为失业者中很多属于农业户口,或者是选择不进行就业登记的城镇人员,此外还有很多其他因素导致指标失真。但随着中国政府对劳动力市场监管的加强,以及市场对准确口径失业率指标的强烈需求,近年来,市场上对公布中国调查失业率的呼声越发高涨。

2. 失业率的思考

前文提及的失业率和劳动参与率指标衡量了劳动力中失业的程度及劳动力的比率。但是在具体的度量过程中,除了有限样本选择带来的误差,失业指标对失业者和就业者甚至劳动力的划分界限并不明确。

一般来说,要想区分就业与失业是比较容易的,但是很难区分失业者是否在努力寻找工作。一方面,所谓的失业者虽然报告自己失业,并在努力地寻找工作,但实际上他们可能并没有努力地寻找工作,他们自称为失业者,可能是为了取得失业带来的社会援助,或者他们在暗地里工作,为了给收入避税而谎称为失业者;另一方面,非劳动力可能内心也有寻找工作的想法,但被多次求职失败的经历打击后,放弃寻找工作,成为所谓的非劳动力。

失业的度量存在内部人口分类误判的风险,因此在此提出一组与劳动力有关,但内在误差相对较小的指标——人口抚养比,包括总人口抚养比、老年抚养比和孩童抚养比。其计算公式为:

$$总人口抚养比 = \frac{14岁及14岁以下人口 + 65岁及65岁以上人口}{15—64岁人口} \times 100\% \qquad (5\text{-}4)$$

$$老年抚养比 = \frac{65岁及65岁以上人口}{15—64岁人口} \times 100\% \qquad (5\text{-}5)$$

$$孩童抚养比 = \frac{14岁及14岁以下人口}{15—64岁人口} \times 100\% \qquad (5\text{-}6)$$

人口抚养比指标与劳动年龄人口占总人口的比重成反比关系,它更好地描述了经济中劳动力的潜力,避免了对失业者和非劳动力划分时可能出现的误判。但是,人口抚养比指标默认15—64岁的人口都拥有劳动能力,这可能高估了一国的劳动潜力。

人口抚养比指标一方面反映了社会人口年龄结构的变化,另一方面衡量了劳动力的潜力。经济学家们通常将总人口抚养比小于50%的时期称为人口红利期,而将超过60%的时期称为人口负债期。因为当总人口抚养比较低时,该经济体的劳动年龄人口占比较高,将为未来的经济发展创造有利的人口条件。

历史经验表明,经济快速增长时期通常也是人口红利期。以中国为例,中国20世纪五六十年代出生的人口在80年代进入劳动力市场后,为中国的经济增长提供了大量的劳动力;同时,1980年开始实施的独生子女政策,使中国的总和生育率在短时间内迅速降低,总人口抚养比持续下降,为高储蓄率创造了条件,进而为经济增长提供了充足的资本供给(1990—2018年中国人口抚养比如图5-5所示)。然而,低生育率虽然在短期内使得人口抚养比下降,创造了人口红利的条件,但是从长期来看,低生育率将使新增劳动年龄人口不能弥补65岁及以上退出劳动力市场人口的数量。因此,最终人口红利还是会消失,劳动年龄人口数量最终将减少。

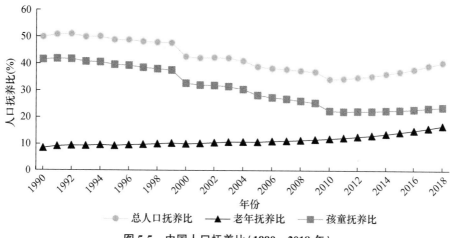

图 5-5 中国人口抚养比（1990—2018 年）

资料来源：国家统计局。

（二）自然失业率

在之前对失业的介绍中，大家应该已经意识到即使经济处于均衡状态，失业也将持续存在，即失业率不等于 0。那么，这种均衡状态下的失业率到底代表着什么？它对经济有什么影响？它是否会变化？这一系列问题引起了许多经济学家的研究兴趣。在众多学者中，美国经济学家米尔顿·弗里德曼提出了自然失业率理论。随后，阿瑟·奥肯（Arthur Okun）提出了潜在产出与自然失业率间的经验关系，被称为"奥肯法则"（Okun's Law），从而将这个方面的研究推向了新的高度。

1. 自然失业率的含义

自然失业率是指在没有货币因素干扰的情况下，劳动力市场和商品市场的自发供需力量发挥作用时应有的、处于均衡状态的失业率。只要没有货币因素的干扰，这种失业率就是稳定的，实际失业率通常以自然失业率为轴心而上下波动（如图 5-6 所示）。虽然自然失业率是

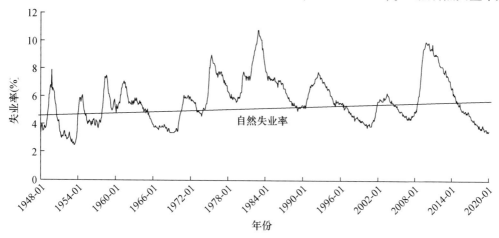

图 5-6 美国失业率月度数据（1948 年 1 月—2020 年 1 月）

资料来源：美国劳工统计局。

经济在长期中会趋近的失业率,但是这并不意味着它是最优的失业率水平。比如,一个国家实施的最低工资标准高于市场均衡工资水平,将导致工人的就业热情超过企业招工的热情,此时,市场上会出现超额劳动力供给,自然失业率就会比较高。按照之前的定义来看,这种失业是自然的,因为它不受货币因素的影响,但是这并不意味着它是最优的失业率水平。

2. 奥肯法则

在经济运行过程中,我们常常会发现失业率和经济产出间存在负向关系,即高(低)失业率对应着低(高)产出。这种变动关系最早为经济学家奥肯所发现,并在1962年正式提出了著名的奥肯法则。

奥肯法则是一个经验法则,它是奥肯根据美国的历史经济数据计算出来的。奥肯法则说明:实际产出相对于潜在产出每下降2%,失业率将上升1%,具体可用公式表示为:

$$y - y^* = \alpha \times (u - u^*) \tag{5-7}$$

其中,y代表实际产出的增长率,y^*代表潜在产出的增长率,u代表实际失业率,u^*代表自然失业率,α代表实际产出和潜在产出间增长率偏差及实际失业率和自然失业率间偏差的数量关系。美国的α大约为-2,该系数意味着相较于潜在产出,实际产出增长率每下降1%,失业率大约会上升0.5%。除了数量上的关系,奥肯法则给予我们的一个重要启示是,实际产出必须保持与潜在产出同样快的增长,才能保证实际失业率等于自然失业率。如果政策制定者想要让实际失业率低于自然失业率,那么实际产出的增长必须要比潜在产出的增长快。

第三节 经济周期

18世纪的英格兰发生过十几次经济危机,而每一次都是经济自行复苏,并且在多数情况下,复苏后的经济会上升到一个更高的水平,但随后又会出现新的经济危机。

为什么经济危机总是出现?为什么人们不吸取教训,而是让危机不断发生?有没有避免经济危机的方法?全世界的学者们也关注到了这些问题。在之后的几个世纪里,伴随着一次又一次经济危机,一代又一代的经济学家贡献出自己的才能与智慧,试图理解经济运行的逻辑,并由此提出了一系列与经济周期相关的研究和理论。从经济周期的结构和特征,再到经济周期的类型和逻辑,似乎经济周期已经被我们掌握。但2008年全球金融危机再次为经济学界甚至全世界敲响了警钟。对待经济周期,对待经济的运行逻辑,我们知道的远远不够,经济周期的冰山还深藏于水下。

一、经济周期的含义

在历史上,各国都存在周期性的经济波动。在广义上,经济中的波动通常被称为经济周期。虽然经济波动被冠以"周期"之名,但它并不表明经济波动是有规律、可预测的。实际上,我们发现经济波动基本没有规律可循,难以准确地预测经济危机出现的时点。本小节从现在对经济周期有限的认识出发,带领大家了解和熟悉经济周期的模式、特点及类型。

（一）经济周期的模式与特点

在市场经济中,经济周期常常发生,并不可避免地影响经济里的每一个人。以工厂为例,一开始,伴随着商业和工业的繁荣,工厂发展蒸蒸日上,为迎合市场需求不断扩大规模。但突然有一天,繁荣的景象不再,客户纷纷取消订单,新增的机器被闲置,亏损一日多于一日,工厂主可能选择出售机器甚至整个工厂。经济周期在这个例子中初见端倪,但其内涵远比例子中的情形复杂。

1. 经济周期的四个阶段

在一次又一次的经济周期后,经济学家们总结历次周期的特征,将经济周期划分为四个阶段,即繁荣、衰退、萧条和复苏。如图5-7所示,通常来说,当经济处于繁荣阶段时,国家的产出会上升并达到这一轮周期的高点;随着产出到达高点,衰退阶段随之而来,产出开始缓慢下滑;当经济衰退到达一定程度时,经济便进入萧条阶段,产出达到了这一轮周期的低点;最终,经济的过度恶化被遏制,进入复苏阶段,产出开始缓慢上升,即将进入新一轮的繁荣阶段。

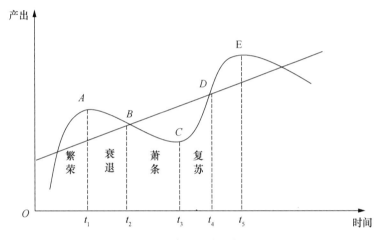

图5-7 经济周期的四个阶段

2. 经济周期的特点

（1）经济周期的特点之一:难预测性。虽然经济周期已经被划分为四个阶段,并且每个阶段的特征都被学者们明确指出,但是在面对未来时,我们依旧没有办法看清经济的具体走势。有时候我们会发现,经济周期间隔很短,就像前文提到的18世纪出现的十几次经济危机,但有时候我们又会发现,经济周期间隔很长,美国在20世纪90年代经历了一段历史上最长的经济扩张期。经济周期的高低频转换使得我们难以合理地预测危机的发生,而且周期内部不同阶段的长短变化、周期波动幅度的不一,更是严重制约了我们对经济周期的预测。2008年的全球金融危机就是我们依旧无法合理预测经济周期的强力例证。

（2）经济周期的特点之二:经济指标协同性。从历史来看,即便我们掌握了所谓"最好的"经济监测指标,我们依旧无法看清短期经济波动。实际上,使用哪一个经济指标无关紧要。当我们回顾历史经济数据时,我们会发现很多数据几乎是同时变动的,虽然在幅度和方向上可能有所不同。比如,当处于经济周期中的衰退阶段时,我们会发现真实GDP和个人收入、企业利润、居民消费支出、固定资产投资支出、工业增加值、批发额、汽车销售额等指标一同下降。由于经济周期反映的是总体经济的变化,因此许多经济指标都随着整体经济的波动而波动(如图5-8所示)。

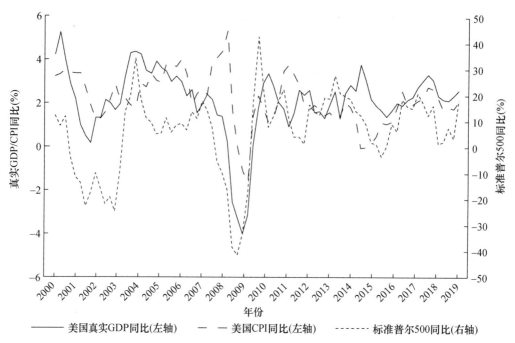

图 5-8 美国真实 GDP 同比、CPI 同比和标准普尔 500 同比（2000—2019 年）
资料来源：美国经济分析局，美国联邦储备系统。

（二）经济周期的类型

回顾历史，历次经济周期在时长、严重性程度上都是不一样的，在经济表现上也均有很大的不同。针对不同的经济波动现象，经济学家们提出了各种类型的经济周期。按照具体经济周期的提出时间，我们依次介绍和讨论朱格拉周期、基钦周期、康波周期及库兹涅兹周期。

1. 朱格拉周期

朱格拉周期是最早被经济学家们发现的经济周期，1862 年法国经济学家克里门特·朱格拉（Clèment Juglar）在其《论德、英、美三国经济危机及其发展周期》（*Des Crises commerciales et leur retour périodique en France, en Angleterre, et aux États-Unis*）一书中系统地论述了这一经济周期。朱格拉利用物价和利率等时间序列数据进行了仔细的研究，最后根据数据的周期性变化确定经济中存在一个时长为 9—10 年的经济周期。朱格拉将他发现的经济周期又分为繁荣、危机和清偿三个阶段，并且认为这类周期的推动原因是银行系统中信贷的变化和购买力的不足。其他学者的后续研究则发现朱格拉周期与资本投资周期密切相关。

朱格拉周期是经济学家利用经济数据，系统性研究经济波动后的关键成果，该成果推翻了学术界旧时孤立分析经济危机的方法，将经济危机和繁荣联系到了一个动态的理论框架中来。

2. 基钦周期

1923 年，美国经济学家约瑟夫·基钦（Joseph Kitchen）在一篇研究报告中分析了英国与美国长达 32 年的数据，发现这段时间中存在一个周期，但是这个周期的时长只有 40 个月左右，远比朱格拉发现的经济周期要短，这个新周期被称为基钦周期。

和朱格拉一样,基钦也是利用时间序列数据进行分析,但基钦从经济波动和存货投资的角度出发,把这类周期称为存货周期。20世纪四五十年代,对存货周期的研究曾迎来一波热潮,学者们从存货投资出发,研究了其对整体经济的"加速器"效应,为存货投资导致宏观经济波动提供了理论支撑。随着后续研究的跟进,存货周期被越来越多的数据验证,存货周期成为经济学家普遍接受的第二个经济周期理论。

基钦周期的发现十分重要,因为它提醒了经济学家,也许人类在经济波动上存在若干个周期性的现象。

3. 康波周期

就在基钦提出新一个经济周期的两年后,1925年,俄罗斯经济学家尼古拉·D.康德拉季耶夫(Nikolai D. Kondratieff)发现了第三个经济周期——康波周期,该周期的平均时长为54—60年。

康波周期的数据基础是19世纪欧洲和美国的时间序列数据,包括工资、对外贸易量和银行存款等。康德拉季耶夫在解释这个周期时,主要从基本资本品储备的新增、折旧和毁坏出发,他认为像修建铁路系统、开发土地及建设城市等需要很长时间的投资和建设,于是将这些基本资本品的更替作为康波周期产生的主要原因。

但是随着后续研究的深入,越来越多的经济学家将技术进步作为康波周期的主要驱动力。经济学家认为,当出现了新一轮大规模的技术革命时,会有很多新技术被大规模使用,从而产生新一轮的周期。

4. 库兹涅兹周期

20世纪二三十年代是经济周期研究的重要时间,1930年,第四个经济周期被美国经济学家西蒙·库兹涅兹(Simon Kuznets)发现,该周期时长约为15—25年。由于库兹涅兹周期和房地产的投资、建设活动有很明显的时点契合,因此该周期又称房地产周期。

库兹涅茨依旧是从不同国家的历史数据出发,经过长期的研究,最终发现了一个时间长于朱格拉周期但又短于康波周期的经济周期,新周期的时长大约为20年。就在库兹涅兹周期被提出后不久,其他学者的研究表明房地产价格波动的平均周期为18年,这意味着库兹涅兹周期与房地产有着紧密的联系。

二、经济周期的历史回顾

从发现经济周期,到归纳经济周期的规律,再到探索经济周期背后的决定性力量,面对经济周期这一"黑箱",经济学家的研究从未停止。虽然随着经济学家对历史上多次经济波动的深入研究,我们取得了不少对经济周期的认识,但是自第一次工业革命以来,经济周期的循环往复从未停止,1929年和2008年两次全球性的经济危机更是对全球经济发展过程产生了深远的影响。本小节从对几次全球经济危机的讨论开始,简要回顾整个经济周期的历史,并思考经济危机是否真的不可避免。

(一)经济周期与危机

在一个常见的经济周期中,繁荣、衰退、萧条、复苏这四个阶段的时长各有不同,但通常最值得研究的是经济周期的衰退与萧条阶段。

在经济学家的眼中,现代人类的发展史就是一部经济危机史,在一次又一次的经济危机中,全球经济逐步发展壮大,直到现今全球化的世界经济。回顾经济危机,有太多的故事可以说,但碍于篇幅有限,本部分只简要介绍几次历史上经典的经济危机,包括18世纪的密西西比股市危机、20世纪70年代的两次石油危机,以及1998年的亚洲金融风暴。此外,1929年的美国经济大萧条和2008年的全球金融危机将在之后详细介绍。

1. 18世纪的密西西比股市危机

18世纪初,由于法国国王路易十四连年发动战争,法国国库空虚、债台高企,法国王室和政府面临巨大危机。此时,英国人约翰·劳(John Law)向法国政府提议放弃金银本位,转为纸币本位,政府迫于财务压力,同意了劳的提议,建立了一个拥有货币发行权的私人银行,并在1717年设立了密西西比公司,它可以享受法国政府特许的法属北美殖民地密西西比河流域的垄断经营权,同时发售公司股票来回收此前政府发行的债券。

虽然当时的密西西比河流域是蛮荒之地,拓荒难度很高,但密西西比公司依旧鼓吹密西西比河流域遍地是金银,从而使得人们哄抢公司股票,公司股价从500里弗尔①/股上涨至15 000里弗尔/股。与此同时,银行开始大肆印刷纸币,用来购买密西西比公司的股票,在不到一年的时间里共增发了18亿里弗尔,引发了国内严重的通货膨胀。1720年年初,由于纸币超发引发公众对密西西比公司的信任危机,密西西比公司的股票长达13个月连续下跌,股价回到500里弗尔/股。之后密西西比公司股票变成废纸,法国金融体系因此崩溃。

作为最具现代特色的一次经济危机,密西西比股市危机带着现代金融的雏形,信用的破产和盲目的投机情绪构成了这场危机。在之后的几百年里,这样的危机一而再再而三地发生。

2. 20世纪70年代的两次石油危机

20世纪,随着原油开采和冶炼技术的进步,石油作为能源产品的优势逐步显现,到20世纪下半叶,石油已经被绝大多数国家视作重要的能源来源,其中西方发达国家对石油的需求尤为突出。但是由于石油资源主要分布在中东地区而不是欧美等国,中东地区阿拉伯国家的石油产品出口成为西方各国石油的主要来源。

但随着阿拉伯国家逐渐独立,石油生产国政府开始重视石油作为重要能源产品的战略地位,亚非拉等地的石油生产国为了更好地协商石油政策、维护自身利益,于1960年成立了石油输出国组织(OPEC)。在OPEC成立后的十几年里,石油生产国政府同西方石油公司进行斗争,大幅提高了对本国石油资源的控制权。

1973年,阿拉伯国家和以色列间的战争形势愈发严峻,为了报复欧美等国在经济和军事上对以色列的援助,中东地区的石油生产国开始提高油价、减少原油产出,以报复西方国家,从而引发了第一次石油危机。1978年年底至1979年年初,由于主要石油生产国——伊朗的政局动荡,石油产量下降,世界油价又一次大幅上涨,从而引发了第二次石油危机(如图5-9所示)。

第一次石油危机触发了1973—1974年严重的全球性经济危机,在这场危机中,美国的工业生产下降了14%,绝大多数国家的经济增长都明显放缓。这两次石油危机严重冲击了工业化国家的经济,成为20世纪70年代末西方经济衰退的主要原因之一。

3. 1998年的亚洲金融风暴

20世纪下半叶,东南亚地区的劳动密集型产业飞速发展,在此期间,以泰国、马来西亚、菲律宾和印度尼西亚为代表的东南亚"四小虎"经济腾飞。但是1998年的一场金融风暴,对东南亚各国多年的经济成果产生了极大的破坏。这场危机以泰国的泰铢暴跌开始(见表5-4),

---

① 法国的古代货币单位名称之一,又译作"锂"或"法镑"。

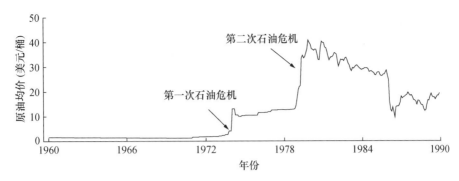

图 5-9 世界原油均价(1960—1990 年)

资料来源:世界银行数据库。

随后蔓延至附近的亚洲国家,造成了一场影响深远的亚洲金融风暴。

在东南亚各国经济迅速发展的过程中,已埋下了不少经济危机的隐患,一方面,东南亚各国长期依赖于外债来维持自身的国际收支平衡;另一方面,东南亚各国的汇率都偏高,并且大多维持固定汇率或联系汇率。20 世纪末,美国风险投资者乔治·索罗斯(George Soros)发现了东南亚国家经济中的潜在危机,当时泰国的经济疲软,索罗斯利用大量资金卖空泰铢,最终迫使泰国放弃泰铢与美元挂钩的固定汇率,泰铢汇率大跌。之后,危机蔓延至附近多国,导致各国的货币体系和股市迅速崩溃,经济发展受到巨大的负面影响。

表 5-4　1998 年亚洲金融风暴主要国家 GNP 与汇率变动

国家	GNP(亿美元)		涨跌幅(%)	货币	对 1 美元汇率		涨跌幅(%)
	1997 年 6 月	1998 年 7 月			1997 年 6 月	1998 年 7 月	
泰国	1 700	1 020	-40.0	泰铢	24.5	41.0	-40.2
印度尼西亚	2 050	340	-83.4	印尼盾	2 380.0	14 150.0	-83.2
菲律宾	750	470	-37.3	菲律宾比索	26.3	42.0	-37.4
马来西亚	900	550	-38.9	马来西亚令吉	2.5	4.1	-39.0
韩国	4 300	2 830	-34.2	韩元	850.0	1 290.0	-34.1

资料来源:Wind 资讯。

知识链接
2020 年的疫情和经济危机

2020 年春节前夕,全国暴发了前所未有的由新型冠状病毒引起的肺炎疫情。疫情自 1 月中旬集中暴发以来,确诊和死亡人数迅速超过 2003 年的"非典"疫情。虽然疫情来势汹汹,但得益于中国政府的积极防控,疫情在一个多月后慢慢进入稳定期,确诊病例连日下降。与此同时,2 月下旬以来,海外多国的新冠肺炎疫情同时暴发,日本、韩国、伊朗和意大利等国成为重灾区,疫情出现了进一步在海外蔓延的趋势。

到 2 月底,疫情虽然才集中暴发一个多月,全球就深深感到了疫情的可怕,市场上恐慌情绪高涨,风险资产市场应声下落,2 月的最后一周更是出现了道琼斯工业指数 1900 年以来的第十大周跌幅(如表 5-5 所示)。回顾之前的九次大跌幅,无一不是经济危机的产物,市场开始怀疑这一次的大跌是否也是经济危机的前兆呢?

表 5-5 道琼斯工业指数 1900 年以来周跌幅排名

跌幅排名	日期	周跌幅	历史事件
1	1914 年 12 月 18 日	-0.2286	第一次世界大战爆发
2	2008 年 10 月 10 日	-0.1815	次贷危机爆发
3	1933 年 7 月 21 日	-0.1555	美国经济大萧条期间
4	2001 年 9 月 21 日	-0.1426	互联网泡沫破裂
5	1940 年 5 月 17 日	-0.1421	第二次世界大战(敦刻尔克大撤退)
6	1929 年 11 月 8 日	-0.1352	美国经济大萧条爆发
7	1987 年 10 月 23 日	-0.1317	1987 年美国股灾
8	1932 年 4 月 8 日	-0.1286	美国经济大萧条期间
9	1932 年 10 月 7 日	-0.1242	美国经济大萧条期间
10	2020 年 2 月 8 日	-0.1236	新冠肺炎疫情

(二) 危机的启示

引用俄罗斯大文豪托尔斯泰的一句话:幸福的家庭都是相似的,不幸的家庭各有各的不幸。在经济周期中,同样也是如此。每次经济危机都带着各自的特色,从最初的密西西比股市危机,到 1929 年的美国经济大萧条,再到 20 世纪 70 年代的两次石油危机,最后到 2008 年的全球金融危机,其中不得不提的就是 1929 年和 2008 年的两次全球经济危机。在这一部分,我们将重点梳理历史上这两次影响重大的全球经济危机。

1. 1929 年美国经济大萧条

第一次世界大战结束后,美国经济迎来了新一轮的繁荣,当时的美国总统胡佛面对美国蒸蒸日上的经济也认为,"我们正在取得对贫困战争决定性胜利的前夜,贫民窟将从美国消失"。

1929 年 10 月 24 日,美国华尔街股市突然暴跌,"黑色星期四"不期而至。这一天,美国股票下跌速度之快连股市行情自动显示器都无法跟上。5 天后的 10 月 29 日,市场的恐慌情绪进一步恶化,投资者开始抛售手上的股票,股指在当天暴跌近 40%,这一天成为美国证券业历史上最黑暗的一天。股市的大幅下跌所导致的无数财富凭空消失拉开了美国经济大萧条的帷幕。

随后危机迅速蔓延到美国的实体经济中,大量工厂破产,失业率飙升,美国经济呈现一片萧条。危机很快从美国蔓延到其他工业国家,很多国家为了保护自己的经济,选择实行贸易壁垒政策,结果进一步加剧了世界经济形势的恶化,甚至在一定程度上导致了第二次世界大战的爆发。

相比之前的经济危机,这次危机导致的经济衰退更加触目惊心。以美国的经济数据为例,在危机爆发后 4 年,美国 GNP 下降了近 1/3,失业率从危机前的 3% 暴涨至 25%,即平均 4 个劳动力中就有 1 个失业;从投资角度来看,美国经济大萧条期间的实际净投资为负值;股市情形更加惨烈,从 1929 年 9 月到 1933 年 3 月下跌了 80%。

2. 2008 年全球金融危机

在 2008 年全球金融危机爆发前,美国房地产市场正处于火热的状态,宽松的信贷监管导致美国房地产市场出现了大量的次级贷款,市场投资者认为资产证券化可以缓解这些以房地产为基础的次级贷款的高风险,因此众多金融机构包括银行投资了美国的次级贷款市场。

建立在泡沫基础上的繁荣必定不能长久,失败的资产证券化计划所导致的亏损破坏了整个美国房地产市场,继而引发了全球性的次级信贷危机。2007年年初,美国新世纪金融公司因为投资了次级贷款市场,公司面临高达百亿美元的负债,最终被迫申请破产保护。这一事件意味着2007—2009年的次贷危机初露端倪。随后,德国工业银行、美国第五大投行贝尔斯登、法国第一大银行巴黎银行、日本第二大银行瑞穗银行、花旗集团等众多国际性金融机构均受到投资次级贷款市场的巨大影响,甚至出现破产。

最终,即使多国中央银行多次通过货币政策向金融市场注入资金,也只是延缓了这场金融危机的爆发。2008年9月,这场金融危机彻底失控,多个大型金融机构倒闭或被政府接管,股市再次出现暴跌,货币市场流动性枯竭,并迅速传导到实体经济,引发了新一轮全球经济危机。

次贷危机给美国经济造成重创,由于美元及美国经济的核心地位,致使全球经济增速一同放缓。2008年全球金融危机的爆发为世界经济带来了3.8万亿欧元的直接损失,并导致全球经济连续4年年增长率不足4%,而经济学家此前预计的数值约为5.7%。

3. 两次大危机的比较[①]

回顾这两次可列入史册的全球经济危机,市场上的动荡不安至今依旧令人心悸,任何人都不希望再次出现类似的全球经济危机。以史为鉴,可以知兴替,进一步了解和对比这两次相隔几十年的经济危机,我们可以得到弥足珍贵的历史经验,并为将来可能出现的危机做好准备。

从两次全球经济危机导致的初期结果来看,20世纪的经济大萧条无疑比2008年的全球金融危机要严重得多。但2008年的全球金融危机引发了欧洲债务危机,这一系列后续反应意味着此次危机虽然最初损伤较轻,但后续复苏可能需要更长的时间,影响可能更加深远。

归纳起来,两次全球经济危机的主要不同是:① 全球化的程度不同。随着几十年的经济发展,2008年世界各国间的经济联系已经远超1929年,同时,世界贸易组织、世界银行和国际货币基金组织等全球性国际组织为各国提供了具体的经济交流框架。② 技术条件不同。相较于1929年,2008年的科技水平大幅提高,核武器的普遍发展导致当初各国利用战争转移经济矛盾的办法已经很难再实行。③ 政策工具更加多样化。2008年,政府干预经济的政策在金融危机期间很快就被使用,减轻了危机对经济的短期冲击。④ 世界经济格局不同。新兴市场国家对全球经济的拉动作用越来越不容忽视。

两次全球经济危机的共同点有:① 经济危机出现在极大的经济繁荣之后,1929年和2008年的经济危机在爆发前都经历了一段经济极度繁荣的时期;② 经济危机前都出现了贫富差距加大的特点,收入分配愈发不平等;③ 两次经济危机都起源于过度宽松的货币政策;④ 两次经济危机前,经济出现过热,人民对经济的投机情绪高涨;⑤ 两次经济危机都发生在一轮技术革命之后,技术的进步刺激了经济的发展,但又导致了过热的经济,最终导致萧条。

(三) 中国能否超越经济周期?

长久以来,经济周期一直与资本主义的发展相挂钩,因此又被称为"资本主义再生产周期",而中国特色社会主义市场经济能否摆脱经济危机的困扰成为广大学者们的研究重点。

[①] 参见刘鹤. 两次全球大危机的比较研究[M]. 北京:中国经济出版社,2013。

本部分我们将简单分析在2008年全球金融危机中中国应对危机的成功经验，以及应对未来可能再次出现的全球经济危机的意见。

随着贸易的自由化、信息技术的进步，以及全球和平大局的维持，越来越多的资本开始全球性流动，跨境投资现象越来越普遍，国家与国家间的经济交流达到了史无前例的高点。虽然时不时会出现保护主义思潮，但是世界经济变得越来越紧密。

回顾2008年，那场经济危机依旧是资本主义国家引起的，2008年发源于美国的次贷危机迅速蔓延为全球金融危机，导致全球经济被拖累，堪比1929—1933年的大萧条。中国作为全球经济的重要成员，自身的经济不可避免地受到了西方国家经济危机的巨大冲击。

在2008年全球金融危机爆发的严峻形势下，各国为了应对经济衰退，纷纷出台了超常规的财政政策和货币政策。在海外需求急剧下降的背景下，中国的出口导向型经济受到了巨大冲击。为了减轻2008年全球金融危机对中国经济的冲击，2008年11月9日，中国政府发布了旨在"保增长、扩内需"，促进经济平稳快速增长的十项措施，计划在两年之内的投资总额累计达到4万亿元，此计划被称为"四万亿计划"。"四万亿计划"的金额相当于当年中国GDP的16%，财政收入的80%，中国政府救市的决心可见一斑。

"四万亿计划"紧密配合中国的产业政策，将中国特有的大中型国有企业作为政策落实的主体，中国经济在短期内抵抗住了外国经济巨大冲击的消极影响，将自身损失尽量最小化。

相关资料
中国的房地产市场

自20世纪末中国住房改革以来，国内房地产市场的市场化程度不断提高，房地产行业经历了飞速的发展，逐渐成为中国国民经济的支柱产业。从数据来看，1998—2019年中国的房地产开发投资额从3 590亿元人民币增长至132 194亿元人民币，增长了约37倍。

在房地产规模快速扩大的同时，房地产市场与金融体系的关系变得更加紧密。自1998年住房改革以来，银行贷款成为个人购买商品房的重要资金来源，极大地驱动了房地产市场的发展。个人购房贷款余额从1998年的不足1 000亿元人民币增长至2018年的257 500亿元人民币，增长了约250倍。同时，个人购房贷款余额占GDP的比重出现了较大幅度的上升，从2011年的14.6%上升至2019年的30.3%（如图5-10所示）。由此可见，随着房地产市场规模的快速扩大，房地产市场占中国经济的比重日益增加。

2008年美国爆发的次贷危机也是从房地产市场的过度繁荣开始的，因此，为了抑制过度投机房地产市场，中国监管部门陆续发布了针对房地产市场的紧缩性信贷政策以及对应的房地产调控政策。具体而言，监管部门通过提高存款准备金率、提高第二套房的首付比例、加强信贷流向指导等手段来预防资金过度流向房地产市场。由此可见，监管部门的信贷干预政策在一定程度上控制了个人购房贷款规模，从而对房地产市场产生影响。

2016年年底的中央经济工作会议首次提出，"房子是用来住的，不是用来炒的"，此后，针对房地产市场的相关政策开始趋紧。从图5-10中也可以看出，2016年后，个人购房贷款余额占GDP的比重增速明显放缓，中国政府对房地产市场的调控初见成效。

近年来，房地产市场过热的状态有所缓解，虽然经济新常态下中国经济增速持续下降，房地产市场是驱动一国经济发展的有利手段，但是依旧要防范过热的房地产投机和可能的市场泡沫。

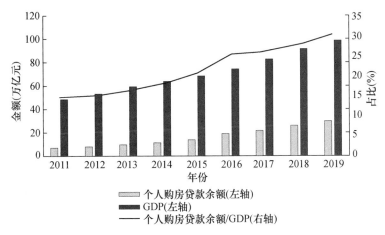

图 5-10　个人购房贷款余额占 GDP 的比重（2011—2019 年）

资料来源：Wind 资讯。

第四节　小　　结

本章从劳动力市场开始，在劳动力需求方面，带领大家学习了边际生产率理论，即真实工资等于最后一单位劳动力的边际产出，对劳动力的需求反映的是劳动的边际生产率。另外，本章分析了影响当下劳动边际生产率变化的因素，其中最基本的是资本的相对丰裕程度和劳动力的自身质量，资本丰裕程度的不断上升和教育资源的不均匀分配，导致了劳动力需求的波动。而在劳动力供给方面，除了人口规模和结构，劳动工作时长和劳动参与率是决定劳动力供给的两大关键因素。

不完全竞争才是现实劳动力市场的常态。本章进一步介绍了劳动力市场的非竞争因素，包括工会和集体谈判与政府调节；从最低工资制度到失业保险制度，逐一解释了其出现原因和经济影响。就业的反面是失业。过高的失业率会引起相应的经济问题和社会问题。为了让大家对失业有更深的了解，本章进一步介绍了失业的不同类型，并介绍了失业率的计算方法以及自然失业率和奥肯法则等概念。

自第一次工业革命以来，历史上出现了多轮经济周期，学者们对经济周期做了许多研究，渴望探究经济周期背后的逻辑。本章介绍了经济周期的四个阶段，并指出了经济周期的几个特点，包括难预测性、经济指标协同性等。同时，本章简单介绍了四种主要的经济周期。

本章以史为鉴，简要梳理了几次重要的经济危机，如密西西比股市危机、20 世纪 70 年代的两次石油危机、1998 年的亚洲金融风暴等，主要分析了 1929 年和 2008 年的两次全球经济危机，以及中国如何应对 2008 年全球金融危机的影响，快速走出危机。

内容提要

- 在劳动力市场中，劳动力需求分析以边际生产率理论为基础，劳动力供给受人口规模和结构、劳动工作时长与劳动参与率的影响。以工会为主的市场因素，以及以最低工资制度和失业保险制度为主的政府调节会影响劳动力市场供需。

- 失业的经济成本和社会成本高昂,不同的失业类型源于不同的经济原因。失业率的度量十分关键,但有不同的失业率计算方法。劳动参与率和人口抚养比等补充指标在一定程度上弥补了失业率指标本身的不足。
- 经济周期主要分为四个阶段,其本身有着难预测性、经济指标协同性等特点。四个典型的经济周期体现了经济中不同要素变动对经济整体的影响。1929 年的美国经济大萧条和 2008 年的全球金融危机值得我们深入研究,其对应对未来危机很有帮助。

关键概念

劳动力市场	周期性失业	朱格拉周期
边际生产率理论	失业率	基钦周期
工会	自然失业率	康波周期
最低工资制度	奥肯法则	库兹涅兹周期
失业保险制度	经济周期	1929 年美国经济大萧条
摩擦性失业	经济危机	2008 年全球金融危机
结构性失业		

练习题

1. 是什么因素决定了劳动力市场的需求?
2. 请对实际工资可能保持在均衡工资水平之上的原因给出三种解释。
3. 请说明摩擦性失业与结构性失业的差距,并说明如何减少这两种失业。
4. 请简要分析失业率的计算公式。
5. 是什么因素决定了自然失业率?
6. 请尝试利用现实经济数据验证奥肯法则。
7. 请说明经济周期的四个阶段分别有什么特征?
8. 请分别简述朱格拉周期、基钦周期、康波周期和库兹涅兹周期的特征与发生原因。
9. 请分析 1929 年美国经济大萧条和 2008 年全球金融危机的异同。

第六章 货币、银行与金融

货币是研究银行体系和金融体系的基础。本章从货币的基本概念入手,在介绍完相应的概念之后,继续探讨货币的供给与需求,然后探讨中央银行对货币政策的控制及货币政策的不同形式,最后对金融系统进行层层递进的刻画,以使读者对其形成客观、整体的印象。

第一节 货币系统

一、货币的含义

(一) 货币的定义和职能

1. 货币的定义

货币是指被人们普遍接受的、作为交易媒介的物品。中国是世界上较早使用货币的国家之一,也是最早流通纸币的国家。古往今来,中国货币的形态经历了石币、金属铸币、纸币到无形货币的阶段。这些不同形态的货币既然都被称为货币,那么它们之间具备哪些共同的性质?它们的发展经历了哪些曲折?有哪些特殊的货币形态值得我们去探索和了解?本节将对这些进行讨论,而在此之前,先简要回顾一下历史上曾大放异彩的货币形态。

> **相关资料**
> **中国古今货币大赏**

图 6-1 从左到后,从上往下依次为:

东周平肩空首布:布币是在周王畿附近流通的货币,空首布即指空心、带有装柄的空心鋬。布币体系是中国春秋战国时期确立的四大货币体系之一。

秦半两:秦始皇统一六国后,确立"秦半两"作为全国通用货币。秦半两是世界上最早的政府法定货币,其"方孔圆钱"的形式在中国沿用了两千多年。

开元通宝:这是唐高祖创立的货币形式,它结束了秦以来沿用的"铢""两"的货币计量单位,而改用"文"。其"十文一钱、十钱一两"的形式沿用到了清代。

北宋元符通宝:宋代多用"年号钱"的形式,如靖康元宝、元符通宝等,本图即为元符通宝。

元宝:此处并非指某种特定货币。元代时首次将银锭称为"元宝",意为"元朝之宝",此后,便有了银元宝之说。

光绪元宝:名为元宝,实为"银元"。由于晚清时期割地赔款与国外贸易的增多,清政府开始铸造"银元"。光绪元宝是中国最早的机制洋式"银元"。

图 6-1 几枚具有代表性的中国古今货币

资料来源:中国钱币博物馆。

2. 货币的职能

货币的职能包括**交易媒介**、**计价单位**、**价值储藏手段**三种。其中,交易媒介是货币最主要的职能。

货币具有**交易媒介**的职能,它可以充当人们物物交换的媒介。在一个没有货币的世界里,人与人的交换有两点要求:① 对方拥有自己合意的物品;② 自己拥有对方合意的物品。在引入货币之后,货币成为所有人合意的物品,其作为交易媒介可以用来交换任何物品。当你持有货币时,发生交换的条件②"自己拥有对方合意的物品"被自动满足,交易的可能性大大增加,为生产和经济活动的扩张提供了更多的可能性,所以交易媒介是货币最主要的职能。而人们持有货币并非因为货币的直接效用,而是因为它有交易媒介的职能。

货币还具有**计价单位**的职能,它用来标记价格和债务。对于一件物品,衡量其质量,我们大多用千克、吨等计量单位;衡量其长度,我们往往用米、千米等计量单位。这些计量单位与货币这种计价单位的相同点在于,它们共同构成了我们对某一物品的客观认识,这种认识是不以个人的主观意志为转移的。①

相关资料
货币的计价单位职能与交易媒介职能

货币的计价单位职能的目的在于交换,即货币的计价单位职能的目的在于更好地行使交易媒介职能。想象你花了1 000元购买了一件商品,在这个过程中货币行使了两个职能:商品

---

① 计价单位具有比较特殊的性质,它只受边际需求者或边际供给者个人意愿的影响,与其他人的意志无关。当你理解了"市场"与"均衡"的概念后,相信你会对计价单位有更好的理解。

标价1 000元,此时货币行使计价单位的职能;消费者用1 000元购买了这件商品,此时货币行使交易媒介的职能。

货币的计价单位职能与交易媒介职能之间存在奇妙的关系:当交易媒介作为货币的职能被行使时,计价单位职能必定被行使;当计价单位作为货币的职能被行使时,交易媒介职能不一定被行使。毕竟,消费者看到商品的价格并不意味着一定要购买它。

货币的第三个职能是**价值储藏手段**,它能够将购买力由现在转化到未来。比如,当你进行劳动或卖出物品时,你可能并不想立即获得等价的其他劳动或物品,而是计划将这部分物品的价值或劳动留待将来使用,当你将物品或劳动兑换成货币保存时,货币便发挥了价值储藏手段的职能。但货币并不是唯一具备价值储藏手段职能的物品,甚至不是大多数人合意的价值储藏品,这是由货币内在的风险—收益特征决定的。举一个例子,当一件物品的价值存在上升趋势时,大部分人不会将它兑换成货币;而当一件物品的价值存在下降趋势时,人们会将它兑换成货币却不会全部以货币的形式持有。基金、股票等存在增值空间的资产都是替代货币的有力价值储藏品,也具备价值储藏手段的职能,当你浏览过本章后,相信你会对各种各样的价值储藏品有进一步的认识。

(二)货币的演变

货币是一个抽象的概念,它可以是身边的任何一个小物件如一包纸巾、一支钢笔,只要这个物件被普遍接受,就可以用来交换其他物品。它可以是人民币、美元、法郎等纸币,即我们今天最熟悉的货币形式;当然,它也可以是无形的,比如微信支付、支付宝支付、银联支付、visa支付中所用到的电子货币,以及Q币、点券、比特币、Libra之类的虚拟货币,它们都是没有实体形态的货币。沿着我们介绍的顺序,货币可以分为**商品货币**、**法定货币**、**数字货币**三类,货币的演变过程也正是沿着商品货币向数字货币的方向进行的。

1. 商品货币

商品货币是指具备一定内在价值的货币。商品货币是货币的初级形态,在历史上曾以金银、贝壳、牛羊等方式出现,现已在世界上绝大部分地区销声匿迹。商品货币的形成依赖于人们的共识,最初以牛羊等非金银的方式存在,后演变为金银的形式。

▌相关资料
中国货币史和"白银纠缠"

中国货币史源远流长,多种货币、体制错综复杂,而白银贯穿始终,扮演了十分重要的角色。"白银纠缠"有两层含义:中国货币史的阐述离不开白银这条主线,而对白银的研究也难逃对中国货币史的系统性分析。

"白银纠缠"之始。在宋代,人口、农业、商业、手工业的革命带来经济的爆发式增长,加之与周边国家的贸易,贵金属货币量不足便成为急需解决的问题。在黄金的储量限制下,白银登上历史舞台,伴随着宋代白银经济的崛起,中国货币史开启了"白银纠缠"的历程。

"白银纠缠"与"银铜复本位制"。明清两代采用"大数用银、小数用钱"的制度,而钱就是指铜钱。在清代,政府一方面控制铜钱的铸造和发行权,另一方面放任贵金属银的流动,所以出现了"银铜复本位制"。此时货币体系有两个特征：第一，贱金属铜的价格随着贵金属银而波动，银贵则铜贱，银贱则铜贵；第二，银钱仍属国际贸易的硬通货。所以，我们仍称清代为"白银帝国"。

"白银纠缠"与"废两改元"。可以看到，中国自古以来便形成了"重银"的货币体系，但世界上主要国家信奉"金本位制"。在外敌入侵和国内外交流日益紧密的背景下，近代中国在此受限颇多，于是一个问题浮出水面，究竟是顺应潮流实施金本位制，还是"废两改元"顺势确立银本位制？清政府确立了银本位制，并将"元"作为银的单位；北洋政府决定过渡到金本位制，但五四运动和反帝爱国运动将这一举措扼杀在摇篮之中。

"白银纠缠"的终结。银本位制有何不妥？在金本位制的国际潮流之下，银价必然受限，加之中国赔款、进口之需，对本国财政形成非常大的压力。1935 年时任财政部部长孔祥熙宣布法币改革，废除银本位制，正式结束了"白银纠缠"之路，需要注意的是，中国自始至终从未进入金本位制。

资料来源：徐瑾. 白银帝国：一部新的中国货币史［M］. 北京：中信出版社，2017：朱嘉明序。

2. 法定货币

法定货币是指依靠经济体的强制力或法律意志而产生、其本身不具备内在价值的货币。法定货币由商品货币发展而来，多以纸质形式存在，具备成本低廉、易于识别的特征。法定货币的形成是现代文明的重要特征之一，但当国家强制力出现混乱时，往往会出现法定货币到商品货币的逆转，津巴布韦就是一个很好的例子。

3. 数字货币

数字货币是指不以实体形式存在的货币。数字货币可以分为电子货币和虚拟货币两类。① 其中，电子货币是法定货币的电子形式，存在 1∶1 的锚定关系，可分为两类：**第一类电子货币**是指经由银行等金融机构进入流通领域的电子货币，借助银行卡、网上银行等载体行使职能。**第二类电子货币**是指经由第三方非金融机构进入流通领域的电子货币，借助第三方应用程序（也称"App"）行使职能。虚拟货币与法定货币无关，是发行方独立发行的货币形式，也可分为两类：第一类虚拟货币是指仅在特定虚拟环境流通的虚拟货币，如 Q 币、游戏币等，它们往往只能在发行方构造的虚拟世界中行使职能，即在特定环境中闭环流动。第二类虚拟货币是指在现实世界中自由流通的虚拟货币，如比特币、Libra 等，它们的产生依赖于电子信息技术的发展，但第二类虚拟货币会使经济体丧失对货币的掌控权，所以现阶段很难被成熟的经济体采纳。图 6-2 描绘了数字货币的分类。

二、货币的供给

（一）通货与存款

在中国，合法的货币只有中国人民银行发行的人民币和各类纪念币。由于价格高于面值，纪念币往往很少进入流通领域，故本章仅以人民币为例衡量货币的供给。

---

① 数字货币、电子货币、虚拟货币的概念争议较多，但三者的并集所涵盖的范围是一致的。本书中关于数字货币的部分遵循这个概念。

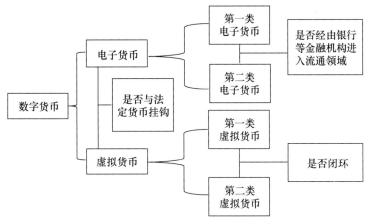

图 6-2 数字货币的分类

在当今的金融体系中,货币以不同的形式进入居民的生活。请你回想一下自身的财产情况,你有多少钱以现金的形式放在口袋里?有多少钱以存款的形式放在银行?这些存款是长期存款还是活期存款?有多少钱以股票、债券或基金的方式进入证券公司和基金公司?为了厘清这个问题,我们不妨想象现实生活中存在两个机构,银行机构和非银行机构①,而居民的货币被这两个机构分成三个部分:一部分货币独立于银行机构和非银行机构,被称为**通货**,它是指未清偿的纸币、硬币等货币形式,俗称"现金";一部分货币被银行机构吸纳,以不定期、随时取用的形式保存在银行体系的货币被称为**活期存款**,以定期(3年、10年等)的形式保存在银行体系的货币被称为**长期存款**,而存款为活期存款与长期存款之和;最后一部分货币被非银行机构吸纳,以股票、债券、基金的形式被持有。需要注意的是,当货币以通货或存款的形式存在时,它们仍是货币②;但当货币购买了股票、债券和基金时,它们便脱离了货币的形式,以金融资产③的形式存在了。

图 6-3 显示了一个粗略的货币形式转化图。

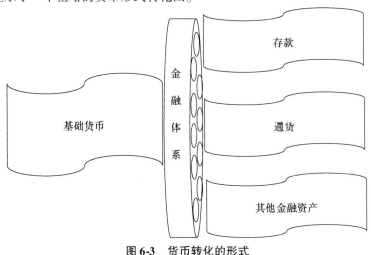

图 6-3 货币转化的形式

---

① 这两个体系的概念并不严谨,我们将在本章的最后一节给予明确的经济学描述。
② 现实生活中存在银行发售债券、基金的情况,所以进入银行的货币并不完以存款的形式存在,在此处的描述中,我们做简单的抽象处理,忽略它们的存在。
③ 金融资产也称金融工具,详见本章第三节。

（二）货币统计的口径

货币以各种各样的形式存在于我们的生活之中,那么如何衡量货币的供给呢？你可能注意到"央行释放流动性啦""央妈又要放水"等字眼见诸报端,它们是何种含义？从中国货币供给的角度出发,有几个概念需要确定。货币的供给往往由三个指标构成,即 M0、M1 和 M2。M0 是指经济体中流通的通货,它是经济中最具"流动性"的资产,因为通货的流通只需要人与人的交换。M1 是指经济体中可以不受限制流通的货币,包括通货和活期存款,它们是可以随时进入流通领域的货币。M2 是指经济体中潜在的货币,即 M1 和其他存款(含货币市场基金)之和,它们是经济体中可能进入流通领域的货币。如何理解"流动性"呢？作为物物交换的媒介,货币是经济运行的润滑剂,就好比水流过河床一般,所以增加货币供给又被称作"放水""注入流动性"等。M0、M1 和 M2 在体量上呈现由小到大的关系。图 6-4 展现了 2011—2019 年中国 M0、M1、M2 和 GDP 的变化趋势。

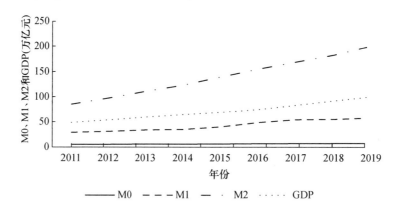

图 6-4　中国 M0、M1、M2 和 GDP 变化趋势(2011—2019 年)
资料来源:中国人民银行、国家统计局。
注:M0、M1、M2 均为当年 12 月份的统计值。2018 年 1 月,中国人民银行完善货币供应量中货币市场基金部分的统计方法,用非存款机构持有的货币市场基金取代货币市场基金存款(含存单),故 2011—2017 年与 2018—2019 年 M2 的统计标准发生改变。

▍相关资料
中美两国货币统计口径的异同

世界各国中央银行都有自己的货币统计口径,但无论存在何种差异,其划分的基本依据是一致的,都以作为流通手段和支付手段的方便程度为标准。中美两国货币统计口径的异同如表 6-1 所示。

M1:中美两国的差异主要体现在活期存款和支票存款的差异上,因为中国的支票业务起步较晚,受电子支付(支付宝、微信等)冲击较大,未能形成规模庞大的业务体系,所以支票业务所涉存款由活期存款承担。

表 6-1　中美两国货币统计口径的异同

符号	中国含义	美国含义
M0	通货	通货
M1	通货、活期存款	通货、活期存款、旅行支票和其他可签发支票的存款
M2	M1、准货币(定期存款、居民储蓄存款)、其他存款(含货币市场基金)	M1、货币市场基金、储蓄存款(包括货币市场存款账户)及小额定期存款

资料来源：中国人民银行。

货币市场基金为何会在 M2 中体现？ 划分 M1、M2 的依据是金融资产的货币性。严格来讲，基金属于金融资产而非货币资产，但货币市场基金属于风险低、回报低的类存款资产，在互联网金融的发展下，持有人可以较为便利地将其兑换为货币从而影响货币供给，所以，货币市场基金是货币供给的一大影响因素。

货币政策调控标准：货币政策调控从来不是看单一的指标，除 M1、M2 外，中央银行还有 M3 作为金融资产体量的衡量。但不同国家之间货币政策指标不同，以中美两国为例，中国储蓄率明显高于美国，所以在 M1、M2 相同的情况下，中国的 M0 会显著低于美国。假设两国 M2 相同，美国的货币刚好满足当前经济运行，此时中国就会因缺少通货而引起货币紧缩。

三、货币的需求

在经济学的分析中，需求与供给总是如影随形。货币既然有供给，就一定是为了满足某种需求，当供给与需求得到平衡时，整个货币市场就达到了均衡。为了保持经济分析的结构性，本章简单介绍凯恩斯的流动性偏好理论，它通过分析人们持有货币的动机，将货币需求与收入和利率联系在一起。如果你想更加详细地了解流动性偏好理论，请查阅第十章。

人们持有货币的需求可分为交易性需求、预防性需求和投机性需求。

货币的**交易性需求**是指企业或个人为了满足日常交换的需要而持有货币的需求。这部分需求主要受收入的影响，收入高的企业或个人往往有更多的消费需求，从而持有更多的货币来满足交易性需求。

货币的**预防性需求**是指企业或个人为了应对突发情况而持有货币的需求。突发状况包括企业所需原材料涨价和资金链断裂、个人生病等。这部分需求与收入成正比，很好理解，收入低的个体无法持有高额的货币以保障自身的预防性需求。

货币的**投机性需求**是指企业或个人为了未来可能获得更大收益而持有货币的需求。以股票为例，当个人想进入股票市场并预期股价短期会下跌时，他(她)会持有部分货币，观望股票市场以寻求合理的进入时机，持有这部分货币的需求即为投机性需求。投机性需求与收入成正比，与利率成反比，因为收入低的个体无法持有高额的货币以满足自身的投机性需求。而利率是满足投机性需求的成本，利率越高意味着持有这部分货币的代价越高，高利率会减少人们持有货币的数量。由此可见，货币需求与利率成反比，当利率上升时，货币需求下降。而货币供给由中央银行直接决定，不受利率的影响。

在探明货币需求、货币供给与利率的关系后，我们自然而然地转向货币市场的均衡，即在一个自由的市场机制中，均衡货币量与均衡利率如何决定，均衡点是否稳定？如图 6-5 所示，货币需求曲线与货币供给曲线相交于 A 点，A 点即为货币市场的均衡点。当货币市场处于 A

点时,货币需求等于货币供给,没有促使利率发生变动的力量,均衡得以维持;当货币市场处于 B 点时,货币需求小于货币供给,货币供给方会主动降低利率,直到货币市场回到均衡 A 点处;当货币市场处于 C 点时,货币需求大于货币供给,货币供给方会主动提高利率,直到货币市场回到均衡 A 点处。所以,在自由的市场机制中,均衡货币量和均衡利率都是存在的,任何偏离均衡的点都会使得市场产生向均衡转移的向心力,所以均衡也是稳定的。

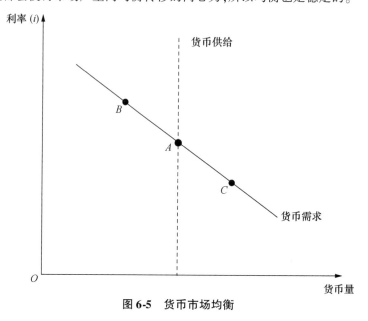

图 6-5　货币市场均衡

第二节　银　　行

一、货币与银行

在本节的讨论中,我们将主要讨论法定货币。如前文所述,法定货币是依靠经济体的强制力或法律意志而产生的,但我们对它从发行到进入流通领域的具体过程仍不甚了解。简单来说,货币的流通离不开银行,中央银行"开动印钞机",商业银行就会像变魔术一样将一单位货币转变为两单位(更少或更多,但总是大于一单位)货币。与此同时,中央银行还会密切监控进入流通领域的货币的数量,通过各种市场操作来调控货币供给量。

(一) 货币的发行与创造

1. 货币发行——中央银行

中央银行是一个经济体主导和监管金融体系的机构,具有发行货币和调控货币政策的权力。中国的中央银行是中国人民银行。在中国,人民币的发行由中国人民银行货币金银局管理实施,人民币的印制由中国人民银行下属公司中国印钞造币总公司完成,而人民币的保卫和武装押运由中国人民银行反洗钱局承担。在经历了发行、印制和运输后,人民币才算由中国人民银行正式地发行并流通到了宏观经济之中。

2. 货币创造——商业银行

商业银行是承担融资业务的银行机构,其业务有吸纳存款、发放贷款、票据汇兑等。如果说在货币系统中中央银行承担了造血功能,就像人体的骨髓,那么商业银行就像遍布全身的血管,将血液(货币)输送到各个器官(产业部门)中。中国的商业银行大致可分为四类,即国有独资商业银行、股份制商业银行、城市商业银行和农村商业银行,它们就像动脉血管和毛细血管一样,服务着宏观经济的方方面面。

商业银行具有货币创造的功能,即商业银行会放大中央银行已发行的货币量。为方便接下来的计算,我们以 M 表示货币供给,C 表示通货,D 表示活期存款,那么有:

$$M = C + D \tag{6-1}$$

举个例子,A 将 100 元人民币存入商业银行,在保证储户可以正常取用的前提下,商业银行具有将部分资金贷出的权力。如果商业银行将 A 账户中的 50 元人民币贷给 B,那么此时 A、B 两人共有的货币量变为 100 + 50 = 150(元)。如果 A 没有将 100 元人民币存入商业银行,那么 A、B 两人共有的货币量只有 A 所持有的 100 元人民币。这就是商业银行货币创造的结果。

(二) 准备金率与货币乘数

按照前文所述,中央银行发行的一单位货币有可能变为非常庞大的数值。试想一下,如果拥有货币的个体都将所有货币存入商业银行,而商业银行将所有存款贷出,那么即使经济体中仅有一个个体 A,他(她)也可以通过不断的存贷行为创造出无限的货币供给。

问题出在哪里?这种无限存贷的逻辑显然无法满足"储户正常取用"的前提,此时的商业银行已经没有可供储户取款的**准备金**(商业银行收到但没有贷出的货币),极易发生挤兑①现象。所以,为了避免挤兑现象的发生,商业银行必须保有一定量的准备金,这就是**准备金银行制度**。在中国,大部分的准备金由商业银行上缴至中国人民银行进行保管。特别的,如果银行将所有存款都保留下来作为准备金,那么这种银行制度被称为**百分百准备金银行制度**;如果银行选择将一部分存款贷给他人,那么这种银行制度被称为**部分准备金银行制度**。

准备金银行制度规范了商业银行的存贷款行为,避免了货币信用体系的崩溃。那么,既然准备金银行制度能够限制商业银行过度创造货币,我们是否可以通过制度的规定来测算商业银行货币创造的规模呢?答案是肯定的。我们在此定义**货币乘数**为货币供给与基础货币的比值,**基础货币**是指中央银行最初发行的货币量,它以通货形式被个人或银行持有。当人们持有一定量的通货和活期存款时,将经济体所有个体持有的通货总和与活期存款总和分别记作 C 和 D,我们可以得出经济体中的货币供给(M)为:

$$M = C + D$$

这是我们之前定义过的表达式,它定义了经济体中的货币供应量。如果想得到货币乘数,那么我们需要对基础货币进行测度。我们将基础货币记为 B,它等于个人持有的通货(C)与银行持有的准备金(R)之和:

$$B = C + R \tag{6-2}$$

---

① 挤兑即银行债券或存款的持有人纷纷要求取出存款,导致银行兑现困难、信用崩溃的现象。

显然，货币供给与基础货币的比值可表示为：

$$\frac{M}{B} = \frac{C+D}{C+R} = \frac{C/D+1}{C/D+R/D} \tag{6-3}$$

C/D 为**通货存款比**，即通货与存款的比值，记为 cr；R/D 为**存款准备金率**，即商业银行持有的准备金与存款的比值，记为 rr。将货币乘数记为 m，我们可得：

$$m = \frac{M}{B} = \frac{\text{cr}+1}{\text{cr}+\text{rr}} \tag{6-4}$$

货币乘数代表了商业银行创造货币的能力，它受通货存款比和存款准备金率的影响。通货存款比越低，存款准备金率越低，相同单位的基础货币所提供的货币供给越多。正是由于基础货币能够提供远大于自身体量的货币供给，因此它又被称为**高能货币**。

当通货存款比为 0 时，经济体达到了其货币创造的最大值。此时：

$$m = \frac{1}{\text{rr}} \tag{6-5}$$

即货币乘数是存款准备金率的倒数，显然，这是一种理想情况。

相关资料
电子货币对中国货币供给的冲击

21世纪初，由于国内信用体系的不完善和银行基础设施的缺失，刷卡支付没有成为时代的主流。2010年后，随着4G业务和无线通信的普及，支付宝的业务蓬勃发展，微信的支付业务也迎头赶上，二者成为移动支付的代表性平台。在一大批日常服务争相进入移动端（手机、平板电脑等平台）后，移动支付逐步成为新兴的支付方式，深受年轻人的青睐。今天，移动支付已经进入千家万户，成为绝大部分家庭的优先支付方式。移动支付实质上是电子货币的流转，在移动支付日益普及的今天，电子货币替代了大部分的通货，这就意味着人们持有货币的方式由通货转向了活期存款（注意，你在微信、支付宝中的余额，代表了移动支付平台代替你转存入第三方银行的活期存款），通货存款比的下降增加了货币供给（图6-6展示了中国通货存款比的季度变化），货币供给曲线向右移动，均衡点沿货币需求曲线向右下方移动，如图6-7所示，货币量增加，利率下降。

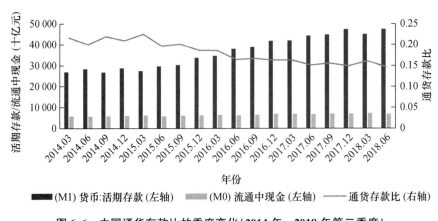

图 6-6　中国通货存款比的季度变化（2014年—2018年第二季度）

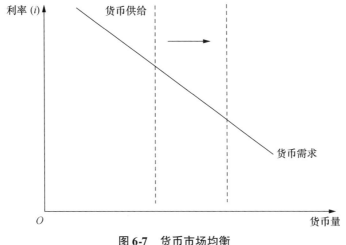

图 6-7 货币市场均衡

二、中央银行与货币政策

中央银行不仅是货币的创造者,而且是货币政策的调控方,**货币政策**即中央银行向市场中增加货币供给或减少货币供给的安排。在中国,货币政策的实施由中国人民银行货币政策司主管。货币政策的实施需要一定的载体,我们称之为**货币政策工具**。现行的货币政策工具由一系列基础的货币政策工具演变而来,接下来,我们会讨论基础的货币政策工具——公开市场业务、存款准备金和再贷款与再贴现政策,并简要介绍中国现行的其他货币政策工具。

第一,公开市场业务。公开市场业务是中央银行调节市场流动性的主要货币政策工具。简单来讲,**公开市场业务**通过买卖有价证券来吸收或注入货币,其有效运转依赖于一级交易商制度。什么是一级交易商制度?一级交易商制度即中央银行以一级交易商为中介进行大额债券交易的制度。公开市场业务往往伴随着大额的债券交易,普通的经济个体难以承担这种短期大量的交易,中国人民银行筛选出一批能够承担这种交易业务的一级交易商,由它们再将债券以合理的方式配置给不同的经济个体。中国在实践中不断创设新工具,为公开市场业务注入了新的活力。2013 年 1 月,中国人民银行创设的"短期流动性调节工具"(Short-term Liquidity Operations, SLO)立足于中国货币政策的框架,借鉴国际经验,采用利率市场化的招标方式对有价证券进行 7 天期以内的短期回购,成为短期内调节市场流动性的有效手段。

第二,存款准备金。**存款准备金**即我们前面提到的准备金,它最早在美国以法律形式出现,初时是银行存款兑付的保证,之后才逐渐演变成货币政策工具。存款准备金率是银行持有的准备金与存款的比率,它与货币乘数息息相关。中央银行通过调整存款准备金率,影响金融机构的信贷资金供应能力,从而间接调控货币供应量。

第三,再贷款与再贴现政策。**再贷款与再贴现政策**用来影响金融机构的货币供给。再贷款指中央银行对金融机构的贷款,再贴现指中央银行对金融机构的未到期已贴现汇票进行贴现,可以增加货币供给、释放流动性。再贷款政策属于直接调控,即通过直接增加基础货币来增加货币供给。近年来,宏观调控方式逐渐转向间接调控,中央银行进行再贷款的比例逐步下降。

> **相关资料**
> **中国人民银行货币政策工具简介**
>
> 除正文中提及的三种货币政策工具外,中国人民银行还有一些常用的长短期调控手段。
> - 利率政策:利率政策是调控货币的主要手段之一,包含中央银行基准利率(再贷款、再贴现利率,存款准备金率,超额存款准备金率)、法定存贷款利率、存贷款利率的浮动范围、利率结构和档次。
> - 常备借贷便利(SLF):其主要功能是满足金融机构(主要指商业银行和政策性银行)期限较长(1-3个月)的大额流动性需求。常备借贷便利一般以抵押形式发放。
> - 中期借贷便利(MLF):其主要功能是向符合要求的商业银行、政策性银行提供中期基础货币。
> - 抵押补充贷款(PSL):其主要功能是向支持国民经济重点领域和薄弱环节的金融机构提供长期限的大额融资。抵押补充贷款一般以质押形式(注意,不是抵押)发放。
> - 定向中期借贷便利(TMLF):其主要功能是向提出申请并符合条件的商业银行提供低于中期借贷便利利率的贷款。
>
> 资料来源:中国人民银行。

三、商业银行与政策性银行

(一) 商业银行

1. 资产负债结构

前文已经介绍商业银行的货币创造。现在,本部分从微观的角度分析商业银行的资产负债结构。

资产负债表反映了企业某一时点的财务状况(资产、负债和所有者权益的类型与金额)。资产负债表有账户式列示法和报告式列示法,本部分采取账户式列示法。在一个抽象的世界里,我们假设某商业银行吸纳存款 1 500 元人民币,并保留 300 元人民币作为存款准备金,将 1 200 元人民币贷出,那么它的资产负债表如表 6-2 所示。

表 6-2 简化的银行资产负债表　　　　　　　　单位:元

资产		负债和所有者权益	
准备金	300	存款	1 500
贷款	1 200		

此时银行的存款准备金率为 20%。需要注意的是,中央银行为商业银行的存款准备金率设定了一个最小值,即存款准备金率的下限。当商业银行持有超过下限的存款准备金时,超出的部分被称为**超额准备金**。

回归现实世界,我们看一下现实的资产负债表是怎样的。

表 6-3 展示了 2019 年 12 月中国其他存款性公司的资产和负债情况,显然,相较于表 6-2,

现实世界的资产负债表要复杂得多。

表6-3　2019年12月中国其他存款性公司资产负债表　　　单位：十亿元

资产		负债和所有者权益	
国外债权	6 361.83	对非金融机构及住户债务	179 814.71
储备	23 695.84	对中央银行债务	9 882.62
对政府债权	30 728.07	对其他存款性公司债务	11 418.54
央行债券	0.00	对其他金融性公司债务	19 893.54
对其他存款性公司债权	29 676.62	国外债务	1 681.59
对其他金融性公司债权	24 649.31	债券发行	28 039.93
对非金融性公司债权	108 524.98	实收资本	6 457.58
对其他居民部门债权	54 635.13	其他	32 083.52
其他	11 000.25		
资产总计	289 272.02	负债和所有者权益总计	289 272.02

资料来源：中国统计数据库。

注：存款性公司包括商业银行、接受特定来源存款的政策性银行、金融公司和外资企业财务公司等。

商业银行的资金来源有三处：银行所有者提供的资本，吸纳的存款，发行的证券。银行所有者以自身的资本为基础，通过吸纳存款和发行证券两种方式从其他人那里借来更多的资金。银行所有者拥有这些资金后，会以持有准备金、发放贷款、购买证券等方式对资金进行配置。这个一进一出的过程体现了银行负债和所有者权益等于资产的恒等关系，如表6-4所示。

表6-4　银行资产负债表　　　单位：元

资产		负债和所有者权益	
存款准备金	300	存款	1 000
贷款	1 200	债务	500
证券	500	资本（所有者权益）	500

不妨换一个角度来理解，在表6-4中，银行所有者在拥有500元资本的情况下，通过举债方式筹得了共2 000元的资金并投入运营，所有者用杠杆撬动了更大的资金，这就像阿基米德所说的"给我一个支点，我可以撬动整个地球"。在经济学中也有**杠杆**的概念，它是指银行总资产（如表6-4左侧所示，资产总额）与银行资本（如表6-4右侧所示，所有者权益项）的比例，以表6-4为例，杠杆率为：

$$杠杆率 = \frac{2\,000}{500} = 4$$

2. 准备金银行制度与货币供给

前文中提到，在所有人都不持有通货的情况下，货币乘数是存款准备金率的倒数。本部分将从商业银行的角度，对这一论述进行详细的分析。

在百分百准备金银行制度下，商业银行会全部以存款准备金的形式保存储户的存款，这意味着它不会贷出任何钱，如表6-5所示。

表 6-5　第一家商业银行的资产负债表(一)　　　　　　　　　单位:元

资产		负债和所有者权益	
存款准备金	1 500	存款	1 500

第一家商业银行就像一个黑洞,吸收了所有的货币,但不会创造货币。此时,货币供给等于基础货币,货币乘数为 1,银行的存款准备金率也为 1,与式(6-5)表示的含义相同。

在部分准备金银行制度下,商业银行会贷出部分存款。假设此时存款准备金率为 20%,且商业银行不持有超额准备金。此时,第一家商业银行会保留 300 元(1 500×20%)的存款准备金,贷出 1 200 元(1 500×80%)的贷款,其资产负债表如表 6-6 所示。

表 6-6　第一家商业银行的资产负债表(二)　　　　　　　　　单位:元

资产		负债和所有者权益	
存款准备金	300	存款	1 500
贷款	1 200		

得到贷款的人不会以通货的形式持有货币,其会将款项存入第二家商业银行,以便随时取用,那么第二家商业银行的资产负债表如表 6-7 所示。

表 6-7　第二家商业银行的资产负债表　　　　　　　　　　　单位:元

资产		负债和所有者权益	
存款准备金	240	存款	1 200
贷款	960		

同理,得到第二家商业银行贷款的人会将款项存入第三家商业银行,第三家商业银行的资产负债表如表 6-8 所示。

表 6-8　第三家商业银行的资产负债表　　　　　　　　　　　单位:元

资产		负债和所有者权益	
存款准备金	192	存款	960
贷款	768		

如此循环往复,直至所有的货币都以存款准备金的形式存在,就不会出现下一家商业银行了,所以我们只需要计算每家银行保留的存款准备金,把它们加总起来,就可以得到最终的货币供给了。易知,从第一家银行到第 n 家银行,它们所持有的存款准备金数量为 $1\,500\times 20\%$、$1\,500\times 80\%\times 20\%$、$1\,500\times 80\%^2\times 20\%\cdots 1\,500\times 80\%^{n-1}\times 20\%$。所以,货币供给总量可表示为:

$$1\,500\times 20\% + 1\,500\times 80\%\times 20\% + \cdots + 1\,500\times 80\%^{n-1}\times 20\% = 1\,500/20\% = 7\,500(元) \quad (6\text{-}6)$$

若存款准备金率表示为 rr,由式(6-6)可知,货币供给为 $1\,500/rr$,此时,货币乘数恰好等于存款准备金率的倒数。

(二）政策性银行

政策性银行是指为了贯彻和落实国家经济政策而建立的、不以营利为目的银行，其资金来源一般为政府财政拨款而不是社会公众存款。微观经济学中有一个概念是"市场失灵"，简单地讲就是经济主体的短视性、信息不对称性、公共品导致的分散决策无效率，银行业也会存在这一问题。在经济建设中往往存在一些短期效益不明显的瓶颈部门，商业银行在利益的诉求下往往不会投资这些部门，而此时政策性银行就会承担这些责任。

中国于1994年先后成立了国家开发银行、中国进出口银行和中国农业发展银行三家政策性银行，分别承担国内开发性政策、进出口大型机电设备、农业政策的金融业务。2015年，国务院开始对这三家政策性银行进行深化改革，将国家开发银行定位为开发性金融机构[①]，而将中国进出口银行、中国农业发展银行定位为承担政策性业务的主体机构[②]。

政策性银行并非中国独有。世界上最大的政策性银行是世界银行；亚洲有亚洲基础设施投资银行，它是中国"一带一路"倡议的"孪生兄弟"；美国有美国进出口银行、联邦住房贷款银行等；德国有德国复兴信贷银行等；法国有法国农业信贷银行、法国外贸银行等。简而言之，政策性银行是服务经济发展的必要设施，是国内或国际合作的必要基础。

在介绍完中央银行、商业银行和政策性银行后，我们对中国银行的分类进行了简单的概括，如表6-9所示。

表 6-9 中国银行分类

类型	举例
中央银行	中国人民银行
国有商业银行	中国工商银行、中国建设银行、中国农业银行、中国银行、交通银行、中国邮政储蓄银行
股份制商业银行	招商银行、浦发银行、中信银行、中国光大银行、华夏银行、中国民生银行、广发银行、兴业银行、平安银行、浙商银行、恒丰银行、渤海银行
开发性金融机构	国家开发银行
政策性银行	中国进出口银行、中国农业发展银行
城市商业银行	北京银行等
农村商业银行	北京农商银行、上海农商银行等
外资银行	花旗银行、渣打银行

在表6-9中，中国工商银行、中国建设银行、中国农业银行、中国银行被称为四大商业银行，四大商业银行的资产规模如图6-8所示。中国工商银行被戏称为"宇宙行"，这个说法或许从其资产规模中可见一斑。

---

① 《国务院关于同意国家开发银行深化改革方案的批复》，2015年4月12日。
② 《国务院关于同意中国进出口银行改革实施总体方案的批复》，2015年4月12日；《国务院关于同意中国农业发展银行改革实施总体方案的批复》，2015年4月12日。

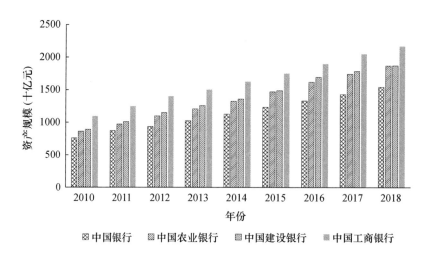

图 6-8　中国四大商业银行资产规模比较（2010—2018 年）
资料来源：中国统计数据库。

第三节　金　　融

一、金融系统

（一）金融系统的定义与作用

1. 金融与金融系统

金融是日常生活中耳熟能详的一个词语。什么是金融？我们不妨先从名字入手，把"金融"倒过来就是"融金"，而"金"在当代可以指代"资金""现金"等，我们不妨取"资金"二字并以"资"代"金"，那么便有了"融资"。但"融资"往往指资金的募集，并不能概括当代金融的全貌，为此我们不妨将"融资"扩充为"资金融通"，有借有贷还有流动，这样一来，"金融"即指"资金融通"。什么是资金融通呢？首先应该明确的是，并非所有的资金流动都属于资金融通，当进行以消费为目的的货币交换时，这只是货币的交换媒介职能而不是融通。资金融通必须以借贷为前提，因为只有在借贷行为中才会出现只有资金流动而没有商品、服务交换的情况。所以，我们将**金融**定义为以消费、投资为目的的，资金借入、贷出及再分配的过程。

金融是一个过程，而这个过程发生在金融系统之中，这就好比制冷与制冷系统。制冷是指食品放入冰箱中冷藏的过程，而制冷系统是指整个冰箱，食品在制冷系统中进行制冷过程。资金融通发生在金融系统之中，**金融系统**就是一个资金不断聚集、分散的抽象系统。金融系统有实体的组成部分，如本节要讲的金融中介，也有虚拟的组成部分，如金融市场、金融工具。总之，金融系统是一个现实中不可能独立存在也不可能被剥离观察的抽象系统，在本节中，我们要习惯以系统的思维去看待金融。

2. 金融中介

按照资金融通的方式,金融可以分为**直接金融**和**间接金融**两种。**直接金融**是指资金供需双方直接进行资金往来的过程。比如,当投资者购买基金时,投资者的资金便会按照投资者的意愿汇入相应基金公司的账户,风险由投资者个人承担。**间接金融**是指以资金供给方将资金汇入某个机构、资金需求方从某个机构汇出资金的方式发生的间接资金往来的过程。比如,投资者将资金存入银行或保险公司,投资者的存款或保险费并不会因银行和保险公司的投资失败而消失,此时银行或保险公司会承担投资者的风险①。

金融中介是指在金融系统中为资金供需双方提供服务和平台的机构。金融中介的形式多种多样,直接金融和间接金融的发生都需要金融中介的作用。我们将金融中介分为银行保险类金融中介和非银行保险类金融中介。这两类金融中介的区别在于,银行保险类金融中介拥有财产的支配权,它们能够决定资金的流动方向;而在非银行保险类金融中介中,资金供给方决定购买股票、债券或基金的种类,从而决定资金的流动方向。资金的流动方向由谁来决定,资金的风险就由谁来承担。

3. 金融工具及金融市场

金融工具是经济中一个参与者对另一个参与者的货币要求权,主要包括以人民币计价的资产(支付货币固定为人民币)和有价证券(其价值代表的是所占实体资产的价值)。而**金融市场**就是交换金融工具的市场。如此一来,金融市场中资金的流动被交换金融工具的行为掩盖,表面上大家都是在用资金购买股票、债券、存款、养老保险,实际上这些金融工具只是资金供给方未来的兑付凭证而非合意的物品,他(她)们是在用今天的资金购买未来的资金,把闲置的社会资源整合分配给需要的人,所以金融工具一般用金融资产来代替。图 6-9 展示了金融工具、金融中介和金融市场的关系,框线内的区域代表整个金融市场。

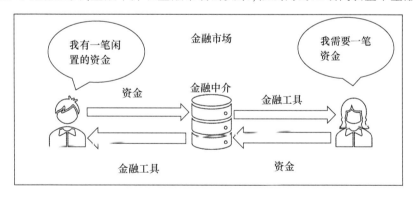

图 6-9 金融市场图解

金融工具可以分为常规金融工具和非常规金融工具。一般而言,常规金融工具可以分为**货币市场工具**和**资本市场工具**,以兑付期限是否超过一年为划分标准。其中,货币市场工具包括兑付期限在一年以内的短期国债、可转让定期存单、商业票据、回购协议、银行承兑汇票

---

① 保险公司的收益往往来自其投资收益,这也是保险投资金额较大、期限较长的原因之一。

等,在中国一般由国有企业或商业银行开付,本金风险较低,具有高度的安全性;资本市场工具包括兑付期限在一年以上的股票、债券、抵押贷款等,其风险一般大于货币市场工具。非常规金融工具为一些买卖合约,比如远期合约、期货合约、期权合约和互换协议等,也称金融衍生品。本部分介绍的金融工具不包括金融衍生品。

相关资料
中国存款、贷款、股票、债券的存量与流量

存款、贷款、股票、债券是现实生活中常见的金融资产。这四种资产在中国具备什么特征呢?本部分将从存量和流量两个方面考虑。存款新增代表存款的流入,贷款新增则代表存款的流出。股票市场分为一级市场和二级市场,我们选择二级市场作为分析对象,原因有二:一是二级市场更加透明;二是用二级市场中股票的成交额表示股市内部的流动性,不涉及股票与其他金融工具的交互。债券交易分为银行间交易和债市交易,后者以交易所为媒介,俗称"债市"。债券的发行和交易在一定程度上反映了货币政策、企业生产活动以及金融资产流动的程度,我们将债券与存款、贷款、股票分别比较,以帮助读者对金融资产建立正确的认识。

1. 四种金融资产的存量比较

从图6-10中我们可以看出,四种金融资产存量从大到小依次为存款、贷款、债券和股票。第一,存款是中国存量最大的金融资产,这与美国、英国等西方国家迥然相反;第二,2015年股票流通市值大于2014年和2016年,这是由于2015年是近10年来最大的"牛市",在后文的成交额中可以看到这一点。

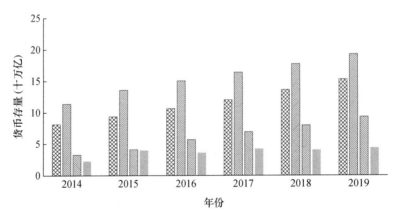

图6-10 中国四种金融资产的存量比较(2014—2019年)
资料来源:中国统计数据库。

2. 债券与存贷款的新增流量

债券分为国债、地方政府债、企业债和金融债四类,其中国债体量最大、流动性最好。国债与地方政府债的变化是财政政策的作用,企业债中银行发行的债券代表了货币政策的力量,而另一部分企业债及金融债则代表了市场的力量,是企业扩大生产的重要标志。结合图6-10和图6-11,我们不难理解,存款体量大但流动性差,所以需要政府和中央银行通过债券刺

激短期需求。简单地讲,资金闲着也是闲着,居民不花,政府就通过举债代替居民消费,实现资源的有效配置。

图6-11　中国债券与存贷款的新增流量(2014—2019年)
资料来源:中国统计数据库。

3. 债券与股票的流动性比较

债券与股票都存在市场化交易,但债券的交易更多地以非市场化(银行间交易)的形式进行。债券交易分为现券交易和回购交易,图6-12中我们仅包含现券交易。从图6-12中我们可以看出,债券的成交额远远大于股票的成交额,但在2015年情况出现反转。这与我们之前所提到的"牛市"关系密切。

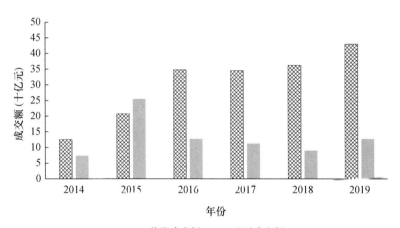

图6-12　中国债券与股票的成交额(2014—2019年)
资料来源:中国统计数据库。

(二) 金融系统的功能

金融系统在宏观经济中拥有十分重要的作用,其主要功能如下:

1. 转移资金

金融系统可以快速、高效地再分配资金,将资金集中到最需要的人手中。货币体系将经济体中的绝大部分实体资产转化为货币价格以供交换,所以人们可以通过交换货币来交换资产。金融系统中的交换是在金融市场上进行的,最需要资金的人会给资金的使用权开出最高的价格,资金供给方会优先满足使用价格高的资金需求,大量的需求和供给在金融市场上相互碰撞、结合,最终实现资金的再分配,使得资金进行更有效的配置。

2. 控制风险

在金融系统中,风险会随着资金的转移而减小。保险市场就是金融系统控制风险的一个例子,人们将面临的风险以保险的形式转嫁给保险公司,从而达到控制风险的目的。

3. 票据交换

票据交换是指金融工具的交换。在金融市场中,票据交换能加快资金转移的速度;在商品市场中,票据交换能促进交易的发生。当存款以电子货币的形式被持有时,我们便可以足不出户地与世界各地的人发生交易,这大大促进了生产。

(三) 金融系统的定位

还记得我们在第二节提到的比喻吗?在货币系统中,中央银行就像人体的骨髓,承担造血功能,商业银行就像遍布全身的血管,将血液(货币)输送到各个器官(产业部门)中。现在我们可以从一个更高的角度来看待这个比喻,货币系统是金融系统的一部分,中央银行仍在金融系统中承担造血功能,但承担血液运输功能的不再仅仅是商业银行,而是整个金融系统内的金融中介,血液的流动并不仅仅代表货币的流动,而是代表了金融资产的交换。

金融系统是经济的血液循环系统,但血液循环的目的是保证各个器官(产业部门)的正常运作,所以各个器官(产业部门)才是躯干(宏观经济)中最重要的部分,金融系统是为实体经济更好地运转而服务的。须知,皮之不存,毛将焉附。

二、中国的金融系统

(一) 领导机构——国务院

国务院是最高国家行政机关。国务院由总理、副总理、国务委员、各部部长、各委员会主任、审计长、秘书长组成,其下设立若干直属机构主管各项专门业务,设立若干办事机构协助总理办理专门事项,每个机构设负责人二人至五人。[①] 国务院是中国金融系统的领导机构,负责制定金融系统的战略方针及结构框架。

(二) 指导机构与监管机构——中国人民银行、证监会与银保监会

中国人民银行是中国的中央银行,是在国务院领导下制定和执行货币政策、维护金融稳定、提供金融服务的宏观调控部门。作为宏观调控部门,其职能经历了"一个强化、一个转换

---

① 参见《中华人民共和国国务院组织法》。

和两个增加",即强化货币政策有关职能,转换实施化解系统性金融风险以及增加反洗钱、信贷和征信的职能。中国人民银行是货币市场的指导机构与监管机构,根据国务院制定的战略方针细化实施办法,指导与监管货币市场的发展改革。

证监会全称为中国证券监督管理委员会,其监管对象为证券市场(包含股票、债券和基金)和期货市场,对下制定证券市场和期货市场的方针政策,对上承办国务院的委托事项以及起草相关法律法规和建议办法。证监会对下属监管单位实行垂直领导,在证券的全生命周期内进行统一监管,对有关证券公司、基金公司的领导班子及成员进行管理。证监会是证券市场和期货市场的指导机构与监管机构。

银保监会全称为中国银行保险监督管理委员会,于2018年4月8日由原中国银行业监督管理委员会(简称"银监会")和中国保险监督管理委员会(简称"保监会")合并成立,目的是维护银行业和保险业的合法、稳健运行,对其下属机构实行垂直领导,参与发展改革战略研究,起草相关法律法规。银保监会是银行业和保险业的指导机构与监管机构,特别的,银保监会和中国人民银行都负有指导与监督的责任,总体来讲,中国人民银行承担制定重要法律法规草案和审慎监管基本制度的职责,而银保监会专注于监管执行,比如中国人民银行负责制定银行综合统计制度,银保监会负责从业人员资格审核及业务规范。

相关资料
中国金融业监管改革路径

中国金融监管体系发展由"大一统"到"一行三会"再到"一委一行两会",形式上发生了从统一监管到分业监管再到协同监管的重要转变,体现了中国特色社会主义金融监管体系的不断完善和新时代中国特色金融监管框架的初步成型。

- "大一统"到"一行三会":1948年中国人民银行成立到2003年"一行三会"格局形成,形式上表现为从统一监管到分业监管的不断演进。"一行"是指中国人民银行,"三会"是指证监会、银监会和保监会。在金融业发展过程中,行业体量不断增大,金融主体持续涌入。为了更好地保障市场的健康发展和平稳运行,中国人民银行一方面不断让渡金融业务、强化自身中央银行属性;另一方面不断剥离、细化监管职责。
- "金融委":2017年国务院金融稳定发展委员会成立,标志着分业监管发生制度性的方向转变,在"防范和化解金融风险,特别是防止发生系统性金融风险"上起到了至关重要的作用。
- "一委一行两会":互联网金融的发展催生了一大批金融交叉行业,在繁荣金融领域的同时也出现了一些监管的"灰色地带",银行业和保险业尤甚。2018年3月《深化党和国家机构改革方案》将银监会与保监会合并为银保监会,形成了协同管理的新格局。两年间,中国高风险资产规模缩减12万亿元,银行业处置不良贷款3.48万亿元,为实体经济的发展转型提供了有力的支持。中国金融业监管改革的重要时间节点如图6-13所示。

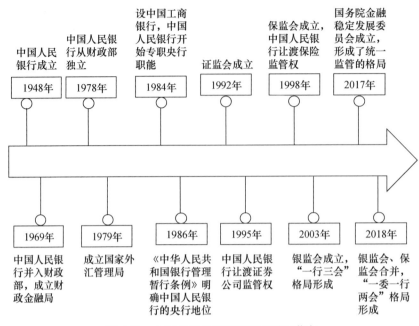

图 6-13 中国金融业改革的重要时间节点

(三) 参与机构——银行、外汇管理局、证券交易所等

中国金融系统的参与机构种类繁多,本章中以其指导机构与监管机构进行区分。中国人民银行指导与监督货币市场,对象为银行的人民币业务与外汇管理局的外币业务。证监会指导与监管证券市场和期货市场,对象为参与该市场的证券交易所、期货交易所、证券公司、基金公司、期货公司等。银保监会指导与监督银行业与保险业,对象为银行、保险公司以及小额贷款公司、融资性担保公司、典当行、融资租赁公司、商业保理公司、地方资产管理公司等其他类型的金融机构。

第四节 小 结

货币是指被人们普遍接受的、作为交易媒介的物品,无论它的形式是怎样的,它的职能总是交易媒介、计价单位和价值储藏手段。但货币的职能绝非独有,很多物品都具备其中之一或之二,为什么货币会发展成为我们今天所用的形式?在货币的演变中我们揭示了这一经济学规律。在经济学中我们习惯以市场均衡的概念去思考问题。货币的供给在特定时间段内往往是固定的,它有不同的计量口径如 M0、M1、M2 等;货币的需求随着货币市场的利率而改变。所以,在货币供应量一定的情况下,货币市场的均衡决定了均衡利率。

银行是货币创造与发行的地方,也是 M1、M2 产生的地方。中央银行发行货币,商业银行创造货币,政策性银行则为国家产业政策提供有力支撑。特别的,我们对中国的商业银行做了较细致的分类。货币的创造与商业银行的准备金制度息息相关,这项制度也是中央银行调控货币政策的手段之一。此外,中国人民银行还有一些常用的货币调控手段,我们也进行了简单的讨论。

银行是金融系统的重要组成部分。金融是指不以消费、投资为目的的,资金借入、贷出及再分配的过程。而金融系统则是一个资金不断聚集、分散的抽象系统。我们常谈股票、债券,它们在金融系统中被称作金融工具,也称金融资产。金融资产对整个金融系统乃至宏观经济都有十分重要的作用,如转移资金、控制风险等。最后,我们试图回答一个问题,中国的金融系统是怎样的呢?结合金融监管的发展,相信它能为你描述一个客观而完整的中国故事。

内容提要

- 尽管形式千变万化,但货币最重要的职能始终是交易媒介,它大大增加了交易发生的可能性。正因为货币的这种润滑作用,法定货币的操作往往以"流动性"来命名。
- 中央银行发行货币,商业银行创造货币。在这两种体系之中,准备金银行制度意义重大。而在这两种体系之外,政策性银行致力于解决资金市场的市场失灵现象,承担国家发展的政治任务。
- 金融是资金融通的过程,在金融系统中发生。相较于抽象的资金的概念,金融系统中发展出一系列金融工具,也称金融资产。金融资产是资金的具象表达,也是金融系统的"货币"。

关键概念

货币	存款准备金率	金融中介
货币的职能	货币政策	金融工具
货币供给	公开市场业务	金融资产
通货	再贷款与再贴现政策	金融市场
流动性偏好理论	资产负债表	货币市场工具
中央银行	银行资本	资本市场工具
商业银行	杠杆	国务院
准备金	政策性银行	中国人民银行
货币乘数	金融	证监会
基础货币	金融系统	银保监会
通货存款比		

练习题

1. 如何区分经济中的货币与其他资产?
2. "这种资产是非流动性的。"这句话是什么意思?请将你所知道的资产形式按照流动性从强到弱的顺序进行排列。
3. 一国的货币供给是否可以由中央银行完全决定?请解答这个问题并给出理由。

第七章 利率、物价与通货膨胀

本章中,通货膨胀是重点,我们将围绕通货膨胀进一步阐述利率和失业。第一节对通货膨胀做出准确定义,对长期中通货膨胀的决定因素进行分析,并适时引入货币需求的相关研究轨迹,与第六章的相关内容相呼应;第二节探索通货膨胀与利率的关系,引入预期的概念,重温货币需求函数并在此基础上深入探讨经济学中长短期的含义,引入古典二分法与货币中性的概念,为本书后面的章节做铺垫,并对通货膨胀的社会影响做出详细说明;第三节讲解通货膨胀与失业的关系,引入长短期菲利普斯曲线,这是对费雪方程的进一步探索。

第一节 通 货 膨 胀

一、通货膨胀的含义

(一) 通货膨胀的定义

通货膨胀是指一般物价水平的普遍上涨。在现实中,通货膨胀有不同的计算方法,对于一般消费者,我们常用消费价格指数(CPI)来衡量通货膨胀,这是我们在第一章接触过的概念。

图 7-1 展示了 1996—2019 年中国 CPI 的变化情况,在本章的其他部分,我们将继续采用这个指标来表示现实中的通货膨胀。

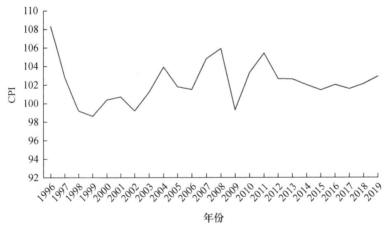

图 7-1 中国 CPI 变化

资料来源:中国统计数据库。

（二）通货膨胀的类型

1. 低通货膨胀与高通货膨胀

按照通货膨胀水平的高低，我们可以将通货膨胀分为**低通货膨胀**与**高通货膨胀**两种类型。二者的划分并无十分严格的量化标准，在国与国之间也存在差异。如图 7-2 所示，通货膨胀有很强的季节特征，而且中国的通货膨胀波动大于美国。

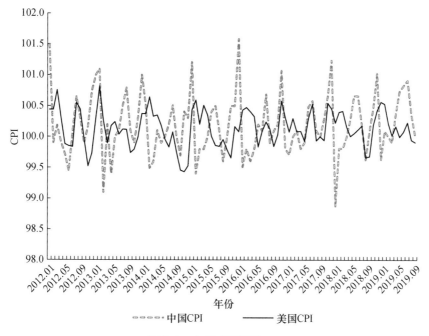

图 7-2　中美两国居民 CPI

资料来源：中国统计数据库。

在高通货膨胀中，还有一类特殊的现象，即**恶性通货膨胀**，它是指每月超过 50% 的通货膨胀水平。**恶性通货膨胀现象**是指经济中过高的通货膨胀从而使货币体系崩溃的现象。委内瑞拉是一个例子，曾经的委内瑞拉币连一本相同厚度的书都无法购买，被戏称为"装钱的袋子都比钱本身要值钱"。

2. 可预期的通货膨胀与未预期的通货膨胀

简单地讲，**预期**是指人们对未知事物形成的预测性认识。根据是否被预期到，通货膨胀可以被划分为**可预期的通货膨胀**和**未预期的通货膨胀**：可预期的通货膨胀是指被人们提前预测到的通货膨胀，而未预期的通货膨胀是指没有被人们预测到的通货膨胀。

 相关资料
什么是预期？

预期是指人们对未知事物形成的预测性认识。根据预测性认识的不同，我们可以将预期分为：① 理性预期。指人们总是综合已有的信息对未来进行预测。比如，当你发现某项指标以 12345 的形式发生变化时，你可能预期它在下一期的值为 6。当然，不同的人往往有不同的理性预期,此处只是列举了一种可能的形式。② 外推预期。指人们认为未知的信息与其上一期相同。以 12345 为例,外推预期者会认为下一期的指标值为 5。③ 完美预期。指人们总是能够正确预测未知的变量。无论未知的经济现象或经济指标是什么,完美预期者总能预测出真正发生的事。

预期与长短期分析

预期的概念有利于我们理解经济学中的长短期分析。长期中人们的表现就像是完美预期者,而短期中人们不具备这种完美预期。如何理解这句话？假设出现了一种经济波动,对于这种波动人们需要 10 年的时间去正确认识它,那么我们将长期定义为多于 10 年的期限,而将短期定义为少于 10 年的期限。在时间的长河中,我们总能完整而深刻地认识任何一种波动,那么我们将长期看作足够长的期限以至于我们可以完美预期到任何事情,而短期则是指足够短的期限以至于我们无法对事情形成完美预期。

3. 平衡性的通货膨胀与非平衡性的通货膨胀

如果各类需求品的价格上涨幅度是一致的,则我们称之为**平衡性的通货膨胀**；如果各类需求品的价格上涨幅度不一致,则我们称之为**非平衡性的通货膨胀**。

如图 7-3 所示,我们将中国居民消费划分为食品、家庭设备等六个部门,从中可以很明显地看出,中国居民消费的各部门在 2010—2019 年间价格增长率是大体一致的,属于平衡性的通货膨胀现象。

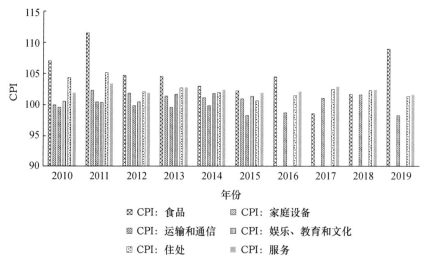

图 7-3　中国 CPI 组成

资料来源:中国统计数据库。

二、长期中通货膨胀的决定因素

预期是长短期分析的一把钥匙。在长期中,人们对一切已经发生的变化如各类刺激需求的政策、自然灾害等都产生了足够的认识,所以一切生产活动都会按照人们既定的安排进行。这类似于完美预期,无论短期产生了怎样的波动,长期中这些波动的影响近乎为零。

当我们观察美国季度 GDP 的变化时,一个很明显的特征是每年第一季度的 GDP 总是低于上一年第四季度,短期中季度 GDP 呈现曲折上升的趋势(如图 7-4 所示)。但在长期中(如图 7-5 所示),美国季度 GDP 的变化显得光滑了许多,这是因为长期的趋势掩盖了短期的经济波动。

在本章所有讨论的通货膨胀问题中,我们将会忽略经济增长的作用,假设长期中产出处于一个固定水平。这是**比较静态分析**中的通用做法。

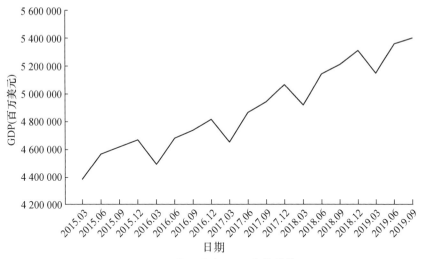

图 7-4　美国季度 GDP 变化趋势

资料来源:中国统计数据库。

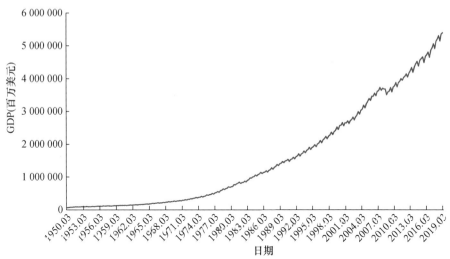

图 7-5　美国季度 GDP 变化趋势

资料来源:中国统计数据库。

相关资料
比较静态分析

比较静态分析是经济学中常用的一种分析方法,其做法为关注一段时间内的起始状态和结束状态,而忽略其动态的变化过程。

(一) 交易与数量方程

货币的交易与数量方程刻画了商品流通中所需要的货币量,这也是我们研究长期中通货膨胀决定因素的切入点。对于一个个体来说,其商品交换行为可用一个简单的表达式表示为:

$$\text{个人用来交换的货币量}(m) = \text{商品的价格}(p) \times \text{商品的数量}(t) \tag{7-1}$$

式(7-1)是一个简单的概括:每个人都会购买许多商品,此处以单项式代替复杂多项式的运算,将 p 与 t 视作商品的价格与商品的数量。

在宏观经济中,我们考虑的对象不再是个体而是整个经济体,所以下一步要将个体的商品交换行为拓展到整个经济体。需要注意的是,经济体中货币的流通是环环相扣的,货币会通过循环发挥作用。比如,小黑在购买甜点时支付了一张100元的人民币,而小黑同时是该甜品店的员工,他在月底领工资时又收回了这张100元的人民币,虽然这张100元的人民币在一次循环后回到了起点,但它支付了价值200元人民币的商品和服务。虽然这种货币循环的速度、周期、形式在现实中因人而异,但是我们仍可以做简单的抽象:

$$\text{经济中货币量}(M) \times \text{货币流通速度}(V) = \text{交易的价格水平}(P) \times \text{交易的数量}(T) \tag{7-2}$$

我们把**流通速度**定义为经济体中货币的循环次数,即货币在经济体中流通的快慢程度。这样,我们就得出了货币的交易与数量方程。

(二) 从交易到收入

在得出货币的交易与数量方程后,我们仍面临将其运用到现实世界的困难。因为我们无法找到一个可以衡量交易的指标,更别说交易的价格水平了,所以关于交易的替代指标十分必要。在宏观经济学中,每个人都具有两面性:既充当消费和服务的需求者,又充当消费和服务的供给者。如果从供给的角度入手,那么当交易发生时,供给者获得等值的货币,或称为收入。所有人的收入来源于且仅来源于他(她)所提供的商品和服务,所以,我们可以等价地将交易替换为收入,而所有人的收入加总,就是国民总收入。

$$\text{经济中货币量}(M) \times \text{货币流通速度}(V) = \text{国内价格水平}(P) \times \text{国民总收入}(Y) \tag{7-3}$$

需要注意的是,虽然式(7-3)中只变动了一个字母 T(交易),但字母 P 的含义已经发生变化,由交易的价格水平变为了国内价格水平。同样的,如果将国民总收入替换为国民总产出(GDP),那么此时交易的价格水平则为 GDP 平减指数:

$$\text{经济中货币量}(M) \times \text{货币流通速度}(V) = \text{GDP 平减指数}(P) \times \text{国民总产出}(Y) \tag{7-4}$$

而式(7-4)就是我们所称的**货币数量方程**。

(三) 货币需求函数和数量方程

对于货币数量方程的形式,我们并不陌生。回想货币数量方程的推导过程,它是否在以另一种形式告诉我们"为什么要持有货币"?在揭开谜底之前,我们先将货币数量方程转化为:

$$\frac{M}{P} = \frac{Y}{V} = kY \tag{7-5}$$

我们假设货币流通速度不变,那么便得到了真实货币需求与 GDP 之间的关系。回想第六章的凯恩斯流动性偏好理论,是否也提到了真实货币需求与 GDP 之间的关系?只不过在第六章我们把重点放在了利率上而已。

(四)货币、价格和通货膨胀

我们回到货币数量方程的一般形式($M \times V = P \times Y$),试图探索长期中通货膨胀的决定因素。我们已经在前文中假设货币流通速度不变,所以通货膨胀的变化取决于货币供应量和 GDP 的变化。在长期产出水平不变的假设下,货币供应量的增加会导致价格水平以相同的增长率上升,这也是为什么部分经济学家将通货膨胀称作一种货币现象。

当货币流通速度和长期产出水平不变时,我们可以从货币数量方程中得到货币供应量与通货膨胀一对一的关系,即货币供应量增加 1%,通货膨胀水平上升 1%,这种关系被称为**货币数量论**。

如果我们能考虑得更深入一些,或许可以得出更符合现实的结论。经济体在长期中产出如何变化?在完美预期的条件下,产出并不会随着需求的变化而变化,它只由供给者决定。所以我们可以进一步将通货膨胀的决定因素细化为:① 生产要素和技术决定了产出;② 中央银行的货币供给决定了产出的名义价值。这两个因素共同决定了通货膨胀水平。

(五)货币铸造税

由货币数量方程可知,货币供应量的增加会导致长期通货膨胀的发生。货币供应量为什么会增加呢?从第六章我们知道,中央银行控制了货币供给,并以此来调控经济的运行。但现实中,货币供给要受到各方面的影响,当一个经济体的政府出现财政短缺或赤字过大时,它有时也会寻求中央银行的帮助,中央银行会通过发行货币来支持政府的开支。

当中央银行通过发行货币来支持政府的开支时,难免会出现通货膨胀现象,因为经济中的货币越来越多了。此时,持有货币的人受到通货膨胀的影响,他们的财富事实上减少了,因为通货膨胀影响了货币的购买力。从结果来看,通过发行货币来为政府集资的行为更像是一种税,增发的货币从持有货币的人那里拿来一部分财富,并以此补贴政府。所以,我们将这种通过发行货币募集的资金称为**货币铸造税**,直观来看,这也是一种通货膨胀税。

三、短期中通货膨胀的类型

在短期中,通货膨胀由供需推动,这是由于人们在短期中无法完美预期到经济波动的发生,任何风吹草动都会影响人们的行为,进而影响通货膨胀。

总需求—总供给曲线是我们分析的法宝,这部分的详细分析将在第八章中有所涉及,此处我们仅需要有一个简单的逻辑即可。类似于微观经济学中的概念,总需求代表经济体中所有个体、企业、政府的需求,总供给则代表经济体中所有的供给。不同的是,我们采用的是经济体的价格水平和产出而非单一商品的价格与数量。简单地讲,供给端的影响因素往往指生产要素、技术和产业结构等,需求端的影响因素是指影响消费、投资、政府购买的因素,所以,货币政策和财政政策是从需求端影响经济体的。

(一) 需求拉动

还记得之前的章节中提到的供给与需求吗？当外在因素推动人们的需求增加时,价格便会被需求拉升。通俗地讲,物以稀为贵,对于一件商品而言,想拥有它的人越多,它的相对稀缺程度就越高,价格当然也会越高。

如图7-6所示,当外在因素推动总需求增加时,总需求曲线会向右移动,并与总供给曲线形成新的均衡点 A'。显而易见, A' 点所在的价格水平高于 A 点所在的价格水平,这种价格水平的上升被称作**需求拉动型通货膨胀**。

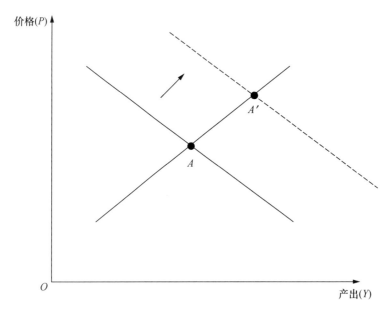

图 7-6　需求拉动型通货膨胀

▍相关资料
需求的变动还是需求曲线的变动？

相信你已经对经济学中各种各样的均衡产生了"抗体",对于比较静态分析而言,如何找到变动后新的均衡点是至关重要的,这就需要理解什么时候移动曲线？什么时候沿着曲线移动？我们以图7-6为例,细细地思考这个问题。

需求曲线的变动是指外在因素引发的需求变动。外在因素是指除价格和产出之外,其他影响总需求的因素。比如,当某非洲国家收到国际援助后,该国收入的增加会使其对商品的总需求增加。而这种外在因素引发的需求变动就是需求曲线的变动,它体现为需求曲线的左移或右移。

什么是需求的变动？价格或产出变动引发的需求变动称为需求的变动。这听起来很拗口,但操作起来很简单,此时需求曲线不动,均衡点沿着需求曲线上下移动。

我们不妨以需求拉动型通货膨胀为例。外在因素引发了总需求的增加,发生需求曲线的变动,即需求曲线的右移。当总需求上升时,在尚未调整的产出规模下,商品价格上升。供给者观察到商品价格上升,有动机去扩大生产规模以满足需求,总产出上升形成新均衡。而此时总供给的变化是对价格变化的回应,属于总供给的变动,所以原均衡会沿着总供给曲线移动到新的均衡。

(二) 供给推动

类似的,供给不足也会推动通货膨胀。不同的是,供给者面临的冲击往往是长期的、结构性的,比如经济发展中某个产业部门的生产瓶颈等,所以供给推动型通货膨胀往往持续时间较长。如果此时经济体采取提振需求的政策来提高产出水平,那么通货膨胀还会一轮又一轮地持续出现。

如图7-7所示,当外在因素提高供给成本或限制供给产能时,总供给曲线会向左移动,使得产出下降和价格上升,这就引发了一轮通货膨胀。如果中央政府和货币当局无法忍受这种产出下降的短期波动①,那么它们就会采取积极的财政政策和货币政策②来提振需求,致使需求曲线向右移动,使产出回归到遭受供给冲击前的水平。此时经济中又发生了一轮通货膨胀。高企的物价水平引发工人工资上涨,工人工资上涨会使总供给曲线向左移动,价格再次上升。如果政府不断地刺激经济以维持高水平的产出,那么通货膨胀就会一轮又一轮地出现。这种价格的上升被称作**供给推动型通货膨胀**。

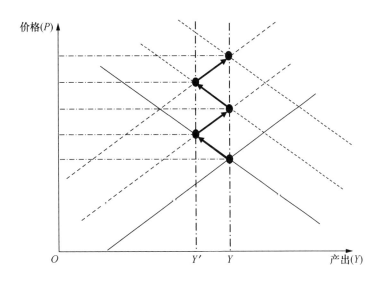

图7-7 供给推动型通货膨胀

---

① 这是一个正常的考量,经济政策的实施往往是为了避免过度衰退和过度繁荣,抚平短期的经济波动。
② 简言之,政府采取扩大投资、减税等提振需求的财政政策,中央银行采取增加货币供给的货币政策,它们都会增加总需求。这两种政策往往是相互补充的。

第二节 通货膨胀与利率

一、名义利率与实际利率

名义利率是指以货币衡量的利率,而**实际利率**是指以购买力衡量的利率。此处主要探讨它们的性质。名义利率往往随时变动,比如银行利率、股票利率等;而真实利率由资本的回报决定①,在固定的要素投入和技术条件下往往不随时间变动。

二、通货膨胀与利率的关系

(一)费雪方程与预期通货膨胀

1. 费雪方程

名义利率与实际利率存在十分密切的关系,但我们仍需一段链条将二者组合起来,它就是通货膨胀率。美国经济学家欧文·费雪(Irving Fisher)提出了大名鼎鼎的费雪方程:

$$名义利率(i) = 实际利率(r) + 通货膨胀率(\pi) \tag{7-6}$$

费雪方程揭示了名义利率与实际利率、通货膨胀率的关系,包含了我们迄今为止所学内容的简单概括。实际利率影响投资,这是我们在第四章学过的内容。在费雪方程中,通货膨胀率上升1%会引发名义利率上升1%,这种通货膨胀率与名义利率之间一对一的关系被称为**费雪效应**。长期中通货膨胀率由货币数量方程决定,它揭示了经济中的货币量与通货膨胀之间的关系。名义利率是货币市场的均衡因素,也是货币政策的调控手段之一。

费雪方程隐含了货币政策的作用机制。我们在第六章介绍了货币政策,但从未系统地分析货币政策如何起作用,这是第十章的内容。简单地讲,对投资来说,货币政策通过影响名义利率进而影响预期的实际利率来促进投资需求。但敏锐的你可能已经发现,我们介绍了一个陌生的概念——预期实际利率,什么是预期实际利率呢?请参见下一部分。

2. 预期通货膨胀

费雪方程揭示了实际利率与名义利率之间的对应关系。不妨联系一下现实世界,2019年的通货膨胀率会在2019年公布吗?人们会在2020年8月获知当月的通货膨胀率吗?答案是否定的,在中国,通货膨胀率由国家统计局计算公布,而人们往往要在一期或几期之后才能知道当期的通货膨胀率。当然,尽管不能知道真实的通货膨胀率,我们也总能根据生活经验和事实观察对通货膨胀率形成预期,或者叫先验印象,这就是**预期通货膨胀**。同理,我们对实际利率的预期被称为**预期实际利率**。在统计学中,我们常用期望来表示预期,于是:

$$E_t r = i - E_t \pi \tag{7-7}$$

其中,E_t 代表在 t 时期对当期变量的预期。显然,由于名义利率随时公布,我们可以轻易地获知当期的名义利率。所以,我们就能通过式(7-7)将预期实际利率求出来了。

同样,当我们站在2019年时,我们可以轻易地获知2017年的通货膨胀率,进而计算出

---

① 回忆所学的微观经济学,或许你能有更好的理解。

2017年的真实利率。这时我们可以轻易地使用费雪方程。

3. 预期与长短期分析

预期与长短期分析息息相关。在本部分我们将以货币市场和总供给—总需求的例子,详细描述预期在长短期分析中的作用。为简便起见,在本部分中我们假设真实利率不随时间变化。

(1) 货币市场。货币市场中起决定性作用的是名义利率和真实货币供给,原因有二:① 人们对货币的需求取决于货币本身的增值性,名义利率决定了这部分增值;② 人们持有货币的动机是购买商品或服务,所以其真实购买力或者真实货币才是关键。所以,我们可以将货币供给表示为:

$$\left(\frac{M}{P}\right)^s \tag{7-8}$$

其中,M 代表名义货币供给,P 代表价格水平。

而当期的货币需求由当期的名义利率决定,其函数形式可表示为:

$$\left(\frac{M}{P}\right)^d = f(i) = f(r + E_t\pi) \tag{7-9}$$

如图 7-8 所示,在短期分析中,当增加货币供给时,一方面,由于短期内存在价格黏性,真实的货币供给随货币量的增加而增加,货币供给曲线右移;另一方面,由于人们未能对货币量的增加形成预期,导致预期的通货膨胀率不变,货币需求曲线不变,市场均衡点由点 A 变化至点 A'。

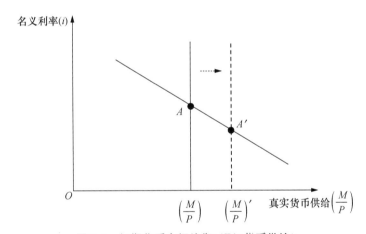

图 7-8 短期货币市场均衡(增加货币供给)

如图 7-9 所示,在长期分析中,一方面,人们对货币量增加慢慢形成了完美预期,由于真实产出水平没有发生变化,所以价格水平会持续上升,直至真实货币供给回落到之前的水平①,供给曲线左移回位;另一方面,由于人们形成了完美预期,通货膨胀率会根据价格水平上升,导致名义利率不断上升,从而使得货币需求曲线上移,形成新的均衡点。在短期分析中,均衡变化由点 A 移动至点 A',但长期的均衡变化是由点 A' 移动至点 A''。

(2) 总需求—总供给。如图 7-10 所示,在短期分析中,货币供给的增加会促使总需求增

---

① 参考本章第一节中的货币数量方程。

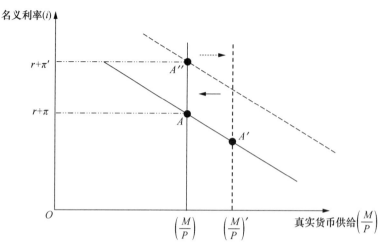

图 7-9 长期货币市场均衡(增加货币供给)

加①,总需求曲线向右移动。而总需求的外生增加会促使企业生产更多的产品,使得均衡点沿着总供给曲线向右上方移动。这与需求拉动型通货膨胀是相同的。在长期分析中,人们发现高涨的需求是增发货币导致的,而需求走高引发的价格上升不过是增发货币的副作用,因为每单位货币的购买力下降了。人们慢慢形成对价格的正确认知,不断地收缩短期盲目扩张的生产,使得产出恢复到长期的均衡点,价格进一步上升。

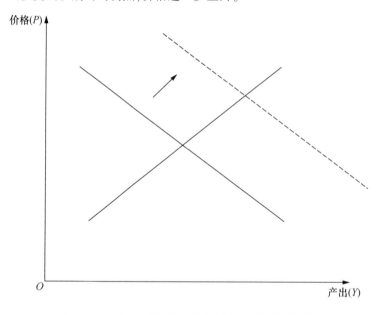

图 7-10 总需求—总供给的短期分析(增加货币供给)

如图 7-11 所示,因为长期中的产出是不变的,长期中的总供给曲线事实上变成了一条垂直于横轴的直线,而总需求任何形式的外生变化都不会影响产出而是会提高价格水平,从而产生通货膨胀。

---

① 简单地想,当你拥有更多的钱时,你自然会有购买更多消费品的想法,这就增加了总需求。至于其背后的机理是什么,你会在第十章的货币传导机制中学习。

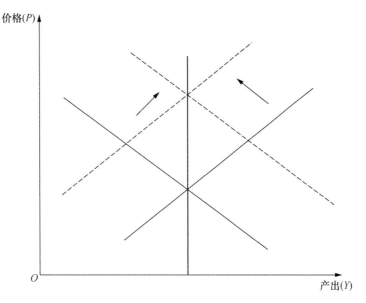

图 7-11　总需求—总供给的长期分析(货币供给增加)

(二) 古典二分法与货币中性

在本节中,我们用名义利率和实际利率进行了通货膨胀分析。这在宏观经济学中是普遍存在的,我们往往通过分别理解名义变量和实际变量的方式,来理解宏观经济在长期和短期中的变化。接下来,我们介绍两个概念:古典二分法和货币中性。

1. 古典二分法

古典二分法是指一分为二地理解经济变量,将其划分为名义变量和实际变量的方法。名义变量即以货币表示的变量,而实际变量是指以真实购买力表示的变量,如名义 GDP 与实际 GDP、名义货币供给与实际货币供给、名义利率与实际利率等。古典二分法为我们的宏观经济分析做了清晰而重要的界定,我们在思考问题时更应思考:到底是名义变量在起作用,还是实际变量在起作用?

2. 货币中性

货币中性是指货币不会对经济中的实际变量产生影响,本节的长期分析体现了这一思想。一些经济学家认为,短期内货币中性也是存在的,因为货币当局任何调整货币政策的行为都会被提前公告,然后人们采取行动来抵消货币政策的影响。很遗憾,在现实的大多数情况下,货币中性并不存在,货币政策依然是经济调控的重要手段之一。

三、通货膨胀的影响

在之前的内容中,我们讨论了通货膨胀的定义和通货膨胀的决定因素。但是通货膨胀会造成什么后果?换言之,通货膨胀是否一定是有害的?答案当然是否定的。但不可否认的是,通货膨胀在大多数情况下是作为经济调控的副作用出现的,如果单看通货膨胀,则它本身对经济政策目标的影响可能是弊大于利的。

在讨论通货膨胀对个人的影响时,我们主要关注它对不同的人产生的异质性影响。在讨论通货膨胀对经济的影响时,我们主要关注它会产生哪些预期之外的成本。当然,部分经济学家认为,通货膨胀也存在正向影响,对此我们也进行一些讨论。

(一) 对个人的影响

1. 债务人与债权人

通货膨胀会损害债权人的利益。比如,小黑借给小郑 5 000 元,此时小黑是债权人,而小郑是债务人。两人规定一年后,小郑需支付本息共 6 000 元。但是在合同期限内,一场突如其来的恶性通货膨胀降临了,政府突然超发了几十倍的货币,一年后的价格水平达到了之前的 100 倍。由于合同并未对这场通货膨胀做出补充条款,小郑在一年后支付的 6 000 元仅相当于合同签订时的 60 元。结果这次借贷合同不仅没有让小黑获得任何收益,还使其拥有的购买力下降了近 9 倍,小黑从通货膨胀中受损而小郑受益。

这样的例子在现实中也时有发生,你可以时不时地从电视上看到储户在 20 世纪 90 年代存入银行的一笔钱,在 21 世纪 20 年代的今天仅能取出 3 倍不到的本息和,如果储户能以纸币的形式保存,那么想来也能够轻易地获得更多的回报吧。

2. 资本拥有者和资产拥有者

我们将以货币形式持有财富的人称作资本拥有者,而将以实物或无形资产形式持有财富的人称作资产拥有者,那么通货膨胀相当于定向地削减了资本拥有者的财富,发生这种现象是因为纸质货币丧失了自身的有用性。比如,一场 10% 的通货膨胀会使资本拥有者持有的货币价值下降 10%,而资产价格则顺势上升 10%。如果经济处在短期波动中,则通货膨胀带来的需求增加还可能增加资产需求,从而导致资产价格进一步上升。在恶性的通货膨胀中,货币体系崩溃,资本拥有者甚至会一贫如洗。这也难怪资本拥有者往往会不断地进行投资以实现资产的增值,其实,当你在购买股票时,你也在进行类似的操作。

3. 预期到的人和未预期到的人

在前文中,我们将通货膨胀分为可预期的通货膨胀和未预期的通货膨胀,对于个人也有类似的划分。通货膨胀会对没有预期到其发生的人产生不利的影响。在消费理论中,我们将消费视作收入的函数,个人收入的增加将带动消费水平的提升,但那些都是实际变量。通货膨胀可以提高名义收入,但不会对实际收入有任何的提高。预期到通货膨胀的人会清醒地认识到这一点,但未预期到通货膨胀的人会产生实际收入增加的感觉从而提高自己的消费水平,这就打乱了他对消费和储蓄的最优安排。除此之外,预期到通货膨胀的人还会利用他的预期为自己套利。举个例子,当通货膨胀将要发生时,预期到的人会购进实物资产和股票,因为资产在通货膨胀中会表现出更稳定的价值。

4. 税收

通货膨胀会使纳税人缴纳更多的税款,从而使其实际收入降低。特别的,它对处在税率分级边缘的人影响更大。我们不妨以现行的个人所得税为例①来进行说明,中国现行的综合个人所得税税率为累进税率,如表 7-1 所示。

---

① 按照 2020 年 5 月 10 日执行的标准。

表7-1 综合个人所得税税率

级数	超额工资(元)	税率(%)
1	≤36 000	3
2	36 000＜超额工资≤144 000	10
3	144 000＜超额工资≤300 000	20
4	300 000＜超额工资≤420 000	25
5	420 000＜超额工资≤660 000	30
6	660 000＜超额工资≤960 000	35
7	＞960 000	45

综合个人所得是指工资、薪金及报酬等收入,超额工资是指年收入大于6万元的部分。

假设某人的年收入为66 000元,那么他应缴纳的个人所得税为180元(6 000×3%)。我们将此时的名义收入作为实际收入,那么他的实际收入为65 820元(66 000-180)。

假设此时遭遇了10%的通货膨胀,他的年收入变为72 600元,那么他应缴纳的个人所得税为378元(12 600×3%),他的名义收入变为72 222元(72 600-378)。在物价上涨10%之后,他的名义收入变为实际收入的1.1倍,此时他的实际收入为65 656元(72 222÷1.1)＜65 820元,显然实际收入水平下降。

这对于处在税率分级边缘的人来说更是如此,因为他们在承受更高的超额工资的同时,还承受了更高的税率。此处不做展开。

国家一般会采取各种形式规避税收对个人收入产生的影响。中国通常采用调整个税起征点和累进分级的方式来实现。图7-12展示了中国个税起征点与通货膨胀的关系,从中可以看出,二者有十分明显的正相关关系。

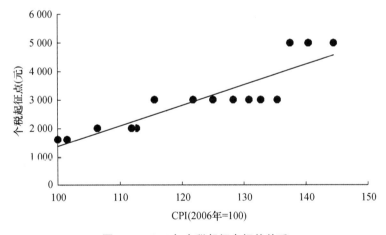

图7-12 CPI与个税起征点相关关系

资料来源:中国统计数据库。

(二) 对经济的影响

1. 扭曲价格信号,导致资源错配

通货膨胀会扭曲价格信号,导致资源错配。不同的产品面对价格上涨的反应速度是不同

的,所以其价格上涨往往呈现参差错落的趋势。在这种情况下,价格的相对变化会影响短期内资源的有效配置。如何理解这种影响?我们假设存在两个时期:第一个时期是通货膨胀发生后,所有商品已经充分涨价;第二个时期是通货膨胀过程中,不同商品表现出不同的价格上涨趋势。显然,经济最终会在第一个时期的价格信号下运行,它可以被视作市场均衡下的最优情况。① 而第二个时期是一种过渡状态,显然它并没有达到第一个时期的最优情况,反而会因价格的扭曲而带来短期经济的剧烈波动。

2. 对通货存款比的影响

持续的通货膨胀会降低通货存款比,增加货币供给,使得通货膨胀进一步恶化。这是一个十分简单的逻辑,当通货膨胀以持续可预期的方式出现时,没有人会乐意持有通货,因为一方面通货膨胀削减了通货的购买力,对持有通货的人来说是一种惩罚;另一方面名义利率会随通货膨胀而上升,这对其他形式的货币来说是一种奖励。当通货存款比下降时,银行会有更多的动力创造更多的货币,而货币供给的增加会带来通货膨胀压力。长此以往,通货膨胀就会成为一种难以摆脱的经济问题。

3. 对企业成本的影响

"皮鞋成本"和"菜单成本"代表通货膨胀带来的难以预料的成本问题。在发生通货膨胀时,消费者会避免持有通货,企业也需要进行适应性的价格调整。那么消费者在去银行存款的过程中会磨损鞋底,我们称之为**皮鞋成本**;类似的,企业调整价格需要重新印刷菜单,或者更贴近现实的说法是修改网页或宣传设计等,在价格调整中企业所要付出的成本即为**菜单成本**。令人遗憾的是,如此有趣的皮鞋成本和菜单成本概念只是为了帮助我们理解通货膨胀的成本问题,在更深层次的经济学研究中很难有量化指标。

4. 对税收的影响

正如我们在前面介绍过的,通货膨胀会通过影响税收来影响个人的实际收入。从经济的角度来说,这种影响会带来一些政府与居民之间的转移支付,进而影响经济的各个方面。

相关资料
伊朗货币的变更——货币贬值引发的通货膨胀

当地时间2020年5月4日,伊朗议会投票通过《伊朗货币和银行法》(修正案),表明伊朗官方货币由"里亚尔"(Rial)改为"土曼"(Toman),货币换算为1万里亚尔兑1土曼,官方货币的转换有两年的过渡期,过渡期内两类货币共同使用。

自2018年美国退出伊核协议并重启对伊朗的制裁以来,里亚尔相对美元贬值的速度越来越快(如图7-13所示)。需要注意的是,尽管贬值速度飞快,官方汇率还是严重高估了里亚尔,2020年5月2日里亚尔的市场汇率(来自非正规交易平台)达到了官方汇率(1美元兑4.2万里亚尔)的近4倍:1美元兑15.6万里亚尔。

在里亚尔不断贬值的压力下,进口品价格飞速上涨,带动了国内CPI的上涨(如图7-14所示),发生了通货膨胀,这种通货膨胀被称作输入型通货膨胀。

福无双至,祸不单行。在如此大的通货膨胀压力下,新冠肺炎疫情对伊朗的生产体系造成了巨大的损害,不难想象,在一定体量的货币下,生产能力越低,产品价格就越高,通货膨胀

---

① 福利经济学第一定理:竞争市场可以达到帕累托有效的资源配置。

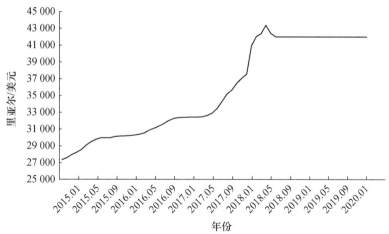

图 7-13　美元兑里亚尔汇率

资料来源:中国统计数据库。

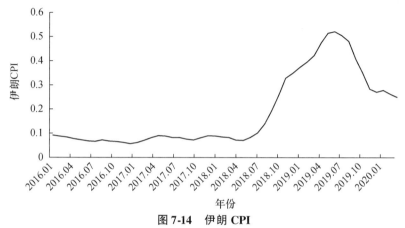

图 7-14　伊朗 CPI

资料来源:中国统计数据库。

自然不会缺席。另外,失业率的上升对政府的管理能力了提出更高的要求,政府债务也会在可预期的未来进一步增长。

提起通货膨胀,人们总是能想起津巴布韦的例子。相比较而言,津巴布韦币的改革经历了废除木币采用外国货币(美元、日元等)到重新设立本币的过程,而伊朗则选择了新币到旧币的直接转换,效果如何,还需等待时间的检验。

资料来源:通胀严重,这个国家宣布:变更货币,1 万旧币换 1 新币![EB/OL].(2020-05-05)[2021-04-25]. https://mp.weixin.qq.com/s/tvuyJT_uAyGEVyf3LvN7QA。

(三) 通货膨胀的正向影响

通货膨胀也有好的一面,例如可以润滑劳动力市场。比如,在一个年通货膨胀率为3%的经济中,要使工人的购买力不变,企业需要每年给工人上涨3%的工资以适应通货膨胀的变化。但企业的盈利状况受诸多因素影响,往往不随通货膨胀同时变化,此时它可以通过工资不变或上涨1%来实际降低工人工资以节约成本。这对劳动力市场有润滑作用,因为在职工人可以接受这种小幅的工资上涨,企业也有更多的资金去寻找更多的工人。然而在没有通货膨胀的经济中,降低工人工资不是一种好的处理方法,因为没有人乐意承受工资的减少。企业更可行的节约成本方式是增加劳动强度,但企业不太可能有额外的资金去满足未就业的劳动力了。

第三节　通货膨胀与失业:菲利普斯曲线

1958年,新西兰经济学家威廉·菲利普斯(William Phillips)发现了工资增长率与失业率之间的统计关系(如图7-15所示),并发表了《1861—1957年英国的失业率与货币工资变动率之间的关系》(The relation between unemployment and the rate of change of money wage rates in the United Kingdom, 1861—1957)一文。当出现对劳动力的超额需求时,雇主们往往会一边增加招工人数,一边提升工资水平,从而使得自己的工作更具有吸引力。

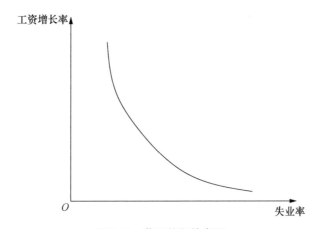

图7-15　菲利普斯的发现

在后来的研究中,人们发现劳动力工资占社会总收入的比重往往是不变的,这意味着劳动力工资的增长率与社会总收入的增长率是保持一致的。当社会总收入增加时,购买力的提升推动需求的增加,从而推动物价水平的变化。① 按照成本加成定价原则,工资增长率与物价提升增长率是一致的,于是,将工资增长率替换为通货膨胀率后,菲利普斯曲线变成了我们常见的通货膨胀率和失业率的形式。

一、向下倾斜的菲利普斯曲线:无预期

从菲利普斯的发现中,我们间接得到了向下倾斜的菲利普斯曲线(如图7-15所示),也被称为**短期的菲利普斯曲线**或**无预期的菲利普斯曲线**,其名称来自后来者的探索。当看到向下倾斜的菲利普斯曲线时,我们难免会想,向下倾斜的菲利普斯曲线能给我们带来什么启示?

---

① 需要注意的是,为简便起见,此处的分析忽略了经济持续增长的可能。

如图 7-16 所示，从简单的相关关系来讲，它意味着通货膨胀率越高，失业率越低，产出越高①；反之亦然。对政府来说，它揭示了降低失业率和增加产出的一条途径，即政府可以通过宽松的货币政策增加货币供给，从而提高通货膨胀率②，达到降低失业率和增加产出的目的。我们知道，这种以通货膨胀换产出的方式只在短期内有效，所以我们将这种菲利普斯曲线称作短期的菲利普斯曲线或无预期的菲利普斯曲线。

短期的菲利普斯曲线在 1968 年之前大获成功，政府普遍采取这种方式相机决策，以维持产出的稳定。但好景不长，"滞涨"现象出现了。

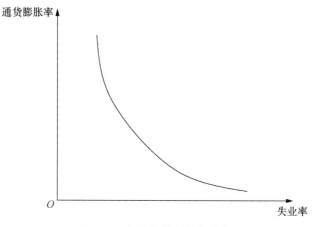

图 7-16 短期的菲利普斯曲线

二、垂直的菲利普斯曲线：有预期

在"滞涨"下，经济表现出了通货膨胀和增长停滞两种"看似矛盾"的现象。为什么呢？在这之前，政府信奉短期的政策调控，认为只要提升通货膨胀水平，就能刺激产出增加。当然，这在长期中是无效的，但是，如果在短期中人们产生了类似于长期中的"完美预期"呢？

这就不得不提及货币学派的观点：如图 7-17 所示，人们对通货膨胀形成了完美预期，他们总能敏锐地感知到通货膨胀水平并维持固定的产出水平，此时失业率维持在自然失业率的水平。1968 年，美国政府持续地采用以通货膨胀换增长的方式，导致人们形成了对通货膨胀的"完美预期"，无论政府再怎么调控通货膨胀，人们总会将其视为"货币游戏"，保持固定的产出不变，政策自然失效。

令人惊奇的是，作为货币学派的代表人物，弗里德曼早在"滞涨"现象发生之前就对菲利普斯曲线做出了预测：政府长期持续提升通货膨胀水平的做法不会给经济带来任何提振作用，因为人们早晚会认识到事情的本质，并拒绝为这场"货币游戏"买单。这也是经济史上并不多见的理论预测了现实而非解释了现实。

此外，卢卡斯认为，人们在短期中形成的理性预期就是完美预期。由于存在这种理性预期，货币政策在短期中也不会产生效果。所以，这种菲利普斯曲线也被称作**长期的菲利普斯**

---

① 失业率和产出存在一对一的关系，失业率越高，产出越低。当经济处于自然失业率水平时，亦处于其自然产出水平，即长期不变的产出水平。

② 对此我们在本章给出了不止一次的分析，但更希望你能从直觉上理解它。

曲线或有预期的菲利普斯曲线。

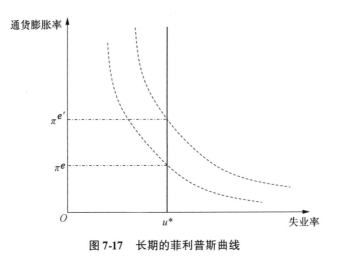

图 7-17　长期的菲利普斯曲线

第四节　小　　结

通货膨胀是一种经济现象,它是指一般物价水平的普遍上涨。通货膨胀和经济中许多重要变量都有联系且形成了严密的理论体系,而它是维系这些理论体系的枢纽,如古典二分法便是建立在通货膨胀的基础上。在本章中,我们首先对通货膨胀的定义和成因做出介绍,为什么没有紧接着介绍它的影响?因为通货膨胀与其他经济变量联系紧密,我们需要在一定的知识预备后才能对其影响进行探索,所以我们把相关讨论放在了第二节。在第一节中,我们借由预期的概念展开经济学中长短期分析的框架,这是理解本章的关键之处。

对利率的理解离不开通货膨胀,费雪方程揭示了它们之间的关系。在第二节中,有两个逻辑需要掌握:一是对名义利率和实际利率的划分从而引出古典二分法;二是对预期的重新讨论从而理解长短期分析的含义。这两个逻辑相互依存,没有对名义利率和实际利率的划分,就无法明确长短期分析中的关键变量;不能理解长短期分析,就不能理解古典二分法以及货币中性的理论依据。进而,我们进一步讨论第一节的遗留问题——通货膨胀的影响,即其对个人的异质性影响和对经济的影响两个部分,还有它的正面作用。

失业和产出是一对双生子,它们与通货膨胀紧密相连。在第二节的长短期分析中,我们讨论了宽松的货币政策在长短期中对产出的作用,同时带来了通货膨胀问题。在第三节的分析中,无独有偶,菲利普斯的发现及后人的演绎从另一角度接近了我们在第二节中的分析,颇有条条大路通罗马的意味。菲利普斯曲线揭示了通货膨胀与失业的关系,给予了我们很多政策含义,与第二节中的分析不谋而合。

内容提要

- 通货膨胀并不是一个贬义词,它在生活中常以 CPI、GDP 平减指数等形式表示物价水平的上升。恶性的通货膨胀是有害的,但适度的、温和的通货膨胀对经济有益无害。

- 古典二分法表现了名义变量与实际变量的区分。费雪将通货膨胀与真实利率、名义利率联系起来,同样的,我们可以借助这种联系,从利率的角度解读通货膨胀的影响。
- 菲利普斯曲线揭示了通货膨胀与失业的关系,它们的关系在长短期(或有无预期)情况下是不同的。

关键概念

通货膨胀	比较静态分析	古典二分法
高通货膨胀	流通速度	货币中性
低通货膨胀	货币数量方程	皮鞋成本
可预期的通货膨胀	需求拉动型通货膨胀	菜单成本
未预期的通货膨胀	供给推动型通货膨胀	短期的菲利普斯曲线
平衡性的通货膨胀	费雪方程	长期的菲利普斯曲线
非平衡性的通货膨胀	预期通货膨胀	无预期的菲利普斯曲线
完美预期	预期实际利率	有预期的菲利普斯曲线

练习题

1. 物价水平对货币的价值有什么隐喻?
2. 通货膨胀常被称作一种税,指通货膨胀发生时每个人所持货币的购买力都会下降,相当于货币发行方从每个人的口袋里拿走了一部分价值,也称作货币铸币税。试探索中国人民银行在当年的货币发行量,它相较于经济中的货币存量大概处于什么水平?
3. 在现实生活中,零通货膨胀目标等同于零货币发行量吗?零通货膨胀是否是经济运行的最好状态?
4. 假设经济始终在自然失业率下运行。如果政府希望降低通货膨胀率,那么有哪些政策是合意的?
5. 供给推动型通货膨胀是一种货币现象吗?
6. 长期的菲利普斯曲线说明( )。
A. 政府的货币政策无效
B. 政府的货币政策只在一定范围内有效
C. 经济主体存在货币幻觉
D. 自然失业率可以变动

第三篇　短期经济波动

第八章 宏观经济运行中的短期波动

本书前面章节已经初步介绍一个经济体长期运行的规律。一个经济体的长期运行状态,似乎已经被储蓄、就业、金融等因素决定了,那么自然而然就会产生一个问题:只要保持合理的消费、储蓄与投资结构,降低失业率,健全金融体系,稳定利率及物价水平,我们是否就可以一劳永逸地将一个经济体送入一条增长与发展的轨道呢?

显然真实世界并没有这么简单,从历史数据中我们知道了经济周期的存在。经济衰退始于短期经济波动,采取正确政策应对短期经济波动的经济体能够迅速走出下行的处境,而采取错误政策的经济体则可能出现巨大的经济倒退。

短期经济波动涉及宏观经济体的多个市场均衡。因此,在分析短期经济波动之前,我们有必要回到宏观经济体最基础的市场——商品市场,从总需求与总供给的角度思考并研究波动的产生。随后,我们将单个市场的分析模式推广至多个市场,从宏观经济体的一般均衡入手,采用一个简单的模型分析短期经济波动及相应的宏观调控对经济体的影响,我们还会简要讨论这套分析框架的不足以及宏观经济学对短期经济波动分析思路的演化。

第一节 总需求与总供给

在微观经济学中,我们学习了需求曲线与供给曲线的概念。在微观部分,我们一直考虑的是某个特定商品(比如苹果),但在现实生活中,总有琳琅满目的商品,那么我们学习的这套经济学分析方法是不是就不再适用了?正如其名,宏观经济学研究的对象是经济总体,商品的概念要从一种商品推广到很多商品,甚至包括许多无形的商品(比如劳动、资本、专利技术等)。从微观经济学迈入宏观经济学,我们首先要学习的就是总需求与总供给的概念,将微观经济学的理论应用到宏观经济学中。

一、总需求与总供给的含义

(一)总需求

1. 总需求的含义

假设有五个人,对吃苹果(为简单起见,假设苹果都是一样的)有着不同的主观评价。我们把对吃苹果有着不同效用的人按从高到低的顺序排序,第一个人愿意为吃苹果付出10单位一般等价物,第二个人愿意付出9单位一般等价物,依此类推。如图8-1所示,当1个苹果在市场上与 8 单位一般等价物等值交换时,前三个人愿意购买苹果,后两个人不愿意购买苹果。于是,与微观部分一样,我们得到了一条倾斜向下的需求曲线。

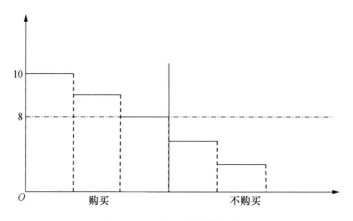

图 8-1 一个总需求的示例

上面的故事是从个体角度出发的,我们作为旁观者,更关注的是这五个人作为整体购买的苹果数量。从旁观者的角度来看,当 1 个苹果在市场上值 8 单位一般等价物时,这个五人团体会购买 3 个苹果;当 1 个苹果在市场上值 7 单位一般等价物时,五人团体的购买量变为了 4 个苹果。中国有 14 亿人口,人与人之间的差异被平滑地过渡,而他们对苹果的总需求相对苹果所值一般等价物的数量呈一条倾斜向下的曲线。

故事讲到这一步还是不太符合现实生活,因为人们不仅要吃苹果,还要吃梨、桃子,甚至要喝果汁。对于大学生而言,他们可能还需要电脑。无论哪种商品,其生产过程都需要劳动者,还需要投资及关键技术等要素。从这个角度来看,单纯引入苹果来分析宏观经济实在是以偏概全。

让我们从最简单的扩展开始,假设世界上只有两种商品——苹果和梨,我们分别得到需求曲线。现在我们定义另一种商品,名字叫作"一袋水果",其价格在市场上应该等于 1 个苹果和 1 个梨价格的总和,即"一袋水果"的需求曲线是苹果和梨需求曲线的水平叠加(如图 8-2 所示)。

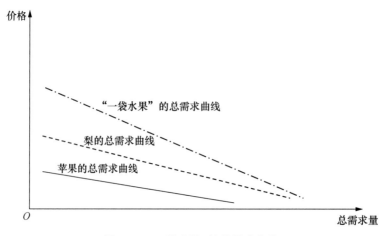

图 8-2 "一袋水果"的总需求曲线

当然对于中国整体而言,苹果和梨消费的数量并不一定相同,因此使用"一袋水果"来衡量中国苹果与梨的需求并不是一个很好的方法。假设中国一年消费了14亿个苹果和21亿个梨,则重新将"一袋水果"定义为1个苹果和1.5个梨,1和1.5即"一袋水果"的权重。通过调整权重,我们可以找到最能体现中国苹果与梨总需求的"一袋水果"的定义。

我们可以不断丰富"一袋水果"的定义,将所有商品都纳入其中,得到一种最能体现中国总需求的物品,并将其命名为代表性商品。由此,我们得到了以代表性商品价格(以一般等价物为单位)为纵轴、总需求量为横轴的总需求曲线,它仍然具备需求曲线的特征——倾斜向下。

2. 总需求的构成

一般而言,总需求由消费、投资、政府购买及净出口四个部分构成。在进入第十二章之前,为了简化问题,我们考虑一个孤立的经济体,净出口为零。需要注意的是,在前文中我们讲述了宏观经济的基本度量——GDP 在消费意义下的分解,即

$$Y = C + I + G(+ NX)$$

这与此处总需求的构成是相同的,但总需求并不是 GDP。事实上,总需求与总供给决定了均衡的产出水平,这才是 GDP 的意义。

总需求也可以分解成第一产业总需求、第二产业总需求和第三产业总需求,此外还可以分解成基本需求、扩展需求等。在前文的学习中,我们已经接触到一些分解方法,问题的关键在于厘清我们需要及常用的是哪一种。

在日常生活中,我们常把消费、投资和出口比喻为拉动经济增长的"三驾马车",这恰好对应了 GDP 的需求侧分解[①]。需要专门研究出口是因为其涉及开放经济体(我们将在第十二章以后学习),那么为什么消费和投资也需要分开来看呢?

首先需要明确的是,虽然同属于需求,但消费和投资是完全不同的概念。在消费过程中,商品被转化为人们所需的效用,因此只有消费水平的提高才代表着人们对生活水平主观感受的提升。而投资是为了"明天"的消费,是人们对未来所做的准备,虽然投资本身不能提升人们的主观感受,但能增加人们对主观感受的预期。出口则涉及国家与国家之间的交易。当经济体面临经济波动时,人们首先调整的是投资,因为它不会对主观感受造成巨大的影响,如果调整投资不足以对抗经济波动,那么人们才会调整消费。因此,在研究总需求时,尤其是涉及经济波动的研究中,消费和投资要分开来看。那么为什么宏观经济研究中还把政府购买独立出来看呢?

在学习了微观经济学后,我们已经理解一个市场是如何运作的,但市场运作主要依赖于消费者与供给者,第三方最多起到监管作用以消除各类信息不对称。那么宏观经济体的监管者——政府所扮演的角色是否也仅是保障各类市场的有效运作呢?从凯恩斯时代开始,关于这个问题的辩论就一直没有停止过,这是宏观经济学乃至整个经济学最核心的问题。在此需要说明的是,每当人们认为政府的职责仅是守好市场的大门时,我们就离经济危机不远了。而经济危机爆发后,我们又希望政府能够采取措施使得经济体早日走出危机。这些政府能做的事情,就包括改变政府购买(G)。凯恩斯认为,政府购买能够拉动社会总需求,从而应对经济危机。长期以来,政府购买对经济体的作用一直是宏观经济学家关注的焦点。

---

① 在"三驾马车"中,政府购买被纳入消费和投资。

(二) 总供给

1. 总供给的含义

对于宏观市场而言,总有无数多的供给者,比如农民、民营制造业企业、国有重工业企业,以及各类服务提供者等。就劳动力市场而言,每个人都是劳动的供给者。对于每一种商品(包括服务),每个人提供这种商品所需要的成本是不一样的,因此当给定一个以一般等价物衡量的价格时,总有一些人愿意提供商品,而有一些人不愿意。① 当代表性商品的价格提高时,由于生产成本不变,一些不愿意提供商品的人也会愿意提供此商品,经济体的总供给增加。如图8-3所示,我们得到了一条倾斜向上的供给曲线。

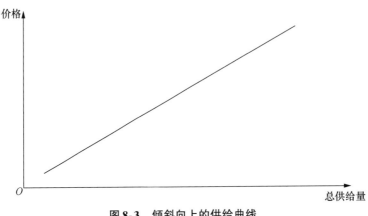

图8-3 倾斜向上的供给曲线

以上部分仍旧类似于微观经济学的分析方式,除了像总需求曲线一样扩展了商品的范围,定义了代表性商品,其他并没有什么变化。但研究宏观经济时,我们需要额外思考的一个问题是:当价格不断提高时,总供给能否不断增加?

很明显,当价格降低时,总需求会增加,因为多获得一单位的商品总是能够给人们带来主观感受上的好处(毕竟你可以选择不使用它,选择权在你)。但当价格不断提高时,一个经济体的总供给真的能够不断增加吗? 这个问题的答案其实取决于我们研究的时间跨度。从长期来看,假设一个国家的所有要素投入均不发生变化,不断提高价格,其总供给不会发生任何变化,这是因为在所有要素投入都固定的情况下,一个国家的生产能力是一个常数。同样的,降低价格也不能有效地减少总供给,因为产出总是那么多。因此,在一些经济学教科书中,会讲授一条竖直向上的长期总供给曲线②(如图8-4所示)。

需要强调的是,这个讨论是基于所有要素投入均不发生变化的假设。而事实上,一个经济体的要素投入是会发生变化的。东亚国家的发展均是从劳动力要素相对丰富变为资本要素相对丰富,在这一过程中,政府有意识或无意识地控制了转变的过程,利用本国比较优势,推动经济高速增长,最后呈现"东亚奇迹"。

2. 总供给的构成

和总需求一样,总供给也有多种多样的分解方式,我们可以把总供给分解为消费品的总

---

① 宏观经济学一般考虑的都是内点解,但现实经济中可能出现在某个价格水平下,所有人都愿意提供商品,或所有人都不愿意提供商品的角点解。

② 参见曼昆.经济学原理(第7版):宏观经济学分册[M].梁小民,梁砾,译.北京:北京大学出版社,2015。

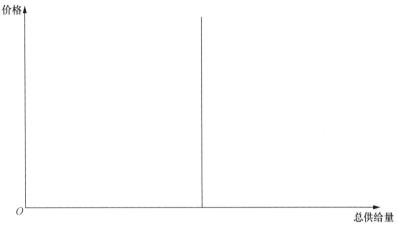

图 8-4　竖直向上的长期总供给曲线

供给、投资品的总供给等,然而这样的分解方式并不是很合理,因为商品提供者在向市场提供商品时(无论是代表性商品还是特定商品或服务)并不会指定这一种商品的用途。比如我们在购买 1 个苹果时,也许是因为今天想吃苹果而购买,也许是为了存起来第二天再贩卖出去,而出售苹果的商家并不会也没有办法获知我们购买苹果的目的。因此,将总供给分解为第一产业总供给、第二产业总供给和第三产业总供给更为合理。

在讨论经济体时,我们经常关注三次产业的占比,由此判断一个国家的发展阶段。一般而言,第三产业占比较高的国家,其经济发展水平较高;第一产业占比较高的国家,其经济发展水平较低。这个认识在大多数情况下是符合实际的,因为第二产业和第三产业的效率一般比第一产业高,即在要素相同的情况下,将要素投入第二产业和第三产业能够带来更高的产出水平。

在中华人民共和国成立之后,政府采取了一系列非市场化的措施来发展第二产业,从而使得中国在非常短的时间内成为一个工业化国家,也使得中国的总供给得到了大幅提升,我们将在本书后面的章节中详细讨论这一过程。但与此同时,我们需要知道并不是第二、第三产业占比越高,GDP 水平越高,人们的生活水平就越高。正如我们在总需求部分所述,只有消费水平的提高才代表人们对生活水平主观感受的提高。

二、总需求、总供给与价格水平(AD - AS 分析)

(一) 总需求与价格水平

1. 价格水平对总需求的影响

在前文中我们学习了代表性商品的概念,也知道了代表性商品价格和总需求的关系。在抽象意义上,这些分析已经足以支持宏观经济学的理论研究。但对于实证检验或现实生活而言,我们需要考虑怎样在一个真实的经济体中找到代表性商品。

既然代表性商品是所有商品的某种加权平均,联系前文所学内容,你是不是惊讶地发现有几个宏观变量刚好符合这些要求?出于研究代表性商品的目的,经济学家们提出了物价指数中"篮子"的概念,并从消费与生产两个角度分别定义了 CPI 和 PPI。在现实世界中,由于统计所有商品的难度非常大,我们只能选择若干种重要的商品,并对这些商品的价格进行加权平均,由此得到一个虽然不完美但足以研究物价指数的篮子。这一篮子商品的价格,就是前文中所说的以一般等物衡量的代表性商品的价格,即一个经济体的价格水平。至此,我们可以知道,只要将之前学习的代表性商品换成物价指数对应的篮子,纵轴对应的变量就变成价格水平,而横轴就是这一篮子商品的总需求。

在一个经济体中,一个较高的价格水平会对应较少的需求,而经济体中价格水平和总需求的一一对应正是我们一直讨论的总需求曲线。回顾微观部分的内容,我们知道,在其他条件不变的情况下,降低价格水平会刺激总需求,构成价格水平沿总需求曲线向下移动(如图8-5所示)。

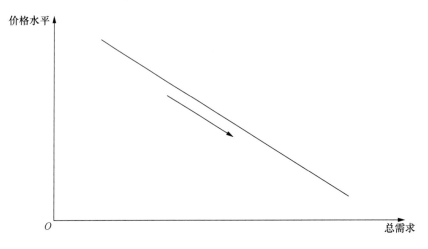

图8-5　价格水平沿总需求曲线向下移动

2. 总需求曲线的移动

价格水平沿总需求曲线的移动固然是重要的,但实际研究中我们更关注总需求曲线本身的移动。假设在某一个时期,一国国民突然不愿意购买消费品了,即在相同的价格水平下,经济体的总需求下降。发生这样事件的原因可能是人们自身对商品能够带来的效用的主观评价降低,也有可能是人们的收入大幅减少,或者是人们对未来收入的预期大幅降低,比如在经济危机时期。这体现为总需求曲线整体向左移动(如图8-6所示)。

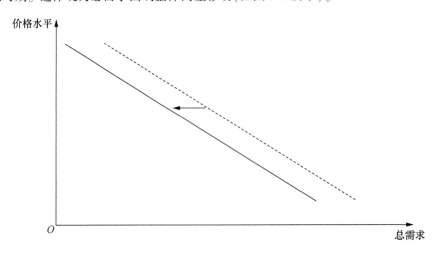

图8-6　总需求曲线向左移动

如果一国国民对消费的需求突然增加,即在相同的价格水平下,经济体的总需求上升。发生这样事件的原因可能是人们主观评价的改变,也有可能是政府购买的增加。这体现为总需求曲线整体向右移动(如图 8-7 所示)。

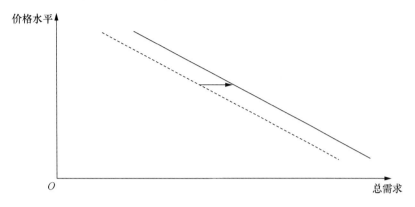

图 8-7　总需求曲线向右移动

(二) 总供给与价格水平

1. 价格水平对总供给的影响

与总需求曲线类似,在一个经济体中,一个较高的价格水平会对应较多的供给。二者的一一对应构成了总供给曲线。在其他条件不变的情况下,提高价格水平会刺激总供给,构成价格水平沿总供给曲线向上移动(如图 8-8 所示)。

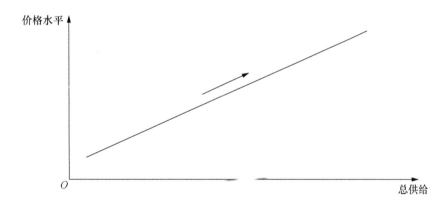

图 8-8　价格水平沿总供给曲线向上移动

2. 总供给曲线的移动

假设在某一个时期,一国商品的供给者突然不愿意生产商品了,即在相同的价格水平下,经济体的总供给下降。发生这样事件的原因可能是供给者的数量大幅减少(比如 1929 年美国经济大萧条导致企业大规模倒闭),也有可能是生产成本突然提高(比如 1973 年石油危机导致欧美等国的生产成本突然提高)。这体现为总供给曲线整体向左移动(如图 8-9 所示)。

如果一国商品的供给者的生产能力突然提高,即在相同的价格水平下,经济体的总供给上升。发生这样事件的原因可能是供给者的生产效率提高,也可能是供给者的数量大幅增加。这体现为总供给曲线整体向右移动(如图 8-10 所示)。

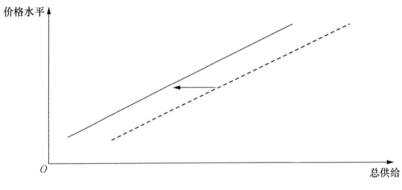

图 8-9　总供给曲线向左移动

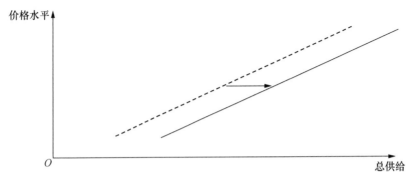

图 8-10　总供给曲线向右移动

(三) 商品市场的出清与均衡

1. 商品市场的出清

在讨论完总需求曲线与总供给曲线之后,我们自然而然地需要讨论市场出清与市场均衡。如图 8-11 所示,我们将总需求曲线与总供给曲线画在一张图上,横轴代表对应的总需求或总供给(均衡时为产出水平),纵轴代表价格水平,我们可以得到两条曲线的交点 A,这就是市场均衡点。A 点对应的价格水平就是当前真实经济体中的价格水平(可以用 CPI 或 PPI 衡量),而对应的总需求量或总供给量就是产出水平(常用 GDP 衡量)。

当价格水平提高时,经济体的总需求会减少,总供给会增多,使得经济体中的代表性商品供过于求。在微观经济学中,我们知道,供给者之间的竞争会使商品价格下降,从而使经济回到均衡状态。在宏观经济学中我们能否沿用同样的逻辑呢? 答案是肯定的,但需要加一个前提,即在封闭经济条件下。在当下,如果只考虑中国本身,那么商品一定是供过于求的,因为中国是世界工厂,许多商品都由中国出口到世界各国(如图 8-12 所示)。

值得注意的是,到目前为止我们所说的均衡指的是长期意义上的。事实上,所有经济体都在围绕长期均衡波动,而短期波动也是宏观经济学关注的焦点之一,我们将在本章第二节详细讨论。

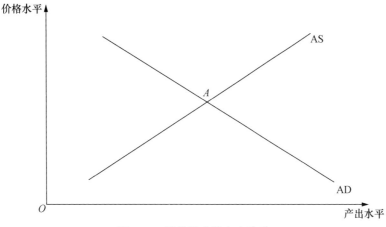

图 8-11 总供给曲线向右移动

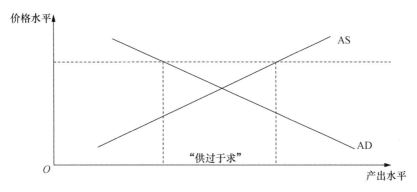

图 8-12 开放经济中可能出现的"供过于求"

2. 商品市场均衡的移动

假设一个经济体的总需求大幅下降,则在图像上体现为总需求曲线向左移动(如图 8-13 所示)。此时我们看到新的均衡点应该在 B 点。当总需求下降时,在原来的价格水平下,商品供过于求,因此在 A 点,商品供给者发现出现了生产冗余,成本相对较低商品的供给者选择降低价格,而一些成本相对较高商品的供给者则退出市场,导致总供给减少,直到总需求与总供给再次达到均衡,即对应图中的 B 点。

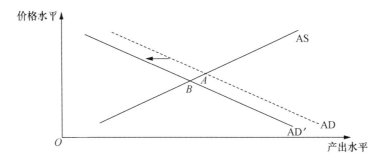

图 8-13 总需求下降对均衡的影响

总供给的变化对均衡的影响与总需求相似。假设一个经济体的总供给大幅下降,则在图

第八章 宏观经济运行中的短期波动 ▶235

像上体现为总供给曲线向左移动,经济体达到了一个新的均衡点 C 点,此时对应更高的价格水平和更低的产出水平(如图 8-14 所示)。

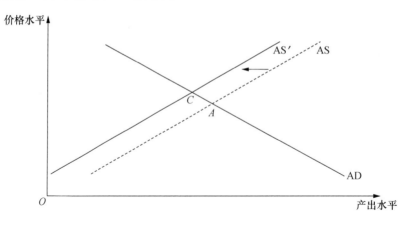

图 8-14 总供给下降对均衡的影响

相关资料
供给侧结构性改革

影响一个宏观经济体的因素有两类:总需求与总供给。在之前的学习中我们已经知道,在改革开放逐步深入的过程中,中国的总需求已经逐步从由投资和出口拉动转为由消费、投资和出口"三驾马车"同时拉动。因此,当前中国面临的主要问题集中在供给侧,为此在党的十九大报告中,供给侧结构性改革被提到了极其重要的位置。

一、中国供给侧存在的问题

1. 产业结构与发达国家有较大差距

表 8-1 列举了中国与发达国家产业结构,从中不难看出,2012 年中国的 GDP 更多地分布于第二产业,高附加值的第三产业占比甚至不如世界平均水平,更不用说和发达国家相比。2019 年,通过一段时间的供给侧结构性改革,中国第三产业占比有所提高,但仍然不及 2012 年的世界平均水平与 2012 年的发达国家水平。

表 8-1 中国产业结构与发达国家对比　　　　　　　　　　　　　　　　　　单位:%

各产业占比	世界平均水平 2012 年	美国 2012 年	中国 2012 年	中国 2019 年	日本 2012 年	德国 2012 年	法国 2012 年	英国 2012 年
第一产业	5.90	1.20	10.10	7.11	1.20	0.80	1.90	0.70
第二产业	30.50	19.10	45.30	38.97	27.50	28.10	18.30	21.10
第三产业	63.60	79.70	44.60	53.92	71.40	71.10	79.80	78.20

资料来源:国家统计局、《CIA 世界概况 2012》(The CIA World Factbook 2012)。

中国是制造业大国,美国、日本、德国也均是制造业大国,但它们的 GDP 更多地集中在第三产业,这意味着生产中诸如产品研发、市场营销等高附加值的部分均在发达国家完成,而中国只完成制造的部分,处于全球价值链的下游。

2. 当前工业附加值较发达国家处于低位

如图8-15所示,相较于其他发达国家,中国的工业人均附加值处于非常低的水平,这意味着中国的生产活动处在一个低效率的状态,而通过供给侧结构性改革,中国能够激发作为制造业大国的潜能,实现更长足的进步与发展。

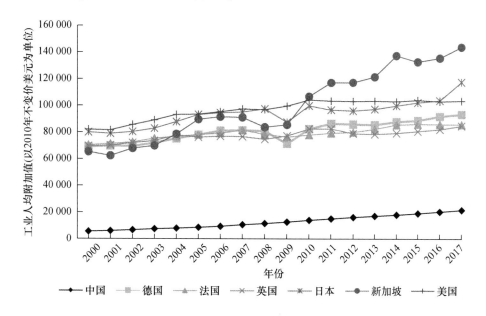

图 8-15　中国工业人均附加值与发达国家对比

资料来源:世界银行数据库。

3. 供给侧存在的其他问题

除了上述问题,中国供给侧还存在更多细节性的问题,例如一部分低效率的生产企业仍在进行生产活动等。正是为了解决这些供给侧方面的问题,推动中国经济向高质量的方向持续发展,从2016年开始中国实行了供给侧结构性改革。党的十九大之后,供给侧结构性改革作为当前重要的宏观目标,被提到了非常重要的位置。

二、供给侧结构性改革对中国物价及产出水平的影响

在本节的学习中,我们已经初步掌握使用总需求—总供给分析来研究总需求与总供给变动对一个经济体的影响,那么在这里我们不妨使用这一套分析思路,研究供给侧结构性改革对中国宏观经济的影响。

在实行改革之后,中国的供给侧将从低质量转变为高质量,从低效率转变为高效率。在相同的社会资源下,总产出水平得到提升,从之前的学习中我们知道这对应于总供给曲线的向右移动(如图8-16所示)。

通过供给侧结构性改革,中国的总供给水平会上升,在其他条件不变的情况下,中国的物价水平会降低,实际产出水平会上升。产出对应于人们的收入,而物价水平对应于生活的成本,这意味着中国国民将从供给侧结构性改革中受益。

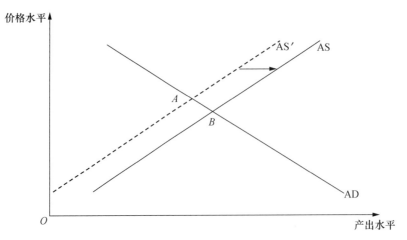

图 8-16 中国实行供给侧结构性改革的影响

资料来源:《2016 年政府工作报告》。

第二节 短期波动的理论分析
——IS‑LM 模型

在第一节中,我们已经学习总需求与总供给的概念。短期波动顾名思义就是在短期内均衡偏离长期稳定状态的情形。如果现实世界中人们均以物物进行交换,那么总需求—总供给(AD‑AS)分析框架就足以分析宏观经济,然而,现实并非如此。

倘若人们确实以物物进行交换,则通过 AD‑AS 分析我们得知,即使经济出现短期波动,社会中的每个人也只能看着这样的短期波动发生而束手无策。这是因为在一个封闭的经济体内实际商品数目是确定的,市场总是出清的,也就是说收入的减少是市场自发均衡的结果。

幸运的是,现实世界中人们通过货币进行交易,而货币会受到政府调控的影响,这使政府干预短期波动成为可能。正因如此,我们在分析时需要将包括货币市场在内的其他市场纳入其中,而 IS‑LM 模型因其简洁性,成为最佳选择。

值得注意的是,当我们谈及 IS‑LM 模型时,关注的是一个经济体短期的波动。何为短期呢?一般而言,我们认为是物价水平还未来得及发生变化。这也是我们不采用 AD‑AS 分析的一个原因,因为在 AD‑AS 分析框架中,产出水平的变动对应着物价水平的变动。

一、IS 曲线与 LM 曲线

(一) 商品均衡与 IS 曲线

1. IS 曲线的提出

正如前文所述,宏观市场的一个重要指标为利率。接下来我们便要考虑一个经济体的产出水平是如何与利率相关联的。

在之前的学习中我们已经知道对于 GDP 可以存在如下分解：
$$Y = C + I + G$$
注意,此等式描述的是商品市场出清的结果,即整个经济体的总供给和人们的总需求相等,均衡水平对应的总供给或总需求才是产出水平(GDP)。由于政府的目标是稳定经济发展而不是追求自身利益最大化,因此短期内政府支出决策并不会受到利率的影响。同样的,在短期内,由于商品购买只受到价格的影响,因此利率的变化并不会改变人们的消费。然而,当利率上升时,资金的使用成本便上升了,投资的成本也因此上升,由此导致计划的投资减少。通过市场的出清,整个经济体的产出水平会下降。因此我们得到如下结论:利率与产出水平负相关。如图 8-17 所示,我们将利率作为纵轴,经济体的产出水平作为横轴,就可以得到一条倾斜向下的曲线。

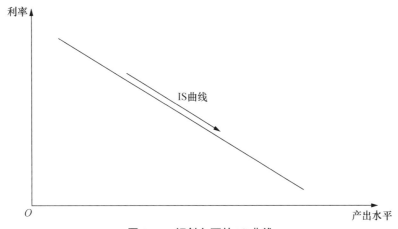

图 8-17 倾斜向下的 IS 曲线

在商品市场出清时,通过移项,我们可以得到[1]：
$$I = Y - C - G = S$$
等号的左边表示经济体总体的投资水平(Investment)。在每个时间点上,$C + G$ 单位的商品被使用,而剩余的那些部分成为储蓄(Saving)。因此,上述等式描述的均衡恰好也是投资与储蓄的均衡。对于每个给定的利率水平,我们总是有这样一个均衡对应于产出水平,这就是 IS 曲线(Investment-Saving Curve)。

总结而言,任何一个利率水平都对应一个商品市场(及投资储蓄市场)的均衡,对应于 IS 曲线上的一个点。给定其他条件不变,利率上升导致与经济体的商品市场(及投资储蓄市场)均衡对应的产出水平下降,体现为利率沿着 IS 曲线向下移动(如图 8-17 所示)。

2. 金融危机与 IS 曲线的向左移动

与讨论其他市场的均衡一样,我们需要考虑 IS 曲线本身何时以及会向哪个方向移动。在 2008 年全球金融危机中,由于金融市场遭受重创,投资回报降低,部分企业破产,人均收入水平出现下降。

如图 8-18 所示,在 2008 年全球金融危机期间(2007—2009 年),世界上几个代表性国家的人均收入增长率都有所降低,一些国家甚至出现了负增长,给人们的生活带来了巨大的负面影响。在这样的背景下,人们会降低消费需求,将购买诸如汽车等非生活必需品的需求延后。

---

[1] 本质上,这是一般均衡的瓦尔拉斯定律(Walras's Law)导致的,即当其他市场出清后,最后一个市场自动出清。在此处,只有商品与投资储蓄两个市场,故一个市场的出清也代表另一个市场的出清。

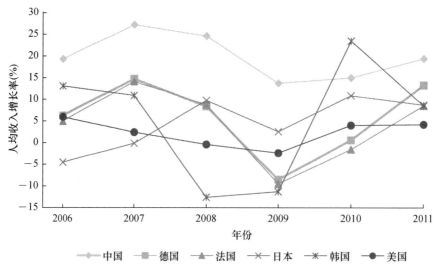

图 8-18 2008 年全球金融危机对人均收入的影响

资料来源:世界银行数据库。

此时,经济体的总需求下降,直接导致与商品市场均衡对应的实际产出水平下降,短期内,由于利率保持原有水平,因此 2008 年全球金融危机导致的收入下降体现为 IS 曲线向左移动(如图 8-19 所示)。

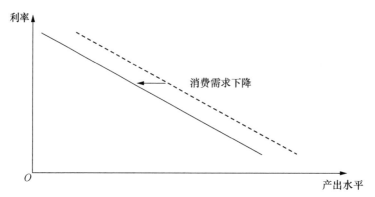

图 8-19 2008 年全球金融危机导致 IS 曲线向左移动

3. 产能利用率的提高与 IS 曲线的向右移动

2015 年年末,中国提出了"三去一降一补"的目标,即去产能、去库存、去杠杆、降成本与补短板,根本目的在于提高企业的生产效率,使得中国经济的发展从高增速转向高质量。其中,作为五个目标之首的去产能是重中之重。自 20 世纪 90 年代末以来,政府部门先后在 1999—2000年、2003—2004 年、2006 年、2009—2010 年、2013 年五个时间段进行产能过剩的集中治理。[1] 通过计算,余淼杰等[2]得到了经产能利用率调整后的企业生产率(如图 8-20 所示)。

---

[1] 参见余淼杰,崔晓敏.中国的产能过剩及其衡量方法[J].学术月刊,2016(12):52-62;国务院发展研究中心《进一步化解产能过剩的政策研究》课题组,赵昌文,许召元,等.当前我国产能过剩的特征、风险及对策研究:基于实地调研及微观数据的分析[J].管理世界,2015(4):9-18。

[2] 参见余淼杰,金洋,张睿.工业企业产能利用率衡量与生产率估算[J].经济研究,2018(5):58-73。

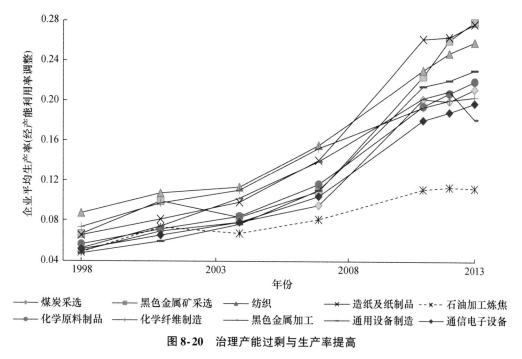

图 8-20 治理产能过剩与生产率提高

当然,产能利用率的提高更多地体现在供给侧,且体现在长期,但我们也不妨分析其在短期内对需求侧的影响。通过提高产能利用率,中国主要行业企业的生产率不断提高,使得相同的投资能够带来更多的回报,在给定利率的情况下中国的投资需求上升。在相同的利率水平下,产出水平提高,对应于 IS 曲线向右移动(如图 8-21 所示)。

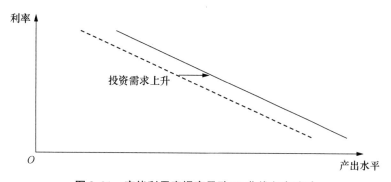

图 8-21 产能利用率提高导致 IS 曲线向右移动

(二) 货币均衡与 LM 曲线

1. LM 曲线的提出

(1) 货币数量论——货币总量与实际产出的对应。在之前的学习中我们知道对经济体内货币的度量有多种方式,常以 M0、M1、M2 等进行标记。但无论对于哪一种货币,在市场均衡时,货币总量总是满足以下等式①:

---

① 更加一般的形式是 $MV=PY$,即费雪方程,其中 V 为货币流通速度,在这里我们将其单位化。

$$M = PY$$

等式的左边代表经济体内的货币总量(M),等式的右边代表物价水平(P)与产出水平(Y)(以代表性商品衡量)的乘积。在短期内,物价水平并不会发生变化,因此我们可以用M/P讨论货币的需求与供给,这与实际产出水平刚好一致。

(2) 货币政策与流动性偏好——货币市场的均衡。与之前学习的商品市场一样,货币市场也存在需求、供给和均衡的概念。对于货币而言,供给方为中央银行,在中国为中国人民银行;需求方则为经济体内的人们。由于货币供应量是由中央银行决定的,因此供给曲线是一条竖直向上的直线①。政府决定了货币的供应量,也就决定了货币的供给曲线。当然,现实世界中并非这么简单,更多时候中央银行决定的是利息与准备金水平,因此我们听到的新闻更多的是"降息"与"降准"而不是"降低货币总量"。接下来需要讨论的是人们为什么愿意持有货币。一个最直接的理由是其能保证交易的正常进行,而通过交易人们可以换得主观评价更高的商品。当经济体的总产出增加时,人们的收入增加,发生交易的可能性也增加。于是人们会倾向于多持有货币。除此之外,持有货币还能在一定程度上预防风险。在实际生活中,我们难免会遇到事故、失业等飞来横祸。此时,我们在短期内就需要持有一定量的货币以便覆盖那些可能产生的额外支出。当人们的收入增加时,相同时间对应的机会成本上升,人们对尽快处理这些问题的希望增加,因此出于预防性动机而持有的货币基本上和产出与收入成正比。最后,一部分人还希望能够在市场的短期波动中套取利益,这一部分人也需要持有一定量的货币,从而能够在买入与卖出之间赚取收益。综上所述,人们持有货币是因为其具有流动性。货币就像液体一样能够适应各种环境,正因如此,人们对货币的偏好被称为流动性偏好。当人们选择不持有货币时,财富可以被用于长期投资,由此可以得到回报,即利息,这便是持有货币的机会成本。当利率上升时,持有货币的机会成本上升,于是人们对货币的需求会下降。值得注意的是,货币本身零收益的特点也决定了市场利率必须为正,否则,人们会将所有财富全部兑换成货币,从而拥有足够的流动性。在均衡分析中,我们以货币总量(以代表性商品衡量)为横轴,以利率为纵轴,如图8-22所示,便得到货币市场的需求曲线与供给曲线。与讨论其他市场均衡一样,两条曲线的交点为货币市场的出清,其决定了给定利率水平下的以代表性商品衡量的货币总量,即产出水平。

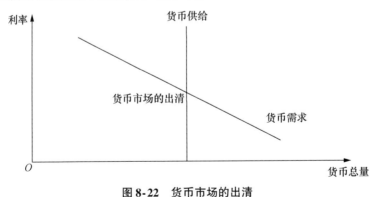

图 8-22 货币市场的出清

(3) LM曲线——利率与产出水平的对应。给定其他条件不变,当一个经济体的产出水平上升时,每个人的收入因此增加。收入越高,发生交易的可能性也就越大。于是,人们预留

---

① 这是一种简化处理,在练习题中我们将讨论另一种情形。

更多的货币以方便交易的进行,即人们的流动性偏好上升,体现为货币需求曲线向右移动(如图 8-23 所示)。从图 8-23 中我们知道,产出水平上升在货币市场均衡中表现为利率上升。因此,更高的产出水平应该对应更高的利率。于是,我们得到一条倾斜向上的曲线,正如我们所看到的,这条曲线是由货币市场出清决定的。货币供给取决于货币政策,而人们需要货币是因为货币能够带来流动性。因此,这条倾斜向上的曲线被称为流动性偏好—货币供给曲线(Liquidity Preference – Money Supply Curve,LM 曲线)。利率的上升对应产出水平的提高,体现为利率沿 LM 曲线向上移动(如图 8-24 所示)。

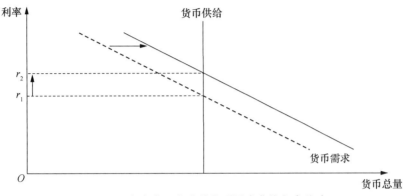

图 8-23 产出水平上升使货币需求曲线向右移动

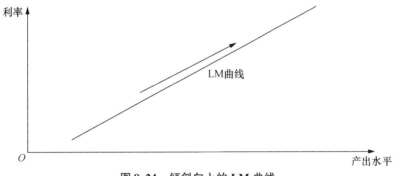

图 8-24 倾斜向上的 LM 曲线

2. 互联网金融的发展与 LM 曲线的向右移动

在中国,电商平台的出现极大地改变了零售业的组织形式。随着中国互联网技术的不断进步和互联网服务的不断完善,利用互联网完成交易成为新的趋势。图 8-25 展示了北京大学互联网金融研究中心课题组发布的互联网金融发展指数[①]的变化,从中可以看出互联网金融的飞速发展。

以余额宝为代表的互联网金融工具极大地改变了人们对货币(更加准确的说法是人民币[②])的需求。这是因为互联网金融的存在使投资也可能具有流动性:带有收益的余额宝能在短时间内申购和赎回。这使得持有人民币的机会成本升高,因此人们对人民币的需求下降,体现为货币需求曲线向左移动(如图 8-26 所示)。

在货币供给不变的情况下,货币需求曲线向左移动意味着利率的下降,由于实际产出水平并没有发生变化,因此互联网金融的发展体现为 LM 曲线向右移动(如图 8-27 所示)。

---

① 指数反映互联网金融的交易渗透率,具体参见北京大学互联网金融研究中心官网。
② 在互联网金融出现后,货币的定义也发生了变化。

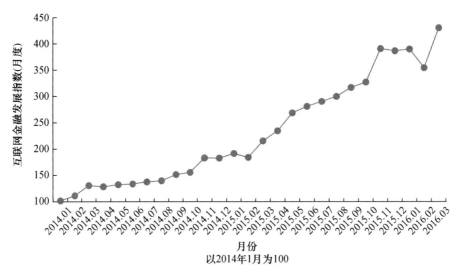

图 8-25　互联网金融发展指数的变化

资料来源:北京大学互联网金融研究中心。

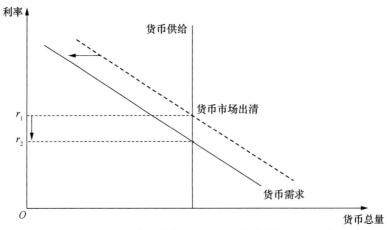

图 8-26　互联网金融的发展导致货币需求曲线向左移动

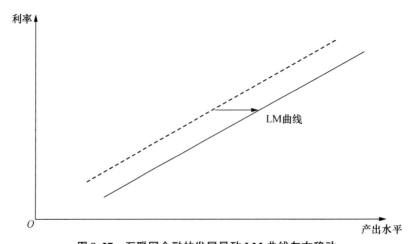

图 8-27　互联网金融的发展导致 LM 曲线向右移动

二、宏观经济体的一般均衡

（一）一般均衡的概念

我们已经学习了两条曲线：IS曲线和LM曲线。图8-28展示了两条曲线的基本逻辑。

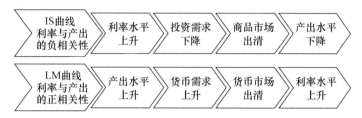

图8-28　IS曲线和LM曲线的基本逻辑

从经济学意义上看，这两条曲线分别对应于商品市场（及投资储蓄市场）均衡和货币市场均衡。无论是IS曲线还是LM曲线，它们都将一个经济体的利率与经济体的产出水平相关联，IS曲线反映的是利率与产出水平的负相关性，而LM曲线反映的是利率与产出水平的正相关性。由于两条曲线描述的是同一个经济体，而一个经济体在任何时间利率与产出水平都是唯一的，因此我们在现实生活中观察到的经济体的状态便是IS曲线与LM曲线的交点，即图8-29中的A点，此时一个经济体的多个市场同时达到均衡，这样的均衡点在经济学中被称为一般均衡（General Equilibrium）。

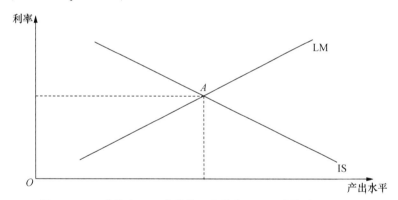

图8-29　IS曲线和LM曲线的交点代表宏观经济体的一般均衡

在经济学中，单个市场的均衡被称为局部均衡（Partial Equilibrium）。我们所说的商品市场均衡、投资储蓄市场均衡及货币市场均衡都是局部均衡。在后面的学习中我们还会接触到劳动力市场的局部均衡，而在开放的宏观经济学研究中，我们还需要引入国际收支均衡等。当所有市场同时达到局部均衡时，经济体就进入一个稳定的状态，即达到一般均衡。在微观经济学中，我们关注的重点是局部均衡，因此我们能够用一个供需关系图将微观经济学的概念直观地表述出来。然而，宏观经济学关注的多为一般均衡，这意味着分析宏观经济需要多个图像，而IS-LM模型就巧妙地将两个市场的均衡放在一张图内进行描述，这也正是IS-LM模型简洁性的体现。值得一提的是，宏观经济学区别于微观经济学重要的一点就是从局部均衡分析转变为一般均衡分析。

需要注意的是，虽然宏观经济学关注的一般均衡需要使所有市场全部达到局部均衡，但很多时候我们只关注其中的几个市场,而将其他不关注或不重要的市场假设为已达到均衡。在 IS-LM 模型的学习中,我们假设劳动力市场是均衡的(即劳动供给量总是正比于人口数量,因此就业量是固定的),经济体是封闭的(国际收支均为零,永远是均衡的),从而将我们关注的重点转移到与短期波动最为相关的商品市场(及投资储蓄市场)和货币市场上,这样提纲挈领的分析方式在宏观经济学学习中非常重要。

(二) 一般均衡的移动

同局部均衡的讨论一样,我们关注一般均衡的移动。这其实也是建立 IS-LM 模型的初衷——分析短期波动和宏观调控对经济体产生的影响。值得一提的是,虽然一般均衡的移动源于局部均衡的移动,但在宏观经济学研究中,我们更加关注经济体总体的变化,我们将会看到一些因素可能导致局部均衡发生不同的变化,但其对一般均衡的影响是相同的。在宏观经济学研究中,对一般均衡产生相同影响的因素常被归为同一类。

在 2008 年全球金融危机期间,一个经济体的消费需求遭受了负面的冲击,从之前的局部均衡分析中我们知道,此时 IS 曲线应当向左移动。但就研究经济体所受的影响而言,我们需要将 IS 曲线与 LM 曲线同时画出(如图 8-30 所示)。

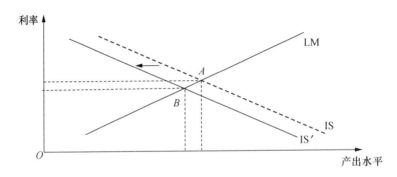

图 8-30 IS 曲线向左移动对一般均衡的影响

如图 8-30 所示,经济体的一般均衡从 A 点变为 B 点,对应产出水平和利率的下降,此时经济体面临经济下行的压力。运用相同的思路,我们还可以分析产能利用率提高或互联网金融发展对经济体的影响。

IS-LM 模型的一大优势在于其可以分析经济体同时受多方面影响时的变动。比如,2016 年之后,中国的产能利用率提高,同时互联网金融快速发展。从之前的局部均衡分析中我们知道,产能利用率提高对应 IS 曲线向右移动,而互联网金融发展导致 LM 曲线也向右移动,我们将这样的变化一起画出(如图 8-31 所示)。

如图 8-31 所示,当产能利用率提高和互联网金融发展同时发生时,经济体的利率保持在一个较为稳定的水平,而产出水平得以提高。这也是为什么近年来中国尤其关注如何提高产能利用率和发展互联网金融的一个(需求侧)原因。当然,需要注意的是,IS-LM 模型仅仅是**针对短期波动**,关注的也仅仅是**需求侧**,产能利用率提高和互联网金融发展对经济体还有其他重大意义。

产能利用率提高带来的生产率提高能够使中国的总供给增加,而长期总供给能力的提升则对应长期产出水平的提高。同样的,互联网金融发展能够使中小企业更加便利地进行融资活动,降低生产成本,提高生产率,在长期中提高中国的产出水平。

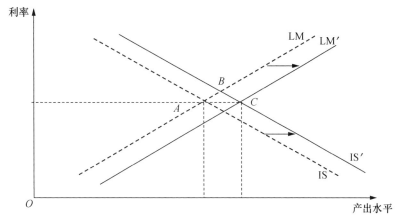

图 8-31 产能利用率提高和互联网金融发展对一般均衡的影响

从其他短期波动的分析中我们总是可以提炼出 IS 曲线与 LM 曲线的移动方向,然后通过两条曲线的交点对应得到一般均衡点,以此分析宏观经济事件对经济体产生的影响。表 8-2 总结了 IS 曲线和 LM 曲线的移动。

表 8-2　IS 曲线和 LM 曲线的移动

	消费意愿下降 投资意愿下降 政府购买减少	消费意愿上升 投资意愿上升 政府购买增加
持有货币意愿下降 紧缩性的货币政策	**IS 曲线向左移动** **LM 曲线向左移动**	**IS 曲线向右移动** **LM 曲线向左移动**
持有货币意愿上升 扩张性的货币政策	**IS 曲线向左移动** **LM 曲线向右移动**	**IS 曲线向右移动** **LM 曲线向右移动**

接下来,我们以 2020 年年初暴发的新冠肺炎疫情为例,运用 IS - LM 模型,分析疫情暴发在短期内对经济产生的影响。

相关资料
新冠肺炎疫情暴发对经济的影响

1. 新冠肺炎疫情暴发

从 2019 年 12 月起,湖北省武汉市部分医院陆续发现了多例有华南海鲜市场暴露史的不明原因肺炎病例,随后这些病例均被确诊为 2019 新型冠状病毒感染引起的急性呼吸道传染病。由于新冠肺炎传染性极强,而作为"九省通衢"的武汉市又连接着中国各个省区,一时间,新冠肺炎席卷了中国各地。

此次新冠肺炎疫情,无论在影响人数上还是在影响范围上都是巨大的。此次疫情给人们带来了身体上与精神上的巨大损伤。为了最大限度地降低疫情对中国人民生活产生的影响,大部分经济活动被停止。从人民利益出发,这样的牺牲是值得的也是必要的,但由此造成的对经济的影响也不容忽视。

2. 新冠肺炎疫情暴发对经济的冲击

利用所学的 IS-LM 模型,我们可以简要分析疫情对中国经济产生的影响。与之前一样,我们需要从局部均衡入手,分析两条曲线的移动方向,最后利用 IS-LM 模型的交点得出一般均衡点的移动。

(1) IS 曲线的移动。受新冠肺炎疫情影响,在供给方面,由于交通受阻,人员因春节返乡而无法返回上岗,产品也无法送至市场,多数企业被迫停业,由此导致供给能力下降,体现为 IS 曲线向左移动。在需求方面,人们减少外出,取消集会。本应是消费旺季的春节假期变得异常冷清,多数餐厅和商场也因此关门。消费需求下降对应 IS 曲线向左移动。结合需求和供给两个方面,我们知道新冠肺炎疫情导致 IS 曲线向左大幅移动。

(2) LM 曲线的移动。在新冠肺炎疫情暴发的初期,政府没有调整货币供给。此时由于人们的消费需求下降,对流动性的需求降低,这使得货币需求下降,对应 LM 曲线向右移动。然而,由于企业停业、餐厅与商场关门,人们的收入下降,为了购买生活必需品以及防疫所需的消杀用品,人们不得不将一部分财富转变为可流动的现金,这导致货币需求上升,对应 LM 曲线向左移动。上述两种作用导致 LM 曲线移动方向不明,需要更多的量化分析才能确认 LM 曲线移动的最终方向。

(3) 一般均衡点的移动。在分别分析了商品市场和货币市场的局部均衡后,我们将 IS 曲线与 LM 曲线的移动画在一张图上,由此可以得到一般均衡点的移动。此处我们假设 LM 曲线最终体现为向左移动,另一种情形在练习题中供读者们讨论。从图 8-32 中我们可以看出,新冠肺炎疫情将造成产出水平和利率的下降,中国经济遭遇下行的压力,如果处置不当则可能造成长期的经济衰退,使中国实现经济高质量持续发展的目标成为泡影。

当经济面临下行压力之时,也正是政府的宏观调控大有可为之时。在之前的学习中我们只是讨论自发出现的短期波动是如何影响经济体的,由此我们建立了 IS-LM 模型。在现实生活中,基于 IS-LM 模型,我们可以更好地分析宏观调控政策如何影响经济,从而在经济发生短期波动时找出最能减弱短期波动对经济影响的合适政策。

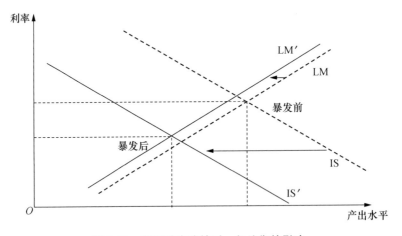

图 8-32　新冠肺炎疫情对一般均衡的影响

第三节 宏观调控的理论分析
——IS - LM 模型与决策

一、宏观调控的含义

(一) 宏观调控的必要性

既然短期波动是经济运行的常态,我们自然应该思考的是应对策略。当然在思考应对策略之前,我们首先应该思考的是怎样减少短期波动的发生。对于一些无法预料的短期波动如地震、自然灾害等我们很难做些什么,但更多的短期波动来源于经济体自身,例如经济危机。

在应对短期波动方面,一个简单的想法是什么也不做,等待短期波动过去。这样的想法也并非异想天开,因为顾名思义,短期波动只在短期内出现。正是基于这样的思想,一些经济学家认为,短期波动是市场的自发调整,作为第三方的政府并不应该采取任何行动,只需等待短期波动结束。然而问题在于,短期波动造成的影响并不一定停留在短期。

在明确宏观调控的意义之后,我们首先需要明确的是政府有哪些行为属于宏观调控。当然,犹如在下一盘大棋,政府的每一步均有多重作用,因此政策无法被孤立出来看。然而,从经济学学习的角度而言,我们还是需要从中抽象出一些概念,用于分析政策可能带来的影响。

(二) 宏观调控政策的分类

提及政府的宏观调控,一般而言新闻中常报道有两种途径:财政政策与货币政策。前者是指财政部门对政府支出和税收的调控,后者是指中央银行对货币市场的调控。然而,在提及政府的宏观调控时,人们常常忽略了政府对于保障市场有效运行的意义,而这对经济体的影响不容忽视。许多短期波动都来源于市场失灵,而政府调控形成了对市场调节的有力补充,能够有效减少短期波动的出现,这恰恰是应对短期波动的第一步。

1. 市场调节的有力补充——宏观调控的基础

在微观经济学中,我们一直讨论的是市场调节对于经济活动的重要意义。一般而言,我们总是有一条倾斜向上的供给曲线,一条倾斜向下的需求曲线,二者的交点对应于市场均衡(局部均衡),而我们总是说这样的均衡是社会最优的,因为总剩余最大。如果这样的逻辑成立,那么一个重要的前提假设是市场是有效的。简单来说,市场的需求与供给恰恰是社会希望的需求与供给。然而非常不幸,这个前提假设在现实生活中基本不成立。

图 8-33 列举了一个典型的市场调节失效的例子。对于利用煤炭发电,市场的需求方——用电企业由于不用承担煤炭发电带来的空气污染成本(经济学上称为负外部性),市场对煤炭发电的需求大于社会对煤炭发电的需求,由此带来的扭曲导致市场均衡偏离社会最优。此时,便是政府出手之时。

我们仍然以煤炭发电为例,政府对此进行管理,仍然可以有两种思路:一种是直接设定一系列市场准则,淘汰一批高污染企业,利用政府强有力的监管能力达到社会最优;另一种是对煤炭发电企业加收环境污染矫正税,提高污染企业的经营成本,利用市场"优胜劣汰"的特性,使得那些低质量的企业被迫退出市场,从而通过市场调节的方式达到社会最优。前者需要政

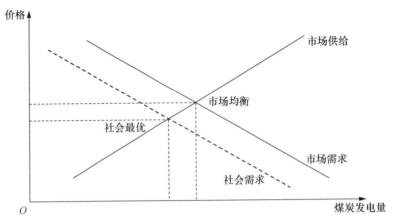

图 8-33　市场调节失效时市场均衡偏离社会最优

府扮演更多的角色,更多地干预市场,因此常被一些经济学家诟病;后者由于更加重视市场的作用而受到一些西方经济学家的追捧。当然,如果后者能够被实施,那么确实有可能发挥市场调节的高效性,问题就在于这样的税率到底该如何制定,此外对处于不同发展阶段的企业实行统一的煤炭发电税税率是否公平则是更深刻的一个问题。当然,前者也绝非完美,因为政府很难直接筛选出哪些企业是环境友好的,尤其是在缺乏市场竞争的情况下,会使得甄别工作困难重重。因此,中国采取的方法是二者兼用,即在政府对煤炭发电市场直接进行宏观调控的同时建立矫正市场,具体办法是建立一个碳排放市场,由政府设定每家企业允许排放的指标,高质量的企业可以将用不完的指标出售给那些低质量的企业,从而利用市场机制筛选出高质量的企业,而污染指标的制定又基于国家对经济发展与环境保护的宏观调控政策。

类似于煤炭发电的例子,在从农业国转变为工业国之时,中国由于工业体系建设并不完善,对工业品的需求和供给都很低,如果采取市场调节,则即便政府费尽心机建立起一批民营工业企业,很快它们也会因没有利润而倒闭。在世界发展的潮流均是向工业化前进的背景下,为了解决这样的困境,中国政府引导成立了一批国有企业,通过制定产业政策的方式指导其发展,从而使中国在极短的时间内从落后的农业国转变为先进的工业强国。我们将在第十一章详细重温这一段历史,以便更深入地了解宏观调控的基础性意义。

无论是市场调节还是宏观调控,其目的均在于达到社会最优,正确的方法应是根据实际情况充分灵活运用两种方式进行必要的配置。这是在学习经济学,尤其是经济学理论时尤其需要注意的。

2. 财政政策与货币政策——宏观调控的进阶

(1) 商品市场的调控——财政政策。从定义上说,财政政策是政府通过改变支出和税收从而影响总需求,最终影响就业和国民收入的政策,主要涉及财政部门对政府支出和税收的调整。由于国民总产出存在以下分解:$Y = C + I + G + NX$,在经济体受到负面冲击后,消费和投资下行,此时政府可以通过增加支出的方式在短期内提高总需求,以应对需求侧的负面冲击。此外,人们的消费决策主要受到两个因素影响:一是当前的产出水平,二是当前的税率。提高产出水平和降低税率均能有效增加人们的可支配收入,当可支配收入增加时,人们会增加消费需求。在经济下行时期,人们的消费减少,此时通过增加政府支出可以使产出水平得到提高,人们的收入也会因此得到增加,而收入增加反过来又会增加人们的消费。因此,政府支出就像是点燃了火花塞,使得经济体的引擎能够正常运转。除了增加政府支出,减少税收同样能够达到增加人们收入的效果:由于税收减少,人们的可支配收入增加,因此人们的消费水平就会上升。于是,在负面短期波动出现之时,我们经常看到政府在增加支出的同时减少税收。当然,如果政府支出增加、税收减少,那么政府的财政赤字也会扩大,这也是财政政策的一个问题。然而,如果能够将短期内的负面冲击平滑到未来,那么短期波动所产生的影响也就不严重了,这便是采用财政政策的原因。相较于世界其他国家,中国的财政赤字一直维持在较低水平,甚至偶尔有财政盈余,这为中国提供了非常有利的财政政策操作空间。此外,在实际考虑财政政策对经济体的刺激效果时,也应该考虑政府支出的挤出效应。在之前的学习中我们认为,政府支出和人们的消费本身是独立的。但现实世界也许并非如此。在城市建设水平不高时,人们出行要依赖自己开车或打车,这使得一座城市的汽车与汽油消费量都处在高位,比如美国。但随着城市建设水平提高(显然城市建设所需资金来源于政府支出),使用公共交通工具变得十分方便,而如果城市规模本身又不大的话,那么公共交通的出行方式会成为开车出行的替代品。此时,一座城市的汽车与汽油消费量会降低,比如新加坡。这就是政府支出在一定程度上"挤出"了人们的消费,使得财政政策的调控力度受到了一定的制约。在 IS-LM 模型中,无论是增加政府支出还是减少税收,财政政策均是通过增加需求的方式提高产出水平,因此对应 IS 曲线向右移动,如图 8-34 所示。如果 IS 曲线右移,则 IS 曲线与 LM 曲线的交点对应更高的产出水平,因此我们说财政政策能够刺激经济。

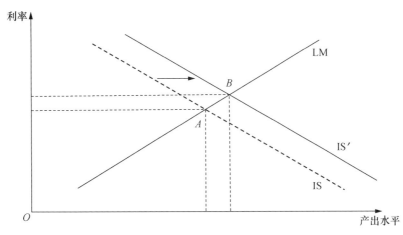

图 8-34 财政政策对一般均衡的影响

(2) 货币市场的调控——货币政策。与财政政策相对应的是政府的货币政策。从定义上说,货币政策是指中央银行通过银行系统调整总体的货币供应量从而调节总需求的政策。值得一提的是,在模型分析中,我们通常假设中央银行能够轻松地调节货币供应量。然而事实并没有这么简单,中央银行确实可以轻松地印刷更多的货币,但接下来它就需要找出一个合理的方法去发放这些新增货币。在实际操作中,中央银行常常通过"降息"和"降准"的方法,使得持有货币的机会成本降低,从而增加货币供应量。当经济出现下行时,我们经常听到中央银行降低利息水平、降低存款准备金率等报道,在之前的学习中我们知道,这会导致市场中流通的货币量增加,即增加货币供给。从图 8-35 中我们可以看出,货币供给的增加导致利率下降,由于产出水平并没有受到影响,因此增加货币供给对应 LM 曲线向右移动。如图 8-36 所示,此时 IS 曲线与 LM 曲线的交点对应更高的产出水平,因此我们说货币政策也能够刺激经济。当然,货币政策也是存在限制的,在发达国家,由于不再有高速的经济增长,利率一般维持在较低的水平上,此时降低利率很可能使利率达到 0。由于利率必须为正(否则人们就

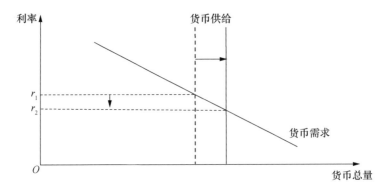

图 8-35　中央银行增加货币供给对货币市场均衡的影响

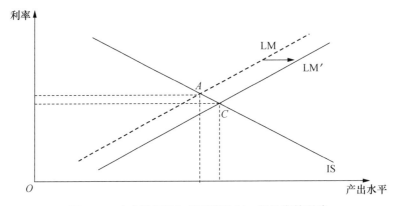

图 8-36　中央银行增加货币供给对一般均衡的影响

会从银行取出所有存款,此时利率为0),因此在发达国家运用货币政策的空间并不大。当然还是有办法应对这样的情况,只不过需要一些高级的货币政策,例如量化宽松(Quantitative Easing)政策。即便是运用了诸如量化宽松这样的货币政策,其有效性仍然会受到挑战。在之前的分析中,我们一直假设货币流通速度是常数,并将其单位化为1。但实际上,人们对以多快的速度花出手中的钱是会根据实际情况改变的。若一个地区的基础货币持续增加,人们知道如果不赶快将手中的钱花掉,到第二天钱就不值钱了,此时人们就有动机尽快将钱转变为实物。此时增加基础货币所带来的影响完全被货币流通速度吸收,使得其对货币市场产生的效果大打折扣。在中华人民共和国成立之前,国民政府曾在短期内大量增加"金圆券"的供给量,这不仅没有带来经济体的经济增长,反而降低了人们对国民政府的信心,加速了国民政府的垮台。当然,如果一个国家的货币成为世界货币,人们对货币充满信心,那就是另外一个故事了,这就是为什么美国能够成功使用量化宽松政策的原因。当然,就算美国能够成功使用量化宽松政策,货币政策的效果仍然有所减弱。IS-LM模型中从来没有讨论政策从实施到产生效果需要花费多长时间。事实上,货币政策产生效果要通过影响市场利率,进而影响投资决策,最后才能传导到影响实体经济上,尤其是从影响市场利率到影响投资决策本身需要一定的时间。这使得货币政策的时效性并不好,例如美国在应对2008年金融危机时只采用了货币政策,这使得美国花费了近五年的时间才从危机中走出来。我们将在后文以此为例,详细讨论美国宏观调控的实际操作。最后,需要指出的是,我们当前的分析都忽略了国际互动。一国使用货币政策降低利率水平,当利率水平降低时,一国货币在国际市场上也将贬值,而货币贬值会导致本国出口能力增强。这样的做法虽然能够恢复本国经济,但这是一种"以邻为壑"的策略,其他国家为了避免遭受损失也只能选择采用货币政策来降低利率水平,由此将导致一连串的反应,从而将问题扩大。基于上述原因,在现实中,政府对经济体的干预更多时候应当选择财政政策与货币政策双管齐下。

(3) 双管齐下的调控——财政政策与货币政策的联用。从之前的分析中我们知道,无论是使用财政政策还是使用货币政策,都能够有效地刺激经济,提高产出水平。然而,需要注意的是,使用财政政策刺激经济时,利率会因此上升;使用货币政策刺激经济时,利率会因此下降。对于宏观调控而言,我们总是希望对价格的影响降至最小,否则会干扰市场调节的正常运行。因此在实际操作中,常见的调控政策是一套组合拳——同时包括财政政策与货币政策。如图8-37所示,采用适当的财政政策和货币政策能够在保证利率稳定的同时大幅提高产出水平,因此当受到短期波动的负面冲击时,我们经常看到政府采取财政政策与货币政策双管齐下的调控手段。在一些西方经济学家眼中,由于货币政策更多的是通过市场传导,因此货币政策更受推崇,据此他们进入了为了强调一者而打压另一者的陷阱中。货币政策确实对市场的直接干预更少,但也正因如此,其对经济体的影响是有限的。接下来我们将结合2008年全球金融危机时期中国和美国宏观调控政策的对比,一方面复习IS-LM模型,另一方面思考何种宏观调控政策更加有效与合理。

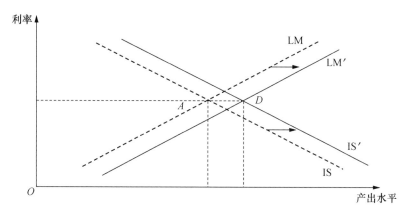

图 8-37 财政政策和货币政策同时使用对一般均衡的影响

二、宏观调控与短期波动

(一) 美国宏观调控实操

在2007年次贷危机(2008年金融危机导火索)在美国爆发之后,美国就开始思考应对之策。作为强调市场作用的国家,美国政府对宏观调控政策是抵触的,但在金融危机面前,美国政府还是采用了一系列刺激手段,以期经济早日恢复正常。

在之前的学习中我们知道,从抽象意义上说,货币政策虽然是针对货币总量的,但在实际操作中常体现为降低基准利率和降低存款准备金率。对于发达国家而言,由于经济发展进入平稳时期,投资回报率并不高,利率本身就非常低,且利率的下限就是0,因此政府使用传统货币政策的空间并不大。在这样的情况下,政府如果还想使用货币政策来进行调控,就只能想办法增加基础货币供给(简单来说就是印刷更多的钞票,并采取更为复杂的方式将这些钞票注入经济体)。在2008年金融危机期间,美国采取的就是这种量化宽松政策,表8-3列举了美国四轮量化宽松政策发生的时间及具体措施。

表8-3 美国四轮量化宽松政策

	开始时间	具体操作
第一轮	2008年11月25日	购买12 500亿美元的抵押贷款支持证券,4 750亿美元的国债和机构债券
第二轮	2010年11月初	购买6 000亿美元的财政债券和机构债券
第三轮	2012年9月13日	每月购买400亿美元的住房抵押贷款债券,维持到2015年中期
第四轮	2012年12月12日	在第三轮的基础上增加每月购买450亿美元的国债

资料来源:冯彦明,姜冉.美国四轮量化宽松政策的比较与评估[J].农村金融研究,2013(2):41-45。

通过这一系列的操作,美国成功实施了货币政策,我们将2008年金融危机的影响和美国的货币政策同时画出(如图8-38所示)。

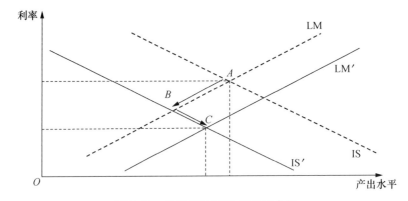

图8-38 美国应对2008年金融危机

2008年金融危机对美国的商品市场产生了负面冲击,导致IS曲线向左移动至IS′处,受此影响,一般均衡点从A点移动至B点。在2008年金融危机发生之后,由于美国政府使用量化宽松政策,导致LM曲线向右移动至LM′处,受此影响,一般均衡点从B点移动至C点。

通过使用量化宽松政策,美国成功减弱了2008年金融危机对产出水平的负面影响,但同时导致了利率的下降。需要注意的是,从美国的四轮量化宽松政策中可以知道,前几次量化宽松政策的效果并不是很好,说明这样的货币政策虽然有效,但从政策实施到政策起效需要一定的时间。

值得一提的是,实行量化宽松政策增加基础货币供给的措施虽然能够达到使用货币政策的效果,但受到很多限制。当基础货币供给增加时,每个人手中的钱就不再值钱了,个人的财富因此受到损失。在此情况下,人们会将手中的货币兑换成其他财富储存形式,例如外币和黄金。如果一国居民都这样做,那么一国货币就会失去存在的意义,因此使用量化宽松政策的一个前提就是该国货币不会被人们放弃。好在作为最流行国际货币之一的美元从来就不缺乏使用者,因此美国政府不用担心量化宽松政策存在的上述问题。也正是因为美元是国际货币,量化宽松带来的美元贬值不仅榨取了美国人的财富,而且榨取了世界其他国家的财富;也正是因为这样,美国成功将本国的金融危机转移到其他国家,从而实现本国经济的恢复。

(二) 中国宏观调控实操

表 8-4 与表 8-5 列举了 2008 年金融危机发生之后,中国政府在财政政策与货币政策方面所发布的主要宏观调控政策。无论是在财政政策还是在货币政策方面,中国政府均在短时间内进行了大量的刺激。

表 8-4 中国应对 2008 年金融危机的财政政策

类别	具体措施
刺激国内消费需求	加快建设保障性安居工程、加快医疗卫生、文化教育事业发展、加快地震灾区灾后重建各项工作、提高城乡居民收入,预计总投入达到 13 200 亿元
扩大国内投资需求	加快农村基础设施建设、加快铁路和公路及机场等重大基础设施建设、加强生态环境建设,预计总投入达到 25 200 亿元
稳定对外出口需求	加大财税政策支持力度、稳步推进加工贸易转型升级、改善进出口金融服务、促进投资和贸易互动、提高贸易便利化水平、加强和改善多双边经贸关系等
调整振兴国内支柱产业	加快自主创新和结构调整、在全国所有地区及所有行业全面实施增值税转型改革、鼓励企业技术改造,预计总投入达到 2 800 亿元
总计	超 40 000 亿元的政府支出

资料来源:贾洪波,李国柱.中国应对金融危机的一揽子计划述评[J].现代管理科学,2009(10):6-7。

表 8-5 中国应对 2008 年金融危机的货币政策 单位:%

调整日期	基准利率调整幅度		调整日期	存款准备金率调整幅度	
	存款利率	贷款利率		大型金融机构	中小型金融机构
2008 年 9 月 15 日	—	-0.27	2008 年 9 月 25 日	0.50	-0.50
2008 年 10 月 9 日	-0.27	-0.27	2008 年 10 月 15 日	-0.50	-0.50
2008 年 10 月 30 日	-0.27	-0.27	2008 年 12 月 5 日	-1.00	-2.00
2008 年 11 月 27 日	-1.08	-1.08	2008 年 12 月 25 日	-0.50	-0.50
2008 年 12 月 23 日	-0.27	-0.27		—	

资料来源:中国人民银行、新浪新闻。

同样的,我们将金融危机的影响和中国采取的财政政策与货币政策同时画出(如图 8-39 所示)。

2008 年金融危机同样使得中国的商品市场遭受负面冲击,导致 IS 曲线向左移动至 IS′ 处,受此影响,一般均衡点从 A 点移动至 B 点。与美国相同,中国也采取了积极的货币政策,使得 LM 曲线向右移动至 LM′ 处,一般均衡点从 B 点移动至 C 点。除此以外,中国采取了积极的财政政策以抵消金融危机对商品市场产生的负面冲击,导致 IS 曲线从 IS′ 处移动至 IS″ 处,一般均衡点也因此由 C 点移动至 D 点,使得产出水平下降幅度减小,同时维持了利率水平的稳定。

正是通过有效的财政政策与货币政策,中国极大地减弱了 2008 年金融危机对中国经济造成的影响,而且财政政策与货币政策双管齐下使得利率的下降幅度比只使用货币政策的情况要小。由于中国政府迅速实施了两种宏观调控政策,中国经济得以在短时间内恢复。

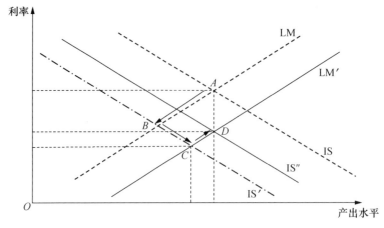

图 8-39　中国应对 2008 年金融危机

如图 8-40 所示,采用合适的财政政策与货币政策进行宏观调控使得中国能够迅速走出经济下行的状态,仍然保持 7% 以上的经济增长。而美国主要采用货币政策进行宏观调控,虽然最终也实现了从金融危机中恢复的目标,但其经济在 2009 年经历了负增长。

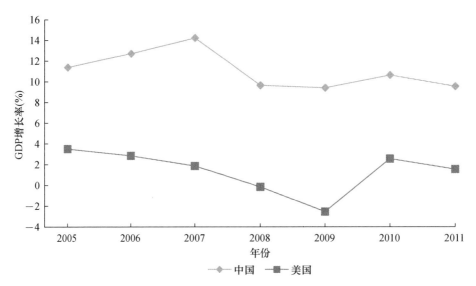

图 8-40　中美两国在 2008 年金融危机前后 GDP 增长率对比(2005—2011 年)
资料来源:世界银行数据库。

三、宏观调控的边界与 IS-LM 模型的局限

在之前的学习中我们已经看到,政府增加支出和减少税收均能在提高产出水平的同时提高利率,而采取货币政策增加货币供给也能提高产出水平,但会降低利率。既然这两种宏观调控政策均能有效地提高产出水平,实现经济增长,一个自然而然的问题是,我们的政府能否一直通过宏观调控政策来提高产出水平?

这一问题的答案主要取决于我们以何种时间长度来看待它。此时我们需要回头来看本章的标题"宏观经济运行中的短期波动"。需要注意的是,我们建立的 IS-LM 模型一直是在

"短期"的设定下讨论经济波动及相应的宏观调控。所谓短期,其关键在于物价水平尚没有因短期波动与宏观调控而发生变化。因此,扩张的财政政策和宽松的货币政策确实能够在短期内推动经济增长,但到了长期的维度内,宏观刺激会使物价水平发生改变,造成货币层面的通货膨胀,不再对实际产出水平产生影响,这正是凯恩斯主义的宏观经济学分析的局限所在。

相关资料
新冠肺炎疫情中的宏观调控及其影响

稳定物价与保障资金

2020年新冠肺炎疫情暴发之后,为了切断传播途径,在专家指导下人们纷纷戴上口罩,这使得口罩的需求量瞬间上升。另外,由于疫情暴发在春节假期,口罩生产企业已停工停产,而春节假期结束之后由于人员流动受阻,口罩生产企业一时无法复工。由此中国出现了"口罩慌"。口罩短时间内短缺,而人们对疫情充满恐惧,在这样的情况下,由于信息不对称,市场需求已经完全不能体现社会真实需求,此时便需要政府介入才能维持正常的需求与供给。

表8-6列举了疫情暴发之后中国为保障防疫物资供应所做的一些努力,正是通过这些努力使得"战疫"前线在市场失灵的情况下,能够及时获得足够的防疫物资,打好这场疫情"阻击战"。

表8-6 中国为保障防疫物资供应所做的努力

职能部门	具体措施
工业和信息化部	动员生产企业克服春节假期和疫情扩散等难关,尽快复工复产
交通运输部	保障疫情防控相关物资、人员应急运输高效、顺畅
公安部	严厉打击人民群众反映强烈的哄抬物价、囤积居奇、牟取暴利等扰乱市场秩序犯罪活动
海关总署	做好涉及新冠肺炎疫情物资快速通关工作,加强市场供给保障
国家发展改革委	协调口罩原材料
国家卫生健康委	倡议民众使用普通口罩来防护自己,将医用防护口罩更多地用于临床救治一线

资料来源:2020年历次国务院应对新型冠状病毒感染的肺炎疫情联防联控机制新闻发布会。

此外,传染病的医疗救治具有非常重大的外部性,这也决定了医疗服务,尤其是传染病防控不能交由市场调节。如果患者因医疗费用的压力而不愿意进入医疗机构接受医疗服务,则不仅会对其自身生命安全产生严重威胁,还会对整个社会的安全及稳定产生威胁。为此中国政府决定对新冠肺炎患者免除所有医疗费用。截至2020年2月24日,各级财政共安排疫情防控资金1 008.7亿元①,这笔资金主要用于患者医疗费用及医疗人员的补助。

无论是稳定物价还是保障防疫资金,都是政府使用宏观调控的基础手段,在信息不对称与外部性导致市场失灵的情况下直接调整供需,向社会最优而努力。虽然这些工作看起来没有财政政策与货币政策光鲜,但其对中国早日战胜疫情和恢复生产意义重大。虽然财政政策和货币政策能够有效辅助经济恢复到正常运转的状态,但只有早日结束疫情才是使经济体恢复的治本之策。

---

① 参见财政部.各级财政疫情防控经费超过1 000亿元[EB/OL].(2020-02-05)[2021-06-23]. http://www.mof.gov.cn/zhengwuxinxi/caizhengxinwen/202002/t20200225_3474179.htm。

税费减免与金融支持

为了应对新冠肺炎疫情对经济带来的负面冲击,财政部联合税务总局发文:"自2020年3月1日至5月31日,对湖北省增值税小规模纳税人,适用3%征收率的应税销售收入,免征增值税;适用3%预征率的预缴增值税项目,暂停预缴增值税。除湖北省外,其他省、自治区、直辖市的增值税小规模纳税人,适用3%征收率的应税销售收入,减按1%征收率征收增值税;适用3%预征率的预缴增值税项目,减按1%预征率预缴增值税。"①

同样,中国人民银行也发文:"保持流动性合理充裕。人民银行继续强化预期引导,通过公开市场操作、常备借贷便利、再贷款、再贴现等多种货币政策工具,提供充足流动性,保持金融市场流动性合理充裕,维护货币市场利率平稳运行。人民银行分支机构对因春节假期调整受到影响的金融机构,根据实际情况适当提高2020年1月下旬存款准备金考核的容忍度。引导金融机构加大信贷投放支持实体经济,促进货币信贷合理增长。"②

从之前的学习中我们知道,这分别对应于财政政策刺激与货币政策刺激。同样的,我们利用 IS-LM 模型分析这一套宏观调控政策对中国经济的影响。如图 8-41 所示,在采取合适的财政政策与货币政策之后,2020 年新冠肺炎疫情对中国经济的负面冲击被极大地削弱,同时中国的利率水平将会下降。

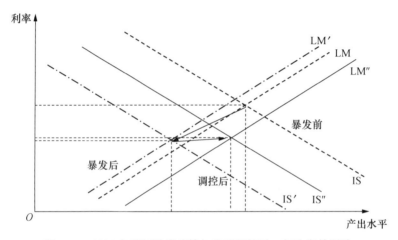

图 8-41 2020 年新冠肺炎疫情与宏观调控对一般均衡的影响

第四节 短期波动的其他分析框架

宏观经济学在发展过程中,吸收了越来越多微观层面的内容。这使得宏观经济学的分析更加贴近现实,当然也更加复杂。本节仅简要介绍宏观经济学进一步的发展,更加详细的内容读者可以在"中级宏观经济学"和"高级宏观经济学"课程中学习。

---

① 参见财政部、税务总局公告2020年第13号《关于支持个体工商户复工复业增值税政策的公告》。
② 参见中国人民银行等《关于进一步强化金融支持防控新型冠状病毒感染肺炎疫情的通知》(银发〔2020〕29号)。

一、新古典主义的分析

(一) 卢卡斯批判

最早对凯恩斯主义宏观经济学思想产生质疑的是弗里德里克·奥古斯特·冯·哈耶克(Friedrich August von Hayek),但对凯恩斯主义宏观经济学理论的攻击始于卢卡斯批判(Lucas Critique)。经济学家罗伯特·卢卡斯(Robert Lucas)指出,IS-LM模型成立的前提是人们不能感知宏观调控产生的效果来源于宏观调控。

在经济周期中,人们先是看到产出水平下降,之后产出水平回升。但这样的现象可能有两种解释:一是波动结束了,经济已经恢复到正常的状态;二是政府采取了宏观调控政策,使得经济体看起来回到了正常的产出水平,但政府的赤字也扩大了。如果是前者,则自然是万事大吉;但对于后者,无论是政府支出增加还是税收减少,当期政府赤字均会扩大。"羊毛出在羊身上",无论如何,政府必然要在未来增加税收以填补当前的赤字。如果事实果真如此,那么经济波动带来的负面影响根本没有结束,只是被宏观调控政策推迟了。

如果人们十分乐观,总是预期短期波动结束后经济下行也会很快恢复,所有的生活都会回到正常水平,政府当期的额外支出会被平摊到未来,那么一场经济危机也就被解除。但如果人们十分悲观,总是预期当前经济回来源于政府的宏观调控,未来自己的收入会有一部分要还给政府,他们在今天就要减少一部分支出并保存足够的财富以应对未来需要多缴纳的税款,那么宏观调控的意义也就不存在了。现实世界中存在乐观的人,也存在悲观的人,所以宏观调控究竟能在多大程度上应对短期波动依赖于人们的预期。

因此,卢卡斯批判的核心就在于,人的理性预期需要被考虑在宏观经济学分析中。为此,宏观经济学分析需要始于个人最优化决策,而不是简单加总后的宏观数据,宏观经济学不应面对一条没有微观机理的曲线进行分析,这是新古典主义经济学的核心思想。

(二) 真实周期理论

基于卢卡斯批判,宏观经济学家在思考问题时加入了更多关于个人预期的因素。真实周期理论从人对终生效用预期的最大化展开,将其对未来所有的预期全部考虑在内。当然,越遥远的事件对今天的效用产生的影响就越小,因此未来的效用需要被贴现。除此之外,每个人明天能够消费多少一方面取决于明天的收入是多少,另一方面取决于今天为明天储蓄了多少,这形成对人们行为的一种约束①。通过在上述约束下最大化带有期望和贴现意义的终生效用,人们在今天就将从今往后的所有决策都固定下来。只有对这些固定下来的行为决策进行加总才能得到我们需要的宏观变量。随着时间的推移,外界环境发生变化,人们对未来的期望随之发生改变,此时我们需要重新计算最优化问题,重新进行加总才能得到新的宏观变量。同样的,从生产者的角度而言,企业也需要考虑永续利润。企业通过贴现得到未来利润在今天的价值,向着永续利润最大化的目标做出每一期的决策。通过加总每个时刻个体企业的决策,我们能够得到供给侧的宏观变量——总供给。通过加总个体的需求与决策,我们最终能够得到经济体内的总需求与总供给,从而分析出短期波动对经济体的影响。

需要注意的是,当经济出现短期波动时,人们的预期和企业的生产行为均会发生变化,这

---

① 这种约束被称为预算约束(Budget Constraint)。

样的变化一方面取决于今天实际所受影响有多大,另一方面取决于人们和企业对未来所受影响的预期。因此,忽略人们和企业在预期上的变化,静态地使用 IS - LM 模型分析短期波动与宏观调控显然是有偏差的。

如果人们对政府的行为产生了预期,那么政府进行宏观调控相当于在和人们进行一场不完全信息的博弈。政府一方面需要"提防"人们对政府行为的猜测,另一方面需要采取一些行动对实体经济产生刺激。而新古典主义经济学认为,在足够长的时间内人们是足够聪明的,以至于所有政府行为都会被预测到。因此新古典主义经济学家认为,政府应该去除所有刺激手段,因为所有刺激手段在长期来看都不会产生效果。

二、新凯恩斯主义的分析

(一) 菜单成本与价格黏性

新古典主义宏观经济学将人的理性预期纳入考虑的范围,使得宏观经济学的分析框架能够同时对短期和长期的经济变化做出分析。这样的理论听起来已经能够解释所有宏观经济现象,那它是否已经达到完美了呢?

在新古典主义的分析中,我们讨论了预期存在的意义,而且假设所有人都能完美地进行理性预期,所以新古典主义经济学家认为宏观调控不可能存在任何意义(因为政府的行为会被人们完美预期到,基于卢卡斯批判,宏观调控不再有意义)。这样的矫枉过正使得人们又回到了认为市场能够调控一切的状态,在前文中我们指出,这样的思想是非常危险的,因为一旦发生程度较大的经济波动,就可能对一个经济体产生长时间的负面影响。

新古典主义的分析思路中所有的分析都是自洽的,这也是新古典主义为什么能够成为宏观经济学主流的原因。然而,由于需要考虑的因素过多,尤其是人们与政府的博弈,使得宏观经济学的分析变得极其复杂(想想看微观经济学所学部分)。所以新古典主义做出了大量的假设以便能够得到结果,其中一个假设就是价格能够迅速调整。

但事实并非如此,即使我们生活在一个不断变化的世界中,我们还是会发现超市里面的价格并不会实时变动,而是基本保持稳定。这是因为调整价格本身也是具有成本的,体现为更高的价格管理成本以及印刷新的价格标签所带来的额外成本。经济学上把这些价格调整成本称为菜单成本,这是因为在餐厅中点餐需要依赖于纸质菜单,而频繁调整价格则意味着需要印刷更多的菜单,从而导致成本上升。

在现实生活中,价格调整成本更多地体现在交易中。在长期、稳定的交易关系中,如果价格实时调整,则会增加很多计算工作,此外由于价格时高时低,因此再精确的计算最终也不能使交易中的任何一方获得多大益处。因此,人们在一段时间内总会固定一个价格,即使该价格在短期内不能使市场出清。当然,如果交易本身并不频繁,而每一次交易的金额巨大,那么人们就会选择实时更新价格,这就是为什么股票交易、贵金属交易及外汇交易的价格是实时变化的原因。

由于存在菜单成本,现实经济体的价格在短期内并不会进行大幅波动,这与凯恩斯主义短期内价格不变的前提假设异曲同工,因此得出的结论也大致相似。而在长期内,由于理性预期,人们会不断地调整价格以最大化自身的效用与利润,因此从长期来讨论,新凯恩斯主义的分析能够得到与新古典主义相似的结论。兼顾短期与长期的新凯恩斯主义的分析,更像是对凯恩斯主义和新古典主义的一种整合与发展。

事实上,宏观经济学一直处于不断整合与进步的状态,新凯恩斯主义经济学显然不是终点。即便是新凯恩斯主义,也没有考虑一个国家内部的产业结构,而当前宏观经济学发展的一个方向便是将其纳入考量。

(二) 名义锚与泰勒规则

新凯恩斯主义对宏观经济学的另一大贡献是对货币政策更详细的描述。新古典主义重视人们的理性预期,为了使政府的行为(比如政府的货币政策)产生效果,就需要人们的预期与政府的最终行为保持一致。但这并不意味着政府应毫无作为,相反,政府可以给出一个合理的调整规则,根据现实经济状况依照规则进行调整。对于经济体内的人们而言,由于知道政府调整的规则,因此他们能够提前知道宏观调控的结果,从而对政府能够将经济体从短期波动中救出充满信心。

新凯恩斯主义提出了一个合适的货币政策:在经济过热时提高利率加以抑制,在经济下行时降低利率加以刺激。由于这样的规则将利率锚定在一个固定水平上,因此被称为名义锚(Nominal Anchor)。在美国的货币政策中,常用的一套方法是将利率调整幅度固定为产出缺口(实际产出与计划产出之差)和通胀缺口(实际通胀水平与计划通胀水平)的加权平均,这套方法被称为"泰勒规则",它以提出者约翰·B.泰勒(John B. Taylor)的名字命名。

需要注意的是,泰勒规则虽然在美国扮演了非常重要的角色,但其不一定适用于中国。这是因为将利率锚定在一个固定水平上的前提条件是经济体已经进入一个稳定的状态,而中国仍然处于不断增长的阶段,此时运用名义锚的规则并不合适。然而,在理性预期的基础上进行宏观调控却是值得借鉴的。

三、市场调节还是政府调控?

在宏观经济学的发展过程中,我们不难发现,经济学家对发生短期波动后的态度明显分为两派:一派认为,应当等待市场自发调节达到均衡;另一派则认为,政府应当主动采取宏观调控措施,帮助经济体早日走出困境。因此在本部分,我们将逐一讨论这两种观点对应的损益比较。

(一) 市场调节的损益比较

在古典主义经济学(斯密等人的观点,即"看不见的手"能够调节一切从而使经济自发达到最完美的状态)和新古典主义的分析中,市场自发均衡被提到了最高的地位。这样的思想有其合理性,也有其问题。通过市场出清达到均衡,自然是符合人们和企业预期的,因此这样的调节过程本身不会改变人们对未来的预期。此外,在之前的分析中,我们均假设政府的目标是稳定经济,但我们并没有考虑具体官员在执行政策过程中是否因牟取私利而偏离既定政策目标。宏观调控的过程扭曲了市场,使得操作过程不再容易被监督,因此产生了贪污腐败的空间,而市场调节由于其透明性,自然不会存在这一问题。

当然,片面强调市场调节的危害也是巨大的。虽然经济体最终能够走出波动,但并不一定能够在短期内走出来,也不能保证走出来时经济体还能够恢复到波动之前的状态。

我们考虑这样一个故事,经济危机导致人们收入短期降低,由此人们自然会减少当期的消费。我们会期待着等到下一期收入恢复正常了,那么消费也就正常了。倘若收入降低得非常多,多到无法满足基本生活,那么此时人们只能选择出售自己的其他物品以满足当期的基本生活消费。但若整个经济体内的人们都处于这样的状态,那么这些物品将变得几乎一文不值。此时由于生产非生活必需品毫无利润,因此原先生产非生活必需品的企业将大面积倒闭。即便这样,人们还是会持续出售其他物品以换取当期的生活必需品。金融、投资部门自然无法逃过一劫,而这些部门的惨淡最终使得生活必需品的生产成本大幅升高,经济体进入不断衰退的恶性循环。在这样的循环中,人们的财富被榨干,企业大规模倒闭。即便短期的负面冲击结束,生活和生产也无法回到冲击之前的水平。

事实上,在2008年全球金融危机后,欧美一些国家因为政府调控能力不足,不能及时进行宏观调控,导致人们的恐慌情绪不断蔓延,这些国家直至今日还在承受着金融危机带来的"后遗症"。虽然宏观调控使得监督变得更加困难,但我们不应当因噎废食,忽视宏观调控对经济体的作用。在2008年全球金融危机中,最强调市场的美国,最后也是因为采取量化宽松政策才使其渡过这场危机。

(二) 宏观调控的损益比较

凯恩斯主义和新凯恩斯主义均更加强调宏观调控在经济波动中的作用。相比较而言,宏观调控能够更有效地应对经济波动对经济体造成的影响。但与此同时,由于宏观调控使得经济体脱离市场均衡,会带来一系列的偏离,在此之中,人们的行为不再透明,因此政府官员作为宏观调控的实际操作人能否被很好地监督就成为一个挑战。此外,能否实行有效的宏观调控本身也受到很多限制,在之前的介绍中我们提到,使用财政政策会大幅扩大财政赤字,而货币政策仅在高利率国家才能发挥很好的作用。如果一个经济体的政府债台高筑,而该经济体又没有很高的经济增长速度(例如日本),那么运用财政政策与货币政策的空间就会受到很大的限制。此外,在宏观调控的过程中需要政府有效调动社会中的消费者与生产者,这本身也是对政府动员能力的一大挑战。幸运的是,中国经济仍在不断增长,因此利率水平仍能维持在一定高度,而良好的政府收支系统使得中国政府能够在短期内使用财政政策。最后也是最重要的一点,优越的社会主义制度保证了政府充足的动员能力,使得强有力的宏观调控成为可能。

在之前的讨论中,我们仅关注短期波动的发生及后续的宏观调控,而对宏观调控之后的事情并没有投入多少注意力。需要注意的是,宏观调控和市场调节互为补充,在波动结束之后仍应由市场配置资源以达到更加有效的状态。因此,宏观调控的另一层挑战就在于能否适时去除财政政策与货币政策的刺激,让经济体真正恢复到正常的状态。

总结而言,宏观调控虽然能够有效地使经济体走出短期波动,但如何平衡宏观调控中政府和市场的关系,使政府在发挥调控能力的同时兼顾市场调节的效率,是对宏观调控的一大挑战。

关于应更偏重市场调节还是政府宏观调控的争辩贯穿着宏观经济学发展的每个阶段。而每一次宏观经济学思维方式的进步都是源于经济学家基于当时现实世界的实际情况对之前理论的反思。在接下来的专题中,我们将从历史背景出发,回顾宏观经济学思想的变迁。

相关资料
市场调节与宏观调控之争

市场调节与宏观调控之争推动着宏观经济学的不断发展。在本专题中,我们将以历史发展的眼光看待围绕这一问题的思考是如何推动宏观经济学发展的。

1929 年经济危机

1929 年经济危机发生之后,宏观经济学开始作为独立的学科方向。在 1929 年经济危机发生时,关于宏观经济学的主流思想来源于亚当·斯密(Adam Smith)等人的古典主义。在那时,尚未有一般均衡的概念,因此人们将局部均衡的结论简单推广,认为市场调节的结果必然是效率最高的,即当所有人都为自己努力时,市场就如同一只看不见的手,将资源最有效率地进行配置。基于这样的思想,在面对 1929 年经济危机时,政府没有采取措施对经济进行干预,从而导致危机对欧洲人民的生产生活造成重大影响,大量工人失业导致大量社会暴动,使得法西斯主义在欧洲诞生。在这一过程中,短期波动的影响并没有停留在短期,使得人们开始对宏观经济学研究进行深入的思考。

与古典主义相对,凯恩斯认为,作为宏观经济的管理者,政府能够通过增加政府支出的方式使经济体迅速回到正常状态。美国在 1929 年应用凯恩斯的思想,利用更多的政府支出、雇用更多的工人,在危机中保障人们的就业与收入,维持人们的生活水平,从而顺利地度过了经济危机;无独有偶,在地球另一端的苏联,在社会主义制度的指导下,完全使用政府计划的方式取代市场调节,相当于实行了完全的宏观调控,也没有受到经济危机的影响。这让凯恩斯的思想一时间被人们广泛接受。

凯恩斯主义与欧洲的"滞胀"

在美国成功应用凯恩斯的思想应对经济危机之后,这一套政府调控经济的思想被越来越多的国家接受,也出现了大量支持并发展凯恩斯思想的学者与学说,凯恩斯主义因此出现。在第二次世界大战结束后的很长一段时间内,欧洲国家为了从战争中恢复,错误地使用短期经济调控手段以期实现长期增长目标,大量、高频率地使用宏观调控政策刺激经济增长。在之前的学习中我们知道,由于人们的理性预期客观存在,宏观调控的效果长期内被体现在物价升高中,对实体经济无法产生作用。因此,20 世纪 60 年代,以英国为首的欧洲国家发现无论它们怎样增加宏观调控的刺激,经济均无法增长;相反,物价水平倒是在不断飞升。为了能够更大程度地刺激经济,政府不得不加大宏观调控力度,这使得欧洲经济陷入了一个恶性循环。在这段时间内,欧洲经济停滞但通胀上升,简称"滞胀"(Stagflation)。

在这样的时代背景下,以哈耶克为首的经济学家指出凯恩斯主义的局限性。以卢卡斯批判为标志,新古典主义出现,经济学家开始强调理性预期在经济发展中的地位,也正是从这里开始,宏观经济学进入定量化、模型化的时期。当前大多数的宏观经济学研究都从这里出发。

新古典主义与社会公平

新古典主义的发展非常迅速,对经济体的许多预测也被事实验证,因此新古典主义的思想被很多国家的政府接纳,其中最具代表性的是美国里根政府和英国撒切尔政府。

由于强调市场调节的作用,新古典主义主张政府做市场的"守夜人",政府层面基本去除了所有对人们的保障。在 1970 年之后,世界上基本没有出现全球性的大规模经济危机,但就每个人而言,还是会出现一些意外,例如家庭变故、重大疾病等。在新古典主义思想的指导下,政府并不会直接对这样的家庭和人们进行任何的帮助,而寄希望于通过保险市场等市场调节的方式解决人们的问题。但事实是,只有富裕的人才能够购买更多的保险服务,因此他们受到这些偶发事件的影响很小;而贫穷的人没有能力购买保险,因此他们受到的影响很大。所以,穷者更穷、富者更富,社会陷入危机之中。

2008年全球金融危机

在新古典主义思想的指导下,政府放任市场去调节整个宏观经济。因此,资产市场不断追逐更高的回报,从而出现了大量的资产泡沫。2008年这些泡沫突然破裂,给全球金融市场造成了巨大的冲击。大型银行接连倒闭,企业生产出现困难,人们出现恐慌,开始挤兑银行存款,而这些恐慌情绪不断蔓延,使危机不断扩大。在这样的背景下,人们又开始希望政府能够做些什么,而不是做一个单纯的"守夜人"。

在2008年全球金融危机中,美国政府最后还是选择了量化宽松政策,采用货币政策对经济进行刺激,从而使美国迅速地从金融危机中走了出来。而中国政府及时使用财政政策和货币政策双管齐下的方式,使得中国成为应对金融危机效果最好的国家。与之相反,许多国家仍然受到新古典主义思想的影响,危机不断扩大,最终使国家的经济遭受重创。而中国正是利用这样的机遇不断发展,一举成为世界第二大经济体。

资料来源:兰德雷斯,柯南德尔.经济思想史[M].周文,译.北京:人民邮电出版社,2011。

第五节 小 结

除研究经济体的长期增长之外,宏观经济学的另一个研究重点为短期波动,以及在短期波动中政府的宏观调控政策。短期波动是指经济体偏离长期均衡的现象。于是,我们首先需要知道长期均衡是怎样的。通过AD-AS分析我们可以知道经济体均衡时的价格水平与实际产出,这样的均衡也对应于商品市场的出清。

就短期波动而言,一个简单且常用的分析框架为IS-LM模型,IS曲线由商品市场的均衡确定,体现了利率与产出水平的负相关性;LM曲线由货币市场的均衡确定,体现了利率与产出水平的正相关性。IS曲线与LM曲线的交点意味着两个市场同时出清,即经济体达到一般均衡。发生在实体经济领域的短期波动使得IS曲线发生移动,发生在货币领域的冲击使得LM曲线发生移动。通过研究IS曲线与LM曲线交点的变动,我们能够看出短期波动对经济体产生的影响。

对于一个经济体而言,长期稳定的经济增长是其所追求的,短期波动也是其必须面对的。政府可以通过宏观调控的方式在短期内实现刺激经济的效果,从而抵消短期波动带来的影响。虽然财政政策与货币政策时常能在应对短期波动中产生良好的效果,但我们不能忽略宏观调控的基础性作用——在市场失灵时直接指导消费与生产。事实上,在中国的发展过程中,宏观调控作为市场调节的补充,曾经并将持续扮演重要的角色。财政政策由于直接作用于实体经济,其效果主要体现在IS曲线的移动中;与之相对应,货币政策的效果体现在LM曲线的移动中。在短期波动发生时,政府应当合理利用两种政策,双管齐下地对经济进行刺激,方能达到最佳的效果。

虽然IS-LM模型的分析十分简洁明了,但其分析只能够给我们提供短期内的指导。由于短期波动的影响不一定停留在短期,因此宏观经济学需要更加复杂的模型。在IS-LM模型中,人们的理性预期被认为在短期内不会发生变化,但事实上人们的预期是在实时调整的。卢卡斯批判从这一点出发,形成了对基于 IS－LM 模型的凯恩斯主义宏观经济学的有力批判与补充。基于理性预期,宏观经济学进入新古典主义的时代。在新古典主义的框架之中,虽然更多个体层面的因素被考虑在内,但由于需要非常多的简化假设,使得政府的宏观调控变得不再有意义。基于这样的指导思想,不少国家使用消极的态度应对短期波动,使得短期波动给人们的生活带来了巨大的影响,甚至国家发展的进程因此延缓。在 2008 年全球金融危机之后,新凯恩斯主义因结合了凯恩斯主义的短期分析思想和新古典主义的理性预期而受到广泛欢迎,使用新凯恩斯主义指导政府宏观调控也使得美国能够成功应对 2008 年的金融危机。

宏观经济学是一门不断发展的学科,自凯恩斯开始宏观经济学分析至今,宏观经济学的范畴在不断扩大,其内容也在不断丰富,不同的学派从不同的视角出发提出了不同甚至完全相反的观点。然而,从学科角度而言,不能为了强调一方面的重要性而故意打压另一方面的重要性,只有采取兼容并包的思想才能够从根本上认清现实经济体运行的规律,尤其是在运用宏观经济学思想处理现实问题时,采用片面的思想看待问题不仅无益而且有害。

内容提要

- 在经济增长之外,经济体时常面临短期波动。
- AD－AS 分析能够描述总需求和总供给产生的均衡,从而决定物价水平与产出水平,短期波动即经济体偏离长期均衡的现象。
- IS－LM 模型因能简洁地分析短期波动及政府宏观调控的影响而被宏观经济学家使用。IS 曲线对应于商品市场的均衡,体现了利率与产出水平的负相关性;LM 曲线对应于货币市场的均衡,体现了利率与产出水平的正相关性。
- 短期波动对商品市场的负面冲击体现为 IS 曲线向左移动,而对货币市场的负面冲击体现为 LM 曲线向左移动;反之亦然。
- 在短期波动发生之后,政府可以通过财政政策或货币政策刺激经济,使得产出水平在短期内恢复正常。
- 卢卡斯批判提出宏观经济学的分析应该将人们的预期纳入其中。
- 新凯恩斯主义兼顾了凯恩斯主义从总体出发的分析与新古典主义从个体出发的分析。

关键概念

总需求	商品市场均衡	一般均衡
总供给	货币市场均衡	财政政策
AD－AS 分析	IS－LM 模型	货币政策
短期波动	流动性偏好	卢卡斯批判
宏观调控	货币供给	价格黏性

练习题

1. 请比较 AD－AS 分析与 IS－LM 模型的异同。

2. 请举例说明宏观调控在何种情况下会受到限制。

3. 何为卢卡斯批判？其对宏观经济学的意义是什么？

4. 请解释新凯恩斯主义的基本分析逻辑，及其与凯恩斯主义和新古典主义的异同。

5. 市场调节有何优劣势？宏观调控有何优劣势？

6. 请使用 AD－AS 分析说明科学技术的进步（体现为生产率提高）对宏观经济的影响。

7. 在讨论货币供给时，我们考虑的是中央银行直接决定一个货币供应量。在新凯恩斯主义的分析中，中央银行使用的是泰勒规则：在经济过热（产出水平高）时抑制经济（提高利率），在经济下行（产出水平低）时刺激经济（降低利率）。请讨论泰勒规则下货币市场的供给及 LM 曲线的形状。

8. 在分析 2020 年新冠肺炎疫情及宏观调控对中国经济的影响时，我们讨论了一种情形，请讨论另一种情形，即如果人们对流动性的需求下降在货币市场均衡中占据主导地位，那么 2020 年新冠肺炎疫情对中国经济的影响是怎样的？此时政府采取何种宏观调控政策更为合适？

第九章 宏观经济调控：财政政策

在本书的前八章中，我们主要讨论市场的作用。然而，市场并非万能的。第八章的专题案例也说明，当重大传染病（比如2020年蔓延全球的新冠肺炎疫情）破坏企业的正常生产经营活动使得企业面临破产倒闭时，政府会通过拨款、降低企业贷款利率、减免或缓征企业税费等方式帮助企业渡过难关，从而减弱宏观经济波动对经济造成的影响。当医疗物资出现短缺、部分商人囤积居奇哄抬物价出现市场失灵时，政府会严厉打击哄抬物价行为，同时积极组织医疗物资企业恢复生产，以保证市场秩序的正常有效和医疗物资的及时供应。可见，政府在调节经济运行中发挥着重要作用，它通过财政政策和货币政策对经济进行宏观调控，弥补市场失灵，以实现政策目标。①

财政政策和货币政策是政府进行宏观经济调控的重要手段。本章将具体介绍财政政策及其对实体经济运行的影响，并结合中国宏观经济调控中的财政政策实践以进一步加深理解。货币政策有关内容将在第十章进行介绍。本章包括三部分内容：财政政策的基本理论，中国的财政状况及财政政策取向，以及宏观经济调控与中国财政体制变迁。

第一节 财政政策的基本理论

提起财政政策，最先出现在读者脑海中的一定是在新闻节目上频频出现的所谓"积极的财政政策"②。自1997年亚洲金融危机期间中国首次实施积极的财政政策以来，除了2005—2007年财政政策取向转为稳健的财政政策，中国一直实行的是积极的财政政策。

2020年年初，新冠肺炎疫情侵袭了神州大地，财政部陆续发布了涉及税收、政府采购等一系列积极的财政政策，以应对疫情对经济和社会造成的冲击，包括对卫生医疗用品降低税费、对确诊或疑似患者和一线医务人员给予财政补贴、减免或缓征企业税费、直接采购医疗物资以保障供应等。③ 往前看，2008年全球金融危机期间，运用积极的财政政策刺激经济成为世界各国的应对策略，中国也不例外。大家耳熟能详的"四万亿计划"就是在2008年全球金融危机的背景下推出的。在"四万亿计划"的帮助下，中国经济率先走出低谷，对拉动世界经济较快复苏做出了巨大贡献。再往前看，1997年亚洲金融危机期间，中国政府结合国内外情况，审时度势，适时地将适度从紧的财政政策调整为积极的财政政策，实施反周期调

---

① 宏观经济政策的目标是：持续均衡的经济增长，充分就业，物价水平稳定，国际收支平衡。
② "积极的财政政策"这一名称属于中国独创，其本质是扩张性的财政政策。1997年亚洲金融危机期间，中国首次实施以增发国债为主的积极的财政政策。使用积极的财政政策而非扩张性的财政政策主要是考虑到中国民众对赤字扩大比较敏感的心理因素，使用"积极"这个耳熟能详的词语可以减弱财政政策对社会的冲击。
③ 根据财政部数据，截至2020年2月24日，全国各级财政共安排疫情防控资金1 008.7亿元。

节,有效地抵御了亚洲金融危机对中国经济的冲击,同时稳定了亚洲乃至世界的经济,提升了中国的国际地位。

相关资料
金融危机和中国积极的财政政策

1997年7月2日,泰国宣布放弃固定汇率制,亚洲金融危机在泰国率先爆发。随后,金融危机愈演愈烈,先后席卷了亚洲大部分国家。各国股市出现断崖式下跌,高速增长的经济出现了停滞(1997年亚洲金融危机前后部分亚洲国家GDP年增长率如图9-1所示)。与此同时,消费和投资需求不足、就业压力加大、城乡和区域发展不平衡等问题对中国经济发展提出了挑战,长江流域更是出现了百年罕见的洪灾,经济形势非常严峻。为了应对国内外的双重压力,中国政府果断采取了积极的财政政策,具体内容如表9-1所示。

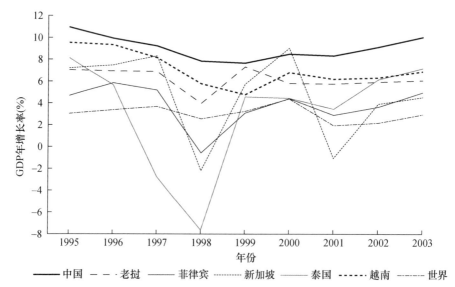

图9-1 1997年亚洲金融危机前后部分亚洲国家GDP年增长率(1995—2003年)
资料来源:世界银行数据库。

表9-1 积极的财政政策的内容

内容	目的
增发1 000亿元长期建设国债	主要用于基础设施建设
向国有独资商业银行发行2 700亿元期限为30年的特别国债	充足银行资本金以防范金融风险
提高部分产品的出口退税率	促进出口

在积极的财政政策的作用下,中国成功顶住了1997年亚洲金融危机带来的挑战与风险,保持了经济的平稳较快增长,改善了宏观经济的整体状况,提高了经济增长的质量和效果,也为宏观经济调控积累了宝贵的经验。

2008年,房价下降使得次级贷款违约率提升,美国金融系统遭到重创,随后金融风险传导至其他国家,全球经济陷入低迷(2008年全球金融危机前后部分国家GDP年增长率如图9-2

所示)。中国经济具有高度外向的特征,2008年进出口依存度高达59.8%。① 2008年全球金融危机前,中国进出口连续多年以超过20%的增长率高速增长。然而,正如图9-3所示,全球经济低迷使得中国进出口的高速增长戛然而止。此外,2008年年初发生的南方雪灾②、5月12日发生的汶川大地震更是让中国经济雪上加霜。

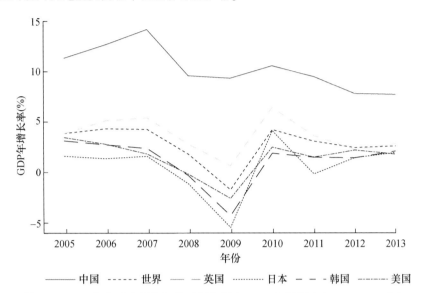

图9-2　2008年全球金融危机前后部分国家GDP年增长率(2005—2013年)
资料来源:世界银行数据库。

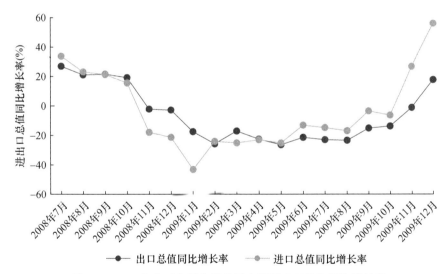

图9-3　2008年全球金融危机前后中国进出口总值同比增长率
资料来源:国家统计局。

为了应对金融危机及支持灾后重建,国务院于2008年11月5日宣布推出一揽子经济

---

① 参见李平,余根钱.国际金融危机对中国经济冲击过程的系统回顾和思考[J].中国工业经济,2009(10):5-22。
② 据财新网数据,2008年雪灾给中国造成直接经济损失超过1500亿元,占2008年GDP的0.4%。

刺激计划,以扩大国内需求,简称"四万亿计划"。这是自 2004 年中国实施稳健的财政政策之后,再次重启积极的财政政策。本次财政政策共计 10 条措施,涉及基础设施建设、医疗卫生和文化教育、生态环境、灾后重建等方面。为了实施上述计划,共需投资约 4 万亿元(具体如表 9-2 所示),"四万亿计划"因此得名。超大力度的财政刺激刹住了中国经济下降的势头,2009 年 GDP 年增长率为 9.4%,与 2008 年同期相比仅下降了 0.3 个百分点,中国经济在全球经济低迷中率先复苏。

表 9-2 "四万亿计划"收支情况概览　　　　　　　　　　　　　　　　单位:亿元

资金支出		资金来源	
用途	资金规模	中央投资规模	其他投资规模
铁路、公路、机场和城乡电网建设等	15 000	11 800	28 200
灾后重建	10 000		
农村民生工程和基础设施	3 700		
生态环境	2 100		
保障性安居工程	4 000		
自主创新结构调整	3 700		
医疗卫生和文化教育	1 500		

资料来源:作者根据国家发展和改革委员会公布数据整理。

相信读到这里,你一定非常好奇:财政政策究竟具有怎样的魔力,使得各国政府在危难之时频频采用?财政政策影响经济的基本手段是什么?财政政策影响经济的功能又受到哪些因素的制约?本节将通过介绍财政政策的基本知识回答这些问题。

一、政府支出

企业通过出售产品或提供服务获取收入,以支付资本和劳动的使用成本;个人通过提供人力资本获取收入,同时进行消费支出;政府作为一个经济主体,也有收入和支出。正如前文所述,政府通过财政政策影响经济的两种渠道,就是政府收入和政府支出,这是本部分我们要重点研究的对象。

(一) 政府支出的概念及分类

政府支出,顾名思义就是政府花的钱。政府花钱一般有两种用途:一种是直接购买商品、服务或用于支付政府工作人员薪酬,这被称为政府购买,比如在 2020 年新冠肺炎疫情期间政府直接采购口罩、防护服等医疗物资;另一种是转移支付,即将政府收入在不同的主体之间进行再分配,比如在 2020 年新冠肺炎疫情期间对确诊患者和疑似患者及一线医务工作者给予的财政补贴等①。正如第一章在介绍 GDP 概念时所说的,转移支付本质上是政府收入在不同社会群体之间进行的再分配,并没有被用于购买现期生产的产品或服务,因此不计入 GDP,而政府购买则需要计入 GDP,这是二者的一个主要区别。

此外,中国实行的是分级财政管理体制,因此政府支出又可以根据政府层级的不同划分

---

① 失业救济金也是一种常见的转移支付。

为中央政府支出和地方政府支出。

（二）政府支出的作用

了解了政府支出的基本概念和分类，接下来让我们看一看政府支出是如何影响经济的。扩张性的财政政策能够刺激经济的经济学逻辑被称为"乘数效应"（Multiplier Effect），它是指除了政府支出增加本身所带来的经济增长，政府支出增加还会刺激私人部门的消费和投资从而带来额外的经济增长，产生一种事半功倍的效果。正是基于乘数效应，凯恩斯主义者主张在经济萧条时增加政府支出，运用扩张性的财政政策进行总需求管理来刺激经济以渡过危机。如前文所述，政府支出包括政府购买和转移支付。政府支出乘数包括政府购买乘数和转移支付乘数。其中，政府购买乘数是指政府在购买商品或服务时每多支出1单位货币所引起的GDP的变化。转移支付乘数是指政府每进行1单位货币转移支付所引起的GDP的变化。就政府支出乘数而言，给定其他条件不变，当政府每多支出1单位货币所引起的GDP的增加值超过1单位货币时，即政府支出乘数大于1时，就表现为乘数效应；给定其他条件不变，当政府每多支出1单位货币所引起的GDP的增加值小于1单位货币时，即政府支出乘数小于1时，就表现为挤出效应（Crowding-out Effect）。①

首先我们通过一个简单的例子，从直觉上理解乘数效应。我们假设居民的边际消费倾向为0.6，即居民每增加1单位收入，将会有0.6单位被用于消费。假设政府为应对2020年新冠肺炎疫情从小张手里采购了1 000元的口罩，小张因此获得了1 000元的收入。小张将其中的600元用于购买猪肉。猪肉铺老板小王因此获得了600元的收入，并将其中的360元用于消费……②如此循环下去，由于每个人获得收入后都会进行消费，收入—消费的无限循环使得政府购买所带来的总需求扩张效应（1 000元 + 600元 + 360元 + …）远远大于政府购买本身的规模（1 000元）。

接下来让我们将上面的例子一般化。假设边际消费倾向为c，当政府购买增加1单位时，相应的交易对象的收入就会增加1单位，此时该交易对象的消费会增加c单位。同样的，这笔消费的交易对象的收入会增加c单位，此时该交易对象的消费会增加c^2单位，相应的交易对象的收入会增加c^2单位。继续下去，整个经济因政府购买增加1单位所带来的总收入的增加为$1 + c + c^2 + c^3 + \cdots = \frac{1}{1-c}$。因为$0 < c < 1$，所以$\frac{1}{1-c} > 1$，这体现了政府购买所带来的总需求扩张效应大于政府购买本身的规模。同时，边际消费倾向越高，乘数效应越大。

下面让我们从图形上更直观地感受政府购买增加对经济的作用，这里使用的是第八章介绍的IS-LM模型。③ 正如第八章所述，IS-LM模型是在AS-AD分析模型的基础上，通过引入利率将投资内生化，并且引入货币市场得到的。IS-LM模型体现了商品市场和货币市场的互动，当两个市场同时出清时，可以确定市场的均衡产出和均衡利率。IS-LM模型通过将政策变动或冲击反映在IS曲线、LM曲线的移动和变换上，成为短期宏观经济分析的核心，被

---

① 这里所说的乘数效应和挤出效应可以理解为净的效应。
② 当然，现实世界中的政府购买和消费远比这个例子复杂，政府购买需要具有一定的流程和标准，不同的人也可能有不同的边际消费倾向。但是这不妨碍这个极度简化的模型能够帮助我们理解政府购买的乘数效应。
③ 转移支付的增加或减少以及税收的增加或减少同样表现为IS曲线的移动，因此本章仅以政府购买为例利用IS-LM模型进行分析。

广泛用于分析货币政策与财政政策对均衡产出和均衡利率的影响。

如图9-4所示,政府购买增加导致IS曲线向右移动到IS′处,经济体的总需求上升,从而使得经济体的总产出、总收入上升,表现为乘数效应。然而,经济体最后的均衡产出不是Y_1而是Y_2,这是因为在货币供给不变的情况下,政府购买增加还存在一种反向的作用,这种作用被称为"挤出效应"。挤出效应是指政府购买增加减少了私人部门的投资。其经济学逻辑是这样的,当总收入上升时,人们的货币需求也会随之上升①,在货币供给不变的情况下,利率(货币的价格)上升。利率上升使得投资的成本上升,进而抑制总需求,表现为挤出效应。因而,经济体最后的均衡产出不是Y_1而是Y_2,Y_1和Y_2之间的距离即为挤出效应。

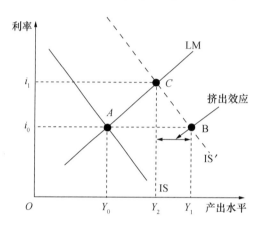

图9-4 政府购买增加的IS-LM模型

乘数效应使得政府购买具有刺激经济的本领,但挤出效应又将其削弱了。自然而然,我们就想消除挤出效应,从而使得我们可以通过增加政府购买刺激经济。那么我们首先要明确的是,什么会影响挤出效应的大小呢?

如图9-5所示,LM曲线的斜率会影响挤出效应的大小。当LM曲线变成完全水平时,就出现了所谓的流动性陷阱,它是指当利率降低至0或接近于0时,利率无法进一步降低,且人们持有货币的机会成本为0,此时人们对货币的需求无穷大,常规的货币政策无法发挥作用。

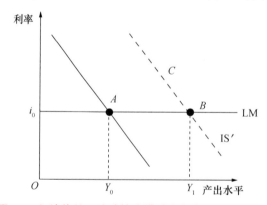

图9-5 经济体处于流动性陷阱时政府购买增加的作用

---

① 第六章曾讲到,人们持有货币的需求分为交易性需求、预防性需求和投机性需求三种,前两种需求都与收入存在正相关关系。

此时不存在挤出效应,政府购买增加对均衡产出水平的影响表现为纯粹的乘数效应。凯恩斯认为,在大萧条时期,经济处于流动性陷阱中,货币政策无法有效地发挥作用,从而需要扩张性的财政政策带领经济走出萧条。

即使经济体未处于流动性陷阱中,我们依然可以通过制定扩张性的货币政策来消除扩张性的财政政策所带来的挤出效应。增加货币供给在图9-6中表现为LM曲线向右移动到LM′处,新增货币供给恰好满足扩张性的财政政策所带来的新增货币需求,利率水平得以保持不变,经济体的均衡产出从Y_0增加到Y_1,没有挤出效应。

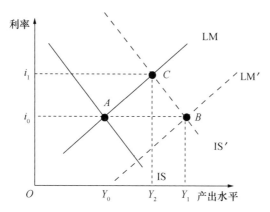

图9-6 双扩张政策下政府购买增加的作用

政府购买乘数可以通过一个简单的凯恩斯模型进行推导。假设存在一个封闭经济体,由支出法GDP的定义可得:GDP $= C + I + G$,其中C表示居民消费,I表示投资,G表示政府购买。基于边际消费倾向这一概念,凯恩斯提出了消费函数的表达形式:$C = \bar{C} + c(Y - \mathrm{TA} + \mathrm{TR})$,其中$\bar{C}$表示维持生存所必需的消费水平(也称为自发性消费),Y表示总产出(总收入),c表示边际消费倾向,TA(Tax)表示税收,TR(Transfer Payment)表示转移支付。等式右边的第二部分是收入增加引起的消费的增加,也称为引致性消费。当商品市场出清时,经济体对商品的总需求等于商品的总产出,即GDP $= Y$。联立方程可以得到$Y = \dfrac{1}{1-c} \times (\bar{C} + I + G - c \times \mathrm{TA} + c \times \mathrm{TR})$。可以看到,政府购买$G$前的系数是我们之前已经得到的$\dfrac{1}{1-c}$,这就是政府购买乘数。故而从模型推导中我们可以得到同样的结论:每增加1单位政府购买,经济体的总产出将会增加超过1单位。

相应的,转移支付乘数为$\dfrac{c}{1-c}$,转移支付乘数与1的大小关系取决于边际消费倾向,当边际消费倾向大于0.5时,转移支付乘数大于1;当边际消费倾向小于0.5时,转移支付乘数小于1。同时,转移支付乘数小于政府购买乘数。简单地说,这是由于转移支付本身并不计入GDP而政府购买本身计入GDP。按照之前我们在政府购买的例子中的逻辑,转移支付所带来的GDP的增加为$c + c^2 + c^3 + \cdots = \dfrac{c}{1-c}$,相比政府购买少了第一项,即转移支付本身的值。

二、政府收入

经过刚才的学习,我们知道了政府支出具有乘数效应,政府支出的副作用——挤出效应也可以通过相适应的货币政策得以消除,从而使利用政府支出刺激经济增长成为可能。花钱是好事,但也要有钱可花才行。同样的,政府支出不是无源之水、无本之木,也需要有相应的政府收入作为基础。接下来我们就来学习政府收入。

在本章伊始金融危机的例子中,我们知道了发行政府债券可以为政府支出筹措资金。此外,政府收入的重要来源还有税收收入。税收是政府从居民手中强制性、无偿性取得收入的一种方式,是政府收入的最主要部分。

(一) 税收收入

1. 税收的基本分类

(1) 直接税和间接税。根据税负是否可以转嫁,税收可以分为直接税(Direct Tax)和间接税(Indirect Tax)。其中,直接税是指直接对居民或企业征收的税,例如居民和企业的所得税,其税负无法进行转嫁;间接税是指对商品和服务征收的税,如关税、增值税等,其税负可以进行转嫁。

(2) 扭曲性税收和非扭曲性税收。当税收的征收扭曲了产品之间的相对价格,使得价格信号无法正常发挥作用而产生无谓的损失时,我们称该税收为扭曲性税收(Distortionary Tax),如从价税;非扭曲性税收(Non-distortionary Tax)是指不会改变产品之间相对价格的税收,产品之间的相对价格依然能够准确地反映不同产品的稀缺程度,如一次总付税(Lump-sum Tax)。

(3) 中央政府税收、地方政府税收及中央政府和地方政府共享税收。根据征税主体的行政层级划分,税收可以分为中央政府税收、地方政府税收及中央政府和地方政府共享税收。① 关税、中央企业所得税、消费税是常见的中央政府税收;地方企业所得税、房产税、车船税、土地增值税是常见的地方政府税收;增值税是中央政府和地方政府共享税收。

(4) 财产税、所得税和流转税。根据征税对象不同,税收可以分为财产税、所得税和流转税。② 其中,财产税是指对动产和不动产征收的税收,房产税、车船税都是常见的财产税;所得税又分为个人所得税和企业所得税,前者是对个人取得的应税所得征收的税收,后者是对企业的生产经营收入和其他收入征收的税收;流转税则是对处于流通环节的商品和服务的交易额征收的税收,增值税、消费税、关税都属于流转税。

▎相关资料
房产税改革:争论与难点

房产税,顾名思义就是以房产为征税对象的税收。目前,中国与房产税有关的法律文件主要是《中华人民共和国房产税暂行条例》,该条例第五条规定,个人所有非营业用的房产免纳房产税。但政府在"十二五"规划中已明确将房产税改革作为财税体制改革的重要内容之一。目前,中国尚未在全国范围内开征房产税,而是选择上海市和重庆市两地作为试点开征房产税。③ 具体如表9-3所示。

---

① 参见杨志勇. 中国财政体制改革与变迁(1978—2018)[M]. 北京:社会科学文献出版社,2018:50-51。
② 参见高鸿业. 西方经济学(宏观部分)[M]. 5版. 北京:中国人民大学出版社,2011:461。
③ 试点先行是中国经济改革进程中的一个重要特征,也是在改革过程中形成的宝贵经验。其背后的逻辑是:从基层的社会实践中发现问题、总结经验,从行得通的做法中提取政策元素,最终形成规范的制度安排。

表9-3 房产税征收试点城市

试点城市	征税对象
上海市	本市居民在本市新购且属于家庭第二套及以上的住房
重庆市	个人拥有的独栋商品住宅 个人新购的高档住房 在重庆市同时无户籍、无企业、无工作的个人新购的普通住房

资料来源:上海市政府发布的《上海市开展对部分个人住房征收房产税试点的暂行办法》,重庆市政府发布的《重庆市人民政府关于修订〈重庆市关于开展对部分个人住房征收房产税改革试点的暂行办法〉和〈重庆市个人住房房产税征收管理实施细则〉的决定》。

房子是关乎居民切身利益的重要财产,和婚姻、户口、孩子上学等有着密不可分的联系,是影响居民生活幸福感的重要因素之一。房产税改革涉及收入分配、资源配置、房地产市场调控等众多重要议题。因此,房产税改革也成为社会争议颇多的一个热点话题。支持房产税改革的观点认为:征收房产税将会提高持有房产的成本,遏制房地产投机行为,抑制对房产的需求从而降低房产价格;征收房产税可以调节收入分配,产生一种"劫富济贫"的作用,缩小收入差距;同时,征收房产税有利于降低地方政府土地财政的经济激励。反对房产税改革的观点则认为:房产税所带来的额外成本最终会附加到房产价格上从而提高房产的价格,征收房产税会加剧普通民众的负担,等等。

此外,征收房产税本身也有很大的难度,比如征收对象如何确定? 征收税率如何确定? 怎样确定房产税的税收减免政策? 在房价波动较大的当今,房产的价值如何认定? 这些问题都给征收房产税带来了很大的挑战。

(5) 累进税、累退税和比例税。根据收入中被扣除的比例,税收可以分为累进税、累退税和比例税。[①] 其中,累进税(Progressive Tax)是指随着课税对象的金额或数量的增加,税率不断上升的税收;相应的,累退税(Regressive Tax)是指随着课税对象的金额或数量的增加,税率不断下降的税收;比例税(Proportional Tax)是指税率不随课税对象的金额或数量的变动而变动的税收。目前中国实行的是累进税和比例税相结合的个人所得税制度,即对综合所得设置七档的超额累进税率[②],对经营所得设置五档的超额累进税率(如表9-4所示),对利息等其他所得设置20%的比例税率。

表9-4 个人所得税税率表

综合所得适用

级数	全年应纳税所得额	税率(%)
1	不超过36 000元的	3
2	超过36 000元至144 000元的部分	10
3	超过144 000元至300 000元的部分	20
4	超过300 000元至420 000元的部分	25
5	超过420 000元至660 000元的部分	30
6	超过660 000元至960 000元的部分	35
7	超过960 000元的部分	45

---

① 参见高鸿业.西方经济学(宏观部分)[M].5版.北京:中国人民大学出版社,2011:461。
② 超额累进税是累进税的一种,是把征税对象划分为若干等级,对每个等级部分分别规定相应税率,分别计算税额,各级税额之和为应纳税额。

(续表)

经营所得适用

级数	全年应纳税所得额	税率(%)
1	不超过 30 000 元的	3
2	超过 30 000 元至 90 000 元的部分	10
3	超过 90 000 元至 300 000 元的部分	20
4	超过 300 000 元至 500 000 元的部分	30
5	超过 500 000 元的部分	35

资料来源:作者根据《中华人民共和国所得税法》整理。

2. 税收变动的影响

在之前的凯恩斯模型中,我们可以得到政府税收乘数,其大小为 $\frac{c}{1-c}$,和转移支付乘数相同,政府税收乘数与 1 的大小关系同样取决于边际消费倾向。

税收对总需求的影响通过收入效应体现,当政府减税时,私人部门的收入增加,一部分收入被用于消费从而刺激总需求上升;当政府加税时,私人部门的收入减少,收入减少使得消费减少进而导致总需求下降。

(二) 政府债券

政府债券是政府对社会公众的债务,是政府运用政府信用向社会公众筹措财政资金的一种工具。通俗地讲,发行政府债券就是政府向民众借钱,并用政府债券作为信用凭证,在债券到期时还本付息的借贷行为。

1. 政府债券的基本分类

(1) 短期债券、中期债券、长期债券。根据债券的偿还期限,可以将政府债券分为短期债券、中期债券和长期债券。短期债券的期限在 1 年以内,中期债券的期限在 1 年以上 5 年以内,长期债券的期限在 5 年以上。[1]

(2) 中央政府债券、地方政府债券。根据债券的发行主体,可以将政府债券分为中央政府债券和地方政府债券,其中中央政府债券又称国债。

2. 发行政府债券的作用

发行政府债券有两方面作用:一是可以增加政府的财政收入,保障政府的财政支出;二是社会公众在购买政府债券时需要支付货币,因此发行政府债券可以回笼资金,影响货币供需。

3. 税收和发行政府债券的区别

税收和发行政府债券是政府获得收入的两种方式,那么好奇的读者一定会问:二者有什么不同?又分别具有哪些优缺点?

如前文所述,税收具有无偿性、强制性的特点,且现实世界中的税收大多会影响价格,为扭曲性税收。尽管税收征管较为方便,但在税收法定的当今社会,税率的改变和新税种的设立往往需要通过法律进行调整,其灵活性受到了一定的制约。社会公众对政府债券的购买则是自愿的,且发行政府债券不会影响价格信号,对经济体的扭曲作用较小,但政府债券需要还本付息。政府可以通过发行新债券或增加税收两种方式来偿还政府债务。通过增加税收来

---

[1] 参见高鸿业.西方经济学(宏观部分)[M].5 版.北京:中国人民大学出版社,2011:461。

偿还政府债务就牵涉到财政政策的一个经典问题——李嘉图等价。①

此外,考虑到政府支出的增加有时是为了应对突发性、暂时性的未被预期到的冲击,如经济危机、战争、传染病、地震、水灾等,且现实世界中绝大部分税收并非一次总付税,而是会影响价格信号的扭曲性税收,故而短期内通过立即增加税收的方式来为这些政府支出需求融资将产生较大的无谓损失,使经济体付出更高的代价。因此,政府可以先通过发行债券来进行融资,并在未来分阶段增加税收,从而将这些无谓损失分摊到未来,减小单期对经济体的扭曲作用,这被称为政府债券的税收平滑作用(Tax-smoothing)。②

三、自动稳定器

(一) 自动稳定器的概念

政府可以通过主动调节政府支出和政府税收的水平来对经济进行宏观调控,但与此同时,财政制度本身的一些元素就具备自动调节经济运行的功能。在没有政府直接干预的情况下,能够自动减轻经济波动幅度的机制被称为自动稳定器(Automatic Stabilizer),自动稳定器通过税收和转移支付制度,在经济繁荣时自动降低总需求从而抑制经济过热,在经济萧条时自动提高总需求从而减缓经济下滑。

(二) 常见的自动稳定器

所得税是最主要的自动稳定器,在经济繁荣时期,失业率下降,个人和企业的收入上升,即使在税率不随收入发生改变的基础上,相应的税收收入也会增加;此外,由于个人所得税一般实行累进税制,当收入上升时,部分纳税人的收入自动进入较高纳税档次,更高的税率使得政府税收上升的幅度超过个人收入上升的幅度,从而防止经济过热。类似的,在经济下行时期,失业率上升,个人和企业的收入下降,在税率不随收入发生改变的基础上,相应的税收收入下降;同时,部分纳税人的收入自动进入较低纳税档次,更低的税率使得政府税收下降的幅度超过个人收入下降的幅度,从而缓解经济下行的压力。企业所得税为比例税,因此给定相同的收入波动幅度③,企业所得税的变动幅度要小于个人所得税的变动幅度。④

政府支出具有类似的功能,这里主要指转移支付。在经济繁荣时期,失业率下降,使得失业救济金支出等其他社会保障支出下降,居民可支配收入的上升幅度减小,从而防止经济过热。在经济下行时期,失业率上升,使得失业救济金支出等其他社会保障支出上升,居民可支配收入的下降幅度减小,从而减小总需求的下降幅度。

(三) 中国的财政自动稳定器

自动稳定器"熨平"经济波动的能力与税收结构、社会保障水平、收入差距等诸多因素有

---

① 本节第四部分将会详细介绍有关李嘉图等价的内容。
② 参见 YARED P. Rising government debt: causes and solutions for a decades-old trend [J]. Journal of Economic Perspectives, 2019, 33(2): 118。
③ 这里一定要注意前提是给定相同的收入波动幅度。去掉这个前提,后面的结论就不一定成立,因为企业的收入波动幅度一般大于个人的收入波动幅度。
④ 参见 AUERBACH A J, FEENBERG D. The significance of federal taxes as automatic stabilizers [J]. Journal of Economic Perspectives, 2000, 14(3): 37-56。

关,中国的城乡二元经济结构和以间接税为主的税收结构对自动稳定器功能的发挥具有重要的影响。

根据国家统计局数据,尽管农村就业人口占比不断下降,且从倍数关系来看近年来城乡居民收入差距呈不断缩小态势,但城乡居民收入差距的绝对数额在扩大,中国依然存在明显的城乡二元经济结构,具体如表9-5、图9-7和图9-8所示。

表9-5 中国的城乡二元经济结构(2018年)

经济变量	城市	农村	城市/农村
人口占总人口比例(%)	59.6	40.4	—
人口占就业人口比例(%)	56.0	44.0	—
人均可支配收入(元)	39 251	14 617	1.78
人均消费支出(元)	26 112	12 124	2.15
人均消费支出占人均可支配收入的比例(%)	66.5	82.9	—

资料来源:国家统计局。

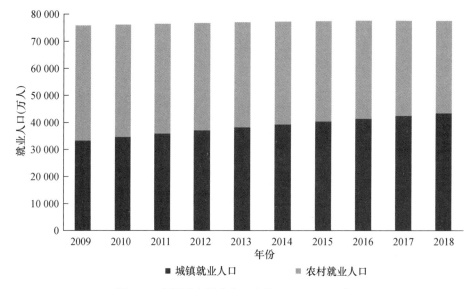

图9-7 中国城乡就业人口变化(2009—2018年)

资料来源:国家统计局。

根据政府收支数据,2018年中国税收收入为156 403亿元,同比增长8.3%。其中,作为最主要的直接税税种,企业所得税收入为35 324亿元,个人所得税收入为13 872亿元,分别占比22.6%和8.9%。间接税中,国内增值税收入为61 530亿元,消费税收入为10 632亿元,分别占比39.3%和7.0%。可见,目前中国的税收收入呈现以间接税为主、直接税为辅的基本形态。

直接税直接对收入或财产进行征收因而无法转嫁,相比间接税其具有更强的调整收入分配功能,有助于增强经济的稳定性。间接税主要以增值税和消费税为主,从表9-5中的数据可知,农村居民的消费支出占比较高,承担了较高的间接税税负,使得城乡居民收入差距进一步扩大,不利于经济的稳定性。同时,直接税中的个人所得税属于累进税,熨平经济波动的能力比增值税、消费税等比例税要强。因而,一般情况下认为直接税的自动稳定功能要大于间接税。

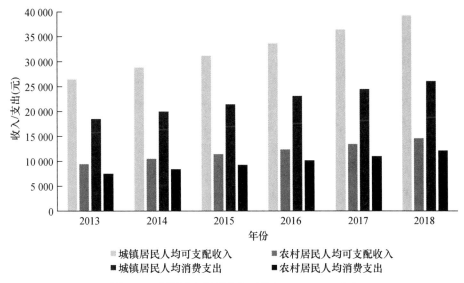

图 9-8　中国城乡居民收入对比(2013—2018 年)

资料来源:国家统计局。

除了消费,城乡二元经济结构还通过就业影响自动稳定器功能的发挥。由于受教育水平相对偏低,农村进城务工人员一般会在城市的非正式部门就业(此时不需要缴纳个人所得税),或者从事一些收入较低未达到个人所得税起征点的职业。此外,农民的农业收入基本不缴纳税收。因此,税收对农民收入的调节作用非常有限。

综合而言,中国以间接税为主、直接税为辅的税收结构和城乡二元经济结构对自动稳定器功能的发挥起到了一定的制约作用。①

四、李嘉图等价

(一) 李嘉图等价的概念

政府收入的两大来源是税收和发行债券。政府发行债券对经济活动的影响是一个存在争议的问题。李嘉图等价(Ricardian Equivalence)正是描绘政府发行债券对经济活动影响的一个经典理论。李嘉图等价是指政府购买和边际税率会影响经济活动,但是政府无论是通过税收还是通过发行债券来进行融资对经济活动都没有影响。其背后的经济学原理非常简单,政府债务与个人和企业的债务相同,也需要偿还。如果政府通过发行债券来进行融资,那么政府必定会在未来增加税收来偿还债务本息。理性的个体会预期到政府将会在未来增加税收,从而不会将自己持有的政府债券看作自己的净财富,因此政府债务对经济活动不会有任何影响。具体而言,等价是指给定政府支出,无论是通过征收一次总付税还是通过发行政府债券进行融资,个体的行为都是相同的,经济体的总需求和总产出不会受到影响。从上面的论述中我们可以看到,李嘉图等价的核心思想是,发行政府债券和税收并无本质区别,发行政

---

① 参见骆永民,翟晓霞.中国税收自动稳定器功能的双重约束研究[J].经济研究,2018,53(7):106-120。

府债券仅仅是税收的延迟。

(二) 李嘉图等价成立的前提条件[1]

1. 经济主体可以存续无穷期

在描述李嘉图等价的概念时,我们强调发行政府债券是税收的延迟,政府会在未来重新增加税收以偿还债务本息,因此个人在未来会面临较高的税负。但是,如果个人在未来的高税负到来之前死亡或不再负有纳税义务了,那么当期的税收减少和未来的税负增加就出现了错配。对这类人群来说,税收减少将会产生收入效应从而影响经济活动。因此,李嘉图等价的成立严格要求个人可以存续无穷期(Infinite Horizon)。但我们都知道,人的寿命是有限的,这无疑对李嘉图等价的成立提出了挑战。

对此,经济学家罗伯特·巴罗(Robert Barro)通过引入利他主义(Altruism)表明,即使在个人只存活有限期的情况下,李嘉图等价也可以成立。巴罗认为,尽管个人只能存活有限期,但是由于利他主义,人们关心自己的后代,会将自己后代的效用视为自己的效用,从而将由于当期税收减少所增加的收入进行储蓄,作为遗产转交给后代以帮助其应对未来税收的增加。这种将他人的效用视作自己效用的延伸就是利他主义,利他行为的存在将有限期转化成了无穷期。

2. 政府税收是一次总付税[2]

一次总付税和比例税最大的区别在于,前者只具有收入效应,不具有替代效应,因而可以简单地用未来税收的贴现值与当期的财政赤字进行比较。如果税收采用比例税,则会引起代际替代效应(Intertemporal Substitution Effect)[3],从而改变个体的行为,使得李嘉图等价不成立。

3. 经济主体具有理性预期

理性预期是指个体的判断不会出现系统性的错误。个体只有具有理性预期才会预期到当期税收的减少和发行政府债券意味着未来税收的增加,从而不将政府债券视为自己的净财富并将之储蓄。

(三) 李嘉图等价在现实中成立么?

由于在现实中人的寿命是有限的,且并不是所有家庭都有后代、所有人都具有利他主义;同时,政府的税收大多都不是一次总付税,经济主体的预期也是有限理性的,因此李嘉图等价在现实中并不成立,但这并不妨碍李嘉图等价成为我们理解财政政策的重要基点。在充分理解影响李嘉图等价成立的因素的基础上,政策制定者可以更好地分析财政政策的效果及影响,从而更好地进行宏观经济调控。

---

[1] 参见 SEATER J J. Ricardian equivalence[J]. Journal of Economic Literature, 1993, 31(1): 142-190。
[2] 或等价表述为未来税收的增加不会带来无谓损失。
[3] 代际替代效应是指税率改变后,人们会倾向于在税率较低时承担更多的工作。比如,人们预期未来税收将会增加,那么人们会主动对工作进行代际替代,在税率较低的当期多工作。

五、财政政策的分类、问题及效果

(一) 财政政策的分类

1. 固定规则的财政政策和相机抉择的财政政策

固定规则的财政政策是指财政当局应当实施与其预先宣布的、已明确表述政策变量如何根据未来情况变化而被决定的规则相一致的财政政策。① 相机抉择的财政政策是指财政当局根据社会经济运行的具体状况,灵活地选用不同的、积极的、反周期的财政政策。固定规则的财政政策的确定性较强,有利于市场对政府行为形成更为稳定的预期。相机抉择的财政政策则能够更加灵活地对市场进行调整,但不利于市场对政府行为形成稳定的预期。

2. 扩张性的财政政策和紧缩性的财政政策

增加政府支出或减少政府收入的财政政策称为扩张性的财政政策,减少政府支出或增加政府收入的财政政策称为紧缩性的财政政策。政府收入与政府支出的差值称为财政收支差额,正的财政收支差额称为财政盈余(Fiscal Surplus),负的财政收支差额称为财政赤字(Fiscal Deficit)。扩张性的财政政策将会使得国家的财政盈余减少(或财政赤字扩大),紧缩性的财政政策将会使得国家的财政盈余增加(或财政赤字缩小)。

(二) 财政政策的时滞问题

时滞(Time Lag)问题是财政政策的重要问题,它是决定财政政策能否达成政策目标的重要因素之一。时滞分为内部时滞(Inside Lag)和外部时滞(Outside Lag)。内部时滞是指财政当局对当前的经济问题形成认识、统一决策并采取行动的过程所花费的时间。外部时滞是指从政策实施到对经济产生实质性影响的时间。

具体而言,内部时滞分为认识时滞(Recognition Lag)、决策时滞(Decision Lag)和行动时滞(Action Lag)。认识时滞是指政策制定者观察到经济中存在的问题,同时认识到该问题需要并且可以通过财政政策进行宏观调控所花费的时间。决策时滞是指政策制定者认识到需要进行宏观调控后,根据经济状况选取合适的财政政策工具所花费的时间。行动时滞是指政策的具体实施所花费的时间。从对内部时滞的定义我们可以发现,自动稳定器由于不需要政府进行干预,而是自动对市场状况的变化做出反应,所以没有内部时滞,这是其主要优点之一。

合适的财政政策确实可以减轻实体经济的波动,但是由于财政政策具有时间滞后的特点,如果在实施财政政策时,社会经济状况发生了完全相反的改变,那么财政政策有可能适得其反,放大经济波动。

(三) 财政政策的效果

2008 年全球金融危机爆发后,为了帮助经济走出困境,各国政府纷纷利用增收减支的扩张性财政政策来刺激经济。财政政策的广泛使用也使得学术界重新将目光聚焦到财政政策

---

① 参见多恩布什,费希尔,斯塔兹.宏观经济学[M].12 版.大连:东北财经大学出版社,2017:338。

对宏观经济的短期影响这一搁置已久的话题。但是,关于财政政策对宏观经济的短期影响究竟有多大,学术界并没有达成一致的意见。[①] 一方面,理论模型的具体设定、计量方法的选取、数据的可获得性等因素对准确估计财政政策的效果提出了很大的挑战;另一方面,影响财政政策效果的因素实在过多。本部分通过阐述财政政策相关文献中的观点,进一步加深读者对财政政策在现实中如何发挥作用的理解。

Ramey(2019)全面总结了影响财政政策效果的因素,它们包括:① 财政政策变动的持续时间;② 政府支出的用途或税收的种类;③ 政府的融资手段;④ 政策是否被预期到;⑤ 政策对异质性主体(Heterogeneous Agent)的不同影响;⑥ 货币政策的反应;⑦ 政策变动时宏观经济的运行状态;⑧ 经济体的其他特征,如发展程度、汇率机制、开放水平、政府债务占GDP的比重等。[②]

具体而言,由于收入效应较大,永久性的政府支出和税收变化产生的影响较大,暂时性的政府支出和税收变化产生的影响则较小。试想,如果政府仅在今天降低了税率而在明天又将之提升至原水平,那么消费者和企业将不会对此做出较大的反应。

如果政府支出被用于生产性资本的投资,如高速公路等基础设施建设,则其在短期的作用较小而在长期的作用较大。此外,对扭曲性税收的削减相较于对一次总付税的削减对经济的刺激作用更强,因为人们预期到未来税率将会上升,所以人们在当期税率较低时会承担更多的工作,而在未来税率较高时少工作。[③]

当配合货币政策,如保持零利率水平(Zero Lower Bound)或维持名义利率水平不变时,政府购买乘数较大。

预期对财政政策发挥作用有重要的影响,由于很多财政政策在执行之前会提前宣布,因此私人部门会对财政政策产生预期从而调整自己的经济行为。Ramey(2011)表明是否考虑预期效应会对政府支出作用的估计产生非常大的影响。[④] 另一个很好的例子是不同类型的减税政策,根据House and Shapiro(2006)及Mertens and Ravn(2012)的研究,立即执行的减税政策和逐渐执行的减税政策对经济有不同的影响。立即执行的减税政策对产出有扩张的作用;而逐渐执行的减税政策会降低减税执行前的产出,因为企业和消费者会为了享受税收优惠而尽可能地将自己的经济活动推迟到税收降低以后进行。[⑤]

就政策执行时经济体的运行状态而言,经典的凯恩斯主义认为,当经济体中存在大量的闲置资源、资本的利用效率较低时,经济体的总产出是由总需求决定的,此时扩张性的财政政策可以降低失业率从而提高总产出水平。而当经济体运行较好时,扩张性的财政政策很有可能对市场造成扭曲,产生适得其反的作用。[⑥]

---

① 参见 LEEPER E M, TRAUM N, WALKER T B. Clearing up the fiscal multiplier morass [J]. American Economic Review, 2017, 107(8): 2409-2454。

② 参见 RAMEY V A. Ten years after the financial crisis: what have we learned from the renaissance in fiscal research? [J]. Journal of Economic Perspective, 2019, 33(2): 89-114。

③ 参见 RAMEY V A. Can government purchase stimulate the economy? [J]. Journal of Economic Literature, 2011, 49(3): 673。

④ 参见 RAMEY V A. Identifying government spending shocks: it's all in the timing [J]. The Quarterly Journal of Economics, 2011, 126(1): 1-50。

⑤ 参见 HOUSE C L, SHAPIRO M D. Phased in tax cuts and economic activity [J]. American Economic Review, 2006, 96(5): 1835-49; MERTENS K, RAVN M O. Empirical evidence on the aggregate effects of anticipated and unanticipated US tax policy shocks [J]. American Economic Journal: Economic Policy, 2012, 4(2): 145-81。

⑥ 参见 PARKER J A. On measuring the effects of fiscal policy in recessions [J]. Journal of Economic Literature, 2011, 49(3): 703-718。

学界对转移支付的讨论较少,但大量研究表明转移支付对同期的消费支出有较大的提高作用。①

关于财政政策效果的理论和实证文章还有很多,感兴趣的读者可以顺着脚注中的参考文献做进一步阅读。

第二节 中国的财政状况及财政政策取向②

在了解了财政政策的基本理论之后,让我们将视角重新转回现实世界。政府是财政政策的实施主体,了解财政政策,势必要从了解政府入手。本节我们将重点介绍中国的分级财政管理体制,并通过数据展示中央政府与地方政府在财政收支方面的差异,使读者对中国的财政状况和财政政策概况有一定的了解。

一、中国各级政府的财政事权

(一) 财政事权的概念

简单地讲,事权③就是政府该做哪些事。事权决定了哪些事应该由政府来做,哪些事应该由市场来做。由于中国实行的是分级财政管理体制,因此中央政府与地方政府的事权划分就成了国家治理和财政管理体制改革的重要事项。自1994年以分税制改革④为核心的财税改革以来,中国先后经历了"事权与财权相一致""事权与财力相一致""事权与支出责任相匹配"三个阶段⑤,逐渐确立并完善了分级财政管理体制,明确了中央政府与地方政府的事权、支出责任和财政收入范围。这对于理顺中央政府与地方政府之间的财政关系,明确政府与市场的边界,更好地发挥财政管理体制的宏观调控功能具有重要的作用。

2016年8月,国务院发布的《国务院关于推进中央与地方财政事权和支出责任划分改革的指导意见》(以下简称《意见》)指出:"财政事权是一级政府应承担的运用财政资金提供基本公共服务的任务和职责,支出责任是政府履行财政事权的支出义务和保障。"财政事权和支出责任互相适应,通俗地讲,就是谁管这个事,谁来付钱。中央政府享有财政事权的,由中央政府承担财政支出责任;地方政府享有财政事权的,由地方政府承担财政支出责任;中央政府与地方政府共同享有财政事权的,二者结合客观具体情况划分财政支出责任。

---

① 参见 AUERBACH A J, GALE W G, HARRIS B H. Activist fiscal policy [J]. Journal of Economic Perspectives, 2010, 4(24): 141-163。
② 除非特别说明,本节所使用的数据皆来自《中国统计年鉴2019》。
③ "事权"概念首次出现于1993年党的十四届三中全会通过的《中共中央关于建立社会主义市场经济体制若干问题的决定》,该决定指出:"把现行地方财政包干制改为在合理划分中央与地方事权基础上的分税制,建立中央税收和地方税收体系。"
④ 分税制是按照税种划分中央政府与地方政府税收收入的一种财政管理体制,本章第三节将对分税制改革的背景、具体措施、影响进行介绍。
⑤ 参见楼继伟,刘尚希. 新中国财税发展70年[M]. 北京:人民出版社,2019:207。

（二）财政事权的划分原则

既然财政支出责任的划分以财政事权的归属为标准,那么确定中央政府与地方政府的事权范围就是关键。《意见》提出了财政事权划分的五项原则,本部分列举其中较为重要的两项。

1. 体现基本公共服务受益范围

体现国家主权、处理外交事务、对宏观经济进行调控等事务的影响范围覆盖全国,因此这类事权应当归属中央政府。如果影响范围仅仅涉及某一个省、市、区,那么就应该由对应的地方政府享有事权。如果是涉及不同省、市、区之间联动的基本公共服务,那么财政事权应由中央政府与地方政府共同享有,以加强不同区域之间的协调配合。

2. 兼顾政府职能和行政效率

为了提高行政效率,减少中央政府对地方政府微观事务的直接管理,充分发挥地方政府对当地情况了解的信息优势,提高当地政府财政管理的积极性,更好地因地施策,地方政府将承担所需信息量大、复杂且获取困难的公共服务事权,中央政府将承担所需信息量较小且获取容易的公共服务事权。

（三）中央政府与地方政府的财政事权

根据财政事权的划分原则,《意见》明确了中央政府与地方政府的财政事权。

中央政府主要负责维护国家安全、外交事务、中央国家机关运转所需经费,协调平衡区域发展,调整国民经济结构,实施宏观调控,以及由中央政府直接管理的事业发展等事务所需支出。①

地方政府主要负责本区域内的政权机关运转及本地区的经济、事业发展所需支出。

二、中央政府与地方政府的财政收支

（一）全国财政收支概览②

由《中国统计年鉴2018》财政收支数据可知,2017年,全国一般公共预算收入为183 360亿元,占2017年GDP的19.9%。其中,中央政府一般公共预算收入为85 456亿元,同比增长5.3%,占全国一般公共预算收入的46.6%;地方政府一般公共预算收入为97 904亿元,同比增长7%,占全国一般公共预算收入的53.4%。中央政府一般公共预算收入略低于地方政府。从收入类型来看,全国税收收入为156 403亿元,同比增长8.3%;非税收入为26 957亿元,同比下降4.7%。

2018年,中国税收收入占全国一般公共预算收入的85.3%,是政府财政收入的最主要来源。从全国税收收入的构成来看,占比最高的前四位分别是国内增值税、企业所得税、个人所得税及国内消费税,合计占比77.7%。此外,土地和房地产相关税收共计17 966亿

---

① 参见杨志勇.中国财政体制改革与变迁(1978—2018)[M].北京:社会科学文献出版社,2018:55。
② 根据最新修订的《中华人民共和国预算法》,预算包括一般公共预算、政府性基金预算、国有资本经营预算和社会保险基金预算,这被称为"四本预算"。本部分聚焦于政府的一般公共预算。

元,占比 11.5%(如表 9-6 所示)。

表 9-6　2018 年中国税收收入构成

税收种类	收入规模(亿元)	收入占比(%)
国内增值税	61 531	39.3
企业所得税	35 324	22.6
个人所得税	13 872	8.9
国内消费税	10 632	6.9
契税	5 730	3.7
土地增值税	5 641	3.6
城市维护建设税	4 840	3.1
车辆购置税	3 453	2.2
房产税	2 889	1.9
关税	2 848	1.8
城镇土地使用税	2 388	1.5
印花税	2 199	1.4
资源税	1 630	1.0
耕地占用税	1 319	0.8
其他税收	992	0.6
进口货物消费税	627	0.4
进口货物增值税	338	0.2
环境保护税	151	0.1

注:表中进口货物消费税和进口货物增值税都是冲减出口货物退增值税、退消费税后的净值。

2018 年,中国非税收入占全国一般公共预算收入的 14.7%,是政府财政收入的重要来源。具体而言,非税收入包括专项收入、行政事业性收费、罚没收入、国有资本经营收入、国有资源(资产)有偿使用收入和其他收入(如表 9-7 所示)。

表 9-7　2018 年中国非税收入构成

非税收入种类	收入规模(亿元)	收入占比(%)
专项收入	7 523	27.9
行政事业性收费	3 925	14.6
罚没收入	2 659	9.9
国有资本经营收入	3 574	13.3
国有资源(资产)有偿使用收入	7 076	26.2
其他收入	2 199	8.1

2018 年,全国一般公共预算支出为 220 904 亿元,占 2018 年 GDP 的 24.0%。其中,中央政府一般公共预算支出为 32 708 亿元,同比增长 8.8%,占全国一般公共预算支出的 14.8%;地方政府一般公共预算支出为 188 196 亿元,同比增长 8.7%,占全国一般公共预算支出的 85.2%。可见,地方政府支出占据了全国一般公共预算支出的绝大部分。从支出类型来看,

教育支出在政府支出中占比最高,达到 14.6%。紧随其后的是社会保障和就业支出,占比达到 12.2%(如表 9-8 所示)。

表 9-8　2018 年中国政府支出构成

支出种类	支出规模(亿元)	支出占比(%)
教育支出	32 169	14.6
社会保障和就业支出	27 012	12.2
城乡社区支出	22 124	10.0
农林水支出	21 086	9.5
一般公共服务支出	18 375	8.3
医疗卫生与计划生育支出	15 624	7.1
公共安全支出	13 781	6.2
交通运输支出	11 283	5.1
国防支出	11 280	5.1
科学技术支出	8 327	3.8
债务付息支出	7 403	3.3
住房保障支出	6 806	3.1
节能环保支出	6 298	2.9
资源勘探信息等支出	5 076	2.3
文化体育与传媒支出	3 538	1.6
其他支出	2 313	1.0
国土海洋气象等支出	2 274	1.0
粮油物资储备支出	2 061	0.9
商业服务业等支出	1 607	0.7
金融支出	1 380	0.6
外交支出	586	0.3
援助其他地区支出	442	0.2
债务发行费用支出	60	0.0

从地域上看,东南沿海地区地方政府由于地区改革开放较早、工业基础较好,财政收入高于中部地区,中部地区地方政府的财政收入高于西部地区,显示出地方政府的财政收入水平与地方的经济发展水平密切相关的特点。其中,财政收入最高的广东省地方政府 2018 年的财政收入为 12 105 亿元,财政收入最低的西藏自治区地方政府 2018 年的财政收入为 230 亿元,二者相差近 53 倍。由此可见,中国依然存在区域经济发展不均衡的问题。

(二) 中央政府与地方政府的财政收入

1. 中央政府的财政收入

2018 年,中央政府财政收入为 85 456 亿元,税收收入是中央政府财政收入的主要来源,为 80 448 亿元,占比 94.1%;非税收入为 5 008 亿元,占比 5.9%。中央政府的税收收入来自 12 个不同的税种,其中税收规模最大的国内增值税、企业所得税、国内消费税和个人所得税,分别占比 38.2%、27.6%、13.2% 和 10.3%,合计占比 89.3%(如表 9-9 所示)。中央政府的非税收入主要来自国有资本经营收入及国有资源(资产)有偿使用收入,分别占比 64.3% 和 15.8%,合计占比 80.1%。

2. 地方政府的财政收入

2018年,地方政府财政收入为97 904亿元,税收收入是地方政府财政收入的主要来源,为75 955亿元,占比77.6%;非税收入为21 949亿元,占比22.4%。相较于中央政府而言,地方政府财政收入中的非税收入在绝对规模和占比上均有大幅提升。地方政府的税收收入来自15个不同的税种,其中税收规模最大的是国内增值税和企业所得税,分别占比40.5%和17.2%,合计占比57.7%(如表9-10所示)。地方政府的非税收入主要来自专项收入和国有资源(资产)有偿使用收入,分别占比32.8%和28.6%,合计占比61.4%。

表9-9 2018年中央政府财政收入构成

税收种类	收入规模(亿元)	占比(%)
国内增值税	30 753	38.2
企业所得税	22 242	27.6
国内消费税	10 632	13.2
个人所得税	8 324	10.3
车辆购置税	3 453	4.3
关税	2 848	3.6
印花税	977	1.2
进口货物消费税	627	0.8
进口货物增值税	338	0.4
城市维护建设税	159	0.2
船舶吨税	50	0.1
资源税	45	0.1

表9-10 2018年地方政府财政收入构成

税收种类	收入规模(亿元)	占比(%)
国内增值税	30 777	40.5
企业所得税	13 082	17.2
个人所得税	5 730	7.6
资源税	5 641	7.4
城市维护建设税	5 548	7.3
房产税	4 681	6.2
印花税	2 889	3.8
城镇土地使用税	2 388	3.1
土地增值税	1 585	2.1
车船税	1 319	1.7
耕地占用税	1 222	1.6
契税	831	1.1
烟叶税	151	0.2
环境保护税	111	0.1
其他税收收入	0	0.0

3. 中央政府与地方政府财政收入对比

图9-9展示的是各项税收收入中,中央政府财政收入与地方政府财政收入的对比。可以看到,国内消费税、关税等属于中央政府税收,国内增值税为中央政府和地方政府共享税收,房产税、土地增值税等属于地方政府税收,这清晰地体现出中国财税体制的"分税制"特点。

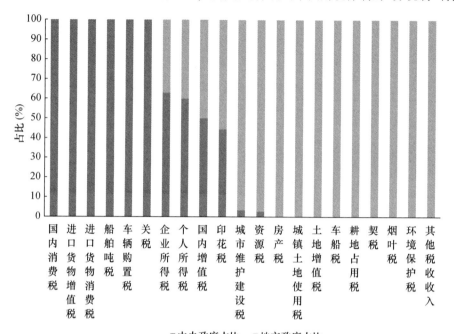

图9-9 中央政府财政收入与地方政府财政收入在各项税收收入中的占比

(三) 中央政府与地方政府的财政支出

1. 中央政府的财政支出

正如前文所述,中央政府承担国防、外交、管理与调控宏观经济、协调区域发展等职能,这些职能均反映在中央政府的财政支出中。

2018年,在中央政府各类支出中,国防支出占比最高,为33.8%;其次是国家偿还公债债务的利息支出,占比达12.7%;科学技术支出占比较高,为9.5%(如表9-11所示)。

表9-11 2018年中央政府财政支出构成

支出种类	支出规模(亿元)	支出占比(%)
国防支出	11 070	33.8
债务付息支出	4 162	12.7
科学技术支出	3 120	9.5
公共安全支出	2 042	6.2
教育支出	1 731	5.3
一般公共服务支出	1 504	4.6
粮食物资储备支出	1 376	4.2
交通运输支出	1 314	4.0
社会保障和就业支出	1 185	3.6
金融支出	846	2.6

(续表)

支出种类	支出规模(亿元)	支出占比(%)
其他支出	827	2.5
农林水支出	592	1.8
外交支出	583	1.8
住房保障支出	506	1.6
节能环保支出	428	1.3
资源勘探信息等支出	382	1.2
国土海洋气象等支出	354	1.1
文化体育与传媒支出	281	0.9
医疗卫生与计划生育支出	211	0.7
城乡社区支出	86	0.3
商业服务业等支出	73	0.2
债务发行费用支出	37	0.1
援助其他地区支出	0	0.0

2. 地方政府的财政支出

2018年,在地方政府各类支出中,排名前六位的是教育支出、社会保障和就业支出、城乡社区支出、农林水支出、一般公共服务支出、医疗卫生与计划生育支出,合计占比69.7%。值得一提的是,债务付息支出在地方政府财政支出中占比较低,仅为1.7%(如表9-12所示)。

表9-12　2018年地方政府财政支出构成

支出种类	支出规模(亿元)	支出占比(%)
教育支出	30 438	16.2
社会保障和就业支出	25 828	13.7
城乡社区支出	22 038	11.7
农林水支出	20 493	10.9
一般公共服务支出	16 871	9.0
医疗卫生与计划生育支出	15 413	8.2
公共安全支出	11 740	6.2
交通运输支出	9 969	5.3
住房保障支出	6 300	3.4
节能环保支出	5 870	3.1
科学技术支出	5 206	2.8
资源勘探信息等支出	4 695	2.5
文化体育与传媒支出	3 257	1.7
债务付息支出	3 241	1.7
国土海洋气象等支出	1 920	1.0
商业服务业等支出	1 534	0.8
其他支出	1 486	0.8
粮食物资储备支出	685	0.4
金融支出	534	0.3
援助其他地区支出	442	0.2
国防支出	211	0.1
债务发行费用支出	23	0.0
外交支出	3	0.0

3. 中央政府与地方政府财政支出对比

就中央政府与地方政府各项财政支出占比情况来看,中央政府的国防、债务付息、科学技术、粮油物资储备、金融和外交支出占比明显高于地方政府相应支出占比。地方政府的住房保障、节能环保、一般公共服务、医疗卫生与计划生育、农林水、社会保障和就业、教育及城乡社区支出占比明显高于中央政府相应支出占比(如图9-10所示)。

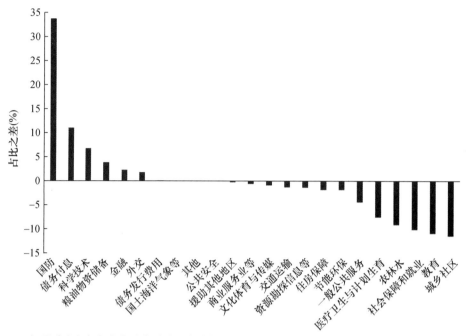

图 9-10 各项财政支出在中央政府财政总支出与地方政府财政总支出占比之差(中央政府减地方政府)

从中央政府财政支出与地方政府财政支出在各项财政支出中的占比可以清楚地看出两级政府在事权划分上的不同(如图9-11所示)。99.5%的外交支出和98.1%的国防支出来自中央政府,充分体现了中央政府在维护国家安全、处理外交事务上发挥的主导性作用。在国

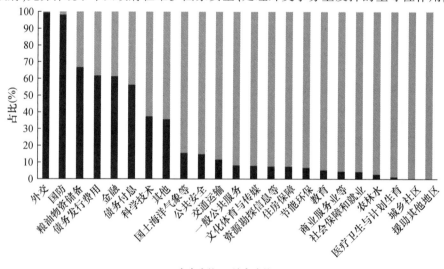

图 9-11 中央政府财政支出与地方政府财政支出在各项财政支出中的占比

土海洋气象等、公共安全、援助其他地区支出上,地方政府则发挥了主导性作用。值得一提的是,由于地方政府财政支出总额显著高于中央政府财政支出总额,因此尽管地方政府的债务付息支出占比显著低于中央政府的债务付息支出占比,但二者在绝对规模上几乎相同。

三、财政政策取向

自2008年以来,历年中央经济工作会议表明,中国坚持实行积极的财政政策[①],这一方面可以保障宏观经济政策的连续性和稳定性,从而稳定市场对政策的预期;另一方面可以充分发挥财政政策逆周期调节的作用,有效应对经济下行压力。

党的十八大以来,财政政策在通过减税降费降低企业和个人税负以刺激经济增长的同时,更加注重财政支出方面的改革,包括压缩一般性支出、提高资金使用效率、加大对地方一般性转移支付的力度以缓解区域发展不平衡等。此外,财政政策更加关注结构调整和风险防范,尤其是加强了对地方政府债务的风险管理,确保不发生系统性和区域性的风险。

近年来,全球依然处于经济危机后的调整阶段,经济增长低迷,贸易保护主义和逆全球化势力抬头,中国经济发展的外部环境受到影响。同时,中国自身也处于转变发展方式、优化经济结构、转换增长动力的攻关期,结构性、体制性、周期性问题交织[②],这就要求宏观经济政策充分发挥逆周期调节的作用。在此背景下,2019年的中央经济工作会议强调,积极的财政政策要大力提质增效,注重结构调整(具体如表9-13所示)。

表9-13 2012—2019年中央经济工作会议对财政政策的要求

年份	财政政策取向	具体要求
2012	积极的财政政策	充分发挥财政政策逆周期调节和推动结构调整的作用,完善结构性减税政策,严格控制一般性财政支出
2013	积极的财政政策	调整财政支出结构,提高资金使用效率,完善结构性减税政策,扩大"营改增"试点行业,把控制和化解地方政府债务风险作为经济工作的首要任务
2014	积极的财政政策	财政政策要有力度
2015	积极的财政政策	财政政策要加大力度,实行减税政策,阶段性提高财政赤字率,要有效化解地方政府债务风险
2016	积极的财政政策	财政政策要更加积极有效,预算安排要适应推进供给侧结构性改革、降低企业税费负担、保障民生兜底需要。落实和推动中央与地方财政事权和支出责任改革划分,加快制定中央与地方收入划分总体方案,抓紧提出健全地方税体系方案
2017	积极的财政政策	调整优化财政支出结构,确保对重点领域和项目的支出力度,压缩一般性支出,切实加强地方政府债务管理
2018	积极的财政政策	强化逆周期调节,财政政策要加力提效,实施更大规模的减税降费,较大幅度增加地方政府专项债券规模。健全地方税体系,规范政府举债融资机制
2019	积极的财政政策	财政政策要大力提质增效,注重结构调整,坚决压缩一般性支出,做好重点领域保障,支持基层保工资、保运转、保基本民生

资料来源:作者根据2012—2019年中央经济工作会议报告整理。

---

① 中央经济工作会议本身就是在引导市场对政府的行为形成预期。
② 参见刘昆.积极的财政政策要大力提质增效[J].求是,2020(4):35-42。

第三节 宏观经济调控与中国财政体制变迁

以史为鉴,可以知兴替。在学习了财政政策的基本知识、通过数据了解了中国基本的财政收支状况之后,让我们将视角移向历史的长河,回顾一下自中华人民共和国成立以来特别是自改革开放以来中国的财政体制改革,从而理解先辈们筚路蓝缕的"创业"历程。

财政体制改革贯穿了中华人民共和国的建设历程,财政制度作为联系政府与市场、政府与社会、中央政府与地方政府之间的桥梁,对中国经济的发展产生了深远的影响。

自中华人民共和国成立以来,中国的财政体制发生了翻天覆地的变化,财政体制改革可以简单地划分为两个时期:1949—1978 年的社会主义革命和建设时期的财政体制改革,1978 年至今的改革开放和社会主义现代化建设时期的财政体制改革。具体而言,又可以根据 1978 年吹响改革开放号角的党的十一届三中全会、1994 年以分税制改革为核心的财税体制改革、2013 年党的十八届三中全会三个节点划分为四个阶段。

一、1949—1978 年:"统收统支"的计划经济体制①

(一) 1949—1978 年经济建设历程

1949—1978 年三十年间,中国建立并实行了高度集中的计划经济体制。财政体制作为经济管理体制的重要组成部分,也不例外,同样表现出高度集中、统收统支的特点。这三十年的财政制度为中国工业体系建设、四个现代化建设做出了巨大的贡献,但同时也存在一些失误,对经济的发展产生了负面的影响。1949—1978 年中国大事记如图 9-12 所示。

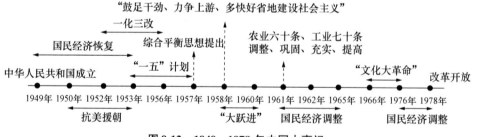

图 9-12 1949—1978 年中国大事记

在中华人民共和国成立初期,从国内来看,长年战乱使得工农业生产、基础设施建设遭到严重破坏,物价飞速上涨,通货膨胀非常严重。从国际形势来看,中国处于资本主义阵营的经济封锁和制裁当中,贸易严重受阻。国民经济内外交困,百废待兴,处于严重崩溃的边缘。为了恢复国民经济,中国迅速统一全国财经工作,并先后成立了中央人民政府财政部、税务总局等财政机构及财政监察机构,逐步形成了统收统支的高度集中的财政管理体制。

经过三年的调整,国民经济基本恢复。中国开始迈向苏联模式的计划经济体制,财政工

---

① 本小节主要参考楼继伟,刘尚希. 新中国财税发展 70 年[M]. 北京:人民出版社,2019。

作的重心转变为支持一化三改①的进行。1953年,中国决定实行第一个五年计划,财政承担了为工业化建设筹措资金的重要任务。在"一五"计划执行期间,中国财政为工业化建设筹措资金达1 241.75亿元,为"一五"计划顺利完成提供了经济上的保障,在没有增加人民负担的情况下,为中国的工业化打下了坚实的基础。②

1957年1月,在对国民经济恢复建设的经验进行总结之后,陈云同志提出了综合平衡的思想,综合平衡包括三方面的平衡,即财政平衡、信贷平衡和物资平衡。财政平衡就是收入和支出要相适应,这也成为改革开放前财政政策的主导思想。从图9-13中可以看出,基于财政平衡的思想,改革开放前中国的财政收支基本保持一致。然而,"一五"计划的巨大成就使得国内对经济建设的态度变得过于乐观。急躁冒进、盲目追求经济建设速度的风气在国内出现,"大跃进"登上舞台。1958—1960年的"大跃进"使得国民经济严重失调,"三年严重困难"更是使得国民经济雪上加霜,财政也面临巨大的困难。图9-13显示,1958—1960年,中国财政收支出现了大幅波动,同时出现了较大的财政赤字。

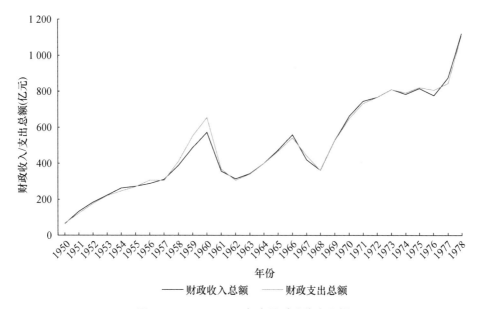

图9-13 1950—1978年中国财政收支总额
资料来源:《中国统计年鉴1983》。

为了恢复国民经济,1961年党中央提出了"调整、巩固、充实、提高"的国民经济调整方针,在综合平衡思想的指导下恢复经济建设。国家一方面通过提高企业活力,加强对企业的经济管理和税收征管力度以增加财政收入;另一方面通过精简职工等手段减少财政支出,逐步消除财政赤字。经历了五年的调整,国民经济得到了恢复和发展。1963—1965年,中国工农业总产值年均增长率为15.7%,图9-13也显示,财政收支再次达到了平衡和稳定的增长。

然而,随着国内外形势的复杂变化,1966—1976年"文化大革命"爆发,给国民经济建设带来了巨大的破坏,财政工作受到了巨大的冲击。但即便在这种艰难的形势下,中国财政依然顶住了压力,保持了财政收支的基本平衡和增长,给国家的经济建设和科学文化发展贡献了巨大力量。在这期间,中国在核技术、人造卫星技术、籼型杂交水稻等科技研究方面取得了

---

① 一化三改是指社会主义工业化和农业、手工业、民族资本主义工商业改造。
② 参见楼继伟,刘尚希.新中国财税发展七十年[M].北京:人民出版社,2019:44。

巨大的进步。

(二) 1949—1978年中国财政收支的基本情况

1. 财政收入

在财政收入方面,改革开放前三十年间,中国财政收入从1950年的65.2亿元增加至1978年1 121.1亿元。企业收入和各项税收占财政收入的比重总体呈上升趋势,债务收入和其他收入占比基本保持不变,但财政收入的波动幅度较大(见图9-14)。

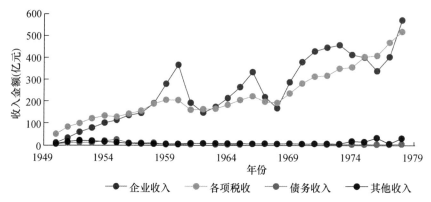

图 9-14 1950—1978年中国财政收入(按项目分)
资料来源:《中国统计年鉴1983》。

2. 财政支出

在财政支出方面,基本建设拨款支出和国防战备费用支出在波动中呈上升趋势,其他支出变化幅度较小,但也呈上升趋势(见图9-15)。在中华人民共和国成立初期,国防战备费用支出依然占据了财政支出的主要部分。1950—1953年抗美援朝期间,中国三年累计国防战备费用支出占三年财政总支出的36.4%。而后随着"一五"计划的开展,基本建设拨款支出在财政总支出

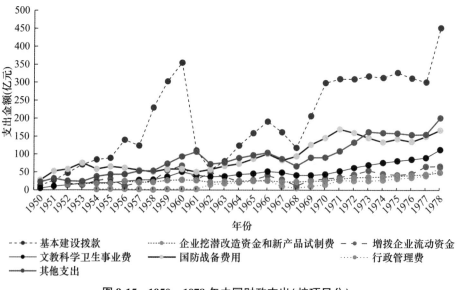

图 9-15 1950—1978年中国财政支出(按项目分)
资料来源:《中国统计年鉴1983》。

中的占比迅速提高,从1953年的31.9%提高至1957年的40.7%。"大跃进"时期,基本建设拨款支出占比更是高达55%左右。为了使国民经济摆脱困境,中国大力压缩基本建设拨款预算,1960年其占比下降为30%,1961年下降为18.2%。

(三)对1949—1978年中国财政体制的评价

改革开放前三十年间,中国财政体制充分发挥了集中力量办大事的优势,为中国的经济发展、工业化建设、科学技术发展等贡献了巨大的力量,但也存在不少体制性的问题。

在计划经济背景下,财政的职能受到了较大的限制,其主要履行的是预算和税收两项职能。在综合平衡思想的指引下,收支基本保持平衡,几乎不存在财政赤字,财政拉动经济增长的功能并没有得到有效的利用。同时,由于生产、流通、交换各个环节均在国家的管制下进行,价格信号无法有效地发挥资源配置和激励作用,经济活力比较有限。为了刺激经济活力,中国尝试了一系列下放权力的政策。然而,计划经济本身高度集中的特点使得局部的放权让利改革无法有效实行,经济进入"放乱收死"①的恶性循环。这种放权—收权的反复也使得政策的稳定性和连续性较差,不利于经济主体对政策形成稳定的预期。此外,受意识形态的影响,中国的税收制度一直向极度简化的方向发展,税收调节经济运行的功能受到了严格的限制。

正是认识到这些问题的存在制约了中国经济增长的潜力,改革开放后中国启动了新一轮的以"放权让利"为特征的财政体制改革。

二、1978—1993年:放权让利式的财政体制改革

提起改革开放,最先映入读者脑海中的一定是党的十一届三中全会。这场会议吹响了改革开放的总号角,并宣布要将党的工作重心从以"阶级斗争为纲"的政治运动转移到经济建设上来。会议认为,现在中国经济管理体制的一个严重缺点是权力过于集中,应该有领导地大胆下放,让地方和工农业企业在国家统一计划的指导下有更多的经营管理自主权。②这句话涉及最重要的两个分配关系,中央与地方的分配关系和国家与企业的分配关系。如图9-16所示,改革开放后的财政体制改革就是围绕这两个分配关系的改革展开的。

(一)中央与地方的分配关系

1. 包干制度的二个阶段

激励问题是经济学的核心问题。改革开放前,中国实行的是统收统支的"大锅饭"形式的财政管理体制,表现出集中和集权两大特点,地方政府主动发展经济的激励不高,平均主义盛行。因此,改革的方法就是下放财政权力,提高地方政府进行财政管理的积极性。

1980—1993年,中央与地方的分配关系先后经历了"划分收支、分级包干""划分税种、核定收支、分级包干""多种形式的包干制并存"三个阶段。中央与地方从"一灶吃饭"改为"分灶吃饭",地方政府的积极性大幅提高,对推动经济发展起到了至关重要的作用。下面让我们一一回顾。

---

① "放乱收死"是指"一放就乱,一乱就收,一收就死,一死就放"。
② 中国共产党第十一届中央委员会第三次全体会议公报。

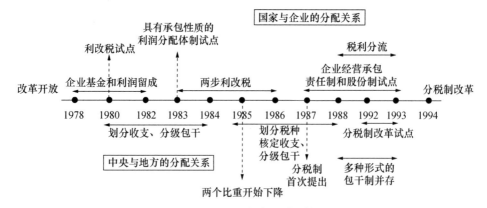

图 9-16　1978—1994 年中国财政体制改革

资料来源：作者根据刘克崮，贾康.中国财税改革三十年：亲历与回顾[M].北京：经济科学出版社，2008 整理绘制。

注：上半部分展示的是国家与企业分配关系的改革，下半部分展示的是中央与地方分配关系的改革。尚有一些重要的历史事件由于没有直接涉及这两种分配关系，因此并未被包含在本图中，如 1984 年的工商税制改革，1992 年邓小平"南方谈话"，1992 年党的十四大提出建立社会主义市场经济体制等。

在经历了 1977 年、1978 年的财政包干制试点之后，国务院确定从 1980 年起实行"划分收支、分级包干"的财政管理体制改革，并规定原则上五年不变①。其中，划分收支是指明确中央与地方的收入和支出的范围；分级包干的核心在于，地方政府收入大于支出的，多余部分按照一定比例上交中央，余下的则留给地方。这就将地方政府的财政收入与经济发展水平建立了联系，扩大了地方政府的财政自主权，地方政府有了主动管理经济、刺激经济发展的激励。

五年之后的 1984 年，"划分收支、分级包干"的财政管理体制到期，且伴随着"利改税"改革的进行，国家与企业的分配关系从直接上缴收入转变为上缴税收。相应的，中央与地方的分配关系也要有所改变。从 1985 年起，"划分收支"转变为"划分税种、核定收支"，改变在于，中央与地方按照利改税后的税种划分收入和支出。

1985 年以后，受各种因素的影响，两个比重②不断下降。为了缓解中央财政的困难，中国实行了多种形式的地方财政包干制。

2. 对包干制度的评价

包干制度是改革开放后涉及中央与地方分配关系的首次改革，它改变了财政高度集中的状况，通过放权让利给地方政府赋能，使得地方政府具有主动管理经济、刺激经济发展的激励。财政管理体制一定五年不变，增强了政策的稳定性和连续性，有利于地方政府和市场形成预期。

但是包干制度也存在一系列问题。首先，地方政府的财政权力增强有"双刃剑"效应：一方面，地方政府之间的竞争推动了中国经济的发展；另一方面，这使得地方政府过于看重本地区的经济利益，造成了市场分割和地方保护主义，不利于全国统一大市场的形成。其次，财力过于分散。一方面，由于财政实行减税让利，使得财政收入占 GDP 的比重下降；另一方面，由于中央向地方下放财政权力，且包干制度的灵活性较差，中央财政不能很好地共享发展成果，中央财政收入占全国财政收入的比重不断下降。俗话说"巧妇难为无米之炊"，财力的减弱使

---

① 五年不变是指地方的上缴比例、调剂收入分成比例和定额补助数核定之后，原则上五年内不予改变。
② 两个比重是指财政收入占 GDP 的比重、中央财政收入占全国财政收入的比重。

得中央政府进行宏观经济调控的能力大打折扣,甚至出现了中央财政需要向地方财政借钱的尴尬局面。增强中央政府财力,成为1994年分税制改革的根本原因。

(二) 国家与企业的分配关系

1. 改革历程

中央与地方的分配关系和国家与企业的分配关系是在交织中改革前行的。时任国家经济贸易委员会副主任陈清泰对此有非常生动的描述,他说:"企业改革和财税改革关系密切,可谓是左脚迈一步,再右脚迈一步。"①

改革开放前,国有企业又被称为国家预算单位,其实现利润绝大部分直接上缴给国家,所需资金再由国家财政进行调配,基本不存在自主权。企业里的职工也是一样,干多干少一个样。这被形象地描述为"企业吃国家大锅饭,职工吃企业大锅饭"。在这样的体制下,企业和职工的积极性都被抑制,经济表现也比较差。对企业放权让利成为改革的不二之选。

改革开放后到分税制改革前的十余年间,国家与企业的分配关系变动频繁,如表9-14所示,在同一阶段常常有多种分配制度并行。

表9-14 1978—1993年各种国有企业利润分配制度实施时间

分配制度	1978年	1979年	1980年	1981年	1982年	1983年	1984年	1985年	1986年
企业基金	试行								
利润留成			试行		推广				
利改税					试行			推广	
企业承包									试行
股份制试点									民间自发试验
税利分流									

分配制度	1987年	1988年	1989年	1990年	1991年	1992年	1993年
企业基金							
利润留成							
利改税							
企业承包	推广						
股份制试点	试点推广						
税利分流	试行						

资料来源:刘克崮,贾康.中国财税改革三十年:亲历与回顾[M].北京:经济科学出版社,2008:54。

最先试行的是企业基金制度。企业基金制度是指国有企业按照国家规定的条件和比例从实现利润中提取资金形成基金的制度,同时对该基金有用途上的限制。尽管基金的规模较小且对用途有较为严格的限制,但这仍然不失为给企业放权的一次良好探索。

利润留成制度是国有企业按照国家规定的条件和比例从实现利润中提取一部分供自己支配的制度,对这一部分资金用途的限制要宽于企业基金制度。利润留成制度将企业的利益与其经济效益建立了联系,企业具备了一定的经营自主权,这对于激发企业和职工的活力具

---

① 参见刘克崮,贾康.中国财税改革三十年:亲历与回顾[M].北京:经济科学出版社,2008:63。

有重要的意义。但利润留成制度也存在缺陷,它无法自动对不同企业千差万别的利润进行调节,需要人为地加以调整,使得政策的稳定性和规范性较差。

随着改革的进一步深入,国家对国有企业的性质的认识在进一步加深。国家逐渐意识到,将国有企业单纯地看作政府的延伸是不够的,更应该将其视为一个相对独立的经济主体。此外,外资企业的所得税制度给了中国改革的灵感,同时所得税制度有利于提高政策的稳定性和规范性。在多方因素作用下,利改税正式登上历史舞台。① 利改税分两步进行:第一步利改税于1983年1月开始试行。其主要目标是将企业完全上缴利润改为"税利并存"。1983年实行利改税的工业、交通商业企业共留存利润121亿元,相比上一年增加27亿元,同比增长28.7%,可见利改税改革有效地提高了企业的活力。② 但是由于税种较为单一,且并未完全用税收手段代替利润上缴手段,改革进行得不够彻底。第二步利改税于1984年10月1日启动。第二步利改税旨在将"税利并存"的局面改变为完全的"以税代利"。利改税改革以后,国家与企业的分配关系改为由税收进行调节,这一方面增强了分配关系的规范性,另一方面使得国家通过税收调节经济的功能大大增强。但由于企业税负较高,留利比重较低,企业的积极性受到挫伤。可能有些读者读到这里就有疑问了,上缴税收和上缴利润究竟有怎样的区别?实际上,这体现的是对国家与国有企业关系认识的不同。国家与国有企业具有双重关系(如图9-17所示),二者的关系不像国家与民营企业、外资企业的关系那么简单。国家既是国有企业的所有者,又是国有企业的经营者,上缴利润体现的是国家对国有企业的所有者权益,而上缴税收体现的是对国家管理经济运行的回报。

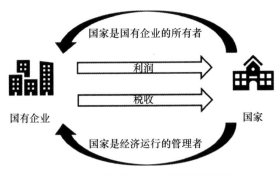

图 9-17 国家与国有企业的双重关系

细心的读者可能注意到了,如图9-16显示,在第一步利改税改革开始进行的同时,国家还对部分企业实行了具有承包性质的利润分配制度试点。这种承包制度大大提高了企业的活力,与第二步利改税改革后企业的积极性受到抑制形成了鲜明的对比。同时,家庭联产承包责任制在农村的成功,使得不少人认为"包"是经济改革的真谛,对企业实行经营承包责任制的呼声越来越高。在多种因素作用下,1987年,在利改税改革的基础上,企业经营承包责任制开始在全国各地推行。企业经营承包责任制简单来说,就是"交够国家的,剩下的都是自己的",这极大地调动了企业和职工的积极性,促进了生产力的发展。但"一户一率"的承包制谈判使得政策稳定性较差,导致企业行为短期化,"一户一率"的差别待遇也不利于公平的市场竞争的形成。同时,"包盈不包亏"使得企业的权责不对称,企业盈利了可以留存一部分利

---

① 这里说"利改税正式登上历史舞台"是因为早在1980年中国就进行了利改税的改革试点。试点的实践证明,利改税是正确的改革方向。

② 参见刘克崮,贾康.中国财税改革三十年:亲历与回顾[M].北京:经济科学出版社,2008:65。

润,而企业亏损了财政还是要兜底。

完全的以税代利和经营承包责任制并没有体现出国家与国有企业的双重关系,更深一步的改革势在必行。七届全国人大一次会议上的政府工作报告提出,要在企业实行经营承包责任制的基础上,逐步转向"税利分流"。① 税利分流的全称是"税利分流、税后还贷、税后承包",这一制度很好地体现了国家与国有企业的双重关系。税利分流改革也是采用先试点后推广的办法实行的,试点最先在重庆市国有企业进行,随后推广到全国大部分地区和企业。由于企业经营承包责任制在当时占据主流地位,推进税利分流改革困难重重,但财政部顶住了压力,坚决支持税利分流改革,并为此做了大量的测算和宣传工作,使得改革最终顺利推行。

2. 对国家与企业分配关系改革的评价

十余年间,国家与企业的分配关系先后经历了多次调整,尽管过程一波三折,但根本的方向都是在向企业放权让利,激活企业和职工的活力,从而推动生产力的发展。对国家与国有企业双重关系的认识也随着改革进程的推进而不断深化,最终通过制度将之确立并规范化。改革在坚持从中国实际出发的基础上,也注意吸收国外先进的经验和理念,提高了政策的科学性和可行性。

(三)综合评价——"试点先行"和渐进式改革

无论是涉及中央与地方分配关系的财政体制改革,还是涉及国家与企业分配关系的财政体制改革,都是采用了"试点先行"的改革方略。试点先行可以在实践中提取政策的可行元素,总结和分析政策失败的经验与教训,有利于提高政策的科学性和精准性,也使因地施策成为可能,同时降低出现系统性决策失误的可能性。习近平总书记在庆祝改革开放四十周年大会上的讲话中谈道:

> 我国是一个大国,决不能在根本性问题上出现颠覆性错误。我们坚持加强党的领导和尊重人民首创精神相结合,坚持"摸着石头过河"和顶层设计相结合,坚持问题导向和目标导向相统一,坚持试点先行和全面推进相促进,既鼓励大胆试、大胆闯,又坚持实事求是、善作善成,确保了改革开放行稳致远。

读者在理解改革开放后的政策变化时,一定要注意深入体会试点先行这一宝贵的改革经验。

渐进式改革是改革能够成功的另一宝贵经验。站在后来者的角度来看,有时政策的方向是正确的,但在改革的力度上并没有一步到位,这可能并非政策制定者的认识不到位,而是政策制定者充分考虑了经济的承受能力、改革的基础条件等因素做出的科学决策。改革不能"一口吃个胖子",而是应该步步为营、稳扎稳打,决不能一蹴而就,使得政策调整对社会的冲击太大,反而产生适得其反的效果。财政部文件对此有非常深刻的描述,摘录如下②:

> 我们应该坚持深层次的质的内容,否则就会从根本上失去改革的意义;我们又必须在中层次和浅层次,即量的方面采取较为灵活的态度,否则就会使深层次的内容难以实现。切忌深浅不分,主次不分,眉毛胡子一把抓,坚持了次要的,妨碍了主要的,坚持了理想,放弃了实践。

---

① 参见楼继伟.四十年重大财税改革的回顾[M].北京:中国财政经济出版社,2019:42。
② 参见刘克崮,贾康.中国财税改革三十年:亲历与回顾[M].北京:经济科学出版社,2008:65。

三、1994—2012 年：适应社会主义市场经济体制的财政体制改革[①]

1992 年，中国 GDP 为 27 194.50 亿元，全国财政收入为 3 483.37 亿元，仅占 GDP 的 12.8%。其中，中央财政收入为 979.51 亿元，占比 28.1%；地方财政收入为 2 503.86 亿元，占比 71.9%。[②] 同年，中央财政支出为 1 170.44 亿元，收不抵支使得中央政府不得不向地方政府借钱，这极大地损害了中央政府推动经济发展、平衡区域差距、调节经济运行的能力。在此背景下，提高中央政府财力势在必行，分税制改革迫在眉睫。

（一）分税制改革的历程

分税制改革从想法的产生到政策的最终落地，前后经历了 8 年的时间。早在 1987 年 10 月，中共十三大报告就简要提到，"在合理划分中央和地方财政收支范围的前提下实行分税制"。但正如上一部分内容中所提到的，家庭联产承包责任制的成功使得财政体制改革的方向产生了偏移，财政管理体制变成了多种形式的财政包干制度。直到 1992 年提出建立社会主义市场经济体制之后，分税制改革才正式回归。

1992 年 6 月 5 日，财政部宣布在天津、浙江、武汉、重庆等 9 地区实行分税制试点。1993 年，财政部、税务总局在广泛吸收国外先进经验，结合中国客观实际情况调研测算的基础上，经过数月夜以继日的艰苦奋斗，设计并起草了分税制改革方案。

分税制改革旨在提高中央财政收入在全国财政收入中的占比，涉及中央与地方利益的再分配，势必会在地方遇到阻力。方案出台以后，中央对此高度重视，为了获得地方对政策的支持，统一各方对分税制改革的认识，时任国务院副总理朱镕基亲自带队，赴全国 17 个省、自治区、直辖市，对地方情况进行充分调研，并与地方领导班子充分交换意见，吸收各方建议从而不断完善分税制改革方案。在朱镕基同志赴各地调研的同时，为了更好地落实政策，对地方数十万财税工作人员的全面培训也在如火如荼地进行。同年 12 月 15 日，国务院正式发布《关于实行分税制财政管理体制的决定》，并宣布自 1994 年 1 月 1 日起正式施行。在 1994 年政策实施之后，财政部和税务总局继续就政策实施后遇到的具体问题、特殊情况进行细微的调整和查漏补缺。

分税制改革的前世今生具体如图 9-18 所示。

（二）分税制改革的主要内容

亲历分税制改革方案设计与实行的刘克崮同志用六个词对分税制改革的内容进行了非常凝练的概括，它们是："分权""分税""分机构""返还""挂钩""转移支付"。前三者是改革

[①] 这一阶段实行了以分税制改革为核心的一系列改革。篇幅有限，本节重点介绍分税制改革。
[②] 资料来源：国家统计局。

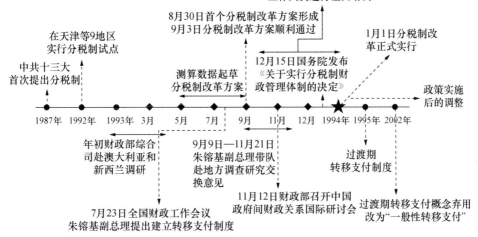

图9-18 分税制改革的前世今生

的主体内容,后三者是改革的辅助措施。①"分权"定支出,简单地讲就是谁管什么事,谁掏什么钱。"分税"定收入,按照税种划分中央与地方财政收入的范围,将税收分为中央政府税收、地方政府税收、中央政府和地方政府共享税收。"分机构"是指将原来一套税务机构分为国税、地税两套税务机构。"返还"是指税收返还,为了保护地方政府的既得利益,减少政策实行的阻力,中央政府在获得税收后将一部分税收返还给地方政府。"挂钩"是指将中央对地方的税收返还与中央所得的消费税和增值税的增长挂钩。随着消费税和增值税的增长,中央对地方的税收返还也要相应增长,但增长的幅度小于两税增长的幅度。这样既可以保证地方政府依然享受发展带来的好处,不会过度降低其推动经济发展的激励,又可以使中央政府财政收入占比逐渐提高。"转移支付"是指中央政府对地方政府、少数民族地区、落后地区的转移支付。中国幅员辽阔,不同地区的经济基础、自然资源等有所差异,经济发展水平也不尽相同,正如第二节所展示的,地方政府之间的财政收入存在较大的差距。如果国家对此不加干预,那么一定会存在"马太效应",使得经济发展愈发不平衡,甚至对政权的稳定造成威胁,这就要求中央财政发挥平衡区域差距的功能。然而,在分税制改革以前,中央财政入不敷出、"自身难保",更谈不上对地方进行转移支付。在分税制改革以后,中央政府财力逐渐增强,使得转移支付成为可能。1995年,作为分税制改革的配套制度,过渡期的转移支付制度开始实行。

（三）分税制改革——怎样评价都不过分

分税制改革是中华人民共和国自成立以来规模最大、影响最广、最具深度的一次改革,它被称为中国财政体制改革的里程碑。

分税制改革的直接目标是提高"两个比重",图9-19显示,分税制改革完美地实现了这一目标。1993年中央财政收入占全国财政收入的比重为22.0%,1994年快速提升至55.7%,之后在50%上下波动。财政收入占GDP的比重从1995年开始逐年上升。分税制规范了中央与地方的

---

① 参见刘克崮,贾康.中国财税改革三十年:亲历与回顾[M].北京:经济科学出版社,2008:346。

分配关系,提高了政策的稳定性,增强了中央政府的财力,为中央政府在管理经济运行中更好地发挥功能提供了经济保障。转移支付制度的建立为协调区域发展做出了重要贡献,是后续中国实行的公共财政的雏形与基础。此外,与分税制改革配套进行的工商税制改革,建立了中国以增值税为核心的流转税制度,同时完善了个人所得税、关税等制度,使得税收成为调节宏观经济运行的重要工具。从 1993 年开始,中国开始运用经济手段对经济运行进行调控。

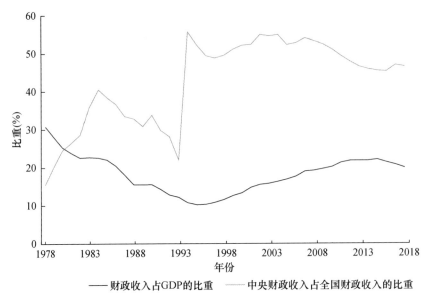

图 9-19　1978—2018 年"两个比重"的变化

资料来源:国家统计局。

本次改革涉及方面广、力度大、影响深远,能够成功具有多方面的原因。首先,中央对本次改革高度重视,时任国务院副总理朱镕基亲自带队,昼夜兼程,向各地方政府解释分税制改革实行的原因和精神,并就政策实行的具体方案进行沟通和协调,在保证地方政府对政策有充分理解的基础上,获得其支持,减小改革的阻力。其次,财政部、税务总局等政策制定者和设计者注重实地调查并吸收国外先进经验,同时利用科学的工具和方法进行了大量的测算,最终制定出符合国情的科学方案。最后,改革方案本身兼顾各方利益,对地方既得利益给予了充分的尊重和保护。时任财政部部长项怀诚对此谈到①:

> 这样大的改革,如果不照顾地方的利益,如果不做出必要的妥协,这个改革是推不开的,改革是进行不下去的。

在与地方政府的协调中,广东、新疆及一些中西部地区希望能够对该地区的增值税和消费税的分成比例进行调整。对此,时任国务院副总理朱镕基表示:

> 财政体制改革中增值税、消费税的分成比例全国必须统一,没有哪个地区可以搞特殊。

这些例子显示出,尽管改革可以在量上、细节上有让步和调整,但在根本的方向上、原则上不能有丝毫的动摇。

---

① 参见刘克崮,贾康.中国财税改革三十年:亲历与回顾[M].北京:经济科学出版社,2008:359。

知识链接
地方政府之间的财政竞争

本章一直关注的是中央政府与地方政府之间的分配关系,实际上地方政府之间也存在利益分配的关系。这个专题我们就来讲一讲地方政府之间的财政竞争。

改革开放以后,中国结束了统收统支的高度集中的财政管理体制,开始实行分级财政管理体制。尽管中央政府与地方政府的分配关系先后经历了多次变动,但始终没有改变它们之间分权的特征。在财政分权以后,地方政府可以分享经济发展带来的好处,从而有了刺激经济发展的激励。同时,中国官员的政治升迁机会与其所辖区域的经济表现之间有非常紧密的联系,这使得地方政府刺激经济发展以谋求晋升的激励被进一步放大。[①] 在这样的背景下,地方政府运用财政手段招商引资、相互竞争、刺激经济发展的格局得以形成,这也成为中国经济增长的一个重要动力。

地方政府之间的财政竞争可以简单地划分为税收竞争和支出竞争,前者是改变所辖区域内的税收政策来进行竞争,后者则是通过支出影响当地基础设施、公共产品和公共服务的水平来进行竞争。税收竞争又可以根据政府层级的不同,分为横向税收竞争和纵向税收竞争。前者是指同一层级政府之间的税收竞争,后者是指不同层级政府之间的税收竞争。在中国,税收竞争主要表现为横向税收竞争。

中国地方政府之间的财政竞争早期以降低税负的税收竞争为主。税收竞争对税收收入有两方面的影响:一方面,由于税负降低,税收收入将会下降;另一方面,由于税负降低后可以吸引投资,使得税基扩大,税收收入上升。与其他国家相比,中国的财政分权制度的最大特点在于地方政府的税权非常有限,它不能决定征收哪些税种,也不能决定名义税率的高低,但这并不意味着地方政府完全无法影响税收水平。实际上,地方政府可以通过税收先征后返、税收优惠、调整征税力度等多种方式影响实际税负。早期地方政府主要通过先征后返降低企业实际税负,但2000年国务院发文要求:"各地区自行制定的税收先征后返政策,从2000年1月1日起一律停止执行。"此后,地方政府开始通过调整征税力度来改变实际税负,征税力度弱,企业的实际税负当然就低。

地方政府之间就税收竞争的重复博弈会导致"囚徒困境",使得税率不断降低,这被称为"底线竞争"(Race to the Bottom)。同时,改变实际税负将会产生扭曲,影响资源的有效配置。因此,税收竞争策略的可持续性较差。随着地方政府之间竞争的深化及分化,财政竞争开始向支出领域拓展。地方政府开始运用财政支出优化基础设施、提升营商环境等吸引投资。

地方政府之间的财政竞争一方面拉动了中国经济的增长,另一方面也诱使地方保护主义滋生,甚至产生以邻为壑的政策,不利于全国统一大市场的形成。因此,在对财政体制进行改革时,如何有效地利用地方政府之间财政竞争的积极影响,限制地方政府之间财政竞争的负面作用,是一个值得关注的问题。下面,让我们通过一个案例更好地理解地方政府在招商引资上的财政竞争。

资料来源:
[1] 谢贞发,范子英.中国式分税制、中央税收征管权集中与税收竞争[J].经济研究,2015,50(04):97。

---

① 这被形象地称为"政治(晋升)锦标赛",对这部分内容感兴趣的读者可以进一步阅读周黎安.转型中的地方政府——官员激励与治理[M].上海:上海格致出版社,上海人民出版社,2008。

[2] 郭杰,李涛.中国地方政府间税收竞争研究:基于中国省级面板数据的经验证据[J].管理世界,2009(1):55.

[3]《国务院关于纠正地方自行制定税收先征后返政策的通知》(国发〔2000〕2号).

[4] 李永友,沈坤荣.辖区间竞争、策略性财政政策与FDI增长绩效的区域特征[J].经济研究,2008(05):60.

案例

富士康内迁之路和郑州速度

说起富士康的内迁之路,我们不妨先介绍两个词:"腾笼换鸟"和"筑巢引凤"。通过这两个词,我们可以将富士康内迁放在更宏大的背景下去理解。

"腾笼换鸟"是时任广东省委书记汪洋于2008年提出的,该决定旨在推动劳动力和产业双转移。腾笼换鸟的意思是,腾出笼子,换一批产业来发展。广东省位处沿海地区,对外开放较早,经济发展水平高于中西部地区。但由于土地资源匮乏、环境污染加重、发展空间受限、劳动力成本上升等多方面因素,经济发展进入瓶颈期。在此背景下,产业升级、企业内迁成为突破沿海地区发展瓶颈的必然选择。

中西部地区深处内陆,对外开放水平较低,劳动力成本较低,成为沿海地区企业内迁的首选。中西部省份为了发展经济,进行了大量的招商引资。然而,资本是逐利的,哪里能够带来最高的利润资本就会去哪里。这就决定了地方政府需要尽力给企业提供最好、最有吸引力的"待遇",以在地方政府间招商引资的竞争中获胜,吸引更多的企业,这被称为"筑巢引凤"。可能有读者就会问了,腾笼换的是鸟,筑巢引的怎么就变成凤了呢?这其实反映的是不同地区产业结构的不同,在沿海地区已经是"落后"的产业到了内地可能仍是一个"香饽饽",能够带来进出口、财政收入、就业等多方面的红利,沿海的"鸟"就成了内地的"凤"。

提到富士康,大家最先想到的就是苹果手机。富士康其实是一家横跨多领域的高科技企业。它最早落户深圳,为深圳经济的腾飞发挥了巨大的作用。但随着深圳地区用人成本的不断上涨、富士康是否能够继续享受税收优惠具有不确定性、推进产业升级的步伐越来越快等,富士康在深圳的日子越来越不好过了。就在这时,内地多省市向富士康抛来了橄榄枝,提供了有竞争力的优惠政策。郑州正是其中的一个。经过激烈的角逐,2010年富士康正式落户郑州。

河南省对于吸引富士康内迁非常重视,将之定位为重点推进的15个重大招商引资项目之一。早在2007年,河南省就成立了以郑州市市长为组长的富士康投资项目协调推进小组,专职负责对富士康的招商工作。为吸引富士康来郑,省政府牵头于2010年6月开始"富士康招工计划",解决内迁后当地是否能够满足富士康对劳动力的大量需求这一后顾之忧。时任河南省省长郭庚茂更是亲自与富士康总裁郭台铭多次接触,就合作事宜进行洽谈。郑州市市政府在土地供应、税收、劳动力、工程施工建设等多方面为富士康提供了政策支持和优惠。例如,为了给富士康修建厂房和员工宿舍,施工人员昼夜不息,16天完成厂房改造任务,一个月完成投产,被誉为"郑州速度"。郑州海关更是抽调了各个部门的业务骨干,为富士康提供"私人订制"服务。涉及十多个环节的海关注册登记证书,郑州海关仅用一个半小时就完成了整套流程。河南省省政府及郑州市市政府还分别为富士康提供财政补贴和奖励,每出口1美元,分别补贴1角和奖励4角;对组织到富士康工作和实习的单位给予奖励,对富士康工作人员给予就业或生活补贴……可见,河南省在引进富士康的优惠政策上已经完全超出财政政策本身的范畴,而是囊括了税收、海关、就业、基础设施、配套产业等的全方位服务。

富士康内迁给河南省的发展带来了新的机遇。2012年上半年郑州市进出口数据显示,出口总计85.6亿美元,相比上年同期增长282.7%,其中富士康手机出口为64.2亿美元,占比高达75%。富士康的上下游企业,也在政府的招商引资下落户河南,逐渐形成了一个以富士康为中心的产业链条,对提高河南省财政收入、解决就业问题等都发挥了重要的作用。

资料来源:案例内容整理自《河南商报》《河南法制报》《大河报》《河南日报》《决策探索》《中国海关》等报纸和期刊。

四、2013年至今:适应国家治理现代化的财政体制改革

2013年11月9日至12日,党的十八届三中全会①在北京召开,会议通过了《中共中央关于全面深化改革若干重大问题的决定》,为未来5年到10年的施政方针和工作重点提供了指引。会议指出,经济体制改革是全面深化改革的重点,核心问题是处理好政府和市场的关系,使市场在资源配置中起**决定性**作用和更好发挥政府作用,这重新界定了政府和市场在经济运行中的地位。② 同时,政府也要有为。决定提出,要加快转变政府职能,加强其对宏观经济整体运行进行调控的能力,减少中央政府对微观事务的直接干预和管理,充分发挥当地政府的信息优势。决定也将财政政策的重要性提升到了新的高度,决定认为,**财政是国家治理的基础和重要支柱**。未来改革的重点在三方面,即预算管理制度、税收制度和中央与地方财政关系。

自2013年以来,中国先后进行了多项财政体制改革,包括营业税改增值税、资源税改革、消费税改革、个人所得税改革、征收环境保护税、预算法修订、央地财政关系改革等,如图9-20所示。这些改革完善了中国的税制结构,在一定程度上解决了重复征税问题,降低了企业和个人的实际税负,更加明确地界定了中央与地方之间的财政关系,为全面深化改革、推动经济发展做出了巨大的贡献。

与这些改革同步进行的,还有对地方政府债务管理的加强。下面我们将通过一个专题介绍中国的地方政府债务问题。

---

① 改革开放以后,历届三中全会研究的重点都是改革的深化问题。
② 党的十四大以来,中国对政府与市场关系的认识在实践中不断深化。党的十四大提出"我国经济体制改革的目标是建立社会主义市场经济体制",党的十五大提出"使市场在国家宏观调控下对资源配置起基础性作用",党的十六大提出"在更大程度上发挥市场在资源配置中的基础性作用",党的十七大提出"从制度上更好发挥市场在资源配置中的基础性作用",党的十八大提出"更大程度更广范围发挥市场在资源配置中的基础性作用"。

图 9-20　2012—2019 年部分财政体制改革

知识链接
中国地方政府债务问题

2017 年 10 月 18 日,党的十九大报告提出,要坚决打好防范化解重大风险、精准脱贫、污染防治的攻坚战,这被称为三大攻坚战。其中,防范化解重大风险很重要的一点在于加强对地方政府债务的管理,以防止出现系统性的金融风险。读者们一定好奇了:地方政府债务是如何产生的? 相关的政策变革又是什么? 目前地方政府债务的规模有多大? 下面让我们一一解答这些疑问。

地方政府债务,顾名思义就是地方政府欠的钱。如图 9-21 所示,1994 年分税制改革以后,地方政府的财权被部分收回,但事权在逐渐增多,地方政府收不抵支的问题愈发严重(如图 9-22 所示)。

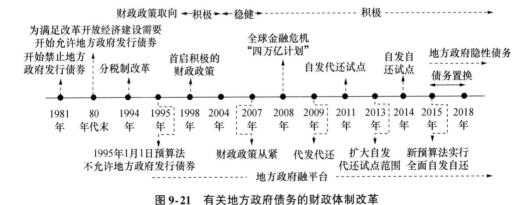

图 9-21　有关地方政府债务的财政体制改革

由于 1995 年预算法不允许地方政府发行债券,"正门不通,偏门来补",地方政府需要另觅渠道进行融资以刺激经济的发展,地方政府融资平台①应运而生,其主要的表现形式是地方

---

① 财政部等四部委《关于贯彻国务院关于加强地方政府融资平台管理有关问题的通知相关事项的通知》(财预〔2010〕412 号)对地方政府融资平台的定义是:由地方政府及其部门和机构、所属事业单位等通过财政拨款或注入土地、股权等资产设立,具有政府公益性项目投融资功能,并拥有独立企业法人资格的经济实体。

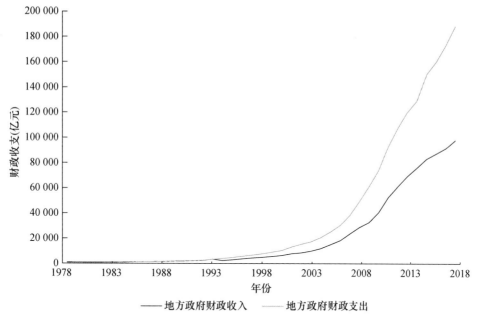

图 9-22　1978—2018 年地方政府财政收支情况
资料来源：国家统计局。

城市建设投资公司(简称"城投公司")。1997 年亚洲金融危机和 2008 年全球金融危机对地方政府融资平台的发展产生了助推作用,尤以 2008 年"四万亿计划"为甚。数据显示,2009 年全国新增融资平台 2 000 多家,占 1992—2008 年全国融资平台总量的三分之一。[①] 2009 年,财政部为规范地方政府债务管理,开始打开"正门",代理发行地方政府债券并代为偿还。2011 年,国务院在上海、浙江、广东、深圳开始试点地方政府自发债券、财政部代办还本付息的制度。2013 年,国务院新增江苏和山东作为自发代还政府债券试点地区。2014 年,财政部在北京、青岛、宁夏等地区开始试点自发自还政府债券制度,即地方政府自行发行债券并到期承担还本付息的责任。2015 年 1 月 1 日,新预算法开始实行,地方政府债券全面转变为自发自还,地方政府举债的"正门"完全打开。从"代发代还""自发代还"到"自发自还",地方政府举债的权力在一步步扩大,权力与义务逐渐对称,举债行为逐步得到规范。[②]

2015 年到 2017 年上半年,由于各方面因素,地方政府举债的"后门"[③]并未完全关闭,使得大量的地方政府隐性债务开始出现。国内学者对地方政府隐性债务规模的估计一般在 30 万亿元到 50 万亿元之间。[④] 此外,根据财政部数据,截至 2020 年 2 月末,全国地方政府债务余额为 225 302 亿元,占 2019 年 GDP 的 22.7%。

为什么地方政府债务的规模会如此之大?学界认为有以下几种可能的原因:第一,分税制改革以后地方财政收不抵支且合法举债的"正门"被关死,使得地方政府不得不通过其他渠

---

① 联讯证券.深度解析地方政府债务[EB/OL].(2019-03-06)[2021-04-30].https://stock.hexun.com/2019-03-06/196399495.html?from/=rss。
② 参见毛捷,徐军伟.中国地方政府债务问题研究的现实基础:制度变迁、统计方法与重要事实[J].财政研究,2019(01):7。
③ 地方政府通过融资平台举债被称为走"后门"。
④ 参见刘尚希.中国财政政策报告(2019)[M].北京:社会科学文献出版社,2019:214。

道进行融资;第二,预算软约束①使得地方政府具有过度举债的道德风险;第三,积极的财政政策加速了地方政府融资平台的发展,使得地方政府债务大量上升;第四,官员晋升与所辖区域经济表现高度相关,且债务期限常常跨越多个官员的任期,产生错配,使得官员有通过过度举债刺激经济发展实现政治晋升的激励;等等。

对此,中国政府高度重视,通过采取债务置换手段缓解地方政府偿债压力,同时严格控制地方政府债务新增规模,对官员采取终身问责等,分阶段推进隐性债务显性化、规范化,防止出现系统性的金融风险。

第四节 小 结

财政政策是现代政府对经济进行宏观调控的重要手段之一,它联系了政府与市场、政府与社会、中央政府与地方政府,是现代国家治理的基础和重要支柱,是进一步深化改革的中心环节。

第一节介绍了财政政策的基本理论。财政政策的工具涵盖支出和收入两个方面,支出方面包括政府购买和转移支付,收入方面包括税收收入和政府债券收入。凯恩斯模型告诉我们,财政政策具有乘数效应,当经济不景气时,可以采用扩张性的财政政策刺激经济走出萧条。面对1997年亚洲金融危机、2008年全球金融危机及2020年新冠肺炎疫情,中国正是采用了积极的财政政策加以应对。转移支付是政府财政收入的再分配,对于弥补收入差距、平衡区域经济发展具有重要的作用。税收收入是政府的主要收入,也是调节宏观经济的重要杠杆。政府债券收入是政府收入的重要补充。在对李嘉图等价的介绍中,我们进一步探讨了政府债券的作用和地位。尽管李嘉图等价由于前提条件过于严格在现实中并不成立,但这并不妨碍其成为我们理解财政政策的重要基点。一方面,政府可以主动调整支出和收入的水平对宏观经济施加影响,"熨平"经济波动;另一方面,财政制度本身的一些元素可以自动降低宏观经济的波动程度,这被称为自动稳定器。所得税制度、失业救济金等社会保障制度等都是常见的自动稳定器。自动稳定器功能的发挥受到多种因素的影响,中国的城乡二元经济结构和以间接税为主的税收结构在一定程度上制约了自动稳定器功能的发挥。金无足赤,财政政策也存在问题,时滞问题就是其中之一。此外,影响财政政策效果的因素也有很多,如政策变动的持续时间、政策是否被预期到、政府支出的用途或税收的种类、发债还是征税,等等。

第二节主要从分级财政管理体制的视角,结合数据介绍了中国中央政府与地方政府在事权、财政支出和财政收入上的区别,以及二者在经济建设中所发挥的不同职能。同时,历年的中央经济工作会议表明,中国长期采取积极的财政政策推动经济发展,未来积极的财政政策将要提质增效,推动经济结构调整。科学的分级财政管理体制有助于厘清中央和地方的关系,更好地调动两方的积极性。然而,滴水穿石,非一日之功。自中华人民共和国成立以来,中国的财政体制经历了一系列的变革,才有了今日的成就与发展。

第三节回顾了改革历程,从"统收统支"到"分灶吃饭",从适应社会主义市场经济体制的分税制改革再到适应国家治理现代化的财政体制改革,对政府与市场关系的认识在改革中不

---

① 预算软约束是指当地方政府无法偿还债务时,中央政府会对其施加援助,从而使得地方政府的预算约束可以被突破。

断深化,市场在经济发展、资源配置中所起的作用越来越大,政府的职能越来越向提供公共服务、实行宏观经济调控、平衡区域发展等方向转变,对微观经济事务管理的权限被不断下放,放权让利的改革方向始终没有动摇,地方、企业、个人的积极性不断被调动,经济发展呈现全新的面貌。"有效市场"与"有为政府"的相互配合,构筑了中国经济发展的奇迹。

内容提要

- 财政政策是政府进行宏观经济调控的重要手段,政府可以通过改变政府支出和收入的水平主动调控经济。财政制度本身的一些元素可以自动降低宏观经济的波动程度,如所得税制度、失业救济金等。
- 乘数效应是凯恩斯模型非常关键的一个结论,它是指政府支出增加可以带动私人投资和消费,从而使得GDP的增加值超过政府支出本身的增加值。基于乘数效应,凯恩斯主义者主张在经济下行时,运用扩张性的财政政策刺激经济走出萧条。
- 李嘉图等价研究的问题是:政府支出由税收融资还是由发行政府债券融资,是否会有不同?李嘉图等价的核心思想是,发行政府债券是税收的延迟,政府将会在未来提高税收水平以偿还政府债务。
- 中国采用的是分级财政管理体制,中央政府和地方政府是财政的两大主体,分别承担不同的事权和财政支出责任,在收入分配上也有不同。
- 中央与地方的分配关系、国家与企业的分配关系是贯穿中国财政体制改革的两大关系,同时伴随的还有收入和支出管理制度的变革。自中华人民共和国成立以来,中国先后经历了"统收统支""分灶吃饭""分税制改革"全面深化改革四个阶段,财政体制逐渐科学化、规范化、制度化、法治化,地方、企业、个人的积极性不断被调动,市场在资源配置中发挥的作用越来越大,政府职能向提供公共服务、实行宏观经济调控、平衡区域发展方向转变。

关键概念

财政政策	自动稳定器	财政包干制度
乘数效应	财政政策的时滞	分税制改革
挤出效应	积极的财政政策	地方政府财政竞争
流动性陷阱	财政事权	地方政府债务
李嘉图等价	统收统支	

练习题

1. 财政政策的基本手段是什么?
2. 为什么凯恩斯主义者主张在经济下行时采取扩张性的财政政策?
3. 政府税收和发行政府债券有什么区别?
4. 什么是李嘉图等价?李嘉图等价成立的前提条件有哪些?
5. 中国在应对1997年亚洲金融危机和2008年全球金融危机时,分别采取了怎样的财政政策?
6. 实行超额累进个人所得税制度有什么好处?
7. 在什么情况下,扩张性的财政政策不具有挤出效应?
8. 请简单描述中国的财政体制改革历程。

第十章 宏观经济调控:货币政策

本章我们讨论宏观经济调控中的货币政策。我们首先介绍流动性偏好理论,用以解释如何决定利率;然后,基于流动性偏好理论,进一步探讨货币政策如何影响总需求;最后,回顾中国的货币政策实践及其改革历程。货币政策如何影响经济?货币政策如何应对通货膨胀等实体经济问题?中国的货币政策经历了怎样的发展?对于这些问题,我们将在本章中找到一些启示。

第一节 货币政策基本理论

货币政策如何影响总需求?货币政策的基本理论支撑是什么?这是本节要探讨的问题。我们首先介绍流动性偏好理论,并以此解释货币政策对总需求的影响。

一、流动性偏好理论

在之前的章节中,我们讨论了总需求曲线向下倾斜的原因,总结而言,分别为财富效应、利率效应和汇率效应。其中,财富效应是指物价降低使得家庭真实收入提高,从而刺激消费,增加总需求。利率效应是指物价降低使得人们持有货币的需求减少,更多货币流入借贷市场,从而利率降低,进而刺激投资,增加总需求。汇率效应是指物价降低使得利率降低后,国内投资回报降低,投资者将资金转移到海外市场以寻求更高的回报,这使得国内货币的真实价值降低,相较于国外商品,国内商品变得更加便宜,进而促进净出口增长,增加总需求。

这三种效应同时影响总需求,使得物价降低时总需求增加。因为家庭持有的货币在一国货币总量中占少数,同时,国际贸易在大国的 GDP 中所占份额不高①,所以财富效应和汇率效应对总需求的影响对大国而言较小。由此,本章讨论对较大经济体的总需求影响较大的利率效应。

现在,我们来探讨短期利率的决定,我们首先介绍流动性偏好理论(Theory of Liquidity Preference),来解释总需求曲线为什么向下倾斜、货币政策如何作用于总需求等问题,并以中国的货币政策调控实践为例来进行阐述。流动性偏好理论由凯恩斯提出②,旨在解释经济中的利率如何决定,核心是利率的调整使货币市场供需均衡。③ 接下来,我们分别简述货币供给

---

① 2019 年,中国贸易净出口额为 0.42 万亿美元,同年中国 GDP 为 14.36 万亿美元,因此净出口额占 GDP 的比重为 3%。但在小国中,这一比重可能较高。
② 参见凯恩斯. 就业、利息和货币通论[M]. 高鸿业,译. 北京:商务印书馆,1999.
③ 我们也需要明确,我们之前介绍了名义利率和实际利率,实际利率是经通货膨胀调整后的利率。如果假设预期通货膨胀率在短期中不变,那么名义利率和实际利率将会同方向变动。因此,本章以下的分析既适用于短期中的名义利率,又适用于实际利率。

与货币需求,然后讨论利率的决定。

(一) 货币供给

1. 中央银行通过公开市场操作等方式控制货币供给

在中国,由中国人民银行控制货币供给。中央银行可以通过公开市场操作买卖债券,改变货币供应量。中央银行购买债券时,相当于向市场投放货币,货币通常被存入银行,从而增加了银行的准备金;中央银行出售债券时,相当于投放在市场中的货币减少了,购买债券所需货币需要从银行体系中取出来,从而减少了银行的准备金。

2. 其他影响货币供给的工具

除公开市场操作以外,还有其他改变货币供给的工具,如改变贴现率(银行向中央银行借准备金的利率)、改变法定准备金率(银行根据其存款量必须持有的准备金量)等。第六章提供了较为详细的介绍,此处不再赘述。

在短期内,货币供应量由中央银行决定,不随利率而改变。因此,在图 10-1 中,我们用一条垂直的货币供给线来表示货币供应量与利率的关系:当利率变化时,货币供应量保持不变。

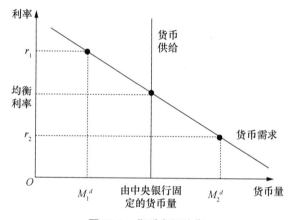

图 10-1　货币市场均衡

(二) 货币需求

1. 货币需求曲线向下倾斜

现在我们介绍流动性偏好中的货币需求。流动性是指资产转化为经济中交换媒介的难易程度。货币的流动性在所有资产中是最高的。这解释了货币需求的来源:人们需要使用货币购买商品和服务,因此需要持有货币。

流动性偏好理论强调利率对货币需求的影响。利率是持有货币的机会成本。为了讨论方便,我们假设人们在货币和含利息的债券中分配资产。实际上,含利息的资产多种多样,但这种简化不影响我们的讨论。当人们持有货币,而不是持有含利息的债券时,人们失去了持有债券可获得的利息回报。利率上升则增加了人们持有含利息的债券可获得的回报,促使人们不那么想持有货币,从而货币需求减少;反之,利率降低则减少了人们持有含利息的债券可获得的回报,促使人们更想持有货币,从而货币需求增加。因此,当利率高于均衡利率时,货币供大于求,银行体系愿意降低利率使人们持有货币,直至货币市场均衡;当利率低于均衡利率时,货币供不应求,银行体系愿意提高利率使人们持有债券,直至货币市场均衡。如图 10-1

所示,货币需求曲线表现了货币需求与利率的关系,向右下方倾斜;利率越大,货币需求越小。

2. 货币市场均衡

根据流动性偏好理论,利率调整可以使货币市场供需均衡,即在均衡利率水平下,货币市场的需求和供给恰好相等。在不均衡利率水平下,人们会重新调整其资产组合(持有的货币和其他资产),直至货币市场均衡。

如图 10-1 所示,当利率高于均衡利率时,即在图中的 r_1 水平,货币需求 M_1^d 小于货币供给。此时,人们会将货币存入银行赚取利息。而银行对货币超额供给的反应是降低利率,从而降低成本。在利率降低的过程中,人们持有货币的成本随之降低。当利率降至均衡利率时,货币市场中的需求和供给相等。反之,当利率低于均衡利率时,即在图中的 r_2 水平,货币需求 M_2^d 大于货币供给。此时,人们想出售债券以持有货币。当人们减少债券的持有量,债券发行者与银行发现它们只有以更高的利率才能吸引人们持有债券时,它们会选择提高利率。在利率提高的过程中,人们持有货币的成本随之升高。当利率升至均衡利率水平时,货币市场的需求和供给相等。

由此,货币市场的供需均衡决定了均衡状态下的利率水平。

二、货币政策对总需求的影响

(一) 物价变动如何影响总需求

上文中我们讨论了流动性偏好理论,解释了利率由货币市场的供需均衡决定。现在我们进一步解释利率效应,即物价变动如何通过利率影响总需求。物价发生变动依次会影响货币需求、均衡利率,最终影响总需求。

如图 10-2 所示,当物价从 P_1 上升至 P_2 时,人们需要支付更多的货币购买和以往同样数量的商品或服务,这增加了既定利率水平下的货币需求。因此,货币需求曲线外移,从 M_1^D 移动至 M_2^D。然后,在货币供给不变的条件下,当货币需求增加时,均衡利率需从 r_1 上升至 r_2,以降低货币需求,使货币市场的供需均衡。最后,均衡利率的上升影响总需求。因为利率的上

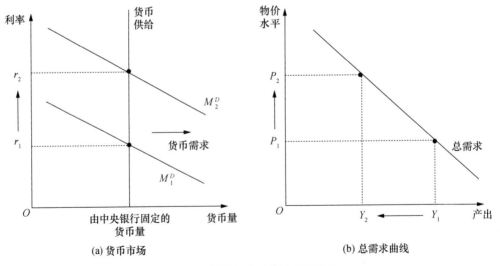

图 10-2 物价上升对总需求的影响

升增加了借贷的成本与储蓄的收益,从而抑制了投资需求,例如借贷买房者减少了,借款投资建厂者也减少了,家庭与企业的投资均受到影响。综上所述,当物价从 P_1 上升至 P_2 时,总需求从 Y_1 减少至 Y_2。

同样的逻辑也适用于物价下降时的分析。当物价下降时,货币需求减少,均衡利率降低,从而投资需求增加,总需求上升。总体而言,物价对总需求的影响经历三步:第一步是物价影响货币需求,第二步是货币需求影响均衡利率,第三步是利率影响投资需求乃至总需求。

(二) 货币供给变动如何影响总需求

上文中我们讨论了物价变动如何通过利率效应影响总需求,此时总需求曲线不发生移动。而现在我们要讨论的是货币政策对总需求的影响。如图 10-3 所示,货币供给的增加使货币供给曲线从 M_1^s 外移至 M_2^s,为了使人们持有中央银行的超额货币供给,均衡利率从 r_1 下降至 r_2,货币市场重新均衡。利率的下降降低了借贷成本和储蓄收益,从而刺激了投资需求,进而总需求从 Y_1 增加至 Y_2。因此,在既定物价水平下,中央银行增加货币供给降低了均衡利率,促进了投资增长,从而增加了总需求。反之,中央银行减少货币供给提升了均衡利率,投资需求受到抑制,从而减少了总需求。这也是扩张性(增加货币供给)或紧缩性(减少货币供给)货币政策对总需求的影响渠道。由此,我们能够理解中央银行如何通过货币政策影响总需求。

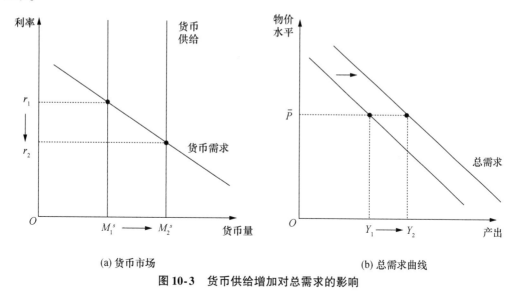

(a) 货币市场　　　　　　　　　　　(b) 总需求曲线

图 10-3　货币供给增加对总需求的影响

相关资料
货币政策传导机制与"流动性陷阱"

在本节中,我们讨论了利率的变动会影响总需求,因此货币供给变化会通过利率的变动传导至总需求的变动。货币政策传导机制是学术界与政策界的关注重点。如果名义利率为零,那么中央银行还能够采用增加货币供给的方式成功刺激总需求吗?"流动性陷阱"指的就是当利率下降为零时,货币政策可能不再有效的现象。

中央银行的公开市场操作影响的是短期利率。当短期名义利率已为零时,人们在银行的存款获利为零,持有现金与持有债券产生的回报相同。当中央银行购买政府债券时,释放出的流动性进入商业银行体系,但无法再降低名义利率。即使在零的边际上降低利率,投资需求对利率的微小变动也不敏感。此时,人们宁愿以现金或储蓄的方式持有资产,而不愿意进行投资;商业银行无法借贷给个人或企业,转而增加其在中央银行的超额准备金。货币就像进入了"陷阱"中,释放再多的流动性也无法刺激经济。在20世纪30年代的大萧条和2008—2009年的金融危机时期,美国均出现过"流动性陷阱"。

然而,另一些经济学家怀疑"流动性陷阱"是否适用。因为即使名义利率为零,如果存在通货膨胀,那么真实利率也可以降为负数,以刺激投资需求。日本是世界上出名的低利率国家之一。我们可以通过中国与日本的年均存款利率对比,对两国的利率水平有直观的了解。此处存款利率指的是商业银行的存款利率。从图10-4中可以看出,2007年后日本的存款利率逐渐下降,在2017年降至0.3%左右;而中国的存款利率波动较大,在2017年降至1.5%。实际上,2016年1月,日本中央银行宣布降息至 -0.1%[①],如果银行把超额准备金放在中央银行,那么将会被中央银行收费。这一政策旨在通过负利率鼓励银行放出贷款,引导经济走出通货紧缩。除日本中央银行外,瑞典、丹麦等多家欧洲中央银行也因经济低迷而实行负利率政策,然而经济提振效果十分有限。表10-1展示了2020年2月中国、美国、欧洲和日本的中央银行利率,其中日本的中央银行利率为负,而欧洲中央银行的利率为零。

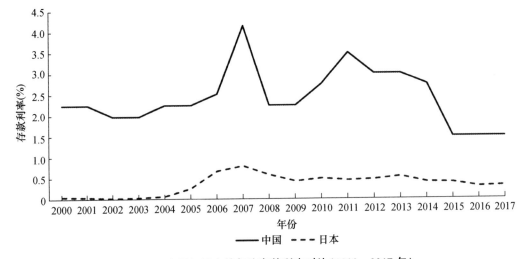

图10-4 中国与日本的年均存款利率对比(2000—2017年)

资料来源:世界银行。

注:世界银行的该项指标中日本数据仅到2017年。

表10-1 2020年2月各经济体中央银行利率

国家	利率
中国	4.050%
美国	1.750%
欧洲	0.000
日本	-0.100%

资料来源:www.global-rates.com。

注:此处指银行向中央银行贷款的利率。

---

① 此处指超额准备金账户。

如果短期基准利率已无下降空间,那么为了提振经济走出通货紧缩,中央银行还能怎样做呢？正如美国经济学家本·伯南克(Ben Bernanke)所建议的,其他手段包括购买长期国债,甚至风险较高的抵押贷款(MBS)和公司债券,进而降低这类贷款的利率。2008—2009年,美联储就采取了这些措施。如果货币政策还不奏效,那么政府还可能通过扩张性的财政政策以刺激经济。

人们担心"流动性陷阱"的发生是因为担心货币政策难以传导至实体经济。在中国,监管约束和预算软约束使得中国市场的传导效率不高,比如一些企业,尤其是国有企业可能对利率的变化并不敏感,因为如有债务还不起,可能有政府为其背书。2019年年初,有学者认为中国货币政策的传导路径并不畅通:始于2017年的严厉的金融监管政策、"一刀切"对影子银行的打压措施,以及去杠杆与房地产调控等政策,使得货币政策传导受阻。在此背景下,基础设施投资和房地产投资增速在2018年明显降低,甚至在一段时间内为负数,中国经济下行压力较大。面对这一困境,调整金融监管政策与土地供给政策,满足地方政府的合理融资需求,可能会帮助缓解实体经济融资难的问题。

资料来源:
[1] 日本央行意外宣布负利率政策[EB/OL].(2016-01-29)[2021-05-10].http://www.xinhuanet.com/world/2016-01/29/c_1117938705.htm。
[2] 马骏,施康,王红林,王立升.利率传导机制的动态研究[J].金融研究,2016(1):31-49。
[3] 李波.中国的货币政策传导的最新证据[M]//白重恩,等.中国经济的定力.北京:中信出版社,2019:256-274。
[4] 徐高.流动性陷阱与两难的央行[J].中国经济报告,2019(1):32-37。

第二节 中国的货币政策

一、中国货币政策的目标与工具

(一) 中国货币政策的目标

1. 最终目标是保持货币币值的稳定

原则上,中国货币政策的最终目标是保持货币币值的稳定,并以此促进经济增长。①其中,保持货币币值的稳定有两层含义:一是对内保持物价稳定,二是对外保持汇率基本稳定。② 图10-5展示了2000—2018年中国居民消费价格指数和人民币对美元汇率的变化情况,由图可知,中国居民消费物价指数自2000年以来呈稳定上升趋势;人民币对美元汇率总体呈下降(即人民币对美元升值)趋势,在2016年以后有微弱上升(即人民币对美元贬值)趋势。

---

① 详见《中华人民共和国中国人民银行法》第三条。
② 参见易纲.中国的货币政策框架[M]//白重恩,等.中国经济的定力.北京:中信出版社,2019:227-251。

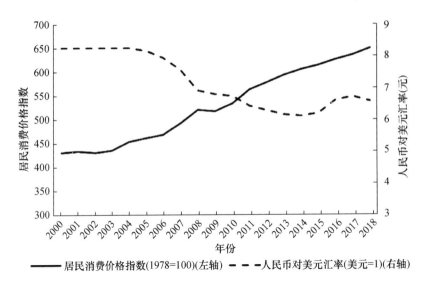

图 10-5　中国居民消费价格指数和人民币对美元汇率(2000—2018 年)
资料来源:国家统计局。

2. 实践中包括多重目标

实践中,中国货币政策的目标包括促进就业、国际收支平衡和金融稳定等多重目标[①],不同时期的侧重点也不同。我们以促进就业为例,看一看货币政策目标的变化情况。图 10-6 展示了 2000—2018 年中国城镇登记失业率与就业人数,由图可知,2000—2003 年,中国城镇登记失业率上升,随后在 4% 左右变动,2018 年为 3.8%;同时,就业人数不断上升,到 2018 年达到 7.6 亿人。

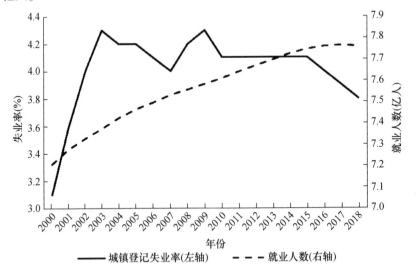

图 10-6　中国城镇登记失业率与就业人数(2000—2018 年)
资料来源:国家统计局。

---

① HUANG Y, GE T, WANG C. Monetary policy framework and transmission mechanism[M]// AMSTAD M, SUN G, WANG C. The handbook of China's financial system. New Jersey: Princeton University Press, 2020:38-62。

(二) 货币政策的工具与中介目标

那么,中央银行用什么工具来实现其最终目标呢?在第六章中,我们讨论了货币政策的工具,包括公开市场操作、法定准备金率等。这些工具主要通过改变中央银行的资产负债表,进而改变商业银行的资产负债表,最终影响总需求。中央银行在执行货币政策时,通常首先影响货币供给与利率等变量,进而影响投资与产出等目标。因此货币供给与利率又被称为货币政策的中介目标。货币供给属于数量指标,而利率标记货币的价格,属于价格指标。

在现实经济中,各国的经验表明,广义货币供应量(M2)与实体经济的相关性会随着经济发达程度的上升而下降。因此,中国在2012年引入了社会融资规模作为参考中介目标。① 图10-7显示了2016—2018年月度制造业城镇新建固定资产投资完成额、货币供应量(M2)、社会融资规模的同比增速。制造业城镇新建固定资产投资完成额体现了实体经济运行的一个方面。如果我们分别计算2016—2018年月度货币供应量(M2)同比增速、社会融资规模同比增速这两个指标与制造业城镇新建固定资产投资完成额同比增速的相关系数,那么我们会发现相关系数绝对值均超过0.2。

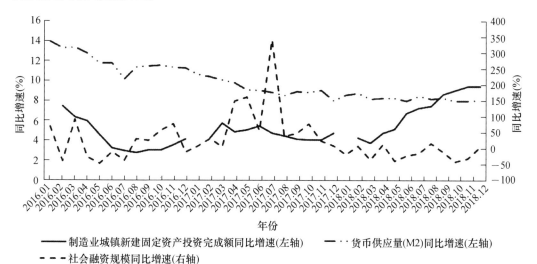

图10-7 月度制造业城镇新建固定资产投资完成额、货币供应量(M2)、
社会融资规模同比增速(2016—2018年)

资料来源:国家统计局、中国人民银行。

二、中国货币政策的框架与应用

(一) 货币政策的框架:逐步从以数量调控为主向以价格调控为主转变

2018年3月,中国人民银行行长易纲表示,**中国将推动货币政策调控从数量型工具向价格型工具转变**。那么,数量型工具和价格型工具分别是什么?为什么我们需要从数量型工具

---

① 这一指标衡量的是一定时期内实体经济从金融体系获得的资金,包括贷款、债券、股票、信托等。

调控转向价格型工具调控呢?这是本部分要探讨的问题。

按照中央银行关注的是数量型还是价格型中介目标,我们将调控框架分为数量型调控框架和价格型调控框架,分别简称数量调控和价格调控。

1. 数量调控

数量调控是指中央银行通过调整法定准备金率、公开市场操作、再贷款和再贴现等数量指标直接调控基础货币,从而影响货币总量。数量调控的政策工具即为数量型工具,是指控制货币供给的工具,包括上述调整法定准备金率、公开市场操作、再贷款和再贴现等。随着金融市场改革的进一步深化,货币供应量(M2)的影响因素日趋复杂,其与实体经济的相关性逐渐减弱。此时,我们应将关注点转向价格调控。然而,中国货币政策的价格调控机制仍在不断完善中,多年来,数量调控仍然是中央银行主要的调控方式。①

2. 价格调控

价格调控是指中央银行通过调控利率等价格指标影响货币供给的调控方式。价格调控的政策工具即为价格型工具,包括利率、汇率等。其中,对利率的调控是货币政策中价格调控的重要方式。利率代表了货币的借贷成本,标记了货币的价格。然而,中国存在预算软约束等问题,如有些国有企业可能对利率的变化并不敏感,因为其自信有政府"兜底"。因此,中国的利率传导机制尚在不断完善中,此时数量调控仍然发挥着重要作用。随着中国利率市场化改革的深化,利率传导机制不断完善,价格调控,即对利率的调控,在货币政策中的地位日益凸显。

图10-8展示了2000—2018年中国年均存款利率与贷款利率的变化。2000年,中国存款利率为2.25%,上升至2007年的4.14%后整体呈下降趋势,到2018年下降至1.5%;同期,中国贷款利率呈现相似的变化,2000年为5.58%,2007年上升至7.47%,之后下降至2018年的4.35%。存贷款利率的整体下降趋势从侧面反映了中国利率市场化改革的进程。下文我们将对中国的利率市场化改革进行详细的介绍。

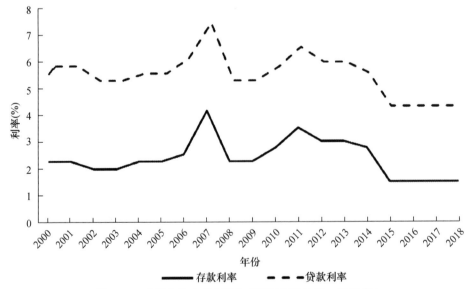

图10-8 中国年均存款利率与贷款利率(2000—2018年)

资料来源:世界银行。

---

① 参见李波.构建货币政策和宏观审慎政策双支柱调控框架[M].北京:中国金融出版社,2018。

有效的货币政策调控方式需要以健全的传导机制为基础,目前中国的利率传导机制尚在不断完善中,其中最重要的改革之一就是利率市场化改革。利率市场化并不意味着中央银行不再管理利率[①],而是采取更加市场化的基准利率报价机制。2012年,中国明确了利率市场化的基本原则为"放得开、形得成、调得了"。[②] 2015年,中国取消了存贷款利率的浮动限制,完成了"放得开"部分的改革。目前,中国的改革主要在"形得成"和"调得了"这两方面,致力于完善市场化利率的形成、调控和传导机制。[③]

相关资料
中国的利率市场化改革

2015年,中国存贷款利率限制均已取消,利率市场化改革基本完成;2019年,中国提出稳妥推进利率"两轨合一轨";2020年,中国提出完善贷款市场报价利率传导机制。如图10-9左侧标注,总体而言,中国的利率市场化改革如果按照改革对象分类,则可大致分为银行间利率市场化(如银行间拆借利率和债券市场利率)、存贷款利率市场化、基准利率体系建设、完善货币政策传导机制四个阶段;如果按照时间分类,则可大致分为金融市场利率市场化、稳步放开利率管制与加快推进三个阶段。

2000年之前,中国处于金融市场利率市场化阶段。1993年,中国确立了利率市场化的改革目标;1996年,中国放开银行间同业拆借市场利率管制;90年代后期,中国逐步放开金融机构贷款利率;到2000年左右,中国基本完成了金融市场的利率市场化,如货币市场与债券市场。

2000—2012年,中国稳步放开利率管制。[④] 2004年4月,中国存款利率下限和贷款利率上限基本放开;2007年,作为中国货币市场基准利率的上海银行间同业拆借利率(SHIBOR)正式投入运行。

2012年之后,中国加快推进利率市场化。2013年,中国进一步明确了加快利率市场化的改革要求,同年7月,放开金融机构贷款利率管制;2015年10月,中国取消存款利率的上限管制,利率市场化改革基本完成;2018年4月,易纲表示,中国正持续推进利率市场化改革,但仍存在利率"双轨制":一方面,存贷款仍有基准利率;另一方面,货币市场利率完全由市场决定。

资料来源:
[1] 张晓慧.中国货币政策[M].北京:中国金融出版社,2012。
[2] 纪敏.中国利率市场化改革历程[M]//陈元,黄益平.中国金融四十人看四十年.北京:中信出版社,2018:336。

---

① 参见徐忠.经济高质量发展阶段的中国货币调控方式转型[D].中国人民银行,2018。
② 参见《金融业发展和改革"十二五"规划》。
③ 同上。
④ 2002年,中国人民银行在《2002年中国货币政策执行报告》中公布了中国存贷款利率改革的总体思路——"先外币、后本币;先贷款、后存款;先长期、大额,后短期、小额"。

阶段	时间	事件
银行间利率市场化	1993年	党的十四届三中全会正式确立了利率市场化的改革目标
	1996年	正式放开银行间同业拆借市场利率管制，标志着中国利率市场化改革的开始
	1997年	放开银行间债券回购利率
	1998年	放开贴现与转贴现利率；国家开发银行在银行间债券市场首次市场化发债
	2000年	放开外币贷款利率和300万美元以上的大额外币存款利率
存贷款利率市场化	2002年	统一中、外资金融机构外币利率管理政策
	2004年1月	再次扩大金融机构贷款利率浮动区间
	2004年4月	基本放开人民币存款利率下限和贷款利率上限，实行以利差管理为主的利率管理模式
	2005年3月	放开金融机构同业存款利率
基准利率体系建设	2007年1月	上海银行间同业拆借利率（SHIBOR）正式投入运行
	2008年10月	扩大了按揭贷款利率下浮空间
	2012年6月	进一步扩大利率浮动区间。存款利率浮动区间的上限调整为基准利率的1.1倍；贷款利率浮动区间的下限调整为基准利率的0.8倍
	2012年9月	明确将"放得开、形成得、调得了"作为利率市场化的改革原则
	2013年11月	党的十八届三中全会进一步明确了加快利率市场化的改革要求
	2013年7月	全面放开金融机构贷款利率管制
	2014年11月	扩大存款利率浮动上限至1.2倍
	2015年5月	扩大存款利率浮动上限至1.5倍
完善货币政策传导机制	2015年10月	取消了存款利率的上限管制。至此，金融机构贷款和存款利率管制均取消，中国利率市场化改革基本完成
	2015年11月	中国人民银行工作论文提出构建"利率走廊"的路线图
	2018年4月	中国人民银行行长易纲表示，中国正持续推进利率市场化改革，但仍存在利率"双轨制"
	2019年1月	中国人民银行工作会议提出要稳妥推进利率"两轨并一轨"，完善市场化利率的形成、调控和传导机制
	2020年1月	中国人民银行工作会议提出继续深化利率市场化改革，完善贷款市场报价利率传导机制

图 10-9 中国利率市场化改革大事记

资料来源：作者根据新闻与政府文件整理。

注：左侧如银行间利率市场化等进程标注仅表示大致时间范围，部分改革至今仍在进行。

在中国货币政策从数量调控向价格调控转型的过程中，如何采用市场化的方式调控货币的价格（即利率）是一个重要的问题。2015年11月，中国人民银行工作论文提出构建"利率走廊"的路线图。[①] 利率走廊是价格调控框架下控制市场利率波动的方式。市场利率的重要指标之一是银行间存款类机构以利率债为质押的7天期回购利率（DR007）。利率走廊的上限是中国人民银行对商业银行发放贷款的利率，即常备借贷便利（Standing Lending Facility，SLF）利率，下限是商业银行在中国人民银行存款的利率，即超额准备金利率。而市场利率就

---

① 参见牛慕鸿，等．利率走廊、利率稳定性和调控成本[D]．中国人民银行，2015年。

在 SLF 利率和超额准备金利率之间浮动,由 SLF 利率和超额准备金利率确定的浮动空间即为**利率走廊**。利率走廊的调控方式不需要中国人民银行进行频繁的公开市场操作,中国人民银行只需要调控利率走廊的上下限即可,因此降低了货币政策调控的成本,也有利于形成稳定的预期。

如图 10-10 所示,2016—2018 年,中国超额准备金利率均为 0.72%,市场利率高于超额准备金利率,否则商业银行就有动力将钱存入中国人民银行,而不是借贷出去赚取利息;同时,市场利率低于 SLF 利率,否则商业银行就可以向中国人民银行借款。中国人民银行通过调控 SLF 利率和超额准备金利率,将市场利率水平控制在上下限之间。

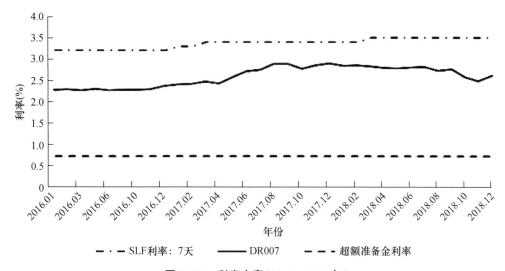

图 10-10 利率走廊(2016—2018 年)

资料来源:中国人民银行、Choice。

(二)党的十九大:建立货币政策和宏观审慎政策"双支柱"调控框架

1. 宏观审慎政策的背景

党的十九大报告提出,要建立货币政策和宏观审慎政策"双支柱"调控框架。为什么我们要在货币政策之外加入宏观审慎政策?这是现在我们要探讨的问题。

传统的货币调控框架的核心是货币政策,主要关注经济周期,且认为价格能够实现有效的资源配置,物价稳定可以在很大程度上代表经济稳定。因此,货币政策通过逆周期调节来平抑经济周期、稳定物价。然而,在实际中,即使物价稳定(以 CPI 为指标),资产价格和金融市场也可能波动很大。①

同时,将货币政策调控分为数量调控和价格调控,也有其局限性。例如,中央银行确定的数量可能并不符合市场规律,在城市之间的分配也可能并不合适,存在寻租空间和腐败可能;

---

① 如在 2008 年全球金融危机之前,全球的 CPI 涨幅较为稳定,但初级产品价格和 MSCI 全球股指上涨超过 90%,美国大中城市的房价增长达 50%,显现了巨大的风险。MSCI 全球股指是摩根士丹利资本国际公司(Morgan Stanley Capital International)编制的证券指数,指数范围涵盖全球,为欧美基金经理人对全球股票市场投资的重要参考指数。

另外,价格调控的效率可能并不高,尤其是当利率传导机制尚未完善之时。因此,单以货币政策调控经济难以防范系统性风险。①

此外,不同市场的经济周期可能并不相同,当有的市场过热时,其他市场可能还较冷。而且,房地产市场等资本市场较容易加杠杆,即用较少的钱买到价值更高的东西,例如在一些城市,购房首付比例为20%,购房者只需支付20万元就能获得价值100万元的房产,此时提供杠杆的是银行。这些现象使得针对整体经济的利率或货币供给的货币政策难以有效调控经济。此时,我们需要建立货币政策和宏观审慎政策"双支柱"调控框架,二者相互补充:货币政策的主要目的是保持货币币值的稳定,并以此促进经济增长;而宏观审慎政策的目的主要是维护金融稳定、防范系统性风险②,侧重于金融系统本身。

2. 宏观审慎评估体系

宏观审慎政策具体是什么呢?宏观审慎政策其实并不是一个新的概念,但在2008年全球金融危机爆发后,国际社会才开始重视宏观审慎政策,着力于防范系统性风险。宏观审慎政策的体系仍在不断发展中。中国人民银行也较早开始探索宏观审慎政策。③ 2009年下半年,人民币贷款快速增长,中国人民银行提出应根据宏观审慎框架设计新的逆周期措施。2010年9月,巴塞尔银行监管委员会④对《巴塞尔协议Ⅲ》达成共识,提出提高资本充足率、加强流动性管理等要求,加强防范系统性风险。2010年11月,各国对宏观审慎政策的概念达成共识:**宏观审慎政策**是指利用审慎性工具防范系统性风险,避免实体经济遭受冲击的政策。⑤

2011年,中国人民银行引入差别准备金动态调整措施,要求金融机构信贷扩张程度与其资本充足水平匹配,防止过度加杠杆。2016年,差别准备金动态调整机制升级为**宏观审慎评估体系(Macro Prudential Assessment,MPA)**。

MPA即中国人民银行在季末对商业银行等金融机构的资产进行考核,重点考虑七个方面的内容(如表10-2所示)。其中,资本和杠杆情况是核心考核项之一。⑥

表10-2　宏观审慎评估体系(MPA)的具体评估指标

七个方面	对应指标
资本和杠杆情况	资本充足率、杠杆率
资产负债情况	广义信贷、委托信贷、同业负债
流动性	流动性覆盖率、净稳定资金比例、遵守准备金制度情况
定价行为	利率定价
资产质量	不良贷款率、拨备覆盖率
跨境融资风险	跨境融资风险加权余额
信贷政策执行	信贷政策评估结果、信贷政策执行情况、央行资金运用情况

资料来源:金融监管研究院。
注:MPA包含指标未来可能随改革而发生变化。

---

① 系统性风险是指多种外部或内部因素长期积累,但未被发现或重视,导致整个系统的参与者集体抛售或企业倒闭的风险。
② 参见易纲.中国的货币政策框架[M]//白重恩,等.中国经济的定力.北京:中信出版社,2019:227-251。
③ 2009年,美国和欧盟相继宣布建立宏观审慎监管体系。
④ 由27个国家银行业监管部门和中央银行高级代表组成。
⑤ 于G20峰会上达成共识。参见李波.构建货币政策和宏观审慎政策双支柱调控框架[M].北京:中国金融出版社,2018。
⑥ 2017年,中国人民银行将表外理财纳入广义信贷范围;2018年,又将同业存单纳入广义信贷范围,旨在加强风险管理。广义信贷是指相对传统贷款而言的更大范围的信贷指标。

中国人民银行根据 MPA 对商业银行进行考核,得分较高的商业银行可以获得较高的法定存款准备金利率以及在金融债券发行审批等方面的奖励性措施,得分较低的商业银行则将面临较低的法定存款准备金利率的约束。具体而言,MPA 评分分为 A、B、C 三档。评分为 A 档的商业银行将享受 1.1—1.3 倍的法定准备金利率奖励,还有其他再贴现、金融债券发行审批等方面的奖励①;评分为 B 档的商业银行保持正常的法定存款准备金利率;评分为 C 档的商业银行将面临 0.7—0.9 倍法定存款准备金利率的约束。

(三) 货币政策如何应对实体经济问题

货币政策能够帮助我们应对实体经济中出现的许多问题,以下以民营企业融资难、基础设施投资降速两方面为例,阐释中国货币政策的作用。②

1. 应对民营企业融资难问题

民营企业融资难是中国经济运行中一直存在的重要问题。一般而言,企业融资可通过信贷、债券、股权等渠道,但民营企业在这些渠道中的融资情况均不理想。2018 年前 8 个月,中国 22 家债券违约的企业中,80% 是民营企业。③ 这也反映出贷款给民营企业风险较高的现状,导致民营企业融资困难。针对这一问题,自 2018 年以来,中国人民银行设计了信贷、债券、股权三方面的政策支持。

第一,增加民营企业的信贷。2018 年 4 月和 6 月,中国人民银行两次对商业银行的普惠金融领域实施全面定向降准,降准幅度分别达到 1 和 0.5 个百分点,释放流动性达千亿级。中国人民银行还通过提高再贷款和再贴现额度等方式支持民营企业的信贷融资。2018 年 6 月和 10 月,为应对民营企业和小微企业融资难问题,中国人民银行两次提高再贷款和再贴现额度,累计增加 3 000 亿元。2019 年,中国进一步提出对小微企业贷款应增长的要求④;同年 4 月的国务院常务会议提出,小微企业信贷综合融资成本应在 2018 年的基础上再降低 1 个百分点。

第二,为债券提供贷款违约保险(CDS),让民营企业能够顺利通过债券融资,降低投资者的风险;同时,保证债券收益率和保险费率的市场化定价。如果民营企业发债失败,那么信息传播到市场上对其股价会产生负向影响,从而进一步影响其贷款能力。因此,让民营企业顺利发债是解决其融资难问题的手段之一。

第三,设立民营企业股权融资支持工具。中国人民银行提供初始资金,带动金融机构与社会资本,为民营企业和小微企业提供融资支持。

2019 年,中国进一步出台 26 条具体举措,从市场环境、政策环境、法治环境、改革创新、规范健康发展、政商关系等方面,助力民营经济进一步发展,包括减税降费、银行信贷支持、鼓励股票和债券发行、健全融资增信体系等重要举措。⑤

2. 应对基础设施投资降速问题

自 2016 年以来,中国经济增长总体较为平稳,但经济下行压力增大,2016 年、2017 年委托贷款和信托贷款(同属社会融资规模)存量增速在上升,但在 2018 年后这两种贷款存量增速持续下降,2018 年年底后更是降为负值。同时,基础设施投资增速和贷款总和增速十分相关,因为部分基础设施投资需要依靠贷款融资。在 2018 年贷款总和增速下降后,我们在图

---

① 如优先发放支农支小再贷款、再贴现,优先金融市场准入及各类金融债券发行审批,金融创新产品先行先试。
② 参见易纲.中国的货币政策框架[M]//白重恩,等.中国经济的定力.北京:中信出版社,2019:227-251。
③ 同上。
④ 2019 年《政府工作报告》要求当年国有大型商业银行小微企业贷款增长 30% 以上。
⑤ 参见 2019 年 12 月 4 日发布的《中共中央 国务院关于营造更好发展环境支持民营企业改革发展的意见》。

10-11中画出基础设施投资中占比较大的道路运输业固定资产投资完成额同比增速,就会发现其增速随两种贷款存量增速的变化而同向变化。针对这些宏观经济中的现象,同时为了支撑实体经济的发展,中国人民银行在2018年进行了货币政策的微调:4次下调法定存款准备金率,释放资金合计3.65万亿元。① 2019年后,两类贷款存量增速开始缓慢上升,同时道路运输业固定资产投资完成额增速也缓慢上升。

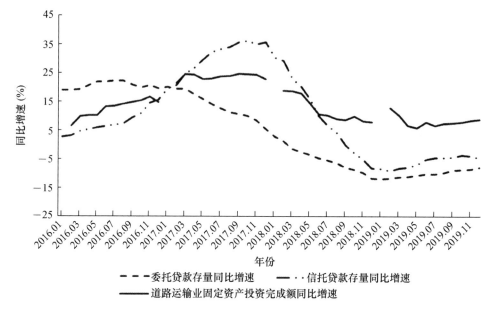

图10-11 中国道路运输业固定资产投资完成额、委托贷款存量和信托贷款存量同比增速(2016—2019年)
资料来源:国家统计局、Choice。
注:投资完成额在1月数据为空,因为处于春节期间,该项在1月一般不汇报数据。

第三节 中央银行体制与货币政策的发展历程

中央银行利用货币政策调控经济,那么中央银行又是如何形成的呢?中国的货币政策又经历了怎样的发展?实际上,中央银行体制的变化也伴随着中国货币政策调控框架的变化。在计划经济时期,中国使用信贷规模管理,直接控制信贷规模来调控经济;而当中国逐步向市场化经济体制改革时,货币政策调控框架也逐步从直接调控转向了间接调控。现在,我们先来看中央银行是如何形成的,在中央银行体制变化的过程中,中国货币政策调控框架又是如何随之改变的。

---

① 参见易纲.中国的货币政策框架[M]//白重恩,等.中国经济的定力.北京:中信出版社,2019:227-251。

一、中央银行体制溯源

中国中央银行体制的建立与变化大致经历了国家银行体系的建立、从国家银行过渡到中央银行体制、现代中央银行体制的逐步完善三个阶段。

（一）国家银行体系的建立（1979年之前）[①]

1. 1948年组建中国人民银行

中国人民银行的历史可以追溯到中华人民共和国成立以前。从土地革命（1927—1937年）到中华人民共和国成立（1949年）之前，人民政权被分割在彼此不能连接的区域。各根据地建立了相对独立、分散管理的根据地银行。1948年12月，以华北银行为基础，合并北海银行、西北农民银行，在河北省石家庄市组建了中国人民银行，并发行了人民币。

2. 1949年赋予中国人民银行国家银行的职能

1949年2月，中国人民银行从石家庄市迁至北平。1949年9月，中国人民政治协商会议赋予中国人民银行国家银行职能[②]。到1952年，中国人民银行建立了垂直领导的组织体系。同时，中国人民银行制止了国民党政府遗留下的长达十余年的恶性通货膨胀，促进了中华人民共和国成立初期的金融稳定。

3. 1953年建立综合信贷计划管理体制

1953年，中国建立了综合信贷计划管理体制，由中国人民银行掌管全国信贷，实行"统存统贷"。这种高度集中的银行体制，为中国计划经济时期的经济建设提供了服务。

（二）从国家银行过渡到中央银行体制（1979—1993年）

1979年1月，中国恢复成立中国农业银行[③]，以扶植农村经济的发展。同年3月，为了适应对外开放的新形势和国际金融业务的需求，中国银行成为国家指定的外汇专业银行；同时，国家外汇管理局建立，外汇管理体制改革起步。

从1984年起，中国人民银行专门行使中央银行职能。同年，新设中国工商银行，承担中国人民银行过去管理的工商信贷和储蓄业务。其后，中国人民银行逐步向市场经济体制方向前进。1985年，金融体制改革内容正式列入"七五"计划建议中。[④]

（三）现代中央银行体制的逐步完善（1993年至今）

1. 1993年金融体制改革的决定

1993年，国务院发布《关于金融体制改革的决定》，强调中国人民银行的金融调控、监管和服务职责，并组建国家开发银行、中国农业发展银行、中国进出口信贷银行三家政策性银行。其目标包括建立国务院领导下、独立执行货币政策的中央银行宏观调控体系，并建立以国有商业银行为主体、多种金融机构并存的金融组织体系。

[①] 参见中国人民银行官网历史沿革中的说明。
[②] 当时，中国人民银行接受财政经济委员会的指导，职能包括发行国家货币、经理国家国库、管理国家金融、稳定金融市场、支持经济恢复和国家重建。
[③] 其前身可追溯至1951年成立的农业合作银行。
[④] 参见刘鸿儒. 我国中央银行体制的形成[J]. 中国金融,2013(23):21-23。

2. 1995 年确立中国人民银行的中央银行地位

1995 年,《中华人民共和国中国人民银行法》通过,确立了中国人民银行的中央银行地位,中央银行体制向法制化、规范化发展。1998 年,中国人民银行设立跨省区分行。1998 年 1 月,国有商业银行的贷款限额控制取消,货币政策从直接调控向间接调控转型。①

3. 2003 年中国人民银行职能的重新表述

2003 年,中国人民银行的监管职能分离,成立中国银行业监督管理委员会。② 同年 12 月,中国人民银行的职能重新表述③,强化了制定和执行货币政策的相关职能,转换了宏观调控的方式(从直接调控转变为监测风险),增加了反洗钱和管理信贷征信业的职能。

4. 2019 年建设现代中央银行制度

2018 年 3 月,易纲表示,中国将推动货币政策调控从数量型工具向价格型工具转变。2019 年 11 月,中国提出**建设现代中央银行制度**④,完善基础货币投放机制,健全基准利率和市场化利率体系。中国人民银行表示,将建设现代中央银行制度,健全具有高度适应性、竞争力、普惠性的现代金融体系;另外,将进一步增强金融业的治理能力,及时防范和化解各类风险,促进金融业的持续健康发展。

二、中国货币政策的变化历程

从 1978 年改革开放到 2000 年之前,中国经历了多次通货膨胀与经济过热;在 2000 年之后,中国的经济过热越来越多地表现为以房地产为例的资产价格膨胀和资产负债表的杠杆化。中国宏观经济问题的转变体现了中国改革进程的变化:在商品和一般服务领域改革较为全面,消除了短缺特征,但在资本要素市场上改革进展缓慢,产生资本的过度聚集。⑤ 随着宏观经济问题的变化,中国宏观调控中的货币政策调控框架也不断演变完善,从直接调控到间接调控,再到建立货币政策和宏观审慎政策"双支柱"调控框架;同时,随着宏观经济问题的变化,货币政策的取向也在宽松、紧缩、稳健等状态之间转变。

本部分我们梳理中国经历的主要宏观经济问题与货币政策应对措施,展现中国货币政策的变化历程。

(一)入世前的货币政策:适度从紧到稳健(1984—2001 年)

在入世之前,中国曾多次出现通货膨胀,实际上,东欧社会主义国家在转轨时期也曾多次出现通货膨胀。为什么社会主义经济转型过程中容易出现通货膨胀呢?主要原因有三:第一,雅诺什·科尔奈(János Kornai)⑥提出的计划经济的短缺性质体现为商品供应不足,同时,工业化进程又常常伴随着货币供应量大幅增加,这两种因素使得通货膨胀压力始终存在;第二,转型期间,政府需要补偿旧制度下的利益受损者,财政支出有增长动力;第三,改革初期,

---

① 当时,在调控方式上,中国主要使用存款准备金率、公开市场操作和利率等间接货币政策工具。
② 按照党的十六届二中全会通过的《关于深化行政管理体制和机构改革的意见》和十届全国人大一次会议批准的国务院机构改革方案。
③ 参见《中华人民共和国中国人民银行法(修正案)》。
④ 参见中国共产党第十九届中央委员会第四次全体会议通过的《中共中央关于坚持和完善中国特色社会主义制度 推进国家治理体系和治理能力现代化若干重大问题的决定》。
⑤ 参见吴敬琏.中国经济改革进程[M].北京:中国大百科全书出版社,2018。
⑥ 科尔奈是匈牙利著名经济学家,他对中国改革思路有重要影响(详见下文的"巴山轮会议"案例),著有《短缺经济学》等。

宏观经济调控存在缺陷,通货膨胀现象难以被提前发现和抑制。① 当时,中国又是如何应对通货膨胀的呢？我们接下来逐一分析。

1. 应对1984年通货膨胀

1984年,中国人民银行与专业银行分开设立,中国人民银行专门行使中央银行职能。在加快经济管理体制改革的进程中,中国经济出现了全面过热,在投资、消费、信贷、物价等方面都出现了膨胀。1984年,中国居民消费价格指数(CPI)仅同比增长2.7%,但1985年增幅高达9.3%(1978—2019年中国居民消费价格指数、生产价格指数和零售物价指数如图10-12所示)。此次通货膨胀的背景是地方、企业自主权的扩大与旧的计划经济管理体制之间产生矛盾。这至少体现在信贷资金管理和企业工资奖金自主权两方面。

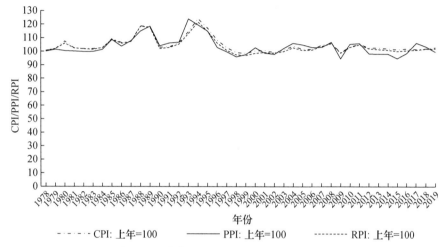

图10-12 中国居民消费价格指数(CPI)、生产价格指数(PPI)和零售物价指数(RPI)(1978—2019年)

资料来源:国家统计局。
注:PPI数据在1978年后可得。

1984年10月,为了提高信贷资金的使用效率,中国改革了信贷资金管理体制,实行分级管理,专业银行分行1985年贷款总额度一部分取决于1984年年底实际贷款的基数。这一要求使得各地银行为了做大实际贷款基数而在年底突击放款②,助长了通货膨胀。

同时,与信贷资金管理方法的变化类似,1984年中国在工资奖金上的管理也扩大了企业的自主权。1984年4月,作为"利改税"的第二步,为了打破发奖金中的平均主义、调动员工的积极性,国务院通知③取消奖金"封顶",赋予企业使用奖金的自主权。在具体办法上,1985年企业工资总额的浮动以1984年的实际数额为基数。④ 这导致1984年年底企业大量增发工资与奖金。在旧体制与新改革的多重因素冲突下,引发了通货膨胀。此外,中国1984年农业大丰收,但银行并未留足收购农产品的贷款,出现了粮食卖出难的问题,因此中国人民银行不得不增发现金。当时中国M2和工资总额的增速也印证了通货膨胀的趋势。如图10-13所示,1984年中国M2增速达到35%,工资总额增速在1984—1986三年间均超过20%。

---

① 参见吴敬琏.中国经济改革进程[M].北京:中国大百科全书出版社,2018。
② 当时"农行进城、工行下乡、建行下楼、中行上岸"的说法,描述的就是"四行争贷"的现象。
③ 参见1984年4月16日《国务院关于国营企业发放奖金有关问题的通知》。
④ 1985年1月5日《国务院关于国营企业工资改革问题的通知》明确对企业的工资制度进行改革,使企业工资和企业经济效益挂钩,同时规定企业工资总额以1984年工资总额为基数进行核定。

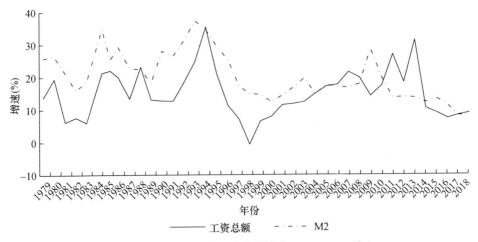

图 10-13 中国 M2 和工资总额增速(1978—2018 年)

资料来源:国家统计局、中国人民银行。

注:工资总额数据在 1978 年后可得。

1984 年 11 月,中国开始施行经济紧缩政策①,加强信贷管理,控制信贷投放、固定资产投资和财政预算支出。同期建立的中央银行制度与信贷资金管理制度为使用信贷政策治理通货膨胀创造了良好的条件。

1985 年 9 月 2—7 日,宏观经济管理国际研讨会召开②,为中国应对通货膨胀指出了方向。9 月下旬,中国提出了"七五"期间(1986—1990 年)经济和社会必须遵守的四条基本指导原则③,其中至少两条涉及稳定供需、防止攀比、控制固定资产规模等内容。如图 10-14 所示,到 1986 年,全社会固定资产投资完成额增速从 1985 年的 38.75% 回落至 22.7%,GDP 增速从 1985 年的 13.4% 回落至 8.9%。

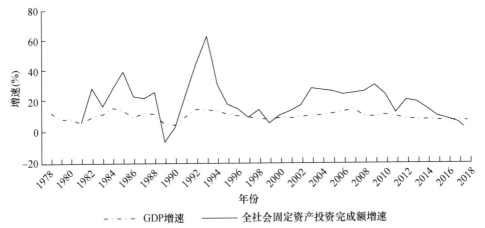

图 10-14 中国 GDP 增速和全社会固定资产投资完成额增速(1978—2018 年)

资料来源:国家统计局。

注:全社会固定资产投资完成额增速数据在 1981 年后可得。

---

① 参见 1984 年 11 月 13 日《国务院关于严格控制财政支出和大力组织货币回笼的紧急通知》。
② 此次会议由中国经济体制改革委员会、中国社会科学院与世界银行共同召开,在案例中我们详细介绍。
③ 参见《中共中央关于制定国民经济和社会发展第七个五年计划的建议》。

案例

巴山轮会议

1978年改革开放后,中国农村改革取得了一定的成效,改革重点逐渐从农村转向城市,这将触及计划经济,并改革国有企业,同时中国宏观经济调控也面临新的挑战。然而,中国的学者和政策制定者对市场经济的运转,特别是计划经济如何转向市场经济还十分陌生。因此,将中外经济学家聚集一堂讨论中国经济问题,是中国改革历程中的重要学习机会。这是"巴山轮会议"发生的大背景。

同时,1985年中国出现了经济过热,国内的学界与政界对如何应对产生了很大的争论。主张扩张性政策的经济学家认为,在经济初始发展过程中,货币供应量增速超过经济增速是自然的,不需要人为控制货币供应量增速。另一方则认为,通货膨胀不利于经济增长与改革;进行价格体系全面改革的基础应该是国内总供给和总需求较为均衡,这样可以使改革过程中不会出现太严重的通货膨胀。在这场争论中,起到里程碑式影响的是1985年9月2—7日召开的宏观经济管理国际研讨会,因在"巴山号"游轮上召开,故又称作"巴山轮会议"。

在此次会议中,与会的国际经济学家,德国时任联邦银行行长奥特玛·埃明格尔(Otmar Emminger)和诺贝尔经济学奖获得者詹姆斯·托宾(James Tobin)的演讲,为后来中国的宏观经济调控定下了基调。他们直接指出,中国当时正面临严重的通货膨胀,应采取紧缩的财政、货币政策予以应对。他们对中国经济形势的及时判断对中国后来的宏观政策导向产生了重要的积极影响。

巴山轮会议除了在通货膨胀的调控上起到了极其重要的导向作用,在中国改革目标和体制转换方式等的讨论上也产生了重要的影响。在中国改革目标的讨论中,科尔奈教授指出,中国改革的起点可以说是"半个"直接的行政协调模式,因为中国在改革之初并没有形成劳动力市场;中国改革的目标是有宏观调控的市场协调模式。在体制转换方式的讨论中,有人主张"一揽子改革",有人主张"渐进式改革"。但经过讨论大家基本达成共识:第一,基于中国经济落后、发展不平衡的状况,中国的改革会经过较长的时间;第二,基于六年多的改革经验,改革不可能一蹴而就,而只能逐步推进;第三,不能把改革的两种方式对立起来。例如,所有制改革应有渐进性,而价格、财政与货币手段等运行机制改革应更多考虑"配套"的"一揽子改革"。

英国剑桥大学教授亚历山大·凯恩克劳斯(Alexander Cairncross)补充说,如果要进行"一揽子改革",则需要总需求和总供给较为均衡,但改革的国家在初期往往不具备这些条件,因此需要逐步渐进改革;他介绍道,第二次世界大战时英国的硬控制型经济①与社会主义的计划经济具有一定的相似之处,而英国在战后转型到软控制型经济②也花了十年左右的时间。

与会的经济学家对"双轨制"的利弊观点几乎一致,"双轨制"能避免改革中的震荡,但也必然带来摩擦或紊乱,因此"双轨制"不能是长久之计。改革开放四十年后,中国还没有完全脱离"双轨制",例如工资的"双轨制"体现在一些体系内还存在汽车、住房等消费品的实物分配,这种劳动价格扭曲带来了其他市场的价格扭曲,如医疗服务价格过低或潜在的巨额寻租空间。然而,只有认识到"革命尚未成功",我们才能迈向下一步改革的征程。

---

① 控制实物供给为主。
② 控制总需求为主。

资料来源：

[1] 吴敬琏.中国经济改革进程[M].北京：中国大百科全书出版社，2018。
[2] 赵人伟.1985年"巴山轮会议"的回顾与思考[J].经济研究，2008(12)：18-29+50。

2. 应对1988年通货膨胀

1985年，中国关于宏观经济政策的建议是中国在治理通货膨胀过程中宝贵的经验与教训。① 可惜的是，这一教训很快又被抛之脑后。② 1986年2月，随着经济增速放缓，扩张性货币政策重登舞台，通货膨胀风险不断累积。1988年，中国经历了一次更为严重的通货膨胀，居民消费价格指数增速达到18.8%。计划经济体制下遗留的各地"攀比"传统仍然存留，新旧体制交替过程中经济秩序失衡，不规范市场行为显现；财政上分灶吃饭，这增强了地方干预经济的动机。1985年的紧缩政策没有成功调整经济结构，中国在农业、能源和主要原材料等行业的供应仍严重滞后。

对此，中国人民银行**实行了直接调控与间接调控相结合**的货币政策。1988年8月，中国人民银行强化了信贷总量控制，同时运用间接调控工具。③ 同年9月，中国实行货币紧缩政策。④ 在一系列措施实行后，居民储蓄存款从9月开始提升，工业生产与投资增速从11月、12月开始回落。⑤ 1990年，居民消费价格指数增速降至3.1%，紧缩的货币政策取得了效果。

3. 应对1992年经济过热

1992年邓小平"南方谈话"后，中国经济在房地产、股票、开发区建设等领域掀起了热潮。固定资产投资急剧上升，1992年增幅达到44.4%，1993年增幅更是高达61.8%。电力、油、建筑等基础工业产品供不应求。同时，货币供应量大幅增加。⑥ 如图10-15所示，1993年6月，中国月度M1同比增速高达45%，月度M0同比增速高达54.1%，月度城镇房地产开发投资完成额同比增速更是高达143.5%。同时，市场上出现了乱集资、乱提高利率的金融乱象，银行储蓄增幅下降、信贷供应过度。大量贷出的资金流入了房地产和股票市场，埋下了通货膨胀的隐患。

1993年6月，中国采取了16条治理通货膨胀、消除经济过热的措施，加强了宏观调控。⑦ 到1996年年末，适度从紧的货币政策取得成效，通货膨胀得到控制，居民消费价格指数增速降至8.3%，生产价格指数增速降至2.9%。

4. 应对1997年亚洲金融危机

1996年7月2日，泰铢的剧烈贬值拉开了亚洲金融危机扩散的序幕，世界增长趋势放缓，贸易和投资受到重创。中国出口产品的需求急剧减少，国内部分产品出现供大于求。国内外的综合因素导致中国物价下跌，经济增速放缓。如图10-16所示，中国出口增速从1994年高点的97.2%降至1998年的0.41%，社会消费品零售总额增速从1994年高点的30.5%降至1998年的6.8%，外资实际利用金额增速到1998年更是降为负值，为-9.08%。

---

① 详见《中共中央关于制定国民经济和社会发展第七个五年计划的建议》。
② 参见吴敬琏.中国经济改革进程[M].北京：中国大百科全书出版社，2018。
③ 中国人民银行发布《关于进一步控制1988年货币投放、信贷规模的具体规定》。
④ 国务院发布《关于进一步控制货币稳定金融的决定》。
⑤ 参见张晓慧.中国货币政策[M].北京：中国金融出版社，2012。
⑥ 1993年上半年，现金比上年同期多投放550亿元，比1988年同期多投放440亿元。
⑦ 其中包括严格控制货币发行、纠正违章拆借资金、提高储蓄存款利率、制止乱集资、严格控制信贷规模、发行国库券、加强房地产市场宏观调控、抑制物价过快上涨、控制预算等。参见中共中央、国务院《关于当前经济情况和加强宏观调控的意见》。

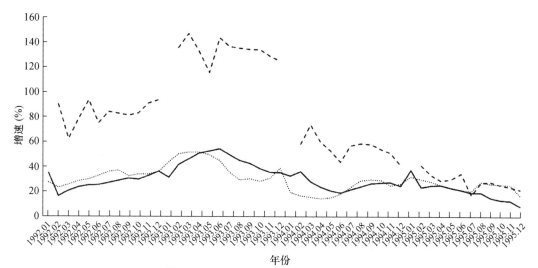

图 10-15 中国月度 M0、M1、城镇房地产开发投资完成额同比增速(1992—1995 年)

资料来源:国家统计局、Choice。

注:城镇房地产开发投资完成额在 1 月数据为空,因为处于春节期间,该项一般不可得;M2 在此期间数据不全,因此未包括在图中。

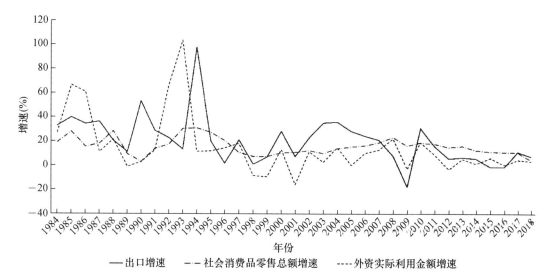

图 10-16 中国出口、社会消费品零售总额、外商实际利用金额增速(1984—2018 年)

资料来源:国家统计局、海关总署、商务部。

注:外资实际利用金额数据从 1983 年开始可得,此图为增速图,从 1984 年开始。

为了应对亚洲金融危机,1997 年 11 月,中国提出应加快金融体制改革,防范金融风险。[①] 1998 年年初,中国强调扩大国内需求,加强基础设施建设。[②]

[①] 第一次全国金融工作会议召开。

[②] 中共中央、国务院转发了《国家计划委员会关于应对东南亚金融危机,保持国民经济持续快速健康发展的意见》。从现有公开文献来看,这是中央文件中首次明确将"扩大国内需求"作为政策提出。

第十章 宏观经济调控:货币政策

1998—1999年,中国累计下调法定存款准备金率7个百分点。从1996年5月到1999年6月,中国多次降息。① 此外,中国还加强了对国有银行和地方中小金融机构的监督管理,维护了中国金融稳定。② 在汇率方面,中国更是保持了人民币汇率稳定。最终,在货币政策与各类宏观措施的作用下,中国抵御了亚洲金融危机的冲击,2000年GDP增速达到8.5%,居民消费价格指数增速达到0.4%。

(二) 入世后的货币政策:适度从紧到适度宽松(2001—2011年)

1. 2003—2007年适度从紧应对通货膨胀压力

入世之后,中国对外开放的程度大幅提升,国际贸易持续发展,贸易顺差不断扩大,外汇储备也快速积累。③ 如图10-17所示,2000年中国的外汇储备仅为0.17万亿美元,到2007年增加至1.53万亿美元,是2000年的9倍;而2000年中国的贸易顺差为241亿美元,到2007年上升至2 639亿美元,是2000年的11倍。外汇储备意味着银行购买外汇形成本币的投放。因此,这段时间外汇储备的大量增加也意味着货币供应量的急剧增加。2007年,中国M2供应量是2000年的3倍,达到40.3万亿元。在此背景下,2003—2007年中国货币政策的主要任务是应对过剩流动性与通货膨胀压力。

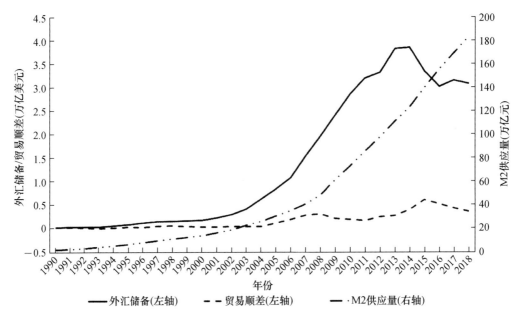

图10-17 中国外汇储备、贸易顺差与M2供应量(1990—2018年)

资料来源:国家统计局。

注:外汇储备数据在1990年后可得。

---

① 存款平均利率累计下调5.74个百分点,贷款平均利率累计下调6.42个百分点。参见张晓慧. 中国货币政策[M]. 北京:中国金融出版社,2012。

② 成立金融资产管理公司收购国有银行的不良贷款,整顿地方中小金融机构。

③ 中央银行的外汇储备一部分来源于贸易顺差,一部分来源于中央银行买卖外汇资产的操作。因此,从图10-17中可以看出,中国的外汇储备比贸易顺差要高很多。

随着货币供应量大幅增加,中国人民银行在2002年6月开始实施公开市场操作,然而当年的外汇占款增速过大,3 000多亿元的国债头寸在当年9月就已告罄。2002年9月下旬,中国人民银行通过中央银行票据回收流动性。①

2002年年末到2003年年初,时值各级领导换届,许多地方政府提出了规模宏大的工业建设(又称"政绩工程")和城市建设(又称"形象工程")工程,助长了以房地产为核心的投资热潮。2003年,房地产等部分行业出现了投资过热,对此中国人民银行启动中央银行票据回收流动性,上调存款准备金率。当时,学界和政界面对投资过热局面持有不同意见。主导意见认为,只有部分行业出现了"过热",只要扶持"偏冷"行业、控制"过热"行业,就不会导致"全面过热"。但是,在投资需求增加的情况下,对钢铁、水泥等行业扩大产能进行行政限制,并不能真正抑制其增长;而房地产业"窗口指导"的方向也不明确。② 同年6月,为了控制房地产信贷过度增长,中国人民银行限制了房地产和土地贷款的发放。③ 然而,两个月后,在国务院的通知④中,房地产又被视为经济发展的支柱产业之一。2003年,房地产开发贷款和购房按揭贷款增速均超过40%。⑤

2004年,中国物价上涨,居民消费价格指数增幅高达3.9%,零售物价指数增幅达到2.8%;投资需求较大,生产价格指数增幅高达6.1%;全国办公楼平均销售价格增速高达37%,商品住宅平均销售价格增速也高达18%(如图10-18所示)。中国人民银行运用存款准备金率、利率、窗口指导等方式进行调控。2006年,中国"三过"问题依然严重,即贸易顺差过大、投资增长过快、信贷投放过多,国际贸易顺差导致的银行流动性过多的现象加剧;为了应对这些问题,中国人民银行于4月上调了金融机构贷款基准利率。2007年,中国食品价格和住房价格上涨较快,零售物价指数上涨3.8%,商品住宅平均销售价格上涨高达17%;中国人民银行多次上调

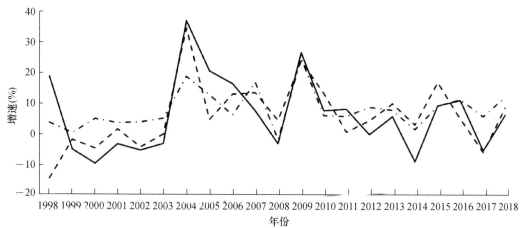

图10-18 全国各类房产平均销售价格增速(1998—2018年)

资料来源:国家统计局。

注:部分房价数据在1998年后可得。

---

① 面对大量基础货币的释放,中央银行的回收流动性操作很难奏效。由外汇占款增加导致的货币超发实际上到2012年汇率改革时才得以平息。参见吴敬琏.中国经济改革进程[M].北京:中国大百科全书出版社,2018。
② 参见吴敬琏.中国经济改革进程[M].北京:中国大百科全书出版社,2018。
③ 中国人民银行发布《关于进一步加强房地产信贷业务管理的通知》。
④ 《国务院关于促进房地产市场持续健康发展的通知》。
⑤ 同②。

存款准备金率和存贷款基准利率。同年9月,中国加强了对房地产信贷的管控。①

2. 2008年适度宽松应对全球金融危机

在2003—2007年适度从紧的货币政策之后,中国又迎来了全球金融危机的挑战。全球金融危机于2007年7月发源于美国,其后逐渐蔓延到世界各国。2008年,受到全球金融危机的影响,中国工业生产与GDP增速开始下降,其中GDP增速从2007年的14.2%骤降至2009年的9.7%。同年11月,中国决定进一步扩大内需,促进经济增长。其核心是以投资驱动中国经济,保持GDP增长率在8%以上(即"保8"),主要方式是通过银行系统扩大信贷规模,实施高达4万亿元的工程建设计划,我们在上一章讨论了乘数效应,这实际上意味着释放了几十万亿元的流动性。2009年,人民币各项贷款增加10万亿元,M2增速高达28.7%,社会融资规模总量增速高达34.8%;2010年,M2增速仍高达19.7%,社会融资规模总量增速达到27%(如图10-19所示)。总需求的急速增长,拉动了中国GDP增长率从2009年的9.4%回升至2010年的10.6%。

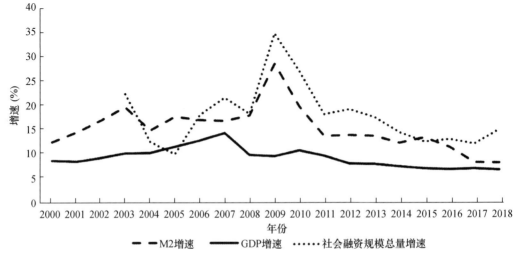

图10-19 中国M2、GDP和社会融资规模总量增速(2000—2018年)

资料来源:中国统计局、中国人民银行。

在"四万亿计划"之外,中国人民银行还采取了许多其他措施用以应对全球金融危机。一是公开市场操作。2018年,中国人民银行全年累计操作1700亿元,中央银行票据利率和正回购利率大幅下降。② 二是下调存款准备金率。中国人民银行四次③下调金融机构人民币存款

---

① 中国人民银行、中国银行业监督管理委员会印发《关于加强商业性房地产信贷管理的通知》,措施包括调整房地产开发贷款和住房消费贷款政策等。

② 2008年年末,1年期、3个月期中央银行票据和28天正回购操作利率分别较年内峰值下降180、240、230个基点(参见张晓慧.中国货币政策[M].北京:中国金融出版社,2012)。逆回购是指中国人民银行向商业银行或证券公司等一级交易商购买有价证券,并约定在未来特定日期,将有价证券卖给一级交易商的交易行为。中央银行实施逆回购操作时,相当于释放流动性,增加货币供给,引导利率降低。逆回购到期则意味着回收流动性。相应的,正回购则为中央银行向一级交易商卖出有价证券,并约定在未来特定日期,将有价证券买回的操作。中央银行实施正回购操作时,相当于回收流动性,减少货币供给,引导利率升高。同理,正回购到期则意味着释放流动性。为什么中央银行要采用正回购或逆回购这类公开市场操作调控,而不直接调控利率呢?因为直接调控利率并不一定准确,且会对市场预期带来较大影响。而宏观形势变化较快,频繁采用利率调控也不利于市场形成稳定预期,但使用公开市场操作能让市场机制决定利率,具有更强的灵活性。

③ 分别于2008年9月25日、10月15日、12月5日和12月25日。大型存款类金融机构累计下调2个百分点至15.5%,中小型存款类金融机构累计下调4个百分点至13.5%。

准备金率,如图 10-20 所示,大型和中小型存款类金融机构存款准备金率在 2008 年下半年有明显大幅下降。三是下调利率。2008 年 8—12 月,中国人民银行先后五次下调金融机构存贷款基准利率,图 10-21 展示了贷款基准利率的变化情况,从中可以明显看到 2008—2009 年贷款基准利率明显下调;此外,中国人民银行还两次下调对金融机构的存贷款利率①。四是完善再贴现政策,引导信贷资金流向。中国增加再贴现额度,下调再贴现利率,优先为县域企业、涉农票据和中小金融机构办理再贴现。五是进行窗口指导和信贷政策引导。中国采用"家电下乡""汽车下乡"政策②,加大对"三农"、中小企业等国民经济重点领域的信贷支持。六是保持人民币汇率基本稳定。七是积极参与金融危机的应对合作。③ 八是开展跨境人民币结算试点,促进投资便利化。④

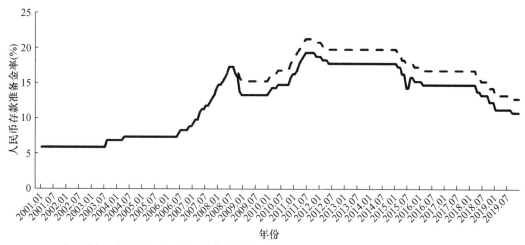

图 10-20 中国人民币存款准备金率(2001—2019 年)
资料来源:中国人民银行。

在全球金融危机之外,2008 年中国还使用货币政策应对汶川地震带来的冲击。5 月 12 日,汶川地震发生,破坏地区超过 10 万平方千米,造成近 6.9 万人死亡,37 万人受伤。5 月 19 日,中国下发通知推进重灾省市的灾后重建工作。⑤ 同年 8 月,中国下发文件⑥要求全方位做好灾后重建的金融服务工作,并对灾后重建的支农再贷款实行优惠利率。

---

① 包括法定准备金和超额准备金存款利率、一年期流动性再贷款利率、一年期农村信用社再贷款利率、再贴现利率。
② "家电下乡"政策是积极扩大内需的重要举措,对农民购买纳入补贴范围的家电产品给予 13% 的财政补贴,以激活内需。"汽车下乡"是根据国务院在 2009 年 1 月 14 日公布的《汽车产业调整和振兴规划》提出的一项惠农政策,对购买部分型号的汽车给予一次性财政补贴。
③ 中国人民银行在 2010 年年末先后与韩国、中国香港地区、马来西亚、印度尼西亚、白俄罗斯、阿根廷、新加坡和冰岛签署货币互换协议,总规模超过 8 000 亿元人民币,降低了双方的汇兑风险。
④ 2009 年 7 月,上海市及广东省广州市、深圳市、珠海市和东莞市的 365 家企业开始开展跨境人民币结算试点。企业在使用人民币报关、结算和出口退税时,不需要提交核销单,出口收入也不需要先进入待核查账户,这大大简化了人民币结算手续,缩短了资金到账时间,便利了企业运行(参见张晓慧.中国货币政策[M].北京:中国金融出版社,2012)。
⑤ 中国人民银行和银监会联合发布《关于全力做好地震灾区金融服务工作的紧急通知(第 1 号)》。通知取消灾区法人金融机构信贷规划约束,以满足抗震救灾和灾后重建需求,并引导全国性金融机构加大对灾区的信贷投入。重灾省市包括四川、甘肃、陕西、重庆、云南等。
⑥ 中国人民银行、银监会、证监会、保监会联合发布《关于汶川地震灾后重建金融支持和服务措施的意见》。

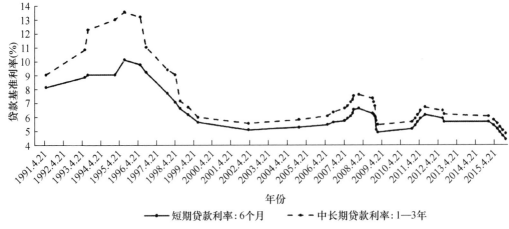

图 10-21 中国贷款基准利率(不定期)(1991—2015 年)
资料来源:中国人民银行。

在各种政策的作用下,中国经济开始回暖。2009 年下半年,货币政策宽松的力度开始微调,第三、第四季度的信贷增长放缓。2010 年,中国人民银行加强流动性管理,全年六次上调存款准备金率,两次上调存贷款基准利率。

(三) 经济平稳运行后回归稳健(2011 年以后)

大规模经济刺激计划将中国的 GDP 增长率从 2009 年的 9.4% 推升至 2010 年的 10.6%,之后,中国经济增速趋缓,降至 2011 年的 9.5%。在经济平稳运行与防止通货膨胀压力的需求下,2011 年中国的货币政策取向由适度宽松调整为稳健。中国人民银行多次上调存款准备金率和存贷款基准利率,进一步回收流动性。同时,全球金融危机之后,中国人民银行基于宏观审慎考虑引入了差别准备金动态调整机制,以优化信贷投放。2011 年,中国 M2 同比增速为 13.6%,比上一年低 6 个百分点。

值得反思的是,正如时任中国人民银行行长周小川所指出的,中国宏观调控中顺周期因素过多,例如常常在通胀或通缩发生后才调整宏观经济政策,这样会加重宏观经济的波动。[①] 但实际上,宏观经济政策具有一定的时间滞后性,货币当局应该具有预见性并逆周期地执行。通过宏观审慎框架引入负反馈机制,也是减少顺周期调控的重要方式。

> **案例**
>
> ### 2013 年"钱荒"?
>
> 2013 年 6 月,中国市场利率出现大幅波动,例如 6 月 20 日,SHIBOR 隔夜利率首次冲破 10%,高达 13.44%。媒体称之为"钱荒"。那么,"钱荒"的来龙去脉是什么?中国货币体系真的缺"钱"吗?中国人民银行面对"钱荒"又是如何应对的呢?我们接下来一一分析。

---

① 参见吴敬琏.中国经济改革进程[M].北京:中国大百科全书出版社,2018。

2013年,中国经济存在下行压力。在国内方面,4—5月,投资、工业增加值、出口增速均回落。5月,外汇管理局严控境外资金流入,中国外汇占款降幅明显,由此释放的流动性减少。5月底企业所得税集中清缴,流动性进一步减少,同时端午假期流动性需求增加。此外,6月是金融机构存贷比的重要考核节点,银行面临存款缺口,急需吸纳存款,当月理财产品利率急剧上升。在国外方面,市场对美联储退出量化宽松货币政策的预期持续增长。

在此背景下,市场期待政府继续刺激经济,放松信贷。在此预期下,金融机构继续扩大信贷规模。2013年前五个月,社会融资总量同比增加3.12万亿元,银行间同业拆借成交笔数5月份高达4.4万笔(如图10-22所示),其中部分具有类贷款性质,结构性错配问题愈加显现。到了6月,仅6月3日一天,24家主要金融机构的票据融资就高达2 247亿元。6月上旬又新增人民币贷款1万亿元,近70%为票据。这与中央坚持的稳健货币政策显然相背离。

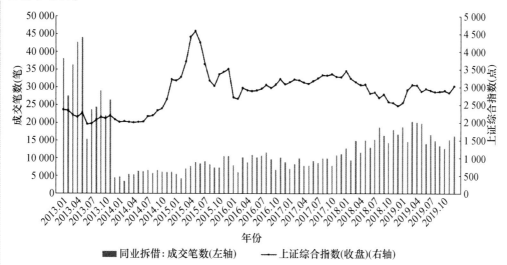

图10-22 中国月度同业拆借成交笔数和上证综合指数(2013—2019年)
资料来源:中国外汇交易中心、上海证券交易所。

6月17日,中国人民银行指出,中国银行体系流动性处于合理水平,要求金融机构继续贯彻稳健货币政策,强化流动性管理,并提出明确的控制金融风险的要求。①

6月18日,中国人民银行货币政策司组织21家全国性商业银行召开货币信贷形势分析会,要求商业银行加强流动性管理,改变流动性宽松的预期。

6月19日,国务院常务会议指出,要坚持稳健货币政策,合理保持货币总量,"用好增量、盘活存量",优化金融资源配置。当时,中国存在较为严重的金融错配现象:虽然贷款大量增加,但实际上并未广泛进入实体经济,而是在金融机构内空转套利,或者投资房地产领域。在货币政策保持稳健的信号释放后,可以预料的是,在这场市场与宏观调控的"博弈"中,金融机构势必需要减杠杆。

---

① 中国人民银行明确要求各金融机构应合理安排资产负债总量和期限结构,合理把握一般贷款、票据融资等的配置结构和投放进度,注重通过激活货币信贷存量支持实体经济发展,避免存款"冲时点"等行为。

不料,一波未平一波又起,2013年6月20日凌晨①,美联储主席伯南克释放退出量化宽松货币政策信号,在世界引起紧缩担忧,全球股市和大宗产品市场大跌。20日下午,还有传言说个别银行违约,从而引起了市场大幅恐慌;后来媒体为假新闻致歉。在连环冲击下,6月20日,SHIBOR隔夜利率大幅飙升,自2006年运行以来首次超过10%,达13.44%,创下历史新高,这也是2006—2019年间的最高点(如图10-23所示)。最终,在多重压力下,金融机构开始大规模抛售票据。6月24日达到机构售卖票据的高点,24家金融机构卖出票据近900亿元。当日,股市大幅下跌,跌破2000点,跌幅高达5.3%。6月25日,上证综合指数一度跌破1900点,中国人民银行当日公告,已对银行间市场注入流动性,缓解了市场利率上升的紧急状况。

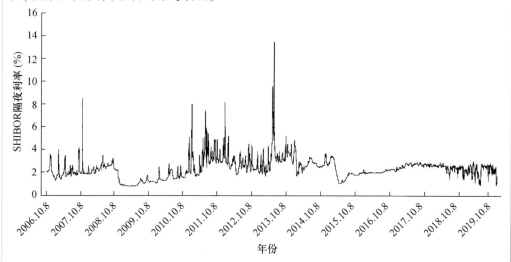

图 10-23 SHIBOR 隔夜利率(2006—2019 年)
资料来源:中国外汇交易中心。

面对错综复杂的形势,中国人民银行一方面坚持总量稳定、结构优化,避免了金融机构进一步的信贷扩张;另一方面适度提供流动性,稳定了市场预期,6月通过中央银行票据到期、正回购到期、常备借贷便利等方式向市场投放超过7000亿元。6月底到7月初,市场利率逐渐回落。

回顾来看,2013年6月中国市场利率的大幅波动实际上反映了过快增长的信贷规模和适度的银行间流动性之间的冲突,媒体称之为"钱荒"。有读者可能会疑惑,为什么M2高速增长时,我们还会"钱荒"呢?实际上M2指的是广义货币和各类金融资产,流动性紧张指的是基础货币。前者扩张越快对后者的需求就越大,从而反映在市场利率的上升中。此次"钱荒"事件中,中国人民银行坚持稳健的货币政策,有效地抑制了金融机构的过度加杠杆和信贷大幅扩张,也有利于全社会债务水平的稳定。2014年1月,欧洲《央行杂志》(*Central Banking Publication*)认为,中国人民银行有效地抑制了金融体系过度膨胀,同时推进了利率和资本市场改革,它将中国人民银行评为年度最佳央行。

资料来源:李波.构建货币政策和宏观审慎政策双支柱调控框架[M].北京:中国金融出版社,2018。

---

① 美国当地时间19日下午。

在中国经常项目和资本项目双顺差的时期,中国人民银行外汇占款攀升,被迫释放流动性,需要通过提高存款准备金率或者发行中央银行票据等方式进行对冲。然而,随着中国国际收支日趋平衡,外汇占款减少,中国人民银行日益需要更多主动释放流动性的工具。因此,中国人民银行补充了多种货币政策工具,以便释放短、中、长期流动性,增强宏观调控能力。①

2014年,中国经济进入"新常态"②,经济结构需要优化升级。2015年10月,随着存款利率放开,中国利率市场化改革基本完成,转向深化改革阶段;同时,中国人民银行进一步探索构建利率走廊机制,加强货币政策的传导与调控。

2015年11月,中国首次提出"供给侧结构性改革",致力于实现经济结构升级。③ 然而,中国经济的结构性矛盾仍然突出,以房地产为代表的部分领域仍然过热,同时中国还面临进一步对外开放的压力。在此背景下,货币政策应更加稳健,为改革创造良好的环境。

2017年,中国货币政策保持稳健中性④,这比2011年的"稳健"多了"中性"二字,突出货币政策要向真正的稳健回归,数量上保持稳健的增长,质量上致力于服务实体经济。⑤

2017年10月,中国提出建立货币政策和宏观审慎政策"双支柱"调控框架。2018年3月,易纲表示,中国将推动货币政策调控从数量型工具向价格型工具转变。2019年9月,易纲表示,中国坚持稳健的货币政策,聚焦实体经济痛点和难点,关注民营企业和小微企业,力求"稳增长""促改革""防风险"的有效平衡。

案例

中国利率体系知多少

在新闻中我们能够听到很多不同的利率,但可能常常摸不着头脑。因此,这里我们简要梳理了中国利率体系中常用的利率概念,包括**货币政策工具利率、银行间市场利率、交易所利率、标准化债权利率、非标准化债权利率、存贷款利率**,它们在不同的市场涉及不同的经济主体之间的交易。如图10-24所示,中国利率体系主要分为货币政策工具利率(简称"政策利率")与市场利率。中国人民银行使用的许多货币政策工具均有利率,政策利率变化会对市场利率产生重要影响。在市场利率中,又大致分为货币市场利率、债券市场利率、非标准化债权利率与存贷款利率。而货币市场中又存在两类银行间市场利率,即回购利率和拆借利率;此外,货币市场中还有交易所利率。我们接下来解释主要的利率概念。

---

① 2013年年初,中国人民银行创设了短期流动性调节工具(SLO)和常备借贷便利(SLF)。2014年年初,中国人民银行开设了分支机构常备借贷便利试点,用于完善中国人民银行对中小金融机构的流动性供给渠道。2014年9月,中国人民银行创设了中期借贷便利(MLF)。2015年,中国人民银行在全国推广分支机构常备借贷便利。2016年2月,中国人民银行开始建立公开市场操作常态化机制,由每周二、每周四操作改为每个工作日均可进行公开市场操作。此外,中国人民银行还在7天期逆回购品种的基础上,增加了14天期和28天期的逆回购品种,提高了货币政策调节的灵活性(参见李波.构建货币政策和宏观审慎政策双支柱调控框架[M].北京:中国金融出版社,2018)。
② 2014年11月9日,习近平在亚太经济合作组织(APEC)工商领导人会上首次系统地阐述了"新常态"。
③ 参见汪道峰.供给侧结构性改革与银行业服务:背景、影响与改进路径[D].中国银行业监督管理委员会,2017(29):1-13。
④ 于2016年年末中央经济工作会议提出。
⑤ 参见李波.构建货币政策和宏观审慎政策双支柱调控框架[M].北京:中国金融出版社,2018。

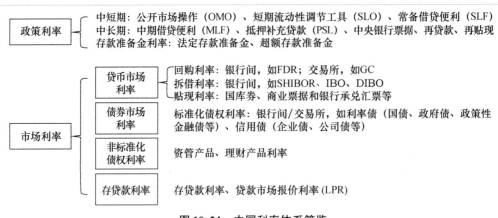

图 10-24　中国利率体系简览

资料来源:作者绘制。

货币政策工具利率

中国人民银行通过使用**政策利率**,影响其与存款类机构之间的交易,如存款准备金利率、再贴现利率、公开市场操作中的正回购和逆回购利率、短期流动性调节工具利率、常备借贷便利利率等。它们有不同的期限特征。表10-3展示了中国人民银行的货币政策工具示例。

表 10-3　中国人民银行的货币政策工具示例

货币政策工具	简介
公开市场操作	7天、14天、28天等期限的正回购或逆回购操作,短期
短期流动性调节工具	7天回购为主,短期
常备借贷便利	1—3月资金投放,中短期
中期借贷便利	3月、6月、1年的资金投放,中等期限
抵押补充贷款	为支持棚户区、保障性住房等国民经济重点领域、薄弱环节的贷款,期限较长
法定存款准备金利率	金融机构缴存存款准备金的利率
超额存款准备金利率	法定存款准备金之外金融机构超额缴存的准备金的利率
中央银行票据	发行中央银行票据回收流动性
再贷款	中国人民银行对金融机构的贷款
再贴现	中国人民银行买入金融机构持有的未到期已贴现的商业汇票

资料来源:作者整理。

银行间市场利率

银行间市场包括同业拆借市场、债券市场等。如图10-25所示,银行间市场利率大体可分为回购利率与拆借利率。回购利率一般指国债回购利率。我们在新闻中常常看到的质押式回购是什么呢?它是指银行间以国债为抵押品进行融资,约定在一定期限后回购债券。银行间质押式回购利率(R)在计算时涵盖全银行间市场。2014年12月,中国外汇交易中心推出存款类机构质押式回购利率(DR),计算时仅包含银行间市场中的存款类机构。① 因此,

---

① 存款类机构是指储蓄机构、信用社和商业银行等吸收公众存款的金融机构。

DR 的水平值和波动性比 R 要小。2017 年 5 月,全国银行间同业拆借中心推出银银间回购定盘利率(FDR),旨在完善银行间市场基础利率体系。①

现在,我们来看什么是拆借利率。拆借利率主要包括三类:第一类是银行间同业拆借利率(IBO),覆盖全银行市场;第二类是存款类同业拆借利率(DIBO),仅包含存款类机构;第三类是上海银行间同业拆借利率(SHIBOR),由 18 家信用等级较高的银行每天早上报价,是剔除最高价和最低价影响因素的算术平均利率。

回购利率	银行间质押式回购利率 (R)	银行间金融机构质押式回购的加权利率
	存款类机构质押式回购利率 (DR)	存款类机构质押式回购的加权利率
	回购定盘利率 (FR)	每天上午银行间质押式回购利率的中位数
	银银间回购定盘利率 (FDR)	每天上午存款类金融机构质押式回购利率的中位数
拆借利率	银行间同业拆借利率 (IBO)	银行间金融机构拆借利率
	存款类同业拆借利率 (DIBO)	存款类机构拆借利率
	上海银行间同业拆借利率 (SHIBOR)	信用等级较高的银行组成报价团,基于报价同业拆借利率计算

图 10-25 银行间利率示例

资料来源:作者整理。

交易所利率

银行间市场外,如证券交易所的非银机构与合格投资者间的资金融通形成的利率,简称为交易所利率。交易所市场禁止信用拆借,因此短期资金融通以回购形式进行,其中主要分为两类:第一类是上海证券交易所进行的质押式回购利率,如 GC007;第二类是深圳证券交易所进行的质押式回购利率,如 R-007 等。

标准化债权利率

我们还可以看到银行间市场除了存在银行间市场利率,还存在**标准化债权利率**。那么,什么是标准化债权呢?我们先理解什么是债权。资产中的应收和预付款科目就是企业的债权,如应收账款等。而债权类资产是指在法律性质上具有资产属性的债权,享有增值性收益。2018 年的"资管新规"②为标准化债权类资产下了定义,其融资利率即为标准化债权利率。

中国的债券种类繁多,可简单分为利率债与信用债。利率债通常有政府信用背书,包括国债、政府债、政策性金融债等,信用风险较小;信用债则风险较大,如企业债和公司债等。

非标准化债权利率

标准化债权类资产之外的债权类资产为非标准化债权类资产,如"理财产品""资管产品"。2008 年全球金融危机后,由于大规模财政刺激计划和货币宽松政策,这些非标准化债权类资产大规模增长。虽然它们对标准化融资渠道进行了补充,但其蕴含较大的金融风险。这也是近年来金融监管加强的原因之一。

---

① FDR 以银行间市场每天上午的 DR 为基础编制而成。
② 根据《关于规范金融机构资产管理业务的指导意见》,标准化债权类资产应当同时符合以下条件:等分化,可交易;信息披露充分;集中登记,独立托管;公允定价,流动性机制完善;在银行间市场、证券交易所市场等经国务院同意设立的交易市场交易。

存贷款利率

存款类机构和非金融企业、居民之间都分别存在存贷款利率。值得一提的是中国贷款基准利率的变化。

贷款基准利率是中国人民银行发布给商业银行的指导性利率,是中国人民银行的货币政策工具之一。商业银行根据贷款基准利率制定其利率。随着利率市场化改革的深化,中国的贷款基准利率也发生了变化。2013年10月25日,中国开始使用贷款市场报价利率(Loan Prime Rate,LPR),它是商业银行对其最优质客户执行的贷款利率,其他贷款利率可以它为基础。2019年8月20日起,中国人民银行发布贷款基准利率的这一措施取消,中国人民银行授权全国银行间同业拆借中心每月20日公布LPR。[1] 2020年3月1日,中国存量浮动利率贷款的定价基准转换为LPR,中国的利率市场化改革进一步深化。[2]

除以上所讨论的利率外,中国的利率体系中还存在许多其他利率。例如,居民之间的借贷市场形成了居民借贷利率,企业之间的借贷市场形成了商业赊销利率。

资料来源:

[1] 泽平宏观.中国利率市场现状:七大利率如何传导?[EB/OL].(2018-07-13)[2021-05-10].https://www.sohu.com/a/240993312_467568。

[2] 易纲.货币政策回顾与展望[J].中国金融,2018(3):9-11。

第四节 小 结

本章从中国宏观经济调控实践中讨论货币政策对总需求的影响。在第一节中,我们讨论了几个问题:总需求曲线为什么向下倾斜?货币政策如何影响总需求?我们提出了流动性偏好理论,并以此解释货币政策对总需求的影响。我们还介绍了货币政策的传导机制和"流动性陷阱"。

在第二节中,我们介绍了当前中国的货币政策实践,主要讨论了中国货币政策的目标与工具,以及当前中国的货币政策与宏观调控框架。中国货币政策的最终目标是保持货币币值的稳定,在实践中,还包括促进就业、国际收支平衡、金融稳定等多重目标。目前,中国的货币政策调控框架逐步从以数量调控为主向以价格调控为主转变。党的十九大报告提出,要建立货币政策和宏观审慎政策"双支柱"调控框架。我们介绍了宏观审慎评估体系及其变化历程。近年来,中国通过使用货币政策有力应对了如企业融资难、金融风险等问题。我们还介绍了中国的利率市场化改革历程。

在第三节中,我们介绍了中央银行体制与中国货币政策的发展历程。中国现代中央银行体制经历了国家银行体系的建立(1979年之前)、从国家银行过渡到中央银行体制(1979—1993年)、现代中央银行体制的逐步完善(1993年至今)三个阶段。在国家银行体系的建立阶

---

[1] 中国人民银行授权全国银行间同业拆借中心为贷款市场报价利率的指定发布人。18家有较强影响力的报价行报出其贷款基准利率后,全国银行间同业拆借中心按去掉最高和最低报价后算术平均,向0.05%的整数倍就近取整计算得出LPR,于每月20日9时30分公布,公众可在全国银行间同业拆借中心和中国人民银行网站查询。

[2] 参见中国人民银行公告〔2019〕第30号。

段,1948年中国人民银行组建,全国基本上只有中国人民银行一家银行,由其经办各种银行业务;1949年中国赋予中国人民银行国家银行职能;1953年中国建立了综合信贷计划管理体制。在从国家银行过渡到中央银行体制阶段,1984年中国人民银行正式行使中央银行职能。在现代中央银行体制的逐步完善阶段,1995年国家以法律形式明确了中国人民银行的中央银行地位;1998年撤销中国人民银行各省行,跨省区设置分行;2003年强化了中国人民银行制定和执行货币政策的职能;2019年中国提出建设现代中央银行制度。与此同时,中国货币政策的取向随着宏观经济波动发生了较大变化。入世前的货币政策经历了从适度从紧到稳健的变化(1984—2001年),入世后的货币政策经历了从适度从紧到适度宽松的变化(2001—2011年),然后我们步入了经济平稳运行后的回归稳健阶段(2011年以后)。2001年之前,中国经历了多次通货膨胀与经济过热。2003—2007年,中国经历了又一轮的经济过热,货币政策适度从紧。2008年,中国直面全球金融危机,货币政策转向适度宽松。2011年之后,中国的货币政策回归稳健,为进一步改革打下了坚实的基础。

本章从中国货币政策的视角解释了货币政策对总需求的影响与中国的货币政策实践,对理解中国货币政策的变化与作用有很强的实践意义。

内容提要

- 流动性偏好理论解释了总需求曲线向下倾斜的原因,强调的是利率的作用。利率调整使得货币市场供需达到均衡,即存在一种均衡利率,使货币市场的需求和供给恰好相等。
- 利率效应即物价变动如何通过利率影响总需求。
- 数量调控是指中央银行通过调整法定准备金率、公开市场操作和再贴现等数量指标直接调控基础货币,从而影响货币总量。
- 价格调控是指中央银行通过调控利率等价格指标影响货币供给的调控方式。

关键概念

流动性偏好理论 价格调控
数量调控 宏观审慎

练习题

1. 流动性偏好理论是什么?
2. 利率效应是什么?
3. 数量调控和价格调控分别是什么?
4. 宏观审慎政策与货币政策的差别在哪里?
5. 中国的宏观调控还可以在哪些地方改进?

第十一章 产业政策与国有企业

本章讨论产业政策与国有企业。产业政策(Industry Policy)对于中国人来说并不陌生,在财经新闻中,我们经常能够听到这个词语。然而,当我们翻开经济学教科书时,却鲜能看到产业政策的讨论。这种反差,说到底是由产业政策在中国和西方的不同地位造成的:对于新古典主义经济学家来说,产业政策被认为是不必要的;而中国改革开放的伟大实践表明,产业政策对于中国经济的发展至关重要。因此,作为一本中国视角的经济学教科书,产业政策必须被纳入其中。

本章第一节首先讨论产业政策的概念,力图区分产业政策的大致范畴;然后从实践的角度介绍产业政策的具体实施手段,包括财政政策、金融政策、土地政策等;最后试图梳理中国自改革开放以来产业政策的发展历程,并简要介绍一个代表性产业——半导体产业的政策实践。

近年来,"国进民退"还是"国退民进"在社会各界引起了广泛的争论。应当怎样认识国有企业在中国国民经济中的支柱地位呢?应当怎样认识1978年以来的国有企业改革呢?改革开放前三十年和后三十年的经济成就是一脉相承、不可分割的。因此,本章第二节探究计划经济时期的国有企业。我们分别介绍1978年前不同时期国有企业的状况和相关经济政策,包括国有企业溯源、国有企业的发展壮大及两次改革尝试,并从经济学的角度探讨原有的国有企业机制安排,分析国有企业改革的必要性。

1978年召开的党的十一届三中全会拉开了改革开放的序幕,标志着中国由计划经济向市场经济的转轨。国有企业改革与其他领域的改革息息相关,只有解决了国有企业的问题,向市场经济体制的过渡才能最终实现,国有企业改革始终是市场化改革的一条主线。在第三节中,我们分时期介绍1978年后国有企业改革的历史成就。最后,我们聚焦当下,用数据表明中国的经济发展奇迹伴随着国有企业改革的"抓大放小"和四十多年的改革开放历程带来了经济格局上的"国退民进"。国有经济和民营经济是中国经济两大重要组成部分,对推动中国经济健康发展发挥着各自不可替代的作用。

第一节 产业政策

一、什么是产业政策

(一) 产业政策的定义

产业政策一词诞生于20世纪60年代的日本,当时的日本采取了一系列以产业为直接对象的经济政策,创造了经济发展的奇迹,产业政策由此开始引起经济学家的关注。由于经济发展阶段的不同,各国对产业政策的理解有着细微的差异,但其基本特征是相同的:第一,这一政策是各级政府制定的;第二,产业政策对各个产业的指令是结构性的,即这种政策具有针对特定产业的特点。举个例子,对所有的产品都提高出口退税额度的政策,不是产业政策;而2009年中国针对24种钢材出口退税的政策(将出口退税额度提高到9%),就是一种产业政策。

对产业政策的定义,可参考小宫隆太郎的《日本的产业政策》一书。在这本书中作者指出,产业政策主要包括两个方面的内容:第一,政府针对不同产业资源分配(例如对重点产业的扶持和对落后产业的调整)和基础设施建设(例如工业用地、产业用的公路和港口、工业用水和供电等)的政策;第二,政府针对产业内部组织结构(例如推动企业合并、对中小企业的支持、协调企业间的生产投资等)的政策。① 如果说宏观政策重在解决总供给和总需求的问题,那么产业政策则主要作用于产业经济这一中观层次以弥补市场失灵、改善资源配置、推动经济结构转型升级。产业政策的内涵如此广泛,使得无论处在何种发展阶段、采用何种经济制度的国家都可以采取各种各样的产业政策。那种发达市场经济国家中不存在产业政策的观点是不符合经济社会发展实际的,我们用下面的案例来进一步深化大家对产业政策的认识。

(二) 产业政策的案例——美国制造业复兴战略

从20世纪90年代起,随着全球化的推进和产业升级,美国等西方发达国家先后出现了"去工业化"现象,制造业岗位不断减少。2008年全球金融危机过后,美国开始反思工业流失给经济社会带来的负面影响。2009年,奥巴马提出制造业复兴战略,重申制造业对于美国的重要性,以促进制造业的繁荣和制造业就业的增长。随后美国政府部门会同大企业和制造业协会向美国总统提交了一份提升先进制造业全球领先地位的对策建议,以及细化美国制造业复兴战略的政策体系和重点工作。② 特朗普参加美国总统竞选时,更以将制造业搬回美国为竞选口号,这一政策随后得到延续。值得注意的是,美国的制造业复兴战略并非要重构完整的工业体系,而是着眼于新工业、新技术应用的先进制造业,这符合美国的比较优势。美国的制造业复兴战略构建了一个对先进制造业的服务体系,这种服务体系并不拘泥于哪一种政策工具。例如,美国政府大幅提升对先进制造业研发的财政支持,包括"材料基因组计划""智能制造""生物制造"和"国家机器人计划"。此外,美国投入大量资源用于提高高等教育质量,培养先进科学从业者,并增加联邦预算以增加特定学科的教育机会,加大对这些学科的教师培训等。这些对特定产业研发的财政支持和对特定学科教育资源的投入就属于产业政策。

二、中国产业政策的主要工具

从美国制造业复兴战略可以看出,产业政策的实施手段可以不止一种。中国产业政策的主要工具有以下几种:

---

① 参见小宫隆太郎.日本的产业政策[M].黄晓勇,译.北京:国际文化出版公司,1988。
② 参见黄少卿,等.重塑中国的产业政策:理论、比较与实践[M].上海:格致出版社,2019。

（一）财政政策工具

财政政策工具是运用频率最高、范围最广的产业政策工具，也是最重要的产业政策工具，主要包括对特定产业的财政补贴和税收优惠。

1. 财政补贴

财政补贴种类繁多，常见的有投资补贴、研发补贴、产能退出补贴、消费补贴、技术改造补贴等。投资补贴是指政府对企业在本地区注册开办给予的财政补贴，主要面向大型企业集团和各类创新创业型公司。例如，福建省政府大力培育和发展金融服务、现代物流、国际会展等服务业的总部企业，对新引进的总部企业，给予实际注册资本金1%—3%的开办补贴。研发补贴是指当自由市场无法提供足够的研发动机时，政府可以补贴研发企业。产能退出补贴是指政府对配合落后产能退出的企业给予的补贴。例如，在自2016年以来的"去产能"政策中，中国政府安排了1 000亿元的专项补贴资金。消费补贴是指政府对特定种类产品的消费进行的补贴。例如，中国的"家电下乡"政策明确对农民购置划定范围内的家电产品予以补贴。技术改造补贴是指政府对特定产业的企业采用新设备、新材料、新工艺、新技术进行的补贴。例如，2019年深圳市政府补贴工业互联网的改造建设。

2. 税收优惠

政府根据一定时期内的发展目标，可以利用相关税收政策减轻特定产业纳税人的纳税义务。税收优惠政策包括鼓励研发的税收优惠政策、鼓励企业采用先进技术的税收优惠政策和鼓励出口的税收优惠政策。鼓励研发的税收优惠政策是指对研发特定新产品、新技术的企业给予的各种税收优惠。例如，厦门软件园对属于国家级重点新产品试制鉴定计划或试产计划的产品，自产品销售之日起三年之内，由市财政部门对该产品新增利润实际缴纳的所得税全额返还。[①] 鼓励企业采用先进技术的税收优惠政策是指对率先采用新技术的企业给予的各种税收优惠。例如，昆山经济技术开发区对国家鼓励的高新技术转化项目和技术改造项目的进口设备，免征进口关税。鼓励出口的税收优惠政策是指对出口特定种类产品的企业给予的各种税收优惠。

（二）金融政策工具

经济运行的一个重要环节就是吸收空闲资金，并将其投入实体经济，实现储蓄向投资的转化。作为产业政策工具之一的金融政策是指政府和各种金融机构给予特定产业中的企业融资优惠的政策。例如，对产业或企业进行选择性的融资支持：20世纪90年代初期，政府通过上市审批促进了重要产业的大型国有企业率先上市融资；对基础设施项目、基础产业和涉及国家战略的重要产业提供长期低息贷款支持：一个典型的例子是，作为中国三大政策性银行之一，国家开发银行成立的初衷就是为三峡工程提供大额、长期、低息的项目贷款。

（三）土地政策工具

产业发展离不开土地，土地是企业的承载主体。中国政府垄断了土地供应，因此土地政策往往成为政府实施产业政策的工具。土地政策工具包括保障相关产业用地，例如在区域用地规划上优先安排相关产业的用地指标；还包括土地价格优惠，例如降低特定产业的土地使

---

① 参见李晓鹏，张国彪.中国的产业政策[M].北京：中国发展出版社，2017。

用价格或允许企业分期缴纳土地出让金等。

(四) 基础设施和公共服务政策工具

基础设施是产业发展的外部环境。各级政府可以投资兴建电信基础设施、高速公路、铁路、港口、基础设施完备的工业园区等,借此推动相关产业的发展。

公共服务政策工具包括行政管理服务、咨询、技术推广等,中国最常用的公共服务政策工具是行政管理服务。例如,提供便捷的工商注册、纳税服务和简化行政审批流程等。

(五) 人才政策工具

人才是产业的基础,人才聚集可以推动产业集聚化发展,因此人才政策工具也是产业政策的常用工具之一。例如,苏州市工业园区对批准立项的政府补贴紧缺专业人才培训项目,按培训总额的20%—50%补贴用人企业,每人每年补贴金额最高达到5 000元。

(六) 政府采购政策工具

作为产业政策工具之一的政府采购是指政府在采购相关产品和服务的过程中向特定的产业或企业倾斜。中国政府曾试图通过采购绿色节能产品促进相应产业的发展,例如2014年6月11日国家机关事务管理局、财政部、科技部、工业和信息化部、国家发展和改革委员会印发《政府机关及公共机构购买新能源汽车实施方案》,以促使政府机关、事业单位和团体组织加大对新能源汽车的购买规模。

三、中国产业政策的发展历程

1986年,中国从日本引进产业政策,当时中国虽然仍处于计划经济时期,但已着手对国有企业进行改革。改革开放以前,国有企业对经营毫无自主权,而到了1986年,国有企业已经有了部分自我决策的权利。各级政府普遍认为,过去计划经济的刚性太强,相比之下产业政策是一种进步;而国有企业也乐于接受这种干预性较低的政策,因此中国政府对企业和产业的管理就由计划管理逐渐转变为产业政策。此外,中国在20世纪90年代进入经济追赶期,大力发展能源、基础设施、基础制造业等基础性行业。这些同质化的基本需求可以测算,所需技术可以从国际市场获得,其布局与国土资源规划密切相关,政府具有一定的信息优势,而且实现追赶目标的主导力量仍旧是国有企业。[1] 在这一背景下,中国政府采用产业政策,依托国有企业调动了大量资源进行投资建设,实现了中国经济的高速增长。1986年至今,在不同的时期中国的产业政策具有不同的特征。

1986—1998年,中国的产业政策主要呈现直接介入型的特征,具有明显的计划经济向市场经济过渡的特点。政府、国有金融机构和国有企业通过直接立项的方式,扶持某些行业的发展,同时抑制其他行业。这一时期产业政策的着力点在支柱产业。1992年,党的十四大提出,"要振兴机械电子、石油化工、汽车制造和建筑业,使它们成为国民经济的支柱产业"。1994年,国务院通过了《汽车工业产业政策》,旨在扩大产业规模和提高产业集中度,要求通

---

[1] 参见黄少卿,等.重塑中国的产业政策:理论、比较与实践[M].上海:格致出版社,2019.

过合资办厂的方式逐渐实现技术引进和零部件国产化。

1998—2008年,中国的产业政策主要呈现间接介入型的特征,促成这种特征的主要因素有两个:一是亚洲金融危机中日本经济显示出的脆弱性让中国开始反思日本式产业政策的弊端;二是中国加入世界贸易组织大大开放了国际市场,在参与国际经济竞争与合作的过程中,中国更加注重产业政策的市场化导向。在这一时期,中国的主要产业政策有:第一,打破国有企业垄断,集团组建市场化。在亚洲金融危机之前,中国学习韩国财团,组建了横跨多产业的大型企业集团。这种模式的日韩企业在亚洲金融危机中大批倒闭,其典型代表就是韩国的大宇集团。于是,中国政府提出发展企业集团要坚持市场导向、防止简单拼凑、打破垄断、鼓励竞争。第二,支持科技型中小企业的发展。鉴于日韩企业盲目扩张模式的失败和美国小型科技公司的成功,中国政府出台了一系列鼓励小型科技公司的政策。例如,1999年,中国政府出台了科技型中小企业技术创新基金的暂行规定,专门用于支持科技型中小企业的科技创新活动。第三,支持西部地区交通、通信、能源等基础设施产业的发展。第四,优先发展信息产业。例如,2001年对外经济贸易合作部等六部门发布的《关于软件出口有关问题的通知》,在软件企业的认证制度、投融资、税收等方面提出了鼓励的政策措施。第五,抑制钢铁、水泥、电解铝等产业的过快投资增长速度,淘汰电力、钢铁、煤炭、纺织等行业的落后产能。

2009年至今,中国的产业政策从间接介入型转向引导发展型。2008年全球金融危机爆发,中国外需受挫。为了提振经济,2009年中国立即采取措施刺激国内投资以扩大内需。中国政府决定在十个重点产业实施产业政策以增加这些重点产业的投资额度并淘汰落后产能,这十大产业包括汽车、钢铁、造船、电子信息、现代物流等。之后,中国的产业政策更加强调科技创新,突出新能源、信息技术、生物医药、智能制造等世界前沿研究领域的研发投入,且更加注重节能环保产业。

四、中国产业政策的实践——半导体产业

半导体又称"集成电路"或"电脑芯片",是现代电子设备存储和逻辑运算的装置。半导体的存储和逻辑运算源于其电学特性:半导体结合了绝缘体和导体的特点,可以实现对电流的控制。电脑里的CPU(中央处理器)和GPU(图形处理器)都属于半导体。正因为半导体在电子产业中的基础性地位,各国政府普遍推出了半导体产业政策。

半导体产业链可以分为上游、中游和下游。上游对应的是半导体的研发工作(包括基础性研究和应用性研究),中游对应的是半导体的设计、生产、测试和组装工作,下游对应的是半导体在电子产品中的应用。在整个产业链中,各国政府普遍参与的是上游。一个通常的解释是基础性研究的知识外溢使得上游的私人企业不能将研发的直接经济利益据为己有,从而造成私人企业研发投资不足。政府通常采用的产业政策是以研发基金的形式提供直接支持,或者以税收优惠的形式鼓励企业研发。中国《国家中长期科学和技术发展规划(2006—2020年)》划定了2006—2020年间2.4万亿元的科技支出。该笔研发基金被用来支持16个领域的研究,其中就包括核心电子组件和先进的集成电路制造业。由于缺乏公司或产业级的信息,我们无法确定投入半导体产业的资金份额。另外,国务院2000年发布的《关于印发鼓励软件产业和集成电路产业发展若干政策的通知》规定,对投资集成电路超过80亿元的企业予以一定的税收优惠。此外,在半导体的贸易和投资环节,中国政府出台了相关的进口关税减免或出口退税政策,以鼓励半导体的净出口。中国政府还积极推动中国企业对外国半导体企业的收购。2014年,中国成立了国家集成电路投资基金,该基金共约1390亿元人民币,专门

用于投资半导体产业,推动国内和国外半导体企业合并重组,以提高中国半导体产业的技术水平。最后,中国政府还通过入股半导体私营企业的方式增强国家对半导体行业这一关键行业的控制力,以发展和整合国内半导体生态。例如,中国电子信息产业集团有限公司子公司华虹半导体在国家资金的支持下收购了上海宏利半导体制造有限公司,组建了一个由上海市和中国电子信息产业集团有限公司共同控制的晶圆代工集团。

第二节 1978年前的国有企业和产业布局

无论是否学习经济学,每个中国人都绕不开"国有企业"这个话题,但对于常挂嘴边的国有企业,也许我们并没有深究。

什么样的企业才能被称为国有企业呢?国有企业是指国务院和地方人民政府分别代表国家履行出资人职责的国有独资企业及国有控股企业,包括中央与地方国有资产监督管理机构和其他监管部门所监管的企业本级及其逐级投资形成的企业。[①]举个例子,国有独资企业有中国核工业集团有限责任公司,国有控股企业有中国建设银行股份有限公司。中国建设银行股份有限公司的前五大股东及其持股比例如表11-1所示,其中中央汇金投资责任有限公司代表国家行使股东监管功能。

表11-1 中国建设银行股份有限公司前五大股东持股情况

排名	股东名称	占总股本比例(%)
1	中央汇金投资责任有限公司	57.11
2	香港中央结算(代理人)有限公司	37.78
3	中国证券金融股份有限公司	0.88
4	中国宝武钢铁集团有限公司	0.80
5	国家电网有限公司	0.64

资料来源:Wind数据库。

中国的国有企业有其独特的特点,这既与中国的近代史相关,又与中国的社会主义制度相关,还与中国的经济体制相关,更与中国的发展战略相关。因此,想要对中国的国有企业有一个比较全面的认识,就需要把国有企业置于历史、制度、体制和发展战略的多重维度下审视。

一、1949—1978年中国的工业体系和国有产业布局

(一)1949—1978年中国的工业体系

在中华人民共和国成立初期,中国的工业基础十分薄弱,农业产值约为工业产值的2.32

[①] 这里的国有独资企业是指"全民所有制企业",而国有控股企业是指国有股份超过51%的企业。注意我们这里的定义和《中国统计年鉴》中的区别。在《中国统计年鉴》中,国有企业(State-owned Enterprise)其实对应的是国有独资企业或全民所有制企业,而国有控股企业是指国有独资企业(或全民所有制企业)加上国有股份超过51%的企业的"国有控股企业"。在本章中,如不加特别说明,国有企业就代表《中国统计年鉴》中的"国有控股企业"。

倍[1],且工业产出中大部分是手工业,轻工业产值约为重工业的 2.78 倍[2]。因此在相当长的时间内,中国经济工作的重心在于建立一个独立的、比较完整的工业体系和国民经济体系。1953—1957 年,在第一个五年计划期间,中国围绕苏联援建的 156 个项目,以 694 个限额以上项目为重点,初步奠基了中国的工业基础。1958—1960 年,中国掀起了为期三年的"大跃进"。1961 年 1 月,"大跃进"结束,中国政府提出应适当控制重工业的发展,统筹兼顾国家建设和人民生活,轻重工业产值之比开始呈现上升趋势(如图 11-1 所示)。60 年代末到 70 年代末,中国处于轰轰烈烈的三线建设时期,资源再度向重工业项目倾斜。从改革开放之初的 1978 年到 1998 年,中国轻重工业产值之比维持在 75% 以上。2000 年后,中国工业增长再次转向以重工业为主导的格局。此次重工业化的增长机制与改革开放前有所不同:改革开放前的重工业化是在资本、技术等条件不成熟的情况下,依靠计划经济模式,充分调动各方面资源所推动的;而新世纪的重工业化是在房地产以及随后的汽车等消费结构升级的推动下发生的,电力、钢铁、机械设备、汽车、造船、化工、电子、建材等工业成为国民经济增长的主要动力。[3] 经济增长的主导部门是重工业,主导产业不断更替,体现了中国经济结构的不断升级。重工业化在推动经济增长的同时也带来了很多问题和挑战,例如导致能源和原材料的需求大幅增加,造成环境保护和污染治理的压力及大量的重复投资。近年来,中国越来越强调科学发展、可持续发展,就是为了兼顾新型工业化的发展和生态环境的保护。

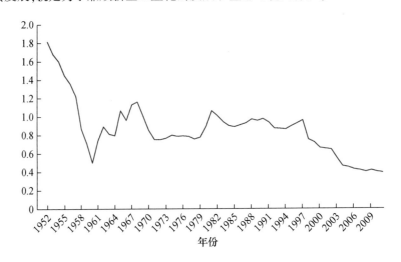

图 11-1 中国轻工业产值/重工业产值

资料来源:中国统计数据库。

---

[1] 《中国统计年鉴 1983》。

[2] 重工业是指为国民经济各部门提供技术设备、动力和原材料等生产资料的工业;轻工业是指提供生活资料和手工工具的工业。在中华人民共和国成立初期,借鉴苏联经验,中国从生产资料和生活资料的角度,将工业行业划分为重工业和轻工业。中国确定优先发展重工业的战略后,这种划分方法有助于监测工业结构的变化。随着产业格局的变化,中国的工业结构从单一转为复杂,工业产品的属性界定也越来越模糊,因此轻、重工业的划分标准很难对工业行业进行科学、明晰的界定。因此,2012 年后,国家统计局不再对工业产值进行轻重工业的划分。

[3] 参见金成晓,任妍. 重工业化是中国经济发展的必经阶段:基于产业结构调整角度的分析[J]. 经济纵横,2006(7):34-36。

(二) 1949—1978年中国的国有产业布局[①]

在中华人民共和国成立初期,中国的国有产业布局受到以下几个因素的深刻影响:① 中华人民共和国成立前根据地的公营企业的产业分布。1945年,在陕甘宁边区创建的公营企业中,军需企业占大多数,包括兵工、被服、印刷、制药、造纸等。② 没收的官僚资本的产业分布。截至1949年年底,官僚资本主义工业企业和基础设施均收归国有。其中,没收工业企业发电厂138个,采煤、采油企业120个,铁锰矿15个,有色金属矿83个,炼钢厂19个,金属加工厂505个,化学加工厂107个,造纸厂48个,纺织厂241个,食品企业844个。③ 中国政府新建的国营企业[②]的产业分布。1949—1952年,中国处于国民经济恢复时期,政府在着力恢复那些在战争中遭受巨大破坏的重要企业的同时,也出资新建了部分项目。1949—1952年,国有企业发电量占总发电量的88.29%,原煤产量占84.58%,生铁产量占95.37%,硫酸产量占68.42%,水泥产量占63.94%,棉纱、纸、火柴、面粉产量分别占48.98%、59.28%、43.85%和43.46%。

二、国有企业改革的起点

(一) 国有企业溯源(1949—1952年)

1. 没收官僚资本

中国国有企业的源头可追溯至1927年共产党建立的革命根据地。最早的国营经济是军民根据革命需要建立起来的,以军用工业企业为主,也有部分民用企业。军事需求是根据地的重中之重,军用工业企业无论在数量上还是在产量上都超过民用企业。因为生活资料匮乏,根据地需要用农产品交换国民党统治区的生活必需品,因此国营商业企业承担了物资交换的任务。根据地或解放区的国营经济供给了战争需要,也在一定程度上照顾了群众的生活。但总体而言,由于生产力的限制,国营经济比较弱小。

除了根据地的国营企业,国营经济的主要来源还包括:1949年前后对官僚资本主义企业的没收以及1956年对民族资本主义工商业的和平赎买,根据历史的先后顺序,我们先讲解对官僚资本主义企业的没收。

首先如何理解官僚资本主义呢? 在《目前形势和我们的任务》中,毛泽东指出官僚资本主义由政权力量维护,并垄断了全国的经济命脉。另外,这些官僚资本和帝国主义、地主阶级紧密相关,反过来又构成了国民党政权的基础。由此可见,官僚资本和民族资本有所不同,并非正常的经济力量发展壮大而来,其具有明显的垄断性、买办性、封建性、军事性和商业投机性的特点。

1949年4月25日发布的《中国人民解放军布告》中明确提出了没收官僚资本的政策。由于彼时中国共产党没有系统领导经济建设的经验,接收官僚资本的初期,曾出现了一些混乱的情况。但随着解放战争的进行,接收官僚资本的经验得到积累、做法得到完善。在解放东北的过程中,陈云提出了"各按系统、自上而下、原封不动"的方案,即维持原有的组织架构和

[①] 本部分主要参考剧锦文.中国国有企业产业分布的历史变化[J].中国经济史研究,1998(3):25-33。
[②] 1993年3月29日第八届全国人民代表大会第一次会议通过的《中华人民共和国宪法修正案》将"国营经济"和"国营企业"改称为"国有经济"和"国有企业"。

薪资系统,紧密依靠群众,团结技术人员,接收工作和复工复产同时推进。对于解放区政府无暇或没有能力接收的企业,暂委托原管理层管理,直到解放区政府后续接收;对于原管理层已经逃跑的,则由工人和技术人员组成管理委员会,派遣解放区政府相关负责人共同经营管理。这样的做法很快推广到全国各地,由于周密的部署和谨慎的安排,接收工作进行得很顺利。1948年,东北全境解放,东北接收的企业到1949年4月有191个工厂开工,而12月开工工厂数已经上升到407个。1949年1月,天津、北平解放,半年内,两地全部工厂恢复正常生产。接收的官僚资本主义企业涉及金融、工业、交通运输、商业的方方面面。

据统计,1949年,社会主义国营工业在全国工业总产值中占26.2%(其中大型工业总产值占41.3%),国营经济已经拥有全国电力产量的58%、原煤产量的68%、生铁产量的92%、钢产量的97%、水泥产量的68%、棉纱产量的49%,以及大部分的现代运输业。[①] 这为中国共产党掌握经济主动权从而创造一个稳定的经济环境打下了坚实的基础。

与此同时,中国共产党主张大力保护民族资本主义工商业。例如,1946年4月哈尔滨解放时有私营企业6347家,1948年6月已增至26539家;1947年11月石家庄解放时有私营工厂和手工工场700多家,1948年冬已经发展到1700多家[②];1949年1月天津解放,两个月后,已经有90%的私营企业复工[③]。

相关资料
扬子建业公司

1945年8月,抗日战争取得了最终的胜利。面对百废待举、通货膨胀、物资紧缺、物价高涨的局面,国民党当局决定修改战时推行的财经政策,其中最明显的改变就是取消战时统制经济,实施自由经济,放松原本严格管制的外汇管理制度,开放外汇和黄金市场,鼓励进出口贸易,以期缓解物资供应不足、物价不断上涨的局面,在较短时间内控制住日益严重的通货膨胀。然而,开放金融市场导致国库在战争期间积存的大量外汇和黄金急剧外流,自由输入的后果则是大量美国商品倾销中国,更造成国际收支严重失衡。国民党政府不得不再次修改政策,严格控制进口商品的输入,同时对外汇和黄金重新加以管制。这一措施确实阻断了一般商人的财路,但对具有强大背景的孔、宋家族等豪门资本奈何不得,孔令侃成立于1946年年初的扬子建业公司就是其中的典型代表。该公司利用"鼓励输入"和"低汇率"政策,通过进口商品成本与国内物资不断上涨的价格之间存在的大幅差距,专门经营和垄断进出口贸易及其他投机事业,例如凭借与政治权力的特殊关系和雄厚的资金实力,取代原来经营汽车进口的美国公司,垄断利润最为丰厚的进口汽车经营权;此外,公司还利用复杂的关系网络,掌控诸如猪鬃、茶叶、铁矿等战时属于国家统购统销的紧俏物资的出口贸易,仅猪鬃一项由扬子等数家公司所垄断的比例就高达80%。另外,公司不仅在战后国家开放外汇和进口贸易的决策中占据先机,在政府对外汇实施管制政策后仍能利用种种特权获取配额,从国库中套购外汇,赚取高额利润。这类公司被舆论和社会各界形象地称为"官办商行",其享受特权、获取巨额利润的贸易行为引发了中外商人的强烈不满。1947年3月,宋子文因黄金风潮的爆发而辞去

---

① 参见中华人民共和国国家统计局.我的国民经济建设和人民生活:国民经济统计报告资料汇编[M].北京:统计出版社,1958。
② 参见陈争平,兰日旭.中国近现代经济史教程[M].北京:清华大学出版社,2009。
③ 参见许涤新,吴承明.中国资本主义发展史:第三卷[M].北京:人民出版社,1993。

行政院长职务后,国内外舆论大力抨击孔、宋家族利用权势所经营的"官办商行",蒋介石震怒之下急令彻查。1948年,扬子建业公司违法物资囤积案曝光后,监察院介入调查,但最终因蒋介石顾忌蒋、孔两家关系而作罢。上海解放后,扬子建业公司资产被解放军没收。

资料来源:郑会欣.孔令侃与扬子建业公司[J].中国经济史研究,2017(4):13-28。

2. 平抑物价、统一财经、调整工商业

国民党政府长期滥发货币导致了物价不断飞涨。[①] 由于新生政权缺乏统一的税收系统,作战的物资需求和恢复经济发展的需要迫使中国共产党不得不依靠发行钞票填补财政缺口,这在一定程度上又加剧了物价上涨。因此,通货膨胀和财政困难是中华人民共和国在成立初期面临的两大难题。执政之初,中国共产党的经济管理能力受到质疑,能否顺利地稳定物价,收窄甚至抹平财政缺口不仅关乎国民经济的运行,还关乎共产党的威信。

经过认真的分析和讨论,中央财政经济委员会出台了一系列政策,包括回收旧币、发行人民币、统一币制,统一财政收支、物资调度和现金管理;加强税收,节约经费开支等。这些措施有效地制止了通货膨胀。

上海是中国的金融中心和工商业中心,聚焦上海的金融和经济管理工作能够看清这些措施的细节与效果。1949年年初,多年的恶性通货膨胀使得上海市民对纸币普遍失去了信心。市场上投机分子趁机炒作黄金、银元和美元。这些货币成了硬通货,其价格的上涨直接推动了生产生活资料价格的上涨。在抛售银元的市场手段无效后,陈云和陈毅果断动用军事力量,敦促投机者停止炒卖银元,要求商家接收人民币。

生活必需品如粮食和纱布,也在当时成为投机活动的主要标的。和银元不同,粮食和纱布无法采用军事手段查封交易,因此粮食和纱布的价格平抑采用的是经济手段。1949年11月,中央统一调度各地贸易公司将纱布运往中心城市囤积,并禁止国营银行、企业对私营企业的贷款,同时严禁私营企业关门停业并加紧征税。1949年11月25日,全国各大城市统一步骤,各地的国营纱布公司不断抛售纱布,而且一边抛售一边降低牌价。[②] 由于无法从银行借钱,投机者手中的现金显然无法和国家强大的调动能力抗衡,只能眼见纱布价格降低而销量却始终居高不下,严禁私营企业关门和加紧征税的政令又提高了投机者的投机成本。到1950年春夏之交,全国的纱布价格稳定下来。粮食价格平抑的案例与此类似,平抑物价和统一财经为经济的有序发展打下了坚实的基础。

国营经济在稳定物价中发挥了重要作用。国营工业企业的恢复和发展保证了市场的物资供应,国营商业的建立畅通了物资交流,为打击投机势力做了准备。据统计,当时的国营贸易公司掌握了商品粮、棉纱供应量的30%,棉布的50%。[③]

[①] 内战爆发后,国民党军费支出使得财政状况进一步恶化。国民党政府的财政记录显示,1946年财政赤字占岁出的70.2%,1947年占70.7%,1948年占76.5%。为了弥补财政赤字,国民党政府一方面提高税收,另一方面则滥发法币。最终,长达12年的通货膨胀迅速演变为恶性通货膨胀。当时国民党滥发法币的速度惊人:1945年8月法币发行量为5 569亿元,1946年12月增长至37 261亿元,1947年12月飞增至331 885亿元,1948年8月竟达到6 636 994亿元。从1945年8月到1948年8月,法币发行量增加了1 190倍。随之而来的是物价的暴涨,1947年12月上海的批发物价比1946年上涨14倍,而1948年12月又比1947年12月上涨60倍。有个形象的比喻来描述货币贬值的速度,100元的购买力是这样的:1937年可换大牛2头,1938年可换大牛1头,1941年可换猪1头,1943年可换鸡1只,1945年可换鱼1条,1946年可换鸡蛋1个,1947年可换油头1/5根,1948年则只能换大米1/500两。

[②] 参见吴晓波.跌荡一百年:中国企业1870—1977[M].北京:中信出版社,2009。

[③] 参见陈争平,兰日旭.中国近现代经济史教程[M].北京:清华大学出版社,2009。

如上一小节所述,中华人民共和国成立后那些有利于国计民生的民族资本主义工商业因得到大力支持而获得了发展。国家通过贷款和加工、订货、统购、包销等手段帮助私营企业发展。然而在物价稳定后,民族资本主义工商业的发展遇到了中华人民共和国成立后的第一个困难。其困难主要表现在产品滞销,开工不足和工厂、商店倒闭等方面。这些困难的成因可以从供需角度加以分析。从需求角度来看,市场的有效需求大幅降低,主要是因为:① 投机需求消失。在恶性通货膨胀时期,由于物价飞涨,投机者不断地买进、卖出以赚取差价,而普通民众也争相囤货以图保值。物价企稳后,这种投机需求自然就消失了。② 消费需求降低。中国共产党官员和军队比国民党官员的消费水平低,且大地主和大资本家的财产被没收后消费需求降低。③ 消费需求的结构也有所变化。国民党统治时期,中国私营企业服务的对象主要是中外统治者,为其提供高级珠宝、首饰、宾馆等服务,而中华人民共和国成立后服务对象发生了变化,这些企业来不及转型,必然导致市场过剩。从供给角度来看,结构性供给过剩和经营成本提高,主要是因为:① 民族资本主义工商业盲目发展和盲目竞争。中华人民共和国成立后的政策积极鼓励民族资本主义工商业发展,然而许多私营企业主对社会需求不了解,经过了一段时间的盲目发展和盲目竞争。随着有效需求的降低,部分产品出现了严重的过剩,比如火柴、肥皂等。② 资金成本和原料成本提高。政府为了平抑物价而紧缩银根,导致贷款利率上升;许多企业的原材料是通货膨胀时购进的,但是产品的销售发生在物价回落后,相对而言成本提高了。

因此,1950年6月前后,中央财经的工作重点转移到了恢复发展经济、调整工商业上来。落实的具体措施主要有:① 放松银根,刺激需求。例如,收购农副产品,提高农村对工业产品的需求;加大加工订购和统购包销的力度;降低对部分私营企业的贷款利率。② 降低税负,简化税目。例如,降低农业税,提高农民购买力;精简工商业税种,提高收入税起征点,调动私营企业主的生产积极性。③ 公开产销信息。政府及时公布了解到的全国产品的生产、销售情况,调整产销关系。经过政府的调整,私营企业从1950年6月开始好转,进入正常的发展轨道,市场开始活跃,开工开业量显著上升,表11-2所示的1950年4—8月上海市工业品生产指数可以明显地反映这一变化。这些私营企业将在1956年的社会主义改造浪潮中逐渐成为国营企业的一分子。

表11-2 1950年4—8月上海市工业品生产指数

工业品	4月	5月	6月	7月	8月
棉纱	100	105	104	104	112
毛纱	100	102	123	123	201
火柴	100	267	247	428	386
水泥	100	141	165	177	218
面粉	100	58	199	574	524
化学碱	100	189	394	186	221
白报纸	100	68	237	424	571

资料来源:董志凯.1949—1952年中国经济分析[M].北京:中国社会科学出版社,1996。

1949—1952年是中国经济三年调整期或经济恢复期。在这一时期,没收了官僚资本构建了强大的国营经济,同时有效地保护了民族资本主义的发展,为之后的社会主义改造打下了坚实的基础。国民经济也获得了全面的恢复和发展,人民生活水平得到了很大的提高。

（二）国有企业的发展壮大（1953—1957 年）

1. 过渡时期总路线和第一个五年计划

1953—1957 年是中国第一个五年计划时期，也是国营企业快速成长、发展壮大的时期。1952 年国民经济恢复任务完成后，中国共产党在 1953 年及时提出了新民主主义社会向社会主义社会过渡的总路线，即逐步实现工业化和对农业、手工业、民族资本主义工商业的改造，简称为"一化三改"。

总体来说，过渡时期是指国民经济恢复后，多种所有制经济混合存在的一个时间段。1952 年年底，国营经济、集体经济、公私合营经济共占 20% 左右，私人资本主义经济占 6.9%，而农民和个体手工业者的个体经济占 71.8%。这样的形势与社会主义经济有很大的差距。当时普遍认为从新民主主义过渡到社会主义的前提是生产力的高度发展，因此最初的设想是 1967 年完成过渡。从中华人民共和国成立后到 1952 年国民经济恢复结束时期，虽然一些主要产品的产量超过了中华人民共和国成立前的最高产量，但就整体经济水平来看，仍然非常落后。在这种落后的情况下，只能优先发展重工业，因为只有重工业发展起来了，才能改造轻、重工业的设备，才能供给化肥和农机，才能巩固国防。

根据过渡时期的总路线，中国政府制定了发展经济的第一个五年计划。第一个五年计划的主要内容是围绕苏联援建的 156 个项目奠定中国社会主义工业化的基础，以集体所有制及合作社的形式分别改造农业和手工业，并把私人资本主义纳入国家资本主义的范畴。由此可见，第一个五年计划是对"一化三改"的具体落实。在这样的路线和政策背景下，中国对民族资本主义工商业进行了和平赎买并大力发展了以重工业为中心的工业体系，国营经济的力量快速发展壮大。

农业和手工业者有劳动者与私有者的双重性质，中国对其实施的是集体化的政策。因此，1953—1956 年，中国的农业逐步从临时互助组发展到常年互助组，再发展到初级农业合作社和高级农业合作社。而个体手工业则先后组织供销小组和供销合作社，最后发展到生产合作社。对民族资本主义工商业的改造则采用了和平赎买的政策，我们留待后面细讲。

2. 民族资本主义工商业的改造

前文提到，民族资本主义工商业的改造是国营经济的另一个源头，也是"三改"中的题中应有之意。"一五"计划要求，要在五年内把民族资本主义工商业纳入各种形式的国家资本主义轨道。这一过程经历了三个阶段：初级形式的国家资本主义，个别企业的公私合营，全行业的公私合营，后两个阶段属于高级形式的国家资本主义。

国家资本主义是指运行已经纳入国家计划中的资本主义经济成分。初级形式的国家资本主义的特点是国家在流通领域与私营企业建立联系。从 1953 年 7 月起，中国采取了一系列措施来对一些主要物资和工业原料进行控制。对原料的控制使得私营企业的生产依赖于国营经济，这决定了国家对私营经济的全面安排。

初级形式的国家资本主义在工业中体现为加工、订货、统购和包销，尤以加工、订货的形式最为普遍：私营企业严格按照合同规定的货量、规格和时间完成国家给予的任务。其实早在 1949 年，加工、订货就已经作为国家提振私营经济的手段，表 11-3 展示了 1949—1955 年国家资本主义在工业企业中的发展状况，在这段时间内，国家加工、订货等产品价值在私营工业总产值中的占比越来越高。国家资本主义在商业中体现为经销、代销，由于国营商业已经掌握全部货源，私营商店自然就通过赚取批零差价（经销）或委托手续费（代销）获取利润，表 11-4 反映了 1953—1955 年全国商品流通中公私成分的变化，从中可知在批发和零售方面，社会主义商业逐步占据主要地位。

表 11-3　1949—1955 年工业企业中初级形式的国家资本主义的发展状况

项目	1949 年	1950 年	1951 年	1952 年	1953 年	1954 年	1955 年
私营工业中来自国家加工、订货、统购、包销的产品价值(亿元)	8.11	20.98	43.21	58.98	81.07	81.21	59.35
指数(从 1949 年为 100%)(%)	100	259	833	727	1 000	1 001	732
国家加工、订货等产品价值占私营工业总产值比重(100%)	12	29	43	56	62	79	82

资料来源：中华人民共和国国家统计局. 我国的国民经济建设和人民生活：国民经济统计报告资料选编[M]. 北京：统计出版社,1958。

注：1955 年国家加工、订货等产品价值较 1954 年大幅降低，这是因为 1954 年起大批的企业实现了公私合营，这种企业的情况没有统计在私营企业中。

表 11-4　1953—1955 年全国商品流通中公私成分变化

	1953 年	1954 年	1955 年
批发方面：	100.0	100.0	100.0
国营和合作社商业	69.2	89.3	94.8
国家资本主义和合作化商业	0.5	0.5	0.8
私营商业	30.3	10.2	4.4
零售方面：	100.0	100.0	100.0
国营和合作社商业	49.4	67.5	67.3
国家资本主义和合作化商业	0.3	6.4	15.2
私营商业	50.3	26.1	17.5

资料来源：中华人民共和国国家统计局. 我国的国民经济建设和人民生活：国民经济统计报告资料选编[M]. 北京：统计出版社,1958。

公私合营是国家资本主义的高级形式，公私合营又可细分为个别企业的公私合营和全行业的公私合营两个阶段。个别企业的公私合营是指国家入股私营企业，并派驻代表负责企业的生产管理。这时国家和私人资本家共同占有生产资料，但实际上国家已经掌握企业的生产决策权和人事权。这样，国家和私营企业的关系就从流通领域进入生产领域。如表 11-5 所示，截至 1955 年年底，约有占产值一半的私营工业企业实现了公私合营。

1956 年年初，社会主义改造达到高潮，公私合营从部分企业、部分行业迅速推广到全行业。最早实现全行业公私合营的城市是北京，随后其他城市也在各自工商界的带领下响应号召。到 1956 年 1 月底，全国已有 118 个大中城市和 193 个县城（即占全国 70% 的城市）实现了民族资本主义工商业全部公私合营。

表 11-5　1949—1955 年全国工业企业中公私合营企业发展情况

项目	1949 年	1950 年	1951 年	1952 年	1953 年	1954 年	1955 年
公私合营企业户数(户)	193	294	706	997	1 036	1 744	3 193
职工人数(万人)	10.54	13.09	16.63	24.78	27.01	53.55	78.49
总产值(亿元)	2.2	4.14	8.06	13.67	20.13	51.1	71.88
产值占私营经济比例(%)	3	5	7	11	13	33	50

资料来源：中华人民共和国国家统计局. 我国的国民经济建设和人民生活：国民经济统计报告资料选编[M]. 北京：统计出版社,1958。

注：私营经济 = 公私合营企业产值 + 加工、订货、统购、包销产值 + 私营工业自产自销产值。

在对民族资本主义工商业的生产流通方式进行改造的过程中,利润分配的方式也不断发生调整。在初级形式的国家资本主义阶段,利润分配的方式是所得税、企业公积金、工人福利基金和资本家的利润各分其一,即通常说的"四马分肥",资本家的利润最后只占全部盈余的1/4左右。到了个别企业的公私合营阶段,虽然仍旧按照"四马分肥"的原则分配利润,但此时由于股份中已经有了国家公股,资本家只能按照所持股份获得股息或红利,最后到手的利润已经低于1/4。进入全行业的公私合营阶段后,资本家所得的股息或红利就由"四马分肥"变为"定息赎买"。国家将资产阶级所拥有的生产资料折合成股份,不分工商、大小、盈余亏损,也不论地区、行业、新老合营,统一规定年息为5%。① 也就是说,在实行"四马分肥"时,企业获利越多,资本家获得的股息或红利就越多。而实行定息之后,资本家的股息就固定了下来。此外,除了这部分股息,资本家还能够拿到相应的薪金。这种企业在性质上已经和国营企业没有太大区别。定息赎买政策从1956年1月1日起实行,原定付息7年,后又延长3年,1966年9月定息年限届满,公私合营企业最终也加入国营企业的队伍中。国家对民族资本主义工商业的改造进程可以参见图11-2和图11-3。对民族资本主义工商业的改造意味着中国单一公有制和计划经济体制的形成,从1956年到1978年改革开放,私有制经济和市场在中国经济发展中的作用基本可以忽略。

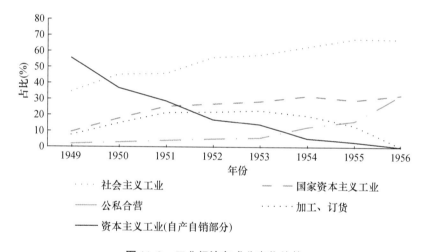

图 11-2　工业经济各成分变化趋势
资料来源:国家统计局.伟大的十年[M].北京:人民出版社,1959。
注:国家资本主义=加工、订货+公私合营。

3. 156项目——中国工业的奠基石②

"一化三改"的核心是实现工业化。而第一个五年计划时期的工业化项目,以156项目为核心,以694个限额以上项目为重点,以能源、机械、原材料为主要内容,分布于中国广大的中

---

① 当时工商界流传着"坐三望四"的说法,即普遍认为3%的年息可以接受,4%的年息超出预期,最后国家政策达到了5%,让工商界喜出望外,这也是公私合营能够迅速推广的重要原因之一。
② 注:156项目虽然被学界经常提到,但对此的深入研究很少,部分原因在于156项目涉及很多国防军工项目(约占总项目数的1/3),相关资料一直处于保密状态,精准的数据很难拿到,全面、系统、深入的研究有待进行。本小节在介绍156项目对中国经济发展的推动作用时,采用的数据是更宏观的"一五"数据。这种做法一方面是迫于数据的不可得,另一方面也有其合理性,因为156项目还涉及相关的配套项目,投资总额占到了工业投资相当大的比例,对经济发展的带动作用也非常大。

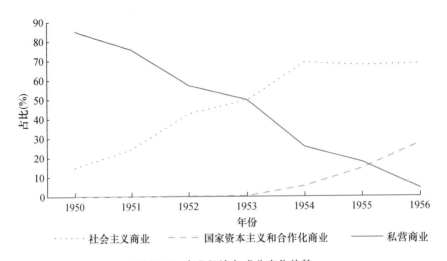

图 11-3 商业经济各成分变化趋势

资料来源:国家统计局.伟大的十年[M].北京:人民出版社,1959。

西部地区。156 项目在中国大地上构建了独立自主的工业体系雏形,对 156 项目的了解将深化我们对国营企业的认知。

156 项目最初启动于 1950 年,到 1957 年"一五"计划结束时完成过半,最终到 1969 年实际完成 150 个项目。156 项目深刻影响了中国的经济发展。首先,156 项目初步改变了中国工业布局的不合理性,促进了区域经济的均衡发展。在中华人民共和国成立初期,中国的工业设施 70% 分布在东北和东部沿海地区,其中东北地区的重工业超过全国一半,与之形成鲜明对比的是,西北地区的工业产值约为全国的 2%。156 项目在选址时,充分考虑了资源的分布状况,将大量的钢铁、有色金属冶炼和化工企业安置在矿产资源丰富、能源供应充足的中西部地区。在投入施工的 150 个项目中,民用企业 106 个,中西部地区占到 50 个,其中中部地区 29 个,西部地区 21 个;国防企业 44 个,中西部地区占到 35 个。150 个项目实际完成投资 196.1 亿元,其中中部地区 64.6 亿元,占投资总额的 32.9%;西部地区 39.2 亿元,占投资总额的 20.0%。其次,156 项目深刻改变了中国的工业产业结构。1952—1957 年,各部门基本建设投资比重如图 11-4 所示,第一个五年计划开始之前的 1952 年,中国对工业部门的投资比重为 43.4%,此后五年逐年上升,到 1957 年已上升至 57.4%。再看工业部门内部,1952 年重工业投资占全部工业投资的 76%,而第一个五年计划期间这一比重提高到了 85%。因此,中国的工业生产能力迅速提升,1949—1957 年部分重要工业产品产量变化如表 11-6 所示。这种工业、重工业倾向的投资方案为中国的工业体系建设打下了坚实的基础,也造就了一大批优秀的国营企业,例如武汉钢铁公司、包头钢铁公司、沈阳飞机工业公司等。最后,156 项目迅速提高了中国的工业技术水平并培养了一大批优秀的国家领导人、企业管理者和技术骨干。1960 年,苏联单方面撕毁合约,中止技术援助,撤走在华的全部苏联专家,156 项目从此进入自主建设阶段,中国发扬自力更生精神,攻克了一个个技术难题,顺利完成了剩余的 17 个项目。此外,这段时间培养的一大批优秀人才日后活跃在政坛、企业和科研领域,因此 156 项目对中国人力资源积累的推动作用是不可估量的。

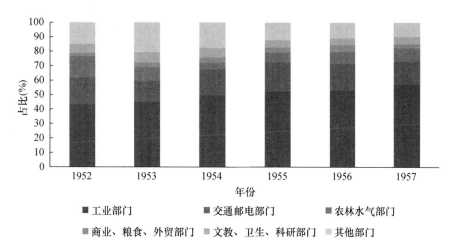

图 11-4　1952—1957 年各部门基本建设投资比重

资料来源:《中国统计年鉴 1983》。

表 11-6　1949—1957 年部分重要工业产品产量变化　　　　　　　　　　单位:万吨

年份	生铁	钢	成品钢材	水泥	硫酸	纯碱	烧碱
1949	25.0	15.8	13.0	66.0	4.0	8.8	1.5
1950	98.0	61.0	37.0	141.0	6.9	16.0	2.3
1951	145.0	90.0	67.0	249.0	14.9	18.5	4.8
1952	193.0	135.0	106.0	286.0	19.0	18.2	7.9
1953	223.0	177.0	147.0	388.0	26.0	22.3	8.8
1954	311.0	223.0	172.0	460.0	34.0	30.9	11.5
1955	387.0	285.0	216.0	450.0	37.5	40.5	13.7
1956	483.0	447.0	314.0	639.0	51.7	47.6	15.6
1957	594.0	535.0	415.0	686.0	63.2	50.6	19.8

资料来源:《中国统计年鉴 1983》。

注:如文中所提到的,156 项目其实早在 1950 年就开始了,我们把 1949 年也列在这里作为参考。

在 20 世纪 50 年代初期,中国开始大规模工业化建设之时,资金投入是产业结构转变的前提。第一个五年计划时期全民所有制固定资产投资总计 611.58 亿元,年均增长 36.7%;而同期国家财政收入年均仅增长 12.9%,资金的供需矛盾成为这一时期工业化建设能否顺利进行的关键。① 那么,在 156 项目建设的过程中,资金来源于何处呢? 一个重要的来源就是国营企业。第一个五年计划期间,国家预算内投资占到整个基本建设投资的 90.3%,国家预算外投资仅占 9.7%,因此可以从 1952—1956 年的中国财政收支中观察 156 项目的资金来源,如图 11-5 和图 11-6 所示。正如上一小节中所提到的,中国于 1952 年进入社会主义过渡阶段,随着三大改造的逐步推进,中国的经济成分逐渐趋向于单一的公有制,国营部门尤其是国营工业对财政收入的贡献迅速提升。从不同所有制成分来看,1950 年,全民所有制经济(国营经济)的财政贡献为 21.75 亿元,占当年财政总收入的 33.4%,而 1957 年,全民所有制经济的

---

① 参见董志凯,吴江. 新中国工业的奠基石:156 项建设研究(1950—2000)[M]. 广州:广东经济出版社,2004。

财政贡献逐年增加至218.78亿元,占当年财政收入比重也上升至70.6%;1950年国家财政收入为65.19亿元,而1957年国家财政收入为310.01亿元,增加了244.82亿元,这其中国营经济的贡献达到197.03亿元,占比80.48%。因此,无论从财政收入的绝对值还是从新增财政收入来看,国营经济都为156项目做出了巨大贡献。另外,集体所有制经济在1956年后成为财政收入的第二大来源,应注意到,1950年来自集体所有制经济的财政收入仅为0.19亿元,占比0.3%,到1957年这两个数字已经分别骤增至51.83亿元和16.7%。

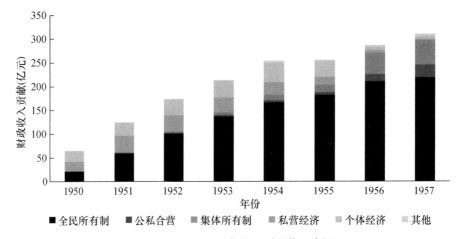

图 11-5　1950—1957 年中国财政收入来源 1

资料来源:《中国财政统计 1950—1985》。

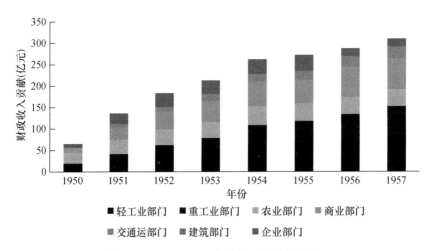

图 11-6　1950—1957 年中国财政收入来源 2

资料来源:《中国财政统计 1950—1985》。
注:比较图 11-6 和图 11-5,我们可以发现财政收入有细微的差别,这应是统计口径不同所致。

从各产业部门来看,1950年工业部门的财政收入为19.7亿元,占比30.2%,到1957年这两个数字分别增加至152.57亿元和49.2%。到1956年年底,国营工业和公私合营工业的产值接近国内工业产值之和,考虑到国营工业普遍规模较大且公私合营具有半国营的性质,因此有学者用工业部门的财政收入估计国营工业的财政收入。1957年,国营工业的财政收入接近当年财政收入的一半,1950—1957年,国营工业的财政收入增加了132.87亿元,占到

1950—1957年财政收入增加值的54.3%。①

国营工业企业上缴利润增多的原因,得益于工业产值的提高,以1952年产值为100,1957年轻工业产值达到了183,重工业则达到了310。② 产值提高得益于以下几个方面:首先,劳动生产率提高,五年中社会全员劳动生产率提高了51.5%,工农业全员劳动生产率提高了14.2%,而工业全员劳动生产率提高了105.2%,重工业更是提高了112.5%。③ 其次,新建企业陆续投入使用,这种作用在1955年以后更加突出。再次,农产品价格的控制也应考虑在内,农产品统购统销政策的实施稳定了工业生产成本。最后,与当时的国营企业折旧基金管理办法有关,当时国家规定企业的基本折旧基金需上缴国家,以保证国家在全国范围内进行固定资产重置,同时规定固定资产折旧不得计入产品成本。这最终压低了工业生产成本,提高了工业企业上缴利润。与此同时,我们也可以看出国营企业对中国工业发展做出的贡献:基本折旧基金全部上缴国家,由国家统一调配,也就是说,本企业上缴的利润是供给全国范围的固定资产重置,原企业能够划拨的资金远小于上缴的额度以及应该用于自身更新设备和技术的额度。从这一方面来说,我们往往强调了农业对中国早期重工业发展的贡献,却忽视了国营企业内部的财政收入供给。

自中华人民共和国成立以来,中国大地上诞生了一批批优秀的国营企业,它们与共和国共同成长,共担风雨。在中华人民共和国成立初期,它们被迫放弃了更新企业的专项资金,牺牲了长远的盈利能力,它们中的大多数湮没在了改革的浪潮中,不曾激起一卷浪花,我们也许叫不出它们的名字,但它们的贡献应该被每个中国人铭记。

相关资料
长虹集团

在中华人民共和国成立初期,中国面对强敌林立的国际环境,为了对外抵御外辱、对内强军保国,国家开始在西部地区建设军工研制基地。1958年,长虹的前身——"国营长虹机器厂"在绵阳开始筹建,这是中国"一五"计划期间156项重点工程之一,是当时国内唯一的机载火控雷达生产基地。第一代长虹人克服人员不足、物资短缺、技术真空等困难,先后完成了仿制机载雷达、机载火控雷达、国家"645"雷达等军用产品项目,填补了多项国防建设的技术空白。1972年国家提出"军民结合、平战结合、以军养民"的发展指示后,长虹于1973年先后试制成功301型40厘米黑白电视机和401型46厘米彩色电视机,由军工企业转型为家电企业,并于次年从日本松下引进了日产1 000台的电视自动化流水生产线,长虹的"彩电大王"时代由此开启。21世纪以来,长虹实行多元化战略,积极完善产业链、提高技术创新能力。经过军工立业、彩电兴业,到信息电子的多元拓展,目前长虹已成为集军工、消费电子、核心器件研发与制造于一体的综合性跨国企业集团,并正向具有全球竞争力的信息家电内容与服务提供商

---

① 注:《新中国工业的奠基石:156项建设研究(1950—2000)》中作者采取了这种近似的计算方法,出于正文中的原因,我们认为这种计算是合理的。数值可能有所偏差,但是该段时间内国营工业对财政收入的贡献被不同的文献提到,从侧面证明了这一事实的可靠性。
② 资料来源:《中国统计年鉴1983》。
③ 资料来源:《中国劳动工资统计资料1949—1985》。

挺进。2016 年,长虹品牌价值达 1 208.96 亿元人民币,继续稳居中国电子信息百强企业第 7 位,在中国企业 500 强中排名第 146 位,居中国制造业企业 500 强第 58 位。

资料来源:长虹:一部浓缩的国企改革发展史[J].国资报告,2019(11):108-110。

4. 传统国有企业的体制及弊端

156 项目奠定了中国工业的基础,由此中国也形成了国营企业体制。总体来说,传统国营企业体制主要表现为:国家对企业实行"统一领导、分级管理",即根据企业重要性和级别的不同分为中央直管、地方管理及中央和地方合管等形式;国家对企业的生产进行安排,包括产品种类、数量、产值等;国家全面掌握企业的投资决策,企业固定资产投资项目根据金额不同需报各级政府及职能部门批准;国家对企业财务实行"统收统支",企业的利润绝大部分上缴国家,只留存小部分作为奖励基金;国家对企业产品和原材料统购统销;国家还掌握企业的人事权,无批准手续,企业不可扩大招工规模,也不可辞退员工[①],工人、管理人员、技术人员的工资由国家分类规定。

这种体制天然带有一些弊端:由于利润大部分上缴,企业没有动机也没有能力主动进行技术研发和设备更新以提高劳动生产率;由于员工工资严格按照国家标准制定、员工只能进不能出,企业不能对出工不出力的员工进行扣除工资和开除的惩罚;统购统销替代了市场经济,远离竞争的环境使得企业没有发展动力。

三、1978 年前的两次国有企业改革及其背景(1958—1977 年)

现在当我们谈到国有企业改革时,往往认为这是改革开放之后的产物。但其实早在 1978 年以前就已经有过两次国有企业改革的失败经验。这两次改革分别发生在"大跃进"和"文化大革命"时期,都是在不触动计划经济体制的框架下展开的,且两次改革如出一辙,都使得无序的经济局面更加混乱,也凸显了国有企业"一统就死,一死就放,一放就乱,一乱就收"的局面,但其为改革开放后的国有企业改革积累了宝贵的经验。了解 1978 年以后的国有企业改革需要从这一时期出发。

(一)"大跃进"与第一次国有企业改革

"一五"计划时期,中国在社会主义改造和工业体系建设方面取得了巨大的成就。1953—1957 年,中国 GDP 年均增长率为 9.2%,但是这样辉煌的经济成就也催生了政治风气的变化。1957 年 11 月,毛泽东率领中共代表团赴莫斯科参加十月革命胜利 40 周年庆典,在庆典上赫鲁晓夫宣称苏联的工业总产量和人均产量在 15 年后都将超过美国,成为第一强国。毛泽东深受鼓舞,并随即宣布中国 15 年后可以赶上或超过第二资本主义强国英国。受毛泽东言论的影响,当月《人民日报》发表社论批评"保守"作风:"有些人害了右倾保守的毛病,像蜗牛一样爬行得很慢,它们不了解在农业合作化以后,我们就有条件也有必要在生产上来一个大的跃进。"这样"大跃进"的口号就诞生了,在口号提出来的初期,党内主持经济工作的几位领导人都表达了对这一口号及其可能造成的影响的担忧。然而,1958 年 1 月,毛泽东在南宁

---

① 在当时的意识形态中,工人阶级是国家的主人,那也显然是国营企业的主人,由企业辞退企业的主人不合逻辑。

会议上鲜明地反对"反冒进"的提法,认为"反冒进"是政治问题,会打击全国人民的生产积极性。由此,党内的"左"倾情绪无所顾忌地蔓延开来。1958年5月,中共中央召开八大二次会议,正式把"鼓足干劲、力争上游、多快好省"作为党的社会主义建设总路线。会议肯定了已经出现的"大跃进"形势,并直接推动了"大跃进"在全国各地迅速发展。

在1958年5月的中共中央政治局会议上,党中央决定将1958年的钢产量指标由710万吨提高到800万—850万吨,后又经两次修改,最终北戴河会议确定为比1957年产量翻一番,达到1070万吨。钢铁是当时最重要的工业产品,不仅农业生产需要,厂房建设、机器制造、国防工业都必不可少,因此钢产量是一个国家工业发达程度的重要指标。于是,"以钢为纲"的口号被提出来,各大产业为钢铁让路,但即便如此,依靠现存的产能也不可能完成这么高的指标。截至1958年8月底,全国只生产出钢400万吨,根本不可能在剩下的4个月内生产余下的670万吨。于是,中国共产党决定采用群众路线的方法来发展经济。全国上下竖起了数以十万计的小土炉(事实证明,这种土法炼制的钢铁大多数根本不能使用)。人们把自己家里的铁锅、铁盆捐了出来,有的甚至拿出农具倒进炉膛中。有学者估计,当时共有约9000万民众直接参与了大炼钢铁,他们来自各种行业,如政府部门、农民、医生、教师、学生等。此外,一些国营企业为了完成钢铁产量,抢建了小型炼铁、炼钢设备,例如鞍钢、太钢、武钢、包钢等都抢建了一批"小洋群"。

农业生产上的高指标也推动了农村基层的制度性变化,当时人们普遍认为,农业合作化的程度越高,农业的生产率就越高。1958年8月,北戴河会议通过了《中共中央关于在农村建立人民公社问题的决议》,在全国范围内掀起了大办人民公社的高潮,截至9月底,全国有超过九成的农户加入了人民公社。作为探索共产主义的基层组织,人民公社高度公有化,实行公共食堂,分配方面不与劳动的多少挂钩,推行完全的平均主义,这严重挫伤了农民的生产积极性。在冒进作风下,人民公社纷纷"放卫星",各地频传亩产万斤的虚假数字。人民公社的制度缺陷所导致的生产积极性下降、各地高放卫星所导致的中共中央领导层对农业收成的误判共同导致了以后三年的困难时期。虽然在1958年年末,中央开始反思"大跃进"的危害,但是由于当时党内冒进之风盛行,对经济政策的讨论后来升级为政治路线问题,使得"大跃进"一直持续到1960年年末。

就在这段时间里,中国进行了国有企业改革的第一次尝试。从1956年起,随着社会主义改造的完成,指令性计划经济模式在中国形成并固定下来。高度集中的经济体制和传统国营企业体制的弊端开始暴露,最明显的就是企业缺乏活力、效率低下。于是1957年年底,中国政府试图通过下放企业管理权给地方政府的方式来进行国有企业改革。这次中央和地方政府间权力的变革主要涉及以下几个方面:

(1)调整现有企业的隶属关系,下放部分中央企业给地方政府管理。

(2)增加地方在物资分配方面的权限。减少由国家经济委员会和中央各部所管的物资的品种和数量。在保证完成国家计划的前提下,各地方政府有权进行企业间的物资调剂。

(3)增加地方的人事管理权限。地方负责企业的人事管理,对于仍旧归属中央各部管辖的企业干部,在不削弱主要企业人事权的条件下,可以适当地进行调整。

(4)扩大地方财政权。对商品流通税、货物税、营业税、所得税等中央管理的大宗商品税,实行中央与地方分成;减少税种,简化征税办法,并赋予地方政府广泛的减税、免税和加税权;国家和企业实行全额利润分成;下放管理的企业除部分重点企业外,地方政府可以分得20%的利润。

(5)下放固定资产投资和部分基本建设项目的审批决策权。地方兴建限额以上大型建设项目,只需将简要计划任务书上报国家经济委员会批准即可,其他设计和预算文件一律由地方政府审批;限额以下项目,完全由地方政府自行决定。①

除此之外,"大跃进"期间,中国还主张在全国范围内建立若干个具有比较完整的工业体系的区域,以调动地方参与经济建设的主动性,让工业发展"遍地开花"。

由于1958年的"热烈"气氛,在没有试点的情况下,上述一系列下放措施被付诸实践。这些措施没有触碰单一公有制和计划经济体制,其本质是调动地方政府的积极性,地方政府对辖区所在地国营企业往往具有更充分的信息,中央希望地方政府做出更好的决策。但由于地方政府不承担国家的综合平衡责任,中央过多、过急地下放权力给地方政府而又缺少必要的制衡和约束,加上"反右"形成的经济建设急躁情绪,使得地方政府一味地追求地方经济扩张,结果宏观上的综合平衡被打破。② 由此造成的局面是1958—1960年固定资产投资迅速扩张,如图11-7所示,1957年全国固定资产投资为151.23亿元,而到1958年骤增至279.06亿元,1960年更是达到了416.58亿元。

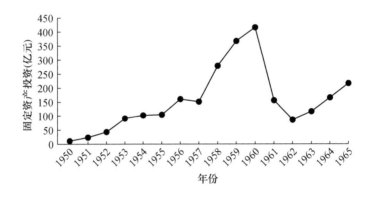

图11-7　1950—1965年中国固定资产投资

资料来源:《中国统计年鉴1983》。

"大跃进"严重损害了国民经济发展,经济部门比例严重失调,例如轻工业和重工业的比例由1957年的55:45变为1958年的46:54,市场上轻工业品和手工业品的供应十分紧张。在大炼钢铁中,农村劳动力被大量占用,很多粮食无人收割腐烂在地里,造成了大量的浪费。土法炼钢所生产出来的钢铁不但质量不合格,因此提高了钢铁价格,破坏了很多生产生活物资,而且严重破坏了环境。

1961年1月,党的八届九中全会正式批准了"调整、巩固、充实、提高"的八字方针,这标志着为期三年的"大跃进"的结束。八字方针中,调整是中心;调整国民经济各方面的比例关系,主要是农业、轻工业和重工业的比例关系;调整积累与消费的比例关系,即适当控制重工业的发展,缩小基本建设规模以统筹兼顾国家建设和人民生活。

---

　　① 参见国务院《关于改进工业管理体制的规定》。
　　② 陈云曾这样描述权力下放后"大跃进"的投资状态:"国家计委、经委天天门庭若市,开始是省要东西,以后是专区派人要东西,现在有的县也找上门来了,甚至有些农民到北京说他认识哪个首长,一定要一吨铁,不给就不走。现在钢铁材料如何分法?以后不要了,一次分完。这个说我没有无缝钢管,那个说他需要什么,到处都在吵,把耳朵几乎都要吵聋了。"——中共中央文献研究室.陈云文集[M].北京:中央文献出版社,2005。

(二)"文化大革命"与第二次国有企业改革

1961—1965年,国民经济经过5年的调整期,各部门结构趋于合理。1964年4月中央曾拟定《第三个五年计划(1966—1970)初步设想》。"三五"计划的基本任务是解决人民吃穿用问题,并合理调整国民经济结构。这一计划符合中国当时的实际情况,但1966年"文化大革命"的爆发打破了经济向好发展的可能性。

"文化大革命"的爆发有其深刻而复杂的政治、经济原因。从政治上看,在60年代初期的经济调整中,刘少奇和邓小平等人贯彻八字方针,逐步纠正了"大跃进"时期的错误,且农村地区也出现了一些希望包产到户的抵抗"左"倾错误的做法。从经济上看,"文化大革命"前的一段时间确实存在一些干部享有经济特权的现象,这与当时宣扬的平均主义产生了差别,造成了人民心中的不满。一场以阶级斗争推动社会发展的政治运动开始了。

"文化大革命"时期,国有企业尝试了第二次改革。在50年代末期,中国进行了以企业管理权下放为核心的第一次国有企业改革。由于"大跃进"的失败,在此后的调整过程中不得不将收回下放的权力,实行集中统一。这样,在"文化大革命"爆发前夕的1965年,中央又统管了大量的企事业单位。为了改变统得过多、管得过死的局面,也为了备战需要,中央决定再次下放企业管理权。1970年3月5日,国务院拟定《关于国务院工业交通各部直属企业下放地方管理的通知(草案)》,要求工交各部下放企事业单位,实行以地方为主的双重领导,只有少数的骨干型企业由中央领导。和1958年的第一次国有企业改革一样,企业的隶属关系改变了,计划的管理、资金的缴拨和物资的调配权也随之下放。在此期间,国营企业的领导机制也经历了很大的变化,"文化大革命"初期,企业的很多管理干部被揪斗,党委领导下的厂长负责制瓦解;1968年8月以后,国营企业先后成立了革命委员会,实行一元化领导;1972年以后,又提出党委一元化领导。然而,无论哪种领导机制,都只是强化了国营企业作为政府附属物的体制。虽然在形式上政府机构与企业是相分离的,政府在机关办公,企业在工厂从事生产活动,然而政府却牢牢掌握着企业的一举一动,企业没有任何的自主权。这次国有企业改革的结果和50年代如出一辙,这次放权造成了更大的经济紊乱。

1978年前的两次国有企业改革都是围绕着地方企业管理权的划分进行的。这两次改革的结果都陷入了"统—死—放—乱—收"的循环中。其错误在于没有认识到企业和政府的关系才是国有企业改革的核心,而真正认识到这一点需要等到1992年之后。

相关资料
三线建设与攀枝花钢铁厂

中华人民共和国诞生在美苏两大阵营对峙中,20世纪50年代,毛泽东提出了"一边倒"的发展战略,中苏组成了紧密的社会主义阵地。那是中苏关系最好的时代,在苏联的无私帮助下,"一五"计划取得了巨大的成就。进入20世纪60年代中期,中苏关系走向破裂,苏联同时向中苏、中蒙边界增兵,中苏边境摩擦不断,苏联驻扎在中国边境的部队由20万人增长至100万人,双方呈剑拔弩张之势。另外,美国一直把敌视中国与遏制社会主义阵营紧密联系在一起,对华采取了政治上孤立、经济上封锁的政策。60年代初期,美国逐步升级了对越南的军事行动,由对南越政权的经济支持,到直接派部队参与战争,战火烧到了中国边境。在中国西南面,印度公然侵犯中国领土,中国被迫自卫反击,战争虽然结束,但是对峙局势仍在持续。

在中国东南面,退居台湾的国民党政权多次袭扰大陆,叫嚣反攻。在这样复杂、紧张的外部环境下,毛泽东主张调整"三五"计划重心,由解决吃穿用转向以备战为中心。国家计委《关于第三个五年计划安排情况的汇报提纲(草稿)》提出:"三五"计划必须立足于战争,从准备大打、早打出发,积极备战,把国防建设放在第一位,加快三线建设,逐步改变工业布局。三线建设最早从1964年开始,一直延续到70年代中期,"文化大革命"时期虽遭受冲击,但没有完全停下来,可见其重要性。三线的具体区域是由毛泽东亲自划分的,从黑龙江到广西沿海省市区是一线,即前线;西南三省,西北除新疆、内蒙古部分地区外的大部分地区,湘西、鄂西、豫西、山西等地区是三线;中间地带是二线。1964年,党中央决定在三线地区发动一场以备战为核心的大规模国防、科技、工业和交通基本设施建设,即三线建设。三线建设中最具代表性的项目是攀枝花钢铁厂(以下简称"攀钢"),毛泽东对攀钢建设格外重视,多次提到攀钢,曾说:"攀枝花钢铁厂还是要搞,不搞我总是不放心,打起仗来怎么办?""我们的工业建设要有纵深配置,把攀枝花钢铁厂建起来。建不起来,我睡不好觉。"

攀钢建设可追溯至50年代中后期,当时地质部的勘探队在北自四川省西昌,南至川滇边境的金沙江,长约200公里的安宁河谷和金江河谷地带发现了几处大铁矿,这其中包含了攀枝花铁矿。1958年3月,在成都召开的中共中央政治局扩大会议上,地质部部长李四光向毛泽东报告了这个消息,毛泽东当即表示要组织力量尽早开发。1964年,毛泽东又先后两次谈到攀钢建设,于是冶金部和计委迅速行动,进行钢铁厂选址。当时西昌的太和铁矿也是一个钢铁厂厂址的备选方案,但是西昌地区地震烈度系数大,水资源紧张。相比较而言,攀枝花地区临近金沙江,且宝鼎煤矿就在附近,可就地供应,最终厂址定在了攀枝花的弄弄坪。

攀钢建设过程中遇到了很多难题。第一个难题是厂址不平,攀枝花地区没有平坦的土地,而弄弄坪东西约长2.5公里,南北不足1公里,如何在这样狭小的山头建厂是一个历史性难题。最终来自全国的100多位科研、设计、施工单位专业人员经过反复勘测和深入研究,决定采用"象牙微雕"式设计,即通过大规模爆破将山坡平整成大大小小的台阶,这种方案与当时国内同规模的钢铁企业相比,工厂用地减少一半,土石方工程约减少2/3。第二个难题是攀枝花的钒钛磁铁矿当时被普遍认为无法冶炼。因为按照常规的冶炼方法,二氧化钛在高炉里不熔化,钛粉粒和铁水国际专家将其称为呆矿。面对这样的情况,中国组织国内几十个大中院校与科研单位进行了长期的研究和大量的实验,最终攻克了用普通高炉冶炼钒钛磁铁矿的世界性难题。除此之外,攀钢还要克服物资问题,当时攀枝花未通铁路,一切生活与建设物资都要先经过成都和昆明运到现场,运量大、路程远且道路崎岖。这一艰巨任务得到了北京、辽宁、山东、河南和安徽五个省市1 500辆卡车的支持,在1970年成昆铁路通车前共运进3 150吨物资……

1970年7月1日,攀钢一号高炉炼出第一炉铁水。1971年10月1日,中国最大、120吨转炉建成并顺利投产,炼出第一炉钢……攀钢使用的很多工艺流程,如高炉冶炼含钒、钛的磁铁矿,120吨氧气顶吹转炉炼钢,雾化提钒等都创造了中国第一。这是中国在美、苏两国经济封锁的情况下,自力更生建设经济的伟大胜利。今天,攀钢已逐步发展成为全球第一的产钒企业,中国最大的钛原料企业和产业链最为完整的钛加工企业,国内第一、世界顶级的重轨生产基地。

资料来源:高扬文.三线建设回顾[J].百年潮,2006(6):42-49。

四、理解1978年前的国有企业

我们现在对1978年前的国营企业局面进行总结和分析。我们试图回答,国营企业的特征与传统计划经济体制之间具有内在的逻辑一致性。

在中华人民共和国成立初期,中国百业凋敝,市场萧条。国民党枉顾民族利益,在美国的支持下发动内战。战区土地和工厂遭到破坏,大量的青年劳动力投入战争,农业和工业产出大幅降低。表11-7和表11-8显示,1949年主要农产品和工业产品产量与中华人民共和国成立前最高年份相比显著萎缩。因此,1949年是解放战争取得全国决定性胜利的一年,但也是全国经济财政状况最困难的一年。想要在这样的经济体上建立一个富强的国家是很困难的。而在真正进行经济建设前,最重要的是选择发展经济的路径。中国和苏联一样同属社会主义阵营,且1949年中国的环境与1929年的苏联一样,都是一个落后的农业国。想要屹立于世界民族之林,没有独立的重工业和国防工业是不行的。1929年,苏联在斯大林的领导下,按照重工业优先发展的战略,很快建立了本国的工业体系。有了苏联成功的经验,中国自然而然就沿着重工业优先发展的道路前进,之前我们已经讲过156项目就是这条道路下的产物。给定这种发展战略,我们来解释为何国营企业人财物产供销决策权全部丧失的现象。我们知道一个企业发展需要付出的成本分为资金、资本和人力成本。重工业自身的特点决定了其对资金的需求量非常大,且投资时间长,如果按照市场利率贷款,则重工业项目肯定难以为继。所以,为了发展重工业,当时中国的贷款利率非常低。同时,中国压低了生产资料(如钢铁、机床)的成本和人力成本(人力成本主要是生活资料的成本,其中粮食占绝大部分,因此需要压低粮食收购价格,这也是工农业"剪刀差"存在的原因)。私营企业难以实行重工业优先发展的战略,因为私营企业主作为理性的投资者,在拿到这些低价的资源后,其最优选择肯定是投资见效快的轻工业,重工业优先发展的战略就难以实行,所以1956年民族资本主义工商业才会被全部公私合营。因为资金、资本和人力成本都被压低,所以这些资源就需要统一调配,只有这样才能保证中国领导层决策重工业产业发展的顺序,这样计划经济体制就自然形成了。给定这样的背景,国营企业人财物产供销决策权全部丧失就容易理解了。在一个现代企业中,人财物产供销是由企业家决定的。但在中国传统国营企业体制中,一旦给予国营企业厂长或经理以自主权,结果会如何呢?他就可能用这种权力侵吞国家资产,从而使得剩余难以集中起来,例如他可以任意提高企业员工的工资和福利。并且国家当时需要集中资金投资新的重工业企业及与之配套的企业,所以对现存企业的利润要集中到一起,这是对国营企业实行财政统收统支政策的原因所在,加上资源的统一调配和产品的统一收购,我们不难理解1978年前国营企业的体制了。从这个意义上说,我们也可以理解1978年前的国有企业改革为何失败了。由于地方政府追求地方经济的发展,放任企业投资,企业更有动机利用这些低价的资源进行生产,从而导致了无序生产和经济过热。通过分析我们也可以看到,传统的国营企业体制、计划经济体制和重工业优先发展战略三者是一个整体。给定重工业优先发展战略和中国的国情,需要计划经济体制来调配资源到优先发展的产业,需要传统的国营企业体制保证这些资源最大限度地运用于优先产业的发展。在1978年前的绝大多数年份里,中国的决策者都在强化重工业优先发展战略,无论是"一五"计划的156项目、"大跃进"时的全民大炼钢铁,还是"文化大革命"期间的三线建设。而计划经济体制一旦形成,传统的国营企业就是适应这种体制的最优的组织形式。

表 11-7　1949 年主要农产品产量与中华人民共和国成立前最高年份对比

产品名称	单位	中华人民共和国成立前最高年份		1949 年指数（以中华人民共和国成立前最高年份为 100）
		年份	产量	
粮食	万吨	1936	15 000.0	75.5
其中：稻谷			5 735.0	84.8
小麦			2 330.0	59.2
玉米			1 010.0	—
大豆			1 130.0	45.1
薯类			635.0	155.1
棉花			84.9	52.4
花生	万吨	1933	317.1	40.0
油菜籽	万吨	1934	190.7	38.5
芝麻	万吨	1933	99.1	32.9
黄、红麻	万吨	1945	10.9	33.9
桑蚕茧	万吨	1931	22.1	14.0
柞蚕茧	万吨	1921	9.4	12.8
茶叶	万吨	1932	22.5	18.2
甘蔗	万吨	1940	565.2	46.7
甜菜	万吨	1939	32.9	58.1
烤烟	万吨	1948	17.9	24.0
苹果	万吨	1936	12.1	—
柑橘	万吨	1936	40.1	—
香蕉	万吨	1937	10.3	—
大牲畜年底头数	万头	1935	7151.0	83.9
其中：牛			4827.0	91.0
马			649.0	75.1
驴			1215.0	78.1
骡			460.0	32.0
猪年底头数	万头	1934	7853.0	73.5
羊年底头数	万头	1937	6252.0	67.7
水产品	万吨	1936	150.0	30.0

资料来源：《中国统计年鉴 1983》。

表 11-8 主要工业产品产量与中华人民共和国成立前最高年份对比

产品名称	单位	中华人民共和国成立前最高年份		1949 年指数（以中华人民共和国成立前最高年份为 100）
		年份	产量	
纱	万吨	1933	44.5	73.5
布	亿米	1936	27.9	67.7
火柴	万件	1937	860.0	78.1
原盐	万吨	1943	392.0	76.3
糖	万吨	1936	41.0	48.8
卷烟	万箱	1947	236.0	67.8
原煤	亿吨	1942	0.6	51.6
原油	万吨	1943	32.0	37.5
发电量	亿度	1941	60.0	71.7
钢	万吨	1943	92.3	17.1
生铁	万吨	1943	180.0	13.9
水泥	万吨	1942	229.0	28.8
平板玻璃	万标准箱	1941	129.0	83.7
硫酸	万吨	1942	18.0	22.2
纯碱	万吨	1940	10.3	85.4
烧碱	万吨	1941	1.2	125.0
金属切割机床	万台	1941	0.5	29.6

资料来源:《中国统计年鉴 1983》。

第三节 国有企业改革、发展与现状

一、国有企业改革

1978 年党的十一届三中全会是中国历史上重要的转折点,它标志着中国的工作重心由阶级斗争转移到经济建设上来。20 世纪 80 年代,国有企业改革再次被提上日程,然而此后的国有企业改革并非一帆风顺,其先后经历了局部改革探索期,国有企业现代化制度培育、发展期,以及国有企业改革新时期。不同的阶段有不同的特点,接下来我们进行简要介绍。

(一) 局部改革探索期(1978—1992 年)

1. 放权让利

1978 年《中国共产党第十一届中央委员会第三次全体会议公报》指出:"现在我国经济管理体制的一个严重缺点是权力过于集中,应当有领导地大胆下放,让地方和工农业企业在国家统一计划的指导下有更多的经营管理自主权。"在此之前,国家已经选定 6 家国营企业作为放权让利的试点,且效果明显。这样,中央各部门拟定了《关于扩大国营工业企业经营自主权的若干规定》等五个国营企业管理体制改革的文件。国家要求各地方、各部门选择一些企业按照这五个文件的规定进行扩大自主权的试验。这五个文件中涉及放权让利的内容主要有:① 产品销售权,企业在完成国家计划后,超计划生产的产品可以自销;② 资金使用权,逐步提高企业利润留成的比例;③ 人事劳动权,提高企业对中低层干部的任免权等。其中,最重要的是利润留成,其充分调动了企业员工的积极性。

1980年1月,中国推出《关于国营工业企业利润留成试行办法》,将原来的全额利润留成改为基数利润留成加增长利润留成的办法。留下来的部分有三个方面的用途:① 奖励基金,即工作积极性高的工人多发工资;② 福利基金,即建造宿舍、医院和幼儿园以增加福利;③ 发展基金,即用来投资,扩大再生产。①

但是放权让利在小范围试点取得显著成效后,推广到全国试点却不灵了。中国出现了财政赤字扩大和物价上涨过快的情况。造成财政赤字的原因是国家并没有像预想的那样拿到更多的利润分成。一方面,由于缺乏竞争机制和小范围试点那样的聚光灯效应,企业的效率并没有明显提高;另一方面,企业有瞒报企业利润的动机,如果企业少报自己的利润,就可以将少报的利润据为己有而不与国家分成,此外在大范围推广试点后,国家对企业瞒报行为的监督成本是很高的。由于企业员工的奖金大幅上升,他们对商品的需求也随之增加,另外,在放权让利的背景下,工厂厂长倾向于扩大投资,企业生产对原材料和机器设备的需求也进一步增加。这样,市场上各种产品出现供不应求的局面,通货膨胀随之而来。1980年12月,中共中央召开工作会议,强调国民经济需要进一步调整,对国营企业放权让利的政策就此停顿下来。

2. 承包制

改革开放最初在农村取得了成功,中国在农村改革中采取的办法是废止人民公社,转而实行家庭联产承包责任制。承包制就是国家将国营企业财产交给承包者(例如厂长或经理),同时约定每年向国家上缴的利润基数,企业如果经营良好获得超额利润,则超额部分根据约定比例在国家和承包者之间分成。中央领导人一个很自然的想法是,在国营企业中也许同样可以采取承包制以提高企业的生产效率。他们在1983年1月提出了"包字进城,一包则灵"和"层层承包,一包到底"的口号,要求仿效农村的包产到户,在城市工商业中推行企业承包制。② 另外,中国的经济理论工作者对国营企业的经营权和所有权有了新的认识。1983年,国务院颁发《国营工业企业暂行条例》,规定"企业是法人,厂长是法人代表。企业对国家规定由它经营管理的国家财产依法行使占有、使用和处分的权利"。也就是说,中国的理论研究者认为,国营企业的所有权和经营权(占有、使用、处理)是可以分开的;此外,厂长可以代表企业行使经营权。这在理论和法理上给出了国营企业承包的合法性与合理性。1984年,《中共中央关于经济体制改革的决定》指出,把全民所有同国家机关直接经营混为一谈是完全错误的,"根据马克思主义的理论和社会主义的实践,所有权同经营权是可以适当分开的"。③ 1986年12月,《国务院关于深化企业改革增强企业活力的若干规定》更是直接指出,中国实现国营企业所有权和经营权分离的最可行形式是承包制。国务院对承包制的推行采取了十分积极的态度。截至1987年年底,超过八成的大型企业实行了承包制。

乍一看,与之前放权让利的利润留成制相比,承包制要求承包者付出利润基数,似乎是保

---

① 参见林毅夫.解读中国经济[M].北京:北京大学出版社,2014。
② 参见吴敬琏.中国经济改革进程[M].北京:中国大百科全书出版社,2018。
③ 同上。

证了国家收入。然而,这样的制度安排却有着巨大的漏洞:首先,承包合同的签订非常烦琐,因为每个企业的设备、劳工素质有所差别,其合同中规定的利润基数就应该不同,一个替代方案是用历史数据作为利润基数。刚接手承包的厂长,自然有动机通过压低上年的利润以争取较低的利润基数,这将减少国家本该获得的承包费。其次,企业亏损时,承包费往往难以上缴国家,因为国家对这些厂长很难有所处罚。最后,因为厂长不具有整个企业的所有权,他就有动机过度消耗企业的固定资产来提高利润,例如可以超负荷运转机器以生产更多的产品来进行销售,且机器损耗不计入资产折旧,这种现象在短期承包的情况下更加明显。因此,承包制最后导致的局面是"包盈不包亏",造成了国有资产流失和国家财政收入不升反降的乱象。①

(二) 国有企业现代化制度培育、发展期(1993—2012 年)

1. 抓大放小

在改革开放最初的十多年里,国家对经济体制和国有企业改革的认识一直处于曲折徘徊的阶段。在承包制出现一系列问题后,有人对改革的市场化导向产生了怀疑和抨击。为了统一认识,1992 年 1 月 18 日—2 月 21 日,邓小平视察武昌、深圳、珠海、上海等地并发表了一系列重要讲话,俗称"南方谈话"。对于党内意识形态的惯性,邓小平指出,判断姓"资"姓"社"的标准不是市场经济体制与计划经济体制,而是是否有利于发展社会主义生产力,是否有利于发展社会主义综合国力,是否有利于提高人民生活水平。这在中央领导人中迅速达成共识,于是,1992 年党的十四大明确了建立社会主义市场经济体制的目标。

如果说 1992 年之前的国有企业改革都是在计划经济体制框架内的放权让利,那么随着市场经济体制改革目标的确定,国有企业改革自然就需要新的思路。1993 年 3 月 29 日,第八届全国人民代表大会第一次会议通过了《中华人民共和国宪法修正案》,将"国营经济"和"国营企业"改称为"国有经济"和"国有企业"。这标志着国家在宪法层面上承认国营企业可以依法实施所有权和经营权的分离。1993 年 11 月,党的十四届三中全会通过了《中共中央关于建立社会主义市场经济体制若干问题的决定》,这一决定是对实现社会主义市场经济的整体规划设计。决定指出,国有企业改革要从"增强企业活力"向建立"产权清晰、权责明确、政企分开、管理科学的现代企业制度"转变。国有企业实行公司制是建立现代企业制度的有益探索,具备条件的大中型国有企业要根据自己的不同情况,分别改组成国有独资公司、有限责任公司或股份有限公司。② 一般小型国有企业可以实行承包经营、租赁经营,也可以改组为股份合作制,还可以出售给集体和个人。也就是说,对大中型国有企业实行公司化,对小型国有企业

---

① 对 1993 年以前国营企业利润提高不显著的探讨有很多,至少以下几个原因曾被提出:① 民营企业崛起增加了企业间的竞争,使得国营企业利润受损;② 国营企业在这段时间内吸收了大量返乡的知识青年,造成了人员臃肿;③ 在原有体制下,国营企业承担了员工很多的社会福利,例如医疗和住房,而这段时间内 1950 年左右加入国营企业的员工陆续达到退休年龄,国营企业的负担费用加大了。

② 早在 1983 年,中国第一家股份制企业深圳宝安县联合投资公司就成立了。1984 年,北京天桥百货股份有限公司成立,这是中国第一家股份有限公司,即可以公开发行股票募集社会资金的股份制企业。而直到 1990 年 12 月 19 日,上海证券交易所才正式成立,在此之前,大规模的股份制改革体量还未出现。1980 年在中共中央书记处研究室和国家劳动总局联合召开的劳动就业座谈会上,北京大学教厉以宁就提出了以股份制主导国营企业改革的观点,其于 1986 年在《人民日报》发文《我国所有制改革的设想》进一步阐明了股份制改革。1984—1986 年,北京、上海、广州曾进行了国营企业股份制改革的试点,但从全国范围来看,尝试股份制改革的国营企业数量不多。一方面大家对扩权让利和承包制有信心,另一方面认为股份制改革是姓"资"的。直到承包制实施出现问题后,大家才回过头重新审视股份制的可能性。

实行民营化。1995年9月,党的十四届五中全会再次明确了对国有企业"抓大放小"的策略。

放小的意思容易理解,即出售给私人经营,解决产权不明晰的问题,对一些效率低下的企业进行破产。这种方案最初源自山东诸城,在时任市长陈光的主导下,诸城市政府批准企业内部员工持股买下全部国有生产经营性资产,产权由国有改为私有,改制后的股份有限公司迅速扭亏为盈,这一放小的经验便被推广到全国。在改制过程中,地方政府可以缓解财政压力,因此"放小"进展得很顺利。

抓大主要是指集中力量抓好一批大企业和大型企业集团,主要包括以下两个方面的工作:一是国家确定了一批处于基础产业和支柱产业的、比较规范的股份有限公司利用资本市场进行融资,成为上市国有企业。国有企业上市,既可以解决资金短缺的问题,又可以解决政府持股一家独大、治理结构不合理的问题。二是建立企业集团和母子公司体制,即国家将集团内各成员占有和使用的国有资产统一划归集团管理,集团承担国有资产的保值增值责任,形成了以一百多家大型国有企业集团为骨干、有一定竞争力的工商业企业组织。

2. 国退民进

20世纪90年代,国有企业改革的外部环境发生了很大变化,其中最重要的变化就是民营经济迅速崛起。从结构上看,民营经济一般分布于竞争性行业中,这为国有企业的退出打下了基础。1999年,《中共中央关于国有企业改革和发展若干重大问题的决定》明确指出,要调整国有经济布局和改组国有企业,即保留国有经济的重要产业和关键领域,同时"调整国有经济布局""坚持有退有进,有所为有所不为"。也就是说,国有企业要逐渐退出竞争性行业,同时向上游能源型、资源型或涉及国家安全的行业集中。与此同时,要不断完善公司法人治理结构。据国家统计局调查,至2001年年底,国有企业现代企业制度框架已经基本形成,在调查的重点国有企业中,76%的国有企业实行了公司制改造,完成改造的企业出资人到位率为93.9%;以股东会、董事会、监事会和经理层组成的公司法人治理结构基本建立,其中成立股东会的占80.9%,成立董事会的占96.2%,成立监事会的占83.9%。

3. 成立国资委

2003年,国有资产监督管理委员会成立,国家陆续撤销了原来直接管理国有企业的部委,解决了过去对国有企业多部门管理(管产、管人、管事)的混乱局面,这标志着国有资产监管新体制的建立。各级国资委按照出资份额平等行使出资人职责,不存在上下级行政附属关系,按照市场原则进行交易。同时,国资委与各级政府有关部门的职能被明确划分:国资委专门负责国有资产监管,不参与政府的社会公共管理。国资委积极敦促国有企业董事会建设,包括完善董事会的架构、健全外部董事制度等。

(三) 国有企业改革新时期(2013年至今)

2013年,党的十八届三中全会提出国有企业混合所有制改革的思路,全会倡导国有资本、集体资本和非公有资本交叉持股以放大国有资本功能并提高竞争力,具体操作包括直接引入非国有资本参与企业改制重组和所有权变革、推动国有资本投资发展潜力大的非国有企业股权,以及探索混合所有制企业员工持股等;同时,在管理体制上,明确提出从管资产向管资本的转变,逐步开展国有资本投资、运营公司试点改革,通过改革试点,国资委、国有资本投资运营公司和国有企业三层结构的国有资本管理体制得到巩固;在产业布局上,优化国有资本布局,国有资本投资运营服务于国家战略目标,更多投向关系国家安全、国民经济命脉的重要行业和关键领域。

二、国有工业企业的发展与现状

20世纪90年代后期,中国对国有企业的政策已经逐渐转移到"抓大放小"和"国退民进"的战略性调整上来。也就是说,除了一些关系国计民生的重大领域,国有资产应该逐步退出。近年来,关于到底是"国进民退"还是"国退民进"的争论不断涌现。客观来讲,想回答这一问题,衡量的指标有很多,国有企业数量和国有控股资产就是其中之一。鉴于工业在国民经济中的主导地位和工业企业数据的可得性,我们通过下面的统计数据力求相对客观地认识国有工业企业的发展与现状。

(一)国有工业企业的总量指标

图11-8刻画了1978—2019年中国工业企业数量和国有工业企业数量的变化趋势。从中可以看出,1978—1995年,中国工业企业数量由34.8万家上升至最高值59.2万家,国有工业企业数量则在1996年达到最高值12.8万家;1998—2019年,国有工业企业数量基本呈现稳步下降的趋势,近年来维持在1.9万家左右,而工业企业数量随着经济周期波动。与此同时,国有工业企业占全国工业企业的比重已经逐步下降至5%左右。

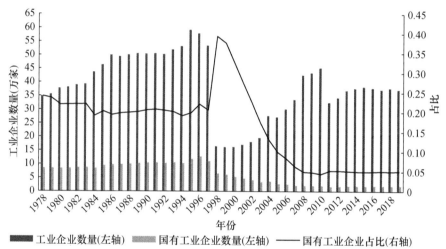

图11-8 中国工业企业数量、国有工业企业数量及其占比(1978—2019年)
资料来源:中国统计数据库,下同。

图11-9刻画了1999—2019年中国工业企业总资产、国有工业企业资产及其占比的变化趋势。在这段时间内,中国工业企业总资产由11.7万亿元提升至119万亿元,而国有工业企业资产由8万亿元提升至47.1万亿元。与此同时,国有工业企业资产占工业企业总资产的比重由68.8%下降至38.8%。

图11-10刻画了2004—2017年中国工业企业固定资产投资、国有工业企业固定资产投资及其占比的变化趋势。从中可以看出,二者均稳步提升,分别从5.9万亿元、3.4万亿元提升至63.2万亿元、23.2万亿元;国有工业企业固定资产投资占比整体呈下降趋势,从57.5%下降至36.9%。从企业平均资产增长率来看,如图11-11所示,在2009年之前,国有工业企业的平均资产增长率高于非国有工业企业,到2010年这一局势发生了扭转,从2012年开始二者差别不大。

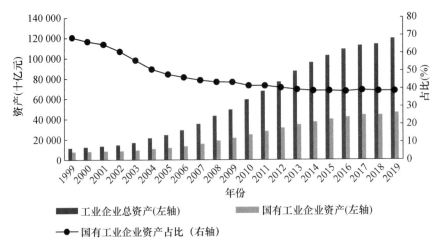

图 11-9 中国工业企业总资产、国有工业企业资产及其占比（1999—2019 年）

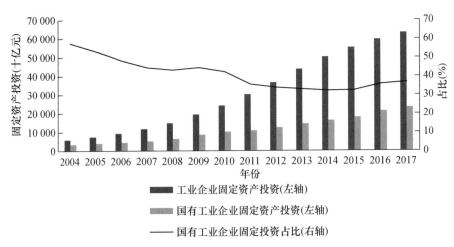

图 11-10 中国工业企业固定资产投资、国有工业企业固定资产投资及其占比（2004—2017 年）

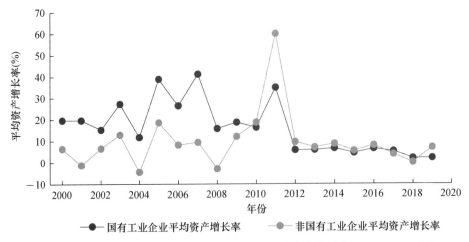

图 11-11 中国国有工业企业、非国有工业企业平均资产增长率（2000—2019 年）

图 11-12 刻画了 1995—2019 年中国国有工业企业的亏损额和亏损面。中国国有工业企业的亏损面在 1998 年达到 40% 的峰值,近年来亏损面在 20%—30% 的区间波动,与民营企业相比仍旧偏高,这说明中国国有工业企业的效率仍有改善的空间。

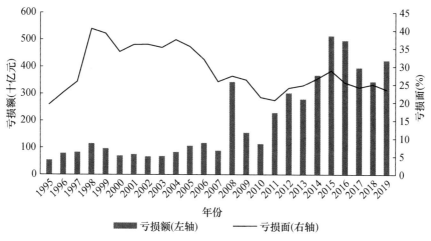

图 11-12　中国国有工业企业的亏损额、亏损面(1995—2019 年)

(二)国有工业企业的结构性指标

我们分行业来看中国国有工业企业的发展情况。首先我们将工业分为采掘业、制造业和电、热、燃气、水的生产和供应行业。从图 11-13 中可以看出,制造业的资产占比从 2000 年的 63.8% 先下降至 2011 年的 46.7% 后再上升,最近几年维持在 50% 左右。采掘业的资产占比从 2000 年的 11.7% 逐年上升至 2011 年的 20.4% 然后下降至 2018 年的 16.6%。而电、热、燃气、水的生产和供应行业的资产占比经历了上升、下降再上升的过程。那么中国"抓大放小"工作具体体现在哪些工业行业呢?

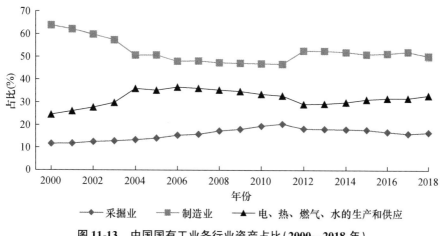

图 11-13　中国国有工业各行业资产占比(2000—2018 年)

我们分行业计算国有工业各行业资产占工业总资产的比重。如果将 2000 年的比重和 2018 年的比重进行对比,我们可以发现除烟草制品业以外,所有的工业行业都呈现明显的

"国退民进"趋势。如果将2012年和2018年的比重进行对比,如图11-14所示,我们可以发现大多数工业行业还是呈现"国退民进"的趋势。其中,国有工业各行业资产占比下降最大的依

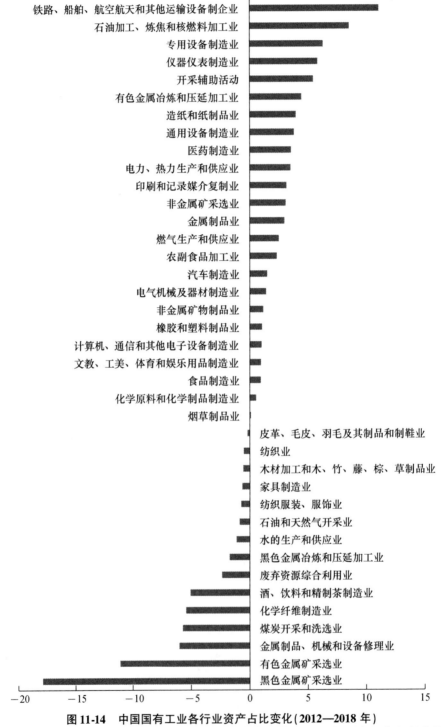

图11-14 中国国有工业各行业资产占比变化(2012—2018年)

注:数值大小代表2012年国有工业各行业的资产占比减去2018年国有工业各行业的资产占比。

次是铁路、船舶、航空航天和其他运输设备制造业，石油加工、炼焦和核燃料加工业，专用设备制造业，仪器仪表制造业和开采辅助活动。而呈现"国进民退"趋势最明显的则分别是黑色金属矿采选业，有色金属矿采选业，金属制品、机械和设备修理业，煤炭开采和洗选业，化学纤维制造业。因此，从进退的数量来看，"国进民退"的说法是站不住脚的。

第四节 小　　结

　　产业政策与国有企业是密不可分的。改革开放之前，国有企业只是各级政府的附属物，是缺乏自主权的生产车间。1986年，中国学习日本的经济管理模式，产业政策逐渐成为中国政府最重要的经济调控手段之一。本章第一节首先介绍了产业政策的概念，美国的案例也说明了产业政策是普遍存在的，即使是发达市场经济国家的政府也会运用产业政策去达到其经济目的；接着介绍了中国政府常用的产业政策工具，包括财政政策、金融政策、土地政策、基础设施和公共服务政策、人才政策及政府采购政策，随着改革开放进程的推进，中国的产业政策工具也发生了一些变化，这既表现在方法上又表现在内容上；最后，简要介绍了中国半导体产业的产业政策。

　　国有企业改革是中国经济体制改革中最重要、最困难也是争议最多的领域。改革开放前三十年和后三十年的经济成就是一脉相承、不可分割的。本章第二节首先介绍了国有企业的来源，然后介绍了其在156项目中的发展壮大。值得注意的是，以往的文献大多注重工农"剪刀差"对中国工业基础的贡献，而忽视了中国国有企业内部剩余的积累。"一五"计划为中国打下了坚实的工业体系，也形成了适合计划经济的传统国营企业体制。理解传统国营企业体制是最适合计划经济的企业管理体制就能明白改革开放前及80年代的国有企业改革为何会成效不彰。

　　第三节我们聚焦当下，结合数据表明，中国的经济发展奇迹伴随着国有企业改革的"抓大放小"，经过四十多年的改革开放，中国的企业发展从所有制结构上看更多地呈现"国退民进"的特征。

内容提要

- 产业政策作用于产业经济这一中观层面，工具种类多种多样，旨在弥补市场失灵、改善资源配置、推动经济结构转型升级。随着经济的发展，中国的产业政策已经逐渐从最初的直接介入型转变为间接介入型，目前呈现引导发展型的特点。
- 中国的国有企业源自根据地的国营经济、没收官僚资本及民族资本主义工商业改造。在"一五"计划期间，经过"一化三改"，中国国营经济的成分迅速壮大，并诞生了一批批具有代表性的国营企业。
- 国营企业的特征与传统计划经济体制之间具有内在的逻辑一致性。改革开放前，中国已经进行了两次国有企业改革，但均以失败而告终。
- 改革开放以来，中国进行了放权让利、承包制、抓大放小、民进国退、成立国资委、混合所有制改革等一系列卓有成效的国有企业改革。伴随着中国特色社会主义市场经济的发展，国有企业改革仍在持续推进。

关键概念

产业政策	放权让利	利润留成
156 项目	国有企业	抓大放小
产业政策工具	承包制	国退民进

练习题

1. 什么是产业政策？产业政策的工具有哪些？试着自己模拟一个产业政策。
2. 什么叫国有企业？国有企业最初的源头有哪些？
3. 试着理解重工业优先发展战略、计划经济体制和传统国营企业体制之间的关系。
4. 为什么改革开放之前的两次国有企业改革会失败？

第四篇　国际开放经济学

第十二章　国际开放宏观经济学

本书前面的章节均以封闭经济为假设,也就是一国不与世界其他国家或地区发生经济联系。基于该假设,我们能够更容易地理解宏观经济理论与作用机制,但其是否与现实情况相符呢?

图 12-1 描绘了 2000 年以来世界、发达经济体、新兴市场和发展中经济体的实际 GDP 增长率,以及美国、中国、日本的实际 GDP 增长率。由左图可知,世界、发达经济体、新兴市场和发展中经济体的实际 GDP 增长率基本同步变动,2001—2007 年间呈上升趋势,其中 2005 年出现短暂的回落。受经济危机的影响,2008 年、2009 年美国和日本的经济呈负增长,中国经济虽然为正增长,但是增速明显放缓;总体而言,发达经济体总体经济增长为负,新兴市场和发展中经济体增速明显放缓。由此可见,起源于美国的经济危机不仅影响了美国的经济增速,而且影响了世界其他国家或地区的经济增速。这表明世界不同国家之间的经济是相互影响的,可以说是"牵一发而动全身",世界上没有一个国家能够独立于世界之外。因此,封闭经济的假设不符合现实情况,我们有必要放宽该假设,进一步研究国际开放经济中的宏观经济学问题。这是本章及接下来的两章要讨论的内容。

本章将主要阐述国际开放宏观经济学的基本概念、理论基础及其应用。

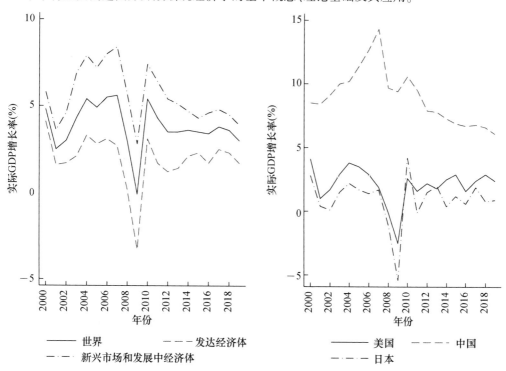

图 12-1　2000 年以来世界主要经济体的实际 GDP 增长率

资料来源:IMF World Economic Outlook, 2019。

根据国际流动或交易标的物的不同,本章介绍三类开放市场,即开放的产品市场、开放的金融市场和开放的要素市场。

开放的产品市场是指货物或服务等有形或无形的产品在国际流动与交易,在开放经济中,一国消费者既可以选择本国的货物或服务,又可以选择外国的货物或服务。但是需要注意的是,这里的开放并非毫无限制的开放。事实上,任何一个国家的开放都是有限的,它们会通过设置进口关税、进口配额等措施限制外国货物或服务进入本国市场;它们甚至会出于保护国家安全等目的通过设置出口关税、出口配额等措施限制本国货物或服务进入外国市场。第二次世界大战以来,产品市场的国际开放程度总体上呈快速上升趋势,贸易全球化日益盛行,但是近年来贸易保护主义势力抬头,逆全球化形势日益严峻。我们将在第十三章具体讨论这些问题。

开放的金融市场是指资产或资本能够在国际流动与交易,在开放经济中,金融投资者(包括政府、企业与居民)可以选择本国的资产,也可以选择外国的资产。由于资产国际流动涉及一国的经济稳定和国家安全,各国尤其是金融体系不完善的发展中国家,对金融市场开放较为慎重。即使是金融市场相对先进的发达国家,例如美国、日本等,也会对外国进入本国金融行业、本国居民持有国外资产等设置不同程度的限制。然而,贸易全球化的推进要求金融服务同步全球化,因此世界金融市场开放程度也越来越高。

开放的要素市场是指本国居民前往外国工作并获得劳动报酬,或者本国居民购买外国的证券等而获得投资回报。要素市场的开放程度远远低于产品市场和金融市场。

本章的内容包括以下四个方面:第一,开放经济中的国民收入核算;第二,国际收支账户和国际收支平衡表;第三,需求侧视角下的开放经济增长与宏观经济政策;第四,供给侧视角下的开放经济增长与宏观经济政策。在阐述这四个方面内容的过程中,会涉及前面介绍的三类市场,即产品市场、金融市场和要素市场。

第一节 开放经济中的国民收入核算

一、封闭经济国民收入恒等式

在介绍开放经济中的国民收入核算之前,我们先简单回顾封闭经济中的国民收入核算。封闭经济生产的最终产品和服务,只能被经济体内的消费者和政府购买,即使消费者和政府不能完全购买,也不能出售给国外(即出口),此时的剩余产品和服务会转化为企业的存货,并被计入投资中。因此,封闭经济国民收入恒等式为:

$$Y = C + I + G \tag{12-1}$$

其中,Y 表示国民收入总值或国内生产总值(封闭经济情形),C 表示私人部门消费,I 表示私人部门投资,G 表示政府购买。图 12-2 描绘了 1952—1978 年中国货物贸易进出口总额、净出口额占 GDP 的比重。从中可以看出,1952—1978 年,中国货物贸易进出口总额占 GDP 的比重总是小于 0.1,且最低值甚至达到了 0.05,而 2018 年这一指标为 0.32,这表明改革开放前中国国际贸易规模很小,对外开放水平较低;净出口额占 GDP 的比重则在 0 上下波动,净出口额为出口额与进口额的差额,这表明改革开放前中国对外贸易差额在 GDP 中所占的比重几乎可以忽略不计。基于此,式(12-1)表示的国民收入恒等式能够较好地衡量中国改革开放前的国民收入构成。

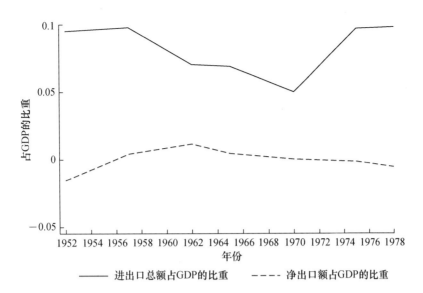

图 12-2 中国货物贸易进出口总额、净出口额占 GDP 的比重（1952—1978 年）
资料来源：历年《中国统计年鉴》。

改革开放后，国际贸易迅速成为中国国民收入的重要组成部分，且有效地拉动了经济增长。图 12-3 描绘了 1980—2018 年中国货物贸易进出口总额、净出口额占 GDP 的比重。从中可以看出，改革开放后，中国货物贸易进出口总额占 GDP 的比重快速上升，在 2006 年达到 0.57 的峰值后开始下降，2018 年为 0.32；净出口额占 GDP 的比重在 1994 年之前还存在较为频繁地围绕 0 上下波动的现象，之后一直保持为正数，且稳定在 0.05 左右。以上事实表明，我们有必要在开放经济框架下核算当前中国的国民收入。

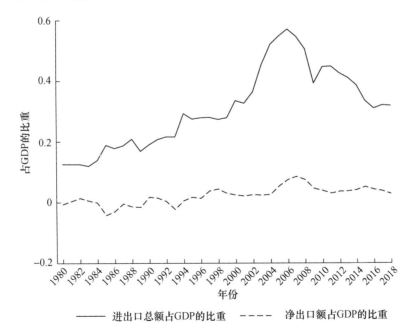

图 12-3 中国货物贸易进出口总额、净出口额占 GDP 的比重（1980—2018 年）
资料来源：历年《中国统计年鉴》。

二、开放经济国民收入恒等式

国际贸易使得国内没有被私人部门消费或政府部门购买的最终产品和服务能够出口到国外市场,同时国内私人部门和政府部门可以选择购买国外生产的产品和服务(进口)。那么出口值(EX)和进口值(IM)如何进入国民收入核算呢?出口值是本国向外国出口得到的收入,当然要计入本国的国民收入;进口值是本国向外国购买产品或服务的支出,这一部分构成外国的国民收入,而不是本国的国民收入,因此需要从国内总收入($C+I+G$)中扣除。综上所述,开放经济国民收入恒等式为:

$$Y = C + I + G + EX - IM \tag{12-2}$$

图 12-3 虚线描绘的是式(12-2)中 EX – IM 的值(货物贸易)与 Y 的比率,这一比率越大,表明国际贸易在国民收入中的重要性越高。

图 12-2 和图 12-3 仅介绍了国际贸易中的货物贸易,但是服务贸易作为国际贸易中的一个重要组成部分,同样值得重视。

如图 12-4 所示,中国服务贸易进出口总额占 GDP 的比重从 1982 年的 0.016 上升至 2018 年的 0.055,这一份额显然远远低于货物贸易,但是总体上呈上升趋势。1982—2018 年,中国服务贸易净出口额占 GDP 的比重可以划分为三个阶段:1982—1998 年的正值阶段,1999—2008 年的零值阶段,2009—2018 年的负值阶段。由此可见,现阶段中国的服务贸易进口远远大于服务贸易出口,呈现服务贸易逆差,因此服务贸易对中国 GDP 的贡献为负。

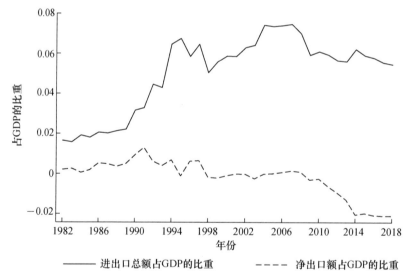

图 12-4 中国服务贸易进出口总额、净出口额占 GDP 的比重(1982—2018 年)
资料来源:历年《中国统计年鉴》。

式(12-2)中的 Y 表示 GDP,为本国国境范围内的增加值,包括来自本国居民和外国居民的两部分。正如我们在本章引言中所提到的,国际开放市场还包括要素市场,本国居民可能在外国工作并获得收入,这应被计入本国的要素收入,而外国居民在本国工作获得的收入则应被计入外国的要素收入,二者之差记为净要素收入(NFI),因此开放经济中的国民生产总值(GNP)表示为 GDP 与净要素收入之和。除了劳动力工资报酬、投资收益等要素收入,还存在国际直接援助等支出和收入,本国与外国之间的转移收入差额被称为净转移收入(NTI)。正如一国个体居民的可支配收入包括该国政府的转移支出,一国的国民可支配收入(GNDI)则应该在 GNP 的基础上进一步加上净转移收入。至此,我们可以得到开放经济国民收入核算的完整表达式:

$$GNDI = C + I + G + (EX - IM) + NFI + NTI \qquad (12\text{-}3)$$

图 12-5 和图 12-6 分别绘制了 1982—2018 年,中国净要素收入和净转移收入占 GDP 的比重,以及二者的收入和支出分别占 GDP 的比重。由图 12-5 可知,1982—2018 年中国要素收入和要素支出总体上均呈上升趋势,2005 年后二者占 GDP 的比重均大致稳定在 0.02—0.03,且要素收入和要素支出的差额逐渐缩小,除了部分年份要素收入略微大于要素支出,大部分年份要素支出大于要素收入,也就是净要素收入为负,表明中国要素国际市场逆差。因此,在纳入净要素收入后,中国的国民生产总值要小于国内生产总值。

图 12-5　中国要素收入、要素支出、净要素收入占 GDP 的比重(1982—2018 年)
资料来源:国家外汇管理局。

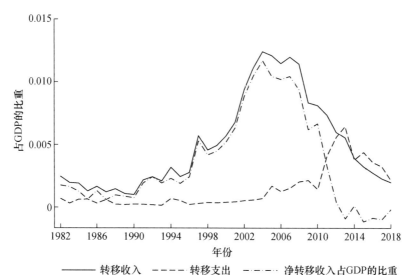

图 12-6　中国转移收入、转移支出、净转移收入占 GDP 的比重(1982—2018 年)
资料来源:国家外汇管理局。

由图 12-6 可知,1982—2018 年中国转移收入和转移支出占 GDP 的比重呈先上升后下降的趋势,2004 年出现拐点。2010 年之前,中国的转移收入占比明显大于转移支出占比,但是 2011 年之后,中国的转移支出占比快速上升,在 2013 年超过了转移收入,并在之后的年份基本保持这一趋势。综上所述,转移收入和转移支出在中国 GDP 中的占比非常小;2013 年之后,中国由净转移收入国变为净转移支出国,这表明近年来中国向国外的资金、物质等援助规模快速上升,也反映出中国国力的增强和大国责任感的提升。

知识链接
开放经济中投资和储蓄的关系

封闭经济中的储蓄总是等于投资。这是因为国民储蓄(S)是国民总收入(Y)中没有用于家庭消费(C)或政府购买(G)的部分,即 $S = Y - C - G$,同时根据封闭经济国民收入恒等式得到投资(I)的表达式也为 $I = Y - C - G$,因此 $S = I$。

但是开放经济中的储蓄不一定等于投资。国民储蓄(S)的表达式仍然为 $S = Y - C - G$,然而开放经济中的投资(I)的表达式发生了变化。根据开放经济国民收入恒等式变换得到投资(I)的表达式为 $I = Y - C - G - (EX - IM)$,定义 $CA = EX - IM$,CA 表示经常账户盈余。因此,这时候储蓄与投资的关系表达式变为 $S = I + CA$,即储蓄等于投资与净出口的总和。其经济学含义可以从两个方面理解:第一,相较于封闭经济只能通过积累资本存量增加财富(即储蓄),开放经济还能通过获得外国财富来增加储蓄;第二,相较于封闭经济只能通过增加储蓄来增加投资,开放经济还能通过从外国借款(不改变储蓄)来增加投资。

第二节 国际收支账户和国际收支平衡表

一、国际收支账户基本理论

国际收支账户用以记录一国与其他国家之间的经常账户往来和金融业务。我们经常在新闻中看到中国经常账户顺差的报道,也会看到近年来中国经常账户顺差有所收窄,那么这到底意味着什么?经常账户顺差背后的因素是什么?中国总体国际收支情况如何?为了回答这些问题,我们需要深刻理解国际收支账户的概念及中国国际收支账户的现状和历史。

我们根据复式记账原则设计国际收支账户。国际惯例上,国际收支账户可以分为经常账户、金融账户和资本账户三类。

(一) 经常账户

经常账户(Current Account,CA)记录货物和服务的国际贸易净收入(TB)、净要素收入(NFI)及净转移收入(NTI)。国际贸易净收入是指货物和服务的出口额与进口额的差额,其中出口额记入贷方(本国从外国获取收入),进口额记入借方(本国向外国支付);如果净收入为正,则称为国际贸易顺差;反之则称为国际贸易逆差。净要素收入是指要素收入与要素支出的差额,根据要素性质可以区分为雇员报酬和投资收益两类,前者是本国居民在外国工作获得的报酬收入,后者是本国居民在外国的资产产生的投资收益。净转移收入则是本国从外国获取的援助与本国对外国提供的援助的差额。将以上三项相加得到的总额为经常账户余额(Current Account Balance),余额为正数称为经常账户盈余,余额为负数则称为经常账户赤字。

(二) 金融账户

国际市场中不仅包括货物、服务、要素等的交易,还包括资产的交易,资产交易被记录在金融账户(Financial Account,FA)中。资产包括货币、工厂、土地、股票、政府债券等。例如,中国政府购买日本国债,这笔交易将作为借方(或者资产)记入金融账户;而日本政府购买中国国债,这笔交易将作为贷方(或者负债)记入金融账户。金融账户的借方(资产)与贷方(负债)之和为金融账户余额,如果金融账户余额为正数,则表明负债大于资产;而如果金融账户余额为负数,则表明资产大于负债。进一步将经常账户和金融账户联系在一起来考虑,假设一国经常账户余额为正数,也就是经常账户盈余,我们可以将其理解为该国通过国际贸易顺差获取了外汇,该国会用这些外汇来购买外国的资产,这些交易在金融账户中记入资产项,也就是借方,这是以负数表示的,如果经常账户盈余的正数恰好与金融账户余额的负数的绝对值相等,则该国实现了经常账户与金融账户的平衡。

(三) 资本账户

国际市场中存在一些非金融性质的、非生产的、非市场的资产的交易,例如专利、版权、商标、特许经营权等,它们不能被记入金融账户,而应被记入单独设置的资本账户(Capital Account,KA)。此外,与净转移收入类似,国际资产的赠予和受赠所产生的净资产转移也被记入资本账户。

资本账户在很多发达国家是一个较小的、技术上的核算项目,这是因为发达国家主要基于市场进行国际金融交易,因此金融账户为其主要账户;而对某些发展中国家来说资本账户可能非常重要,因为其可能接受非市场债务的豁免。

资本账户的借方(资产)记录本国支付的资本转移(KAOUT),而资本账户的贷方(负债)记录本国收到的资本转移(KAIN)。资产账户余额则为借方与贷方之和。

(四) 国际收支恒等式

先看一个例子。上海的 A 企业从美国的 B 企业进口一辆福特汽车,A 企业用 20 000 美元的支票进行支付。这笔交易由中国向外国支付,根据复式记账原则,应该记入中国国际收支账户中经常账户的借方。在发生这笔交易后,B 企业用 A 企业的支票来购买北京 C 企业的股票,这相当于美国持有中国的资产,应该记入中国国际收支账户中金融账户的贷方。假定全球仅存在这两笔交易,且通过这两笔交易实现了国际收支平衡。①

现在我们来推导国际收支恒等式。国民可支配收入等于国民总支出与经常账户之和,亦即 $Y = GNDI = GNE + CA$,$GNE + CA$ 可以理解为因收入引起的本国可得资源。如果一国经常账户盈余,则意味着该国可能从国际贸易中赚取了一定额度的外汇,从而该国可以使用这些外汇购买外国的资产,以释放(消耗)因收入引起的可得资源。于是可以得到等式 $GNE + CA + FA + KA = GNE$,即用于支出目的的本国可得总资源的价值必须等于本国的国民总支出。去掉该等式两边的 GNE,则可以得到一个重要的结果,即国际收支恒等式:

$$CA + FA + KA = 0 \tag{12-4}$$

国际收支的总和等于零,国际收支实现平衡。

(五)净误差与遗漏

理论上,国际收支应该是平衡的,即国际收支账户的经常账户、金融账户与资本账户之和等于零。但事实上,一国国际收支账户的这三项之和很少会为零,其结果或负或正,这个时候就需要新增一项,使得国际收支账户余额为零,这一项为净误差与遗漏。为什么会这样呢?我们举一个例子来说明。中国从日本进口单反相机,经常账户借方资料是从中国海关总署获得的,而对应的金融账户贷方资料则是从存入付款支票的中国银行获得的。不同来源的资料可能在统计标准、统计范围、统计精确度等方面存在差异,这就导致国际收支账户很难实现理论上的平衡状态。

二、理解国际收支账户:以中国国际收支平衡表为例

表 12-1 列出了 2018 年中国国际收支平衡表,我们通过分析该国际收支平衡表来理解国际收支账户。中国国际收支平衡表由三个一级指标构成,分别为经常账户、资本和金融账户、净误差与遗漏。经常账户主要由货物和服务、初次收入、二次收入构成。货物和服务根据国际贸易出口、进口分别记入贷方与借方。众所周知,中国货物贸易长期顺差,而服务贸易长期逆差,这也反映在 2018 年的国际收支平衡表中。2018 年,中国通过出口货物从外国获得 24 174 亿美元的收入,记入贷方;中国通过进口货物向外国支付 20 223 亿美元,记入借方;贷方和借方的差额,即出口减去进口得到货物贸易的差额为 3 952 亿美元,说明货物贸易顺差,中国向外国出口货物多于中国从外国进口货物。2018 年,中国通过出口服务从外国获得 2 336 亿美元的收入,记入贷方;中国通过进口服务向外国支付 5 258 亿美元,记入借方;贷方和借方的差额,即出口减去进口得到服务贸易的差额为 -2 922 亿美元,说明服务贸易逆差,中国从外国进口服务多于中国向外国出口服务。货物贸易顺差额与服务贸易逆差额之和得到中国货物和服务贸易总体差额为 1 029 亿美元,表明中国国际贸易总体上为顺差,因为货物贸易顺差额大于服务贸易逆差额。读者可能会问,中国的总体贸易、货物贸易和服务贸易差额的历史演变是怎么样的呢?未来的发展趋势又如何呢?我们将在后文对此进行具体阐释。

---

① 根据复式记账原则,每笔交易都应借、贷各记一次,这里本应记四次,但是这个例子强调的是美国如何使用从中国挣得的外汇,使得中国实现国际收支平衡,所以就把另外两次给省略了。这也是通常的做法。

货物和服务贸易是经常账户的主要组成部分,一般而言,货物和服务贸易的差额符号就能决定经常账户是顺差、逆差还是平衡。与国际同行做法有略微出入,中国将国外净要素收入和净转移收入统计在初次收入差额及二次收入差额中。具体来说,国外净要素收入中的劳动力要素和资本要素分别统计为初次收入账户中的雇员报酬及投资收益,此外还有一些不能归为这两类要素的其他要素收入则归入其他初次收入。二次收入账户则主要对应国际非市场的收入转移,包括个人转移和其他二次收入。2018 年,中国初次收入差额和二次收入差额分别为 −514 亿美元、−24 亿美元,表明中国居民从外国获取的收入小于外国居民从中国获取的收入,体现为收入账户逆差。这两个账户差额与货物和服务贸易账户差额加总得到经常账户差额为 491 亿美元,体现为经常账户盈余,这与货物和服务贸易账户的符号是一致的。

表 12-1　2018 年中国国际收支平衡表　　　　　　　　　　单位:亿美元

1. 经常账户	**491**
贷方	29 136
借方	−28 645
1. A 货物和服务	**1 029**
贷方	26 510
借方	−25 481
1. A. a 货物	**3 952**
贷方	24 174
借方	−20 223
1. A. b 服务	**−2 922**
贷方	2 336
借方	−5 258
1. B 初次收入	**−514**
贷方	2 348
借方	−2 862
1. B. 1 雇员报酬	**82**
贷方	181
借方	−99
1. B. 2 投资收益	**−614**
贷方	2 146
借方	−2 760
1. B. 3 其他初次收入	**18**
贷方	21
借方	−3
1. C 二次收入	**−24**
贷方	278
借方	−302
1. C. 1 个人转移	**−4**
贷方	62
借方	−66

(单位:亿美元)(续表)

1.C.2 其他二次收入	−20
贷方	216
借方	−236
2. 资本和金融账户	**1 111**
2.1 资本账户	**−6**
贷方	3
借方	−9
2.2 金融账户	**1 117**
资产	−3 721
负债	4 838
2.2.1 非储备性质的金融账户	**1 306**
资产	−3 532
负债	4 838
2.2.1.1 直接投资	**1 070**
资产	−965
负债	2 035
2.2.1.2 证券投资	**1 067**
资产	−535
负债	1 602
2.2.1.3 金融衍生工具	**−62**
资产	−48
负债	−13
2.2.1.4 其他投资	**−770**
资产	−1 984
负债	1 214
2.2.2 储备资产	**−189**
3. 净误差与遗漏	**−1 602**

资料来源:国家外汇管理局。

现在来看资本和金融账户。正如前文所述,资本账户仅记录国际非金融性质的、非生产的、非市场的资本往来,因此其规模非常小,2018年中国国际收支平衡表中的资本账户数据就证实了这一点。2018年,中国资本账户的贷方和借方分别为3亿美元和−9亿美元,也就是说,中国从外国获取3亿美元的资本,而向外国支付了9亿美元的资本,二者的差额为−6亿美元,这意味着中国资本账户差额为−6亿美元,体现为资本账户逆差。

按照国际收支平衡的定义,经常账户的顺差应该能被资本和金融账户的逆差抵消,事实上是这样吗?中国的资本账户规模较小,经常账户规模较大,那么金融账户的规模应该也会较大,表12-1给出了答案。中国将金融账户分为两大类:非储备性质的金融账户和储备资产。

我们先讨论储备资产。储备资产账户,顾名思义是记录中国中央银行(中国人民银行)官方储备资产买卖的账户。中国官方储备资产包括五项,为货币黄金、特别提款权、在国际货币基金组织的储备头寸、外汇储备和其他储备资产,其中货币黄金账户很少变动,基本上为 0;外汇储备在官方储备资产中的占比较大。2018 年,中国储备资产账户净值为 -189 亿美元,意味着中国官方储备资产减少 189 亿美元,其中主要是外汇储备的负向变动(182 亿美元)。非储备性质的金融账户包括四个子项目,即直接投资、证券投资、金融衍生工具和其他投资。表 12-1 只列出了这四个子项目的资产和负债,没有列出这四个子项目中的细分项目。直接投资包括股权和关联企业债务,而这两项又可以按金融部门和非金融部门进行进一步的细分。证券投资包括股权和债券两类。金融衍生工具账户内没有进一步细分统计。其他投资账户包括其他股权、货币和存款、贷款、保险和养老金、贸易信贷、特别提款权和其他等七个细分项目,其中特别提款权属于其他投资的负债方。根据表 12-1,2018 年中国非储备性质的金融账户中,有两项净值为负,两项净值为正,负数的两项分别为金融衍生工具和其他投资,分别为 -62 亿美元和 -770 亿美元,这表明 2018 年中国的金融衍生工具账户和其他投资账户逆差;正数的两项分别为直接投资和证券投资,分别为 1 070 亿美元和 1 067 亿美元,这表明 2018 年中国的直接投资账户和证券投资账户顺差。总体上中国非储备性质的金融账户净值为 1 306 亿美元,体现为非储备性质的金融账户顺差,这表明当年中国购买外国的资产(记入资产)要少于外国购买中国的资产(记入负债)。

最后,我们将经常账户(491 亿美元)、资本账户(-6 亿美元)和金融账户(1 117 亿美元)的净值相加得到的总和为 1 602 亿美元,而根据国际收支恒等式,该值应该为 0。出于某些原因,中国的经常账户与资本和金融账户没有完全抵消,于是需要表 12-1 最后一行所列的"净误差与遗漏"项来填平国际收支账户,因此该项的值为 -1 602 亿美元。

三、中国国际收支账户的长期趋势

前文阐述了国际收支账户的构成和含义,读者也对中国国际收支账户的现状有了初步的了解。但是单独一年的国际收支平衡表(流量)无法反映中国国际收支账户的全貌,也不能体现中国国际收支账户的发展趋势,为此,我们在这一部分中将根据国家外汇管理局公布的最长年限的数据,阐述中国国际收支账户的演变历史和发展趋势。

(一)中国国际收支账户的长期趋势

我们首先分析中国国际收支账户(经常账户、资本和金融账户)的长期趋势。图 12-7 描绘了 1982—2018 年中国经常账户差额、资本和金融账户差额、国际收支账户差额占 GDP 的比重。我们先看经常账户差额占 GDP 的比重演变趋势的特点。1982—2018 年,经常账户差额只在 5 个年度里为负值,分别为 1985 年、1986 年、1988 年、1989 年和 1993 年;1994 年之后,经常账户差额均为正值,且 1994—2007 年经常账户盈余规模呈扩大趋势,尤其在中国于 2001 年加入世界贸易组织后,经常账户盈余规模快速扩大,经常账户差额占 GDP 的比重在 2007 年最高达到 0.1。受 2008 年全球金融危机的影响,经常账户盈余规模在 2008—2010 年期间迅速下降,之后保持稳定,2018 年经常账户差额占 GDP 的比重仅为 0.003 5,即为 0.35%。这反映出中国货物和服务净出口增速低于中国 GDP 增速,净出口对经济增长的贡献率由正转负。

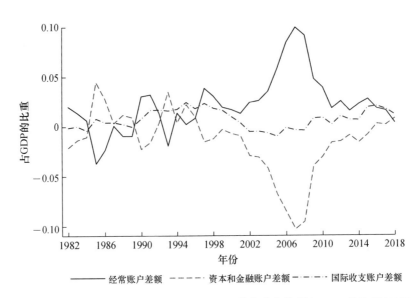

图 12-7 中国经常账户差额、资本和金融账户差额、国际收支账户差额占 GDP 的比重(1982—2018 年)
资料来源:国家外汇管理局。

我们再看资本和金融账户差额占 GDP 的比重演变趋势的特点。资本和金融账户作为经常账户的抵消账户,为了实现国际收支平衡,经常账户盈余应该等于资本和金融账户赤字的绝对值,资本和金融账户应该与经常账户的演变趋势相反。如图 12-7 所示,在 1982—1990 年与 2002—2013 年这两个时间段内,虚线表示的资本和金融账户差额的演变趋势基本上与经常账户差额的演变趋势正好相反,在第一个时间段内主要表现为经常账户赤字与资本和金融账户盈余;而在第二个时间段内则正好相反,主要表现为经常账户盈余与资本和金融账户赤字。在另外两个时间段(1991—2001 年,2014—2018 年)内经常账户差额与资本和金融账户差额的演变趋势是趋同的,两个时间段内二者差额都呈上升趋势,甚至在部分年份,经常账户差额与资本和金融账户差额占 GDP 的比重都大于 0,根据式(12-4),在这种情况下国际收支恒等式一定是不成立的。具体来看 2014—2018 年这一个时间段,经常账户差额占 GDP 的比重呈先上升后下降的趋势,资本和金融账户差额占 GDP 的比重呈一直上升的趋势,这意味着近年来,中国的经常账户盈余在收窄,但是资本和金融账户由赤字变为盈余,即中国由债权国变为债务国。如果按照这一趋势继续发展下去,那么中国的国际收支账户将演变成为经常账户赤字与资本和金融账户盈余,这种情形与美国等发达国家一致。

我们也在图 12-7 中绘制了一条表示国际收支账户差额占 GDP 的比重的曲线,这其实就是将经常账户差额与资本和金融账户差额加总,可以看出,基本上每年该数值都不等于零,这个数值的相反数就是我们前面定义的净误差与遗漏项。

(二) 资本和金融账户细分项目的长期趋势

本章第一节在介绍开放经济国民收入核算时,已经介绍了中国经常账户中三个主要细分项目的长期趋势,包括货物(服务)贸易的净出口额、净要素收入和净转移收入。本部分便不再赘述。本部分主要介绍资本和金融账户中细分项目的长期趋势。

图 12-8 绘制了 1982—2018 年中国直接投资账户中的资产项、负债项和账户差额占当年 GDP 的比重的演变趋势。从中可以看出,1982—2018 年中国直接投资账户差额总体上大于

零,即负债项大于资产项,外国对本国的直接投资大于本国对外国的直接投资。1982—1994年,中国直接投资账户的负债项快速上升,而同时期直接投资账户的资产项基本不变;1995—2004年,中国直接投资账户的负债项占GDP的比重不断下降,同时期直接投资账户的资产项仍然基本不变,且规模很小,其占GDP的比重接近于零;2005年之后,直接投资账户的负债项占GDP的比重仍然主要呈下降趋势,但是具有一定的波动性,同时期直接投资账户的资产项占GDP的比重明显上升,这表明近年来中国对外直接投资发展迅速。

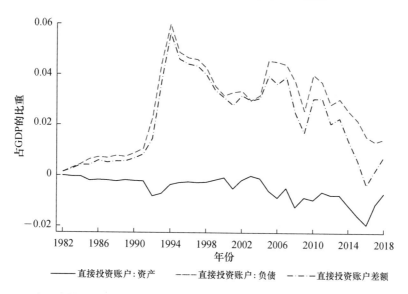

图12-8 中国直接投资账户资产项、负债项和账户差额占GDP的比重(1982—2018年)
资料来源:国家外汇管理局。

证券投资账户是资本和金融账户的另一个重要组成部分。图12-9绘制了1982—2018年中国证券投资账户中的资产项、负债项和账户差额占GDP的比重的演变趋势。证券投资账户的资产项,也就是本国购买外国的证券金额占GDP的比重在1986—1997年和2010—2014年两个时间段内非常小(接近于零),但是在1998年和2006年分别出现急剧的上升,其原因可能是,亚洲金融危机中人民币不贬值,而2005年年底人民币对美元大幅升值,这都增强了中国货币对外国证券的购买力。在这两个时间点,由于中国增加外国证券投资,证券投资账户资产方大幅增加,而同时期外国购买中国证券金额没有发生较大的变动,由于记入资产方是以负数表示的,这就体现为图12-9对应的1998年和2006年的证券投资账户为负值。证券投资账户的负债方,也就是外国购买本国的证券金额的波动幅度相对较小,占GDP的比重基本稳定在0—0.01。

最后介绍储备资产账户,中国的主要储备资产为外汇储备,每年的流量基本上占据全部储备资产的99%以上。因此这里主要介绍外汇储备的演变趋势。图12-10绘制了1982—2018年中国外汇储备年终存量及其占当年GDP的比重的演变趋势。随着中国经常账户盈余规模的扩大,中国外汇储备占GDP的比重也迅速上升,1982—2009年中国外汇储备占GDP的比重稳步上升,尤其是在2001年中国加入世界贸易组织后。经过计算,外汇储备与经常账户盈余之间的简单相关系数高达0.86。

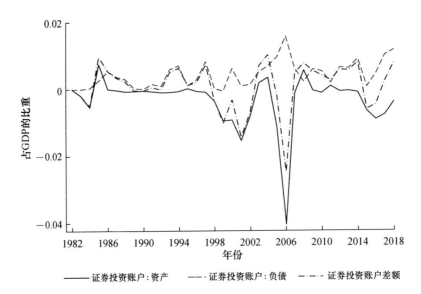

图 12-9 中国证券投资账户资产项、负债项和账户差额占 GDP 的比重(1982—2018 年)
资料来源:国家外汇管理局。

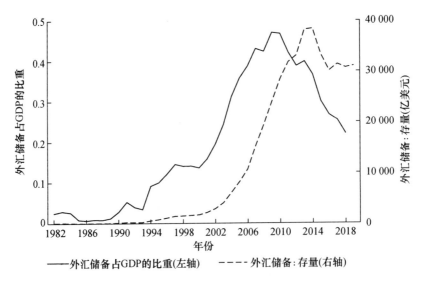

图 12-10 中国外汇储备占 GDP 的比重(1982—2018 年)
资料来源:国家外汇管理局。

受 2008 年全球金融危机以及其他因素(如外汇储备过多可能加重国内通货膨胀的压力)的影响,2009 年之后,中国外汇储备占 GDP 的比重稳步下降。从 2009 年峰值的 0.47 下降至 2018 年的 0.22,下降幅度高达 53.19%,2016—2019 年的外汇储备存量稳定在 3 万亿美元左右。

第三节 需求侧视角下的开放经济增长与宏观经济政策

在本章的第一节,我们介绍了开放经济国民收入的核算方法和国际收支账户,了解了国际经济交易产生的结果,那么其背后的原因是什么呢?货物和服务的进出口贸易是如何发生的?一国的投资者是如何做出跨国买卖资产决定的?这些交易的主要影响因素是什么?这些交易如何影响一国的经济增长?国家的货币政策、财政政策在开放经济中的作用如何?本节将回答以上问题。

一、开放经济的市场均衡

(一)开放经济的需求

本节基于凯恩斯主义从需求端阐释需求变动是如何影响国际开放经济的增长,因此首先需要基于封闭经济中的相关知识来阐述开放经济中的需求构成。

相较于封闭经济,开放经济增加了经常账户这一需求,本节进一步假设经常账户中的国外净要素收入和净转移收入为零,这一假设并不影响本节的结论,因此开放经济中的外部需求是货物和服务贸易余额。

现在我们将每一项需求(消费、投资、政府购买和贸易余额)的表达式都写出来,以阐明每一项需求主要受到何种因素的影响,也为后文分析商品市场、外汇市场和货币市场均衡奠定基础。

消费。这里指私人消费 C,主要决定于可支配收入。可支配收入 Y^d 等于私人部门总收入 Y 减去税收 T^0[①]。私人部门的消费随着可支配收入的增加而增加,表达式为 $C = C(Y - T^0)$。

投资。私人部门做出投资决策主要受预期实际利率的影响,由于我们分析短期内问题,因此预期的通货膨胀率为零,预期的实际利率与预期的名义利率相等。当利率下降时,投资成本会下降,即使投资者预期该投资项目的收益不发生变化,只要利率下降到低于预期收益,投资者就会决定投资。利率 i 为投资 I 的减函数,投资 I 的表达式为 $I = I(i)$。

政府购买。为了简化分析,我们假设政府购买外生,政府购买会有一个初始水平值,但是其不是一成不变的,而是会随着政府政策的变化而发生变化。这里外生的含义是它不受市场上其他变量的影响。政府购买 $G = G^0$,政府税收 $T = T^0$。

贸易余额。贸易余额 TB 为出口与进口的差额,这反映出外国对本国的需求,相较于消费、投资和政府购买等内部需求,我们将贸易余额称为外部需求。我们主要讨论外部需求的三个关键决定因素,即实际汇率、国外收入水平、国内收入水平。实际汇率(EP^{0*}/P^0)的上升会使得本国产品变得便宜,从而导致外国消费者选择消费本国的产品,而不是外国的产品,在这种情形下外国从本国的进口(也就是本国向外国的出口)会增加,假设本国的进口不变,则

---

① 税收 T 加上标 0 的意思是将其表示为外生给定的,其变化只受政府政策变化的影响,而不受私人部门的影响。

TB 上升。国外收入($Y^* - T^{0*}$)水平上升会增加本国产品的外部需求,出口增加,从而 TB 上升;同理,本国收入($Y - T^0$)水平上升会增加本国对外国产品的需求,进口增加,从而 TB 下降。因此,TB 的表达式为 TB = TB($EP^{0*}/P^0, Y^* - T^{0*}, Y - T^0$)

(二) 开放经济中的 IS – LM 模型

LM 曲线在开放经济与封闭经济中是一致的。本书第八章已经详细介绍如何在货币市场均衡条件下推导产出(收入)Y 与利率 i 之间的 LM 曲线,这一章不再赘述。

由于开放经济中增加了一项外部需求,从而封闭经济中由商品市场均衡推导得到的 IS 曲线在开放经济中不再适用。IS 曲线取决于商品市场的总供给和总需求。开放经济中的总需求包括贸易余额,而贸易余额又受到国外市场(由外汇市场表示)的影响。在外汇市场均衡的条件下,本国收益曲线与外国收益曲线相交,即本国收益与外国收益(国外收益为汇率的表达式)相等(无抛补利率平价)。

基于均衡的商品市场和均衡的外汇市场来推导表示利率和产出关系的 IS 曲线。图 12-11 描绘了开放经济中 IS 曲线的推导过程。首先假设商品市场和外汇市场呈初始均衡状态,其对应的初始利率为 i_1,商品市场的均衡产出为 Y_1,外汇市场的本国收益曲线为 DR_1,均衡汇率为 E_1;现在假设本国的利率由 i_1 降为 i_2。本国利率下降,意味着本国存款收益降低,本国的收益曲线由 DR_1 下降至 DR_2,外国收益曲线不变,汇率由 E_1 升为 E_2,本币贬值。

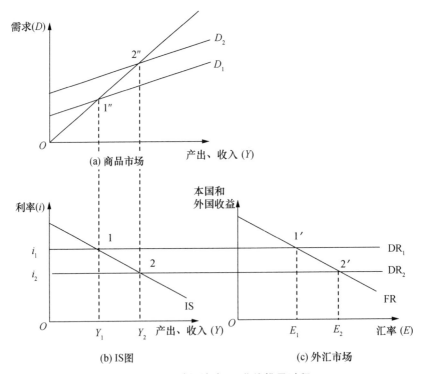

图 12-11 开放经济中 IS 曲线推导过程

本国的利率下降和货币贬值都会刺激本国的需求,也就是导致需求曲线向上移动,由 D_1 变为 D_2,新的商品市场均衡点为 $2''$,这时新的均衡产出为 Y_2,于是将图 12-11(b)中的 1 和 2 这两点连接成一条直线便得到开放经济的 IS 曲线,随着利率的下降,均衡产出上升。

图 12-12 描绘了开放经济中 IS – LM 模型均衡的情形。经济体处于 IS 曲线和 LM 曲线的

交汇点 1 时,商品市场、外汇市场和货币市场同时均衡,此时开放经济体才处于均衡状态[如图 12-12(a)所示]。图 12-12(b)表示外汇市场,均衡状态下,本国收益 DR 等于外国收益 FR,并等于货币市场利率。

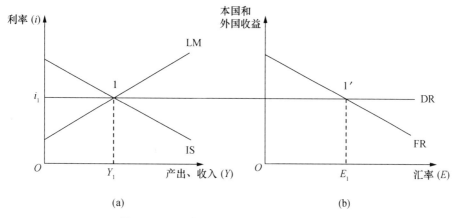

图 12-12 开放经济中的 IS-LM 模型均衡

二、开放经济中的短期宏观经济政策分析

本部分基于均衡模型来分析短期宏观经济政策对均衡点的影响。在此之前,我们首先需要了解什么是短期宏观经济政策。

短期宏观经济政策是指政策只在短期内发生变化,即暂时性变化,比如财政政策。政府决定增加一笔 5 000 亿元的基础设施投资,这一笔投资是一次性的,也是暂时的,因而是短期的,它只会改变短期需求,不会改变长期经济预期,对未来汇率的预期也不会改变。

不同汇率制度下短期货币政策和短期财政政策的作用不同,因此我们将分别根据浮动汇率制和固定汇率制进行分析。事实上多数国家可能采取的是介于浮动汇率制和固定汇率制之间的汇率制度,但是为了介绍方便,我们只基于两种极端的汇率制度进行阐释,这不会影响读者结合各国的实际去分析本国汇率制度的影响。

(一) 浮动汇率制下的短期货币政策

我们首先来分析浮动汇率制下的短期货币政策如何影响开放经济的均衡状态和短期经济产出。考虑本国实行增加货币供给的扩张性货币政策,这会导致 LM 曲线从 LM_1 移动至 LM_2,利率由 i_1 下降至 i_2,如图 12-13(a)所示。

再来看图 12-13(b),由于我们考虑的是短期货币政策,不会影响长期预期,因此预期未来的汇率不变,于是预期的外国收益曲线也不变。另外,由于本国利率下降,本国收益会随之下降,这就会导致本国货币贬值。利率下降和货币贬值分别会增加私人部门投资及提升贸易余额,这都会增加需求,对应为 IS 曲线上由 1 点移动至 2 点。为了满足新增的需求,产出也将相应地增加,由 Y_1 增加至 Y_2。

因此,当经济面临衰退或者负向需求冲击时,浮动汇率制度下的扩张性货币政策能够有效地增加需求和产出,达到抑制经济衰退的目的。

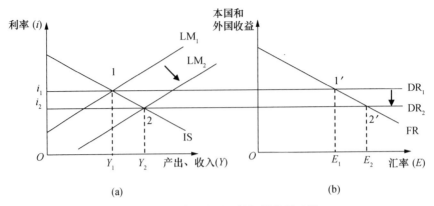

图 12-13 浮动汇率制下的短期货币政策

(二) 固定汇率制下的短期货币政策

在固定汇率制下,根据无抛补利率平价条件,本国利率与外国利率相等。考虑本国实行扩张性货币政策的情形,LM 曲线右移,如图 12-14(a)所示,本国利率由 i_1 下降至 i_2。利率下降后,将进一步导致本国收益曲线下移[图 12-14(b)所示],而外国收益曲线不变,这将导致本国汇率上升(本币贬值)。但是固定汇率制下,本国利率等于外国利率,本国汇率盯住外国汇率,即汇率不能发生改变。货币政策导致利率下降进而形成汇率上升的压力违背了固定汇率制。也就是说,在固定汇率制下货币政策是行不通的,因此在固定汇率制度下政府没有货币政策自主权。

这也印证了三元悖论,即资本流动性、货币政策自主权、固定汇率不能同时成立,最多只能取其中两者,在本部分的情形中满足了资本流动性和固定汇率,但是没有满足货币政策自主权。

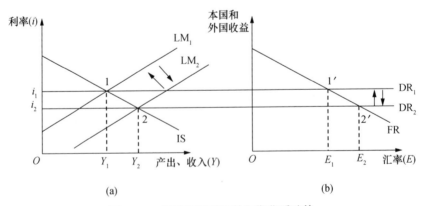

图 12-14 固定汇率制下的短期货币政策

(三) 浮动汇率制下的短期财政政策

前文讨论了短期货币政策对开放经济短期产出的影响,现在进一步考虑短期财政政策对开放经济短期产出的影响。

与前文一致,短期财政政策不会影响长期预期,包括对未来汇率的预期。考虑一国实际增加政府购买的积极的财政政策,这会导致 IS 曲线从 IS_1 移动至 IS_2,利率由 i_1 上升至 i_2。本国利率上升意味着本国收益上升,这将导致本国收益曲线同幅度向上移动,由于外国收益曲线不变,这将降低本国汇率,使得本币升值。现在新的均衡点是 2,新的均衡产出水平较高,这表明增加政府购买的积极的财政政策总体上是有利于增加产出的(如图 12-15 所示)。

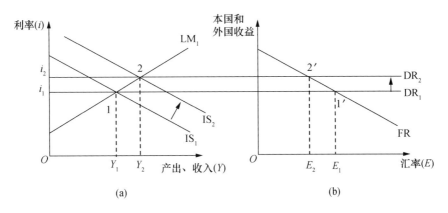

图 12-15 浮动汇率制下的短期财政政策

这里有两个方面仍然需要注意。第一,本国利率上升,将降低国内私人部门的投资,从而形成投资挤出效应;第二,本国汇率(直接计价)下降,即本币升值,将减少净出口,抑制外部需求。因此,在浮动汇率制下,积极的财政政策会对国内私人部门投资和国外外部需求产生挤出效应,但是总体上仍然增加需求和产出。从这个意义上看,浮动汇率制下积极的财政政策的效果在一定程度上被打了折扣。

(四) 固定汇率制下的短期财政政策

现在考察固定汇率制下的短期财政政策的效果。与前文一致,短期财政政策不会影响长期预期,包括对未来汇率的预期,因此外国收益曲线不受短期财政政策变动的影响。与前文不同的是,在固定汇率制下,本国收益和外国收益均与本国利率相等,本国汇率盯紧外国汇率而且不能发生变化。

我们仍然考虑一国实行的增加政府购买的积极的财政政策,这会导致 IS 曲线由 IS_1 移动至 IS_2,利率由 i_1 上升至 i_2。本国利率上升意味着本国收益上升,这将导致本国收益曲线同幅度向上移动,由于外国收益曲线不变,这将降低本国汇率,即本币升值。但是,当前情形下本国实行固定汇率制,这就需要本国的货币当局通过增加货币供给等方式,降低本国利率和本国收益率,从而使得 DR 曲线下降至原来的水平,均衡的汇率也恢复到原来的水平,此时形成了新的均衡点 2(如图 12-16 所示)。

与图 12-15 相比,固定汇率制下的短期财政政策对产出的增加幅度明显较大,其主要原因是通过货币政策的配合来消除浮动汇率制下的短期财政政策对私人部门投资和外部需求的挤出效应。因此,固定汇率制下的短期财政政策的效果非常显著。

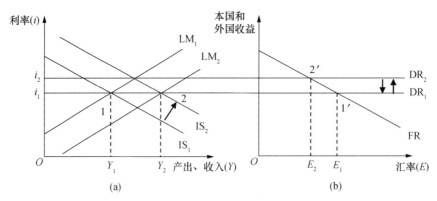

图 12-16 固定汇率制下的短期财政政策

第四节 供给侧视角下的开放经济增长与宏观经济政策

上一节将需求侧视角下的凯恩斯模型拓展到了开放经济,考察了短期宏观经济政策对短期经济增长的影响效应。然而,这一模型存在至少三个缺陷:第一,上一节开放经济中的 IS-LM 模型基于短期内价格具有黏性的假设,短期内需求的变动会影响产出,但是这一模型只能解释短期经济增长,无法解释长期经济增长;第二,上一节开放经济中的 IS-LM 模型主要从需求侧视角出发,假设经济体的供给是完全弹性的,即供给是无限的,但是现实中因为资源是有限的,利用资源进行生产的技术也是有限的,因此供给并非无限的,而是有限的;第三,开放经济中凯恩斯模型无法解释失业和通货膨胀并存的"滞胀"问题。基于以上考虑,本节进一步从供给侧的视角分析开放经济增长与宏观经济政策之间的关系。本节首先介绍开放经济中总供给曲线的推导及其主要影响因素;其次分析对外开放对总供给,也就是经济增长的影响;最后将总需求和总供给纳入同一个框架来分析宏观经济政策的影响效应。

一、开放经济中的总供给曲线

提升总供给水平有三个渠道,即资源总量、资源使用效率和资源配置效率。中国改革开放之后经济增长的主要驱动力也来源于这三个渠道。具体来说,改革开放之前,中国实行重工业优先发展战略以及进口替代战略,而且实行严格的户籍管理制度,因此大量劳动力被限制在农村,但农业生产并不需要这么多的劳动力,从而农村形成了大量剩余劳动力。改革开放之后,中国充分利用拥有大量廉价劳动力的比较优势开展加工贸易,从而迅速成为"世界工厂",在吸收剩余劳动力的同时,有力地促进了中国经济的增长,这一阶段是典型的利用资源总量(劳动力)提高总供给水平的例子。

但是一定时期内,资源总量是有限的。进入 21 世纪以来,中国的劳动力供给增长速度下降,劳动力成本比较优势逐渐消失。继续单纯地依赖资源总量来促进总供给增长已经无以为继,因此中央政府将解决办法转移到提升资源使用效率上来。中国加入世界贸易组织后,一方面积极鼓励外商直接投资及购买国外先进设备和技术,另一方面推动高校扩张增加人力资本,这些措施均有效地提升了中国制造业的生产效率。大量实证研究表明,1998—2007年中国制造业企业生产效率明显提升。

2008年全球金融危机爆发后,外部需求疲软进一步促使中国政府从供给侧层面思考如何提升总供给。Hsieh and Klenow(2009)①使用中国和印度的数据发现,行业内企业间存在较为严重的资源错配问题,如果将中国和印度的资源配置效率提升到美国的水平,那么中国和印度的制造业全要素生产率将分别提升30%—50%及40%—60%。由此可见,资源配置效率改善能够有效提升全要素生产率,进而增加总供给。为此,中国从2016年开始实行供给侧结构性改革,将发展经济的着力点放在实体经济上,把提高供给体系质量作为主攻方向,显著提高了中国经济质量。下面将介绍关于总供给的基础理论。

前文基于凯恩斯主义的短期内价格具有黏性的假设,认为经济的供给层面是随着需求变动而同步调整的,也就是说在特定价格条件下,生产要素能够无限量供给,总供给曲线是一条水平线。但事实上,生产要素投入不能是无限的,总供给曲线不总是水平的。现在我们使用劳动力要素的需求—供给模型来推导一般形式的总供给曲线。

图12-17(a)的纵轴为实际工资,横轴为相应的劳动力数量。劳动力需求量随着实际工资的下降而增加,劳动力供给量随着实际工资的下降而减少,因此劳动力需求曲线向下倾斜,劳动力供给曲线向上倾斜。这与商品市场的商品需求曲线和供给曲线是一致的。假设经济体初期的价格水平为P_1,名义工资为W_1,实际工资为W_1/P_1,由图12-17(a)可知,劳动力供给为L_3,劳动力需求为L_1,L_3明显大于L_1,则存在劳动力需求缺口,即当前社会存在失业,参与经济生产的劳动力数量为L_1。假设价格上升到P_2,但名义工资不变,从而实际工资降为W_1/P_2,根据图12-17(a)可知,这时恰好实现了劳动力需求和供给的均衡,全社会不存在失业,参与经济生产的劳动力数量为L_2。

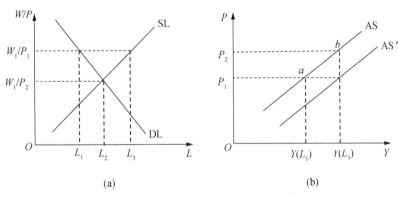

图12-17 劳动力市场与总供给曲线

现在来看图12-17(b)表示的由于价格水平变化导致产出水平变化的过程。首先假设经济产出是要素投入的增函数,即随着更多劳动力投入生产中,将会产生更多的产出。因此,当价格上升至P_2,劳动力投入数量由L_1增加至L_2时,经济产出将由$Y(L_1)$增加至$Y(L_2)$。将a点和b点连接起来就构成一条向上倾斜的总供给曲线(AS)。这一理论解释了中国改革开放后利用廉价劳动力从事加工贸易促进经济增长的事实。

---

① HSIEH C T, KLENOW P J. Misallocation and manufacturing TFP in China and India [J]. Quarterly Journal of Economics, 2009, 124(4): 1403-1448.

但是资源供给并不是无限的,正如中国由于人口老龄化和劳动力成本上升等,劳动力供给减少、工人工资上升,导致价格水平上升无法继续有效地促进劳动力供给的增加。也就是说,经济产出无法沿着原来的 AS 曲线向上移动,这也就意味着当经济中要素和资源供给非常有限时,需要在没有通货膨胀的情况下增加产出,促进 AS 曲线右移到 AS′[如图 12-17(b)所示],此时产出能够由 $Y(L_1)$ 增加至 $Y(L_2)$。那么如何才能使得 AS 曲线平行地向右移动呢?这就需要我们在本节一开始提到的技术进步和提高资源配置效率。

二、对外开放与总供给

对外开放能否促进经济增长呢?即对外开放是否会导致图 12-17(b)中的总供给曲线 AS 右移至 AS′呢?本小节将分析这一个问题。但事实上,这一问题并没有明确的答案。

根据中国的实践,中国 1978 年实行对外开放后,经济增速提升,在假设其他影响因素一定的条件下,对外开放确实有效地提升了中国的总供给水平。为了更加直观地说明这一点,我们绘制了 1978—2018 年中国货物和服务净出口对 GDP 增长的贡献率,如图 12-18 所示。从中可以看出,货物和服务净出口有效地促进了中国 GDP 增长,其中在两个时间段里尤为明显:1986—1998 年和 2004—2008 年。2008 年全球金融危机发生后,货物和服务净出口对 GDP 增长的贡献率由正变为负,这是否就说明对外开放阻碍中国经济增长了呢?答案是否定的。一个较为明显的原因是中国货物和服务净出口差额在缩小,即经常账户盈余规模在缩小。这个原因又可以分解为两个方面:一是中国出口增速回落,二是中国进口增速上升。考察对外开放对经济增长的拉动作用,不能仅看净出口的贡献率,而应该分别研究出口与进口对经济增长的影响效应和机制。事实上,学者们已经分别就出口、进口对经济增长的影响进行了细致的分析和研究,下面我们将列举一些代表性的研究成果。

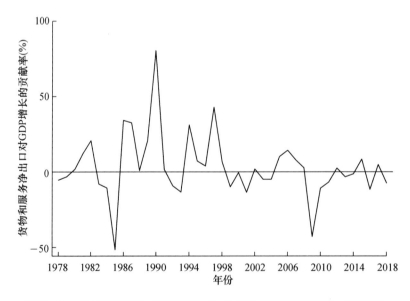

图 12-18 中国货物和服务净出口对 GDP 增长的贡献率(1978—2018 年)
资料来源:历年《中国统计年鉴》。

(一) 出口与经济增长的关系

根据国民收入核算等式,净出口是 GDP 的重要组成部分,因此大力扩大出口是提升 GDP 的重要手段之一。图 12-19 绘制了 1982—2018 年中国货物出口强度和服务出口强度(出口强度等于出口额与 GDP 的比率)。由图 12-19 可知,1982—2006 年中国货物出口强度一直呈上升趋势,由 1982 年的 0.070 上升至 2006 年的 0.323,之后受 2008 年全球金融危机的影响,以及中国出口战略由数量型增长转变为质量型增长,货物出口强度不断下降,2018 年的货物出口强度为 0.174。与货物出口强度的大幅上升和大幅下降不同,服务出口强度走势较为稳定,且水平值也较低。1982—2018 年中国服务出口强度的均值为 0.024,即服务出口额占 GDP 的比重为 2.4%,最小值和最大值分别为 0.009 和 0.038,方差不大。需要注意的是,同样受 2008 年全球金融危机的影响,2006 年以后,中国服务出口强度也呈一定的下降趋势。

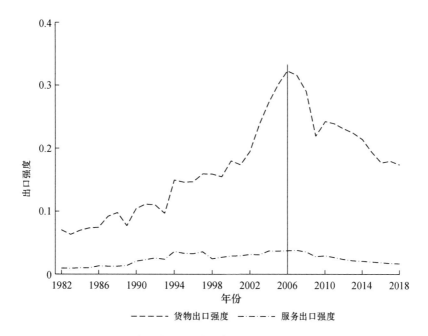

图 12-19　中国货物(服务)出口强度(1982—2018 年)
资料来源:历年《中国统计年鉴》。

关于出口影响经济增长的文献非常丰富。例如,Melitz(2003)[1]构建了异质性企业国际贸易理论模型,表明只有生产率相对较高的企业才能进入出口市场,且企业进入出口市场后,能够进一步提升企业的生产率。因此,一国开放出口市场能够将生产率落后的企业淘汰出国内市场或出口市场,以及通过出口学习效应进一步提升在位企业的生产率,进而提升企业总体生产率水平,从而有利于增加总供给和促进经济增长。

---

[1] MELITZ M J. The impact of trade on intra-industry reallocations and aggregate industry poductivity [J]. Econometrica, 2003, 71(6): 1695-1725.

(二) 进口竞争与经济增长的关系

扩大进口有利于促进国内市场竞争,进而激发国内市场活力,促进经济增长。从熊彼特破坏性创新的视角来看,全球化引致的市场竞争能够在一定程度上削弱既得利益集团的势力,进而促进破坏性创新、技术进步和经济增长。Mokyr(1990)[1]发现,保护既得利益集团和技术进步之间存在明显的负向关系,并指出国际竞争是促进长期技术进步的有益因素。

为了进一步说明中国改革开放以来进口竞争程度的演变趋势,我们分别使用进口关税削减和进口渗透率提升来衡量国内市场受到的进口竞争程度。图 12-20 描绘了这两个指标在 1982—2018 年的变化趋势。

如图 12-20 所示,实线表示的中国货物进口平均关税税率在 1992—2006 年呈快速下降趋势,尤其在 1992—1997 年、2001—2005 年这两个阶段。前一个阶段中国为了表明加入世界贸易组织的决心,主动降低进口关税税率;后一个阶段则是中国履行加入世界贸易组织的承诺,按照承诺降低进口关税税率。截至 2006 年,中国基本上履行了当时的承诺,进口平均关税税率下降至 10% 以下。现有文献通常将进口关税作为研究进口竞争的代理变量,由此可见,中国在 1992—2006 年大幅削减进口关税,无疑增强了中国国内市场的竞争程度。事实上,已有文献发现进口关税削减引致的进口竞争非但没有降低国内企业的生产率,反而大幅提升了国内企业的生产率,例如 Yu(2015)[2]使用 2000—2006 年中国制造业数据和海关数据发现,进口关税削减 10% 使得国内企业生产率提升 13.2%。Brandt et al.(2017)[3]同样使用中国该时期的制造业企业数据研究了进口竞争对企业生产率和加成率的影响,与 Yu(2015)的结论一致,进口竞争有利于提升企业的生产率,但是进口竞争会降低国内企业的加成率,体现为促进竞争效应,加成率降低有利于提升消费者福利水平。

图 12-20 也绘制了 1982—2018 年中国货物进口渗透率和服务进口渗透率,进口渗透率表示为进口额与 GDP 的比率。与出口强度的演变趋势基本一致,1982—2006 年中国货物进口渗透率呈快速上升趋势,尤其在 1998—2006 年。2007 年之后,货物进口渗透率呈下降趋势,但是近年来(2016 年之后)货物进口渗透率有所上升,这与中国近年来主张扩大进口的政策密切相关。中国服务进口渗透率在 1982—2018 年小幅上升,特别是 2008 年全球金融危机后,服务进口渗透率仍然保持相对稳定的增长态势。由此可见,中国服务业的开放程度越来越高。

三、总需求—总供给模型及宏观经济政策

(一) 总需求—总供给模型

本书第八章介绍了总需求曲线与总供给曲线的推导过程,这里不再赘述。

将总供给曲线与总需求曲线放在同一个图形里进行分析。我们先看总需求曲线变动的

---

[1] MOKYR J. The level of riches: technological creativity and economic progress [M]. Oxford: Oxford University Press, 1990.
[2] YU M. Processing trade, tariff reductions and firm productivity: evidence from Chinese firms [J]. Economic Journal, 2015, 125(585): 943-988.
[3] BRANDT L, VAN BIESEBROECK J, WANG L, ZHANG Y. WTO accession and performance of Chinese manufacturing firms [J]. American Economic Review, 2017, 107(9):2784-2820.

图 12-20 中国货物进口平均关税税率、货物(服务)进口渗透率(1982—2018 年)
资料来源:联合国贸易与发展会议数据库,历年《中国统计年鉴》。

情形,如图 12-21 所示,总需求曲线由 AD 移动至 AD′,其原因可能是政府实行了扩张性的财政政策。由于此时 AS 曲线不是水平的而是向上倾斜的,因此均衡价格水平由 P_1 变为 P_2,均衡产出由 Y 变为 Y^*。一方面,总产出增加而名义工资不变,意味着劳动力投入增加,这会减少失业,有利于实现充分就业;另一方面,价格上升表示通货膨胀,因此总需求曲线变动意味着失业率与通货膨胀之间的替代关系。与前一节分析不同的是,此时扩大需求会提升价格水平。

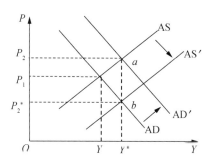

图 12-21 总需求变动与总供给变动导致总产出变动的示意图

我们再看总供给曲线变动的情形。由于生产要素供给增加、生产率提升等,总供给曲线由 AS 移动至 AS′。新的 AS′曲线与 AD 曲线相交于 b 点,这与总需求曲线移动产生的新的均衡点 a 具有相同的产出水平 Y^*。不同的是,与总需求曲线向右移动导致均衡价格水平上升相反,总供给曲线向右移动导致均衡价格水平下降(此时的均衡价格为 P_2^*)。由此可见,供给层面的经济内生增长而非外部政策的需求刺激,使得经济总量上升的同时还有利于降低价格水平,而一般而言较低的价格水平意味着较高的社会福利。那么,从供给侧的角度出发,是否需要政府对经济进行干预呢?答案当然是肯定的,因为政府可以实行促进提高生产要素质量、提升全要素生产率和改善资源配置效率的政策,这些政策均有利于促进总供给曲线向右移动。我们将在下一小节具体举例说明。

(二) 中国宏观经济政策效果分析

我们根据图 12-21 的分析可知,积极的宏观经济政策和消极的宏观经济政策均能使总产出由 Y 增加至 Y^*,但是均衡点的位置不同(体现为均衡价格水平不同)导致两种政策效应存在明显的差异。

中国自改革开放以来长期实行积极的宏观经济政策,其中包括积极的财政政策和积极的货币政策,其用意都是扩大总需求,即推动总需求曲线向右移动。随着生产要素供给接近于上限,总供给曲线由水平变为向上倾斜,继续实行扩大总需求的政策会抬高价格水平、挤出私人部门投资等,因此自 2016 年以来中国的宏观经济政策转为通过供给侧结构性改革增加总供给。

基于此背景,我们进一步利用图形来分析符合中国实际的总需求—总供给模型,其主要特点是总供给曲线呈先水平后向上倾斜的趋势(如图 12-22 所示)。

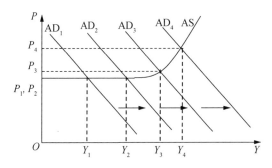

图 12-22　包括一般化的总供给曲线的总需求—总供给模型

我们选取中国实行的两次宏观经济政策,大致对应图 12-22 中显示的总需求曲线的前两次移动,分别是 1997 年亚洲金融危机后中国实行的积极的财政政策和 2008 年全球金融危机后中国实行的"四万亿"经济刺激计划。

1997 年亚洲金融危机后,1998—2005 年中国累计发行长期建设国债共计 9 900 亿元,主要流向基础设施建设、医疗卫生和教育等公共项目,由于这些公共项目的外部性较大,对私人部门投资的挤出效应不会很大;同时,20 世纪 90 年代末和 21 世纪初,中国仍然具有大量廉价的劳动力、自然资源等没有得到充分的开发和利用,于是总供给曲线可以基本上使用图 12-22 中显示的前一阶段的水平线来表示。因此,1997 年亚洲金融危机后积极的财政政策迅速稳定了中国的经济增速,从 1999 年的 7.6% 回升至 2000 年的 8%,之后进一步上升。

为了应对 2008 年全球金融危机,中国在 2008 年 11 月推出了"四万亿"经济刺激计划。这使得中国能够通过带动投资和稳定经济以有效地应对金融危机的负面冲击。得益于此,中国对外贸易在 2009 年出现大幅的负增长后,于 2010 年恢复正增长,且在之后的年份基本保持正增长。但是,与 1997 年亚洲金融危机后积极的财政政策相比,2008 年的"四万亿"经济刺激计划具有以下三个主要不同之处:第一,背景发生了变化。2008 年全球金融危机发生时,中国的劳动力成本、原材料供给成本均已大幅上升,这也意味着图 12-22 中的总供给曲线不再是趋于水平的,而是呈向上倾斜的趋势,这种背景下的需求刺激政策势必将会提升价格水平,导致通货膨胀。第二,"四万亿"经济刺激计划所涉及的领域更为宽泛,不仅包括铁路、公路、水利建设等基础设施,而且包括高技术产业在内的实体产业,而后者则为竞争性产业,政府资金的进入无疑会产生较强的挤出效应,从而使得私人部门投资受阻,提升居民储蓄率,抑制消费,不利于经济长期增长。第三,2008 年全球金融危机发生后,外部需求疲软,中国的出口增速放缓,这导致 4 万亿元投资所产生的产品在国内无法销售,也不能出口,从而造成了严重的产能过剩问题。

2015 年以来,中国充分地意识到,在总供给曲线向上倾斜的现实背景下,一味地刺激需求对经济产出的提升作用将变得非常有限。在这种背景下,主要手段不是通过需求端来刺激需求,而是从供给侧着力以提高总供给水平,使得总供给曲线右移,如图 12-23 所示。AS 曲线由 AS_0 右移至 AS_1,AD 曲线不变,在新的均衡点上,经济产出增加,同时价格水平下降。具体措施包括:第一,把有限的资金投入民生保障(如健全基本保障体系、建设保障性住房等)、农业基础设施建设,以及人工智能、5G 等新兴基础设施建设;第二,降低个人所得税以及降低企业所得税、增值税和减少相关费用;第三,货币政策方面,信贷政策定向宽松,扶持农业、制造业、服务业等实体经济,而非房地产业等虚体经济。

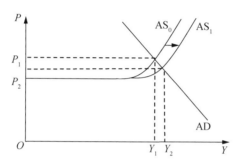

图 12-23 供给侧结构性改革下的总需求—总供给模型

第五节 小 结

本章第一节将封闭经济的国民收入核算拓展至开放经济,介绍了涉及开放经济国民收入核算的货物、服务、资本、劳动力等产品和要素国际流动的相关基本概念,并结合中国的相关数据进行了说明。根据国际流动或交易标的物的不同,可以将国际开放市场划分为三大类,即开放的产品市场、开放的金融市场和开放的要素市场。国际收支账户是对这三类市场的交易进行记录的账户。相对于封闭经济国民收入恒等式中只包括消费、投资和政府购买而言,开放经济国民收入恒等式中还包括净出口、净要素收入和净转移收入。

第二节阐述了国际收支账户基本理论,并结合 2018 年中国国际收支平衡表阐述了中国国际收支账户中经常账户、资本和金融账户及其细分项目的内涵,以及中国国际收支总账户和各子账户的国际平衡状况及其背后原因。国际收支账户中主要包含三类账户,即经常账户、金融账户和资本账户。其中,经常账户记录商品和服务的国际贸易净收入、净要素收入及净转移收入,而以商品和服务的国际贸易净收入为主;金融账户记录货币、工厂、土地、股票、政府债券等金融资产的国际交易情况;资本账户则记录国际非金融性质的、非生产的、非市场的资产的交易,例如专利、版权、商标、特许经营权等。2018 年,中国国际收支账户中经常账户盈余、金融账户盈余、资本账户赤字,由于资本账户赤字非常小,总体账户盈余。这意味着中国经常账户顺差,为债务国,即中国向国外借债,从而导致中国国际收支不平衡。在分析 2018

年中国国际收支平衡表的基础上,第二节进一步分析了1982—2018年中国国际收支账户中各主要子账户的历史演变趋势。

第三节从改变总需求的视角研究了开放经济增长问题以及宏观经济政策对经济增长的作用机制和效应。第三节首先在商品市场和外汇市场同时均衡的条件下推导得到开放经济中的总需求曲线,进而得到开放经济中的总需求—总供给模型,并采用该模型分析了固定汇率制和浮动汇率制下短期货币政策与财政政策的经济效应。在资本完全流动的情形下,浮动汇率制下的货币政策有效,但是固定汇率制下的货币政策无效;浮动汇率制和固定汇率制下的财政政策均有效,但是后者能够使得货币政策同时生效,效果更为显著。

考虑到采用凯恩斯模型分析开放经济增长存在仅能够解释短期经济增长、供给无限假设不合理以及无法解释"滞涨"现象等缺陷,第四节进一步从供给侧的视角阐述了如何通过改变总供给进而促进经济增长。第四节首先推导得到开放经济中的总供给曲线,其次从出口、进口竞争等方面阐述了对外开放与总供给之间的关系,最后使用总需求—总供给模型分析了中国采取改变总需求或改变总供给的宏观经济政策的效果。当资源无限供给时,总供给曲线为水平线,随着资源供给趋于紧张,总供给曲线向上倾斜。因此,当总供给曲线水平时,总需求曲线向右移动,价格水平不变,需求刺激政策完全有效;但是当总供给曲线向上倾斜时,需求刺激政策导致总需求曲线向右移动的同时,价格水平提升,从而导致通货膨胀和产能过剩等问题,因此在这种情形下,通过减税降费和促进技术进步等方法促进总供给曲线向右移动的宏观经济政策更为有效。第四节还分别结合中国在1997年亚洲金融危机后、2008年全球金融危机后的积极的财政政策和2015年后的供给侧结构性改革政策分别对以上原理进行了举例说明。

内容提要

- 根据国际流动或交易标的物的不同,可以将国际开放市场划分为三大类,即开放的产品市场、开放的金融市场和开放的要素市场。国际收支账户是对这三类市场的交易进行记录的账户。

- 相对于封闭经济国民收入恒等式中只包括消费、投资和政府购买而言,开放经济国民收入恒等式中还包括净出口、净要素收入和净转移收入。

- 国际收支账户中主要包含三类账户,即经常账户、金融账户和资本账户。其中,经常账户记录商品和服务的国际贸易净收入、净要素收入及净转移收入,而以商品和服务的国际贸易净收入为主;金融账户记录货币、工厂、土地、股票、政府债券等金融资产的国际交易情况;资本账户则记录国际非金融性质的、非生产的、非市场的资产的交易,例如专利、版权、商标、特许经营权等。

- 2018年,中国国际收支账户中经常账户盈余、金融账户盈余、资本账户赤字,由于资本账户赤字非常小,总体账户盈余。这意味着中国经常账户顺差,为债务国,即中国向国外借债,从而导致中国国际收支不平衡。

- 在资本完全流动的情形下,浮动汇率制下的货币政策有效,但是固定汇率制下的货币政策无效;浮动汇率制和固定汇率制下的财政政策均有效,但是后者能够使得货币政策同时生效,效果更为显著。

- 当资源无限供给时,总供给曲线为水平线,随着资源供给趋于紧张,总供给曲线向上倾斜。因此,当总供给曲线水平时,总需求曲线向右移动,价格水平不变,需求刺激政策完全有效;但是当总供给曲线向上倾斜时,需求刺激政策导致总需求曲线向右移动的同时,价格水平提升,从而导致通货膨胀和产能过剩等问题,因此在这种情形下,通过减税降费和促进技术进步等方法促进总供给曲线向右移动的宏观经济政策更为有效。

关键概念

开放的产品市场　　国际收支账户　　净误差与遗漏
开放的金融市场　　国际收支平衡　　外部需求
开放的要素市场　　国际收支平衡表　开放经济中的总需求曲线
开放经济国民收入恒等式　经常账户　开放经济中的总供给曲线
净出口　　　　　　金融账户　　　　进口竞争
净要素收入　　　　资本账户　　　　供给侧结构性改革
净转移收入

复习题

1. 请分别写出封闭经济国民收入恒等式和开放经济国民收入恒等式,并阐述其中各个因素的经济含义。
2. 国际收支账户包括哪几个主要账户?请具体阐述每个账户的含义。
3. 请简述2018年中国国际收支账户的内容和特征。
4. 请问现实中一国的国际收支账户会实现平衡吗?如果不会,为什么?
5. 假设资本完全流动,分别简述固定汇率制和浮动汇率制下货币政策的效果。
6. 假设资本完全流动,分别简述固定汇率制和浮动汇率制下财政政策的效果。
7. 请简述中国2015年开始实行供给侧结构性改革的理论基础和现实背景。
8. 请结合开放经济中的总需求—总供给模型全面评价2008年年底中国开启的"四万亿"经济刺激计划。

第十三章 关税与贸易全球化

一国采取对外开放或闭关锁国的政策有不同的原因,可能是出于政治因素,也可能是政府认为本国经济较为落后,打开国门会受到外国市场的冲击而造成进一步的经济衰退。历史表明,相对开放的国家经济发展水平更高。因此,系统地阐述国际贸易概况、政策与理论对于我们了解和掌握国际贸易在经济增长中的作用具有重要意义。为了对国际贸易与经济增长之间的关系形成一个直观的认识,我们绘制了 1960—2018 年世界货物贸易总额和世界 GDP 的年度增速曲线,如图 13-1 所示。据此可得出以下结论:第一,世界范围内,货物贸易总额和 GDP 的年度增速的变动方向基本一致,二者的简单相关系数高达 0.86;第二,在货物贸易总额和 GDP 增速上升阶段,贸易总额增速更大;第三,在货物贸易总额和 GDP 增速下行阶段,货物贸易总额增速更小。以上事实表明,国际贸易与经济增长存在密切的关系,且基本可以认为国际贸易总额的增长能够促进世界 GDP 的增长,而国际贸易总额的减少将抑制世界 GDP 的增长。

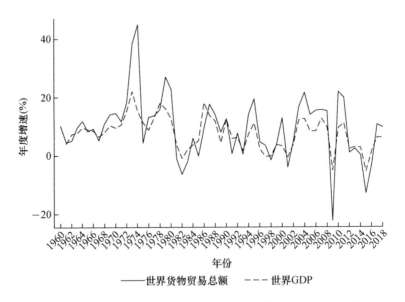

图 13-1　世界货物贸易总额、世界 GDP 年度增速(1960—2018 年)
资料来源:世界贸易组织。

本章包括三部分内容:第一节介绍世界和中国国际贸易概况;第二节阐述主要贸易政策理论与实践;第三节介绍贸易全球化进程中的自由贸易与保护贸易的作用。

第一节　国际贸易概况

一、世界国际贸易概况

本小节从世界货物贸易总额、世界服务贸易总额、世界贸易产品结构、贸易开放度、贸易流向和全球价值链概况等方面阐述世界国际贸易概况。

(一) 世界货物贸易总额

图 13-2 绘制了 1960—2018 年世界货物贸易总额情况。从中可以看出,在这半个多世纪里,世界货物贸易发展迅速,货物贸易总额从 1960 年的 20 361.5 亿美元增长至 2018 年的 194 506 亿美元,增幅高达 855%;世界货物贸易总额占世界 GDP 的比重也由 1960 年的 9.5% 上升至 2018 年的 22.6%,增幅达 137.9%,这表明该时期世界货物贸易的增速快于世界 GDP 的增速。在过去半个多世纪里,国际环境以国际贸易不断发展为主基调,在此基础上,世界经济取得了显著的发展。

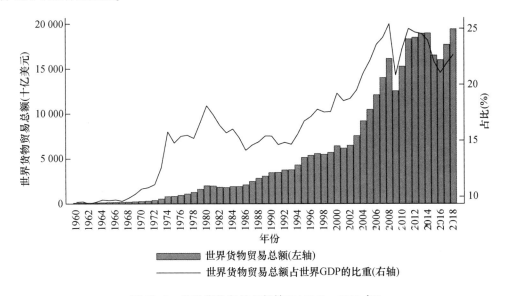

图 13-2　世界货物贸易总额情况 (1960—2018 年)
资料来源:世界贸易组织。

(二) 世界服务贸易总额

图 13-3 绘制了 1980—2018 年世界服务贸易总额情况。同样可以看出,在过去几十年里,世界服务贸易迅速发展,但规模远不及货物贸易。世界服务贸易总额从 1980 年的 3 956.6 亿美元增长至 2018 年的 58 450.7 亿美元,增幅高达 1 377%,增长了 13 倍多;世界服务贸易总额

占世界GDP的比重也由1980年的3.5%上升至2018年的6.8%,增幅达94.3%,这表明该时期世界服务贸易的增速快于世界GDP的增速。在过去几十年里,不仅货物贸易取得了快速的发展,服务贸易也取得了长足的发展。

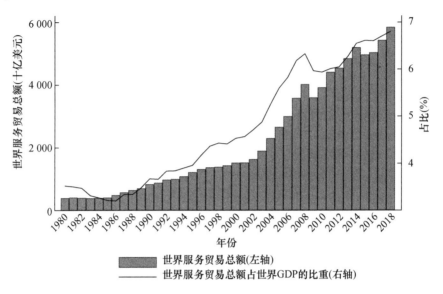

图13-3 世界服务贸易总额情况(1980—2018年)
资料来源:世界贸易组织。

(三) 世界贸易产品结构

接下来我们进一步分析世界贸易产品结构。在前面提到的货物贸易和服务贸易这两个大类的基础上,我们将其中的货物分解为三个小类,即农产品、矿产品、制成品,也就是说世界贸易产品由农产品、矿产品、制成品和服务构成。图13-4描绘了1980年、1995年、2005年、2018年世界贸易中四类产品的分布情况。1980年和1995年,农产品贸易额在世界贸易总额中所占的比重分别为13%和10%,而在2005年和2018年分别降至7%、8%,农产品贸易在世界贸易总额中的份额明显下降。同时期矿产品贸易额在世界贸易总额中所占的比重分别为24%、9%、14%和13%,矿产品贸易额占比的变化不存在明显上升或下降的趋势,但矿产品贸易在世界贸易中仍然占据较为重要的地位。制成品贸易额在世界贸易总额中所占的比重仅在1980年小于50%,在其他三个年份里均大于50%,在1995年甚至高达61%。因此制成品是当今世界贸易中的主导产品,这也与世界工业化进程是一致的。最后,同时期服务贸易额在世界贸易总额中所占的比重分别为17%、20%、21%和24%,表明服务贸易在世界贸易中的重要性逐步提高,这也与世界越来越多的国家或地区第三产业(服务业)占比超过第二产业的产业结构变化趋势是一致的。

(四) 贸易开放度

图13-2和图13-3分别描绘了世界货物贸易总额与服务贸易总额占世界GDP的比重,这

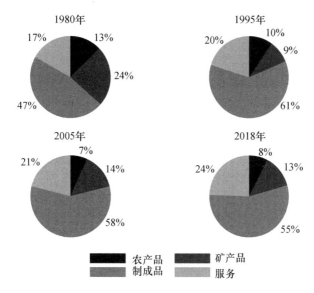

图 13-4　1980 年、1995 年、2005 年、2018 年世界贸易产品结构
资料来源：世界贸易组织。

事实上分别描述了世界范围内货物贸易与服务贸易的开放度。现在我们来进一步细看国家层面的贸易开放度，尤其比较发达国家和新兴经济体之间贸易开放度的差异。

图 13-5 描绘了英国、美国、日本、韩国、中国、印度的贸易开放度。一国贸易开放度等于一国货物贸易总额与服务贸易总额加总占该国 GDP 的比重。作为传统的发达国家，英国、美国和日本自 1970 年以来，贸易开放度水平较为稳定，没有太大的波动。其中，英国的贸易开放度最高，基本在 50% 左右，近年来呈现进一步上升的趋势。美国的贸易开放度在 1970—2018 年总体平稳上升，由 1970 年的 10.76% 上升至 2018 年的 27.54%，在 2013 年达到最高值 30.01%。在该时期内，美国的贸易开放度出现过三次下降，分别发生在 1981 年、2009 年和 2014 年。1970—2018 年，日本的贸易开放度可以主要划分为三个阶段：第一是《广岛协议》签署之前的高位平稳阶段；第二是《广岛协议》签署之后长达 20 年的低位运行阶段；第三是 2005 年后的快速上升阶段。日本与美国在 1985 年签署《广岛协议》后，日元大幅升值，直接导致日本的对外贸易总额大幅下降。

韩国作为"亚洲四小龙"之一，在 20 世纪 60 年代率先采取出口导向型的对外贸易战略，承接来自日本等发达国家的产业链分工，从事加工进出口贸易。1960—1981 年，韩国的贸易开放度上升迅速，由 1960 年的 14.6% 上升至 1981 年的 67.2%。此后，1982—1997 年经历短暂的回落后，韩国的贸易开放度于 1998 年开始快速上升，其中 2011—2013 年的贸易开放度甚至超过 100%，近年来有所回落，但是仍然处于相当高的水平。因此，韩国是一个高度依赖国际市场的国家。中国是继"亚洲四小龙"之后第二批实行贸易自由化的典型代表。改革开放后，中国的贸易开放度持续快速上升，一直到 2008 年全球金融危机。在这期间，中国的贸易开放度由 1978 年的 9.65% 上升至 2008 年的 57.6%，其中 2006 年达到最高值 64.5%，即货物贸易总额与服务贸易总额占据 GDP 的 2/3。受 2008 年全球金融危机的影响，以及中国对外贸易发展主要目标由高速度增长转为高质量增长，2009 年后，中国的贸易开放度明显下降，2018 年已经降为 38.2%。印度是继中国之后第三批实行贸易自由化的典型代表。1990—2008 年，印度的进口关税税率从 80% 下降至 15%，降幅非常大，直接导致印度的贸易开放度从 1990 年的 15.5%上升至 2008 年的 53.4%;同样受 2008 年全球金融危机的影响,印度在 2008 年后贸易开放度有所下降。

综上所述,发达国家的贸易开放度较为稳定,而发展中国家的贸易开放度随着贸易政策的改变发生了明显的变化。无论是发达国家还是发展中国家,贸易开放度均呈较高的水平,即世界各经济体不同程度地依赖国际市场。

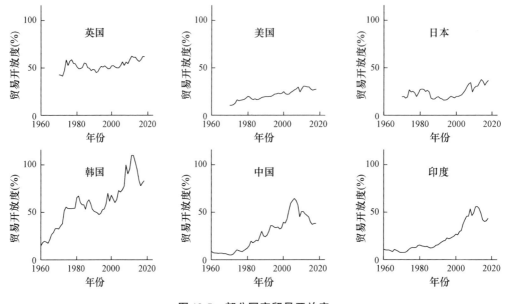

图 13-5　部分国家贸易开放度

资料来源:世界贸易组织。

(五) 贸易流向

我们首先以美国主要的出口目的地和进口来源地为例来看发达国家的贸易流向情况。在后文分析中国的对外贸易发展情况时我们还将讨论中国的主要出口目的地和进口来源地,从对以美国为代表的发达国家和以中国为代表的发展中国家的讨论,读者能够对世界贸易流向有较为全面的认识。

表 13-1 列出了美国 1998 年、2008 年和 2018 年出口额最高的 10 个目的地的名称、出口额及其占比,从中可以得到以下结论:第一,美国的出口目的地分布集中度高,1998 年、2008 年和 2018 年前十大出口目的地出口额占美国出口总额的比重均在 60%以上,分别为 66.01%、60.44%和 62.05%。同时,还应看到这一占比较为稳定,表明美国的出口目的地分布集中度较为稳定。第二,由于美国、加拿大和墨西哥在 1992 年签署了《北美自由贸易协定》,且这一协定于 1994 年 1 月 1 日正式生效,因此在表 13-1 列出的三个年份里,加拿大和墨西哥均是美国的第一大或第二大出口目的地,且二者之和占美国出口总额的比重高达 30%左右,同时占据美国前十大出口目的地份额的一半左右。相较于 1998 年和 2008 年,2018 年美国第一大出口目的地由加拿大变为了墨西哥,这表明美国最大的出口目的地变为发展中经济体。第三,美国的出口目的地主要集中在发达经济体,如加拿大、日本、英国、法国、荷兰、韩国、德国、新

加坡、比利时等。第四,中国作为发展中国家,2008年和2018年中国内地均为美国的第三大出口目的地,这主要是由于中国内地从美国进口农产品和制造业零部件,这也在一定程度上反映出中国内地具有较大的市场需求。

表13-1 美国的主要出口目的地

排序	1998年			2008年			2018年		
	目的地	出口额(10亿美元)	占比(%)	目的地	出口额(10亿美元)	占比(%)	目的地	出口额(10亿美元)	占比(%)
1	加拿大	96.53	16.04	加拿大	207.46	16.68	墨西哥	233.08	16.25
2	墨西哥	86.95	14.45	墨西哥	147.02	11.82	加拿大	195.20	13.61
3	日本	56.52	9.39	中国内地	73.06	5.87	中国内地	118.57	8.27
4	英国	40.63	6.75	日本	71.49	5.75	日本	73.04	5.09
5	德国	33.24	5.52	德国	62.24	5.00	韩国	55.74	3.89
6	法国	23.56	3.91	英国	51.80	4.17	德国	54.78	3.82
7	荷兰	15.62	2.59	法国	36.51	2.94	英国	48.74	3.40
8	韩国	15.22	2.53	荷兰	36.48	2.93	荷兰	45.28	3.16
9	巴西	14.65	2.43	韩国	36.47	2.93	中国香港地区	33.64	2.35
10	中国内地	14.30	2.38	新加坡	29.14	2.34	比利时	31.98	2.23
	前十大出口目的地合计	397.21	66.01	前十大出口目的地合计	751.68	60.44	前十大出口目的地合计	890.04	62.05
	美国出口总额	601.77	100.00	美国出口总额	1 243.77	100.00	美国出口总额	1 434.32	100.00

资料来源:CEPII-BACI数据库。

表13-2列出了美国1998年、2008年和2018年进口额最高的10个来源地的名称、进口额及其占比,从中可以得到以下结论:第一,相较于出口目的地分布,美国的进口来源地分布更为集中,1998年、2008年和2018年前十大进口来源地进口额占美国进口总额的比重分别高达72.22%、65.65%、70.81%。第二,同样由于《北美自由贸易协定》的签署,美国的主要进口来源地是加拿大和墨西哥,二者在美国进口来源地中排名前三。第三,与出口目的地主要由发达经济体构成类似,美国的进口来源地中发达经济体居多,如加拿大、日本、德国、英国、韩国、法国、意大利等。第四,中国大陆是美国重要的进口来源地,2008年占据15.37%、2018年占据20.69%的份额,这主要是因为中国大陆作为"世界工厂",向美国出口大量的最终消费品。第五,2008年沙特阿拉伯和委内瑞拉出现在美国前十大进口来源地的名单中,这主要是因为美国向这两个国家进口原油等能源产品;而在2018年,取而代之的是印度和越南,这是因为美国的能源进口依赖度下降,而对发展中国家制成品的依赖度不降反升,同时印度和越南由于拥有廉价的劳动力,在加工制造最终消费品上具有成本优势,所以美国从这两个国家的进口份额显著上升。

表 13-2 美国的主要进口来源地

排序	1998 年			2008 年			2018 年		
	来源地	进口额（10亿美元）	占比（%）	来源地	进口额（10亿美元）	占比（%）	来源地	进口额（10亿美元）	占比（%）
1	加拿大	135.19	17.19	加拿大	320.92	15.96	中国大陆	497.20	20.69
2	日本	113.33	14.41	中国大陆	308.94	15.37	墨西哥	336.25	14.00
3	墨西哥	93.32	11.86	墨西哥	212.74	10.58	加拿大	313.88	13.06
4	中国大陆	61.81	7.86	日本	137.71	6.85	日本	134.51	5.60
5	德国	48.93	6.22	德国	98.71	4.91	德国	132.09	5.50
6	英国	31.56	4.01	英国	56.43	2.81	韩国	73.16	3.05
7	韩国	23.08	2.93	沙特阿拉伯	51.52	2.56	英国	61.99	2.58
8	法国	21.79	2.77	韩国	48.71	2.42	印度	51.95	2.16
9	意大利	19.68	2.50	委内瑞拉	44.59	2.22	意大利	50.56	2.10
10	中国台湾地区	19.28	2.45	法国	39.51	1.97	越南	49.56	2.06
	前十大进口来源地合计	567.99	72.22	前十大进口来源地合计	1 319.76	65.65	前十大进口来源地合计	1 701.15	70.81
	美国进口总额	786.52	100.00	美国进口总额	2 010.26	100.00	美国进口总额	2 402.56	100.00

资料来源：CEPII-BACI 数据库。

（六）全球价值链概况

我们从投入品贸易在世界贸易中的占比来分析全球价值链概况。根据 BEC 产品用途分类代码与 HS 6 位产品代码之间的对应关系，我们可以计算出 1998—2018 年中间品、消费品、资本品和其他产品这四类产品的贸易额占世界贸易总额的比重，结果如图 13-6 所示。从中可以得到以下结论：第一，中间品的贸易份额明显高于其他三类产品，1998—2018 年的变化范围为 54.8%—64.4%，且呈上升趋势，这表明全球产业链和价值链是当今世界国际贸易的主要特征。第二，资本品和其他产品的贸易份额变动较为稳定，1998—2018 年资本品贸易份额的变化范围为 15.1%—19.3%，其他产品的贸易份额非常小，为 3.7%—5.8%。第三，消费品的贸易份额仅低于中间品，略高于资本品，1998—2018 年的变化范围为 16.8%—20.4%。第四，由于资本品和其他产品贸易份额的变动幅度非常小，中间品和消费品贸易份额的变动方向恰好呈互补的特征，即当中间品的贸易份额下降时，消费品的贸易份额提高。例如，中间品的贸易份额由 2008 年的 63.34% 下降至 2009 年的 60.31%，下降了 3 个百分点；与此对应，消费品的贸易份额由 2008 年的 16.79% 上升至 2009 年的 19.78%，正好上升了 3 个百分点。由此可见，2008 年全球金融危机对全球价值链产生了一定程度的负面冲击，这体现为中间品贸易份额的下降和消费品贸易份额的提升。

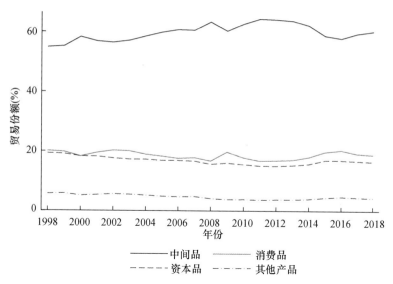

图 13-6 根据产品用途分类的世界贸易份额(1998—2018 年)
资料来源:CEPII-BACI 数据库。

二、中国国际贸易动因及事实剖析

(一) 改革开放前 30 年的国际贸易概况

从中华人民共和国成立至改革开放前的 30 年里,中国主要采取进口替代的贸易政策,以保护国内厂商不受国际竞争的冲击。具体来说,中国实施进口替代工业化战略,进口和出口均较少。同时,中国采取以重工业为导向的发展战略,通过降低利率、贬值人民币、压低劳动力、原材料甚至农产品价格等渠道促进重工业的发展。这一战略使得劳动力过剩、劳动者收入水平较低,从而导致经济增长缓慢。

为此,中国在这一时期设置了较高的贸易壁垒。1949—1952 年,政府没收官僚资本、民营资本的进出口企业,建立国家高度垄断的外贸体制,设置对外贸易部以管理和经营全国的对外贸易。具体措施有:第一,对产品品种和数量设置行政壁垒;第二,采取高关税,根据 1951 年的关税税则,中国平均进口关税税率为 52.9%,农产品关税税率为 92.3%,工业品关税税率为 47.7%;第三,进行外汇管制,企业从事进口业务需要申请外汇额度,且要承担外汇高估的风险。

在中华人民共和国成立之初,中国实行进口替代工业化战略是有其历史背景的。在理论方面,幼稚产业保护理论、初级产品贸易条件恶化论等贸易保护理论成为包括中国在内的大部分发展中国家实施进口替代工业化战略的理论依据;在现实方面,除中国以外,当时大多数发展中国家也采取进口替代的贸易政策;同时,受政治因素的影响,以美国为代表的西方国家对中国在政治和经济上进行封锁,中国不得不自力更生。

事实表明,中国在这一时期采取的进口替代贸易政策对经济发展的促进作用非常有限。中国人均 GDP 与美国人均 GDP 的比率由 1960 年的 2.97% 下降至 1978 年的 1.48%,这意味着中国人均 GDP 与美国的差距在这一时期非但没有缩小反而扩大了。但是,我们仍然需要看到,这一时期中国打下了坚实的工业基础,形成了齐备的产业体系,为改革开放后的经济复苏和发展奠定了坚实的基础。

(二) 改革开放后 30 年的国际贸易发展奇迹

1978 年后,中国放弃了进口替代工业化战略,开始实施出口导向型战略,这一战略一直持续到 2008 年全球金融危机。加入世界贸易组织之前,中国出口增长的主要驱动力为劳动力成本比较优势,大力发展加工贸易使得中国成为"世界工厂"。随着劳动力成本上升,以及中国于 2001 年年底加入世界贸易组织,出口增长的主要驱动力逐渐由劳动力成本比较优势转变为急剧扩大的国际市场规模和贸易政策的相对确定性。接下来将详细梳理改革开放后 30 年里中国促进国际贸易发展的政策和实际成就。

我们将这 30 年划分为三个阶段,即摸索阶段(1978—1992 年)、成长阶段(1993—2001 年)和收获阶段(2002—2007 年)。

1. 摸索阶段(1978—1992 年)

1978 年,党的十一届三中全会做出了把党的工作重心转移到经济建设上来的决定,这标志着中国迈出了改革开放的第一步,对外开放成为一项长期的基本国策。但是,由于国家和居民均对市场经济与计划经济的关系认识不足,体制机制改革缓慢,这一时期对外贸易发展的速度相对较慢。这一时期中国参与国际贸易的主要方式是所谓的"三来一补",亦即来料加工、来料装配、来样加工和补偿贸易。这也是由改革开放初期中国资本严重不足的现实情况决定的。

图 13-7 和图 13-8 分别绘制了 1981—2018 年中国不同贸易方式出口额与进口额曲线。改革开放伊始,中国实行了来料加工、来料装配和来样加工等加工贸易方式,但是 1994 年之前,加工贸易出口额和加工贸易进口额均低于一般贸易出口额和一般贸易进口额。然而,我们也需要看到,1981—1992 年,无论是一般贸易还是加工贸易都呈现较大幅度的增长。① 1981 年,中国一般贸易出口额和加工贸易出口额分别为 208.00 亿美元、11.31 亿美元,而这两个指标在 1992 年分别增长至 436.80 亿美元、396.20 亿美元,分别增长了 110%、3 402%,加工贸易出口额增长达 34 倍之多。同期一般贸易进口额和加工贸易进口额分别为 203.66 亿美元、15.04 亿美元,而这两个指标在 1992 年分别增长至 336.20 亿美元、315.40 亿美元,分别增长了 65%、1 997%,也就是说在一般贸易进口额增长不到 1 倍的情形下,加工贸易进口额增长了将近 20 倍。这就是中国在这一时期发展加工贸易的结果。中国在改革开放之初加工贸易进出口额非常小,即使加工贸易进出口额增长非常迅速,这一时期的加工贸易进出口额仍然低于一般贸易进出口额,但是差距已经非常小。

表 13-3 列出了中国改革开放后部分年份出口产品结构。1980 年和 1985 年,中国出口产品中初级产品占比仍然略高于 50%,但是这一比重在 1992 年已经大幅下降至 20.02%,这表明摸索阶段后期出口产品中初级产品占比迅速下降,中国在摸索阶段完成了以初级产品为主的出口向以工业制品为主的出口的转变,这也与前文提到的鼓励加工贸易方式密切相关,因为加工贸易方式的出口产品基本上是工业制品。

---

① 由于这一阶段的贸易额显著低于后两个阶段,图 13-7 和图 13-8 无法反映出这一趋势。

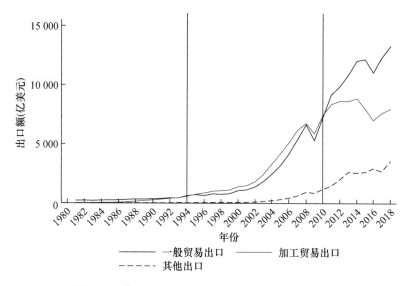

图 13-7　中国不同贸易方式出口额(1981—2018年)
资料来源:历年《中国统计年鉴》。

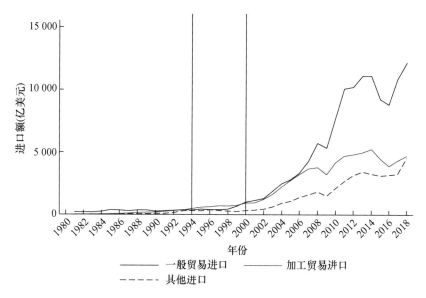

图 13-8　中国不同贸易方式进口额(1981—2018年)
资料来源:历年《中国统计年鉴》。

2. 成长阶段(1993—2001年)

1992年10月召开的党的十四大确立了社会主义市场经济体制的改革目标,自此社会主义市场经济体制建设成为中国经济体制改革的主旋律,具体措施包括发挥市场在资源配置中的基础性作用、改革汇率制度、削减关税等。

在中国加入世界贸易组织前夕,政府决定建立出口加工区(EPZs),以进一步促进加工贸易发展。与早期的经济园区不同,出口加工区遍布全国。它们不仅位于东部沿海城市,还位于西部内陆城市,如新疆乌鲁木齐。只有加工企业才能进入出口加工区,并享受特殊关税待遇。出口加工区内的企业被视为"在境内但在海关之外",政府对它们免征进口税。

第十三章　关税与贸易全球化　▶419

表 13-3 中国改革开放后部分年份出口产品结构　　　　　　　　　　单位:%

年份	初级产品	工业制品	化学成品及有关产品	按原料分类的制成品	机械及运输设备
1980	50.30	49.70	23.62	22.07	4.65
1985	50.56	49.44	26.08	16.43	2.82
1992	20.02	79.98	6.40	23.75	19.46
1995	14.44	85.56	5.87	21.27	20.23
1996	14.52	85.48	5.66	19.87	23.38
2001	9.90	90.10	5.57	18.27	39.58
2005	6.44	93.56	5.02	18.11	49.41
2009	5.25	94.75	5.45	16.23	51.85
2013	4.86	95.14	5.69	17.16	49.41
2018	5.80	94.60	7.12	16.27	51.36

资料来源:历年《中国统计年鉴》。

注:初级产品和工业制品的占比之和为100%。化学成品及有关产品、按原料分类的制成品、机械及运输设备是工业制品的细分类别,其占比分别为相对于工业制品的比值。

由于改革经济体制、完善贸易政策、削减关税、建设出口加工区等,中国对外贸易迎来成长阶段,其中加工贸易方式做出了主要贡献。由图13-7和图13-8可知,1993—2001年的大部分年份,中国加工贸易出口和加工贸易进口均分别超过了一般贸易出口和一般贸易进口。1993年,中国一般贸易出口额和加工贸易出口额分别为432.00亿美元、442.50亿美元,而这两个指标在2001年分别增长至1 118.81亿美元、1 134.56亿美元,分别增长了159%、156%;同期一般贸易进口额和加工贸易进口额分别为336.20亿美元、315.40亿美元,而这两个指标在2001年分别增长至1 134.56亿美元、939.74亿美元,分别增长了238%、198%。此外,贸易顺差从1993年的-122.19亿美元扩大至2001年的225.47亿美元。

再来看这一时期的出口产品结构变化情况。根据表13-3,1992—2001年,出口产品中初级产品占比不断下降,从1992年的20.02%下降至2001年的9.90%;相应的,工业制品占比从1992年的79.98%上升至2001年的90.10%。中国成为一个工业制品出口国。在工业制品的细分种类中,有两种产品的占比相对较高,分别是按原料分类的制成品和机械及运输设备[①]。其中,按原料分类的制成品对自然资源的依赖程度较高,且附加值较低;机械及运输设备的资本、技术密集程度和附加值均较高。1992年、1995年出口工业制品中按原料分类的制成品的占比均高于机械及运输设备;到1996年,后者便超过前者,且快速增长;2001年,出口工业制品中机械及运输设备占比已经高达39.58%,高出按原料分类的制成品20个百分点。这表明在1993—2001年的成长阶段,中国出口结构中工业制品已经成为主导部分,且完成了由轻工业向重工业的转变,以及由依赖原材料的制成品向依赖资本和技术的制成品的转变。

---

① 其中按原料分类的制成品包括皮革、橡胶产品、软木及木制品、纸及纸制品、非金属矿物制品、钢铁、有色金属和金属制品等,机械及运输设备则包括动力机械及设备、特种工业专用机械、金工机械、通用工业机械设备及自动数据处理设备,办公用机械及自动数据处理设备、电信及声音的录制及重放装置设备、电力机械、器具及其电气零件、陆路车辆、其他运输设备。

3. 收获阶段(2002—2007年)

中国于1986年提出重返关税及贸易总协定(GATT①),并为此做出了巨大的努力,其中最为明显的措施是大幅削减进口关税(图13-13将具体介绍)。为什么要加入世界贸易组织?这是因为成为世界贸易组织成员后,中国能够享受最惠国待遇,最大限度地扫清中国的进出口障碍。历经长达15年的努力,中国终于在2001年12月11日成功加入世界贸易组织,这象征着中国迎来对外贸易和经济增长的黄金发展时期,即我们这里所定义的收获阶段。收获阶段的终止节点在2008年,因为2008年发生了全球金融危机,导致中国对外贸易在2009年出现负增长,此后,中国对外贸易增速明显下滑。在阐述收获阶段的对外贸易成果之前,我们先来说明关于加入世界贸易组织的两个特点:其一,中国在2002—2006年间实实在在地履行入世前的削减关税的承诺;其二,入世消除了对美出口贸易政策的不确定性。

图13-9绘制了2001—2006年中国约束关税税率和应用关税税率的年度简单平均值,其中约束关税税率指在加入世界贸易组织之前中国所承诺征收的最高的进口关税税率,而应用关税税率则是中国实际征收的进口关税税率。从中可知,应用关税税率明显低于约束关税税率,这表明中国在2006年前已经超额完成削减关税的承诺,这不仅是对世界贸易发展的贡献,而且是对中国对外贸易增长的大力促进。

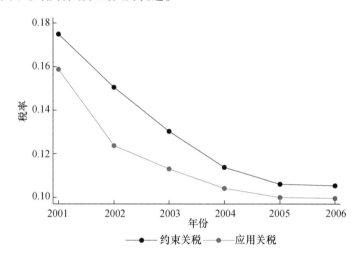

图13-9　中国约束关税税率和应用关税税率(2001—2006年)
资料来源:世界贸易组织。

在中国加入世界贸易组织之前,美国只承认中国是其暂时的正常贸易关系伙伴国。因此,美国国会每年要对中国是否是正常贸易关系伙伴国进行讨论和裁决。如果美国认为中国是正常贸易关系伙伴国,那么中国的出口能够享受美国给予的最惠国关税待遇;如果美国不再承认中国是正常贸易关系伙伴国,那么中国的出口将面临美国的惩罚性进口关税,具体将根据1930年《斯穆特-霍利关税法》(Smoot-Hawley Tariff Act)规定的关税税率进行征收,这也被称为"非正常贸易关系关税税率"。为了让读者更清楚地认识这两种情形下中国面临的关税税率的差异,我们绘制了图13-10。其中,实线表示最惠国关税税率的核密度分布,虚线表示非正常贸易关系伙伴国关税税率的核密度分布,前者的平均关税税率仅为6.67%,而后者的平均关税税率高达31%。由此可见,一旦中国被美国国会裁定为非正常贸易关系伙伴国,

---

① 1995年,在关税及贸易总协定的基础上成立世界贸易组织。

中国的出口就会被征收高额关税,这就给中国的生产商和出口商带来了严重的贸易政策不确定性;有些企业担心这种情况发生,因此它们宁愿选择不从事出口业务。

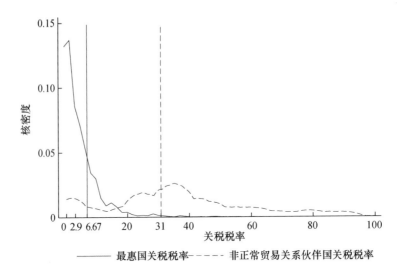

图 13-10　中国面临的最惠国关税税率和非正常贸易关系伙伴国关税税率核密度分布
资料来源:世界贸易组织,美国商务部。

当中国于 2001 年 12 月 11 日加入世界贸易组织后,美国于 2002 年 1 月 1 日承认中国为永久正常贸易关系伙伴国,这完全消除了中国企业对关税突然飙升的担忧(Pierce and Schott, 2016[①])。因此,消除贸易政策不确定性无疑是中国加入世界贸易组织的一个非常有利的副产品,并有力地促进了中国出口的增长。2001 年中国加入世界贸易组织后,出口增长速度明显加快。在加入世界贸易组织之前,1992—2001 年,中国年均名义出口增长率约为 14.1%;而加入世界贸易组织后,2002—2008 年,中国年均名义出口增长率高达 27.3%。

接下来我们从贸易方式、出口产品结构、全球价值链地位三个方面阐述中国在加入世界贸易组织之后和 2008 年金融危机之前的对外贸易成果。

我们首先来看贸易方式,根据图 13-7 和图 13-8,2002 年中国一般贸易出口额和加工贸易出口额分别为 1 361.87 亿美元、1 799.28 亿美元,而这两个指标在 2008 年分别增长至 6 628.62 亿美元、6 751.14 亿美元,分别增长了 386.7%、275.2%;同期中国一般贸易进口额和加工贸易进口额分别为 1 291.11 亿美元、1 222.01 亿美元,而这两个指标在 2008 年增长至 5 720.93 亿美元、3 783.77 亿美元,分别增长了 343.1%、209.6%。中国的贸易顺差从 2002 年的 304.3 亿美元扩大至 2008 年的 2 981.3 亿美元,增长率高达 879.7%。综上,2002—2008 年,中国加工贸易和一般贸易都快速增长,且一般贸易增长幅度更大;出口中加工贸易方式占比更大,而进口中一般贸易方式和加工贸易方式基本相等,前者略高一点;该时期中国的贸易顺差规模快速扩大。

我们再来看出口产品结构,根据表 13-3,1980—2018 年出口产品中初级产品占比逐步下降,2005 年和 2009 年分别为 6.44%、5.25%。2009 年,出口工业制品中,机械及运输设备占比已经超过 50%,这表明中国的出口产品结构进一步优化。

---

① PIERCE J R, SCHOTT P K. The surprisingly swift decline of US manufacturing employment [J]. American Economic Review, 2016, 106(7): 1632-1662.

中国自1992年确立建设社会主义市场经济体制以来,对外开放政策不断加强,促使中国内地逐步取代"亚洲四小龙"成为新的"世界工厂",这也意味着中国通过加工贸易的方式深刻地融入了全球价值链中,且主要处于中间的制造环节,即中国主要进口中间品而出口最终品。为了说明这一点,也为了阐述中国自1993年以来在全球价值链中的地位是否发生了变化,我们根据BEC产品用途分类代码与HS 6位产品代码之间的对应关系,计算出中国1996年、2001年、2008年和2018年中间品、消费品、资本品、其他产品的进口份额与出口份额,分别如图13-11和图13-12所示。

根据图13-11,我们可以得到以下结论:第一,中间品在中国进口中占据主导地位。1996年、2001年、2008年和2018年中国中间品进口份额分别为70%、75%、79%和77%,这表明中国70%以上的进口产品为中间品,且1996—2008年呈不断上升的趋势,这与中国在2008年全球金融危机之前作为"世界工厂"是一致的:从国外大量进口中间品和原材料,然后在国内加工、组装、制造成最终品或下游环节的中间品,再出口到国外市场。第二,1996—2008年,消费品进口份额呈不断下降的趋势。第三,资本品进口份额也呈不断下降的趋势,这是因为中国对外国资本品的依赖程度有所降低。

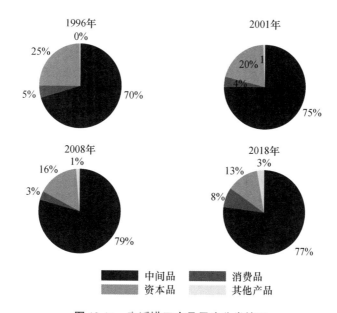

图 13-11　中国进口产品用途分类情况

资料来源:历年《中国统计年鉴》。

我们再进一步来看不同用途产品的出口结构情况。根据图13-12,我们可以得到以下结论:第一,1996—2001年,中国出口最多的产品类型为消费品,其次是中间品和资本品,但是消费品出口份额呈下降趋势,而中间品出口份额呈上升趋势。这表明在这一时期内,中国出口以最终品为主,这与中国"世界工厂"的地位是一致的。第二,2001—2008年,中国中间品出口份额从33%上升至40%,而消费品出口份额从47%下降至32%,此外,资本品出口份额也大幅上升,从20%上升至28%。这表明中国在全球价值链中的地位发生了变化:2002年之前,中国主要进口中间品和出口消费品;而2002年之后,中国仍然进口中间品但是主要出口中间品,这表明中国在全球价值链中的地位正由最底端的加工装配环节逐步向上游环节攀升。

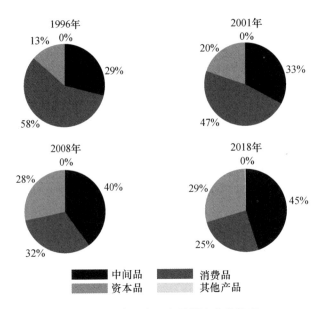

图 13-12 中国出口产品用途分类情况

资料来源:历年《中国统计年鉴》。

(三) 2008 年全球金融危机后的国际贸易概况

2008 年全球金融危机对全球经济发展特别是发达经济体经济发展造成了严重的负面冲击,主要发达经济体的需求持续减弱。中国主要依靠出口拉动经济增长的模式已不可行,中国出口增长的主要驱动力也正从成本优势转向质量、品牌、服务等新的优势。党的十九大明确指出,中国经济已从高速增长阶段转向高质量发展阶段,提高供给质量已成为当务之急。与此同时,贸易保护主义和反全球化势力不断抬头。在此背景下,中国政府提出构建全面开放、促进中国经济和世界经济发展的新格局。2018 年年初以来,美国挑起的中美贸易摩擦不断升级。这不仅给中美经济带来负面影响,而且给全球经济发展造成严重的不确定性,中国面临的外部环境变得越来越复杂。因此,中国应该冷静且自信地应对挑战。一方面,中国必须反击美国发起的贸易攻击;另一方面,中国应通过扩大市场准入、改善外商投资环境、加强知识产权保护、主动扩大进口等渠道进一步扩大对外开放。

我们仍然从贸易方式、出口产品结构、全球价值链地位三个方面分析 2008 年全球金融危机后中国国际贸易情况。另外,我们还将结合中国的出口目的地和进口来源地的结构变迁来看中国国际贸易发展的新变化。

我们首先来看贸易方式。根据图 13-7 和图 13-8,2009 年中国一般贸易出口额和加工贸易出口额分别为 5 298.30 亿美元、5 869.80 亿美元,而这两个指标在 2018 年分别增长至 13 299.36 亿美元、7 960.23 亿美元,分别增长了 151%、36%;2008 年全球金融危机后,中国的加工贸易出口额增速明显放缓,且在 2010 年被一般贸易出口额反超,并被迅速拉开差距。2009 年中国一般贸易进口额和加工贸易进口额分别为 5 338.70 亿美元、3 223.40 亿美元,而这两个指标在 2018 年分别增长至 12 165.18 亿美元、4 699.28 亿美元,分别增长了 128%、46%。贸易顺差从 2009 年的 1 956.9 亿美元扩大至 2018 年的 3 400.0 亿美元,增长率高达 173.7%。综上,2009—2018 年,中国加工贸易进出口额和一般贸易进出口额增速均有所放缓,且加工贸易进出口额增速明显低于一般贸易进出口额增速,加工贸易进出口额在中国进出口总额中的占比快速下降,由2009年的41.2%下降至2018年的29%;该时期中国的贸易顺差仍然总体上呈扩大的趋势,但是增速明显回落。

我们接下来看出口产品结构。由表13-3可知,2008年全球金融危机后,中国的出口产品结构与2008年全球金融危机前没有明显的变化,仍然是以出口工业制品为主,出口工业制品中仍然以机械及运输设备为主,且这一趋势还有所加强。

我们再来看中国在全球价值链中的地位变化情况。由图13-11和图13-12可知,2008年全球金融危机后,中国仍然以进口中间品为主,但是不同的是,2008年全球金融危机后,中国中间品出口份额明显上升,2018年中国中间品出口份额为45%,高出2008年5个百分点;相应的,消费品出口份额由2008年的32%下降至2018年的25%,下降了7个百分点。中间品出口份额越高,表明该经济体处于全球价值链越上游的位置,2008年全球金融危机后,中国表现出中间品出口份额上升而消费品出口份额下降的特征,这表明中国在全球价值链中的地位有所提升。

表13-4列出了1998年、2008年和2018年中国内地出口额最高的10个目的地的名称、出口额及其占比,据此可以得出以下结论:第一,中国内地的出口目的地分布集中度高,1998年、2008年和2018年前十大出口目的地出口额占中国内地出口总额的比重均在57%以上,分别为78.21%、60.30%和57.14%;从时间变化趋势来看,中国内地的出口目的地集中度出现明显的下降趋势,即中国内地的出口目的地分布越来越分散。第二,1998年、2008年和2018年中国内地前三大出口目的地都是美国、中国香港地区和日本,且排序没有变化,不同的是三者在中国内地出口总额中的占比有所下降。第三,中国内地的出口目的地主要集中在发达国家或地区,例如美国、日本、德国、法国、韩国、英国、加拿大、意大利、新加坡、荷兰等。第四,1998年和2008年中国内地前十大出口目的地均为发达国家或地区,但是这一情况在2018年发生了变化,2018年中国内地前十大出口目的地中有三个发展中国家,即越南、印度和墨西哥,我们知道这些发展中国家也是消费品的主要出口国,所以中国内地向它们出口消费品的份额不会太高,可能的原因是中国内地对这些国家出口中间品和资本品,即中国内地是这些发展中国家的供应链上游国家,这可以从图13-12中2018年中国中间品出口份额为45%得到印证。

表13-4 中国内地的主要出口目的地

排序	1998年			2008年			2018年		
	目的地	出口额(10亿美元)	占比(%)	目的地	出口额(10亿美元)	占比(%)	目的地	出口额(10亿美元)	占比(%)
1	美国	61.81	24.80	美国	308.94	19.00	美国	497.20	19.29
2	中国香港地区	56.05	22.49	中国香港地区	180.61	11.11	中国香港地区	281.43	10.92
3	日本	34.16	13.71	日本	134.11	8.25	日本	154.56	6.00
4	德国	11.98	4.80	德国	82.43	5.07	韩国	107.08	4.15
5	法国	6.35	2.55	韩国	72.43	4.45	德国	95.29	3.70
6	韩国	6.22	2.49	英国	47.92	2.95	越南	83.50	3.24
7	英国	4.82	1.94	法国	43.05	2.65	印度	75.69	2.94
8	加拿大	4.69	1.88	荷兰	38.35	2.36	荷兰	64.82	2.51
9	意大利	4.55	1.83	加拿大	37.83	2.33	英国	59.63	2.31

(续表)

排序	1998年			2008年			2018年		
	目的地	出口额（10亿美元）	占比（%）	目的地	出口额（10亿美元）	占比（%）	目的地	出口额（10亿美元）	占比（%）
10	新加坡	4.32	1.73	新加坡	34.91	2.15	墨西哥	53.52	2.08
	前十大出口目的地合计	194.96	78.21	前十大出口目的地合计	980.57	60.30	前十大出口目的地合计	1 472.72	57.14
	中国内地出口总额	249.26	100.00	中国内地出口总额	1 626.11	100.00	中国内地出口总额	2 577.37	100.00

资料来源：CEPII-BACI数据库。

表13-5列出了1998年、2008年和2018年中国内地进口额最高的10个来源地的名称、进口额及其占比，据此可以得出以下结论：第一，中国内地进口来源地分布集中度与出口目的地分布集中度基本一致，1998年、2008年和2018年前十大进来源地进口额占中国内地进口总额的比重分别为74.77%、61.48%、57.54%；与出口目的地分布集中度变化方向一致，中国内地进口来源地分布集中度也呈明显的下降趋势，中国内地的进口来源地不断分散化。第二，根据图13-11可知，中国内地主要进口中间品，而发达国家或地区主要处于全球价值链上游负责供给中间品，因此中国内地的主要进口来源地为发达国家或地区，排名进入前三位的有日本、美国、韩国和中国台湾地区。第三，2018年中国内地第一大进口来源地——韩国的份额仅为9.91%，这一数值远远低于2008年最大的进口来源地——日本（14.16%），因此中国内地第一大进口来源地的占比大幅下降，这也是中国内地进口来源地多元化策略的具体体现。第四，进入中国内地前十大进口来源地的发展中国家或地区数量较少，1998年仅有俄罗斯，2008年有沙特阿拉伯、马来西亚、俄罗斯，2018年则有巴西、俄罗斯、越南，中国内地主要从这些国家进口矿产品。

表13-5 中国内地的主要进口来源地

排序	1998年			2008年			2018年		
	来源地	进口额（10亿美元）	占比（%）	来源地	进口额（10亿美元）	占比（%）	来源地	进口额（10亿美元）	占比（%）
1	日本	21.36	17.55	日本	126.43	14.16	韩国	159.95	9.91
2	中国台湾地区	15.02	12.34	韩国	94.87	10.63	日本	138.71	8.59
3	美国	14.30	11.74	中国台湾地区	81.02	9.08	美国	118.57	7.35
4	韩国	12.57	10.32	美国	73.06	8.18	德国	109.42	6.78
5	中国香港地区	8.21	6.74	德国	49.21	5.51	中国台湾地区	97.19	6.02
6	德国	6.07	4.99	澳大利亚	29.99	3.36	澳大利亚	87.89	5.45
7	新加坡	4.09	3.36	沙特阿拉伯	28.39	3.18	巴西	64.27	3.98
8	俄罗斯	3.56	2.92	马来西亚	23.35	2.62	俄罗斯	55.20	3.42
9	法国	3.39	2.79	新加坡	21.50	2.41	越南	53.80	3.33
10	澳大利亚	2.46	2.02	俄罗斯	21.03	2.36	新加坡	43.84	2.72
	前十大进口来源地合计	91.03	74.77	前十大进口来源地合计	548.86	61.48	前十大进口来源地合计	928.83	57.54
	中国内地进口总额	121.75	100.00	中国内地进口总额	892.73	100.00	中国内地进口总额	1 614.14	100.00

资料来源：CEPII-BACI数据库。

第二节 贸易政策理论与实践

一个国家最为常见的贸易政策工具是关税,这主要是因为征收进口关税不仅能够抑制进口,还能够增加本国政府的税收收入,此外关税政策在操作上也较为简单直接,行政成本较低。除关税之外,各个国家还通常采用出口补贴、进口配额、技术性贸易壁垒等非关税贸易政策工具限制进口或鼓励出口。本节将主要介绍这些贸易政策工具的概念、福利效应和现实情况。

一、贸易政策工具

(一) 关税

1. 关税税率

关税的定义是本国政府向从外国进口的货物征收的税收。根据进口商品的数量征收的关税称为从量税,而根据进口商品的价值征收的关税称为从价税。后者更为常见。

1949—1978 年,与大多数发展中国家一样,中国主要实行进口替代工业化战略,采取高度封闭的保护贸易政策,其中一个重要措施便是征收高额进口关税,以实现限制进口的目的。根据 1951 年的关税税则,农产品、工业品的平均进口关税税率分别为 92.3%、47.7%,该税则一直持续到 1985 年。与 1951 年的关税税则相比,1985 年的关税税则中进口关税税率平均降低了近 10 个百分点。1986 年 7 月,中国正式提出申请恢复关税及贸易总协定缔约国地位,因此 1985 年修订新的关税税则可以视为中国重新入世的准备。在此后的 15 年里,中国总共经历了四次主动降税,以表明中国加入世界贸易组织的决心和诚心。图 13-13 绘制了 1992—2006

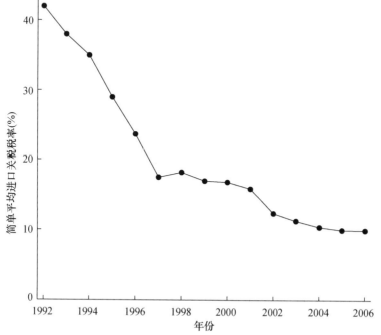

图 13-13 中国简单平均进口关税税率(1992—2006 年)
资料来源:世界贸易组织。

年中国简单平均进口关税税率曲线。从中可以看出,1992—2006 年中国关税税率呈不断下降的趋势。加入世界贸易组织之前,中国简单平均进口关税税率由 1992 年的 43.2% 下降至 2001 年的 16%。加入世界贸易组织后,中国继续履行削减关税的承诺,简单平均进口关税税率下降至 2006 年的 10%。

图 13-14 绘制了 2005—2018 年世界部分发达国家(日本、韩国、美国)和发展中国家(中国、印度、越南)的简单平均进口关税税率曲线与基于进口额加权的平均进口关税税率曲线。据此可以得出以下结论:第一,无论是发达国家还是发展中国家,进口额加权平均进口关税税率均低于简单平均进口关税税率,这是因为关税税率较低的产品进口额更大,而关税税率较高的产品进口额较小甚至不进口。第二,在图中列出的三个发展中国家中,中国的简单平均进口关税税率最低,甚至低于发达国家韩国;此外,中国的进口额加权平均进口关税税率已经低于 5%,这是一个较低的水平,美国、日本约为 2%—3%,这表明中国通过关税对贸易的限制程度已经较低。第三,越南近年来的关税税率下降迅速,目前基本上与中国保持同一水平,这也反映出中国受到来自越南等发展中国家的国际市场竞争的压力。

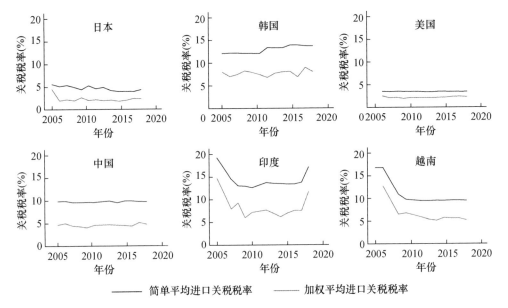

图 13-14 世界部分国家的简单(加权)平均进口关税税率(2005—2018 年)
资料来源:世界贸易组织。

2. 名义保护率和有效保护率

对产品加征进口关税意味着抑制外国产品进入本国市场,从而减弱国内市场竞争;削减产品进口关税则意味着鼓励外国产品进入本国市场,从而加剧国内市场竞争。基于增加值计算的关税税率称为有效保护率(Effective Protection Rate,EPR),而基于最终产出计算的关税税率称为名义保护率。

根据有效保护率的定义,其可用产业增加值的变化率来计算。计算公式为:

$$\text{EPR}_j = \frac{V_j^N - V_j^0}{V_j^0} \tag{13-1}$$

其中,EPR_j 表示对行业 j 的有效保护率,V_j^0 表示没有征收关税时产业 j 的增加值,而 V_j^N 表示征收关税后产业 j 的增加值。因此,有效保护率表示为征收关税后产业增加值的变化率。

现举例说明。假设某汽车整车制造企业生产某款福特汽车的投入成本为 8 000 元,整车价格为 10 000 元,那么该企业生产一辆该款福特汽车的增加值为 2 000 元,这就是式(13-1)中的 V_j^0。现在结合是否对福特汽车整车和投入品加征关税及加征关税幅度的大小,分为 6 种类型计算对该款福特汽车的名义保护率和有效保护率。不同情形下的结果见表 13-6。

情形 1:对汽车整车和投入品均不征收进口关税,即完全自由贸易的情形。此时,增加值没有改变,且没有对国内的福特汽车生产企业进行保护,因此名义保护率和有效保护率均为 0。

情形 2:对汽车整车和投入品分别征收 50% 与 20% 的关税,现在汽车的投入成本为 9 600 元[= 8 000 × (1 + 20%)],国内汽车价格为 15 000 元[= 10 000 × (1 + 50%)],汽车新的增加值为 5 400 元[= 15 000 - 9 600],根据式(13-1),对汽车的有效保护率为 170%[= (5 400 - 2 000) ÷ 2 000],名义保护率为对汽车整车征收的关税税率 50%。

情形 3:在情形 2 的基础上,考察不对投入品征收关税的结果。投入成本仍为 8 000 元,由于征收了 50% 的关税,国内汽车价格变为 15 000 元,于是新的增加值为 7 000 元(= 15 000 - 8 000)。根据式(13-1),对汽车的有效保护率为 250%[= (7 000 - 2 000) ÷ 2 000],名义保护率仍为 50%。与情形 2 相比,不对投入品征收关税时,对汽车的有效保护率水平更高。由此可见,对投入品征收的关税税率越高,对最终品的有效保护率越低。

情形 4:我们来考察对投入品征收的关税税率高于对最终品汽车整车征收的关税税率的情形。如表 13-6 所示,对汽车投入品和汽车整车分别征收 50% 与 20% 的关税,投入成本变为 12 000 元[= 8 000 × (1 + 50%)],国内汽车价格变为 12 000 元[= 10 000 × (1 + 20%)],因此新的增加值为 0。根据式(13-1),对汽车的有效保护率为 -100%[= (0 - 2 000) ÷ 2 000],名义保护率为对汽车整车征收的关税税率 20%。由此可见,当对投入品征收的关税税率高于对最终品征收的关税税率时,有效保护率变为负值。

情形 5:在情形 4 的基础上,考察不对最终品征收关税的结果。由于加征 50% 的关税,投入成本变为 12 000 元,汽车整车的价格仍然为 10 000 元,于是新的增加值变为 -2 000 元。根据式(13-1),对汽车的有效保护率为 -200%[= (-2 000 - 2 000) ÷ 2 000]。由此可见,当只对投入品征收关税,而不对最终品征收关税时,有效保护率会进一步下降。

情形 6:最后,考虑对投入品和最终品征收相同关税税率的情形,即对汽车投入品和汽车整车均征收 50% 的关税,新的投入成本为 12 000,新的汽车整车价格为 15 000 元,新的增加值为 3 000 元。根据式(13-1),对汽车的有效保护率为 50%[= (3 000 - 2 000) ÷ 2 000],这与对汽车的名义保护率 50% 是相等的。因此,当对投入品和最终品征收同一水平的关税税率时,名义保护率和有效保护率相等。

表 13-6 不同情形下的名义保护率和有效保护率

情形	汽车整车关税税率 (%)	汽车投入品关税税率 (%)	新的增加值 (元)	名义保护率 (%)	有效保护率 (%)
1	0	0	2 000	0	0
2	50	20	5 400	50	170
3	50	0	7 000	50	250
4	20	50	0	20	-100
5	0	50	-2 000	0	-200
6	50	50	3 000	50	50

在上面的例子中,我们假设汽车仅具有单一的投入品,但事实上汽车整车需要用到的投入品和零部件非常多,而且对其征收的关税税率也不同,这时就需要先合理和准确地测算汽车行业的投入品关税税率,再在此基础上测算新的增加值和有效保护率。

Amiti and Konings(2007)[①]提出了行业投入品关税税率的测算方式,如式(13-2)所示。

$$\tau_{it}^{input} = \sum_{k} \alpha_{kt} \tau_{kt}^{output} \tag{13-2}$$

其中,τ_{it}^{input}代表部门i第t年投入品的进口关税税率,α_{kt}代表部门i中来自部门k的投入系数,τ_{kt}^{output}代表部门k第t年产出品的进口关税税率。

第一,我们根据国民经济4位码行业代码与HS 6位码产品代码的对应关系,将从世界贸易组织下载的HS 6位码产品层面的中国进口关税税率简单平均加总到国民经济4位码行业层面,得到中国国民经济4位码行业层面的产出品关税税率,对应图13-15中的实线。

第二,我们根据式(13-2)计算中国国民经济4位码行业层面的投入品关税税率,这就需要使用中国的投入产出表。由于我们计算2000—2006年的关税税率,因而使用2002年的投入产出表。中国的投入产出表包括87个部门,这就需要首先根据投入产出表的行业代码与国民经济4位码行业代码的对应关系,基于国民经济4位码行业层面的关税税率,简单平均计算得到87个部门的关税税率,也就是式(13-2)中的τ_{kt}^{output}。然后根据国民经济4位码行业代码与投入产出表部门代码的对应关系,得到国民经济4位码行业的投入品关税税率,对应图13-15的虚线。

图13-15绘制了2000—2006年这两类关税税率年度平均值的变化趋势。由图可知,不管在哪一年,行业平均产出品关税税率均大于投入品关税税率,表明中国有效保护率为正数;2000—2006年,中国行业平均产出品关税税率和投入品关税税率均呈明显的下降趋势,下降幅度分别为41.23%和47.6%,投入品关税税率下降幅度更大,表明这一时期中国总体上有效保护率有所提升。

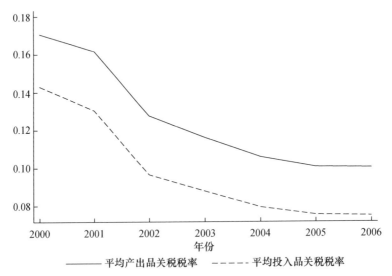

图13-15 中国行业平均产出品关税税率和投入品关税税率(2000—2006年)
资料来源:世界贸易组织,中国2002年投入产出表。

---

① AMITI M, KONINGS J. Trade liberalization, intermediate inputs, and productivity: evidence from indonesia [J]. American Economic Review, 2007, 97(5): 1611-1638.

（二）出口补贴

与将关税作为限制进口的贸易政策相对应，出口补贴是鼓励出口的贸易政策。出口补贴可以分为从量补贴和从价补贴。从量补贴是指对每单位出口商品给予固定的补贴额度，而从价补贴是指按照出口商品价值的一定比例进行补贴。除此之外，出口补贴还体现为政府给予出口企业现金或财政上的优惠，这些措施则相对较为隐晦。

我们以从价补贴为例做具体分析。为了使得本国出口产品能够以低于国内市场售价的价格在国际市场上销售，帮助政府赚取外汇，政府需要对企业出口价格与内销价格之间的差额进行补贴。这种补贴也称为直接补贴。间接补贴是指政府对某些产品的出口给予财政上的优惠，这里需要将出口间接补贴与出口退税进行区分，二者不是一个概念。出口退税与出口补贴的区别主要有：第一，出口退税是政府将对出口产品已经征收的增值税退还给企业，而出口补贴则是政府给予出口企业额外的财政补贴；第二，出口退税可以消除价格扭曲，而出口补贴则会导致价格扭曲；第三，出口退税符合国际惯例，而出口补贴则会招致贸易报复；第四，出口退税是世界贸易组织给予企业的权利，而出口补贴则违背世界贸易组织的规定。

（三）进口配额

进口配额是除关税之外较为重要的限制进口的贸易政策工具，尤其是需要对特定行业进行保护时，一国政府往往会采取进口配额的贸易政策。进口配额，顾名思义，是一国对产品的进口数量设置最大值限制。与关税通过改变进口价格进而影响进口数量相反，进口配额则通过改变进口数量进而影响进口价格。更值得一提的是，随着进口关税税率已经降低至较低的水平，进一步降低关税税率的空间已经较小，因此进口配额作为限制进口的有力工具，其重要性越来越高。

在完全竞争的市场条件下，进口配额的作用与征收关税的作用基本一致，二者的区别在于进口配额作为一种非关税贸易政策工具，世界贸易组织成员的关税调整受到约束关税的限制，不能私自大幅调整关税税率，这时国家或地区可以通过设置进口配额的措施在一定程度上限制进口。

相关资料
中国废铜废铝进口配额再创历史新低

2020年3月7日，中国固废化学品管理网2020年第四批废铜废铝进口配额公布，其中废铜碎料核定进口量总计3 520吨，再创新低；废铝碎料核定进口量总计100吨，此前第三批废铝核定进口量总计1 440吨，环比大幅减少。此外，第四批废钢铁核定进口量170吨，此前第三批废钢铁核定进口量2 670吨，环比大幅减少。这表明中国通过进口配额的贸易政策工具对进口产品类型进行调节与优化。

（四）技术性贸易壁垒

技术性贸易壁垒是指商品进口国在实施贸易进口管制时通过颁布法律、法令、条例、规定,建立技术标准、认证制度、检验制度等方式,对外国产品制定过分严格的技术标准、卫生检疫标准、商品包装和标签标准,从而提高进口产品的技术要求,增加进口难度,最终达到限制进口目的的一种非关税贸易政策工具。中国出台的技术性贸易壁垒主要集中在保障食品安全、人类与动物健康、产品质量与安全、环境保护等方面。

中国积极遵循国际标准化组织(ISO)、国际电工委员会(IEC)制定的国际标准,并制定了相应的国家标准。在中国制定的1 448项强制性标准中,有555项(约38%)直接采用ISO、IEC和其他国际组织制定的标准。中国正在加大力度以国际通行做法精简国家标准,在标准化进程中寻求国际合作。随着《中华人民共和国标准化法(2017年修订)》的施行,中国将通过减少相关领域的限制,为促进贸易、经济和社会发展提供更大的可能性。

中国技术性贸易壁垒的大部分措施适用于双边或多边,而非针对单边。经国家市场监督管理总局确认的技术性贸易壁垒有2 071项,其中只有646项措施单方面适用于其他国家和地区,其余的1 425项措施(约69%)以双边或多边方式适用于某些国家或地区。

二、贸易政策的福利效应分析

(一) 加征关税的福利效应

在分析加征关税的福利效应之前,我们首先需要分别分析一国在封闭经济和自由贸易下的市场均衡与福利效应。

1. 封闭经济和自由贸易下的福利效应

图13-16绘制了本国的供给曲线和需求曲线。在本国不与世界其他国家交易时,即在本国为封闭经济的情形下,市场均衡价格为国内供给曲线和国内需求曲线交点处的价格P_0,此时消费者剩余为三角形A,而生产者剩余为$B+C$,因此全社会的总体福利为$A+B+C$。

现在本国开放进口市场,国内市场均衡价格不再是原来的P_0,而与世界市场价格一致,即P_w。一般而言,世界市场价格P_w低于封闭经济的国内市场价格P_0。我们来看福利效应的变化。国内市场价格下降,消费者剩余增加,由原来的A变为现在的$A+B+D$;生产者剩余减少,由原来的$B+C$变为现在的C。我们进一步计算总体福利效应的变化值,消费者剩余增加$B+D$,生产者剩余减少B,二者相加得到总体福利效应为D,即开放进口市场提升了进口国的总体福利效应,提升幅度为D。

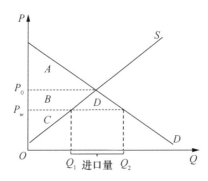

图13-16 完全自由进口贸易情形

2. 小国加征关税的福利效应

根据进口国调整关税是否能够影响世界市场价格,可以将进口国分为小国和大国,小国不能影响世界市场价格,而大国能够影响世界市场价格。下面分别分析小国情形和大国情形下加征关税的福利效应。这里首先分析小国加征关税后对该国福利的影响。

由于小国的进口份额较小,无法改变该产品的世界市场价格,因此小国加征进口关税时,国内市场价格变为原有世界市场价格与关税税率之和,即图 13-17 中 P_t。如图 13-17 所示,在加征关税后,国内市场价格上升,消费者剩余由自由贸易情形下的 $A+B+C+D+E+F$ 变为加征关税后的 $A+B$,消费者剩余损失幅度为 $C+D+E+F$;生产者剩余由自由贸易情形下的 G 增加至加征关税后的 $G+C$;相较于自由贸易情形下市场上只有消费者和生产者这两个经济主体,加征关税情形下市场上增加了一个经济主体,即政府。所以,要分析小国加征关税的福利效应,我们需要看政府的收入变化。很明显,政府征收关税就具有税收收入,收入量等于进口数量与关税税率的乘积,即 E 所表示的区域面积。现在将消费者剩余损失、生产者剩余增加和政府关税收入相加得到加征关税后小国的总体福利变化值: $-(C+D+E+F)+C+E=-(D+F)$。由此可见,小国加征关税后出现了福利净损失,损失幅度为 $D+F$,这一损失常被称为无谓损失(Deadweight Loss)。

我们进一步来看 D 和 F 是如何产生的。加征关税后,国内市场价格同等程度地上升,即政府征收的进口关税全部转嫁给国内消费者。一方面,国内消费者的消费水平降低,消费不足引致无谓损失 F;另一方面,国内生产者以相对较高的成本从事生产活动,过度生产引致无谓损失 D。

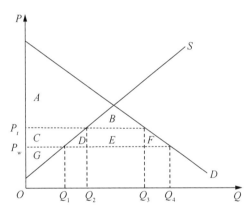

图 13-17 小国加征关税的收益与损失

3. 大国加征关税的福利效应

现在我们来分析大国加征关税的福利效应。与小国不同,由于大国的进口份额较大,因而其加征关税能够在一定程度上影响世界市场价格;该大国加征关税意味着减少从世界的进口,对于世界市场而言需求减少,而在供给一定的情形下,这会降低世界市场价格。如图 13-18 所示,世界市场价格由 P_w 下降为 P_w',国内市场价格变为新的世界市场价格与关税税率之和,即图 13-18 中的 P_t。如图 13-18 所示,在加征关税后,国内市场价格上升,消费者剩余由自由贸易情形下的 $A+B+C+D+E+F$ 变为加征关税后的 $A+B$,消费者剩余损失幅度为 $C+D+E+F$;生产者剩余由自由贸易情形下的 G 增加至加征关税后的 $G+C$;相较于自由贸易情形下市场上只有消费者和生产者这两个经济主体,加征关税情形下市场上增加了一个经济主体,即政府。所以,我们需要看政府的收入变化。很明显,政府征收关税具有税收收入,收入量等于进口数量与关税税率的乘积,即 $E+H$ 所表示的区域面积。现在将消费者剩余损失、生产者剩余增加和政府关税收入相加得到加征关税后大国的总体福利变化值: $-(C+D+E+$

$F)+C+E+H=H-(D+F)$。与小国加征关税导致该国福利净损失不同,大国加征关税后的福利变化取决于 H 和 $(D+F)$ 的大小。如果前者较大,则大国加征关税福利改善;如果后者较大,则大国加征关税导致福利损失,但是损失的程度仍然要小于小国。

现在,我们进一步来看 H 部分的经济学含义。由于大国加征关税降低了世界市场价格,也就是会降低本国的进口价格,根据贸易条件的定义,大国加征关税在一定程度上改善了本国的贸易条件。因此,H 部分是大国将加征关税的负担转嫁给外国的部分,即外国的净损失。因此,大国加征关税能够通过改善本国的贸易条件来从一定程度上减少福利净损失,甚至获取福利改善。但是这种以邻为壑的贸易政策很容易引起外国政府的报复,外国政府也会对等地加征关税,如果这样,那么该大国将不能通过加征关税获取福利改善。正如2018年由美国挑起的中美贸易摩擦,美国率先对从中国进口的产品加征关税,美国作为大国,如果中国不采取相应的报复措施,比如不相应地对从美国进口的产品加征关税,那么美国的贸易福利将会改善。于是,中国采取了对等的报复措施以应对美国的挑衅。在此情形下,美国的贸易福利非但不会改善,还会遭受损失。①

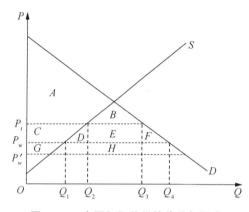

图13-18 大国加征关税的收益与损失

(二) 出口补贴的福利效应

前面从限制进口的视角具体介绍了本国加征关税的福利效应。从鼓励出口的视角来看,常用的贸易政策工具是出口补贴。前面已经介绍出口补贴的内涵,这里进一步具体分析出口补贴的福利效应。与分析关税的福利效应一样,我们仍然将出口国分为小国和大国这两种情形,小国不能影响世界市场价格,而大国能够影响世界市场价格。

1. 小国进行出口补贴的福利效应

图13-19描绘了小国进行出口补贴的福利效应。在政府介入之前,本国以世界市场价格 P_w 进行出口,国内市场价格也是 P_w。但是在本国实行从量出口补贴 s 后,由于小国不能影响世界市场价格,国内市场价格将在世界市场价格的基础上提高等同于出口补贴 s 的幅度,即新的国内市场价格变为 P_w+s。

在进行出口补贴后,国内市场价格上升,消费者剩余由自由贸易情形下的 $A+B+C$ 变为出口补贴后的 A,消费者剩余损失幅度为 $B+C$;生产者剩余由自由贸易情形下的 F 增加至出

---

① GUO M X, LU L, SHENG L G, YU M J. The day after tomorrow: evaluating the burden of trump's trade war [J]. Asian Economic Papers, 2018, 17(1):101-120.

口补贴后的 $F+B+C+D$，生产者剩余增加幅度为 $B+C+D$；相对于自由贸易情形下市场上只有消费者和生产者这两个经济主体，现在增加了给予出口补贴的经济主体——政府，所以我们需要分析政府支出的变化。很明显，政府对企业实行出口补贴需要政府支出，支出额等于出口补贴后的出口数量与从量补贴率的乘积，即 $C+D+E$ 所表示的区域面积。现在将消费者剩余损失、生产者剩余增加和政府出口补贴支出相加得到实行出口补贴后小国的总体福利变化值：$-(B+C)+(B+C+D)-(C+D+E)=-(C+E)$。由此可见，小国进行出口补贴后导致了福利净损失，损失幅度为 $C+E$，这一损失常被称为无谓损失。其中，C 代表消费者损失，E 代表生产者损失。

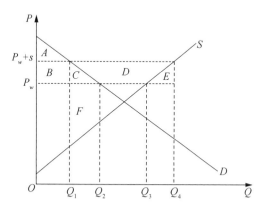

图 13-19　小国进行出口补贴的收益与损失

2. 大国进行出口补贴的福利效应

现在我们来分析大国进行出口补贴的福利效应。相较于小国增加出口不改变世界市场价格的情形，大国进行出口补贴会增加出口，从而增加世界市场供给，压低世界市场价格，对于该国而言，贸易条件变坏。因此，可以预期，与大国加征关税改善贸易条件而在一定程度上抵消福利净损失不同，大国进行出口补贴将会恶化贸易条件而在一定能程度上加剧福利净损失，具体如图 13-20 所示。

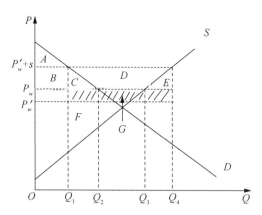

图 13-20　大国进行出口补贴的收益与损失

大国实行从量出口补贴 s 后，出口额由原来的 Q_2Q_3 增加至现在的 Q_1Q_4，导致世界市场价格由原来的 P_w 下降为现在的 P_w'，国内市场价格变为新的世界市场价格与从量出口补贴 s 之和，即图 13-20 中的 $P_w'+s$。大国进行出口补贴后，国内市场价格上升，消费者剩余由自由贸

易情形下的 $A+B+C$ 变为进行出口补贴后的 A,消费者剩余损失幅度为 $B+C$;生产者剩余由自由贸易情形下的 F 增加至进行出口补贴后的 $F+B+C+D$,生产者剩余增加幅度为 $B+C+D$;相较于自由贸易情形下市场上只有消费者和生产者这两个经济主体,现在增加了给予出口补贴的经济主体——政府,所以我们需要分析政府支出的变化。很明显,政府对企业实行出口补贴需要政府支出,支出额等于出口补贴后的出口数量与从量补贴率的乘积,即 $C+D+E+G$ 所表示的区域面积。现在将消费者剩余损失、生产者剩余增加和政府出口补贴支出相加得到实行出口补贴后大国的总体福利变化值: $-(B+C)+(B+C+D)-(C+D+E+G)=-(C+E+G)$。可见,对于大国而言,其福利损失大于小国。

三、改革开放以来中国的贸易开放政策

(一) 逐步设立经济园区,以促进对外开放

设立经济园区是中国诸多重要的对外开放政策之一。2000 年之前,经济园区设立可以分为"点""线""面"三个阶段,更多地属于"粗放式"、强调量上的开放。第一阶段发生在 1980 年年初,国家选取四个城市作为经济特区,即"点"阶段。入选的四个城市分别是深圳、珠海、汕头和厦门。选择深圳是因为它具有优越的地理位置——它是一个靠近香港的小村庄。同样的道理也适用于珠海,它是一个位于澳门附近的珠江西岸的小镇。汕头之所以被选中,是因为它与东南亚国家的华侨有着紧密的联系。同样,选择厦门是因为它靠近台湾。第二阶段发生在 1984—1991 年间,从辽宁北部沿海城市大连到广西南部沿海城市北海之间的共 14 个城市①被设立为沿海开放城市,所有这些城市连接在一起成为一条"线"。第三阶段发生在 1992—2000 年间,经济园区设立浪潮从东部沿海城市向中部乃至西部省份延伸,特别是在沈阳、天津、武汉、南京等地设立了 25 个高新技术产业开发区。

所有这些经济园区都有非常相似的政策设计,比如位于园区内的国外企业在最初三年内免征企业所得税,第四、第五年只需要支付税率为 17% 的企业所得税,这是中国国内企业应缴税率的一半。这项政策持续了大约 30 年。2007 年之后,国外企业与国内企业均按相同的 25% 的税率缴纳企业所得税。此外,所有类型的经济园区都允许拥有外商独资企业及其子公司。

(二) 建立自由贸易试验区,以对接高水平对外开放

2013 年,中国在上海首先建立了自由贸易试验区(以下简称"自贸区"或 FTZ)。该自贸区占地面积不大(初始面积只有 29 平方千米),但潜在经济影响巨大。2015 年 4 月,中国在广东、天津和福建这三个沿海地区分别建立了自贸区;2016 年 9 月,进一步将自贸区拓展到内陆地区,包括山西、河南、湖北、重庆、四川,同时在辽宁和浙江建立了自贸区;2018 年 4 月,中央政府决定将海南岛全岛建设为自贸区;2019 年,进一步在山东、江苏、广西、河北、云南和黑龙江等六个省份建立自贸区。至此,中国自贸区已经形成"1+3+7+1+6"的格局。中国建立自贸区的目标是:如果非自贸区已准备好进行改革,则将这些自贸区的成功经验推广到非自贸区。

在早期经济特区试点的基础上,中国政府为自贸区试点设定了四大角色:第一,自贸区旨

---

① 这 14 个城市为大连、秦皇岛、天津、烟台、青岛、连云港、南通、上海、宁波、温州、福州、广州、湛江和北海。

在进一步促进贸易自由化和投资便利化。第二,自贸区旨在推广中国的"负面清单"投资模式。第三,自贸区旨在进一步推动中国的金融改革。第四,自贸区要求地方政府消除官僚作风,简化业务流程。此外,自贸区还特别强调事后监管,而非事前审批。

(三)建设开放型经济新体制综合试点,以实现全面开放

2016年5月,经中央和国务院同意,济南市、南昌市、唐山市、漳州市、东莞市、防城港市,以及浦东新区、两江新区、西咸新区、大连金普新区、武汉城市圈、苏州工业园区等12个城市和区域被列为开放型经济新体制综合试点。12个试点地区的目标主要集中在以下六个方面:一是探索新的政府管理模式;二是探索各经济区之间的协调方式;三是探索鼓励外国直接投资的新途径;四是促进国内产品的高质量出口;五是促进金融服务的改善;六是着力促进区域全面开放的推进。

(四)提出与建设"一带一路"倡议,以加强国际合作

"一带一路"倡议由中国政府于2013年提出,致力于推动区域合作和跨大陆互联互通。"一带一路"倡议旨在加强中国与其他"一带一路"沿线国家和地区在基础设施、贸易和投资等方面的联系。截至2019年10月底,中国已经与137个国家和30个国际组织签署197份合作文件,包括发达国家、发展中国家和地区。"一带一路"倡议的参与范围仍在继续扩大,"一带一路"倡议甚至被解读为对所有国家或地区和国际组织开放,而不仅限于"一带一路"沿线国家或地区。

"一带一路"倡议呼吁通过建设基础设施、加强文化交流、扩大贸易和投资,将参与国家或地区纳入一个具有高度凝聚力的合作框架中。

(五)试验自由贸易港,以对接更高水平对外开放

党的十九大报告中首次提出了自由贸易港的概念。国家主席习近平明确指出,中国将进一步改革自贸区,探索建立开放水平更高的自由贸易港。

自由贸易港的主要特征是,从行政监管的角度来看,它不属于海关的管辖范围。自由贸易港具有港口和自贸区的双重特征,具有许多与贸易相关的功能,包括产品加工、物流和仓储。但这是一个比自贸区更开放的平台。实际上,建设自由贸易港将有助于自贸区朝着更透明的制度环境的目标迈进。同时,打造自由贸易港需要在贸易便利化措施、船舶燃油价格、金融支持、海关监管、检验检疫等方面取得突破。此外,自由贸易港将能够更好地应对深刻变化的全球环境。

(六)发展粤港澳大湾区,以打造经济发展龙头

建设和发展粤港澳大湾区是中国对外开放较紧迫的任务之一。粤港澳大湾区由香港和澳门两个特别行政区,广东省深圳、东莞、惠州、广州、佛山、江门、肇庆、中山和珠海9个珠三角城市组成。粤港澳大湾区与珠江三角洲在地理位置上相吻合,而珠江三角洲是中国发展水平较高的经济开发区之一。

粤港澳大湾区的发展应着眼于以下几个方面:第一,要把实体经济与金融经济结合起来,

重点放在实体经济上,服务业发挥辅助作用。第二,要促进创新,中国正在从"制造大国"向"创新大国"转型,粤港澳大湾区应在创新型国家建设中发挥关键作用。第三,要实现制度创新,同时粤港澳大湾区应更多地关注生态环境保护。促进粤港澳大湾区发展的其他开放措施包括:进一步扩大市场准入,改善外国投资者的投资环境,加强知识产权保护和主动扩大进口,等等。

第三节 全球化:自由贸易与保护贸易的交织

一、主要自由贸易理论

(一)斯密的自由贸易理论

1776年,亚当·斯密(Adam Smith)出版了《国民财富的性质和原因的研究》。我们在本部分梳理斯密主要的自由贸易理论观点。

第一,斯密提出了绝对优势理论(或称绝对成本理论)。当两个国家的生产成本在绝对值水平上存在明显的差异时,会导致专业化分工和国际贸易。具体地,A国生产葡萄酒的成本低于B国,B国生产纺织品的成本低于A国,此时两国可以进行国际贸易:A国生产且向B国出口葡萄酒,B国生产且向A国出口纺织品。

第二,斯密毫不含糊地支持自由贸易。他说,"国家间的所有这些猜忌会使大家互相怨恨,不愿得到他国货物的供应并借此提高生活便利,其结果便是减少商品交换、损害劳动分工、缩小双方财富";为此,他进一步指出,"看来应尽力让英国成为一个自由港,这样就不会以任何方式干扰对外贸易;假如能通过其他途径筹措政府经费,就应当废除一切税收、关税、货物税;而且,无论与什么国家、无论涉及什么货物,都应该允许自由商贸和自由交换"。①

(二)李嘉图的比较成本理论

大卫·李嘉图(David Ricardo)在其1817年出版的著作《政治经济学及赋税原理》中列举了葡萄牙和英国交换酒与布的经典例子。葡萄牙在两种产品的生产上都具有绝对成本优势,但在酒的生产上拥有比较成本优势,因此葡萄牙应该将全部资源用于生产并出口酒,而英国应该将全部资源用于生产并出口布,这种国际劳动分工将增加两国的总产出,而且每个国家消费的产品也将多于国际分工和交换之前的情形。这就是比较成本理论,也被称为比较优势理论。

比较成本理论指出,即使两个国家中的一个国家在两种产品的生产上均处于劣势,而另一个国家在这两种产品的生产上均处于优势,只要这两个国家分别在其中一种产品的生产上具有比较成本优势,即该国生产某种产品具有更低的机会成本,那么该国就应该专业化生产并出口这种产品。该理论对国际贸易的解释力度和适用范围远远超过了绝对优势理论,且为自由贸易奠定了坚实的理论基础。

---

① 摘自欧文.国富策:自由贸易还是保护主义[M].梅俊杰,译.上海:华东师范大学出版社,2013:102。

（三）赫克歇尔—俄林理论

李嘉图理论说明了两国基于比较优势进行生产和贸易都能获利,但是没有解决两国内部哪些人获利、哪些人受损的问题。此外,李嘉图理论认为两国之间的产品在生产效率上存在差异,但是没有指出差异的来源。而赫克歇尔—俄林模型可以回答这两个问题。

该模型从各个国家要素禀赋的角度解释了国际贸易发生的原因。该模型认为,各个国家土地、劳动力、资本等要素禀赋的差异,导致了所生产产品价格的差异,从而导致国际贸易的发生;并指出一国应该出口本国相对丰裕要素生产的产品,而进口本国相对稀缺要素生产的产品。因此,赫克歇尔—俄林理论也被称为要素禀赋理论。

（四）规模经济贸易理论

在要素禀赋理论之后,另一个较为重要的自由贸易理论是保罗·克鲁格曼（Paul Krugman）提出的规模经济贸易理论。该理论基于两个更加贴近现实的假设条件:生产具有规模经济效应和市场竞争不完全。由于这两个假设的存在,任何一个国家不能生产行业内的全部产品,这就为国际分工与贸易提供了前提和基础。

规模经济贸易理论指出,即使两个国家之间不存在生产技术和要素禀赋的差异,也仍然可能发生国际贸易。这是因为企业参与国际贸易后,市场规模和市场需求扩大,促进企业扩大生产规模,由于规模经济的存在,生产规模的扩大会降低平均生产成本和价格。与封闭经济情形相比,参与国际贸易提升了企业的产量,同时降低了产品的价格,使得社会总体福利水平上升。

二、主要贸易保护理论

（一）幼稚工业论

幼稚工业论的思想历史悠久,后经德国学者弗里德里希·李斯特（Friedrich List）发展成为最早也是最为重要的贸易保护理论。幼稚工业论曾被美国、德国和日本等发达国家使用,用以保护幼稚产业。当其幼稚产业成长壮大后,这些国家转而实行自由贸易政策。

幼稚工业论也曾被发展中国家广泛使用。第二次世界大战后,基于幼稚工业论,大部分发展中国家采取进口替代工业化战略限制工业品的进口并鼓励国内工业发展。政府对国内制造业企业提供生产补贴,并对一些具有比较优势的出口工业品进行补贴。这种做法的有利结果是建立了齐全的工业体系:国内产品几乎完全替代了进口消费品。但是几乎所有第二次世界大战后实行进口替代工业化战略的发展中国家均没有取得经济的发展,因此不同的发展中国家在20世纪60年代、70年代、80年代和90年代分批放弃进口替代工业化战略而采取出口导向型战略,从而迎来经济的发展,我们在后面还将具体对此进行讨论。

（二）贸易条件论

贸易条件论作为实施贸易保护的基础理论也是历史悠久。19世纪初,英国经济学家罗伯特·托伦斯（Robert Torrens）为政府征收关税提出了新的理论支持。他认为,一国采取征收关税的手段,会影响本国与外国交换产品的比价（即贸易条件）,可使得本国在出口产品换取进口产品时拥有更强大的购买力。

与托伦斯同一时期的英国经济学家约翰·斯图尔特·穆勒(John Stuart Mill)持有与托伦斯类似的观点。他将外国关税称为"真正的忧虑之源",这是因为外国关税会加速英国"世界工厂"地位的衰落。穆勒在《关于国家间交换的法则以及商业世界中贸易利益的国际分配》一文中提出了相互需求理论,认为相互需求决定了贸易条件的均衡。如果外国对中国的出口需求不是完全弹性的话,那么征收关税可以为中国带来益处。这一观点与大国加征关税可以改善大国贸易条件的结论是一致的。

(三) 收益递增论

幼稚工业论强调对本国幼稚产业进行保护和扶持,而当该产业成长壮大后,便应撤销对其采取的贸易保护政策,因此这种贸易保护可以被称为临时性保护。20世纪20年代,美国普林斯顿大学经济学教授弗兰克·格雷厄姆(Frank Graham)提出了在某种条件下,一国也应该实施"永久性"保护,即对某个产业持续、长久的保护和扶持。

格雷厄姆指出,对制造业进行保护的收益可以延续很长时间,保护时限可以大大超出幼稚阶段。这是因为制造业总体上是规模收益递增的,制造业企业的生产成本随生产规模的扩大而下降。他同时指出:"一国若专门从事成本递增产品的生产,哪怕它在这些行业中拥有比较优势,也很可能对该国是不利的。假如世界对成本递减产品的需求增长更快,在数量上快于世界对成本递增产品的需求,则专门从事成本递增产品的生产可能就更不利了。"[1]基于以上分析,格雷厄姆提出,如果一国的比较优势在规模收益递减行业,那么在自给自足或贸易较少的状态下福利会更好,而随着自由贸易的推进,规模收益递减行业会发生损失,此时就需要国家进行保护,以在一定程度上减少损失。这就为该国实施贸易保护政策提供了理论基础。

三、第二次世界大战后的国际贸易格局

(一) 国际贸易秩序的建立与发展

第二次世界大战后,英美等多个国家在布雷顿森林会议上签订了《关税及贸易总协定》(以下简称"GATT"),该协定是成员方致力于推动贸易自由化的国际性制度安排。GATT于1948年正式实施,在1995年发展成为世界贸易组织之前,共经历了8轮谈判,前7轮谈判的关注焦点均为削减关税,这使得成员方关税得以大幅削减。第8轮谈判,即乌拉圭回合谈判,起始于1986年9月,结束于1994年4月。与前7论谈判不同,这一轮谈判的议题范围显著扩大,不仅包括传统的关税削减,还包括农产品、服务贸易、纺织品和服装贸易、知识产权保护等更为棘手的领域,并且均达成了协议,有力地推动了国际贸易秩序的发展与贸易自由化的进程。

在乌拉圭回合谈判中,各成员方还决定成立世界贸易组织来监管以上协议的实施,这也是乌拉圭回合谈判的另一个重要成果。世界贸易组织最为重要的特点是通过争端解决机制解决国际贸易争端,这也是世界贸易组织最为重要的权力。在世界贸易组织框架下的多边贸易谈判为多哈回合谈判,该谈判起始于2001年11月,原计划于2005年1月1日达成协议,但是截至2005年年底仍未能达成协议,最终于2006年7月22日在世界贸易组织总理事会的批

---

[1] 摘自欧文.国富策:自由贸易还是保护主义[M].梅俊杰,译.上海:华东师范大学出版社,2013:189。

准下正式中止。多哈回合谈判举步维艰具有多方面的原因,包括谈判议题广泛、发达国家拒绝减少对本国农产品的保护、发展中国家知识产权保护薄弱等。

在世界贸易组织框架下的多边贸易谈判进展缓慢的同时,较多国家或地区通过区域贸易自由化的途径推动贸易自由化进程。例如,截至 2020 年,中国已与欧洲、亚洲、大洋洲、南美洲和非洲的 26 个国家或地区签署了 17 个区域自由贸易协定,且另有 10 个自由贸易协定正在谈判中。

(二) 发展中国家的贸易格局

大部分发展中国家受第二次世界大战的影响,国内经济非常落后,且出于政治原因受到发达国家的政治和经济封锁,以及在幼稚工业论、收益递增论等贸易保护理论的影响下,这些国家大都采取进口替代工业化战略对国内产业进行保护,以期实现避免进口竞争和保护国内幼稚产业的经济目的,以及实现本国主权独立的政治目的。

但是,实施进口替代工业化战略并没有帮助这些国家实现经济增长,其人均 GDP 反而呈相对下降的趋势。图 13-21 描绘了 1960—2018 年韩国、中国、印度人均 GDP 与美国人均 GDP 的比率。韩国在 20 世纪 60 年代开始实行出口导向型战略,这导致 1965 年后韩国人均 GDP 与美国的差距不断缩小。中国在改革开放之前也实施进口替代工业化战略,该时期中国人均 GDP 与美国的差距非但没有缩小,反而呈扩大趋势。在 1992 年党的十四大确定建立社会主义市场经济体制后,中国对外开放的程度迅速提高,中国人均 GDP 与美国的差距呈迅速缩小的趋势。进一步来看印度的情况。从图 13-21 可知,印度人均 GDP 与美国人均 GDP 的比率在 1960—2000 年也呈不升反降的趋势。其中,主要原因是印度在第二次世界大战后长达四十余年的时间里实行进口替代工业化战略。印度在 20 世纪 90 年代初和 2005 年左右进行了两轮进口关税的大幅削减,进口关税税率由 20 世纪 80 年代末的接近 100% 下降至 2005 年的 19% 左右。得益于对外开放,2000 年后印度人均 GDP 与美国的差距出现了缩小的趋势,即使缩小幅度相对较小。

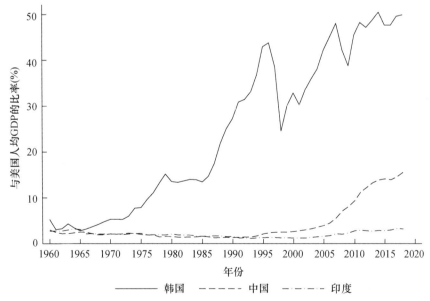

图 13-21 韩国、中国、印度人均 GDP 与美国人均 GDP 的比率(1960—2018 年)
资料来源:世界银行。

综上所述,第二次世界大战后发展中国家经历了由保护到开放这两个阶段,在保护阶段,经济增长较为缓慢,而在开放阶段,国内经济出现了明显的增长,这在一定程度上表明自由贸易有利于一国经济增长。

四、2008 年全球金融危机后的逆全球化趋势

(一) 美国的贸易保护主义

21 世纪,中国加入世界贸易组织后带来了所谓的"中国冲击"。特朗普当选美国总统后,贸易保护主义再次抬头。特朗普在参加美国总统竞选时就曾扬言要对从中国进口的产品加征45%的高额关税以缩小美中贸易逆差,在特朗普上任一年多之后,特朗普政府掀起中美贸易摩擦。除了加征关税,美国还通过其他方式对中国实行贸易保护主义。例如,将中国的企业、高校和个人列入所谓的"实体清单",限制相关企业、高校和个人在美国的投资、科研及进出境等行为。

美国不仅对中国采取贸易保护措施,而且对欧洲发达国家也采取类似的措施。例如,2019 年 10 月 18 日,美国对欧盟约 75 亿美元的商品加征 10%和 25%的关税正式生效。2019 年 12 月 2 日,美国贸易代表办公室宣布根据对法国数字服务税(DST) 301 调查的结果,考虑对法国约 24 亿美元的产品征收 100%的关税。

(二) 中美两国关于世界贸易组织改革的立场与分歧

2019 年 12 月 9 日,在世界贸易组织总理事会会议上,由于美国单方面阻挠,一份有关上诉机构改革的决议草案未获通过。2019 年 12 月 10 日,世界贸易组织总干事罗伯特·阿泽维多(Roberto Azevêdo)宣布,世界贸易组织上诉机构于 2019 年 12 月 11 日正式"停摆"。由于该机构将只剩一名法官在任,因而法官人数不足而无法受理任何新案件。这也就意味着世界贸易组织的国际贸易争端解决机制已经瘫痪,从而损害了世界贸易组织的权威性和有效性。为此,世界贸易组织成员纷纷表明改革立场和提出改革方案,这里主要列举中国和美国关于世界贸易组织改革的立场与建议,并阐述二者的分歧。

1. 中国的建议

2019 年 5 月 13 日,中国向世界贸易组织正式提交了《中国关于世贸组织改革的建议文件》(以下简称《建议》)。《建议》指出:当前世界经济格局深刻调整,单边主义、保护主义抬头,经济全球化遭遇波折,多边贸易体制的权威性和有效性受到严重挑战。在此背景下,中国支持对世界贸易组织进行必要改革,帮助世界贸易组织解决当前危机、回应时代发展需要,维护多边贸易体制,推动建设开放型世界经济。针对世界贸易组织改革的行动领域,中国对四个领域提出具体的改革建议:一是解决危及世界贸易组织生存的关键和紧迫性问题,如打破上诉机构成员遴选僵局;二是增加世界贸易组织在全球经济治理中的重要性,如解决农业领域单边措施的不公平问题;三是提高世界贸易组织的运行效率,如加强成员通报义务的履行;四是增强多边贸易体制的包容性,如尊重发展中成员享受特殊与差别待遇的权利。

2. 美国的建议

2019 年 3 月 1 日,美国贸易代表办公室发布了《2019 年贸易政策议程及 2018 年度报告》,提到了美国对世界贸易组织改革的建议,其中有两条主要针对中国的意见:第一,世界贸易组织必须解决非市场经济的挑战。世界贸易组织的规则框架没有充分预料到非市场经济

国家成员对全球贸易造成的破坏性影响。现行规则加上世界贸易组织上诉机构机制的严重缺陷,使成员没有足够的工具来应对这些问题的侵蚀性蔓延。美国正在与欧盟和日本进行三方合作,意图通过制定新的多边规则和采用其他措施来应对这些挑战。第二,必须改革世界贸易组织对发展中国家的对待问题。当今各国"自我宣称"为发展中国家,是为了利用世界贸易组织协定赋予发展中国家的"特殊和差别待遇",享受目前或即将进行的谈判中发展中国家可获得的新的灵活性。

3. 二者的分歧

世界贸易组织改革的分歧之一是发达国家和发展中国家的诉求差异不容易协调。在此次世界贸易组织改革中,发达国家要求调整发达国家和发展中国家的待遇差别,而这可能招致发展中国家的反对。而且,发展中国家的发展水平参差不齐,发达国家和发展中国家的谈判与博弈不会简单。

分歧之二是美国对世界贸易组织改革的诉求不容易满足。当前世界贸易组织改革的动力之一是将美国拉回多边贸易体系中,但美国的诉求是希望重建一个有利于美国贸易利益的多边贸易体系以协调美国和其他成员的分歧。此外,美国并没有出台任何具体的世界贸易组织改革方案,却对现有的方案批评较多。例如,欧盟的世界贸易组织现代化方案虽然充分考虑了美国的诉求和利益,但美国仍然指出不能接受方案中授予上诉机构仲裁法官更长任期、给予秘书处更多资助等提议,并认为该方案不能改善世界贸易组织法官干预美国法律的行为。

五、2020 年新冠肺炎疫情后全球化的走势

新冠肺炎疫情于 2020 年 1 月底在中国暴发,3 月底得到了基本控制,截至 2021 年 6 月仍然处于稳定可控的良好态势。在中国疫情好转之际,国外疫情却直线下滑。根据世界卫生组织的数据,截至 2021 年 6 月 15 日,中国以外新冠肺炎确诊病例超过 1.7 亿例,其中美国超过 3 347 万例,其他超过 200 万例的国家依次为印度、巴西、法国、土耳其、俄罗斯、英国、意大利、阿根廷、哥伦比亚、西班牙、德国、伊朗。2020 年新冠肺炎疫情的暴发,给世界经济造成了巨大的负面冲击,在疫情尚未得到完全控制之前,国际贸易呈负增长。

根据中国商务部的数据,中国 2020 年第一季度的进出口总额为 6.57 万亿元,同比下降 6.4%。其中,出口 3.33 万亿元,同比下降 11.4%;进口 3.24 万亿元,同比下降 0.7%。得益于中国疫情及时得到有效控制,2020 年 4 月中国的对外贸易态势有所好转:出口同比增长 3.5%,进口同比下降 14.2%。根据世界贸易组织发布的 2020 年第一期《商品贸易晴雨表》,世界商品贸易趋势实时测量读数为 95.5,低于 2019 年 11 月的 96.6,进一步低于趋势水平基准值(100)。就全年来看,2020 年全球商品贸易额同比下降 5.6%,中国同比上升 1.99%。同时,世界贸易组织也强调,2020 年新冠肺炎疫情给世界经济和国际贸易带来了类似于 20 世纪 30 年代大萧条与 2008 年全球金融危机的负面冲击,但是仍然与其具有本质的区别。这是因为各国的银行没有出现资本不足问题、经济发展的动力仍然强劲,关键问题是新冠肺炎疫情大流行切断了给经济发动机供油的管道。如果"供油管道"能够重新连接起来,那么世界经济将迎来快速和有力的反弹。

随着 2020 年新冠肺炎疫情对世界经济影响的不断深入,世界各界对疫情后全球化的走势持有不同的态度和观点。例如,世界著名智库 Chatham House 的首席执行官罗宾·尼布利特(Robin Niblett)坦言:"我们所知道的全球化在走向终结。"2020 年新冠肺炎疫情的暴发在

很大程度上破坏了全球产业链条,那些高度依赖其他国家或地区提供中间品和最终消费品的国家受到的冲击尤为严重。鉴于此,这些国家将会更加重视国内需求,并且在国内建立更为完整的产业链条,减少对国外的依赖。

即便如此,认为全球化会终结的声音依然为少数,大部分人认为疫情后全球化不会终结。例如,《冠状病毒之后的世界》一文的作者尤瓦尔·赫拉利(Yuval Harari)指出,流行病本身和由此产生的经济危机都是全球性问题,只有全球合作才能有效解决这些问题。复旦大学附属华山医院感染科主任张文宏教授也做出了类似的表达,全世界需要一起抗击疫情,在医学上,在人类的健康上,在抗击疫情上,联系是不能脱钩的。巴黎大学社会学教授张伦认为,各个国家与群体之间的互动不会也不可能就此终结,人类面临的各种共同挑战如环境问题,包括此次疫情暴露出来的世界防疫问题等,都需要人类的协调合作。同时,他也进一步指出,过去狂飙突进、浪漫化的全球化将会终结。这与哈佛大学经济学教授丹尼·罗德里克(Dani Rodrik)在《全球化的悖论》一书中提到的由超级全球化向温和全球化转变具有异曲同工之妙。20世纪80年代后,世界经济进入超级全球化阶段,新签订的贸易协议不仅限制进口还触及国内政策,发展中国家承受的开放压力与日俱增。而这种超级全球化不仅与国家主权、民主政治无法兼容,对世界经济起到的推动作用也极为有限。因而,罗德里克推崇温和全球化:既有充分的国际制约和贸易开放来保证世界商业繁荣,同时各国政府又有足够的政策空间来应对国内社会和经济发展的需求。2020年新冠肺炎疫情为世界经济从超级全球化向温和全球化转变提供了契机。

习近平总书记在党的十九大报告中强调,中国坚持对外开放的基本国策,坚持打开国门搞建设,并且明确指出,中国开放的大门不会关闭,只会越开越大。在中国疫情最为严峻的时候,中国接受了来自世界各国和地区的支援,也积极与世界卫生组织和其他国家或地区无偿分享抗击疫情的治疗方案与防控措施。在国外疫情日渐严重之际,中国积极向其他国家或地区支援抗疫物资,甚至派出医疗团队。以上事实表明,中国人民愿意与世界人民并肩作战,共克时艰;也愿意与世界人民共享经济发展成果,构建人类命运共同体。

第四节 小　　结

本章第一节阐述了世界国际贸易概况。首先,从20世纪60年代到21世纪初,世界货物贸易发展迅速,近年来处于比较平稳的发展态势;世界服务贸易也呈快速发展态势,但是贸易规模远小于货物贸易,2018年世界服务贸易占世界GDP的比重还不到7%。其次,我们将全部产品分为农产品、矿产品、制成品和服务,分析了1980—2018年世界贸易产品结构变化。其中,农产品占比最低,且呈不断下降趋势,2018年占比仅为8%;矿产品的占比略高于农产品,也基本呈下降趋势,2018年占比为13%;制成品是世界贸易的主要产品类型,占比超过50%且较为稳定,2018年占比为55%;服务在世界贸易中的地位越来越重要,占比从1980年的17%上升至2018年的24%。再次,以一国或地区的货物和服务贸易进出口总额占该国或地区GDP的比重表示贸易开放度,并分别计算了1960—2018年英国、美国、日本、韩国、中国和印度的贸易开放度。其中,英国、美国、日本等传统发达国家的贸易开放度较高,处于40%左右且比较稳定;韩国这样的新型发达国家的贸易开放度在1960年后迅速上升,2018年的贸易开放度仍然高达80%以上;中国和印度这样的新兴市场经济体分别在20世纪80年代及90

年代后贸易开放度迅速上升,近年来的贸易开放度也处于40%左右。最后,我们以美国和中国前十大出口目的地与前十大进口来源地为例,分别阐述了发达经济体和发展中经济体的贸易流向特征。美国和中国的主要贸易伙伴均是发达经济体。由于美国是《北美自由贸易协定》成员,所以加拿大和墨西哥是其主要出口与进口伙伴,这表明区域自由贸易协定在促进国际贸易发展中扮演着重要的角色。2018年的数据显示,中国大陆是美国最大的进口来源地,这表明中国作为"世界工厂"为美国提供消费品。中国的出口目的地中发展中经济体占比明显上升,这表明中国不仅是中间品的进口大国,而且逐渐转变为中间品的出口大国,为发展中经济体的制造工厂提供上游中间投入品。本章第一节还阐述了中国国际贸易情况。首先,在改革开放前30年,中国主要实行进口替代工业化战略,对外开放程度较低且国际贸易规模较小。其次,我们具体阐述了中国改革开放后30年的国际贸易情况,并将这30年划分为三个阶段:1978—1992年的摸索阶段,1993—2001年的成长阶段,2002—2007年的收获阶段。最后,我们从贸易方式、出口产品结构、全球价值链地位三个方面分析了2008年全球金融危机后中国国际贸易情况。

  本章第二节阐述了关税以及出口补贴、进口配额、技术性贸易壁垒等非关税贸易政策工具的含义和福利效应。中国从1992年开始大幅削减进口关税,平均进口关税税率从1992年的43.2%下降至2006年的10%,之后保持较为稳定的趋势,2018年简单平均进口关税税率为9%,而根据进口额加权的平均进口关税税率不到5%。中国的进口关税水平低于印度、越南等发展中国家,甚至低于韩国这样的发达国家,相较于美国和日本3%左右的加权平均进口关税税率也高出不多,这表明中国进口关税税率已经处于较低的水平。第二节在阐述自由贸易下的福利效应的基础上,进一步分析了小国和大国加征关税的福利效应,由于小国不能改变世界市场价格,而大国能够降低世界市场价格,从而改善本国的贸易条件,因此大国加征关税能够在一定程度上减少本国的福利净损失,甚至获取福利改善。此外,第二节分析了小国和大国情形下出口补贴的福利效应,二者都将导致福利净损失,且后者由于使得本国的贸易条件变差而导致更大的福利损失。最后,第二节还介绍了若干具有中国特色的贸易政策,包括逐步设立经济园区、建立自由贸易试验区和自由贸易港、建设开放型经济新体制综合试点、提出与建设"一带一路"倡议、发展粤港澳大湾区等。

  本章第三节从历史演变的视角阐述了贸易全球化的进程,且该进程体现为自由贸易和保护贸易的交织与博弈。第三节首先重点介绍了斯密的自由贸易理论、李嘉图的比较优势理论、赫克歇尔—俄林理论、规模经济贸易理论等典型的自由贸易理论;其次,介绍了幼稚工业论、贸易条件论、收益递增论等代表性的贸易保护理论;再次,介绍了第二次世界大战后以自由贸易为主的国际贸易格局,包括布雷顿森林会议上建立的国际贸易秩序,以及《关税及贸易总协定》框架下的8轮谈判进程与成果,并重点介绍了第8轮乌拉圭回合谈判的成果。大部分发展中经济体在第二次世界大战后采取了符合幼稚工业论和收益递增论等贸易保护理论的进口替代工业化战略,但是经济增长缓慢,甚至与美国的经济差距在不断拉大。为此,韩国、新加坡等国家和中国台湾、中国香港等地区率先实行了出口导向型战略,并且实现了经济起飞;随后,中国内地、墨西哥、印度等相继放弃进口替代工业化战略,实行对外开放,也迎来了经济快速增长。第三节还阐述了2008年全球金融危机后的逆全球化趋势,并探讨了2020年新冠肺炎疫情后全球化的走势。2008年全球金融危机后逆全球化进程加快,金融危机无疑是导火索。此外,美国的贸易保护主义表现得尤为突出,对国际贸易和全球化产生了极大的负面影响。世界贸易组织在促进国际贸易中发挥了重要的作用,但是由于某些机制不再适宜而亟须改革,第三节提出了中国和美国对世界贸易组织改革的立场以及存在的分歧。2020年新冠肺炎疫情对世界经济产生了较为严重的负面冲击，这也引发了各界关于经济全球化走势的探讨。一些声音认为新冠肺炎疫情的暴发意味着经济全球化的终结，但是更多的声音认为经济全球化不会终结，因为传染病、气候变化等全球性问题需要各国合作起来共同应对，已经形成的全球产业链条不会轻易断裂。

内容提要

- 20 世纪 60 年代到 21 世纪初，世界货物贸易发展迅速，近年来处于比较平稳的发展态势；世界服务贸易也呈快速发展态势，但是贸易规模远小于货物贸易，2018 年世界服务贸易总额占世界 GDP 的比重还不到 7%。

- 我们将全部产品分为农产品、矿产品、制成品和服务，分析 1980—2018 年世界贸易产品结构变化。其中，农产品占比最低，且呈不断下降趋势，2018 年占比仅为 8%；矿产品的占比略高于农产品，也基本呈下降趋势，2018 年占比为 13%；制成品是世界贸易的主要产品类型，占比超过 50% 且较为稳定，2018 年占比为 55%；服务在世界贸易中的地位越来越重要，占比从 1980 年的 17% 上升至 2018 年的 24%。

- 我们以美国和中国前十大出口目的地与前十大进口来源地为例，分别阐述发达经济体和发展中经济体的贸易流向特征。美国和中国的主要贸易伙伴均是发达经济体。由于美国是《北美自由贸易协定》成员，所以加拿大和墨西哥是其主要出口与进口伙伴，这表明区域自由贸易协定在促进国际贸易发展中扮演着重要的角色。2018 年的数据显示，中国大陆是美国最大的进口来源地，这表明中国作为"世界工厂"为美国提供消费品。中国的出口目的地中发展中经济体占比明显上升，这表明中国不仅是中间品的进口大国，而且逐渐转变为中间品的出口大国，为发展中经济体的制造工厂提供上游中间投入品。

- 中国从 1992 年开始大幅削减进口关税，平均进口关税税率从 1992 年的 43.2% 下降至 2006 年的 10%，之后保持较为稳定的趋势，2018 年简单平均进口关税税率为 9%，而根据进口额加权的平均进口关税税率不到 5%。中国的进口关税水平低于印度、越南等发展中国家，甚至低于韩国这样的发达国家，相较于美国和日本 3% 左右的加权平均进口关税税率也高出不多，这表明中国进口关税税率已经处于较低的水平。

- 大国加征关税能够在一定程度上减少本国的福利净损失，甚至获取福利改善。小国和大国情形下出口补贴的福利效应分析表明，二者都将导致福利净损失，且后者由于使得本国的贸易条件变差而导致更大的福利损失。

- 大部分发展中经济体在第二次世界大战后采取了符合幼稚工业论和收益递增论等贸易保护理论的进口替代工业化战略，但是经济增长缓慢，甚至与美国的经济差距在不断拉大。为此，韩国、新加坡等国家和中国台湾、中国香港等地区率先实行了出口导向型战略，并且实现了经济起飞；随后，中国内地、墨西哥、印度等相继放弃进口替代工业化战略，实行对外开放，也迎来了经济快速增长。

关键概念

贸易开放度	全球价值链	加工贸易
贸易流向	进口替代工业化战略	一般贸易
货物贸易	关税及贸易总协定	名义保护率
服务贸易	出口导向型战略	有效保护率

出口补贴	自由贸易港	贸易条件论
出口退税	粤港澳大湾区	收益递增论
进口配额	自由贸易	国际贸易体系
技术性贸易壁垒	保护贸易	布雷顿森林会议
经济园区	绝对成本理论	全球金融危机
自由贸易试验区	比较成本理论	美国贸易保护主义
开放型经济新体制综合试点	要素禀赋理论	中美贸易摩擦
	幼稚工业论	世界贸易组织改革
"一带一路"倡议		

练习题

1. 请阐述在中华人民共和国成立之初中国采取进口替代工业化战略的背景和原因。
2. 请阐述幼稚工业论。
3. 请问加征关税一定会导致加征关税的国家福利受损吗?
4. 请分析完全市场竞争条件下进口配额的福利效应。
5. 第二次世界大战后,发展中国家逐步实行对外开放,请简述这一时期发展中国家的对外开放进程和取得的主要成就。
6. 请简述中国改革开放后至2008年全球金融危机前的主要贸易政策和贸易成就。
7. 请简述2008年全球金融危机后中国对外贸易增速放缓的主要原因。
8. 请从贸易保护理论的视角论述美国挑起中美贸易摩擦的主要原因。
9. 本章在阐述贸易流向时,以美国和中国为例来进行阐述与分析,请根据世界银行发达国家和发展中国家的划分标准,分析发达国家、发展中国家之间的贸易流向。

第十四章 汇率与国际金融体系

全球化背景下,世界各国的生产和经济活动密切相关,而汇率和国际金融市场是连接各国货币与实体经济的重要纽带。本章将具体介绍汇率的内涵和影响因素、汇率制度、国际金融体系等内容,以帮助读者了解汇率,以及中国的汇率制度和在外汇市场中的角色。本章具体安排如下:第一节,介绍外汇市场、长期汇率、短期汇率;第二节,引入资产预期收益率的概念,总结影响汇率的因素;第三节,梳理国际汇率制度的变迁,并对各个汇率制度做出评价。

第一节 汇 率

外汇市场和汇率是金融市场及经济社会生活的重要组成部分。我们先通过一个实际的例子,即2017—2018年美元兑人民币汇率的变化,来直观地了解汇率的变化。

从图14-1中可以看出,从2017年年初到2018年年末,人民币经历了大幅的先升值后贬值,这一方面反映了中国更加市场化、更加灵活的汇率制度,另一方面反映了在现实生活中汇率的大幅波动以及研究汇率的重要性。那么,就让我们通过对上述汇率大幅波动的分析,来初步了解汇率。

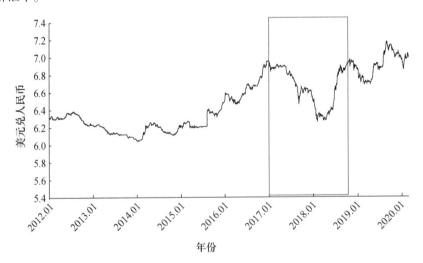

图14-1 美元兑人民币即期汇率走势

资料来源:Wind 数据库。

2017年2月至2018年3月,美元兑人民币汇率从6.86降至6.32,人民币升值了7.8%,

这是国外环境和国内因素共同作用的结果。

国外环境方面,进入 2017 年后美元指数开始进一步走弱,这主要是因为美国总统特朗普的经济增长刺激政策推进缓慢,特朗普政府高度反对强美元,希望通过低基准利率的政策来继续维持发达国家的高负债。与此同时,欧洲的政治局势相对平稳,没有再一次出现任何类似于脱欧之类的政治"黑天鹅"。在此大背景下,2017 年前 9 个月,美元指数一直不强反弱,累计下跌了 9.1%,跌幅之大堪比 1985 年的"广场协议",这其中都隐含着"美元弱、人民币强"的美元定价策略。

国内因素方面,从 2016 年下半年开始,中国实体经济日益企稳,PPI、GDP 增长触底后快速回升,物价基本稳定,就业好,企业盈利好。在此大背景下,从 2016 年年底开始,中国的宏观经济政策由"稳增长"逐渐变为"防风险",金融监管不断加强。

然而,从 2018 年 4 月开始,人民币对美元开启了一轮大幅贬值,6 月至 8 月人民币对美元贬值6%。人民币对美元的再度大幅贬值在很大程度上是中美贸易摩擦及风险情绪上升导致的。5 月底,中美两国自由贸易谈判宣告破裂,国内外贸易形势急转直下,中美两国货币政策的分化再度加剧,人民币对美元开始迅速贬值。8 月,中国人民银行重启了逆周期操作,但市场仍然对人民币实际汇率持有贬值预期。直到 12 月 5 日,G20(二十国集团)峰会中美两国领导人的会晤正式决定暂时中止贸易摩擦后,人民币对美元的汇率才开始止跌出现反弹。

综上所述,汇率可以在短时间内大幅波动,而其背后的原因又很复杂,包含汇率双方国家的经济增长、货币政策,世界其他国家的状况,以及很多政治性因素。因此,科学地了解和探讨汇率十分重要,本节将对外汇市场、长期汇率、短期汇率及其决定因素做一个介绍。

一、外汇市场

(一) 外汇汇率

汇率(Exchange Rate)是用一种法定货币衡量的另外一种法定货币的价格。汇率直接决定着各国的商品在国际市场和交易中的昂贵程度,从而直接决定着一国货币和商品的价格及其国际市场竞争力。外汇市场(Foreign Exchange Market)决定了购买属于外国的商品及其他金融资产的价格和成本,是进行各种货币兑换和交易的综合性金融市场。

1. 外汇交易的两种形式

外汇交易主要有两种形式,即现汇交易(Spot Transactions)和远期交易(Forward Transactions)。现汇交易是在 2 天内对外进行货币兑换的交易,主要使用的汇率是现汇汇率(Spot Exchange Rate);远期交易是在未来某个时间段内进行货币兑换的交易,主要使用的汇率是远期汇率(Forward Exchange Rate)。

2. 货币升值和贬值

升值(Appreciation)是指一国货币的实际价值上升;贬值(Depreciation)是指一国货币的实际价值下跌。以一国货币兑换美元为例,一国货币升值会导致该国货币兑换更多的美元,而货币贬值会导致该国货币兑换更少的美元。例如,2005 年 12 月 31 日人民币的价值为 0.124 美元,2013 年 12 月 31 日人民币的价值为 0.165 美元,人民币升值。同样,也可以说,美元的价值从 2005 年的 8.083 人民币下跌到了 2013 年的 6.094 人民币,美元贬值。

3. 直接标价法和间接标价法

直接标价法(Direct Quotation)是以一定单位的外币为基准来计算应付多个单位的本币的方法。一般情况下,我们用一单位外币可以兑换成多少单位本币来表示。直接标价法较容易理解,本币越值钱,外币可以兑换本币的数量就越少。目前,中国使用的就是直接对美元标价的方法,如 USD 1 = CNY 7.0117,即 1 美元兑 7.0117 人民币。

间接标价法(Indirect Quotation)与直接标价法互为倒数。间接标价法的目的是以一定单位的本币为基准,折合成若干单位的外国可兑换货币。如果能够兑换的外币数量减少了,则外币升值而本币贬值;反之,如果能够兑换的外币数量增加了,则外币贬值而本币升值。欧元、英镑、澳元等货币都采用间接标价的方法。

从规律上讲,采用哪种方法与一个国家的经济实力相关,一般是将经济实力比较强的国家放在前面。历史上因为英国较为强大,所以将英镑放在前面,即使后来英国被美国超越,也依然沿用了这种方法。

(二) 汇率的重要性

汇率波动影响国内外商品的相对价格,从而影响一个国家的国际市场规模和国际市场竞争力。例如,20 世纪 80 年代,美元走强,美国的商品变得昂贵,导致美国进出口企业的规模缩减和竞争力减弱。21 世纪以来,中国在国际市场中取得了巨大成就,一方面是因为中国加入世界贸易组织后实现了国际贸易的大幅增长;另一方面是因为人民币相对较低的国际汇率在当前的国际市场中具有一定的国际竞争优势。

假定中国制造商决定进口美国的一台机器。如果这台机器的价格为 10 000 美元,汇率为 USD 1 = CNY 6.5,那么中国制造商购买这台机器的成本为 65 000 元人民币(= 10 000 × 6.5)。现在假定中国制造商在两个月后才购买,那时人民币贬值,汇率变为 USD 1 = CNY 7,而机器的价格仍然为 10 000 美元,那么这台机器的人民币价格就上升到 70 000 元人民币(= 10 000 × 7)。

货币贬值有助于出口国的制造商在国际市场上生产和销售自己的商品,而外国商品在该国国内市场上的竞争力可能会下降。因此,一国的货币相对贬值,有助于该国扩大出口,依靠出口拉动本国的经济,但是货币贬值会极大地提高进口商品的价格,从而严重损害本国消费者的信心和利益。

二、长期汇率

(一) 经典理论

同其他任何在自由市场上交易的商品或资产相同,汇率是由外汇市场供给和需求共同决定的。

1. 一价定律

一价定律(Law of One Price)指出,当各个国家生产同质的商品,并且国际运输和国际贸易成本可以忽略不计时,该商品在全世界的价格是一样的,无论是在哪个国家或地区生产的。下文将用一个简单的例子来说明一价定律的内涵。

假定美国煤炭的价格是 100 美元/吨,中国煤炭与美国煤炭的质量相同,价格是 700 元人民币/吨。根据一价定律可以推导出汇率为 USD 1 = CNY 7,此时无论是美国煤炭还是中国煤炭,用汇率换算后在中美两国市场上的价格都是一样的。但是如果汇率为 USD 1 = CNY 14,中国煤炭在美国市场上的定价变为 50 美元/吨,而美国煤炭在中国市场上的定价变为 1 400 元人民币/吨,则此时中美两国的煤炭在世界范围内的定价就不一样了,但是因为中美两国煤炭的质量是相同的,所以人们会去购买价格便宜的中国煤炭而不是价格昂贵的美国煤炭。经过市场的需求调整,中美货币供给和需求达到均衡,得到均衡汇率为 USD 1 = CNY 7。

2. 购买力平价定理

购买力平价(Purchasing Power Parity)定理说明两国货币之间汇率的关系反映了两国物价水平的关系。结合上面的一价定律,购买力平价定理可以看作一价定律的普遍应用,是将具体某种商品的价格推广至整体的物价水平。

接着上面的例子,假定美国煤炭的价格维持在 100 美元/吨不变,而中国煤炭的价格上涨 10% 到 770 元人民币/吨。根据一价定律,汇率就变为 USD 1 = CNY 7.7,即美元相对于人民币升值了 10%(人民币贬值了 10%)。考虑将一价定律推广至整体的物价水平,如果中国的物价水平上涨了 10%,那么相应的,美元会升值 10%,因此可以说汇率的变动反映了物价水平的变动。可以看出,在购买力平价定理下,汇率和物价水平有一种类似相互"抵消"的反向变动,以保持同质的商品在任何情况下都有相同的"实际价值"。

购买力平价定理还可以从实际汇率的角度来理解。实际汇率是指剔除价格因素后,两国之间直接进行物物交换的比率。例如,在美国一件衣服的价格为 50 美元,在中国同样一件衣服的价格为 350 元人民币,当汇率为 USD 1 = CNY 7 时,该衣服在中国的价格为 50 美元,那么实际汇率就是 1。购买力平价定理成立代表实际汇率总是等于 1。

购买力平价定理在长期来看是相对正确的,例如从 20 世纪 70 年代开始,英国的物价水平相对美国是上涨的,相应的,美元相对于英镑是升值的,汇率和物价水平的运动方向是相反的,这与购买力平价定理说明的汇率和物价水平相互"抵消"的反向变动是一致的。

但是在短期内,购买力平价定理在现实中并不一定成立。这种理论与现实的差异在很大程度上是因为理论中的假设条件过于理想。购买力平价定理有两个前提假设:第一个是两国生产的商品是同质的,第二个是国际运输成本和国际贸易壁垒非常低。然而,这两个假设在现实中很难满足,因此购买力平价定理在很多时候被认为是不成立的。

(二)影响长期汇率的因素

影响一国长期汇率的因素主要有四个,即相对物价水平、贸易壁垒、对国内外商品的消费偏好,以及国内外商品的生产能力(如表 14-1 所示)。总体来说,如果某个因素导致相对于外国商品本国商品的需求增加,那么本币升值;反之,如果某个因素导致相对于外国商品本国商品的需求减少,那么本币贬值。

1. 相对物价水平

按照购买力平价定理,如果中国商品的价格相对上升,那么对中国商品的需求会减少,人民币贬值。而人民币贬值后,中国商品的价格会降低,从而拉动对中国商品的需求回升至均衡状态。如果中国商品的价格相对下降,那么对中国商品的需求会增加,人民币升值。

2. 贸易壁垒

按照购买力平价定理,如果一国的国际贸易壁垒升高,相对于本国商品的价格,进口商品的价格升高,则一国对其他国家进口商品的需求会减少,而对本国生产的本地商品的需求会相对增加,从而导致本国货币相对外国货币升值。常见的贸易壁垒形式包括关税和进口配额。

3. 对国内外商品的消费偏好

按照购买力平价定理,如果消费者对从国外进口的商品更加偏好,则消费者对从国外进口商品的需求会大于对本地商品的需求,导致本币贬值而外币升值;反之,如果消费者对本地生产的商品更加偏好,则消费者会购买更多的本地商品而不愿意购买从国外进口的商品,导致本币升值而外币贬值。

4. 国内外商品的生产能力

大量国际贸易领域的研究表明,如果一个国家的制造业生产能力有所提高,那么进行国际贸易的部门生产的贸易商品会增加,从而本国贸易商品供给增加,使得本国贸易商品价格相对于国外贸易商品价格下降,市场会增加对该国生产的贸易商品的需求,从而本国货币升值而外国货币贬值。

表 14-1 影响长期汇率的因素

因素	因素变动	汇率变动
相对物价水平	↑	↓
贸易壁垒	↑	↑
对国内外商品的消费偏好	↑	↑
国内外商品的生产能力	↑	↑

注:汇率变动是指本国货币的价值。

三、短期汇率

上文阐述了影响长期汇率的因素。长期汇率的影响因素变化较为缓慢,但是国际汇率每天都会发生巨大的波动,长期汇率的影响因素无法很好地解释这一现象。我们将在下文探讨和解释短期汇率的影响因素。

汇率是指两个国家货币的相对价值,而货币是一种资产,所以我们可以把汇率看作以一种资产衡量另一种资产的价格。国际外汇交易很多时候是以银行存款进行的,因此汇率也可以理解为以外国银行存款(以美元计价)表示的本国银行存款(以人民币计价)。因此,下文将从一国资产供给和需求的角度,对短期汇率的影响因素逐一进行深入的分析。

根据资产需求理论,资产的相对收益率是影响本币资产和外币资产需求的重要因素,假如人们预期本币资产的收益率比外币资产的收益率高,则本币资产的需求会相对增加,而外币资产的需求会相对减少,从而影响资产的相对价格,即汇率。

(一) 资产的相对预期收益率

现在,我们举一个简单的例子。假定我们有两笔投资,分别购买人民币资产和美元资产,现在需要比较两种资产的预期收益率。人民币资产的收益率是 4%,美元资产的收益率是 5%。

从美国投资者的角度来看,如果市场普遍认为人民币会升值 3%,那么用美元来计算,人民币资产的收益率就不再是 4%,而是 7%,其中包含了人民币的升值率 3%。用美元计算的人民币资产的收益率对比美元资产的收益率,得到人民币资产的相对预期收益率是 2%,即人民币资产收益率的 7% 与美元资产收益率的 5% 之差。

从中国投资者的角度来看,如果市场普遍认为人民币会升值 3%,那么用人民币来计算,美元资产的收益率就不再是5%,而是2%,其中剔除了人民币的升值率3%。用人民币计算的美元资产的收益率对比人民币资产的收益率,得到美元资产的相对预期收益率是2%,即人民币资产收益率的4%与美元资产收益率的2%之差。

由此,可以明显地看出,市场上无论是美国投资者还是中国投资者,无论用美元还是人民币来衡量收益率,资产的相对预期收益率都是一样的,市场上对美元资产和人民币资产的需求是一样的。如果资产相对预期收益率不同,那么市场上所有投资者都会选择持有相对预期收益率更高的资产。

(二) 利率平价条件

利率平价条件(Interest Rate Parity Condition)有两个重要前提:一是资本在各国之间可以自由流动;二是不同资产之间是可以完全替代的,即各项资产的风险和收益是一样的。此时,如果某项资产的相对预期收益率较高,则市场上所有的投资者都会去持有这项资产;反之,如果某项资产的相对预期收益率较低,则投资者都不愿意持有这项资产。因此,在资产的供给和需求达到均衡时,各项资产的预期收益率是一样的,即资产的相对预期收益率均为零。

假设即期汇率为 E_t,预期汇率为 E^e_{t+1},人民币的预期升值率为 $(E^e_{t+1} - E_t)/E_t$;人民币资产的收益率为 i^D,美元资产的收益率为 i^F,那么用美元计算的人民币资产的预期收益率(R^D)为:

$$R^D = i^D + (E^e_{t+1} - E_t)/E_t$$

用美元计算的人民币资产的相对预期收益率为:

$$相对 R^D = i^D - i^F + (E^e_{t+1} - E_t)/E_t$$

同理,用人民币计算的美元资产的预期收益率为:

$$R^F = i^F - (E^e_{t+1} - E_t)/E_t$$

用人民币计算的美元资产的相对预期收益率就为:

$$相对 R^D = i^D - [i^F - (E^e_{t+1} - E_t)/E_t] = i^D - i^F + (E^e_{t+1} - E_t)/E_t$$

利率平价条件为:

$$相对 R^D = i^D - i^F + (E^e_{t+1} - E_t)/E_t = 0$$

即

$$i^D = i^F - (E^e_{t+1} - E_t)/E_t$$

利率平价条件是指本币资产的预期收益率等于外币资产的预期收益率加上外币的升值率。通俗地讲,当本币资产的预期收益率高于外币资产的预期收益率时,市场会对外币有一个升值的判断,从而补偿外币资产较低的预期收益率,使得本币资产和外币资产在市场上同样受欢迎。

(三) 外汇市场均衡

我们已经对资产的相对预期收益率有了一定的认识和了解,并且推导出了基于资产预期收益率的利率平价条件。下面本部分将推导均衡汇率。

1. 美元存款的预期收益率

假设美元存款的收益率(i^F)为10%,市场预期未来人民币的汇率(E^e_{t+1})为 USD 1 =

CNY 6.5,如果现在人民币的汇率(E_t)为 USD 1 = CNY 7,那么得到人民币的预期升值率为 7.14%[=(7-6.5)/7],因此用人民币计算的美元存款的预期收益率(R^F)为 2.86%(=10%-7.14%)(如图 14-2 中的 A 点所示)。如果现在人民币的汇率(E_t)变为 USD 1 = CNY 6.5,那么此时人民币的即期汇率等于人民币的预期汇率,人民币不存在升值空间,用人民币计算的美元存款的预期收益率为 10%,不受汇率升值率的影响(如图 14-2 中的 B 点所示)。如果现在人民币的汇率(E_t)变为 USD 1 = CNY 6,那么得到人民币的预期升值率为 14.28%[=(7-6)/7],用人民币计算的美元存款的预期收益率为 24.28%(如图 14-2 中的 C 点所示)。

连接 A、B、C 三点,可以得到美元存款的预期收益率曲线 R^F。可以看出,此预期收益率曲线是向上倾斜的,即随着即期汇率的上升,美元存款的预期收益率也在上升。这是因为假定未来预期汇率不变,即期汇率的上升会降低人民币升值的可能性。

2. 人民币存款的预期收益率

以人民币表示的人民币存款的预期收益率不受汇率变动的影响,总是等于存款利率 R^D。假设人民币存款利率等于 10%,那么不管汇率是多少,人民币存款的预期收益率总是等于 10%,连接 D、B、E 三点,可以得到人民币存款的预期收益率曲线 R^D。

3. 市场均衡

当人民币存款的预期收益率等于美元存款的预期收益率,即两种资产的相对预期收益率为零时,利率平价条件可以满足,外汇市场达到均衡。

当市场汇率高于均衡汇率,即图 14-2 中 C 点表示的美元存款的预期收益率高于 E 点表示的人民币存款的预期收益率时,投资者为了追求高回报,会不再愿意持有低收益率的人民币存款,而去持有高收益率的美元存款,并在外汇市场上卖出人民币而买入美元。此时,外汇市场上会出现超额的人民币存款供给,从而会压低人民币存款的价格,即汇率会下降,从 USD 1 = CNY 6 贬值到 USD 1 = CNY 6.5,汇率贬值停止,此时市场汇率达到均衡汇率。

当市场汇率低于均衡汇率,即图 14-2 中 A 点表示的美元存款的预期收益率低于 D 点表示的人民币存款的预期收益率时,投资者为了追求高额回报,会不再愿意持有低收益率的美

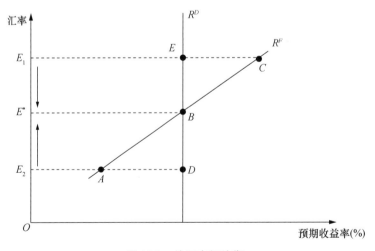

图 14-2 外汇市场均衡

元存款,而去持有高收益率的人民币存款,并在外汇市场上卖出美元存款而买入人民币存款。此时,外汇市场上人民币存款会供不应求,从而会抬高人民币存款的价格,即汇率会上升,从 USD 1 = CNY 7 升值到 USD 1 = CNY 6.5,汇率升值停止,此时人民币存款的预期收益率和美元存款的预期收益率相等。

相关资料
2020 年新冠肺炎疫情与美元指数

自全球新冠肺炎疫情暴发以来,美元指数在非常短的时间内经历了过山车一般的大幅上下波动。美元指数由 2020 年 1 月 31 日的 97 先升至 2 月 20 日的 99,后一度回落至 3 月 9 日的 96 左右,而 3 月 9 日至 3 月 20 日美元指数又一路高歌上升至 100 以上(如图 14-3 所示)。

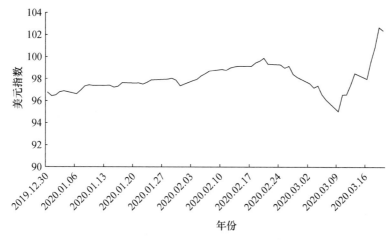

图 14-3 2020 年新冠肺炎疫情下的美元指数

美元指数及全球汇率的变化,很好地反映了资产相对预期收益率如何影响短期汇率。根据资产相对预期收益率,我们可以将疫情后美元指数走势分为三个阶段:

第一阶段,2020 年 1 月 31 日至 2 月 20 日,美元指数逐渐走强。第一,全球暴发新冠肺炎疫情对全球风险情绪产生了负面影响,但是美元作为全球的核心货币和主要的国际储备货币,具有明显的市场避险特征。此时,从安全性的角度来看,美元资产的相对预期收益率会高于其他资产,全球投资者会增持美元资产,比如大大增加美国国债需求,这就推升了美元指数。第二,美国相较于中国等最先暴发疫情的国家,在此阶段受到疫情的影响还是相对较小的。美国的宏观经济基本面相较于其他国家更加明朗,潜在的经济增速和国家生产率仍然相对较高,导致美元资产的相对预期收益率较高,从而美元升值,美元指数进一步走强。

第二阶段,2020 年 2 月 21 日至 3 月 9 日,美元指数应声走弱。第一,随着美国疫情的恶化,新冠肺炎疫情在美国快速扩散传播的速度超出了市场预期,宏观经济基本面随之恶化,市场对美国经济增长持悲观预期,导致美元资产的相对预期收益率降低,美元指数应声走弱。第二,美联储在非议息会议下大幅下调利率,开始施行宽松的货币政策。美国国内基准利率以及相应其他债券利率的降低,导致美元资产的相对预期收益率降低,美元应声贬值,美元指数走弱。

第三阶段,2020 年 3 月 10 日至 3 月 20 日,美元指数触底反弹开始小幅走强。第一,"股灾"后大量资金回流到了美国。随着 2020 年新冠肺炎疫情的暴发,全球各大股市大幅下跌,美国股市更是首次出现了连续"熔断"。此时,股票投资者在巨大亏损的情况下,大力地追求现金,而美国股市作为全球最重要的国际化股票市场,投资者对筹措现金的需求最为强烈。随着资金逐渐回流到美股市场,其他资产的价格开始下跌,投资者抛售其他资产而使得资金回流到美国股市①,即人们普遍预期美元资产的相对预期收益率会更高,美元指数随着资金的回流而走强。

第二节　汇率决定理论

由上文可知,汇率的决定因素是本币和外币资产的相对预期收益率,我们还是以人民币和美元存款的相对预期收益率来解释汇率随时间的变化,而相对预期收益率的变化又体现在人民币存款和美元存款供给和需求上面。如上文所述,汇率可以看作以一种资产衡量另一种资产的价格,那么汇率的变化就取决于对资产的相对需求和供给的变化。

现在,我们假定自己是一个投资者,在考虑是投资本币资产还是外币资产,那么决定我们如何投资的因素就是资产的相对预期收益率,如果本币资产的相对预期收益率高于外币资产的相对预期收益率,那么我们作为投资者会愿意持有本币资产,市场上对本币资产的需求会增加。再结合上文,对某种货币资产的相对需求和供给会决定汇率,因此研究影响汇率的因素,最重要的就是探究不同资产的相对预期收益率。

一、影响资产相对预期收益率的因素

在了解了资产相对预期收益率的重要性后,我们进一步探究什么会影响资产的相对预期收益率。

前文中我们已经推导出,本币资产的预期收益率可以分解为本币资产原本的收益率 i^F,剔除市场上对本币升值空间的判断 $(E^e_{t+1} - E_t)/E_t$。当本国汇率较低时,本币升值的可能性上升,即本币预期升值的幅度大,本币资产的相对预期收益率高,投资者对本币资产的需求增加。而在一段时间内,本币资产的供给可以看作相对不变的。所以,一般情况下,对于汇率主要关注资产需求。

如果汇率低于均衡汇率,则本币未来升值空间较大,本币资产的预期收益率较高,本币资产的需求增加,需求大于供给产生超额需求,即买入本币资产的人数多于卖出本币资产的人数,本币价值上升,直至超额需求消失,达到均衡汇率;同理,如果汇率较高,本币资产需求减少,本币价值降低。

下面,我们将从供给—需求的角度,分析汇率的变化及其背后的原因。假定本币资产的数量是固定的,即供给是固定的,那么只需要考虑影响本币资产需求的因素即可。

---

① 参见徐高:美国股市的流动性虹吸效应[EB/OL].(2020-03-20)[2021-05-18]. http://opinion.caixin.com/2020-03-20/101531358.html。

国外利率。假如美元存款的基础利率 i^F 上升,则在给定的即期汇率水平上,国外利率上升,外币(美元)存款相对于人民币存款的收益率上升,也就是说人民币存款的相对预期收益率下降,人们会更愿意持有较少的人民币存款,即对应每一汇率水平下的人民币存款需求减少了,人民币贬值。这也是符合直觉的,美元存款收益率上升,人们更愿意卖出人民币而买入美元,从而导致人民币价值下跌。

预期汇率的变动。假如预期人民币汇率 E^e_{t+1} 上升,则未来人民币存款的预期收益率上升,从而人民币存款的需求增加,导致人民币升值;反过来,假如预期人民币汇率 E^e_{t+1} 下降,则未来人民币存款的预期收益率下降,从而人民币存款的需求减少,导致人民币贬值。

国内利率。假如人民币存款的基础利率 i^D 上升,则导致人民币存款的收益率上升,推动人民币存款需求增加,在外汇市场上,人们对人民币存款出现了超额需求,导致人民币升值。

二、影响汇率的因素总结

上文阐述了影响汇率的因素,可以看出,在资产需求理论下,本币和外币资产的相对预期收益率是引起汇率变动的根源。下文将总结概括这些因素对汇率的影响:假定其他因素不变,任何一个因素的变动将引起本币和外币资产预期收益率的变化,从而导致均衡汇率的变化。

1. 国内外利率

如上文所述,国内和国外利率会影响资产的预期收益率,从而影响资产需求。国内基础利率上升,则会导致本币资产的预期收益率上升,国际市场上的投资者对本币资产的需求大大增加,从而导致本币升值;相反,国外基础利率上升,则会导致外币资产的预期收益率相应上升,而本币资产的预期收益率相对下降,从而国际市场上的投资者不愿意持有本币资产而愿意大量买入外币资产,此时本币资产供给大于需求,导致本币贬值。

2. 贸易壁垒

预期贸易壁垒增加会推动外币资产相对预期收益率下降,而本币资产相对预期收益率上升,推动本币资产需求增增加,导致本币升值。直观地理解,预期贸易壁垒增加将导致国内商品价格相对降低,而在国际市场上更加便宜的商品会更受欢迎,因此消费者对国内商品会更加追捧,从而导致国内商品需求增加,本币资产的预期收益率更高,推动本币资产需求增加,导致人民币升值。

3. 进出口需求

消费者会在本地商品和进口商品之间进行选择,如果更多的消费者选择进口商品,那么社会对本地商品的需求减少,从而国际市场上的投资者对本币资产的需求减少,导致本币贬值;如果更多的消费者选择本地商品,那么社会对本地商品的需求增加,从而国际市场上的投资者对本币资产的需求增加,导致本币升值。

4. 生产能力

预期国内生产能力扩张会推动本币资产需求增加,导致人民币升值。直观地理解,更强的生产能力可以削减生产成本,从而降低商品价格,在国际市场上国内商品因更加廉价而获得更多的订单,推动本币资产需求增加,导致人民币升值。

相关资料
人民币国际化与"一带一路"倡议

经济高速发展了40年后,中国已经积累大量的国际外汇储备。一方面,中国依靠劳动密集型产业大量出口而打造的经济基础,需要更多的投资手段进行增值;另一方面,在2008年全球金融危机后,美联储推出了量化宽松的货币政策,美国利率的下降导致美元急速贬值,3个月的时间美元指数就从88跌到了77,使得中国以美元计价的外汇储备损失了8.4%,如何避免过度依赖美元而带来的各种风险,变得非常紧迫。"一带一路"倡议、亚洲基础设施投资银行(以下简称"亚投行")与丝路基金,以及人民币国际化的进程,将大大提升中国资本的运作能力和效率,并且保证中国经济增长积累的财富不轻易受到国际汇率变化的冲击。

人民币国际化的进程

(一)第一阶段(2009—2014年):提高人民币流动性,扩大人民币需求

为了提高人民币在国际市场的地位,中国政府做了很多努力:

(1)推动跨境结算。国家鼓励中外直接投资企业在从事跨境金融服务贸易与直接境外投资时,采用人民币进行跨境结算,从而提高人民币的流动性,增加对人民币跨境结算的需求。

(2)兴建离岸市场,迅速地推动在中国香港、新加坡、伦敦、纽约、法兰克福、中国台北等世界各地陆续建立大规模的离岸人民币金融和交易中心,扩大境外非居民个人和企业对离岸人民币直接交易的需求。

(3)建立中央银行之间的双边人民币互换机制,增加对人民币的需求。

(二)第二阶段(2015年):加入特别提款权货币篮子

特别提款权(SDR)是国际货币基金组织根据缴纳额度、国力大小及国家经济水平的不同,将特别提款权按比例分配给180多个会员,可以用于会员之间的经济往来。2015年之前,有四种货币按照不同比例构成特别提款权:1个特别提款权=0.66美元+0.432欧元+12日元+0.111英镑,即只有这四种货币被称为国际化货币。

人民币要加入特别提款权篮子,需要满足两个条件:第一,中国成为世界最大的出口目的地,这一点中国已经满足;第二,世界上有人民币发债、人民币兑换和人民币存款,并且人民币随时可自由兑换。

针对以上要求,中国做了很多努力,例如对于人民币发债,2015年中国人民银行和国有商业银行发行了很多人民币债券,并开始允许外国中央银行进入中国外汇市场进行交易,不断增加人民币投资境外项目的金额。随着人民币发债数量以及人民币兑换数量的增加,对人民币存款的需求大幅上升。

针对人民币可自由兑换的要求,中国政府逐步完成了汇率中间价形成机制的改革,2015年8月11日,中国进行了第三次汇率改革,确定了"收盘汇率+一篮子货币汇率变化"汇率中间价形成机制。①

最终,在基本满足上述条件、实现市场利率自由化、逐步实现国际汇率自由化之后中国就完全满足了人民币成为可自由兑换货币的国际要求。2015年11月30日,国际货币基金组织批准人民币加入特别提款权货币篮子,并于2016年10月1日正式生效。继美元、欧元、日元和英镑

---

① 参见中国人民银行.完善人民币兑美元汇率中间价报价吹风会文字实录[EB/OL].(2015-08-13)[2021-05-19]. http://www.pbc.gov.cn/goutongjiaoliu/113456/113469/2927856/index.html.

之后,人民币成为第五种国际化货币。① 图 14-4 表明跨境贸易人民币业务结算金额稳步上升。

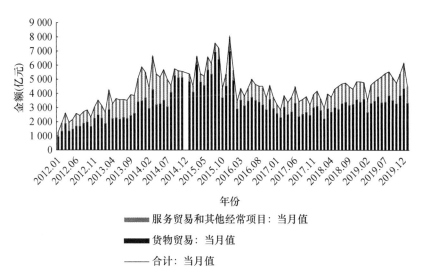

图 14-4 跨境贸易人民币业务结算金额

资料来源:Wind 数据库。

(三) 第三阶段(2016 年至今):人民币国际化路漫漫

上海黄金交易所(以下简称"上金所")是经国务院批准,由中国人民银行组建,专门从事黄金交易的金融要素市场,于 2002 年 10 月正式运行。

2014 年 9 月,上金所启动国际板,成为中国黄金市场对外开放的重要窗口;2016 年 4 月,上金所发布全球首个以人民币计价的黄金基准价格"上海金",有效提升了中国黄金市场的定价影响力;近年来,上金所还配合国家"一带一路"倡议,积极落实与相关省份和沿线国家、地区黄金市场的全方位对接及战略合作,中国黄金市场的竞争力及影响力日益增强。2018 年,上金所黄金交易量居全球交易所市场第二位。

另外,中国努力进一步拓展境外机构与投资者在中国能够购买和持有的人民币资产的种类、数量及规模。2018 年,彭博宣布逐步将中国国债和政策性金融债纳入彭博巴克莱全球综合债券指数,将中国 A 股纳入 MSCI 新兴市场指数。由图 14-5 可知,人民币直接投资结算业务金额稳步上升。

人民币国际化与"一带一路"倡议

人民币走向国际化的大进程伴随着近年来中国"一带一路"倡议的正确提出和贯彻实施,人民币走向国际化与"一带一路"建设是相辅相成的,而亚投行和丝路基金作为"一带一路"建设的重要经济支撑与组成部分,对于加快人民币国际化的进程起到了很大的推动作用。

一方面,"一带一路"建设可以加快人民币国际化的进程。在"一带一路"沿线进行经济和贸易合作、基础设施投资、产业园建设等活动,可以促进使用人民币来计价与结算;"一带一路"沿线国家和地区的机构投资者将加快中国金融市场的开放,努力拓展人民币在沿线国家

---

① 参见国际货币基金组织批准人民币加入特别提款权货币篮子[EB/OL]. (2015-12-01) [2021-05-19]. http://world.people.com.cn/n/2015/1201/c157278-27874361.html。

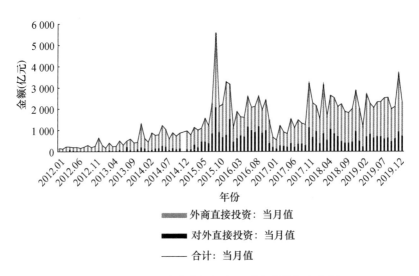

图 14-5　人民币外商直接投资和对外直接投资金额
资料来源：Wind 数据库。

和地区的真实需求,从而使得非居民持有人民币的动机不仅限于套利;国际社会投资人民币带来的买入和卖出,可以帮助人民币尽快实现正常化的汇率双向波动,从而帮助人民币逐渐成为国际社会认可的国际化货币。

另一方面,人民币国际化也会进一步帮助"一带一路"倡议的实施。如果人民币可以成为被国际社会认可的国际化货币,那么在"一带一路"建设中,无论是亚投行、丝路基金还是国内外各个企业,都会更多地使用人民币进行股权投资、人民币债券投资、借贷等,从而创造多条投融资渠道;也可以方便丝路基金更好地直接进行股权投资;方便中国在"一带一路"沿线国家和地区开展相关项目合作,无论是直接的项目投资,还是后期的项目人员管理等,如果能够直接以人民币开展业务,则都可以带来极大的便利。

人民币国际化与"一带一路"建设相辅相成的作用体现在很多方面,比如"一带一路"沿线国家和地区的经贸往来与人民币国际结算,"一带一路"沿线国家和地区的能源期货合作与"人民币—石油"机制的建立,"一带一路"沿线金融发展与人民币在金融开放中的作用等。总体来说,"一带一路"建设中存在巨大的空间和机遇,可以在很大程度上帮助人民币实现国际化。

1. 加强"一带一路"沿线国家和地区的经贸往来,推动人民币国际结算

货币结算是人民币最为基础的功能,"一带一路"倡议可以在实际的经贸往来中,挖掘人民币的真实需求,巩固人民币在经常项目下跨境结算的交易需求。依托于较强的区域经济优势互补性及良好的经贸和投资往来,中国与"一带一路"沿线国家和地区的电子商务合作具有强劲的市场发展潜力。自 2013 年起,中国与"一带一路"沿线国家和地区的经贸来往大幅增加。东盟作为中国"一带一路"倡议的重要战略合作伙伴,其与中国的货物贸易量已经完全超越美国和整个欧洲,东盟在 2019 年已经成为中国最大的进出口贸易合作伙伴。另外,除了在农产品与实物的进出口贸易领域大力支持使用和推行人民币,中国也希望"一带一路"沿线国家和地区支持人民币在跨境电子商务及金融领域的推广与使用,以充分发挥中国具有相对比较优势的跨境电子商务行业的作用和优势,鼓励企业在跨境电子商务门户网站、跨境电子商

务支付交易系统等方面采用美元—人民币双标价,推动采用人民币结算。

2019年,中国与"一带一路"沿线国家和地区的货物贸易进出口总额超过1.3万亿美元,增幅达6%,占中国国际贸易进出口总额的比重提升2个百分点达到29.4%;国际贸易物流通道更加畅通,累计全年开行中欧班列超过2.1万列,通达了欧洲与东南亚大陆18个沿线国家、57个地区和城市;建立国际陆海贸易新通道,以广西、云南、贵州、四川、重庆、甘肃、青海、新疆、陕西等中国西部相关省区市为关键节点,利用铁路、海运、公路等运输方式,向南通达新加坡等东盟主要国家,向东连接东北亚、北美等区域,向北与重庆、兰州、新疆等地的中欧班列连接。

截至2019年年底,中国与168个国家和国际组织签署了200份共建"一带一路"合作文件;此外,中国与8个国家建立了贸易畅通工作组,与40个国家建立了投资合作工作组,与22个国家建立了电子商务合作机制,与14个国家建立了服务贸易合作机制,与14个国家签署了第三方市场的合作文件。[①] 由图14-6可知,中国与"一带一路"沿线国家和地区,特别是东盟国家的贸易量快速增长。

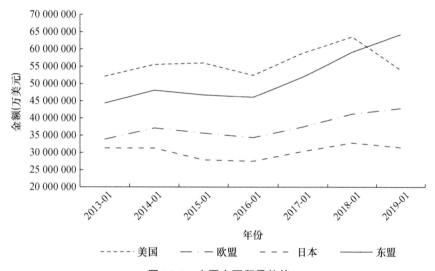

图14-6 中国主要贸易伙伴

资料来源:Wind数据库。

2. 发展"一带一路"产业示范园区,促进"走出去"企业的人民币投融资

"资本输出"和"跨国公司"的投资模式结合起来可以有效地帮助实现人民币的国际化,而"一带一路"沿线产业示范园区的建设和投资就是一个很好的实践。

第一,在投资方面,产业示范园区的建设可以促进更多中国企业在直接投资中充分使用人民币。2019年,中国在"一带一路"沿线对56个国家非金融类直接投资150.4亿美元,占同期总额的13.6%,占比进一步提高,主要投向新加坡、越南、老挝、印度尼西亚、巴基斯坦、泰国、马来西亚、阿联酋、柬埔寨和哈萨克斯坦等国家;中国企业在"一带一路"沿线的62个国家新签对外承包工程项目合同6944份,新签合同额1548.9亿美元,占同期中国对外承包工程新签合同额的59.5%,同比增长23.1%;完成营业额979.8亿美元,占同期总额的56.7%,同

---

① 参见商务部.2019年"一带一路"工作取得六方面积极成效[EB/OL].(2020-01-21)[2021-05-19]. https://baijiahao.baidu.com/s? id=1656310305436849833&wfr=spider&for=pc。

比增长 9.7%。① 由图 14-7 可知,中国对外承包工程完成营业额稳步增长。中国在"一带一路"沿线国家和地区对人民币进行直接投资,可以扩大当地企业对人民币的国际流通和直接投资使用的规模。由图 14-8 可知,中国对外直接投资稳步增长。

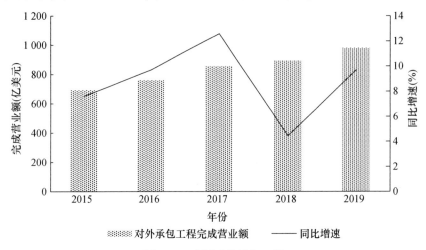

图 14-7 中国对外承包工程

资料来源:中国商务部。

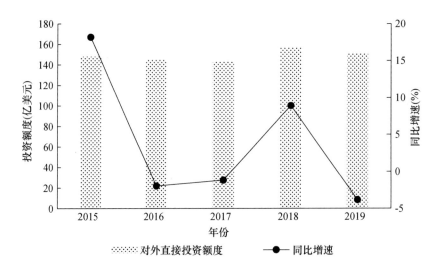

图 14-8 中国对外直接投资

资料来源:中国商务部。

第二,在金融方面,"一带一路"基础设施建设、产能对接合作等各个领域存在巨大的资金缺口。根据国务院发展研究中心"一带一路"基础设施与联通战略研究项目课题组的估算,2016—2020 年,"一带一路"沿线国家和地区对基础设施的合意直接投资市场需求至少为 10.6 万亿美元。基础设施建设的资金缺口产生了大量的融资需求,为推动人民币的国际化提供了良好的契机。"一带一路"建设中各国可以通过银团贷款、丝路基金、产业投资基金、国际

---

① 2019 年我对"一带一路"沿线国家投资合作情况[EB/OL]. (2020-01-22)[2021-05-19]. http://fec.mofcom.gov.cn/article/fwydyl/tjsj/202001/20200102932470.shtml,访问时间 2020 年 8 月。

政策性金融债券、公私合营等多种方式直接进行人民币融资,从而提高人民币结算的计价比例。

3. 开展"一带一路"沿线国家和地区的能源合作,积极探索能源人民币计价

"一带一路"沿线国家和地区石油、天然气、矿产等能源资源丰富,在国际能源交流与合作中积极推进以人民币计价市场前景广阔。

目前,中国石油产品以人民币计价的研究和尝试已经有序地开展。中东、中亚国家及俄罗斯均为石油生产大国,而中国分别是第二大石油消费国和第一大原油进口国,双方的互补性强,建立"石油—人民币"机制可以促进人民币的国际化。2014年8月,俄罗斯宣布从东西伯利亚—太平洋石油管道输送到中国的原油以人民币结算。①

2018年3月,中国原油期货在上海国际能源交易中心正式挂牌交易,以人民币计价。俄罗斯、伊朗等国是中国的主要原油进口国,这些国家已经采用人民币结算。目前,布伦特和WTI(美国西德克萨斯轻质中间基原油)是世界最重要的基准原油,但是它们均以美元计价。中国原油进口正在快速增长,有望赶超美国,那么以人民币计价的中国原油期货将越来越重要,逐渐成为又一大原油基准。②

4. 加强"一带一路"金融建设,开展"在岸—离岸"互通合作

为了进一步提升和优化人民币在国际金融市场中的作用和地位,中国应当不断创新人民币产品,包括存款、债券、股票、期货、期权等,并进一步加大国际离岸人民币市场和在岸人民币市场的互通。

国际离岸人民币市场是境外人民币投资的重要渠道,随着"一带一路"建设的推进,除了全球已经很成熟的国际金融中心和离岸人民币市场,可以建立更多的国际离岸人民币市场,带动投资者产生更多的人民币需求,如存贷款、债券、股票等,未来可以进一步提高"一带一路"沿线国家和地区的RQFII(人民币合格境外机构投资者)范围及投资额度。

而在岸—离岸人民币市场的互联互通,可以吸引更多的资金进入中国。"沪港通""深港通""债券通"等相继开通,额度的限制逐渐取消,加强了在岸—离岸人民币市场的对接与互联互通。在岸—离岸人民币市场的互联互通,可以吸引更多的"一带一路"沿线国家和地区的企业与居民对中国金融市场进行投资,吸引更多的境外资金进入中国,同时提升人民币在国际金融市场中的地位。

而"一带一路"建设需要大量的资金,亚投行和丝路基金的建立旨在为"一带一路"建设提供充足的资金以及优良的产业链与金融服务,并希望通过资金支撑"一带一路"建设,大力促进和推动人民币的国际化。

亚投行和丝路基金的建立推动了人民币的国际化,主要体现在以下两个方面:第一,提高了中国在国际社会中的话语权。目前,国际事务与秩序主要由美欧等发达国家主导,忽视了新兴经济体的作用与重要影响。在世界银行和国际货币基金组织这两个重要的国际经济组织中,美国都占有很大的政治主导权,甚至有一票否决权。亚投行的成立可以提高发展中国家在国际金融体系中的地位,为"一带一路"沿线广大的发展中国家和地区提供资金,支持这些国家和地区的基础设施建设及其政治与经济发展。第二,促进了国际贸易中使用人民币进行计价和结算。细数国际历史上的核心货币,无论是英镑、美元还是日元,都经历过货币国际

---

① 参见中国用人民币结算从俄罗斯进口原油[EB/OL].(2015-06-14)[2021-05-19]. http://world.people.com.cn/n/2015/0614/c157278-27150646.html。
② 参见中国原油期货正式挂牌交易[EB/OL].(2018-03-26)[2021-05-19]. http://energy.people.com.cn/n1/2018/0326/c71661-29889163.html。

化的过程,这些货币成为国际化货币往往伴随着该国逐渐成为国际贸易中心的过程,大规模的国际贸易带来使用该国货币进行计价和结算。"一带一路"建设以及亚投行和丝路基金可以很好地促进中国与沿线国家和地区的经济贸易,并且在一个区域性国际组织中更好地推广人民币。

第三节 国际金融体系

一、国际汇率制度及其变迁

现行的汇率制度主要有两类:固定汇率制度和浮动汇率制度。固定汇率制度(Fixed Exchange Rate Regime)是指一国的货币与另一国的货币之间的汇率是固定不变的。在货币局制度中,本国的货币钉住一种强势货币,与之建立固定汇率,这种强势货币被称为锚货币,因为汇率是固定的,所以本国货币必须随着锚货币升值而被迫升值,随着锚货币贬值而被迫贬值。

浮动汇率制度(Floating Exchange Rate Regime)是指一国的货币与其他国家的货币之间的汇率是浮动变化的,没有任何一种固定的汇率。有管理的浮动制度(Managed Float Regime)是指在浮动汇率制度的基础上,一国政府通过买卖外国资产对外汇市场进行干预,从而影响汇率。

(一) 固定汇率制度

1. 金本位制度

金本位制度(Gold Standard)是一种固定汇率制度,即各国的货币按照固定比率兑换黄金,因为各国的货币与黄金之间有固定的联系,在金本位制度下,各国的货币之间也有固定的汇率。

金本位制度有很多优点,最主要的就是有利于贸易发展。固定的金本位制度消除了汇率波动带来的不确定性,从而有利于各国之间进行贸易活动,并进行结算。

当然,金本位制度也有一些缺点,比较突出的有限性问题之一就是各国黄金的资源利用有限性。不同时期黄金的开采和利用状况不同,各国的经济和货币政策因此发生变化。比如,19世纪七八十年代,黄金的开采和供给规模有限,从而各国货币的供给增长较为缓慢,滞后于各国的政治、经济和社会发展,导致了通货紧缩,整体物价水平进一步下降。进入19世纪90年代,世界多地陆续加大了对黄金的开采,导致各国货币的供给随着黄金开采和供给的增加而进一步增加,最终导致了通货膨胀,整体物价水平进一步上升。因此,金本位制度在很大程度上受到了黄金开采和供给的制约,并且由于黄金本身是一种不可持续再生的资源,无法很好地满足全球政治和经济不断增长与发展的需要,因此可能带来货币供给的不断紧张。

2. 布雷顿森林体系

(1) 布雷顿森林体系简介。布雷顿森林体系是第二次世界大战后以美元为中心的国际货币体系,一直持续到1971年。1946年,《布雷顿森林协定》正式生效,美国作为第二次世界大战的战胜国以及第二次世界大战后最大的自由市场经济体,在布雷顿森林体系中拥有很高的国际地位。由于美国当时已经拥有超过世界一半的黄金储备,因此布雷顿森林体系下的固定汇率制度就建立在美元与黄金的固定兑换比例上,35美元可以直接兑换1盎司黄金。

(2) 布雷顿森林体系的建立与美元霸权。20世纪30年代,金本位制度结束,英国作为当时世界经济活动领导者的时代终结。布雷顿森林体系直接确立了美元作为世界货币的重要地位。美元成为核心货币,是国际贸易中的通用货币和国际储备货币,美国从中获得的好处不言而喻。因为美元是世界货币,所以美国可以在维持经常账户赤字的情况下,依然不担心美元贬值,这使得美国国债始终在国际市场上具有吸引力,美国可以不断地通过发行债务来维持经济增长。主要依赖出口的国家为了维持本国商品在国际市场的价格优势,会倾向于维持货币相对于美元的低价值,因此会买入美元来防止本币升值,积累美元外汇储备。而这些拥有大量外汇储备的国家,反过来会购买美国国债,这既是因为美元和美国的全球霸主地位,又是因为美国自身的科技发展,美国国债和美国其他资产有较强的吸引力。可以说,美国可以在使用宽松的货币政策大力刺激经济的情况下,无须过度担心通货膨胀,财政政策也因此拥有很大的空间。

(3) 布雷顿森林体系的瓦解。1959年,当时的美国总统候选人肯尼迪在其竞选过程中,对美元霸权地位的态度不够坚定,国际社会对美元的信心受到打击,形成了美元贬值压力,大选前美元一路贬值而黄金一路升值,黄金的价格曾上升至40美元/盎司,即美元与黄金兑换脱钩,各国出现黄金挤兑。随后1965年,越南战争爆发,美国的军事费用大幅增加,美国资本账户盈余收缩,国际社会对美元贬值预期进一步加强。1971年,国际货币基金组织通过了《史密森协定》,黄金和美元的兑换率由35美元/盎司变为38美元/盎司,美元贬值而其他货币升值,布雷顿森林体系瓦解。导致布雷顿森林体系瓦解的直接原因是黄金对美元的官方价格很难维持。首先,国际社会逐渐开始关注美元的实际价值是否能够兑换官方标定含量的黄金。当国际社会出现一些经济波动时,各国中央银行会在恐慌下兑换黄金,导致美国黄金储备量越来越少。1947年,美国大约拥有世界上70%的黄金,而到了1968年,美国黄金储备量已经下降到25%。这种现象的出现与各个国家建立黄金总库有较大的关系,美国和其他成员需要拿出一定的本国黄金储备筹建一个黄金总库,但是除美国之外,其他成员向黄金总库中注入的黄金总是无法达到目标值,而这些国家又有权利从黄金总库中提取黄金。1968年,法国宣布退出黄金总库。其次,国际社会对美元信心受挫,美元的世界货币地位受到动摇。如上文所述,由于处于世界霸权地位,而美元又作为世界货币,因此美国拥有很多特权,这导致美国可以拥有独立的财政政策和货币政策而不用担心国际汇率的影响,也可以通过发行美国国债让世界其他国家为其经济发展给予信贷支持。然而,美国这种通过无节制印刷美元维持自身经济发展而不担心经常项目赤字以及其他带来美元贬值的行为,逐渐让世界各国意识到自己在不断替美国买单。各国开始要求美国施行一定的紧缩货币政策,从而提高美元的国际市场价值,使得其他各国拥有的美元外汇储备不会大幅缩水而失去价值。最后,国际社会对美元霸权地位的质疑诱发了另一种世界货币——特别提款权(SDR)的产生。1968年,法国向国际货币基金组织提出创立 SDR 作为新的世界货币,这标志着美元的世界货币地位受到了巨大的挑战。由图 14-9 可知,美国的黄金储备一直较为稳定,即使在布雷顿森林体系瓦解后,仍然维持在一个较高的水平;而 SDR 储备相对于黄金一直较少,但是在 2008 年全球金融危机后 SDR 储备大幅增加。相较于美国,法国作为 SDR 的主张者以及美元权威的挑战者,黄金储备一度只有不到 30 亿美元,但是在 2008 年全球金融危机后,也大幅增加了作为避险资产的黄金;另外,法国的 SDR 储备一直高于美国,特别是在 2008 年金融危机后,法国不仅增加了黄金储备,还大幅增加了 SDR 储备,一度高于黄金储备,这足以说明美元作为曾经的世界货币,重要性在降低。除了上述的"直接导火索",如果探究布雷顿森林体系瓦解的深层次原因,可以追溯到这一货币体系自身无法克服的问题,学术界称其为"特里芬"难题。这个难题由美国经济学家罗伯特·特里芬(Robert Triffin)于 20 世纪 60 年代提出:美元作为世界货币,如果想维持大家对美元的信心,美国需要保持一个与黄金稳定的兑换价,这就需要美国保持经常账户顺差以防止美元贬值。但是,美元作为世界货币,需要被用在国际贸易中作为结算货币,美元会在世界各国作为外汇储备积累下来,那么美国的经常账户就会形成逆差。这就造成了相悖的情况,也就是美元的两难问题,注定造成布雷顿森林体系的不可持久性。

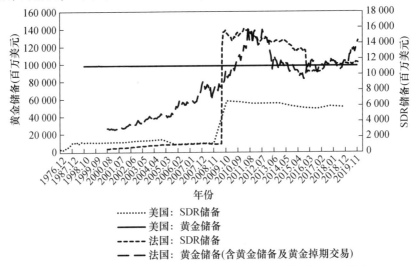

图 14-9 布雷顿森林体系瓦解后美国和法国的黄金与 SDR 储备

资料来源:Wind 数据库。

3. 牙买加体系

(1) 牙买加体系简介。布雷顿森林体系瓦解后,1976 年国际货币基金组织签订了《牙买加协议》,并通过了《IMF 协定第二修正案》,这标志着新的国际货币体系的形成。

(2) 牙买加体系的特点。《牙买加协议》的三个核心:一是承认浮动汇率制度;二是取消了黄金的官方定价;三是允许成员之间进行特别提款权的交易。不同于之前的货币体系,将英镑或美元作为世界货币,牙买加体系的核心特征是"无核心",主要体现在以下三个方面:第一,《牙买加协议》正式宣布国际货币基金组织各成员之间及其与国际货币基金组织之间,不再必须用黄金处理债权债务交易。第二,《牙买加协议》后,各国货币的价值与黄金实现了脱钩,在理论上,国际主要货币应当处于相同的地位,美元不再是世界货币。不过,由于美国相对较强的综合国力,美元仍然处于核心地位。第三,国际汇率制度趋于自主化和多元化。世界各国可以自主制定和选择自己的汇率制度,国际货币基金组织将目前世界各国的固定汇率制度分为三类,分别是盯住固定汇率制度、有限灵活性固定汇率制度和浮动汇率制度。牙买加体系的这种灵活和多元化的特征,对世界各国产生了重要影响:第一,国际储备资产的种类越来越多。之前,国际储备主要是黄金、美元、特别提款权,但是在牙买加体系形成后,国际储备资产的种类不断增加,除了原本的世界货币美元,欧元、英镑、日元等也变成了硬通货,世界上越来越多的国家开始认可这些主要发达国家的货币。第二,浮动汇率制度调节国际收支失衡问题。许多国家开始实施浮动汇率制度或较为灵活的固定汇率制度,因此可以通过调节汇率来调整国际收支的失衡问题。第三,各国中央银行货币政策影响力扩大。各国中央银行可以通过货币政策来调整基准利率,从而影响本国市场及国际市场的资金流动;也可以通过货币政策刺激经济,从而通过影响消费来影响经常账户。

(3) 牙买加体系的缺陷。牙买加体系的缺陷体现在金融和消费集团与生产性集团之间的利益冲突,以及外汇储备巨额增长与全球贸易失衡加剧了。因为美国在牙买加体系中仍然处于相对核心的位置,所以美国可以继续从中获取经济利益。在取消黄金官方定价后,实际上美国发行美元变得更加轻松和缺少约束。根据上文的分析,美国肆意发行美元本质上是让其他国家为其经常账户赤字买单。21世纪初的中国就如同20世纪50年代的日本和德国,作为出口导向的工业化国家,中国靠出口低价的产品实现了经济增长,获得了大量的外汇储备,但是由于美元仍然处于核心地位,很多国际贸易是使用美元结算的,并且美国国债背靠国家信用是安全的资产,中国使用大量的外汇储备购买了美国国债。这就造成了一种现象,中国作为生产性集团的代表,在给以美国为代表的金融和消费集团的信贷买单。金融和消费集团与生产性集团的利益冲突仍然严峻。同时,全球的外汇储备一路走高,这其实是全球贸易失衡的表现。经常账户顺差国和逆差国不断扩大各自的失衡,导致外汇储备猛增,而现有的国际货币体系没有很好的监督和管理制度可以调节这种失衡,全球贸易失衡加剧。

知识链接
《布雷顿森林协定》与国际组织

国际货币基金组织是在布雷顿森林会议上协定成立的,于1945年在华盛顿正式成立。其职责是:维持全球汇率稳定;向危难中的国家提供贷款援助;在货币政策、财政政策等方面提供专业的培训和技术援助。

世界银行(World Bank)也是在布雷顿森林会议上协定成立的,于1945在华盛顿正式成立。其职责是:协助成员方经济的复兴与建设;促进私人对外投资,通过担保或参加私人贷款;协助成员方提高生产能力,促进国际贸易和国际收支改善;提供贷款保证。

关税及贸易总协定(GATT)同样是在布雷顿森林会议上协定成立的,于1949年在瑞士日内瓦正式成立。其职责是管理全球的关税与配额,后来演变成世界贸易组织。

(二) 浮动汇率制度

1. 有管理的浮动汇率制度

布雷顿森林体系瓦解后,许多国家开始实行有管理的浮动汇率制度,即一国货币当局按照本国经济利益的需要,不时地干预外汇市场,以使本国货币汇率升降朝有利于本国的方向发展的汇率制度。

不同的国家情况不同,对外汇市场的干预方式也不同。随着全球化的推进,各国之间的贸易不断增加,一些国家成为国际收支顺差国,而另一些国家成为国际收支逆差国。国际收支顺差国主要通过出口商品而获得经济增长,所以希望本国货币和出口的顺差商品在国际市场上具有一定的竞争力,因此本国货币当局一般希望本国货币不要相对升值太多,从而会通过在国际外汇市场上卖出本国货币来维持其汇率长期处于较低的状态,卖出本国货币意味着它们增加了国际外汇储备(如美元)。而国际收支逆差国因为需要大量进口外国商品,所以希望进口的外国商品相对便宜且本国货币的购买力较强,因此本国货币当局一般希望本国货币价值相对较高,从而会通过在国际外汇市场上买入本国货币来维持本国货币的相对升值,买入本国货币意味着它们减少了国际外汇储备(如美元)。

2. "不可能三角"

经典的经济学理论告诉我们,一国不能同时采取以下三种政策:自由的资本流动,固定的汇率制度,独立的货币政策。经济学家将这一结论称为"不可能三角"(Impossible Trinity)。

假定一个小国将汇率与一个大国的预期锚货币直接挂钩,这可能会使小国丧失对货币政策的有效控制。如果大国实施了紧缩性的货币政策(如提高利率),则进而可能引起大国预期锚货币的升值和小国货币的紧缩性贬值。此时,锁定预期锚汇率的小国会意外地发现其货币被其他国家高估,因此小国将不得不出售其锚货币,购买其他国家货币,以有效地阻止预期锚货币贬值。一个小国无法决定货币政策,因为其基础货币利率会跟随大国货币政策下的利率而变动,从而保持固定的汇率。

针对"不可能三角",一个政府有三种货币政策选择:自由的资本流动+独立的货币政策(比如美国);自由的资本流动+固定的汇率制度,但是放弃了独立的货币政策(比如中国香港);固定的汇率制度+独立的货币政策,但是会实施一定的资本流动管制(比如中国内地)。

相关资料
人民币汇率制度的演变

人民币汇率制度主要经历了1994年汇改、2005年"721汇改"和2015年"811"汇改这三次重要的改革,中国逐步从过去的固定汇率制度演变为现在的有管理的浮动汇率制度,逐渐实现了人民币汇率市场化和自由化的目标。

1994年第一次汇改

- 汇改背景:双轨制的寻租腐败现象

中国的汇率制度在一个长期盯住美元/"一篮子"主要货币的单一固定汇率制度后(1953—1980年),经历了两个阶段的双重固定汇率制度,分别采用的是"官方汇率+贸易内部结算汇率",以及"官方汇率+调剂市场结算汇率"。然而,双轨制给政府带来了很多问题,两个阶段调剂市场汇率的差距使得寻租腐败现象日益猖獗。

- 汇改内容:并轨

1994年1月1日,中国人民银行取消了之前施行的汇率双轨制,将人民币对美元汇率定在USD 1 = CNY 8.68(之前官方汇率为USD 1 = CNY 5.8,调剂市场汇率为USD 1 = CNY 8.6),并将当日境内人民币对美元汇率的日内区间波动幅度限制在±0.3%。

- 汇改成效:贸易、直接投资、外汇储备全面优化

经常账户逆差变为顺差,汇改当年中国经常账户就实现54亿美元的贸易顺差(如图

14-10所示);外商直接投资大幅增加,直接投资顺差进一步扩大,直接投资顺差与 GDP 之比上升;当年外汇储备存款余额大幅增加。

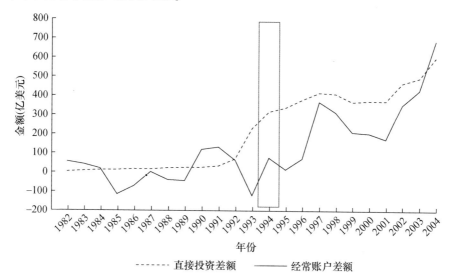

图 14-10　1994 年第一次汇改后中国经常账户和直接投资改善
资料来源:Wind 数据库。

2005 年第二次汇改

- 汇改背景:国际收支双顺差扩大,人民币升值压力大

第一,经常账户顺差规模扩大。2001 年中国正式宣布加入世界贸易组织,中国的经常账户顺差规模逐渐扩大,由 2000 年的 205 亿美元大幅扩大至 2005 年的 1 324 亿美元。

第二,金融账户顺差扩大。由于美国经济受到"911"事件和互联网泡沫彻底破灭的双重冲击,美联储在 2001 年一年间连续降息 11 次,此后一直维持低基准利率,而当时中国经济进入高速增长阶段,GDP 年均增速在 10% 以上。境内外利差拉大,外资开始大举进入中国金融市场,导致中国金融账户的顺差规模显著扩大。

国际收支双顺差带来了国际外汇储备的快速增长,而人民币实际汇率却依旧处于 USD 1 = CNY 8.27 的合理汇率水平,人民币短期内面临较大的货币流动性和货币升值压力。

- 汇改内容:参考"一篮子"货币而非美元,主动升值

2005 年 7 月 21 日起,中国开始实行以市场供需为基础、参考"一篮子"货币进行调节、有管理的浮动汇率制度,人民币汇率不再盯住单一美元,对每日结算人民币对离岸美元汇率的中间价进行一次性重新评估。

- 汇改成效:国际收支再平衡

人民币对美元一直在循序渐进地升值。从 2005 年汇改政策实施初期到 2014 年年初,人民币对美元的名义汇率由 USD 1 = CNY 8.11 升至 USD 1 = CNY 6.04,累计两次升值 25.5%(如图 14-11 所示);而从 2005 年年初到 2015 年 7 月 1 日,人民币对美元的名义和实际有效汇率分别已经累计升值 47.7%、57%。如图 14-12 和图 14-13 所示,2005 年汇改前,人民币面临升值压力,中国利率上升超过美国利率,同时中国的外汇储备快速积累。

整体而言,中国经常账户顺差与 GDP 的比值已经呈现回落的趋势,自 2007 年最高时的 10.1% 之后开始快速转向回落,一直到 2013 年的 1.5%,中国国际收支基本已经实现高度自主平衡。

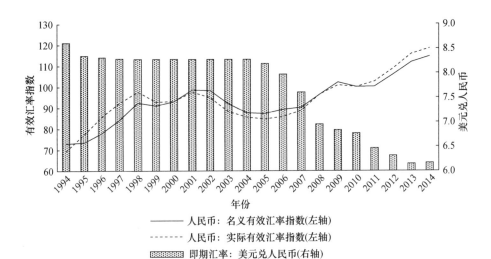

图14-11　2005年汇改后人民币主动升值有助于国际收支再平衡

资料来源：Wind数据库。

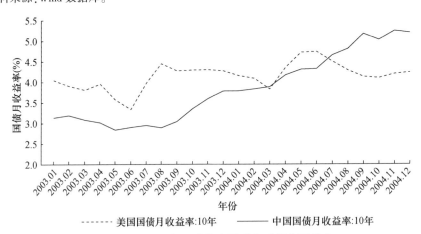

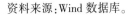

图14-12　2005年汇改前中国利率反超美国利率

资料来源：Wind数据库。

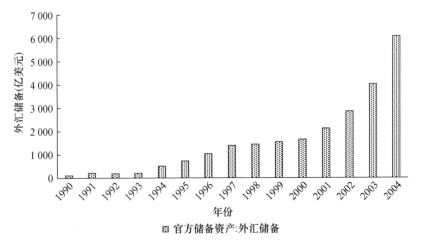

图14-13　2005年汇改前中国外汇储备快速积累

资料来源：Wind数据库。

2015 年第三次汇改

- 汇改背景:国内外经济走势和汇率走势相悖

2008 年后,美国实行量化宽松的货币政策,带动人民币相对美元及全球其他主要货币汇率升值。同期,中国实体经济的增速有所放缓,走强的人民币汇率和进一步走弱的中国实体经济增长之间出现矛盾,使得市场对人民币的预期由升值转向贬值,人民币汇率中间价与交易价差距大幅增大(如图 14-14 所示)。

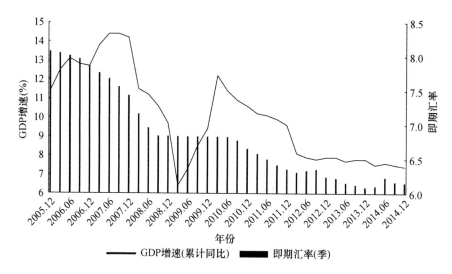

图 14-14 走强的人民币汇率与走弱的中国实体经济增长
资料来源:Wind 数据库。

- 汇改内容:

2015 年 8 月 11 日,中国人民银行对人民币对美元汇率中间价的报价机制做了改革,做市商在每日银行间外汇市场开盘前,参考上日银行间外汇市场收盘汇率,综合考虑外汇供需情况以及国际主要货币汇率变化向中国外汇交易中心提供中间价报价。①

2017 年 5 月,中国人民银行为了更好地应对市场情绪造成的顺周期波动,在原有的中间价报价机制上,加上了一个逆周期因子,调整为"收盘价 + 一篮子货币汇率变化 + 逆周期因子"。②

- 汇改成效:人民币汇率实现双边浮动,市场化中间价报价机制形成

人民币汇率单边贬值波动预期逐步得到化解并实现了逆转,人民币汇率企稳回升,开启了双边浮动的模式,人民币汇率单边贬值波动的幅度和弹性也在逐步加大。在改变了市场对人民币汇率由单边升值转向双边浮动预期的状况下,启动了汇率市场化改革,下调的人民币汇率进一步纠正了被市场高估的人民币短期汇率,缓解了人民币贬值压力。此外,"811"汇改的重点是优化了中国人民银行对人民币汇率和中间价的基本形成机制,使得汇率中间价的基本形成主要由外汇市场的供需情况等因素决定,做市商报价的来源更为透明,进一步缩小了

---

① 参见中国人民银行. 2015 年人民币兑美元汇率中间价更加市场化[EB/OL]. (2016-01-07)[2021-05-19]. http://www.pbc.gov.cn/goutongjiaoliu/113456/113469/3002076/index.html。
② 参见中国人民银行. 人民币对美元中间价报价行重启"逆周期因子"[EB/OL]. (2018-08-24)[2021-05-19]. http://www.pbc.gov.cn/goutongjiaoliu/113456/113469/3610722/index.html。

中国人民银行对人民币汇率和中间价的操控空间。如图14-15所示,美元兑人民币中间价与即期汇率之差在汇改后收窄。

图14-15　2015年汇改后人民币汇率双边浮动和中间价更市场化

资料来源:Wind数据库。

二、中央银行和外汇市场

(一) 中央银行和外汇干预

1. 外汇干预

自由的市场交易和政府干预一直被认为是此消彼长而又相辅相成的关系,这种关系同样适用于当今的国际外汇市场。本小节将介绍世界各国中央银行如何在国际外汇市场上定期进行政府干预,从而有效地影响国际汇率。这种干预是指中央银行为了有效地影响国际汇率而定期地参与外汇市场交易的一种行为,即在外汇市场上买卖货币,这种干预行为被称为外汇干预(Foreign Exchange Interventions)。

2. 外汇干预的方法

中央银行既持有国际外汇储备,又持有一定的本国基础货币。以中国的中央银行为例,假设中国人民银行愿意出售10亿元人民币的美元国际外汇储备,买入10亿元人民币的中国基础货币。从中国人民银行资产负债表的统计角度来看,中国人民银行目前持有的美元外汇储备减少了10亿元,这主要是因为资产端的国际外汇储备减少了10亿元;从一般公众手中买入10亿元,则流通过程中的现金就减少了10亿元,基础货币随即减少了10亿元,即基础货币负债端的现金减少了10亿元。反过来,假设中国人民银行在国际外汇市场上买入10亿元人民币的国际外汇储备,而出售本国基础货币,则可能直接引起中国人民银行国际外汇储备和本国基础货币储备等量的大幅增加。

（二）外汇干预和汇率

1. 非冲销性外汇干预

非冲销性外汇干预（Unsterilized Foreign Exchange Intervention），即会对本国基础货币造成影响的外汇干预。如上文所述，中央银行在外汇市场上买卖外汇储备，会对基础货币带来一个等量的变化。

2. 冲销性外汇干预

冲销性外汇干预（Sterilized Foreign Exchange Intervention），相应的，即不会对基础货币造成影响的外汇干预。主要干预方式是中央银行在外汇市场上进行交易，同时在债券市场上直接进行具有对冲性的债券公开市场操作。例如，中国人民银行购买了10亿元人民币并相应地出售了10亿元美元资产，若不是冲销性外汇干预，则市场上的基础货币就会减少10亿元；但是如果中国人民银行除了买卖国际外汇储备，还在债券市场上购买10亿元的国债，则中国人民银行会自动增加10亿元的国债作为基础货币，从而有效地抵消外汇市场干预政策带来的中国基础货币的流动性变化。

3. 外汇干预对汇率的影响

对于非冲销性外汇干预，假如一国中央银行在国际外汇市场上买入国内本国基础货币而出售国内美元储备资产，则该国国内基础货币会大幅减少，从而直接导致国内基础货币利率大幅上升，国内资产的相对预期收益率也同样大幅上升，从而直接导致汇率大幅上升。

反过来，对于非冲销性外汇干预，假如一国中央银行在国际外汇市场上低价出售国内本国基础货币而买入国内美元储备资产，则该国国内基础货币会大幅增加，从而直接导致国内基础货币利率大幅降低，国内资产的相对预期收益率也同样会大幅降低，从而直接导致汇率大幅下降。

对于冲销性外汇干预，由于对冲性操作，对基础货币和流动货币的供给没有直接产生实质性的影响，也不会直接影响基础货币相对的利率和资产相对的预期收益率，从而不会直接影响人民币汇率。

相关资料
数字货币与美元的世界货币之争

广义的数字货币泛指一切以法定数字货币形式发行并存在的电子货币；狭义的数字货币是指一种纯数字化的电子货币，它不需要任何的物理载体。由于每种数字货币的实际发行者不同，数字货币可以被大致分为私人机构发行的、不受任何国家法律保护的、在其虚拟网络或社区平台上流通的法定数字货币和由中央银行发行的、对其进行严格监管的法定数字货币。

从货币发展的历史来看，数字货币的诞生符合货币功能的发展，并可以解决传统货币存在的一些困境。货币的起源最初是物物交换，冶炼金属货币技术出现后人们开始选择具有降低货币交易成本优势的金属货币，后来随着造纸术和数字印刷术的发展纸币逐渐替代金属货币成为各国的主要交易货币，货币发展的过程符合货币交易成本递减的规律。

随着互联网技术的进步和金融监管改革的创新，金融科技领域发展迅速，被认为具有很大的发展前景，因此电子货币可以满足人们对便利、流通的要求，也可以解决很多传统货币面临的问题。

数字货币发展迅速,逐渐得到了各国政府的认可。2013年3月18日,美国财政部发布了《关于个人申请管理、交换和使用虚拟货币的规定》。2013年8月,德国政府认可了比特币的法律和税收地位,成为全球第一个正式认可比特币合法身份的国家。2013年10月29日,加拿大启用世界首台比特币自动提款机。[①]

中国也在数字货币方面进行了不断的探索。2016年1月,中国人民银行正式筹建数字货币研究所。2017年9月4日,中国人民银行等七部委要求国内比特币交易所于10月底全部停业;10月31日,国内三大比特币交易所均发布公告,宣布停止人民币和比特币交易,中国境内比特币交易所全面谢幕。

数字货币的研发与兴起带来了一系列值得思考的问题:是否现存的国际货币体系会因数字货币而改变?各国的主权货币是否会消失?全球统一的数字货币是否会取代美元成为全球核心货币?

未来的数字货币可能会有两种形式:一种是各国推出本国的法定数字货币,最终一国的法定数字货币成为核心货币,这取决于一国的综合实力和其在互联网时代的实力;另一种由国际机构建立国际通用的数字货币,各个成员共同维护、互相监督。

从经济学的角度,数字货币或许可以解决现有的国际货币体系中存在的问题。无论是布雷顿森林体系还是牙买加体系,"特里芬"难题都持续存在,即核心货币升值与国际贸易失衡的矛盾点。但是,在数字货币中,因为数字货币与黄金开采量无关,不存在核心货币价值被质疑的问题,因此数字主权货币升值可以在一定程度上解决现有的金融制度的货币升值问题,从而可以取代现有的美元处于相对货币霸权地位的金融制度。

然而,以比特币为代表的私人发行的数字货币虽然发展了十几年,但是就目前来看其整体规模和美元还不是一个量级。第一,数字货币本身没有实际价值。比特币是由"挖矿"而获得的,不是真实的劳动所得,也没有实际有价值的物品如黄金作为对标物,使得数字货币本身没有价值。第二,对网络安全性要求严格。数字货币需要与密码方案设置、信息安全技术相融合,保证交易的透明安全。并且,数字货币可能带来偷税、洗钱、诈骗等犯罪,另外它还是很多投机分子恶意炒作哄抬价格的一个主要媒介,因此我们要时刻注意数字货币的安全性和稳健性。

第四节 小 结

本章主要介绍了汇率与国际金融体系。

本章第一节首先介绍了外汇市场和汇率的内涵。外汇市场决定了购买属于外国的商品及其他金融资产的价格和成本,是进行各种货币兑换和交易的综合性金融市场。汇率是两种货币的相对价值,影响商品在国际市场的竞争力。外汇交易包括现汇交易和远期交易两种形

[①] 参见比特币十年历程,长这么大着实不容易[EB/OL]. (2019-09-14) [2021-05-19]. https://www.sohu.com/a/253948315_100122547。

式,分别使用现汇汇率和远期汇率。其次详细讨论了影响长期汇率和短期汇率的因素。对于长期汇率,有很多经典理论可以用来估计汇率应有水平,如一价定律和购买力平价定理。此外,引出了长期汇率的四个影响因素,分别为相对物价水平、贸易壁垒、对国内外商品的消费偏好和国内外商品的生产能力。对于短期汇率,主要介绍了在资产需求理论下,汇率可以看作以一种资产衡量另一种资产的价格,其中相对预期收益率是关键。资产的相对预期收益率是影响本币资产和外币资产需求的重要因素,如果人们预期本币资产的预期收益率比外币资产的预期收益率高,则本币资产的需求会相对增加,而外币资产的需求会相对减少,从而影响资产的相对价格,即汇率。最后利用以上资产相对预期收益率分析了2020年新冠肺炎疫情下美元指数的走势。

本章第二节介绍了汇率的决定因素。国外利率、预期汇率的变动、国内利率可以影响资产的相对预期收益率,进而影响汇率。第二节还通过对人民币国际化与"一带一路"倡议的分析,具体阐述了人民币国际化的历程及其与"一带一路"倡议的关系。

本章第三节介绍了各种汇率制度并进行了比较,包括其内涵、运作机制及制度缺陷等,并重点介绍了中国汇率制度的变迁。第三节还介绍了非冲销性外汇干预及冲销性外汇干预的方式和影响,分析了外汇干预对汇率的作用和影响。

内容摘要

- 汇率是用一种法定货币衡量的另外一种法定货币的价格。外汇市场决定了各国货币汇率及其兑换和交易比例。
- 一价定律指出,当各个国家生产同质的商品,并且国际运输和国际贸易成本可以忽略不计时,该商品在全世界的价格是一样的,无论是在哪个国家或地区生产的。购买力平价定理可以看作一价定律的普遍应用。
- 汇率是指两个国家货币的相对价值,而货币是一种资产,所以我们可以把汇率看作以一种资产衡量另一种资产的价格。资产的相对预期收益率是影响本币资产和外币资产需求的重要因素,从而影响资产的相对价格,即汇率。
- 固定汇率制度是指一国的货币与另一国的货币之间的汇率是固定不变的。浮动汇率制度是指一国的货币与其他国家的货币之间的汇率是浮动变化的,没有任何一种固定的汇率。有管理的浮动制度是指在浮动汇率制度的基础上,一国政府通过买卖外国资产对外汇市场进行干预,从而影响汇率。
- 各国中央银行可以在国际外汇市场上进行干预,从而有效地影响国际汇率。非冲销性外汇干预会对本国基础货币造成影响;冲销性外汇干预则不会对本国基础货币造成影响,主要是在债券市场上直接进行具有对冲性的债券公开市场操作。

关键概念

汇率	一价定律	金本位制度
外汇市场	购买力平价定理	不可能三角
现汇交易	利率平价条件	外汇干预
远期交易	固定汇率制度	非冲销性外汇干预
升值	浮动汇率制度	冲销性外汇干预
贬值	有管理的浮动制度	

练习题

1. 如果中国人民银行在外汇市场上购买外国货币,并且实施了对冲干预,则对国际储备、货币供给和汇率分别有什么影响?
2. 同练习题1,如果中国人民银行没有实施对冲干预,则对国际储备、货币供给和汇率又分别有什么影响?
3. 在金本位制度下,如果中国相对美国的利率提高,则人民币对美元的汇率会如何变化?
4. 如果1美元可以兑换1/34盎司黄金,1英镑可以兑换1/40盎司黄金,则美元和英镑之间的汇率是多少?
5. 在固定汇率制度下,一个小国的汇率盯住一个大国的汇率,当大国施行宽松的货币政策时,小国的利率会如何变化?
6. 一国是否有可能同时实施浮动的汇率制度、独立的货币政策及自由的资本流动?为什么?请举例说明。
7. 假定美国钢铁的价格是50美元/吨,与其相同质量的中国钢铁的价格是350元人民币/吨。按照一价定律,人民币对美元的汇率应当是多少?
8. 假设其他因素不变,一国的生产能力扩张,汇率会如何变化?

第五篇　当代宏观经济学流派

第十五章 当代主要宏观经济学流派

学完了宏观经济学,我们经常会发现对于同一个话题,"十个经济学家可能有十一个不同的见解",初学者难免对此感到困惑。所以,在学完宏观经济学之后,本章将梳理当代主要宏观经济学流派,帮助读者深化对经济学学科发展的理解。当代经济学是一个极为庞杂的体系,在宏观经济学方面更是存在诸多争论,因此我们按照经济思潮标准来划分这些流派,使读者对各流派的区别和联系有直观的把握。

本章第一节介绍当代经济学中对中国经济发展乃至民族复兴影响最为深刻的理论:马克思主义政治经济学及其发展。尽管当代西方经济学流派众多,但其思想基本来自两大源头,一是古典经济学,二是凯恩斯经济学,因此我们在第二节中介绍这两种理论的产生背景和主要内容。随后两节分别介绍从政府干预主义及自由主义两大思潮中演变和发展而来的众多流派分支。由于篇幅的限制,本章主要介绍这两大思潮下几个较大的流派,其中政府干预主义思潮下的流派包括新古典综合学派、新剑桥学派、新凯恩斯主义和瑞典学派;自由主义思潮下的流派包括货币主义学派、供给学派、新古典宏观经济学和新制度经济学。图 15-1 梳理了本章所涉及的当代主要宏观经济学流派的源流与发展。

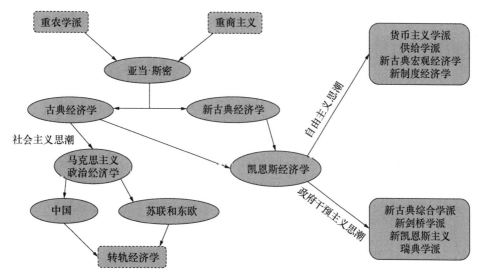

图 15-1 当代主要宏观经济学流派的源流与发展

第一节 马克思主义政治经济学及其发展

一、马克思主义政治经济学

马克思主义政治经济学是在17—18世纪英法古典经济学的基础上进行批判性改造而发展起来的,在20世纪也有一些新的发展,是当代宏观经济学中的一个重要流派。

(一) 历史背景

理解马克思主义政治经济学产生的时代背景及其思想的重要来源,是正确理解马克思主义政治经济学的重要前提。第一,马克思主义政治经济学创立于19世纪40年代初期到90年代中期。这一时期英国完成工业革命,迎来了以社会化的机器大生产为标志的资本主义大生产方式。第二,伴随生产力快速发展而出现的是资本主义生产方式与社会生产力之间日益激烈的矛盾:一方面,过剩型经济危机开始周期性地爆发,为广大工人阶级带来了深重的灾难;另一方面,工人阶级生活状况日益恶化,工人运动在英国、法国、德国等国家持续高涨,生产与消费之间的矛盾日益恶化。通过总结这一时期的资本主义生产关系和无产阶级斗争经验,卡尔·马克思(Karl Marx,1818—1883)和弗里德里希·恩格斯(Friedrich Engels,1820—1895)提出并发展了马克思主义政治经济学。

除了社会生产实践的大背景,马克思主义政治经济学在学术理论上也有重要的发展背景。首先,德国古典哲学中的辩证法和唯物主义思想为马克思主义政治经济学提供了极为重要的哲学基础。其次,马克思对古典经济学中的劳动价值理论进行了批判性继承,并创造性地提出了剩余价值理论。最后,19世纪发展起来的空想社会主义思想也为马克思主义政治经济学提供了重要借鉴。通过对资产阶级制度的深刻批判,马克思和恩格斯汲取了人类社会的优秀思想成果,通过探索并总结人类社会发展的必然规律,创立了马克思主义政治经济学。

(二) 主要内容

1. 剩余价值理论

在研究政治经济学时,马克思通过继承和发展古典经济学家的劳动价值理论思想,揭示了剩余价值的真正来源,阐明了资本主义雇佣制度的本质,并从中探索出资本主义生产方式产生、发展和灭亡的必然规律。马克思指出,当资本家雇用了劳动力之后,劳动力所创造的价值基本被资本家占有,但是资本家雇用劳动力的成本(即劳动力价值)往往低于这种价值创造(即劳动价值)。这使得资本家可以无偿占有超额价值(劳动价值与劳动力价值之差),即剩余价值。这一价值理论揭示了资本主义生产方式剥削工人剩余价值的事实。另外,资本家不惜一切手段压榨工人阶级以获取剩余价值,必然造成资本家与工人阶级的矛盾深化,最终导致资本主义生产方式走向灭亡。

2. 社会资本再生产理论

马克思指出,社会再生产运动的核心是生产资料和消费资料的消耗与替换。具体而言,为了购买再生产所需要的资料,必须使得生产出的社会总产品全部销售出去,预付资本全部得以补偿;为了再生产的顺利进行,必须将再生产所需要的资料进行替换。这为当前处于转轨阶段的中国经济提供了重要的参考价值,如产业结构、消费结构和城乡结构的调整问题。此外,社会再生产理论对货币资本的积累和投放有重要的参考意义。在当前中国经济建设中,有必要帮助解决中小企业的贷款问题,从而推动社会再生产的持续稳定发展,为全国各个部门的协调发展提供必要的流通资本。

二、马克思主义政治经济学在苏联和东欧国家的传播与发展

19世纪后期,随着第二次工业革命的开展,生产力得到了巨大的进步,并形成了一批巨型企业,逐渐对社会资本形成了垄断。另外,资本主义内部发展不平衡更加严重,德国、美国、日本等后起资本主义国家迅速发展,并对原有的世界秩序和平衡发起了挑战。与此同时,资本主义企业内部管理方式进一步改进,生产效率大幅提高,但同时强化了资本家对工人阶级的压榨和剥削;为了缓解日益激烈的阶级矛盾,垄断资产阶级将攫取的巨额财富中的一小部分用于建立社会福利和保障制度,又通过高工资等手段收买工人阶级上层分子,从而维护自身的经济和政治利益。

在此背景下,爱德华·伯恩斯坦(Eduard Bernstein,1850—1932)和卡尔·考茨基(Karl Kautsky,1854—1938)等修正主义者开始背离马克思主义,在国际共产主义运动中引起了极大的思想混乱。具体而言,其理论包括否定马克思劳动价值理论和剩余价值理论,鼓吹资本民主化并否认工人阶级贫困化,否认经济危机和资本主义必然灭亡的论断,以及宣扬和平进入社会主义、鼓吹"超帝国主义"等。修正主义者没有意识到,建立社会福利制度以及调整企业内部制度等方式只能在一定程度上缓解资本主义的问题,并不能从根本上消除资本主义的基本矛盾,因此他们对马克思主义的修正是错误的。

20世纪初,在吸收保尔·拉法格(Paul Lafargue,1842—1911)、鲁道夫·希法亭(Rudolf Hilferding,1877—1941)、罗莎·卢森堡(Rosa Luxemburg,1871—1919)和尼古拉·布哈林(Nikolai Bukharin,1888—1938)等人关于马克思主义政治经济学与帝国主义理论的基础上,弗拉基米尔·列宁(Vladimir Lenin,1870—1924)进一步丰富了马克思主义政治经济学。具体而言,在帝国主义理论方面,列宁科学地阐释了帝国主义的基本特征是生产和资本集中并走向垄断、金融资本占据主导地位、侵略方式由商品输出转为资本输出且形成了瓜分世界的资本主义同盟。同时,列宁认识到了帝国主义政治经济发展的不平衡,并指出社会主义可能首先在少数甚至一国范围内取得胜利。在社会主义经济理论方面,列宁提出了在俄国实现资产阶级民主革命和社会主义革命两大任务,并为过渡阶段提出了"战时共产主义"的经济指导政策,为战后经济恢复和建设阶段提供了"新经济政策"指导思想。在充分结合俄国落后国情的基础上,列宁在探索社会主义道路上取得了重大成果,对马克思主义政治经济学有重要的发展。

列宁之后,在探索社会主义建设的实践中,苏联和东欧国家进一步发展了马克思主义政治经济学。第一,约瑟夫·斯大林(Joseph Stalin,1878—1953)对社会主义经济体制与经济模式的选择做了深刻的探讨,弗·布鲁斯(Virlyn Blues,1921—)进一步针对计划和市场的关系做了深入的探讨,但是在关于这些认识如何具体化上还缺乏更深入的思考。第二,斯大林在社会主义工业化和农业集体化方面做了较多尝试与实践。

20世纪50年代之后,东欧国家做了大量社会主义改革的探索,提倡充分发挥商品关系和市场经济的积极作用。然而,后期苏联和东欧国家的社会主义改革探索日益背离改革初衷,

并在指导思想上日益背离马克思主义,使得苏联和东欧国家的社会主义实践最终走向瓦解,转向资本主义经济。这使得马克思主义政治经济学的发展遭受重创,也为其他国家的社会主义建设提供了深刻的教训。

三、马克思主义政治经济学在西方国家的传播与发展

20世纪60年代以后,随着第二次世界大战后资本主义经济的恢复和建设进入新阶段,西方学者对马克思主义政治经济学进行了探讨和延伸,如法国马克思主义研究者提出了国家垄断资本主义。国家垄断资本主义表现为国家对经济生活的全面干预,伴随着技术的加速进步和阶级斗争的加剧等,成为资本主义生产方式发展的第三个阶段。

这一时期的美国学者对马克思主义政治经济学也进行了深入的探索和研究,其代表是保罗·巴兰(Paul Baran,1910—1964)和保罗·斯威齐(Paul Sweezy,1910—2004)的垄断资本理论,以及哈里·布雷弗曼(Harry Braverman,1920—1976)的劳动异化理论。垄断资本理论认为,自由竞争的直接结果是垄断,垄断创造了大量的"劳动剩余",但是并没有为这种剩余提供出路;同时又认为,"战争及其后果"以及"生产力的发明"能够有效中和这种剩余,缓解垄断资本主义的阶段性矛盾。劳动异化理论通过对资本主义雇佣关系的深入研究,指出科学技术的革命和管理制度的变革并不会带来劳动力体力和智力上的解放;相反,只会造成劳动力的退化和"异化"。

相关资料
马克思主义政治经济学在中国的实践与发展

自马克思主义在中国传播以来,中国共产党始终以马克思列宁主义为指导,结合中国人民自愿选择的适合中国国情的道路,形成了毛泽东思想、邓小平理论、"三个代表"重要思想、科学发展观、习近平新时代中国特色社会主义思想等行动指南。

毛泽东思想包含了丰富的经济思想,不仅是马克思主义在中国本土化的结果,更是对中国社会主义建设经济规律的总结,蕴含了中国人民解决实际难题的智慧。其内容包括新民主主义理论、新民主主义向社会主义过渡的经济理论,以及社会主义经济建设理论。在毛泽东思想的指引下,中国共产党领导全国各族人民,经过长期的反对帝国主义、封建主义、官僚资本主义的革命斗争,取得了新民主主义革命的胜利,建立了人民民主专政的中华人民共和国;中华人民共和国成立以后,顺利地进行了社会主义改造,完成了从新民主主义到社会主义的过渡,确立了社会主义基本制度,发展了社会主义的经济、政治和文化。

1978年党的十一届三中全会后,中国政府决定将党和国家的工作重心转移到经济建设上来,并提出了调整国民经济比例关系等思想。1982年党的十二大期间,中国政府明确提出"建设有中国特色的社会主义"的命题;1987年党的十三大又系统地阐释了社会主义初级阶段理论;1992年,中国政府在党的十四大上总结了邓小平同志"南方谈话"的重要思想,提出了建立社会主义市场经济体制的论断。中国特色社会主义理论体系的基本框架和主要内容基本形成。邓小平理论是马克思主义在中国发展的新阶段,是当代中国的马克思主义,是中国共产党集体智慧的结晶,引导着中国社会主义现代化事业不断前进。

20世纪90年代初期,苏联和东欧发生体制巨变,国际社会主义事业遭受重创,中国坚持马克思列宁主义和毛泽东思想,将中国特色社会主义理论推至另一个高度。党的十三届四中

全会以来,以江泽民同志为主要代表的中国共产党人,在建设中国特色社会主义的实践中,加深了对什么是社会主义、怎样建设社会主义和建设什么样的党、怎样建设党的认识,积累了治党治国新的宝贵经验,形成了"三个代表"重要思想。"三个代表"重要思想反映了当代世界与中国的发展变化对党和国家工作的新要求,是中国共产党的立党之本、执政之基、力量之源。

进入21世纪,中国社会主义市场经济发展迅速,人民生活总体达到小康水平;尽管如此,中国还存在城乡失衡、收入差距过大、经济社会发展不协调等结构问题。面对新时期新问题,以胡锦涛同志为主要代表的中国共产党人根据新的发展要求,深刻认识和回答了新形势下实现什么样的发展、怎样发展等重大问题,形成了以人为本、全面协调可持续发展的科学发展观。据此,明确21世纪前30年的经济建设目标是"推动经济结构战略性调整,基本实现工业化,大力推进信息化";进一步推动所有制改革,并为非公有制经济的发展创造更好的环境,此外提出了构建社会主义和谐社会的指导思想。

党的十八大以来,以习近平同志为主要代表的中国共产党人顺应时代发展,将理论和实践相结合,系统地回答了新时代坚持和发展什么样的中国特色社会主义、怎样坚持和发展中国特色社会主义这个重大时代课题,创立了习近平新时代中国特色社会主义思想。在习近平新时代中国特色社会主义思想的指导下,中国共产党领导全国各族人民,统揽伟大斗争、伟大工程、伟大事业、伟大梦想,推动中国特色社会主义进入了新时代。

进入20世纪70年代,激进政治经济学派逐渐形成,这是一种以马克思主义观点批判正统西方经济学,并主张以社会主义代之的思潮,其理论深刻地推动了工人运动、社会运动和第三世界独立运动的发展。90年代以后,激进政治经济学派的发展更为多元化,包括了对女权主义、环境问题、国家制度、文化体系的探索,也更加关注解决现实问题。

第二节 古典经济学与凯恩斯经济学

一、古典经济学

古典经济学是当代西方经济学各大流派的思想源头,尤其是当代西方经济学"自由主义思潮"的发源地。本节我们所讲的古典经济学,主要指从亚当·斯密(Adam Smith,1723—1790)发表《国民财富的性质和原因的研究》(以下简称《国富论》)开始,到约翰·穆勒(John Mill,1806—1873)结束,其代表人物还有大卫·李嘉图(David Ricardo,1772—1823)、让-巴蒂斯特·萨伊(Jean-Baptiste Say,1767—1832)等。19世纪70年代以后,随着边际效用价值论的发展,新古典经济学崛起,并成为西方经济学主流思想,其代表人物包括里昂·瓦尔拉斯(Léon Warlas,1834—1910)、阿尔弗雷德·马歇尔(Alfred Marshall,1842—1924)及阿瑟·庇古(Arthur Pigou,1877—1959)等。古典经济学的共同思想是倡导经济自由发展,信仰市场的自主调节作用;政府的主要经济功能则是保护私人财产安全不受侵犯。

(一)背景

古典经济学主要诞生于资本主义社会的初级发展阶段(17—19世纪中期)。在此之前,重商主义是欧洲封建国家经济政策的主导思想,强调运用国家力量扶持资本的发展,通过高关税等方式保护国内市场并鼓励大量出口,达到积累货币和攫取殖民地财富的目的。随着资本主义经济的发展,工业在国民经济中的地位显著增强,资产阶级已经积累起巨额的原始资本,摆脱封建势力并实现自由发展的要求日益强烈。这一时期诞生了大量古典经济学家,其经济和哲学思想都对日后的西方经济理论产生了深远的影响。

(二) 主要内容

1. 亚当·斯密

斯密是英国古典经济学的创建者。在吸收英国古典政治经济哲学和法国重农主义思想的基础上,斯密创立了较为完备的古典经济学理论框架。其代表作是古典经济学开山之作《国富论》(1776),以及伦理学著作《道德情操论》(1759)。

在《国富论》中,斯密客观地论述了分工对劳动生产率的提升作用,并由此强调自由贸易的重要性,批判重商主义的贸易保护观点;详细地阐释了货币的起源和流通作用,并主张用纸币代替金属货币;区分了货币的交换价值和使用价值、商品的市场价格和自然价格,以及生产性劳动和非生产性劳动等基本问题。

在此基础上,斯密提出了经济自由主义的政策主张,其基本精神是发挥市场机制的自主调节作用,限制国家对经济发展的干预。在经济制度和道德伦理的关系上,斯密主张用合乎人性的经济制度充分发挥市场经济的活力,也宣扬诚信、谨慎、责任感等共同价值,具有重要的现实意义。

2. 大卫·李嘉图

李嘉图是古典经济学的重要代表人物,被马克思誉为"英国古典经济学的完成者",其主要代表作是《政治经济学及赋税原理》(1871),其理论观点表现出鲜明的阶级斗争色彩,为工业资产阶级反对封建土地贵族提供了有力的思想武器。

随着工业革命的开展,英国的生产力得到迅速提高,但资产阶级获得的巨额利润被封建土地贵族以地租的形式掠夺,资产阶级与封建土地贵族的矛盾日趋激烈。在这一背景下,李嘉图进一步发展了古典劳动价值理论和收入分配理论,提出了较为完整的地租理论,指出劳动和资本的利益是一致的,其共同敌人是地主阶级"寄生者"。此外,随着生产力的迅速提高,英国资产阶级极力扩大海外市场,斯密以"绝对优势"为基础提出的国际贸易理论已经不能满足现实的需求。为此,李嘉图开创性地提出了"比较优势"理论,指出不仅发达国家可以从国际贸易中获益,发展中国家也可以通过国际贸易改善自身条件。也就是说,当一个国家在几种商品的生产成本上都存在绝对优势的情况下,应集中生产其最有利的产品;当一个国家在几种商品的生产成本上都存在绝对劣势的情况下,仍可以生产其不利条件最小的商品,最终两个国家都可以从自由贸易中获益。李嘉图的比较优势学说是国际贸易理论的重要突破。

3. 古典经济学其他代表人物

萨伊是法国重农学派后另一大力倡导资本主义自由竞争的经济学家,其主要贡献是提出了主张"供给会创造自身的需求"的萨伊定律。这一定律为后期古典经济学家们所普遍接受,成为其论证资本主义自由市场能够无障碍运转的重要依据,并由此推断经济社会不可能出现总供给过剩或总需求不足的经济危机。萨伊定律认为,在经济社会中,总供给和总需求必然是恒等的,供给总是能够创造其自身的需求;当出现生产过剩或失业问题时,应该通过扩大生产、增加供给的方式解决,而不是削减生产或增加需求。萨伊定律对古典经济学有深刻的影响。一方面,由于在萨伊生活的年代里,资本主义还未爆发过大规模的生产过剩危机,因而萨伊定律无法被证伪;另一方面,古典经济学家普遍信仰萨伊定律并将其重点放在总供给的研究上,这使得古典经济学理论缺乏总需求理论的基础。

托马斯·马尔萨斯(Thomas Malthus,1766—1834)是古典经济学流派中备受争议的一位经济学家和人口学家。首先,马尔萨斯提出了著名的人口理论,指出人口的指数级别增加会不可避免地造成人口过剩问题,这对于现阶段全球人口的控制有重要的警戒作用。其次,在经济学理论上,马尔萨斯与同时代的李嘉图存在重要分歧。马尔萨斯提出了"有效需求不足"的论断,反对萨伊和李嘉图认为的资本主义不存在生产过剩的问题,并承认资本主义社会存在经济危机的可能性,这对凯恩斯的理论形成也有一定的影响。最后,在地租理论上,马尔萨斯也与李嘉图存在巨大争议。李嘉图主张废除谷物法,维护资产阶级利益;马尔萨斯则认为地租是总产品价值中扣除各种耕种费用后归于地主的部分,与社会制度无关,因而地租越多越好。

穆勒被誉为古典经济学的集大成者。他对前人和同时代经济学家的理论观点进行了综合与改良。1848年穆勒出版《政治经济学原理》,指出"除非政府干预能带来很大便利,否则绝不允许政府进行干预";1859年出版《论自由》,明确提出"凡是不涉及他人利害的行为,他人都无权加以干涉"。此外,穆勒对国际贸易理论的发展也有重要贡献,主要是发展了李嘉图的比较优势理论,通过比较生产效率的方式,得出了与李嘉图一致的结论。

4. 新古典经济学主要代表人物

新古典经济学是指以主观边际效用价值论取代客观劳动价值论的理论体系,其开始标志是19世纪70年代初期"边际主义革命"代表威廉·斯坦利·杰文斯(William Stanley Jevons,1835—1882)、卡尔·门格尔(Carl Menger,1840—1921)和瓦尔拉斯分别出版其代表作。19世纪末期,英国经济学家马歇尔出版了其代表作《经济学原理》,这被认为是新古典经济学正式形成的标志。在凯恩斯经济学出现之前,新古典经济学一直在西方主流经济学中占据主导地位。

"边际学派"思想成果的典型代表人物是瓦尔拉斯。瓦尔拉斯是边际主义革命三大"旗手"之一,主要贡献是提出了一般均衡理论,即著名的"瓦尔拉斯定律"。该定律表明,在一个有 n 个市场的经济社会中,通过解 $n-1$ 个联立方程,就可以找到市场的出清条件。本质而言,瓦尔拉斯定律是对萨伊定律的数理化,它论证了在一般均衡状态下,买方和卖方市场都能实现利益最大化,因而自由竞争是可以推动社会利益最大化的。

马歇尔被认为是现代微观经济学体系最直接和最主要的奠基者,也是英国剑桥学派的创始人。马歇尔是首位将价值论从经济学研究中取消掉的经济学家,并正式将"政治经济学"改为"经济学";其理论被认为是穆勒后古典经济学界的又一次理论大综合,也是自由竞争时代经济学理论的一个总结,再往后就是凯恩斯主义理论体系了。具体而言,马歇尔吸收了李嘉图等人的经济学说,同时融合了数理学派"边际增量"的分析方法,更加强调需求的作用,因而被称为"新"古典经济学。与瓦尔拉斯不同的是,马歇尔更加强调局部均衡的分析,这也是当代微观经济分析方法的基础。最后,马歇尔生活的时代已经出现资本主义垄断的现象,因而马歇尔也提出了不完全竞争的论断,从而被熊彼特认为是"不完全竞争理论的创始人"[①]。

庇古是马歇尔的学生,也是其新古典经济理论的主要追随者,秉承了斯密以来的自由放任主义思想,并一生坚定支持自由贸易发展。庇古在福利经济学上有重要的贡献,例如提出了著名的"庇古税",提倡对具有正外部性的行为给予补贴。与我们所学到的"帕累托最优"

---

① 参见熊彼特.从马克思到凯恩斯十大经济学家[M].宁嘉风,译.北京:商务印书馆,1965:108。

福利经济学不同的是,庇古对社会福利的分析侧重于局部均衡,而帕累托则是从瓦尔拉斯主义、一般均衡的角度来分析的。此外,庇古非常关注失业问题,其反对最低工资法的干预,认为只有竞争性的工资政策才能够使经济体制走向充分就业的稳定状态。

(三) 总结

总体来说,古典经济学提出了一系列经济学的经典假设,如理性人假设、利益最大化、完全信息、完全竞争、市场出清等。在这些假设的基础上,古典经济学形成了初步的框架体系,对就业与产量、储蓄与投资和货币数量论等问题做了深入、细致的分析。

二、凯恩斯经济学

在本章的划分方法中,凯恩斯主义包括凯恩斯在《就业、利息和货币通论》(以下简称《通论》)一书中提出的经济学说(即凯恩斯经济学)以及凯恩斯之后分化出来的两大阵营学说:美国凯恩斯主义和英国凯恩斯主义。我们将在第三节详细介绍这两大阵营。本部分主要介绍凯恩斯的经济学理论。

(一) 背景

凯恩斯经济学的提出以1936年《通论》的出版为标志。因凯恩斯在经济学理论和经济政策上改写了西方经济学的发展方向而被称为"凯恩斯革命"。凯恩斯经济学的主要创作背景是第一次世界大战后,英国经济陷入长达十年的慢性萧条中,以及随后爆发的1929—1933年资本主义经济大萧条。这场世界性经济灾难始于1929年美国股市大崩盘,随后引发的连锁反应使得英美等国大量生产设备闲置,工业生产急剧萎缩,失业率高达20%。在这种严峻的形势下,建立在充分就业基础上的古典经济理论无法解释大规模经济危机的产生或提出有效的解决措施。1936年,凯恩斯正式出版《通论》一书,确立了现代宏观经济学体系的基本结构,其被誉为"现代宏观经济学之父"。

(二) 主要内容

凯恩斯经济学对古典经济学的颠覆包括研究方法、理论变革和经济政策三个方面。

在研究方法上,凯恩斯克服了古典经济学关注单个消费者和生产者行为的研究方法,第一次明确将现代经济学划分为研究厂商理论的"微观经济学",以及研究社会整体就业和产量的"宏观经济学"。此外,凯恩斯提出了"销售收入减使用者成本法""收入法"及"支出法"三种衡量国民收入的指标体系和方法。

在理论变革上,凯恩斯首先以非充分就业为出发点,从根本上否认了古典经济学的充分就业假定。其次,在市场价格机制的作用方面,凯恩斯认为商品价格、工资率和利率存在黏性甚至是刚性,从而否定了古典经济学建立在价格完全弹性基础上提出的市场有效性和充分就业。此外,与古典经济学的"货币中性"理论不同,凯恩斯认为货币是非中性的:货币的变化可以通过影响利率的方式影响生产和就业等实际变量。最后,凯恩斯提出萨伊定律只有在特殊情况下才有可能成立,因为储蓄和投资分别是消费者与生产者的行为,二者缺乏有效的沟通和协调机制,因而供给并不是总能创造其自身的需求。

在经济政策上,凯恩斯主张以政府干预取代古典经济学提出的自由放任。首先,经济中存在有效需求不足而生产能力过剩的问题,这是导致非充分就业的根本原因,因而走出经济危机的最有效方法是扩大总需求。其次,由于个人和企业的有效需求受到收入水平与资本边际效率的制约,因此有效扩大需求的职责应该由政府来承担。政府应通过投资和扩大财政支出的方式来刺激经济需求。最后,凯恩斯主张以扩大财政赤字的方式来为这种需求买单,因为增加政府税收的方式会不可避免地削减消费者或生产者的收入,进而抑制总需求。凯恩斯扩大政府财政赤字的主张颠覆了斯密以来古典经济学所奉行的财政平衡原则。

(三) 总结

尽管凯恩斯的经济思想和政策主张并没有在《通论》发表后被直接运用,但是20世纪30年代美国的"罗斯福新政"取得了明显的成效,随后在第二次世界大战中,各国政府又纷纷扩大财政支出(尤其是军事用品支出)以拉动经济增长。这些实践都为验证凯恩斯的政策主张提供了很好的机会,并由此确立了凯恩斯经济学在西方经济学界的重要地位。

客观来说,凯恩斯对20世纪30年代资本主义经济发展状况有比较正确的认识,也在西方主流经济学发展的关键时期为其开辟了新的方向,挽救了资本主义经济学在20世纪的一次重大理论危机。凯恩斯经济学也成功地在自由主义思潮蔓延的背景下,开创性地引领了政府干预的经济学思潮,成为现代西方宏观经济学流派主要思想的来源之一。1998年,在美国经济学年会上,凯恩斯被150名经济学家选为"20世纪最有影响力的经济学家",尽管这150名经济学家中有不少是凯恩斯经济学的反对者。根据米尔顿·弗里德曼(Milton Friedman)的统计,1972—1987年,《通论》在美国专业经济学杂志上的被引用量达到1 558次,平均每年被引用100次,这表明在70年代石油危机和随后的"滞胀"现象之后,凯恩斯经济学的地位依然极其稳固。[①]

尽管如此,凯恩斯经济学也存在明显的缺陷:凯恩斯经济学的研究重点在经济的宏观层面,缺乏对微观基础的探索;过分强调对经济需求侧的关注,忽略了供给侧也是非常重要的;主要是对经济的短期分析,没有涉及长期的问题。因此,凯恩斯经济学在解释现实问题时存在一定的局限性,引发了经济学界的较多批评。

第三节 政府干预主义思潮下的宏观经济学流派

一、新古典综合学派

(一) 学派背景

在凯恩斯提出异于古典经济学派的经济学思想后,其理论体系和研究方法迅速被主流经济学界接受,并称之为"凯恩斯革命"。第二次世界大战后,20世纪50年代到60年代初,其追随者对凯恩斯经济学不断丰富和发展,并逐渐形成两个分支:第一个分支以美国经济学家为主,被称为"新古典综合学派""美国凯恩斯主义""凯恩斯右派",在漫长的学术争论和探讨中

---

① 参见弗里德曼.弗里德曼文萃[M].胡雪峰,武玉宁,译.北京:首都经济贸易大学出版社,2001:687。

逐渐占据主流地位,因而也被称为"后凯恩斯主流学派";第二个分支以英国经济学家为主,即"新剑桥学派",也被称为"英国凯恩斯主义""凯恩斯左派""后凯恩斯主义经济学"。本部分主要介绍第一个分支——新古典综合学派。

新古典综合学派活跃的时间主要在20世纪50年代到70年代初。经过1929—1933年资本主义经济大萧条和美国"罗斯福新政"的实践,以及第二次世界大战时期各国以"战时经济"的状态拉动了经济的恢复和增长,凯恩斯经济理论在美国得到了广泛认可。随着第二次世界大战的结束,美国在西方世界赢得主导和支配地位,美国经济取得了长达20多年的持续增长,这使得凯恩斯的"政府干预主义思潮"日渐成为经济学界的主流思想。另外,西方经济学家也逐渐认识到,凯恩斯的经济学更多地关注"非充分就业"的状态而不是一般的资源配置问题,所以是一种"特殊理论"而不是"一般理论"。因此,这一时期的经济学家试图将凯恩斯经济学与新古典经济学的经济理论结合起来。

(二) 主要内容

总体来说,新古典综合学派是在凯恩斯经济学广为流传的过程中逐渐形成和发展起来的,其在理论框架和政策建议上对凯恩斯经济学进行了丰富与发展,通过对产品市场、货币市场和劳动力市场的综合分析,建立起一套相互依存的一般均衡理论框架,从而将新古典经济学的"经济均衡"状态与凯恩斯经济学的"非充分就业"综合在一个体系内。

1. 约翰·希克斯(John Hicks,1904—1989)和阿尔文·汉森(Alvin Hansen,1887—1975)

这两位经济学家的主要贡献是对IS-LM模型的发展,奠定了该模型在20世纪中后期宏观经济学中标准分析工具的地位。英国经济学家希克斯的主要贡献是使用IS-LM模型概括了凯恩斯的经济理论,将其纳入新古典经济学的语言体系内,并将局部均衡分析发展为一般均衡分析。美国经济学家汉森也有类似的理论,并进一步拓展了IS-LM模型的理论框架。

2. 保罗·萨缪尔森(Paul Samuelson,1915—2009)

新古典综合学派的理论体系最早在萨缪尔森的《经济学》教科书中得到完整体现。该书将凯恩斯的总收入决定理论作为主体,并结合微观经济学的相对价格等经典理论,提出积极的政府干预政策与市场机制的自发调节作用是可以兼容的。其核心思想是:政府通过积极的财政政策和货币政策干预经济,从而避免大规模的经济萧条,推动经济回到充分就业的一般状态;一旦经济回到充分就业状态,就应该发挥新古典经济学的微观理论,使这种经济均衡状态维持下去。

萨缪尔森几乎在西方经济学的各个方面均有建树,被誉为"经济学界最后一个通才"。除了完成凯恩斯经济学与新古典经济学的综合,萨缪尔森在一般均衡理论、福利经济学和国际贸易理论上均有突出的贡献;其著作《经济分析的基础》被认为是数理经济学的划时代著作;建立了自己的新福利经济学并被认为是自庇古以来在福利经济学方面成就最高的经济学家;补充发展了国际贸易理论中的"赫克歇尔—俄林定理",对国际生产要素价格均等化做了严密的论证;论证了"斯托尔帕—萨缪尔森定理",表明贸易可以使得出口产品生产中密集使用的生产要素的报酬提高,进口产品生产中密集使用的生产要素的报酬下降。

3. 其他重要代表人物

詹姆斯·托宾(James Tobin,1918—2002)主张将凯恩斯经济学侧重的财政政策和新古典经济学侧重的货币政策相结合,这对当代的投资组合和资产定价理论有重要的影响。在IS-LM模型中,如果经济处在"凯恩斯区域",则财政政策更有效,货币政策是无效的;当经济处在"新古典区域",则货币政策更有效,财政政策是无效的;新古典综合学派指出,当经济处于这两个区域之间时,两种政策结合使用的效果是最好的。

弗兰科·莫迪利安尼(Franco Modigliani,1918—2003)对利率和货币的一般理论做出了重要贡献。凯恩斯经济学认为利率由货币供给和需求的均衡决定,新古典经济学则认为利率由储蓄和投资的均衡决定。莫迪利安尼将二者结合起来,认为利率在短期内是由货币供给和需求的均衡决定的,在长期则是由储蓄和投资的均衡决定的,从而建立起利率与货币的一般均衡理论框架。

(三) 总结

新古典综合学派对凯恩斯经济学做了重要的补充和发展,建立起一套包括财政政策与货币政策、长期分析与短期分析的理论框架,并推动了数学分析方法在经济学中的广泛应用。在数理模型创新上,新古典综合学派提出或发展了收入—支出模型、IS－LM 模型、菲利普斯曲线、奥肯定律、索罗模型、乘数—加速模型等。在政策建议上,新古典综合学派提出了"相机抉择"、补偿性财政政策,主张财政政策和货币政策并重以及政府干预与市场调节机制相结合。在 20 世纪 70 年代美国"滞胀"问题出现之前,新古典综合学派一直处于美国主流经济学界的正统地位。

然而,新古典综合学派将凯恩斯经济学和新古典经济学结合起来的方式是缺乏微观基础的。在其框架下,凯恩斯经济学的宏观理论适合短期分析,而新古典经济学的微观基础适合长期分析,其"结合"方式就是将其置于不同的分析环境下,这种结合方式显然不能令人满意。此外,在凯恩斯经济体系中,失业(非自愿失业)和通货膨胀不会同时出现:当存在高失业时,扩大总需求可以增加就业和国民总收入,虽然价格水平也会上升,但是总需求扩展速度更快,因而只会存在"温和的通货膨胀";当经济达到充分就业时,扩大总需求只会提高价格水平,不会增加总产出,这种是"真正的通货膨胀"。20 世纪 70 年代,两次国际石油危机使得美国陷入停滞和通货膨胀并存的新危机中,新古典综合学派无法解释这一现象的产生,更无法提出有效的解决措施,凯恩斯经济学在学界和政界的正统地位不复存在,货币主义、供给学派、理性预期等新流派开始形成并发展。

二、新剑桥学派

(一) 学派背景

新古典综合学派尝试将凯恩斯经济学与新古典经济学结论起来的做法引起了部分经济学家的强烈不满,认为这是对凯恩斯经济思想的曲解,是将经济学理论倒退到古典经济学的时代。这一论战的主要代表人物及其思想逐渐形成了一支重要的经济学流派,其主要代表人物有琼·罗宾逊(Joan Robinson,1903—1983)、尼古拉斯·卡尔多(Nicholas Kaldor,1908—1986)、皮埃罗·斯拉法(Piero Sraffa,1898—1983)等。由于这部分经济学家主要在英国剑桥大学任教,因此被称为"新剑桥学派"。由于新古典综合学派的代表人物主要在美国马萨诸塞州剑桥市的哈佛大学或麻省理工学院任教,因此这场西方经济学界持续多年的学术争论也被称为"两个剑桥之争"。

新剑桥学派从研究方法、意识形态和实践问题等诸多方面对新古典综合学派发起了猛烈的攻击。具体来说,新剑桥学派认为新古典综合学派存在以下几个方面的问题:

第一,从理论上看,新古典综合学派对萨伊定律和瓦尔拉斯定律的认可,是将凯恩斯经济学倒退到古典经济学的时代。

第二,新古典综合学派选择性忽略了凯恩斯经济学中比较"激进"的思想。具体而言,在经济大萧条时期,凯恩斯经济学的当务之急是解决社会失业问题,因而凯恩斯对收入分配问题并没有做出详细的论述;但在长期中,收入分配对居民消费、储蓄和投资有十分重要的影响,而新古典综合学派对这些根本问题视而不见。

第三,凯恩斯革命的重要成果是摒弃均衡观念并转向历史观分析,而新古典综合学派对马歇尔局部均衡和瓦尔拉斯一般均衡的妥协使得凯恩斯经济学退回到均衡观的时代。

第四,新剑桥学派认为,20世纪70年代美国出现的"滞胀"现象主要是新古典综合学派等"冒牌凯恩斯主义者"滥用凯恩斯经济思想的结果。新剑桥学派依然主张政府干预,但不是通过直接刺激总需求的方法,而是主张调节收入分配和阶级矛盾、为经济社会的发展创造更为稳定的社会环境。新剑桥学派的理论思想和政策主张因此被认为是西方经济学中较为激进的。

(二) 主要内容

通过以上对新古典综合学派的抨击,新剑桥学派在价值和分配理论、经济增长理论、经济制度上提出了新的观点。主要包括以下内容:

在价值和分配理论方面,主要代表人物是斯拉法。在其看来,新古典综合学派的价值和分配理论把主客观因素混在一起,撇开制度和历史因素讨论社会生产的分配问题。斯拉法提出:产量并不取决于市场供需关系,而是取决于生产过程中的技术关系;价格并不取决于生产技术,而是取决于雇主和工会的谈判,取决于工资和利润之间的消长。

在经济增长理论方面,主要代表人物是罗宾逊。罗宾逊指出,"劳动与财产的分离"是造成社会冲突的主要原因。当资本家的高额利润是通过垄断而不是高积累率实现时,劳动者消费水平受到抑制,进一步抑制了投资需求,从而造成经济停滞现象。因此,需要通过政府干预调整国民收入分配,从而实现资本主义经济的持续增长。罗宾逊关于经济增长的这一阐释已经十分接近马克思的阶级分析法,因而被认为是西方经济学界较为激进的思想;尽管如此,其政策主张属于对资本主义经济制度进行改良的性质,其框架也仍是在资本主义经济社会的视野范围内进行思考的。

在经济制度方面,新剑桥学派主张改革现有的税收制度,逐渐扭转收入分配不合理的情况。卡尔多认为,20世纪70年代出现的"滞胀"现象是新古典综合学派滥用供需理论来调节经济的结果,他们在农矿产品价格和工资水平上涨的同时采取抑制性货币政策来对抗通货膨胀,从而造成了严重的经济衰退;罗宾逊则认为,货币信用制度使得资本家投资率不受限制,促使工人和工会提出提升工资水平的要求,推动物价、工资飞速上涨并最终导致经济增长停滞和大量失业。基于对经济"滞胀"现象的这些认识,新剑桥学派提出了对投资和工资增长率进行全面管制的政策建议,并主张对进出口进行管制,通过鼓励出口来为国内提供更多的就业岗位。

(三) 总结

新剑桥学派在一定程度上动摇了新古典综合学派在西方经济学界的正统地位。其对新古典综合学派的批判涵盖了研究方法、理论内容和政策主张等方面,对资本主义社会的发展阶段也有更深刻的理解和把握。

尽管如此,新剑桥学派在理论建设上仍然存在几个重要的缺陷:首先,尽管提出了以历史观取代均衡分析的观点,但是新剑桥学派并没有将这一观点如何在当代宏观经济学的框架下进行落实做出具体有效的实践,也没有真正从经济制度发展历史的角度来思考这些问题。其次,新剑桥学派强调的制度因素仅限于具体制度的改良,没有进一步思考社会根本制度的变革,其对收入分配和社会矛盾的分析也是在资本主义视野内进行有限的改良。最后,新剑桥学派"破多于立",其对新古典经济学和新古典综合学派的理论批判较多,但是自身并没有形成统一的理论体系,其包含的建设性内容较少。

三、新凯恩斯主义

(一) 学派背景

20世纪70年代以后,面对美国"滞胀"局面的现实挑战,凯恩斯主义经济理论饱受学界质疑和攻击,其政策主张也无法有效解决经济中出现的新问题。一般认为,新古典综合学派衰落的原因可以总结为三个方面:一是面对经济中新出现的"滞胀"现象,新古典综合学派在理论解释和现实主张两个方面都显得极其无力;二是由于理论缺陷,新古典综合学派始终无法解释和解决生产率低下的问题;三是新古典综合学派大力主张刺激总需求和消费,造成了社会资本积累迟缓,这使得其现实主张饱受争议。在此背景下,不少中青年学者继续坚持政府干预主义思潮,在对各学派经济理论精华兼收并蓄之后,他们对原凯恩斯主义经济理论进行了批评性继承,建立起有微观基础的新凯恩斯主义宏观经济学。

新凯恩斯主义学派的主要代表人物有格里高利·曼昆(Gregory Mankiw,1958—)、约瑟夫·斯蒂格利茨(Joseph Stiglitz,1943—)、约翰·泰勒(John Taylor,1946—)和本·伯南克(Ben Bernanke,1953—)等人。值得一提的是,"新凯恩斯主义经济学"的英文名称是"New Keynesian Economics",另一常见的经济学派"Neo-Keynesain Economics"一般翻译为"后凯恩斯主义经济学",主要指以罗宾逊、卡尔多、斯拉法和莫迪利安尼等人为代表的新剑桥学派。新凯恩斯主义经济学的"新"主要是与原凯恩斯主义经济学进行区分,即"Original Keynesain Economics",包括凯恩斯经济学及其两大分支——新古典综合学派和新剑桥学派。

(二) 主要内容

新凯恩斯主义经济学在理论基础上承袭了凯恩斯主义经济学的经典假设,即市场的不完全性和非市场出清。在这个假设下,新凯恩斯主义经济学在三个方面与原凯恩斯主义经济学有共同的观点:一是承认劳动市场存在经常性的供给过剩;二是经济中存在明显的周期性波动;三是经济政策经常是重要且有效的。

尽管如此,新凯恩斯主义经济学与原凯恩斯主义经济学有明显的不同:第一,在名义工资和价格问题上,原凯恩斯主义经济学做出了刚性假定,而新凯恩斯主义经济学则认为一般情况下是有黏性的,只有在短时间内才接近于刚性。第二,新凯恩斯主义经济学吸收了传统微观经济学的"利益最大化"原则,也借鉴了新古典宏观经济学的"理性预期假设",这是原凯恩斯主义经济学没有涉及的微观经济基础。

我们在第四节中会详细介绍新古典宏观经济学这一学派。鉴于这两个学派都形成于针对20世纪70年代"滞胀"现象的学术争论中,其理论思想又有相互借鉴的地方,我们先介绍这两个学派的区分方法。新古典宏观经济学将经济理论分为彼此分离的价值论(相对价格理论,以边际效用理论为基础)和货币论(一般物价水平变动理论,以货币数量论为基础),认为货币是中性的,且经济中存在瓦尔拉斯均衡的特征;新凯恩斯主义经济学则与之相反,认为古典二分法是无效的,经济中也不存在瓦尔拉斯均衡。

1. 价格黏性理论

新凯恩斯主义经济学家在一定程度上继承了原凯恩斯主义经济学家的价格刚性理论,并将其发展成为价格黏性理论。价格是否存在黏性这一问题之所以极其关键,是因为其在本质上决定了市场是否能够出清,也就是论证市场机制是否有效以及政府干预是否有必要的重要环节。新凯恩斯主义经济学家通过一系列严谨的数学证明提出了各种类型的价格黏性理论。具体来说,包括名义价格黏性论(名义价格不能随着名义需求的变化而变化)和实际价格黏性论(各类产品的相对价格也存在黏性)等。

2. 信贷配给理论

新凯恩斯主义的信贷配给理论提出了两种选择效应:正向选择效应,指利率的提高一般能够使银行获得更高的收益;逆向选择效应,指当利率提高到一定程度时,风险较低、具有较好资信情况的企业不再愿意从银行贷款,只有那些从事高风险、高回报的企业才有动机继续从银行贷款,这种选择效应的结果是银行会将钱借给高违约率的企业。因此,在逆向选择效应存在的情况下,银行应以最优利率贷款给资信状况良好的企业,同时以信贷配给的方式满足部分特殊市场的资金需求。总之,在信贷配给理论框架下,由于存在信息不对称,政府应通过信贷补贴政策或贷款担保等方式积极干预,使市场回到更有效的均衡中。

3. 政策主张

针对价格和工资存在的黏性特征,新凯恩斯主义者提出政府应干预市场,通过建立抑制价格和工资黏性的机制,使其实现价格黏性和自动调节作用。然而,抑制价格和工资黏性在实践中都缺乏可操作性,这使得新凯恩斯主义在价格和工资的政策建议上趋于原则化与理想化,不便于政策执行者操作运行。在信贷配给上,新凯恩斯主义者提出用信贷补贴或贷款担保等方式直接干预信贷市场,这使得具有社会效益的高风险项目得到贷款并正常运营。这种具有可操作性的利益导向信贷政策对中国调控金融市场具有重要的借鉴意义。

(三)总结

在20世纪70年代"滞胀"的"反常"现象出现后,原凯恩斯主义经济学受到了学界与政策制定者的诸多质疑和攻击,自由主义思潮重新在西方经济学界占领重要地位。在这种背景下,新凯恩斯主义者坚持高举凯恩斯主义大旗并对其他学派的理论观点兼收并蓄,为原凯恩斯主义的宏观经济学理论建立起较为完整的微观经济基础,并较好地解释了70年代高通胀和高失业并存的社会现象。

尽管如此,新凯恩斯主义者在解释工资黏性时,将失业和经济周期的原因归结于工人想保持较高的工资,这在本质上违背了资本主义社会由资本家操控的事实;其价格黏性理论在一定程度上符合社会现实,但是又流于表面化和形式化,如小的菜单成本足以引起大的经济周期这一论断难以令人信服。此外,在20世纪70年代以后,西方经济学界倾向于主张将稳定价格、控制通货膨胀水平作为政策制定的主要目标,而原先更为重视的失业问题则处于次要地位,这在一定程度上反映了重资本、轻劳动的社会本质。

四、瑞典学派

（一）学派背景

瑞典学派产生于20世纪二三十年代资本主义社会最动荡的经济萧条时期，在70年代西方国家停滞和通货膨胀并存的时期也提出了大量政策性建议，引起了西方经济学界的普遍重视。瑞典学派又被称为"北欧学派"或"斯德哥尔摩学派"，其主要代表人物是克努特·威克塞尔（Knut Wicksell，1851—1926）、贡纳尔·缪尔达尔（Gunnar Myrdal，1898—1987）、罗伯特·林达尔（Robert Lindahl，1981—1960）和贝蒂·俄林（Bertil Ohlin，1899—1979）等瑞典经济学家。瑞典学派最早对萨伊定律提出了明确批判并摒弃了古典二分法理论框架，建立起一套宏观总量分析和动态分析的新方法，同时在国际贸易上提出了赫克歇尔—俄林定理、购买力平价定理、小国开放模型等独具特色的理论。在政策主张上，瑞典学派关于"自由社会民主主义"的经济制度理论和建立高福利国家的政策实践更是成为第二次世界大战后北欧国家的一大特色。

（二）主要内容

瑞典学派的理论渊源是瑞典经济学家威克塞尔。威克塞尔是较早批判萨伊定律和古典二分法的经济学家，其主张将价值理论和货币理论与实际问题结合在一起；威克塞尔还是最早把静态均衡分析方法运用到动态分析过程中的经济学家，其"积累过程理论"正是通过动态分析的方法提出对经济均衡和市场自动调节机制的质疑。威克塞尔对欧洲国家的经济学发展有极为重要的影响，瑞典和挪威的现代著名经济学家大多出自其门下。

缪尔达尔和林达尔继承并补充了威克塞尔的经济理论，在其基础上建立起以非充分就业为起点的现代宏观动态经济理论。在经济学研究方法上，林达尔还提出将传统均衡分析方法的"时点变动"拓展到"时期变动"上，认为经济活动是在若干时间段内进行的，主要的变动发生在时间段的转折点上。因此，林达尔建立起一套动态序列模型，拓展了时间序列的分析方法，并成为瑞典学派动态均衡分析理论的重要基础。

瑞典学派在国际贸易理论上有重要的建树。首先，瑞典经济学家赫克歇尔及其学生俄林提出了异于李嘉图比较优势理论的学说，认为除了生产成本，土地、资本等要素对国际贸易价格也有重要的影响。具体来说，赫克歇尔—俄林模型首次将国际贸易理论拓展到多种要素模型，并得出了"一国应出口使用本国相对丰富要素生产的产品，进口使用本国相对稀缺要素生产的产品"的结论。其次，古斯塔夫·卡塞尔（Gustav Cassel，1866—1945）提出的购买力平价理论对现代国际金融理论有重要的贡献。该理论主要说明，在浮动汇率制度下，两国的汇率应该按照货币购买力相等的原则来确定，这为国际货币的比较提供了较为统一和简洁的换算工具。最后，针对瑞典这一开放的工业化小国国情，瑞典学派发展了独特的斯堪的纳维亚模型，对"价格接受者"在开放环境下的通货膨胀传导机制做了深刻的解读。

在经济制度方面，瑞典学者阿瑟·林德贝克（Assar Lindbeck，1930—　）提出了"自由社会民主主义"的概念，对第二次世界大战后的瑞典乃至北欧国家的经济制度建设具有深远的影响。具体而言，林德贝克认为，战后的瑞典既不是资本主义社会，也不是社会主义社会，而是在民主制度的基础上，寻求主要部门国有化、市场经济和福利国家三者的最优结合。其典型特征和成就是将瑞典建设成第二次世界大战后强大的高福利国家：1950年瑞典的政府公开开支占国民收入的25%，1960年达到45%，到1981年高达60%。但是，惊人的社会福利水平也造成20世纪80年代以后福利国家出现了高财政赤字、高通货膨胀和低生产力发展等现象,即"瑞典病"。瑞典学派的政策主张也因此饱受质疑。

(三)总结

除凯恩斯经济学各大流派之外,瑞典学派是另一个将关注重点放在宏观总量分析的学派。从理论基础来看,瑞典学派对古典经济学假设和结论的批判与凯恩斯经济学有重要的相通之处,并且在时间上还略早于凯恩斯经济学;从研究方法来看,瑞典学派在宏观动态分析方法上做出了重要的贡献,在国际贸易理论方面也有许多影响深远的分析工具;从政策实践来看,其关于福利国家的建设反映了强烈的社会民主主义色彩,是第二次世界大战后西方改良资本主义社会的典范。

第四节 自由主义思潮下的宏观经济学流派

上一节介绍了政府干预主义思潮下的宏观经济学流派,其主要背景是第二次世界大战后,在凯恩斯主义经济学的政策指导下,西方国家获得了长时间的经济增长,政府干预主义思潮得以在这段时间内成为西方经济学界的主流。然而,到了20世纪60年代后期,美国通货膨胀急剧发展,70年代初期的两次国际石油危机更使其陷入经济停滞和通货膨胀并存的局面,西方经济学界不得不重新反思凯恩斯主义经济学的弊端和缺陷。在这一背景下,自由主义思潮重新兴起,针对"货币是否是中性的""政府干预是否是必要和有效的""菲利普斯曲线是否存在"等问题对凯恩斯主义经济学发起猛烈的进攻。这一场争论逐渐形成了货币主义学派、供给学派、新古典宏观经济学和新制度经济学等新自由主义经济学流派。

一、货币主义学派

(一)学派背景

货币主义是第二次世界大战后新自由主义经济学中的第一个学派,也是第一个公开打出"反对凯恩斯革命"旗号的经济学流派。其主要代表人物有米尔顿·弗里德曼(Milton Friedman,1912—2006)、克拉克·沃伯顿(Clark Warburton,1896—1979)、艾伦·格林斯潘(Alan Greenspan,1926—)和保罗·沃尔克(Paul Volcker,1927—)等,其中弗里德曼更是被称为"除凯恩斯以外最能影响政策制定的经济学家"。

现代货币主义学派有如下几个基本观点:① 市场经济有内在稳定性;② 货币在短期内会改变产量和就业等实际变量,但是从长期来看,货币是中性的;③ 菲利普斯曲线在短期内存在,但是在长期,菲利普斯曲线是垂直的;④ 反对政府积极干预市场。

(二)主要内容

1. 菲利普斯曲线

为了解释20世纪70年代出现的"滞胀"现象,弗里德曼对菲利普斯曲线中失业与通货膨胀的关系进行了深入的分析。弗里德曼提出了"自然失业率"的概念,类似于古典经济学家的"自愿失业"和"摩擦性失业"带来的正常运行情况下的社会失业率水平。在短期内,当货币工资增长率低于物价上涨率时,工人要求更多的工资,而企业也愿意雇用更多的工人,从而导致失业率降低,物价水平提升;然而,面对更高的物价上涨率,工人会提出进一步提高工资的要求,最终使得实际工资回到原来的水平,此时,由于工资水平的提升,企业会选择雇用更少的工人并减少产量,从而使得失业率回到原来的水平,经济增长迟缓,但是物价水平仍在提升。从对这一过程的分析可以发现,货币供应量在短期内可以影响产量和就业,也就是说菲利普斯曲线在短期内是存在的;但是在长期,菲利普斯曲线是垂直的,而自然失业率的水平决定了长期内菲利普斯曲线的位置。因此,政府采取扩张性的财政政策和货币政策在长期内不仅不能消除失业,还会带来物价水平的提升和经济增长的迟缓。

2. 政策主张

首先,货币主义学派认为市场经济有其内在的稳定性,因而反对政府对市场经济的过多干预。货币主义学派不仅反对凯恩斯经济学的扩张性财政政策,还反对新古典综合学派提出的"相机抉择"政策;相反,货币主义学派更重视采用货币政策的方式来控制经济中的通货膨胀问题。

其次,货币主义学派主张采用单一规则的货币政策,即把控制货币供应量作为唯一的政策工具。由于货币供应量对失业和通货膨胀的影响存在时滞性,政府的货币政策往往会造成更加频繁的经济波动,因此需要将货币供应量的增长控制在一个固定的水平并公开宣布。货币主义学派的这一政策主张在20世纪七八十年代的西方资本主义国家得到了普遍的应用,美国、英国、加拿大、德国和日本纷纷将其货币政策最终目标从扩大就业、推动经济增长转向稳定货币和反对通货膨胀,其稳定货币的主要手段也从控制利率转向控制货币总量。

最后,货币主义学派主张实行浮动汇率制以实现国际贸易和国际收支平衡的自我调节。20世纪70年代初期,美国急剧恶化的通货膨胀水平通过固定汇率制传到其他西方国家,造成了较为严重的输入型通货膨胀;货币主义学派据此提出实行浮动汇率制的建议。1971年美元危机之后,西方各国纷纷放弃与美元挂钩的固定汇率制,这使得货币主义学派的主张得到了广泛的实现,这也是1976年弗里德曼获得诺贝尔经济学奖的原因之一。

相关资料
货币理论的发展

我们首先介绍传统货币数量论的观点,这是货币主义学派思想的基本来源。其基本观点是:货币数量与一国的物价水平成正比,与该国的货币价值成反比。典型代表有费雪提出的**"现金交易数量论"**,即**"费雪方程式"**;以及剑桥学派创始人马歇尔提出的**"现金余额数量论"**,即**"剑桥方程式"**。具体来说,费雪方程式强调货币在支付过程中的作用,如式(15-1)所示,M、V、P、T分别表示货币数量、货币流通速度、物价水平和社会交易总量。该式表明,在社会交易总量和货币流通速度不变的情况下,物价水平与流通中的货币数量成正比。剑桥方程式更强调货币的储藏价值,如式(15-2)所示,M、P_y、k分别表示人民手中持有的货币数量、以货币衡量的国民生产总值,以及货币数量与国民生产总值的比值。可以看到,货币数量取决于国民生产总值和人们愿意持有货币数量的参数k。通过比较这两个式子我们可以发现,费雪方程式中流通速度V的倒数$1/V$就是剑桥方程式中的k;其不同之处在于,费雪方程式更强调货币供应量的作用,而剑桥方程式则主要强调货币需求量的作用。

$$费雪方程式：MV = PT \tag{15-1}$$
$$剑桥方程式：M = kP_y \tag{15-2}$$

凯恩斯对货币理论也有重要的发展，其货币需求函数如式(15-3)所示，其中 M、P 分别表示名义货币供应量和一般物价水平，$K(y)$、$L(r)$ 分别表示实际货币需求量的两个决定函数，它与国民收入水平 y 成正比，与利率水平 r 成反比。弗里德曼的货币需求函数基本是在凯恩斯的理论框架内形成的，其差别是弗里德曼对货币需求的决定因素做了更多拓展，使其包含更多的资产类型。简单来说，其实际货币需求函数如式(15-4)所示，其中 M/P 取决于实际收入 y，暂时性收入与持久性收入的比例 w，预期名义货币回报率 r_m，预期名义债权回报率 r_b，预期名义股票回报率 r_e，预期价格回报率 $\frac{1}{P} \times \frac{\mathrm{d}P}{\mathrm{d}t}$，其他非收入变量 u。

$$凯恩斯货币需求函数：\frac{M}{P} = K(y) + L(r) \tag{15-3}$$

$$弗里德曼货币需求函数：\frac{M}{P} = f\left(y, w, r_m, r_b, r_e, \frac{1}{P} \times \frac{\mathrm{d}P}{\mathrm{d}t}, u\right) \tag{15-4}$$

在实际货币需求函数的框架下，弗里德曼进一步建立起货币分析的数量模型并推导出其传导机制，这主要建立在持久性收入假说的基础上。在这一框架下，一个人的收入被分为暂时性收入和持久性收入，暂时性收入经常波动很大，但是一个人的持久性收入是相对稳定的，并且实际货币需求量取决于人们的持久性收入。也就是说，式(15-4)中的 $f(\cdot)$ 是一个高度稳定的函数，这使得人们的实际货币需求量也是相对稳定的。因此，政府为了调节短期经济波动而采取的财政政策和货币政策经常是**无效的**。

（三）简要评论

在 20 世纪 70 年代美国"滞胀"的背景下，货币主义学派的出现是对盛行多年的凯恩斯主义学派及政府干预主义思潮的一记有力打击，其在货币政策上的主张得到了西方国家的普遍采纳。在当前世界经济迅速向信用经济过渡的阶段，货币主义学派关于金融资产的理论分析和政策主张有更为重要的借鉴意义。尽管如此，货币主义学派也存在微观基础不足的理论缺陷。

二、供给学派

（一）学派背景

供给学派是另一在 20 世纪 70 年代"滞胀"现象后对凯恩斯主义经济学发起攻击的学派，是一个侧重经济政策分析的学派。供给学派又被称为生产学派，其主张放弃凯恩斯主义经济学的需求侧刺激政策，并将重点转移到生产侧来。供给学派的政策主张曾在 20 世纪 80 年代里根政府时期作为美国政策制定的主要依据，在撒切尔夫人当政时期也受到英国政府的重视。供给学派在内部大体上可以分为激进供给学派和温和供给学派两大分支，主要代表人物有阿瑟·拉弗（Arthur Laffer, 1941— ）、乔治·吉尔德（George Gilder, 1939— ）和马丁·费尔德斯坦（Martin Feldstein, 1939— ）等。

(二) 主要内容

1. 理论渊源

供给学派的主要观点仍是萨伊定律的"供给会创造自身的需求",因而被认为是古典经济学的另一表现形式。供给学派将20世纪70年代美国的"滞胀"现象归咎于凯恩斯主义经济学扩张性的财政政策主张,在经济社会已经趋于充分就业的情况下,人为刺激总需求的增长并不会带来实际产量的增长,反而会造成储蓄率和投资率的下降,以及经济增长的迟缓。因此,供给学派否认凯恩斯主义者"需求会创造自身的供给"的理论,主张将经济政策的重点从需求侧转移到供给侧上来。

供给学派的主要政策还受罗伯特·蒙代尔(Robert Mundell,1932—2021)的影响,蒙代尔因而被称为"供给学派的先驱",尽管其理论思想在一定程度上仍受凯恩斯的影响。蒙代尔在20世纪70年代对美国政府提高税收以抑制通货膨胀的政策做出了猛烈的抨击,并提出了解决"滞胀"局面的政策主张:一方面,蒙代尔主张控制货币供应量以抑制通货膨胀水平;另一方面,蒙代尔提出降低税收以刺激经济增长。

2. 激进供给学派

激进供给学派在政策主张方面有以下特点:① 削减个人所得税和企业所得税,从而刺激生产积极性和资本积累;② 控制货币供应量以抑制通货膨胀;③ 减少政府对市场的干预,使市场发挥其自动调节作用;④ 削减政府开支。这些政策主张的核心是减税措施。激进供给学派的主要代表人物拉弗,即著名的"拉弗曲线"的提出者,为减税政策提供了最直接的理论依据。拉弗曲线认为,税收和税率之间存在二次函数关系,因而一种税收收益对应着两个不同的税率。当政府降低税率时,企业的生产积极性被刺激,因而社会生产总量扩大,政府的税收总收入反而有可能提高。供给学派的其他经济学家拓展了这一模型,将税收视为政府打入税前报酬和税后报酬的一个"楔子"。

3. 温和供给学派

温和供给学派的主要代表人物是费尔德斯坦,其政策主张与拉弗、吉尔德等人相比,包含了更多折中的因素,因而被认为是"温和的"。费尔德斯坦认为,激进供给学派醉心于减税的政策主张过于简单化,并指出20世纪70年代美国"滞胀"现象是高政府税收、高财政赤字、通货膨胀、税收结构、保险制度等众多不合理设计带来的综合后果。费尔德斯坦提出了著名的"费尔德斯坦曲线",对财政赤字、资本形成率和通货膨胀之间的关系做了重要的阐释。该曲线摒弃了凯恩斯主义经济学非充分就业的假设,指出在充分就业的情况下,发行过多的政府债券会对私人有价证券造成挤出,从而抑制社会资本的形成,同时带来通货膨胀的加剧。根据这一模型的结论,费尔德斯坦指出,当前的经济问题已与20世纪30年代的经济危机不同,社会已经基本达到充分就业的水平,凯恩斯的需求刺激政策和菲利普斯曲线已经失效,应该将政策转移到供给侧来,并实行减税的刺激政策。但是,与激进供给学派不同,费尔德斯坦并不认为减税可以直接带来政府税收增长、抑制通货膨胀和刺激经济发展;减税主要是通过改善税收结构和平衡政府收支水平,从而使费尔德斯坦曲线移动到资本形成率更高的位置,进而推动经济增长。

(三) 简要评论

如上文所述,供给学派主要在政策上提出了较多的主张,在经济学理论的发展上并没有更多的成果。供给学派的理论依据主要来源于古典经济学,甚至其最核心的减税政策主张也不是供给学派首创。凯恩斯主义经济学也将减税作为刺激经济增长的重要手段,其差别是凯恩斯主义经济学认为减税能有效刺激总需求,而供给学派则从减税对供给的刺激作用进行解释。除了拉弗曲线,供给学派几乎没有为经济理论发展留下有效的分析工具或有重大影响的著作,这也是该学派并没有任何重要代表人物获得诺贝尔经济学奖的原因(蒙代尔于1999年获得诺贝尔经济学奖,但并不是由于其对供给学派思想的影响;供给学派也并不将其作为领袖人物)。

供给学派的实践影响远超其在经济理论上做出的贡献,尤其是20世纪80年代美国里根政府时期,供给学派处于政策制定的中心地位。在其政策主张指导下,里根政府大力削减个人所得税和企业所得税,削减联邦政府开支,降低对企业的管制并采取紧缩的货币政策,降低货币供应量的增长率。然而,供给学派政策主张的成效甚微:其减税措施并没有带来预期的政府税收收入增长;尽管削减了政府开支,但里根政府时期的国防开支急剧增加,最终使得80年代成为美国历史上政府财政赤字最大的时代;从投资率和储蓄率来看,供给学派的预期也没有实现,80年代美国的投资率比70年代下降了许多。随着里根的卸任,供给学派的影响也逐渐减弱。

三、新古典宏观经济学

(一) 学派背景

新古典宏观经济学同样形成于20世纪70年代美国"滞胀"危机的背景下。一方面,凯恩斯主义经济学在理论上缺乏微观基础的支撑,其计量经济学模型在预期和解决现实问题上也显得比较无力;另一方面,最早对凯恩斯主义经济学提出猛烈抨击的货币主义学派,其理论方法和现实分析存在一些弊端:一是这一时期的经济学分析逐渐由实证分析转向规范分析,而货币主义学派更多地建立在实证基础上;二是货币主义学派的理论分析和实证结果存在一些"悖论",如弗里德曼指出货币流通速度在长期内是稳定的甚至是提高的,但是20世纪80年代西方各国的货币流通速度出现了明显的大幅下降。在理论发展和现实需要的综合作用下,新古典宏观经济学越来越受认可,目前属于新自由主义思潮下最具代表性的宏观经济学流派。

新古典宏观经济学的发展分为两个阶段:第一阶段为20世纪七八十年代,代表人物有小罗伯特·卢卡斯(Robert Lucas Jr.,1937—)、托马斯·萨金特(Thomas Sargent,1943—)和尼尔·华莱士(Neil Wallace,1939—)等,这一阶段的新古典宏观经济学又被称为"理性预期学派";第二阶段为80年代以后,由罗伯特·巴罗(Robert Barro,1944—)和芬恩·基德兰德(Finn Kydland,1943—)等人对其核心理论做出了进一步的发展。

(二) 主要内容

1. 第一代新古典宏观经济学

理性预期假设(Rational Expectation Hypothesis,REH)是新古典宏观经济学家的主要成果。在此之前,西方经济学界普遍采纳的是货币主义学派提出的适应性预期假设,这一理论的缺陷在于,经济人当期预期的实现只依赖于历史数值,因而当事人会持续和系统地犯认识上的错误,这在本质上与理性人假设是矛盾的。理性预期假设最初由约翰·穆斯(John Muth,1930—2005)提出,由卢卡斯和萨金特等人不断丰富与发展,并提出了经典的"卢卡斯批判"。

理性预期假设指出,经济人对未来的预期是充分利用他所获得的一切信息形成的;在相同的条件下,经济人对变量未来的预期等于其实际概率分布的期望值。理性预期假设表明,对变量预测的误差只能来源于无法预测的随机干扰部分,因而经济人不可能获得额外的信息来修正其预期错误。

货币政策无效性的论断来源于理性预期假设的推导,最早由萨金特和华莱士等人提出。该理论认为,当政府增加货币供给时,理性经济人已经预期到可能带来的通货膨胀后果,因而会提出提高工资和利率等要求;此时通货膨胀加剧,但是工资和利率不会下降,所以菲利普斯曲线在短期内也是无效的。而在长期,货币供应中的可预期部分对实际变量依然是没有影响的。因此,由于理性预期的存在,货币政策在任何时候都是无效的。

货币经济周期理论最初由卢卡斯提出。政府改变货币供给的政策有两种可能性:一是工人和企业都能预期到这种变化,此时货币政策是无效的(如上段所述);二是工人无法预期到这种变化,此时工人的名义工资不变,但是市场价格水平在上升,这意味着工人的实际工资在下降,企业会扩大生产并增加劳动需求。然而,当工人发现实际价格高于预期价格后,其预期被修正,会要求提高工资水平以适应新的价格水平,因而生产回到自然率水平,增加货币供给的唯一结果是通货膨胀的加剧。这一分析过程表明,政府改变货币供给的政策只会造成产量在长期内围绕其正常水平上下波动,也就是说,货币供给在长期内不会影响经济中的实际变量,甚至货币供给的增长率不会影响经济的实际增长,这一特征被称为"货币的超中性"。

2. 第二代新古典宏观经济学

第二代新古典宏观经济学家通过"巴罗—李嘉图定理"和"时间不一致性"对财政政策的有效性进行了否定,从而与货币政策无效性一起,构成了"政策无效性"(Policy Ineffectiveness Proposition,PIP)的论断。巴罗—李嘉图定理指出,当政府通过发行债券的方式扩大政府支出时,理性经济人会预期到这笔债券会在未来通过政府税收等方式还本付息,因此人们会通过增加储蓄的方式来平滑一生的消费水平,这使得政府扩张性财政政策的效果被私人储蓄抵消,财政政策就是无效的。时间不一致性是指,政府在某一时期采取的政策措施或做出的承诺,随着时间的推移,可能并不是新形势下的最优决策,政府因而有动机修改原来的政策。因此,民众不相信政府所做出的承诺,其政策就是无效的。

实际经济周期(Real Business Cycle,RBC)理论与货币经济周期理论的差别在于对经济波动根源的认识:货币经济周期理论认为经济波动来源于货币冲击或需求冲击,而实际经济周期理论则认为经济波动来源于技术冲击或供给冲击。20世纪70年代,经济学家们意识到,"滞胀"现象的产生有一部分原因是国际石油价格的提高,因而供给冲击才是造成宏观经济波动的原因,基德兰德和爱德华·普雷斯科特(Edward Prescot,1940—)等人进而提出了以随机技术冲击为驱动力的实际经济周期理论。其核心观点是,劳动供给对实际工资或利率的变化有较大的弹性,即劳动者的"闲暇跨期替代"。当技术冲击发生时,经济人会分析这一冲击是暂时的还是长期的:假如其认为正向技术冲击是暂时的,则劳动者会认为此时的实际工资水平高于长期的实际工资水平,因而此时的劳动供给增加,推动现期生产发展;假如其认为这一技术冲击是长期的,则生产者会为未来的扩大生产做出资本更新的准备,因而产量在短期内会上升;然而,当其意识到这一技术冲击无法持续时,投资率不得不下降,从而回到原来的自然率水平。

(三) 简要评论

无论是保守派还是自由派的经济学家,都不得不承认新古典宏观经济学在西方经济学界产生了重要的影响。首先,新古典宏观经济学最主要的贡献是通过理性预期假设等模型,成功推动了微观经济学和宏观经济学的融合,为现代宏观经济学建立起较好的微观基础。即使是与之观点迥异的新凯恩斯主义经济学派,也借鉴其理性预期假设的分析方法来证明价格和工资的黏性。其次,借助于20世纪七八十年代计算机技术的迅速发展,新古典宏观经济学的模型分析引入了大量高深的数理知识并进行了复杂的模拟分析,在模型校准、去趋势方法、时间序列分析、动态分析和一般均衡分析等理论方法上做出了重要的贡献。最后,新古典宏观经济学的实际经济周期理论改变了经济学家对短期经济波动和长期经济增长的认识,也突破了以往经济学家认为的经济周期存在一个"固定时间长度"的认识,认为经济周期并不存在某种规则性或重复性,更多的经济学家开始用"经济波动"取代"经济周期"的说法。

新古典宏观经济学的局限性在于其提出的理论假设大多得不到经验事实的支撑。首先,理性预期假设比较适合同质化、规则化的市场,如专家集中度较高的证券市场、期货市场和外汇市场等,在其他市场中,由于信息不对称或不完全的普遍存在,理性预期很难形成。其次,政策无效性的命题与政府的信仰和实践差异较大,在理论上也与其他学派存在诸多争议,如行为宏观经济学就得出了货币政策对就业和产出有效的结论。最后,新古典宏观经济学的"跨期消费"等假设得不到经验事实的验证,尤其在美国,居民的储蓄水平普遍较低,并不存在将其终生消费在不同时期进行平滑的现象。

四、新制度经济学

(一) 学派背景

新制度经济学是20世纪七八十年代自由主义思潮下另一有重要影响力的学派。20世纪90年代以后,由于该学派的主要代表人物罗纳德·科斯(Ronald Coase,1910—2013)、道格拉斯·诺思(Douglass North,1920—2015)以及奥利弗·威廉姆森(Oliver Williamson,1932—2020)等纷纷获得诺贝尔奖,新制度经济学的影响日趋扩大。新制度经济学是一个比较庞杂、松散的理论体系,其范围涵盖了交易费用经济学、产权经济学、企业理论、合约经济学、新经济史学、制度变迁和国家理论等众多方面。

从研究方法来看,新制度经济学的特色在于:① 强调制度和文化因素对经济的影响,这在传统主流经济学中并不受重视;② 强调个人习惯和好奇心等特征对决策的影响,并不依赖于理性人假设、效用最大化等经济模型;③ 强调特征事实(Stylized Facts)和因果机制的理论推断。新制度经济学的分析方法来源于新古典经济学的一些理论,二者都强调个人选择的重要性和市场机制的有效性;但是,新古典经济学假设制度是外生的,而新制度经济学则主要分析制度的起源、演化和作用。

(二) 主要内容

1. 产权理论

产权学派主要研究产权制度安排对经济生活的影响。其最经典的代表思想"科斯定理"指出:在产权清晰和零交易费用的条件下,无论产权配置最初是如何界定的,市场交易最终都会使得资源配置达到帕累托最优状态。在其基础上进一步发展出来的"科斯第二定理"阐明了交易费用为正的情况:当存在交易费用时,帕累托最优是不可能实现的,此时的产权制度安排会干扰资源配置效率,也会对市场交易的结果造成影响。科斯定理在学术界的影响是广泛而持久的,不少学者对此进行了拓展,这在一定程度上也反映了科斯定理的巨大影响和强大的理论包容性。

2. 交易费用理论

交易费用理论来自科斯的另一经典论文《企业的性质》。科斯从交易费用的角度探索了市场机制下企业制度出现的原因:市场交易存在合约成本和发现相对价格的成本,而企业的作用在于通过内部协调降低交易费用。威廉姆森进一步发展了交易费用理论,引进了有限理性假设和机会主义倾向这两个基本假设。有限理性假设是指由于未来的不确定性,任何合约都是不完全的;机会主义倾向则是指签订完的合约也存在不被完全执行的可能性,具体包括提供虚假信息等事前机会主义和不对合约负责任等事后机会主义。在这两个假设下,有必要建立起规则制度来实现有效监督和强制执行的功能。

交易费用理论为研究组织制度提供了全新的思路和分析方法,也被广泛应用于生产组织理论、劳动组织理论、非营利组织理论以及跨国公司和企业内部组织的相关研究。

3. 委托—代理理论

委托—代理理论致力于解决信息不对称情况下的不完全契约问题。根据乔治·阿克洛夫(George Akerlof,1940—)的理论,在现实经济中存在逆向选择和道德风险的问题,这使得机制设计成为约束机会主义者的关键。委托—代理问题的关键是通过机制设计诱导代理人(具有信息优势)去努力实现委托人(不具有信息优势)的利润最大化目标,其实现路径有利润分成制或收取定额租金并将剩余利润归代理人所有(如包干制)等。

4. 制度变迁理论

新制度经济学也对制度变迁的原因和机制进行了充分的研究。在此之前,现代西方主流经济学界基本将制度因素作为影响经济发展的外生变量,或者直接假设经济制度不发生变化。西奥多·舒尔茨(Theodore Schultz,1902—1998)最先将经济制度及其变迁作为内生变量引入农业经济增长模型中,表明经济增长会引起人们对不同制度需求的变化,进而推动法律法规的调整。1972年,兰斯·戴维斯(Lance Davis,1928—2014)和诺思出版了《制度变迁与美国经济增长》一书。该书提出了解释经济增长和制度变迁关系的诱致性制度变迁理论,即当现有经济制度不能内化其潜在收入时,人们会通过制度的创新来使其实现。也就是说,潜在利润和创新成本的变化是制度变迁的诱因。

(三) 简要评论

新制度经济学弥补了西方主流经济学在解释经济增长问题时忽略制度因素的片面性,为现代西方宏观经济学理论开辟了重要的研究领域。新制度经济学对历史、法律、文化等因素的考察也使得其研究与分析更加贴近现实,这使得新制度经济学成为当代西方经济学中较有前景的一支。

需要注意的是,将制度发展与经济增长问题结合在一起并不是新制度经济学的首创,斯密、马克思和恩格斯等人都做过这方面的工作。与马克思主义政治经济学相比,新制度经济学对经济制度的考察是在资本主义制度范围内进行的,更多的是指具体社会制度的安排,而不是对社会根本制度的分析。此外,新制度经济学家对制度设计的历史经验分析主要来自对西方资本主义国家的考察,其结论不一定适合中国的社会主义建设。

第五节 小 结

本章梳理了当代主要宏观经济学流派,对本书所学经济理论的产生背景、发展过程、实践影响和历史地位做了介绍,展现了当代宏观经济学是如何随着现实需求的变化而不断丰富和发展的。这一过程也告诉我们,经济理论不是从诞生之初就是完美的,更不是一成不变的;相反,它是在历史发展过程中,经济学家们面对新时期出现的新问题,继承和发展前人理论的可取之处并不断创新,使其能解释经济社会的新形势并对其做出指导。

由于篇幅限制,本章仅按照社会主义思潮、政府干预主义思潮和自由主义思潮介绍了当代主要的宏观经济学流派,对某些非主流但是有重大影响的学派未能一一介绍。感兴趣的读者可以参考 De Vroey(2016)[1]对各流派的主要代表人物及其思想源流做更深入的了解。

我们可以看到,宏观经济学的历史就是各学派不断争论和发展的历史,甚至到目前为止,宏观经济学仍处于不断丰富和发展的阶段。20世纪以来,宏观经济学是经济学界最活跃以及成果最多的领域,各流派针对经济中出现的新问题或重大问题,或针锋相对或相互借鉴,推动了宏观经济学"百家争鸣"的学术局面。因此,每当经济处于重大变革时,如18世纪资本主义产业革命前后、20世纪二三十年代资本主义经济大萧条、20世纪70年代石油危机和"滞胀"危机,宏观经济学都处于深刻发展、不断创新的黄金时期。

21世纪以来,国际经济格局处于深刻调整阶段,中国在国际舞台上发挥着日益重要的作用,国际地位不断提高。作为解释社会经济现象的学科,21世纪宏观经济学的发展离不开对中国现象的深度理解,更离不开基于中国国情和发展路径的理论创新。本章通过梳理当代主要宏观经济学流派,力图激励读者对各家所长融会贯通,结合当前中华民族伟大复兴的实践,为经济理论创新发展添砖加瓦,从"必然王国"走向"自由王国"。

内容提要

- 马克思主义政治经济学揭示了剩余价值的真正来源,对社会资本再生产理论也有重要的发展。马克思主义政治经济学在苏联、东欧以及其他西方国家不断传播和发展,并在中国社会主义事业的实践中不断发展,成为当代宏观经济学的重要流派之一。
- 古典经济学是当代西方经济学各大流派的思想源头,不仅提出了一系列经济学的经典假设,如理性人假设、利益最大化、完全信息、完全竞争、市场出清等,更是形成了初步的框架体系,对就业与产量、储蓄与投资和货币数量论等问题做了深入、细致的分析。
- 凯恩斯经济学在20世纪30年代西方主流经济学发展的关键时期为其开辟了新的方向,提出了衡量国民收入的指标体系等宏观经济学研究方法,否认了充分就业、价格完全弹性、货币中性等古典经济学假设,并主张以政府干预取代古典经济学派提出的自由放任。
- 政府干预主义思潮下的宏观经济学流派包括新古典综合学派、新剑桥学派、新凯恩斯主义和瑞典学派等;自由主义思潮下的宏观经济学流派则包括货币主义学派、供给学派、新古典宏观经济学和新制度经济学等。

---

[1] DE VROEY M. A history of macroeconomics from Keynes to Lucas and Beyond [M]. Cambridge: Cambridge University Press, 2016.

关键概念

马克思主义政治经济学	新剑桥学派	供给学派
古典经济学	新凯恩斯主义	新古典宏观经济学
凯恩斯经济学	瑞典学派	新制度经济学
新古典综合学派	货币主义学派	中国特色社会主义

练习题

1. 请阐释李嘉图劳动价值论与马克思主义劳动价值论的相似之处和差别。
2. 凯恩斯与古典经济学家有哪些主要分歧？你认为产生分歧的原因是什么？
3. 新制度经济学"新"在哪些地方？
4. 本章主要涉及古典经济学、凯恩斯经济学及两大思潮下的八大主要宏观经济学流派，请分别阐释这十大流派关于货币中性的观点。

教辅申请说明

北京大学出版社本着"教材优先、学术为本"的出版宗旨,竭诚为广大高等院校师生服务。为更有针对性地提供服务,请您按照以下步骤通过**微信**提交教辅申请,我们会在 1~2 个工作日内将配套教辅资料发送到您的邮箱。

◎扫描下方二维码,或直接微信搜索公众号"北京大学经管书苑",进行关注;

◎点击菜单栏"在线申请"—"教辅申请",出现如右下界面:

◎将表格上的信息填写准确、完整后,点击提交;

◎信息核对无误后,教辅资源会及时发送给您;
如果填写有问题,工作人员会同您联系。

温馨提示:如果您不使用微信,则可以通过以下联系方式(任选其一),将您的姓名、院校、邮箱及教材使用信息反馈给我们,工作人员会同您进一步联系。

联系方式:

北京大学出版社经济与管理图书事业部
通信地址:北京市海淀区成府路 205 号,100871
电子邮箱:em@pup.cn
电　　话:010-62767312 /62757146
微　　信:北京大学经管书苑(**pupembook**)
网　　址:www.pup.cn